Der Reformator Martin Luther 2017
Eine wissenschaftliche und gedenkpolitische
Bestandsaufnahme

Schriften des Historischen Kollegs

Herausgegeben von Andreas Wirsching

Kolloquien

92

Der Reformator Martin Luther 2017
Eine wissenschaftliche und
gedenkpolitische Bestandsaufnahme

Herausgegeben von
Heinz Schilling
unter Mitarbeit von
Anne Mittelhammer

DE GRUYTER
OLDENBOURG

Schriften des Historischen Kollegs
herausgegeben von
Andreas Wirsching
in Verbindung mit
Georg Brun, Peter Funke, Karl-Heinz Hoffmann,
Martin Jehne, Susanne Lepsius, Helmut Neuhaus,
Frank Rexroth, Martin Schulze Wessel, Willibald Steinmetz und Gerrit Walther

Das Historische Kolleg fördert im Bereich der historisch orientierten Wissenschaften Gelehrte, die sich durch herausragende Leistungen in Forschung und Lehre ausgewiesen haben. Es vergibt zu diesem Zweck jährlich bis zu drei Forschungsstipendien und zwei Förderstipendien sowie alle drei Jahre den „Preis des Historischen Kollegs".

Vom 6. bis 8. November 2013 fand anlässlich der elften Verleihung des Preises des Historischen Kollegs an Barbara Stollberg-Rilinger ein Kolloquium zum Thema „Der Reformator Martin Luther 2017 – eine wissenschaftliche und gedenkpolitische Bestandsaufnahme" unter der Leitung von Heinz Schilling (Berlin, Forschungsstipendiat im Historischen Kolleg 2004/2005) in der Kaulbach-Villa statt. Gefördert wurden Tagung und Drucklegung des Bandes durch die Fritz Thyssen Stiftung.

Das Historische Kolleg wird seit dem Kollegjahr 2000/2001 – im Sinne einer „public private partnership" – in seiner Grundausstattung vom Freistaat Bayern finanziert, die Mittel für die Stipendien stellen gegenwärtig die Fritz Thyssen Stiftung, die Gerda Henkel Stiftung, der Stifterverband für die Deutsche Wissenschaft und anteilig das Historische Seminar der LMU sowie der Freundeskreis des Historischen Kollegs zur Verfügung. Träger des Historischen Kollegs, das vom Stiftungsfonds Deutsche Bank und vom Stifterverband errichtet und zunächst allein finanziert wurde, ist die „Stiftung zur Förderung der Historischen Kommission bei der Bayerischen Akademie der Wissenschaften und des Historischen Kollegs".

historischeskolleg.de
Kaulbachstraße 15, D-80539 München
Tel.:+49 (0) 89 2866 3860   Fax:+49 (0) 89 2866 3863
Email: anne.mittelhammer@historischeskolleg.de

ISBN 978-3-11-037447-6

Library of Congress Cataloging-in-Publication Data
A CIP catalog record for this book has been applied for at the Library of Congress.

Bibliografische Information der Deutschen Nationalbibliothek
Die Deutsche Nationalbibliothek verzeichnet diese Publikation in der Deutschen Nationalbibliografie; detaillierte bibliografische Daten sind im Internet über http://dnb.dnb.de abrufbar.

© 2014 Walter de Gruyter GmbH, Berlin/München/Boston
Umschlagbild: Ottmar Hörl, Martin Luther: Hier stehe ich ..., 2010, www.ottmar-hoerl.de, Foto Christoph Busse
Druck und Bindung: Hubert & Co. GmbH & Co. KG, Göttingen
♾ Gedruckt auf säurefreiem Papier
Printed in Germany

www.degruyter.com

Inhalt

Heinz Schilling
Martin Luther 1517/2017 VII

Danksagung XIX

Verzeichnis der Tagungsteilnehmer XXI

I. Luther im Kontext seiner Zeit

Götz Rüdiger Tewes
Die Kurie unter dem Medici-Papst Leo X. und die Phase der beginnenden
Reformation Luthers: familiäre Interessen statt universaler Pflichten 3

Eike Wolgast
Die deutsche Kirche vor und in der Reformation – Selbstreform und Fremdreform 31

Thomas Kaufmann
Luthers Sicht auf Judentum und Islam. 53

Volker Leppin
„Nicht seine Person, sondern die Warheit zu verteidigen." Die Legende vom
Thesenanschlag in lutherischer Historiographie und Memoria. 85

Natalie Krentz
Luther im lokalen Kontext: Zeitgenössische Durchsetzung und langfristige
Traditionsbildung der Wittenberger Reformation 109

Ruth Slenczka
Cranach als Reformator neben Luther. 133

Silvana Seidel Menchi
... und wo steht Erasmus? 159

II. Die Folgen

Georg Schmidt
Luther und die Freiheit seiner „lieben Deutschen" 173

Thomas A. Brady Jr.
Luther und der deutsche Marxismus 195

Notger Slenczka
Cognitio hominis et Dei. Die Neubestimmung des Gegenstandes und der Aufgabe der Theologie in der Reformation 205

III. Erinnerung und Memoria

Peter Blickle
Luther und der Bauernkrieg. Interpretationen zwischen den Gedenkjahren 1975–2017 233

Stefan Rhein
Luther im Museum: Kult, Gedenken und Erkenntnis 245

Dorothea Wendebourg
Vergangene Reformationsjubiläen. Ein Rückblick im Vorfeld von 2017 261

Susan C. Karant-Nunn
Historiographische Integrationsarbeit. Ein Kommentar zu den Beiträgen englischsprachiger Historiker zur Interpretation der Reformation 283

Wolfgang Reinhard
Reformation 1517/2017. Geschichtswissenschaft und Geschichtspolitik. Schlussgedanken 297

Kurzbiografien der Autoren 307

Heinz Schilling

Martin Luther 1517/2017

I. Zur Einführung – Reformationsgedenken der Zivilgesellschaft

Der vom 6. bis 8. November 2013 am Historischen Kolleg in München abgehaltene Kongress „Der Reformator Martin Luther 2017 – eine wissenschaftliche und gedenkpolitische Bestandsaufnahme", dessen Referate hier vorgelegt werden, fügt sich einerseits in die Reihe internationaler Kolloquien ein, zu denen das Kolleg München u. a. im zeitlichen Umfeld der Verleihung seines Historikerpreises seit einigen Jahren einlädt[1]. Andererseits ist er Teil des intensiv geführten Diskurses über Sinn und Bedeutung des fünfhundertjährigen Reformationsjubiläums 2017, den der damalige Ratsvorsitzende der Evangelischen Kirche Deutschlands, Bischof Wolfgang Huber, in Gang setzte, als er 2008 die Lutherdekade ausrief. An dieser historischen Ortsbestimmung muss über die lutherischen, protestantischen und gesamtchristlichen Kreise der deutschen Bevölkerung hinaus auch die säkulare Zivilgesellschaft Teil haben. Zudem wird das Ereignis weltweit beachtet, natürlich vor allem in protestantischen Kreisen etwa Koreas oder der Vereinigten Staaten. Doch auch in dieser globalen Sicht muss die Perspektive über die engeren christlichen Kreise hinausreichen, soll es denn Sinn machen, von „Weltwirkungen der Reformation" zu sprechen und der Reformation einen Ort in „der Geschichte des Westens" zuzuweisen[2].

In unserer „Wissensgesellschaft", die zu den wichtigsten Ausprägungen der „westlichen" Zivilisation zählt – und zwar nicht zuletzt als Erbe der Reformation –,

---

[1] So z. B. *Rudolf Vierhaus*, Über die Offenheit der Geschichte (Schriften des Historischen Kollegs, Dokumentationen 12. München 1996); *Klaus Schreiner* (Hrsg.), Heilige Kriege. Religiöse Begründungen militärischer Gewaltanwendungen: Judentum, Christentum und Islam im Vergleich (Schriften des Historischen Kollegs, Kolloquien 78. München 2008); *Lothar Gall, Dietmar Willoweit* (Hrsg.), Judaism, Christianity and Islam in the Course of History: Exchange and Conflict (Schriften des Historischen Kollegs, Kolloquien 82. München 2011).
[2] *Heinrich-August Winkler* zählt in seiner „Geschichte des Westens" (Bd. 1 [München 2009] 111 ff.) die Reformation explizit zu den Grundlagen der westlichen Zivilisation und Wertegemeinschaft. Dabei meint er aber eher Calvin als Luther und formuliert gleich zu Beginn die These: „Ihrem Ursprung nach war die Reformation eine deutsche, ihren weltgeschichtlichen Wirkungen nach eine angelsächsische Revolution." Angesichts der weitreichenden Implikationen dieser Sicht sollte es eine der Aufgaben des Reformationsgedenkens sein, zu prüfen, wieweit diese Zuschreibung nicht eher in der Rezeptionsgeschichte und ihrer Mythenbildung verwurzelt ist als im realhistorischen Denken und Geschehen der Reformationszeit selbst.

sollte es selbstverständlich sein, dass Gedächtniskultur und geschichtswissenschaftliche Analyse untrennbar zusammengehören. Demnach ist eine sachgerechte Würdigung der Bedeutung von Luther und der Reformation einschließlich ihrer Wirkungsgeschichte auch und gerade für die Gegenwart, sowie – was in der Regel vergessen wird – für eine prinzipiell offene Zukunft nur auf der Basis der in den letzten Jahrzehnten sachlich wie methodisch fruchtbar erweiterten kirchen-, theologie- und allgemeingeschichtlichen Forschungen zur Reformation und deren Rezeptionsgeschichte möglich. Diese Maxime wird aber noch keineswegs allgemein berücksichtigt. Denn einerseits neigen Wissenschaftler dazu, ihre Erkenntnisse ausschließlich oder doch vorrangig im eigenen Kreis zu diskutieren, und andererseits argwöhnen die gedenkpolitischen Praktiker die Luther- und Reformationsexperten stellten die Zusammenhänge zu differenziert, in zu schwieriger Sprache und „nur historisch" dar. In dieser Situation tut der Brückenschlag zwischen Gedächtnispolitik und Reformationsforschung not. Hierzu als Forum zu dienen, ist das Historische Kolleg in München wie kein zweiter Ort in Deutschland geeignet.

Dass auf der Münchener Tagung der Wittenberger Reformator und seine Wirkungsgeschichte im Zentrum standen, entspricht dem Wunsch des Kollegs „die Person Martin Luthers ins Zentrum" gerückt zu sehen, ist aber zugleich inhaltlich-sachlich begründet. Denn die bisherigen öffentlichen Diskussionen zu Sinn, Zweck und Legitimität des Reformationsjubiläums 2017 belegen, wie schwer es einer Gesellschaft, die ihre Geschichte vor dem 20. Jahrhundert weitgehend verloren hat, emotional wie sachlich fällt, Personen und Ereignisse einer lang zurück liegenden Epoche aus deren zeitgeschichtlichen Bedingungen – des Denkens und Fühlens wie des Verhaltens und Handelns – heraus zu beurteilen und deren Bedeutung für den weiteren Verlauf der Geschichte bis in unsere Gegenwart hinein zu begreifen. Das Unvermögen, wenn nicht gar der Widerwille, Menschen früherer, uns heute in ihren Strukturen und Denkformen fremden Zeiten zu verstehen, geht im Falle Luthers gelegentlich so weit, nicht nur das Reformationsgedächtnis 2017 in Frage zu stellen, sondern allen Ernstes zu fordern, den Wittenberger Reformator aus dem Geschichtsbewusstsein zu tilgen. Begründet wird das mit einer Diagnose, die ausschließlich gegenwärtige Maßstäbe gelten lässt: „Luther ist kein Aufklärer, sondern ein religiöser Fundamentalist"; durch seine Bußlehre machte er „die Angst zum ständigen Lebensbegleiter des Menschen"; er „begründete die Autoritätshörigkeit des Protestantismus"; predigte „Selbsthaß statt Befreiung" und „einen eliminatorischen Antisemitismus"; sehe „den Platz der Frau unter dem Mann"; habe an Hexen und den Teufel geglaubt – und, so möchte man ironisch hinzufügen, war nicht einmal in der Lage Auto zu fahren[3].

Zugegebenermaßen haben wir es bei dem Wittenberger Reformator mit einem besonders schwierigen Fall zu tun, mit einem biographischen Urgestein, wie es in der Weltgeschichte nur selten zu Tage tritt. Luther selbst war sich der rabiaten Züge

---

[3] Zitate aus dem besonders krassen, historisch ignoranten Pamphlet von *Alan Posener*, Neuneinhalb Thesen gegen Martin Luther, in: Die Welt am Sonntag (30. 3. 2014). Vgl. auch die sachkundige Erwiderung von Annette Weidhas in: Die Welt (7. 5. 2014).

seines Charakters und der Gewaltsamkeit der daraus hervorbrechenden Handlungen bewusst:

Ich bin dazu geboren, das ich mit den rotten und teuffeln mus kriegen und zu felde ligen, darumb meiner bücher viel stürmisch und kriegerisch sind. Ich mus die klötze und stemme ausrotten, dornen und hecken weg hawen, die pfützen ausfullen und bin der grobe waldrechter, der die ban brechen und zurichten muss.

Ganz im Gegensatz zu seinem Freund und Mitarbeiter Philipp Melanchthon, der *seuberlich und still daherferet, bawet und pflantzet, sehet und begeust mit lust, nach dem Gott yhm hat gegeben seine gaben reichlich*[4].

Trotz der den Historikern wohl bekannten, auch von Lutherverehrern selten geleugneten, dunklen Seiten und seines dadurch bedingten Wütens gegen tatsächliche oder imaginierte Gegner seiner Wahrheit, das nicht selten auch die eigenen Anhänger traf und tief verletzte, gilt für den Wittenberger, was unsere Zivilisation als Kernrecht jedem Menschen zugesteht, auch und gerade einem Verstorbenen – nämlich nicht aus gegenwartsbezogenen Interessen diffamiert, sondern im Kontext seiner Zeit verstanden zu werden. Diese Gerechtigkeit fällt keineswegs leicht, hat man die uns heute abstoßenden Gewaltphantasien seiner späten Judenschriften oder auch nur die kaum weniger hasserfüllten persönlichen Angriffe auf Päpste und Prälaten vor Augen. Die hier explodierende verbale Gewalt war nicht nur Ausdruck des Götz-von-Berlichingen-Grobianismus der Zeit. Sie war tief verwurzelt in seinem Charakter und seinem Selbstverständnis als Gottes Prophet, die allein gültige Wahrheit zu verkünden[5]. Hinzu kommt eine Rezeptionsgeschichte, wie sie ebenfalls äußerst selten in der Weltgeschichte anzutreffen ist – eine vielschichtige, häufig widersprüchliche, in vielem die historische Realität überdeckende Vereinnahmung sowohl seiner Person als auch seiner Lehre und seines Werkes durch nachfolgende Generationen, die sich über das Reformationsgedächtnis definierten und dabei häufig nur sich selbst in dem Reformator wiederfinden wollten.

So sehen sich die Reformationshistoriker – Kirchen- und Theologiehistoriker ebenso wie die Allgemeinhistoriker – mit Blick auf das fünfhundertste Reformationsjubiläum vor eine doppelte Aufgabe gestellt:

Erstens müssen sie der kirchlichen wie der säkularen Öffentlichkeit die Reformationsepoche als eine uns heute zutiefst fremde Welt vor Augen stellen – fremd und in vielem schwer begreiflich aufgrund ihrer ganz anderen politischen und rechtlichen Institutionen, mehr noch durch Glaubens- und Denkstrukturen, die nicht mehr die unsrigen sind. Erst durch eine solche Kontextualisierung und „Verfremdung" lassen sich Denken und Handeln des Reformators begreifen, wobei auch seine Hoffnungen und Zukunftsvisionen zu beachten sind, mehr noch seine realen oder fiktiven Ängste, die ihm häufig die Feder führten. Das gilt vor allem für die

---

[4] WW 30, II, S. 68f., Vorrede zu Melanchthons Kolosserbriefkommentar – Zum biographischen und theologischen Zusammenhang vgl. *Heinz Scheible*, Melanchthon als theologischer Gesprächspartner Luthers, in: *ders.*, Aufsätze zu Melanchthon 1–27.

[5] Näher ausgeführt in *Heinz Schilling*, Martin Luther. Rebell in einer Zeit des Umbruchs (München ³2014).

letzten Lebensjahre, in denen er seine Reformation zunehmend bedroht sah, und zwar ganz konkret durch das Eingreifen des Teufels ins Weltgeschehen. Auf diese Weise das Handeln einer historischen Person verständlich zu machen, bedeutet natürlich nicht, seine Positionen zu billigen, zu akzeptieren oder gar zu übernehmen. Luther und die Reformation dürfen nicht auf die Gegenwartsinteressen enggeführt werden. Auszugehen ist nicht von einem nahen, vertrauten, sondern von einem uns fremden Luther in einer Welt, in der die Menschen nach anderen Grundannahmen dachten und handelten als wir heute.

Zweitens hat ein rational geschichtswissenschaftlich gesteuertes Reformationsjubiläum die Rezeptions- und Gedächtnishalde aufzuarbeiten, die von den vielen Generationen auf Person und Werk des Wittenbergers gelegt wurde, indem sie das eigene, der jeweiligen Zeit geschuldete Verständnis anlagerten und so die Reformation gleichsam neu erfanden, damit aber deren originäres Wollen nicht selten umbogen oder gar pervertierten. Die über fünf Jahrhunderte angehäuften Schichten sind abzutragen und gleichsam archäologisch zu analysieren, um das uns nur zu vertraute, in vielem aber verzerrte, nicht selten durch Mythen verstellte Bild von Luther, seiner Reformation und deren Weltwirkungen zu dekonstruieren und durch eine wissenschaftlich fundierte Interpretation zu ersetzten[6].

Das darf allerdings nicht allein für die verklärenden Mythen seitens der Protestanten gelten, zumal die offizielle Gedächtnispolitik der EKD, wie sie die Lutherbotschafterin Margot Käßmann in der Öffentlichkeit vertritt, sich bereits deutlich davon distanziert hat. Vielmehr ist es auch an der Zeit, anlässlich des fünfhundertjährigen Reformationsgedenkens endlich und für immer von den negativen, oft zutiefst gehässigen Mythen der Gegenseite Abschied zu nehmen. Sie wurzeln meist in der tiefen konfessionellen Feindschaft der Reformationsepoche und des konfessionellen Zeitalters, sind teilweise aber auch erst in der Kulturkampfatmosphäre des 19. Jahrhunderts entstanden. Zwar hat sich eine seriöse katholische Geschichtsschreibung längst davon distanziert, im Vorfeld des fünfhundertjährigen Reformationsgedächtnisses scheinen sie aber wieder Urstände zu feiern. Das gilt namentlich für die Thesen, Luther sei wegen eines von ihm verübten Mordes ins Kloster gegangen, und er habe daher zeit Lebens Schulddepressionen gehabt, die ihn in den psychischen Zusammenbruch und schließlich in den Selbstmord getrieben hätten[7].

---

[6] Der Mythos von der angeblich alleinig modernisierenden Kraft der Reformation wird allen wissenschaftlichen Widerlegungen zum Trotz auch heute noch verbreitet, so etwa im Leitartikel der FAZ (28. 3. 2013), der die unterschiedliche Fähigkeit der europäischen Länder, sich in der gegenwärtigen Wirtschaftskrise zu behaupten, auf die Trennlinie zwischen Ländern der Reformation und solchen, in denen sich die Reformation nicht durchsetzte, zurückführt. Das sind weitreichende europageschichtliche, wenn nicht universalistische Thesen, die es im Lichte einer europäisch ausgerichteten Reformations-Memoria gründlich zu überdenken gilt!

[7] Im Umkreis des fünfhundertsten Geburtstagsgedenkens 1983 sind zwei Darstellungen mit emphatischer Wiederbelebung dieser negativen Luther-Mythen erschienen: *Dietrich Emme*, Martin Luther – Seine Jugend- und Studienzeit 1483–1505. Eine dokumentarische Darstellung (Köln 1981, danach weitere Auflagen im Selbstverlag) und *Albert Mock*, Abschied von Luther (Köln 1985). Auf diese Untersuchungen und auf die psychologische Studie von *Roland Dalbiez*, L'angoisse de Luther (Paris 1974), die den Selbstmord mit Methoden der Freudschen Psychologie

Diese Mythen werden gegenwärtig zwar nur von eng begrenzten Kreisen mit spezifischem kirchenpolitischen Interesse verbreitet, sind aber durchaus geeignet, darüber hinaus für Verunsicherung zu sorgen. Hier tut wissenschaftliche Rationalität ebenso not wie bei den verherrlichenden Luther-Mythen.

Den methodisch-theoretischen Überlegungen entsprechend, gliederte sich die Münchner Tagung und so auch der vorliegende Band in drei Teile:

Der *erste Teil* behandelt Luther im Kontext seiner Zeit. Dabei geht es nicht nur darum, die Fremdheit des damaligen Denkens und Glaubens sowie die Bedingungen individuellen wie kollektiven Handelns herauszuarbeiten. Auch die mitwirkenden Zeitgenossen, im eigenen wie im gegnerischen Lager, die in der lange vorherrschenden heroisierenden Luther- und Reformationsdarstellung nur am Rande oder abwertend erscheinen, werden ins Licht gerückt. So namentlich Papst Leo X. und Erasmus, die in den letzten Jahrzehnten besonders intensiv und mit reichhaltigen neuen Ergebnissen erforscht wurden[8]. Die Mitakteure, vor allem auch Kaiser Karl V., zu dem aus Zeitgründen kein eigener Beitrag möglich war[9], aufzuwerten, heißt nicht die Leistung des Reformators zu schmälern. Im Gegenteil, erst wenn die Alternativen ernst genommen werden, lassen sich das ganze Gewicht seines Denkens und Handelns sowie der Mut seiner Selbstbehauptung abschätzen. Dass gerade in diesem ersten Teil nicht alle relevanten Themen behandelt werden konnten, war schon dem Zeitrahmen geschuldet. Hinzu kamen schmerzliche Absagen ausgewiesener Kollegen zu den vorgesehenen Themen „Luther und die Politik" beziehungsweise „Luthers Ehe und Familie und die Konsequenzen für das fromme Haus in Deutschland".

Der *zweite Teil* befasst sich mit den kurz- wie langfristigen „Folgen" von Luthers Lehre und der darauf aufbauenden Reformation, und zwar in ihrer deutschen wie europäischen und weltgeschichtlichen Dimension. Wie bei kaum einer anderen Person oder Ereignis ist bei der Würdigung Luthers und der Reformation die besonders enge Verflechtung zwischen den historischen Zusammenhängen im engeren Sinne und deren realgeschichtliche oder imaginierte Wirkung zu berücksichtigen. Und was die längerfristigen Folgen anbelangt, so ist zu beachten, dass gerade die tiefgreifenden kulturellen und sozialen Grundsatzveränderungen eher von Luther ungewollt waren, ja häufig gegen seine ursprüngliche Absicht eintraten. Auch

---

belegen will, wird gegenwärtig zunehmend häufig im Internet hingewiesen, so u.a. in: „kath.net"-katholische Nachrichten (www.kath.net vom 29.5.2008) sowie der Beitrag „Das Ende Luthers", in: Einsicht, Journal des Freundeskreises der Una Voce e.V. (www.einsicht-aktuell.de) – ein Text aus den 1990er Jahren, der aber weiterhin im Netz erscheint, und zwar unmittelbar mit der aktuellen Ausgabe 44, Nr. 2 (Mai 2014). Von der Präsenz solcher negativen Luther Mythen zeugen auch mehrere private Zuschriften, die eine entsprechende Darstellung der Ursachen des Klostereintritts und des Lutherschen Todes in meiner Lutherbiographie vermissen.

[8] Die beiden Münchener Referenten Götz Rüdiger Tewes und Silvana Seidel Menchi sind führend an diesen Forschungen beteiligt.

[9] Daher erscheint der Hinweis auf die Passagen zu Karl V. in *Heinz Schilling*, Martin Luther. Rebell in einer Zeit des Umbruchs (München ³2014) 215–236, 604–611 erlaubt; dazu *ders.*, Karl V. und die Religion – Das Ringen um Reinheit und Einheit des Christentums (1999), Wiederabdruck in: *ders.*, Ausgewählte Abhandlungen zur Europäischen Reformations- und Konfessionsgeschichte (Berlin 2002) 47–118.

in dieser Sektion ist eine gravierende Lücke zu verzeichnen: Der im Programm noch angekündigte, für die Rezeptionsgeschichte Luthers und der Reformation im protestantischen Milieu des späten 18. und 19. Jahrhunderts zentrale Vortrag von Friedrich-Wilhelm Graf „Ein erster Aufklärer. Luther in der deutschen protestantischen Aufklärung" musste leider wegen eines Trauerfalls ausfallen.

Der *dritte Teil* schließlich widmete sich der nicht weniger vielschichtigen, noch im 16. Jahrhundert selbst einsetzenden Erinnerungspolitik. Dabei geht es vor allem darum, aus den früheren Lutherjubiläen in diachron vergleichender Perspektive die Konsequenz für ein sachgerechtes Reformationsjubiläum im Jahre 2017 herauszufiltern – sachgerecht für unsere heutige demokratische und pluralistische Gesellschaft, die zugleich eine Wissensgesellschaft sein will und somit auch des historisch gesicherten Wissens bedarf.

Vor allem in den mitteldeutschen Bundesländern ist bereits seit Jahren eine sich steigernde Lutherbegeisterung zu beobachten: Lutherwanderwege, Lutherbier, Lutherbrot, Lutherlikör, Hier-stehe-ich,-ich-kann-nicht-anders-Luthersocken, seine alljährlich als Volksfest gefeierte Hochzeit, die neugestalteten, teilweise neu errichteten Museen im Wittenberger Luther- und Melanchthon-Haus, in seinem Geburts-, Sterbe- und Elternhaus in Eisleben beziehungsweise Mansfeld machen den Reformator populär. Allerdings weniger als Begründer der evangelischen Kirche, der hier nur eine ganz kleine Minderheit angehört, denn als „unser Mann" aus Mansfeld, Thüringen oder Sachsen, der es den Großen dieser Welt gezeigt hat. Dass damit zugleich ein ökonomischer Aufschwung verbunden ist, oder doch erwartet wird, ist durchaus erfreulich, auch für die kirchlichen Akteure der Lutherdekade. So konnte etwa die Lutherbeauftragte der Thüringer Landesregierung am Reformationstag 2013 zufrieden festhalten, dass „das Luther-Thema [...] auch im kommenden Jahr ein Schwerpunkt bei der Internationalen Tourismus-Börse in Berlin sein" werde. Die Freude an der Popularität und dem „kommerziellen Goldgrund" Luthers darf aber nicht vergessen lassen, dass die touristischen und anderen gegenwartsorientierten Facetten der Luthervergegenwärtigung komplementär um die substantielle inhaltliche Auseinandersetzung mit der Reformation und deren Bedeutung für die Geschichte Deutschlands und „des Westens" ergänzt werden müssen[10]. Um dies zu gewährleisten, gilt es in Ergänzung zu den zahlreichen innerwissenschaftlichen Forschungsdiskussionen die Stimme der Historiker auch im öffentlichen Diskurs zur Geltung zu bringen, damit die wesentlichen Gesichtspunkte der wissenschaftlichen Aufarbeitung von Lehre und Werk Luthers und der anderen Reformatoren, aber auch ihrer Gegenspieler in die Konzeptionalisierung der Gedenkveranstaltungen des Jahres 2017 Eingang finden.

Nur auf einer solchen Basis lässt sich der Säkulargesellschaft die aus den Kontroversen des Reformationsjahrhunderts erwachsene weltgeschichtliche Wirkung plausibel machen. Das legitime „Geburtstagsgedenken" der Lutheraner ist durch ein „Würdigungs-Gedenken" der anderen gesellschaftlichen Gruppen zu ergän-

---

[10] In der Terminologie von *Heinrich-August Winkler* (oben Anm. 2). Für die Reformationszeit selbst ist die Bezeichnung „lateinische Christenheit" oder „lateinisches Europa" sachgerecht.

zen, um so die Bedeutung der Reformation für das Selbstverständnis der heutigen Zivilgesellschaft hervortreten zu lassen[11]. Diese Öffnung ist umso wichtiger als 2017 in Deutschland erstmals ein zentenares Reformationsgedenken in einer demokratischen Gesellschaft stattfinden wird. Dementsprechend ist der Pluralität der von Luther angestoßenen europäischen Reformationen, einschließlich der tridentinisch-katholischen, Rechnung zu tragen. Und es sind die weit über den religiösen und kirchlichen Bereich hinauswirkenden Konsequenzen für die weltanschauliche, kulturelle und politische Differenzierung Europas herauszuarbeiten, aus denen auf lange Sicht und nicht selten entgegen der ursprünglichen Absicht der Theologen des 16. Jahrhunderts die pluralistische und säkulare Zivilgesellschaft der Gegenwart hervorgegangen ist. Konkret wäre beispielsweise aufzuzeigen, welche Dynamik die Reformation für eine Partizipation der Menschen an ihrem Gemeinwesen auslöste, im Adel, bei den Bauern, vor allem in den Städten. Weit über die kirchlich-religiöse Mitbestimmung hinaus traten nicht nur in Reichsstädten, sondern auch und gerade in vielen vom Luthertum geprägten Städten West-, Mittel- und Norddeutschlands ein frühmoderner Stadtrepublikanismus und eine stadtbürgerliche Politikkultur in Erscheinung, die anders als spätere Epochen nichts an „Autoritätsgläubigkeit des Protestantismus" zeigt. Sich daran 2017 zu erinnern, stünde der heutigen Zivilgesellschaft gut an. Das böte zugleich die Chance, die von manchem ausländischen Beobachter mit Sorge registrierte „shallow past" (Thomas Brady), also das notorisch flache, auf das 20. Jahrhundert begrenzte Geschichtsbild der Deutschen, durch ein Bewusstsein für die Gegenwartsrelevanz auch älterer Epochen substantiell zu vertiefen.

II. Eine Kontroverse um Sinn und Bedeutung historischen Gedenkens

Über den Verlauf der Tagung informiert ausführlich Jonas Schirrmacher in seinem am 7. März 2014 bei HSozKult erschienenen Tagungsbericht „Der Reformator Martin Luther 2017 – eine wissenschaftliche und gedenkpolitische Bestandsaufnahme"[12]. An dieser Stelle sind einige ergänzende Bemerkungen zum abschließenden Statement von Wolfgang Reinhard „Reformation 1517/2017. Geschichtswissenschaft und Geschichtspolitik. Schlussgedanken" (unten S. 297–306) angezeigt. Statt – wie bei solchen Veranstaltungen üblich – mit einer kommentierenden Gewichtung und weiterführenden Kritik der Vorträge sowie der jeweils anschließenden intensiven

---

[11] In dieselbe Richtung weist die kritische Würdigung des offiziellen Gedenkkonzepts, die der Bochumer Neuzeithistorikers *Lucian Hölscher* im jüngsten Jahrgang der Zeitschrift „Evangelische Theologie" (74 [2014] 96–111) veröffentlichte: Spurensuche? Die Reformation im Blick der Lutherdekade. Konkret kritisiert er „drei Formen der Ausblendung wesentlicher Bestandteile eines, dem heutigen Stand der Forschung angemessenen Bildes von der Reformation" (103) – die Ausblendung des Katholizismus, der säkularen Gesellschaft, schließlich der Differenz von „innerprotestantischer Erinnerungskultur und Geschichte" (110). – Vgl. auch das Interview in der SZ (3. 11. 2012) S. 2.
[12] http://hsozkult.geschichte.hu-berlin.de/tagungsberichte/id=5260.

Diskussionen endete die Tagung mit polemischen und provozierenden Überlegungen zu Luther, Luthermythen, Reformationsgedenken und zur historischen Gedächtniskultur allgemein. Die damit im Auditorium erzeugte Ratlosigkeit artikulierte sich in einer Reihe von Repliken, konnte aber sachlich nicht ausdiskutiert werden, da die unmittelbar anschießenden Termine im Rahmen der Historikerpreisverleihung eine Verlängerung der Diskussionszeit unmöglich machten. Die Irritation ging so weit, dass einzelne Teilnehmer den Herausgeber aufforderten, diesen als polemisch subjektiv empfundenen, den wissenschaftlichen Diskurs der Tagung kaum widerspiegelnden Text nicht in den Kongressband aufzunehmen. Dazu konnte ich mich nicht entschließen. Ein Resümee der von Tagungsteilnehmern – Referenten wie Zuhörern – vorgetragenen Gegenargumente und methodisch-theoretischen Einwände erscheint mir aber geboten. Denn unkommentiert gewönne der Text eine *Roma-locuta-causa-finita*-Aura, die Verlauf und Ergebnis der Tagung nicht entspricht.

Die Einwände bezogen sich *einerseits* auf die methodischen und gedächtnispolitischen, *andererseits* auf die sachlichen, vor allem reformationsgeschichtlichen Aussagen und deren Implikationen:

Hinsichtlich der *Folgen für die Gedächtniskultur* Deutschlands und Europas wurde geltend gemacht, dass Reinhards Plädoyer für einen Rückzug der Historiker in den wissenschaftlichen Elfenbeinturm gerade demjenigen Vorschub leiste, das er so beißend kritisierte, nämlich einer Gedächtniskultur ohne Steuerung durch wissenschaftliche Rationalität, die daher dem Mythos ausgeliefert sein muss, dem verherrlichenden ebenso wie dem eingangs skizzierten gehässig-negativen. So wundert es nicht, dass einer der politisch für die Gestaltung des Reformationsgedächtnisses Verantwortlichen, zu denen der Münchner Kongress eine Brücke zu bauen versprochen hatte, resigniert feststellte, „für jemanden, der von den vielen pragmatischen Gestaltungsfragen geplagt wird, hatte der Schlussreferent außer der De-Konstruktion des Mythos Luther nicht ganz so viel anzubieten". – Die karikierende Abwertung des Luther- und Reformationsgedenkens entziehe – so eine weitere kritische Stimme – der zu Beginn der Tagung herausgestellten Chance, mit der Rückbesinnung auf die Wirkungen der Reformation dem durch die Verbrechen des 20. Jahrhunderts epochal enge Geschichtsbild der Deutschen wieder historische Tiefe zu eröffnen, jegliche Grundlage. Denn die notwendige Renaissance eines in anderen europäischen Ländern selbstverständlichen epochal tiefen historischen Bewusstseins sei nur aus einer sachgerechten und von Historikern wissenschaftlich begleiteten Gedenkkultur zu rechtfertigen.

Sachlich-inhaltliche Bedenken gegen Reinhards Sicht auf Luther, die Reformation und die Geschichte des Luthergedenkens hatte in der kurzen Schlussdiskussion insbesondere der Heidelberger Kirchenhistoriker Christoph Strohm ansatzweise vorgetragen. Im Folgenden kommt die schriftliche Ausarbeitung seiner Kritik zum Abdruck, die den Lesern – und zwar insbesondere den nicht im engeren Sinne sachverständigen, auf die sich der Band auch und vor allem richtet – die Weite der reformationsgeschichtlichen Debatten vor Augen stellt und damit die Positionen des „Schlusswortes" kontextualisiert:

Erstens, zu Beginn wird der Geschichtswissenschaft Ähnlichkeit mit der Müllabfuhr attestiert, „denn auch sie lebt vom Recycling" (297). Dann ist von den Herrinnen und Herren der Diskurse die Rede, die entscheiden, „was als brauchbar gelten darf". Der nächste Schritt ist die Unterstellung, dass „die evangelische Kirche" den gedächtnispolitischen Kurs vorgebe. Richtig ist, dass ein sehr breiter und kontroverser Diskussionsprozess initiiert worden ist, sichtbar zum Beispiel auf der vorliegenden Tagung im Historischen Kolleg. Es gibt weder *„die* evangelische Kirche" noch leidet die Diskussion an mangelnder Pluralität.

Zweitens, die Bezüge auf die auf der Münchener Tagung gehaltenen Vorträge in den Fußnoten sind unzureichend oder sogar falsch. Ich habe zum Beispiel nicht gehört, dass Georg Schmidt Luther zum „Ahnherrn des deutschen Föderalismus und damit zum *deutschen Genius für Europa*" gemacht hat (300). In dem Vortrag war schlicht davon die Rede, dass die Ausbreitung der Reformation nicht ohne die starken Territorien zu erklären ist und die Reformation deren Macht gegenüber der Zentralgewalt des Kaisers wiederum verstärkt hat. Das sollte eigentlich Gemeingut sein. Ähnlich undifferenzierte „Zusammenfassungen" von Vorträgen finden sich auch an anderer Stelle dieses eigenartigen Tagungsresümees.

Drittens, die Behauptung, dass in der Wissenschaft diejenigen Historiker und Theologen den Ton angeben, „von denen die jeweilige Fachkultur kontrolliert wird" (297), ist eine nicht begründete Unterstellung. Selbstverständlich gibt es problematische Zusammenhänge zwischen Spezialisierung und Deutungshoheit, aber der Sachverhalt, dass es in Deutschland recht viele protestantische Theologen und Historiker gibt, die sich mit der Reformationszeit befassen, führt nicht zu den von W. Reinhard suggerierten Folgen. So sollte beispielsweise konkret benannt werden, was falsch, verzerrend oder beschönigend an dem Münchener Referat des protestantischen Kirchenhistorikers Thomas Kaufmann über „Luther und die Juden bzw. Türken" gewesen ist. Dass die ideologieverdächtigen protestantischen Kirchenhistoriker die Diskussion über die Faktizität des Thesenanschlags offensichtlich ohne Scheuklappen führen, steht dem Verdacht W. Reinhards entgegen. Eine protestantische Dominanz der Deutung des Reformationszeitalters hat es einmal gegeben. Das ist aber lange her. Schon für die in den siebziger Jahren entstandene Ausgabe des Gebhardt-Handbuches zur deutschen Geschichte trifft das nicht mehr zu (z. B. Bd. 9: E.W. Zeeden). Die Frühe Neuzeit-Teile der neuesten Ausgabe, die W. Reinhard verantwortet, sind nun eher katholisch dominiert. Inhaltliche Folgen zeigen sich zum Beispiel in Maximilian Lanzinners negativer und unhistorischer Bewertung der calvinistisch-reformierten Kurpfalz als Störenfried der ansonsten funktionierenden Friedensordnung im Reich nach 1555.

Viertens, wenn man schon meint, die Arbeit der Geschichtswissenschaft mit dem Bild der Müllabfuhr erläutern zu müssen, dann sollte nicht nur von „Recycling" die Rede sein. Vielmehr geht es genauso um die „Entsorgung" von Mythen. Die kritische Reflexion auf Mythenbildung und deren jeweilige Funktion im Zuge einer Historisierung gehört zur wesentlichen Aufgabe des Historikers. Nach meiner Wahrnehmung geschieht das in erheblichem Maß. W. Reinhards

Anspruch, der protestantisch dominierten Mythenbildung einen historischen Rest-Luther entgegen zu stellen, ist unterkomplex, um nicht zu sagen erstaunlich. Der Text lässt Differenzierungen vermissen und bietet stattdessen eine Fülle von starken Formulierungen(, die dann immer leicht relativiert werden): „Luther war ein großer Hasser" (301), „Luther war ein leidenschaftlicher Mensch und insofern alles andere als ein angenehmer Mensch" (302), „[a]ber Luther war offensichtlich ein Egozentriker, notabene damit jedoch kein Egoist [...]" (302).

Fünftens, angesichts der starken Urteile über Luther meint W. Reinhard: „Das Jahr 2013 im Rahmen der Lutherdekade zum Jahr der Toleranz zu proklamieren, berührt insofern etwas merkwürdig" (302). Dieser Satz hat suggestive Qualität. Es soll wohl suggeriert werden, dass „die evangelische Kirche" Luther als Begründer der Toleranz in Anspruch nehmen bzw. aufbauen will. Oder was soll damit sonst ausgesagt werden? Es ist doch unzweifelhaft, dass sich in der gegenwärtigen globalisierten Welt die Frage der Toleranzfähigkeit von Religionen (vor Ort wie weltweit) neu stellt. So ist es angemessen, dass man die eigene Tradition in dieser Hinsicht befragt. Der Historiker W. Reinhard sollte statt suggestiver Verdächtigungen die im Jahr 2013 gegebenen Antwortversuche zum Thema, die hermeneutischen Probleme etc. prüfen. Er sollte dabei auch unterscheiden können, was von wem an welcher Stelle zu welchem Anlass gesagt oder geschrieben wird. Es gibt einen legitimen Unterschied zwischen dem wissenschaftlichen Diskurs an der Universität oder in Fachzeitschriften, dem öffentlichen Diskurs zum Beispiel im Zusammenhang von Ausstellungsprojekten und schließlich auch dem Diskurs in Gemeinden, die sich der reformatorischen Wiederentdeckung des christlichen Glaubens in besonderer Weise verbunden wissen (bis hin zur täglichen Frömmigkeitspraxis oder der Lebensbewältigung insgesamt). *Ein* Prüfstein für das „Gelingen" eines Jubiläums ist m. E., wie gut diese Diskurse aufeinander bezogen bleiben. Die Münchener Tagung im Historischen Kolleg hat hier einen guten Beitrag geleistet. Die eigenartigen Schlussgedanken, die die Differenziertheit der Vorträge und Diskussionen in keiner Weise widerspiegeln, verdecken das und sind insofern als Schlussgedanken bzw. Resümee ungeeignet und ärgerlich.

Inzwischen ist eine Kontroverse um den Stellenwert historischer Analysen zur Rechtfertigung und Vorbereitung des Reformationsgedenkens entbrannt. Auslöser ist der ein gutes halbes Jahr nach der Münchner Tagung von der EKD veröffentlichte Grundlagentext „Rechtfertigung und Freiheit. 500 Jahre Reformation" mit einer auffallend unhistorischen Stoßrichtung. Die enge theologische Begründung, die die Folgen der Reformation für Politik, Gesellschaft und Kultur weitgehend ausblendet, um – so die positiv gemeinte Einschätzung eines protestantischen Presseorgans der Schweiz[13] – das „Jubiläum ... zur Stärkung der *deutschen protestantischen Identität* (zu) nutzen", muss alle zum Widerspruch reizen, die sich einen weiten zivilgesellschaftlichen und internationalen Rahmen für das Reformations-

---

[13] Kommentar der Chefredakteurin Marianne Weymann, in: Reformierte Presse, Nr. 27 (4.6.2014) S. 2.

jubiläum wünschen. Will man dies einen „Historikerstreit" nennen[14], dann mag der vorliegende Sammelband samt der skizzierten Schlussdiskussion dazu beitragen, diese Debatte weiter voranzutreiben. Gemeinsames Ziel sollte es sein, den in den nächsten Jahren sicherlich noch intensiv zu führenden Diskurs, in ein Reformationsgedenken einmünden zu lassen, das die Vergangenheit sachgerecht würdigt, die gegenwärtigen Positionen erhellt und zukünftige Konvivialität von Christen aller Konfessionen sowie Christen und Nichtchristen nicht verstellt, sondern öffnet[15].

In diesem Sinne wünscht der Herausgeber den Lesern dieses Bandes wie bereits den Teilnehmern der Münchner Tagung „eine bis 2017 nicht erlahmende, unverdrossene, aber wissenschaftlich gezügelte Luther Begeisterung".

Berlin im Juli 2014   Heinz Schilling

---

[14] „Historikerstreit" nennt der für die Lutherdekade und das Reformationsjubiläum zuständige Vizepräsident der EKD Dr. Thies Gundlach (in einem vom Evangelischen Pressedient – epd – am 30.5.2014 verbreiteten Interview) die grundsätzliche Kritik von Thomas Kaufmann und Heinz Schilling an dem genannten Positionspapier Die Welt (24.5.2014) S. 2; von Thomas Kaufmann theologiegeschichtlich vertieft in der SZ (1.7.2014) und im Augustheft des evangelischen Magazins „Zeitzeichen". Christoph Markschies, der die mit der Ausarbeitung des Grundlagentextes betraute EKD Kommission leitete, wies den Vorwurf historischer Verkürzung zurück, in: Die Welt (6.6.2014); ähnlich Christoph Strohm in einem Interview für den Evangelischen Pressedienst (epd, 18.6.2014). Dagegen schloss sich manches landeskirchliche Publikationsorgan der Kritik an: „Dem neuen EKD-Text zum Reformationsjubiläum gelingt es nicht, die Bedeutung der Reformation für nichtkirchliche Menschen deutlich zu machen. Und ihm fehlt der Bezug zur Ökumene." (Der Lutherbeauftragte der Berlin-Brandenburgischen Kirche Bernd Krebs, in: Die Kirche Evangelische Wochenzeitung, Nr. 23 [8.6.2014] S. 5). Ähnlich die Einschätzung von katholischer Seite durch Kardinal Kaspar (Interview, Radio Vatikan 24.6.2014; auch: aktuell.evangelisch.de) – Resonanz fand die Kontroverse auch in den säkularen Tageszeitungen, u.a. in der FAZ (15.5.2014, S. 4 u. 10, Reinhard Bingener), der FR und textgleich in der Berliner Zeitung (27.5.2014, Dirk Pilz), in Die Welt (14.5.2014, Matthias Kamann).
[15] In diesem Sinne argumentiert aus katholischer Sicht auch Thomas Söding, 500 Jahre Reformation – der Versuch einer Rechtfertigung. Eine Denkschrift der Evangelischen Kirche in Deutschland wirft Fragen auf, in: Christ in der Gegenwart, 66. Jahrgang (3. August 2014) 353–354.

Danksagung

Luther und Kaulbach gehören unterschiedlichen Welten an. Gleichwohl kam die Atmosphäre der Malervilla des ausgehenden 19. Jahrhunderts den Diskussionen über die historische Rolle und gegenwärtige Bedeutung des Reformators sehr zustatten. Dafür ist dem Historischen Kolleg als Initiator und Gastgeber der Tagung zu danken, insbesondere auch den Fellows des Jahrgangs 2013/2014, die unsere Debatten nicht als Störung der ihnen versprochenen Forscherruhe empfanden, sondern die Gelegenheit ergriffen, den einen oder anderen Vortrag zu hören. Der Fritz Thyssen Stiftung gilt Dank für die großzügige Finanzierung der Drucklegung wie der Tagung einschließlich des Abendempfangs, der allen aufgebrochenen Kontroversen zu einem versöhnlichen Abschluss verhalf. Dass der Band bereits ein Jahr nach der Tagung erscheinen kann, ist der Disziplin der Autoren zu verdanken, aber auch der zügigen Bearbeitung durch den Verlag, namentlich durch Dr. Julia Schreiner. Eigens herausheben möchte der Herausgeber Engagement und Geschick von Anne Mittelhammer, M.A., die die mit dem Namen Elisabeth Müller Luckner verbundene gute Tradition des Hauses bestens fortsetzt.

Verzeichnis der Tagungsteilnehmer

Prof. Dr. Dr. h.c. Thomas A. Brady Jr., Berkeley, Kalifornien, Stipendiat des Historischen Kollegs 1998/1999, tabrady@berkeley.edu
Prof. Dr. Birgit Emich, Erlangen/Nürnberg, birgit.emich@gesch.phil.uni-erlangen.de
Dr. Thies Gundlach, Hannover, Vizepräsident der EKD, zuständig für die Organisation der Lutherdekade und des Reformationsjubiläums 2017, thies.gundlach@ekd.de
Prof. Dr. Susan C. Karant-Nunn, Tucson, Arizona, karantnu@email.arizona.edu
Prof. Dr. Thomas Kaufmann, Göttingen, thomas.kaufmann@theologie.uni-goettingen.de
Dr. Natalie Krentz, Erlangen/Nürnberg, natalie.krentz@gesch.phil.uni-erlangen.de
Prof. Dr. Volker Leppin, Tübingen, volker.leppin@ev-theologie.uni-tuebingen.de
Prof. Dr. Helmut Neuhaus, Erlangen/Nürnberg, helmut.neuhaus@gesch.phil.uni-erlangen.de
Juniorprof. Dr. Matthias Pohlig, Münster, matthias.pohlig@uni-muenster.de
Prof. Dr. Dr. h.c. Wolfgang Reinhard, Freiburg i. Br., Stipendiat des Historischen Kollegs 1997/1998, wolfgang.k.w.reinhard@web.de
Dr. Stefan Rhein, Lutherstadt Wittenberg, stefan.rhein@martinluther.de
Prof. Dr. Dr. h.c. mult. Heinz Schilling, Berlin, Stipendiat des Historischen Kollegs 2004/2005, klopstockschilling@gmx.de
Prof. Dr. Georg Schmidt, Jena, Stipendiat des Historischen Kollegs 2007/2008, georg.schmidt@uni-jena.de
Prof. Dr. Dr. h.c. Silvana Seidel Menchi, Pisa/Florenz, seidelmenchi@gmail.com
Prof. Dr. Notger Slenczka, Berlin, notger.slenczka@cms.hu-berlin.de
Dr. Ruth Slenczka, Berlin, ruth.slenczka@googlemail.com
Prof. Dr. Christoph Strohm, Heidelberg, christoph.strohm@wts.uni-heidelberg.de
PD Dr. Götz Rüdiger Tewes, Köln, goetz.tewes@uni-koeln.de
Prof. Dr. Dorothea Wendebourg, Berlin, dorothea.wendebourg@theologie.hu-berlin.de
Prof. Dr. Dr. h.c. Eike Wolgast, Heidelberg, eike.wolgast@urz.uni-heidelberg.de

I. Luther im Kontext seiner Zeit

Götz Rüdiger Tewes

Die Kurie unter dem Medici-Papst Leo X. und die Phase der beginnenden Reformation Luthers: familiäre Interessen statt universaler Pflichten

Der Weltgeist, der auch Lebensläufe lenken kann, konnte Luther für den Beginn der Reformation kein besseres kirchliches Oberhaupt gegenüberstellen als den Medici-Papst Leo X. Seinen Cousin Giulio ausgenommen, hätte keiner der vor und nach dem Medici regierenden Päpste Luther in den ersten Jahren nach 1517 so viel Freiraum gelassen wie dieser. Keiner von ihnen hätte in dem Gefüge, in das die Beziehungen der europäischen Länder zur Kurie am Beginn der Reformation eingebettet waren, seine Politik derart einseitig von persönlichen und profranzösischen Interessen bestimmen lassen wie der erste Medici-Papst. Bei diesem Versuch, die entscheidende Frühphase der Reformation aus römischer Perspektive historisch zu kontextualisieren, ist das Biographische daher ebenso wie das Strukturelle zu erläutern und zu begründen, denn es bedingt sich wechselseitig. Dabei wird sich, problemorientiert, ein dynamisch aufeinander bezogenes Dreieck zwischen Frankreich, Deutschland und Rom herauskristallisieren, in welchem Finanzen eine entscheidende Rolle spielen und in welchem auch die beginnende Reformation zu verorten ist. Deren politische bzw. kirchenpolitische Dimensionen sind nur in diesem komparativen Kontext zu verstehen.

Des Medici kalte Distanz zu Deutschland potenzierte eine seit langem existierende und wachsende Entfremdung zwischen dem Deutschen Reich und der Kurie, die vor allem vom Norden und Osten des Reiches ausging und die zu seiner Zeit im Vergleich zu anderen europäischen Ländern und Regionen gleichsam arktische Temperaturen angenommen hatte. Bevor diese Entwicklung mit einigen signifikanten Beispielen konkretisiert wird, ist es angebracht, etwas Grundsätzliches über kuriale Verfahrensprozesse zu erläutern. Die Kurie agierte selten; generell reagierte sie mit Reskripten, etwa auf die an sie herangetragenen Bitten um die Provision mit einem Benefiz oder um die mit Pfründsachen verbundene Gewährung einer Dispens oder Pension und Reservation, um die Erteilung anderer Gnaden wie etwa Konfirmationen und Indulten oder um Entscheidungen in bestimmten Rechtsfällen. Entsprachen solche Suppliken den formalen Anforderungen, wurde unter dem Vorbehalt der *veritas precum* durch die zuständigen Kurienämter – in der Regel die Kanzlei, zum Teil auch die päpstliche Kammer (*camera secreta*) – die Bullen bzw. Gratial- oder Justizbriefe ausgefertigt[1]. Auf die einzelnen Länder entfielen päpstliche Gnaden- und Rechtsbriefe sowie die mit ihnen verbundenen Finanzleistungen, die Gebühren bzw. Taxen, also nur in dem Maße, wie sie von bestimmten Personen oder Institutionen dieser Länder aus eigenem Antrieb heraus durch eine aktive Zuwendung an die Kurie gewünscht worden waren. Der Petent musste nicht unbedingt in diesem Land wohnen oder gar aus ihm stammen. In solchen, um 1500 eher die Ausnahme bildenden Fällen gehörte er meist zu den Kurialen, die päpstliche Gnaden gleichwohl in der Regel für ihre Heimaträume erbaten.

Im Spiegel der entsprechenden Register – in denen nicht das Land, sondern die Diözese, in welcher der Rechtsanspruch gelten sollte, das räumliche Bezugs- und Ordnungskriterium darstellt – ist eine erstaunliche Entwicklung zu konstatieren[2]. In der Mitte des 15. Jahrhunderts, d.h. während des Pontifikates von Calixt III. (1455–1458), entfielen auf die Diözesen Italiens mit 33 % die meisten Kanzleibullen, auf die des französischen und deutschen Königreiches mit je 21 % die zweitmeisten, denen mit 16 % die Diözesen der spanischen Reiche folgten, während Irland mit 3 % etwas mehr Bullen erhielt als der gesamte osteuropäische Raum von Polen bis Griechenland und deutlich mehr als England mit 0,5 %. Im Deutschen Reich dominierte die westliche Grenzdiözese Lüttich. Sie betrafen dreimal so viele Bullen wie die Diözesen Köln und Mainz, während die nord- und ostdeutschen Diözesen nur eine sehr marginale Rolle spielten. Eine Differenzierung ist auch für Frankreich vorzunehmen: Dominant waren hier die Diözesen des burgundischen, bretonischen und lothringischen Herrschaftsraumes, in denen es wie im Deutschen Reich Konkordate mit der Kurie gab. Als ähnlich kurienfern wie Havelberg, Brandenburg oder Schwerin erwiesen sich hingegen die zentralfranzösischen Diözesen des königlichen Raumes, denn dort galt die Pragmatische Sanktion von Bourges, auf die noch zurückzukommen ist.

Dreißig Jahre später, im Pontifikat von Innozenz VIII. (1484–1492), hatte sich die relationale Verteilung der Kanzleibullen jedoch erheblich verändert. Aus den Diözesen Frankreichs kamen nun die meisten Suppliken, auf sie bezogen sich 39 % der Bullen, gefolgt von Italien mit 22 %, Spanien mit 15 %, während das Deutsche Reich nur noch 13 % auf sich zog und England nun vor Irland lag. Die

---

[1] Vgl. hierzu die allgemeinen Erläuterungen in *Götz-Rüdiger Tewes*, Die römische Kurie und die europäischen Länder am Vorabend der Reformation (Bibliothek des Deutschen Historischen Instituts in Rom 95. Tübingen 2001) 29–31 v. a. zu den Materien, 134f. zum Reskriptcharakter der Bullen. (Die päpstliche Kammer ist nicht mit der für die kuriale Finanzverwaltung zuständigen Apostolischen Kammer zu verwechseln.)

[2] Die folgenden Angaben über die Zahl, Inhalte und räumliche Verteilung der päpstlichen Bullen für die Pontifikate von Calixt III., Innozenz VIII. und Leo X. beruhen auf den Untersuchungen bzw. Ergebnissen, die in *Tewes*, Die römische Kurie (wie Anm. 1) 1–109, ausführlich präsentiert wurden; analog und vertiefend: *Götz-Rüdiger Tewes*, Das spätmittelalterliche Papsttum und die Problematik der Raumerfassung, in: Raum und Raumvorstellungen im Mittelalter, hrsg. v. *Jan A. Aertsen, Andreas Speer* (Miscellanea Mediaevalia 25. Berlin, New York 1998) 603–612; *ders.*, Zwischen Universalismus und Partikularismus: Zum Raumbewußtsein an der päpstlichen Kurie des Spätmittelalters, in: Raumerfassung und Raumbewußtsein im späteren Mittelalter, hrsg. v. *Peter Moraw* (Vorträge und Forschungen 49. Stuttgart 2002) 31–85.

absoluten Zahlen stiegen um 60 %, am stärksten in Frankreich und dort um teilweise mehr als das Zehnfache in den ehemals kurienfernen Kirchenprovinzen Rouen, Sens, Lyon, Bourges und Bordeaux. Hierbei fällt auf, dass es sich in mehr als 55 % dieser Bullen allein um drei sachlich miteinander verknüpfte Materien handelte. Die französischen Kleriker erhielten in diesen königsnahen Räumen in einer für das papstchristliche Europa einzigartigen Konzentration Bullen für Pfarrkirchen, für Pensionsansprüche aus diesen Pfarrkirchen(, die der Petent nämlich gegen die Forderung einer Pension aus den Pfründeinkünften zugunsten eines meist verwandten Dritten in die Hand des Papstes resigniert hatte,) und für Dispense, um inkompatible Benefizien besitzen zu dürfen, bei denen es sich meist um solche Pfarrkirchen als nicht kumulierbare Seelsorge-Benefizien handelte. Um 1500 wurde dieses an sich schon simonistische System der Einkommenssicherung noch perfektioniert, indem der Resignant sich nicht nur eine Pension reservieren ließ, sondern gegen den eigentlichen Zweck des Benefiziums sämtliche Pfründeinnahmen sowie das Recht des Regressus, also der Rückkehr auf das resignierte Benefiz. Dieses gerade in Frankreich für die dort oft als königliche Amtsträger wirkenden Kleriker perfektionierte System trug entscheidend zur Vermehrung der Bullen und der päpstlichen Annaten-Einkünfte bzw. -Ansprüche bei. Wenn sich Deutsche jenes Systems einer effizienteren Sicherung geistlicher Einkünfte bedienten, dann waren es oft Kuriale wie etwa der Fuggerfaktor Johannes Zink[3].

Im Deutschen Reich blieben allerdings die absoluten Zahlen mit jährlich ca. 500 Bullen von der Mitte des 15. Jahrhunderts bis zum Ende des Pontifikats Leos X. (1521) annähernd gleich – doch relational, d.h. im Verhältnis zur Gesamtsumme aus allen Ländern des Orbis christianus, sanken sie von 21 % um 1450 über 13 % unter Innozenz VIII. bis auf gerade noch 8 % unter dem Medici-Papst! Dabei klaffte der Hiatus zwischen den Diözesen West- und Süddeutschlands und denen des Nordens und Ostens noch weiter auseinander. Frankreich hingegen zog weiterhin den größten Anteil an Kanzleibriefen auf sich, obwohl der relationale Anteil leicht von 40 % auf 36 % sank. Doch konzentrierter als in allen anderen europäischen Ländern dominieren für Frankreich die Provisionen mit Pfarrkirchen, die zugunsten von Verwandten oder Freunden in die Hände des Papstes resigniert worden waren, und um die sachlich damit verknüpften Dispense für inkompatible Benefizien und Pensionen aus den Einkünften der resignierten Pfründen bzw. um Reservationen der gesamten Einkünfte oder das Recht, das aufgegebene Benefiz nach dem Tod oder Verzicht des neuen Inhabers wieder in Besitz nehmen zu dürfen (*regressus*- bzw. *accessus*-Recht). Als ebenso einzigartig sticht die hohe Zahl der Priorate hervor, die durch eine päpstliche Provision an hohe Geistliche in Frankreich vergeben wurden[4].

Dieses hier nur grob zu skizzierende System wirkte sich nachhaltig auf die Finanzen der Kurie, aber natürlich auch der betroffenen Länder aus. Für sie wurde

---

[3] Vgl. *Tewes*, Die römische Kurie (wie Anm. 1) 101, 248 (mit weiterer Literatur).
[4] Vgl. *Tewes*, Die römische Kurie (wie Anm. 1) 75–107.

das Geld, das durch die von der Kurie für ihre Gnaden verlangten Taxen nach Rom floss, zu einem Politikum – und offenbar am stärksten in Frankreich und Deutschland. Eine solche Reaktion war nicht ganz unberechtigt, denn die Fiskalisierung, die Ökonomisierung der Kurie hatte im 14. Jahrhundert, während des avignonesischen Papsttums, einen ersten Höhepunkt erreicht, um nach dem Ende des Großen Schismas bzw. der alleinigen Herrschaft der Päpste in Rom nach dem Konstanzer Konzil mit einem neuen Innovationsschub in der zweiten Hälfte des 15. Jahrhunderts weiter vorangetrieben zu werden. Die Kurie unterschied zwischen weltlichen Einnahmen aus ihren Temporalien, etwa Steuern und Zöllen aus dem Kirchenstaat, sowie geistlichen aus den Spiritualien. Zu ihnen gehörten die Servitien für die im Konsistorium vergebenen höheren Benefizien, also Bistümer und zahlreiche Abteien, sowie die berühmt-berüchtigten Annaten, die ab einem Pfründwert von 24 Kammergulden einmalig zu zahlen waren und seit einer Finanzreform unter Papst Sixtus IV. im Jahr 1481 exakt 47,5 % des Jahreseinkommens betrugen. Die Annaten sind für die Papstfinanzen – und folglich für die involvierten Länder – im Spätmittelalter zu einem immer bedeutender werdenden Faktor geworden, doch gemessen daran ist die Forschungslage ernüchternd[5]. 1306 erstmals durch Clemens V. in Höhe eines Jahresertrages für die englischen Benefizien erhoben, wurden die Annaten schon unter seinem Nachfolger Johannes XXII. (1316–1334) durch den Ausbau des päpstlichen Reservationsrechtes zum stärksten Posten im päpstlichen Finanzhaushalt. Außer an der Kurie bzw. an der Apostolischen Kammer konnten die Annaten auch *in partibus* an den päpstlichen Kollektor bezahlt werden. Dies geschah in der zweiten Hälfte des 15. Jahrhunderts allerdings kaum noch. Denn die Kurie baute seit dem Schisma ihre zentralistische Funktion immer weiter aus, so dass nun nahezu jeder persönlich oder, was die Regel war, über seinen Prokurator und Bürgen die Zahlung in Rom leistete. Diese Vermittlungsfunktion übernahmen nun vor allem die großen, an der Kurie ansässigen Banken bzw. deren Mitarbeiter. Diese Banken hatten sich auf bestimmte Räume spezialisiert, in denen sie mit ihren Filialen vertreten und politisch-wirtschaftlich gut vernetzt waren. Den deutschen Raum betreuten um 1500 in erster Linie die Fugger, deren Dominanz die Welser als ihre mächtigsten Konkurrenten kaum schwächen konnten. Die französischen Geistlichen wurden traditionell besonders intensiv von Florentiner Banken wie besonders der Medici-Bank um-

---

[5] Die bislang noch beste Arbeit zur Camera Apostolica und der spätmittelalterlichen Papstfinanz stammt von *Adolf Gottlob*, Aus der Camera Apostolica des 15. Jahrhunderts. Ein Beitrag zur Geschichte des päpstlichen Finanzwesens und des endenden Mittelalters (Innsbruck 1889); zu nennen wären ferner *J.P. Kirsch*, Die Annaten und ihre Verwaltung in der zweiten Hälfte des 15. Jahrhunderts, in: HJb 9 (1888) 300–312; *Emil Göller*, Die neuen Bestände des Camera apostolica im päpstlichen Geheimarchiv, in: RQ 30 (1916–1922) 38–53; ders., Untersuchungen über das Inventar des Finanzarchivs der Renaissancepäpste (1447–1521), in: Miscellanea Francesco Ehrle V (Studi e Testi 41. Roma 1924) 259–262; vgl. auch *Tewes*, Die römische Kurie (wie Anm. 1) 190–198 (die noch in jüngeren Studien zu lesende, auf einer irrigen Aussage in der älteren Forschung basierende Behauptung, Annatenforderungen seien nur bis zu einer Obergrenze von einhundert Kammergulden jährlicher Pfründeinnahmen erhoben worden, ist strikt zurückzuweisen).

worben und betreut. Dieses mit der Regentschaft König Ludwigs XI. zunehmend lukrative Geschäft führte diese auch nach ihrem offiziellen Ende 1497 ohne Unterbrechung fort, nämlich durch ihre schon seit ca. 1480 eingerichteten Tarnbanken, die sie sogar erfolgreich ausbauen konnten. Diese Banken firmierten in Lyon, dem zentralen französischen Finanzplatz, vor allem unter den Namen Bartolini und Salviati, in Florenz unter dem von Lanfredino Lanfredini und in Rom unter dem seines Mitarbeiters Giovanni Pandolfini[6].

Im Zuge der Finanzreformen unter Sixtus IV. entstand eine weitere, immer wichtiger werdende Finanzbehörde, die Datarie, die direkt dem Papst unterstand. Über die eigentliche Funktion, die Datierung der Bullen, hinausgehend, wurde dem Datar nun nahezu exklusiv das Kompositionsrecht übertragen. Bei der Gewährung all dieser gerade in Frankreich, Spanien, Italien, aber selbst England, nicht aber in Deutschland explosionsartig anwachsenden Gnaden wie Dispensen, Fakultäten, Lizenzen, Pensionen, *reservationes fructuum*, Regressus-Rechten oder der unter Leo X. erstmals gewährten *facultas*, Pensionen auf Dritte übertragen zu dürfen, musste die Taxe also mit dem Datar ausgehandelt, komponiert werden. Aber über die erheblichen, wachsenden Einnahmen verfügte allein der Papst für seine Privatkasse, nicht mehr die Kammer, deswegen sind die Kompositionsverfahren und Einkünfte auch bis heute vollkommen intransparent. Der Petent war dabei, wie eindringlich bezeugt wird, von dem Wohlwollen oder der Willkür des Datars abhängig. Da zu den Betroffenen bekanntlich auch Albrecht von Brandenburg gehört, der mit offenkundig erheblich weniger Gunst als vergleichbare Petenten 10 000 Gulden für die Konfirmation seiner beiden Erzbistümer und seines Bistums zu zahlen hatte und aus einem achtjährigen Ablass für St. Peter tilgen durfte, ist diese Behörde für die Reformationsgeschichte ähnlich relevant wie das Problem der Ablässe oder Annaten[7].

---

[6] Vgl. jetzt *Götz-Rüdiger Tewes*, Kampf um Florenz. Die Medici im Exil 1494–1512 (Köln, Weimar, Wien 2011) passim. Eine diese Thematik für alle wichtigen Banken und europäischen Räume komparativ erschließende Untersuchung ist freilich noch ein Desiderat.

[7] Zum Fall Albrechts von Brandenburg vgl. *Aloys Schulte*, Die Fugger in Rom 1495–1523. Mit Studien zur Geschichte des kirchlichen Finanzwesens jener Zeit, I: Darstellung, II: Urkunden (Leipzig 1904), hier I, 97–141; hierzu und zu einem analogen Fall vgl. auch *Götz-Rüdiger Tewes*, Die päpstliche Datarie um 1500, in: Stagnation oder Fortbildung? Aspekte des allgemeinen Kirchenrechts im 14. und 15. Jahrhundert, hrsg. v. *Martin Bertram* (Bibliothek des Deutschen Historischen Instituts in Rom 108. Tübingen 2005) 159–180, hier 174. Eine vergleichbare Kumulation von Bistümern wäre für Eberhard von der Mark zu nennen, einen Protegé Karls V., der durch dessen Fürsprache 1519 das Privileg erhielt, neben seinen Bistümern Lüttich und Chartres noch das spanische Erzbistum Valencia besitzen zu dürfen, wobei allerdings in die Prokuratorenkreise an der Kurie keinerlei Information über eine Kompositionsgebühr durchdrang. Sollte sie für den Günstling des Kaisers überhaupt verlangt worden sein, so dürfte sie nicht das Ausmaß der Taxe Albrechts von Brandenburg erlangt haben. Gleiches gilt offenkundig für den mailändischen Hochadligen und Medici-Intimus Federico Sanseverino, der als Kurienprokurator Frankreichs außer seinen Bistümern Maillezais und Novara noch das Erzbistum Vienne in Besitz nehmen konnte; zu ihm: *Tewes*, Kampf um Florenz (wie Anm. 5) passim.

Die Spiritualieneinkünfte konnten durch die Datarie zweifelsohne gesteigert werden[8]. Wenn man allein die durch die Kanzlei ausgestellten Bullen für eine Dispens *ad incompatibilia* nimmt, also die Erlaubnis, mehrere nach Kirchenrecht miteinander unvereinbare Seelsorge-Benefizien besitzen zu dürfen, ist etwa für Frankreich eine Steigerung von 83 Bullen für den Pontifikat Calixts III. auf 647 Bullen für einen vergleichbaren Drei-Jahresabschnitt unter Innozenz VIII. und auf schließlich 1 110 Bullen unter Leo X. zu konstatieren. Diese kompositionspflichtige Materie wurde im Übrigen bei den englischen Klerikern, die sich wegen der Provision mit Benefizien so gut wie gar nicht mehr an den Papst wandten, im Laufe dieser Zeit zur begehrtesten: ihre Zahl stieg in jenen Drei-Jahresabschnitten von 7 auf 280 und 359 (und 1 001 Dispense *ad incompatibilia* im gesamten Pontifikat Leos X.)[9]. Die aus solchen Posten resultierenden Einkünfte der Datarie-Kasse können nicht einmal geschätzt werden. Denn der jeweilige Kompositionsbetrag hing nicht nur von der Entscheidung des Datars und damit von seinem Gutdünken ab, sondern auch von vielen anderen, schwer zu kalkulierenden Faktoren wie etwa dem Alter des Petenten, seinem politischen Einfluss und Gewicht bzw. dem seiner Prokuratoren, seinem kirchlichen Rang, dem Grad der Abweichung von der kirchenrechtlichen Norm, dem ökonomischen Wert und dem Status der betreffenden Benefizien. Auch der Sollizitator, d.h. Kurienprokurator Francesco Colucci konnte in seiner 1519 für die Florentiner Dei-Bank in Lyon verfassten, auf oft vagen Richt- und Erfahrungswerten basierenden Aufstellung von Datarie-Taxen keine genaueren Angaben machen. Jeder europäische Petent, der sich wegen bestimmter Gnaden, die unter die Kompositionsgewalt des Datars fielen, an die Kurie wandte, wurde mit diesem Problem konfrontiert. Das Interesse des Historikers an den durch den Datar für seinen Papst bzw. dessen Privatkasse generierten Einkünften stößt jedoch vor allem deshalb an unüberwindbare Grenzen, weil die Datarie bis auf wenige Ausnahmen der tridentinischen Reformzeit, die aber meist nur summarische Angaben bieten, keine Rechnungsbücher-Serie überliefert hat – obwohl sie solche Kassenbücher geführt haben muss. Doch da der Papst niemandem bzw. keiner kurialen Institution über seine Ausgaben Rechenschaft schuldig war und daher auch niemandem Rechnungs- oder Quittungsbücher seines Haushaltes vorlegen und hinterlassen musste, war auch die nur dem Papst verantwortliche Datarie einer solchen institutionellen Kontrolle entzogen. Nicht von ungefähr war der Datar stets ein enger Vertrauter des Papstes, der – was

---

[8] Partner hatte angenommen, dass die gegenüber den Einkünften aus den Temporalien des Kirchenstaates stets geringeren Spiritualien-Einkünfte Anfang des 16. Jahrhunderts unter den Medici-Päpsten Leo X. und Clemens VII. gerade aufgrund der gestiegenen Datarie-Einnahmen auf fast 50 % der Gesamteinnahmen anwuchsen; vgl. *Peter Partner*, The „Budget" of the Roman Church in the Renaissance Period, in: Italian Renaissance Studies. A tribute to the late Cecilia M. Ady, hrsg. v. *E.F. Jacob* (London 1960) 256–278, hier bes. 262f.; *ders.*, Papal Financial Policy in the Renaissance and Counter-Reformation, in: Past and Present 88 (1980) 17–62, hier bes. 46f., 49; zur Sache vgl. auch *Tewes*, Die römische Kurie (wie Anm. 1) 226, Anm. 3 (mit weiterer Lit.).

[9] Vgl. *Tewes*, Die römische Kurie (wie Anm. 1) 5, 87, 138.

freilich äußerst selten eintrat – seit Sixtus IV. nur unter dieser Voraussetzung den Datar seines Vorgängers übernahm[10].

Transparenter sind hingegen die Einnahmen der Apostolischen Kammer, denn sie führte mit den (älteren) Introitus et Exitus-Registern und den (jüngeren, die Bedeutung dieser Einkünfte und des fiskalischen Zentralisierungsprozesses unterstreichenden) Annaten-Registern Kassenbücher, die nur aufgrund von Verlusten Lücken aufweisen[11]. Und seit 1481 konnte jeder Petent genau kalkulieren, wie hoch die Annaten waren, die er für seine niederen Benefizien an die Kammer zu zahlen hatte. Ein europäischer Vergleich ist instruktiv. Doch an der Kurie wurde eine statistische Bilanzierung als dessen Voraussetzung niemals vorgenommen. Wozu auch? Erst das Interesse des Historikers an einer sicheren Basis für vergleichende Aussagen über die finanzielle Belastung der verschiedenen politischen Räume in Europa führt zu einer Analyse und Auswertung der Annaten-Register.

Die für die Mitte des 15. Jahrhunderts herausgearbeiteten Relationen bei den Kanzleibriefen, d.h. hier bei den potentiell annatenpflichtigen Pfründenprovisionen – Italien führend, Deutschland und Frankreich gleich stark, Spanien als letzter der vier maßgeblichen Großräume – gelten bei den Zahlungen erstaunlicherweise nicht. Deutschland bildete in dieser Hinsicht schon damals unter den vier, hier mit 94 % maßgeblichen Großräumen zusammen mit Spanien ein Schlusslicht (den Löwenanteil der restlichen 6 % trug Portugal)[12]. Im Reich führten päpstliche

---

[10] Tewes, Die päpstliche Datarie (wie Anm. 6) 175–180.

[11] Die Introitus et Exitus-Register gehen auf das Jahr 1279 zurück und sind bis zum Jahr 1528 mit 561 Nummern überliefert. Im 15. Jahrhundert liegen sie im Idealfall in drei gleichlautenden, parallelen Versionen vor, von denen zwei in lateinischer Sprache für den Kämmerer (stets im Kardinalsrang) sowie den (ihm untergeordneten) Thesaurar bestimmt waren und eines in italienischer Sprache vom Depositar, d.h. hier einer italienischen Bank, stammte (dem Thesaurar stand seit ca. 1421 der Depositar zu Seite; beide teilten sich die Barkasse). Der Depositar kam in der Regel aus dem Kreis der großen, meist toskanischen Handelsgesellschaften wie z. B. den Medici, da er als Bankier die zentrale Aufgabe hatte, dem Papst bzw. der Kammerkasse Kredite zu gewähren, wenn die Einnahmen hinter den Ausgaben zurückblieben. Eine Serie von eigenen Annaten-Registern gibt es erst seit dem Anfang des 15. Jahrhunderts; erst unter Martin V. setzt 1421 eine vollständige Reihe ein, die gleichwohl von Verlusten (etwa durch den Transport nach Paris in napoleonischer Zeit) geprägt ist. Die Entstehung dieser neuen Register-Serie (in der nicht nur wie in den Introitus-Registern die faktische Zahlung, sondern der gesamte Obligationsvorgang zur künftigen Begleichung der Annaten verzeichnet ist) zeigt zum einen die gestiegene Bedeutung dieser (sinkende Einnahmen aus dem Kirchenstaat kompensierenden) Spiritualien-Einkünfte an, zum anderen indiziert sie den Prozess der zentralistischen Fiskalisierung der Kurie, denn analog zu den Servitien, die in der Regel schon immer am Sitz der Kurie zu bezahlen waren, wollte die Kurie seit der Schismazeit die Annaten zentral verwalten, indem sie deren Erhebung den *in partibus* wirkenden Kollektoren entzog und selbst für die Buchführung und Rechnungsprüfung sorgte. Daher wurde am Beginn des 16. Jahrhunderts auch das neue Kurienamt des *inquisitor annatarum* eingeführt, der auf Provisionsbasis (meist 5 % der Annatenschuld neben einem monatlichen Gehalt von vier Kammergulden) dafür zuständig war, Annatenschulden einzutreiben. Giuliano Cecio konnte als ein solcher Inquisitor im Jahr 1513 beispielsweise die beachtliche, hohe Summe von 632 Kammergulden verdienen; genauere Angaben in *Tewes*, Die römische Kurie (wie Anm. 1) 192f.

[12] Ausführliche quellenkritische Erläuterungen und die genauen Ergebnisse für diesen Zeitraum finden sich in *Tewes*, Die römische Kurie (wie Anm. 1) 190–210; ausführlicher für die deutschen

Provisionen wesentlich seltener zu Annaten-Zahlungen als vor allem in Italien und Frankreich. Mit Zahlen gesprochen: Um 1460 kamen 34 568 Kammergulden aus Frankreich, 13 046 Kammergulden aus Italien, 10 876 aus Deutschland und 10 874 aus Spanien. Die französischen Annaten bezogen sich primär auf Pfarrkirchen und Priorate, kaum Kanonikate. Bereits 1458/59, also noch unter Karl VII., kamen nur aus den Pfründeinnahmen der durch Rom providierten Pfarrer Frankreichs in einem Jahr mehr Gulden in die Kasse der Apostolischen Kammer als aus sämtlichen Annaten-Zahlungen des Deutschen Reichs, inklusive Lüttichs! Mit Blick auf Frankreich ist erstaunlich, dass relativ viele Zahlungen auch aus Diözesen kamen, in denen formalrechtlich die Pragmatique galt, deren Kleriker also gar nicht in Rom hätten supplizieren dürfen. Warum? Mächtige Kronvasallen und sogar der König ignorierten die Pragmatique, um die Vorteile eines kurialen Alimentierungssystems für ihre Klientel und Amtsträger zu nutzen. Und für diese Versorgungspolitik und damit die Entwicklung des Staatsapparates eigneten sich isolierte Benefizien wie Pfarrkirchen besser als die stärker kontrollierten Stifte. Dieses Verfahren wurde intensiviert und führte dazu, dass aus Frankreich unter Innozenz VIII. ca. 40 % aller Annaten-Einkünfte kamen, während aus dem Reich nur ca. 11 % in die Kassen der Apostolischen Kammer gelangten und noch stärker als vorher aus dem Westen und Süden. Aus den Annaten-Obligationen, die ab 1484 in drei Jahren des Pontifikates von Innozenz VIII. geleistet worden waren, resultierten für das Deutsche Reich Annaten-Zahlungen von insgesamt 7 300 Kammergulden, während für Frankreich eine Gesamtsumme von 26 225 Kammergulden errechnet werden kann. Der jährliche französische Durchschnittsbetrag war somit fast viermal so hoch wie der deutsche und deutlich höher als der italienische und spanische[13]. Der deutsche Anteil an den Annaten-Verpflichtungen sinkt unter Leo X. auf gut 8 % und entspricht somit der Relation, mit der deutsche Diözesen in den von der Kanzlei ausgestellten päpstlichen *litterae* vertreten sind[14]. Die Konsequenzen für die zwischen den deutschen *partes* und der

---

Betreffe und mit einer Neuberechnung, auf der die oben präsentierten Zahlen beruhen: *ders.*, Deutsches Geld und römische Kurie. Zur Problematik eines gefühlten Leides, in: Kurie und Region. Festschrift für Brigide Schwarz zum 65. Geburtstag, hrsg. v. *Brigitte Flug, Michael Matheus, Andreas Rehberg* (Geschichtliche Landeskunde 65. Stuttgart 2005) 209-239, hier 217f. mit den Zahlen aus zwei Introitus et Exitus-Registerbänden der Jahre 1458/59 und 1460/61 und dem Annaten-Band für das Rechnungsjahr 1461/62 (für fundiertere Aussagen wurde hier auf die Bände aus dem Pontifikat Pius' II. zurückgegriffen, da aus dem Pontifikat Calixts III. nur unvollständige Introitus-Register erhalten sind, die in *Tewes*, Die römische Kurie, ausgewertet wurden).
[13] *Tewes*, Die römische Kurie (wie Anm. 1) 210-224; *ders.*, Deutsches Geld (wie Anm. 11) 218-221.
[14] Zur quantitativen Analyse und notwendigen quellenkritischen Erläuterungen: *Tewes*, Die römische Kurie (wie Anm. 1) 243-256; vgl. *ders.*, Deutsches Geld (wie Anm. 11) 221f. Aus den Annaten-Registern des ersten Medici-Pontifikates sind zwar die Obligationen bzw. Verpflichtungen, leider jedoch keine genauen Annaten-Zahlungen mehr zu erschließen, denn zum einen wechselte während dieses Pontifikates mehrfach der Modus, die Beträge zu registrieren, da in wachsendem Maße immer mehr andere Kurieninstitutionen an diesen Einkünften beteiligt wurden, so dass die Annaten-Introitus der Apostolischen Kammer zwischen 1513 und 1516 von 44 % auf 15 % sanken. Zum anderen ist ein großer Teil der französischen Obligationen und Zahlungen nicht mehr

römischen Kurie vermittelnde maßgebliche Bank, die der Fugger, sind evident: Anders als bei den das Kuriengeschäft in Frankreich, Spanien oder Italien dominierenden Banken konnte die Apostolische Kammer hohe Kredite der Fugger-Bank an den Medici-Papst (analog zu ihrem Darlehen für Albrecht von Brandenburg) kaum noch durch ihre Einnahmen aus Annaten- und Servitien-Taxen oder durch Gebühren für ihre umfassenden Dienstleistungen, die sie den sich nach Rom wendenden Klerikern dieser Länder anbot, absichern bzw. tilgen, indem sie der Bank wie meist üblich solche Spiritualien-Einkünfte des von dieser betreuten politischen Raumes überließ. Wenn die Fugger-Bank ihre Stellung unter den Kurien-Banken durch Kredite an den Papst ausbauen wollte, musste sie diese durch Einnahmen aus ihrem deutschen Ablass-Monopol decken lassen, das sie seit 1514 tatsächlich anstrebte und in exzeptioneller Weise verwirklichte. Offenkundig verfügten andere europäische Banken dafür weder über die politischen Voraussetzungen noch besaßen sie entsprechende Intentionen[15].

Doch exklusiv-singuläre Beziehungen zur römischen Kurie sind nicht für das Deutsche Reich, sondern für das Königreich Frankreich zu konstatieren. Dies ist bemerkenswert. Denn formaljuristisch waren sie undenkbar. Schließlich galt dort seit 1438 – mit Ausnahme jener kurzzeitigen Aufhebung von 1461 bis 1464 unter Ludwig XI. – bis 1518 die Pragmatische Sanktion von Bourges, mit der Frankreich als einziges europäisches Land in leicht modifizierter Form 24 Dekrete des Basler Konzils als königliches Gesetz übernahm[16]. Für unseren Kontext entscheidend sind jene die *reformatio in capite* tangierenden Dekrete über die Annaten und Reservationen, denn auf ihnen beruhte das Postulat von den Gallikanischen Freiheiten. Gemäß dem Basler Dekret *De reservationibus* galt in Valois-Frankreich – also nicht in den Herzogtümern Bretagne, Burgund und Savoyen, wo wie gesagt Konkordate mit der Kurie abgeschlossen wurden – generell nur die päpstliche *reservatio in corpore iuris clausa*, womit faktisch päpstliche Provisionen nur bei Benefizien möglich waren, die durch Tod des Benefiziaten an der Kurie vakant

---

von der Kammer verwaltet und verbucht worden, sondern stand unter der Verfügungsgewalt von Leos maßgeblichem Bankier Leonardo di Zanobi Bartolini. Aus den Introitus und Annaten Registern sind die zweifelsohne weiterhin hohen französischen Annaten-Zahlungen demnach nicht mehr zu eruieren.

[15] Zur römischen Fugger-Bank und zu ihren Kurienkrediten vgl. *Schulte*, Die Fugger in Rom I/II (wie Anm. 6); *Götz Freiherr von Pölnitz*, Jakob Fugger, I: Kaiser, Kirche und Kapital in der oberdeutschen Renaissance, II: Quellen und Erläuterungen (Tübingen 1949/1951) I, 305-331, II, 322-327; *Tewes*, Die römische Kurie (wie Anm. 1) 298-301.

[16] Druck der Pragmatischen Sanktion von Bourges in: Ordonnances des Rois de la troisième race, XIII, éd. *De Vilevault, De Bréquigny* (Paris 1772, ND Farnborough 1967) 267-291; zur Pragmatique und ihrer Anwendung zwischen formaler Anerkennung, zeitweiser Aufhebung 1461 bis 1464 und folgender faktischer Ignorierung bis zum Konkordat von Bologna 1516/18, das die Pragmatische Sanktion staats- und kirchenrechtlich endgültig aufhob, vgl. *Tewes*, Die römische Kurie (wie Anm. 1) 117-125 (mit weiterer Lit.); *ders.*, Kirchliche Ideale und nationale Realitäten. Zur Rezeption der Basler Konzilsdekrete in vergleichender europäischer Perspektive, in: Die Konzilien von Pisa (1409), Konstanz (1414-1418) und Basel (1431-1449). Institution und Personen, hrsg. v. *Heribert Müller, Johannes Helmrath* (Vorträge und Forschungen 67. Ostfildern 2007) 337-370, hier 339, 346-349, 355-360 (Lit.).

wurden, niemals aber aufgrund der beschriebenen tausendfachen Resignationen *in manibus pape in favorem tertii*. Servitien- und Annaten-Zahlungen sollten unterbleiben, doch einigte man sich bald auf einen schon seit dem Konstanzer Konzil praktizierten Modus, nach dem in Frankreich zwar Servitien gezahlt werden mussten, jedoch nur zur Hälfte der regulären Taxe. Was Frankreich allerdings allein durch das Annatenverbot der Pragmatique einsparte, war beachtlich. Als Ludwig XI. sie 1461 aufhob, erwartete er als Ausgleich für den damit verbundenen Transfer von geschätzten 300 000 Gulden nach Rom Gegenleistungen des Papstes, insbesondere bei der Anerkennung königlicher Bischofskandidaten. Offenkundig entsprachen die Gaben des Papstes nicht seinen Erwartungen, da er sie nach drei Jahren erneut als gültig erklärte. Dem 1472 zwischen Ludwig XI. und Papst Sixtus IV. ausgehandelten Konkordat, das die Pragmatique erneut außer Kraft setzen sollte, verweigerten die Parlamente die Anerkennung und Registrierung. Gleichwohl müssen es die französischen Könige bis zu Franz I. faktisch weitgehend befolgt haben, wie die oben skizzierten Zahlen belegen.

Rechtlich ist die Pragmatique also erst mit dem Konkordat von Bologna 1516 – und in Frankreich nach heftigen Protesten gar erst 1518 – abgeschafft worden. Höchst bezeichnend ist die Behandlung der Annaten-Frage, sowohl im Konkordat als auch durch den König bzw. seine Vertrauten gegenüber der sensibilisierten Öffentlichkeit, denn dieser Punkt war mehr als ein Politikum. Die Annaten abzulehnen bildete ein Herzstück der Gallikanischen Freiheiten. Deshalb gaben sowohl Kurie als auch Krone die besonders umstrittene Wiedereinführung der Annaten niemals offen zu, sondern verschleierten sie. Große Teile der Elite an Parlament und Universität von Paris glaubte bis dahin, dass Frankreich keine Annaten zahlen musste. Erst durch das Konkordat würden die verbotenen und von den Konzilien als simonistisch verurteilten Annaten wieder eingeführt, würde Frankreich sehr viel Geld verlieren. Mit einem Appell an Leo X. verlangte die Pariser Universität am 27. März 1518 die Rechtmäßigkeit des Basler Konzils bzw. der Pragmatischen Sanktion und insbesondere die des Annaten-Verbots anerkennen zu lassen[17]. Hätten die Kritiker des Konkordats gewusst, welch gewaltige

---

[17] König Franz I., der zwischen Februar 1517 und Februar 1518 mehrfach persönlich und durch seinen Kanzler Antoine Duprat das Konkordat entschieden vor dem Parlament verteidigte und dessen Kritiker auch mit Einschüchterungen zu überzeugen suchte, ließ diesen z. B. explizit versichern, er selbst verurteile ebenfalls die Praxis der Annaten und billige alles, was sie verhindern könne. Das Konkordat habe freilich niemals von ihnen gesprochen und lasse den bisherigen Zustand unangetastet – womit die Überzeugung bzw. der Glaube der gallikanischen Jünger geschickt so bedient wurde, dass die Realität nicht mit einer Lüge geleugnet werden musste. Die Annaten stellten ein derart großes, unüberwindbares Problem dar, dass der Begriff im Konkordat vermieden wurde. Gleichsam mit einem gallikanischen Tabubegriff verbargen Kurie und Krone die Annatentaxe in einem marginalisierten Kontext (am Schluss des Kapitels über die apostolischen Mandate) in dem generell üblichen Begriff des *verus valor*, der bei allen päpstlichen Provisionen für vakante Benefizien angegeben werden müsse. Doch schon in den Kanzleiregeln war die *veritas precuum*, die natürlich die wahrheitsgetreue Angabe des (für die Berechnung der Annatentaxe ja entscheidenden) jährlichen Einkommens aus dem zu verleihenden Benefiz einschloss, immer die Voraussetzung für die Rechtsgültigkeit der päpstlichen Provisionsbulle gewesen.

Annaten-Summen seit Jahrzehnten aus Frankreich nach Rom geflossen waren und in jenen Jahren in die Kassen des Hausbankiers des Medici-Papstes strömten, hätten sie eine quantifizierte Vorstellung gehabt, wie viel französisches Geld zudem durch Kompositionen für Dispense in die Kasse des Datars bzw. des Papstes gelangte, es hätte gewiss tumultuarische Proteste gegen die Kurienpolitik des Königs gegeben.

Doch Frankreich oder besser: der französischen Krone gelang es, sich ihren Mythos von den Gallikanischen Freiheiten zu bewahren, der bis in die Gegenwart nicht nur dort äußerst wirkmächtig blieb. Dieser Mythos beflügelte die deutschen Kurien- und Papstkritiker. Im Deutschen Reich wurde er rezipiert, die Pragmatique wurde importiert. Denn sie und jener Mythos bildeten hier spätestens seit 1461 den Referenzpunkt für den Plan, eine eigene, auf die radikalkonziliaristischen Basler Dekrete rekurrierende pragmatische Sanktion und mit ihr eine von Rom unabhängige Nationalkirche aufzubauen. Frankreich war in allen damit korrespondierenden Gravamina das explizite Vorbild, wie man sich erfolgreich gegen die kurialen Saugnäpfe, gegen eine Pauperisierung des eigenen Landes wehren konnte. Erst durch den Vergleich ließ sich die Klage über die ungerechte, zu starke finanzielle Ausbeutung durch Rom kraftvoll argumentativ stützen. Ich nenne aus dem Kreis führender deutscher Protagonisten hier nur die Traktate von Gregor Heimburg (1461) und Jakob Wimpfeling (1510 und 1515) – wobei Heimburg wegen der Abfassung einer deutschen pragmatischen Sanktion sogar nach Frankreich entsandt worden war, während Wimpfeling durch Kaiser Maximilian eine Epitome der Pragmatique als Vorlage erhielt. In dieser Traditionslinie steht nicht zuletzt Martin Luther mit seiner berühmten, einflussreichen Schrift „An den christlichen Adel deutscher Nation" von 1520. Mit Heimburg und Wimpfeling (sowie zahlreichen weiteren deutschen Kurienkritikern, die sich eher implizit an Frankreich orientierten) stimmt er darin überein, dass – mit je individueller Akzentuierung – die dummen Deutschen bzw. die deutschen Narren sich von einer räuberischen Kurie vor allem kraft der Annaten ausplündern lassen müssen, während das Königreich Frankreich sich kraft seiner die Basler Dekrete rezipierenden, die Annaten verbietenden Pragmatischen Sanktion erfolgreich gewehrt habe, und dass durch diese Verarmung die geistlichen Aufgaben verkümmerten und

---

Gleichwohl sah sich die Krone vor dem Parlament zu der – nun evident fälschlichen – Behauptung genötigt, die Forderung nach der Angabe des wahren Benefizienwertes in den Supplikationen sei nicht als erster Schritt zur Wiedereinführung der Annaten zu bewerten. Nur in der Bulle *Romanus pontifex* vom 1.10.1516, in welcher Franz I. und Leo X. aus praktischen Notwendigkeiten genauere Bestimmungen über die päpstlichen Provisionen für französische Kleriker und über die Taxenerhebung festlegten, erscheint der Begriff *annata* (synonym für Servitien und Annaten), doch ließ Franz I. diese (de jure nicht als Teil des Konkordats betrachtete) Bulle bezeichnenderweise erst einige Wochen nach der am 22.3.1518 erfolgten Registrierung des Konkordats durch das Parlament anerkennen. Ausführlicher hierzu: *Tewes*, Kirchliche Ideale (wie Anm. 16) 355–359; *ders.*, Die römische Kurie (wie Anm. 1) 123–125, 285; *ders.*, Dekonstruktion eines Mythos: Das Papsttum und Frankreich von Ludwig XI. bis Franz I., in: La Papauté à la Renaissance, ed. *Florence Alazard, Frank La Brasca* (Paris 2007) 639–661.

sozialrevolutionärer papstfeindlicher Aufruhr drohe[18]. Gerade durch seine Adelsschrift, die in verblüffender Dichte die nationale Kurienkritik der Gravamina in eine Reformschrift für eine deutsche, reformierte Nationalkirche übertrug, erzielte Luther eine bis dahin nicht erreichte Publizität[19]. Sie ruhte auf einem Fundament, dessen einer Pfeiler gewissermaßen einen konstruktiven Irrtum darstellte, den in Frankreich geschickt gepflegten Mythos von der Gallikanischen Freiheit der französischen Kirche.

Der Stellenwert Deutschlands und seiner frühen Reformation für die Kurie unter Leo X. wird durch die skizzierten Rahmenbedingungen in erheblicher Weise beeinflusst. Denn der Papst Giovanni de' Medici wird diese an sich schon konträren Beziehungen zwischen der Kurie und Frankreich bzw. Deutschland noch stärker ausformen, akzentuieren. Leo X. verlagerte das bestehende Ungleichgewicht weiter auf die französische Seite, indem er Frankreich in nahezu allen Bereichen gegenüber allen anderen europäischen Staaten (außer seinen eigenen) bevorzugte. Die Erklärung findet sich in maßgeblicher Weise in seiner Biographie vor 1513, doch der Fokus muss hier auf strukturrelevanten Prozessen liegen.

Als zweitgeborener Sohn von Lorenzo il Magnifico wurde Giovanni bereits mit 13 Jahren Kardinal, hatte seine Würde und sein Einkommen energisch gegen den arrogant-präpotenten älteren Bruder Piero verteidigen müssen. Dessen politische Unklugheit, sich an die Seite des aragonesischen Königreichs Neapel – vor allem aufgrund seiner engen Bindung an seinen Verwandten und „Ersatzvater" Virginio Orsini, den obersten Feldherrn Neapels – und nicht an die des traditionellen Florentiner Verbündeten Frankreich zu stellen, als Karl VIII. 1494 alte Rechte auf Neapel mit militärischer Gewalt durchsetzen wollte, nutzten die Gegner der

---

[18] Zu Heimburg: *Paul Joachimsohn*, Gregor Heimburg (Historische Abhandlungen aus dem Münchener Seminar I/1. Bamberg 1891) 212, 215, 220f.; *Bruno Gebhardt*, Die gravamina der Deutschen Nation gegen den römischen Hof. Ein Beitrag zur Vorgeschichte der Reformation (Breslau ²1895) 47f.; *Wilhelm Michel*, Das Wiener Konkordat v.J. 1448 und die nachfolgenden Gravamina des Primarklerus der Mainzer Kirchenprovinz. Ein Beitrag zur Geschichte der Kirchenreformbewegung im 15. Jahrhundert, (Bensheim 1929) 58; zu Wimpfeling: *Albert Werminghoff*, Nationalkirchliche Bestrebungen im deutschen Mittelalter (Kirchenrechtliche Abhandlungen 61. Stuttgart 1910, ND Amsterdam 1965) 120-133; *Joseph Knepper*, Jakob Wimpfeling (1450-1528). Sein Leben und seine Werke (Erläuterungen und Ergänzungen zu Janssens Geschichte des deutschen Volkes III/2-4. Freiburg i.Br. 1902) 252-267, 365-366; vgl. auch *Tewes*, Kirchliche Ideale (wie Anm. 16) 344-346, 352f., 360-362. Luther formulierte die gerade durch den Vergleich zu Frankreich anzuprangernde Dummheit der Deutschen wie folgt: „Wie kommen wir Deutschen dartzu, das wir solch reuberey, schinderey unserer guter von dem bapst leyden mussen? hat das kunigreich zu Franckreich sichs erweret, warumb lassen wir Deutschen uns alszo narren und effenn?"; vgl. Martin Luther, An den christlichen Adel deutscher Nation: Von des christlichen Standes Besserung, in: WA 6, 404-469, hier 417. Ausgeraubt werde Deutschland insbesondere durch die Annaten, wie Luther nicht oft genug betonen kann, etwa ebd. 419, 427f. u. ö. Instruktiv hierzu: *Georg Schmidt*, Luther und die frühe Reformation – ein nationales Ereignis?, in: Die frühe Reformation in Deutschland als Umbruch. Wissenschaftliches Symposion des Vereins für Reformationsgeschichte 1996, hrsg. v. *Bernd Moeller* (Schriften des Vereins für Reformationsgeschichte 199. Heidelberg 1998) 54-75, hier bes. 57, 61, 66f. (mit Zitaten).

[19] *Schmidt*, Luther und die frühe Reformation (wie Anm. 18) 68f.

Medici im November 1494 für deren Sturz und Verbannung. Mit 18 Jahren begann für Giovanni und seine Familie ein 18 Jahre dauerndes Exil, das mit seinen traumatischen Erfahrungen und politischen Orientierungen seinen kurz danach beginnenden Pontifikat nachhaltig prägte[20]. In dem mit militärischen, diplomatischen und kriminellen Mitteln ausgetragenen Kampf um die Rückgewinnung der Macht in Florenz erlitten die Medici und ihre Helfer unzählige Niederlagen, Demütigungen, Entbehrungen und sahen ihre Existenz und das glanzvolle Erbe der Vorfahren unmittelbar bedroht. Ihr wichtigster politischer Verbündeter war in all diesen Jahren Frankreich, zu dem sich Piero de' Medici auf Druck seiner Bankiers und hochrangiger französischer Adliger wie des Herzogs Ludwig von Orléans, der spätere König Ludwig XII., und des savoyischen Grafen Philippe de Bresse, des faktischen Herrschers des Herzogtums, noch vor der Exilierung bekannt hatte. Der bedeutendste Freund der exilierten Medici war der mailändisch-frankophile, ab 1503 als französischer Kurienprokurator wirkende Hochadlige und Kardinal Federico Sanseverino. Doch konnten die französischen Könige, Karl VIII. und sein noch engagierterer Nachfolger Ludwig XII., ihre Forderung nach einer Rückkehr, wenn nicht gar Restitution der Medici niemals bis zur letzten Konsequenz umsetzen: einem militärischen Kampf gegen Florenz. Denn Frankreich brauchte die Republik als festen Verbündeten unter den italienischen Pentarchie-Mächten für seine Interessen südlich der Alpen. Daher hatte Karl VIII. trotz seines Bekenntnisses zu Piero de' Medici im November 1494 einen Bündnisvertrag mit dem Medici-feindlichen Florenz abgeschlossen, den es sich teuer bezahlen ließ – eine politisch schizophrene Konstellation, in welcher die französischen Könige auch aus einer traditionellen Freundschaft heraus jedoch stets enger zu den Medici als zu deren Gegnern standen. Dafür gab es allerdings ebenso handfeste wirtschaftliche Gründe.

Die politische Achse der Medici nach Frankreich war verstärkend gekoppelt mit einer ökonomischen, denn in Lyon bauten die Bankiers der Medici die schon unter dem Magnifico um 1480 während der Pazzi-Kriege errichteten Medici-Tarnbanken zu einem insbesondere Westeuropa, aber vor allem auch Rom erfassenden Bankenimperium aus, das prosperierte und mit den Welsern, also Fugger-Konkurrenten, kooperierte. Für die ökonomischen Aspekte der frühen Reformationszeit – und das Annaten- und Ablass-Geschäft sind zentral! – ist die Tatsache, dass die Medici-Bank nicht wie bislang behauptet seit 1494/97 bankrott war, sondern mit dem exakt gleichen Personal, nur unter anderen Namen weiter florierte, von großer, bisher nicht berücksichtigter Bedeutung. Lorenzo de' Medici hatte seit 1482 vor allem in Florenz und Lyon neben den offiziellen Medici-Banken Tarnbanken gegründet, die unter dem Namen seines Mitarbeiters Bartolomeo Bartolini liefen und eigenständige Gesellschaften bildeten, deren weitere Gesellschafter jedoch ebenso Kreaturen des Magnifico waren. Einer seiner wichtigsten,

---

[20] Diese und die folgenden Ausführungen beruhen auf den ausführlichen Untersuchungen, die in *Tewes*, Kampf um Florenz (wie Anm. 6), präsentiert wurden. Auf Einzelnachweise muss aus Platzgründen verzichtet werden.

Filippo da Gagliano als weiterer Gesellschafter der Florentiner Bartolini-Bank, fungierte als Lorenzos Strohmann und Kapitalverwalter. Filippos Bruder Giuliano wirkte in der gleichen Funktion in der Lyoner Bartolini-Bank für Giovanbattista Bracci, den (seit ca. 1490) Generalmanager aller Medici-Banken und Schwager von Leonardo di Zanobi Bartolini, dem Bankier, Manager und wichtigsten Helfer des Kardinals und Papstes Giovanni de' Medici.

Giovanbattista Bracci und Lorenzo di Giovanni Tornabuoni, ein enger Verwandter bzw. Onkel zweiten Grades der Medici-Brüder, konnten die Florentiner Medici-Bank bis 1497, dem Jahr der Hinrichtung des Tornabuoni als verratener Unterstützer der exilierten Rebellen, unter deren Namen führen. Anschließend wurde diese Florentiner Medici-Erben-Bank durch Bracci und den langjährigen Medici-Intimus Lanfredino Lanfredini unter dessen Namen weitergeführt und ausgebaut – stets zu Gunsten der Medici, ihrer Patrone. Das nun unter den Namen Lanfredini, Bartolini, Salviati, Pandolfini, Buonvisi, De' Rossi und weiteren Namen firmierende Bankengeflecht umfasste Filialen in Neapel, Rom, Pisa, Florenz, Mailand, Lyon, Marseille, Montpellier und London, nicht aber in Städten des Deutschen Reiches! Doch die Augsburger Welser als einzige ernsthafte Konkurrenten der Fugger praktizierten schon vor 1500 eine enge Kooperation mit diesen getarnten Medici-Banken. Anton Welser der Ältere ließ seinen jüngeren Sohn Johann ab 1509 sogar von seinen Freunden in der Florentiner Lanfredini-Bank kaufmännisch ausbilden – eine deutliche Bestätigung des Renommees, das sich diese vermeintlich gar nicht existente Mediceer-Bank in Europa erworben hatte!

Vor allem in Frankreich dürften die Mediceer-Banken das lukrative Benefiziengeschäft dominiert haben; in dem seit 1500 unter französischer Herrschaft stehenden Herzogtum Mailand bildete die Bartolini-Bank einen integralen Bestandteil der Finanzverwaltung. Politische, kirchenpolitische und ökonomische Interessen und Strukturen wurden in korrelativer Weise verwoben. Wichtig für unseren Kontext ist besonders ein Geschäftszweig der Mediceer-Banken: französischen Klerikern päpstliche Gnadenbriefe gleichsam aus einer Hand zu verschaffen, ihnen alle notwendigen Schritte zwischen Auftrag und Erhalt der Bulle abzunehmen. So konnten, wie exemplarische Quellen belegen, südfranzösische Kleriker sich um 1508 an einen Prokurator aus Carcassonne wenden, der einen Vertrag mit der Lyoner Salviati-Bank geschlossen hatte, hinter der aber mit den größten Kapitalanteilen Giovanbattista Bracci (über seinen Strohmann) und die Florentiner Lanfredini-Bank (mit je einem Drittel) standen und erst nachgeordnet die eigentliche, aber ebenfalls durch Verwandtschaft mit den Medici verbundene Salviati-Bank in Florenz. Über die Salviati-Bank in Lyon wurde der Auftrag dann gegen festgelegte, transparente Gebühren nach Rom an die unter der Kontrolle der Lanfredini-Bank stehende Pandolfini-Bank weitergeleitet, die ihn einem von ihr bestellten Sollizitator bzw. Prokurator übergab (meist der Mediceer Francesco di Domenico degli Attavanti), der die Expedition der Bulle oder Bullen durch die notwendigen Ämter in erstaunlich kurzen Zeitfristen besorgte, für alle anfallenden Taxen in Vorleistung trat und über jene Banken auch die Zustellung des päpstlichen Gnadenbriefes besorgte[21]. Vermutlich hatte keine zweite Bank dieses profitable, rasant wachsende Geschäft so effizient betrieben wie diese Mediceer, denn außer auf ihre Verwurzelung und Protektion in Frankreich gründete sich ihr Erfolg auf ihrem Einfluss an der Kurie. An der Spitze der einflussreichen Mediceer-Kurialen stand zweifellos der Medici-Intimus Lorenzo Pucci, der noch unter Julius II. spätestens im Oktober 1510 Datar wurde und mit dem auch noch die Prokuratoren Albrechts von Brandenburg verhandeln mussten[22].

Einen politischen Tiefpunkt hatten die Mediceer um 1500 gegen Ende des Pontifikates von Alexander VI., des unberechenbaren Borgia, erlebt. Die militärischen Operationen unter Piero de' Medici mit wechselnden Verbündeten (meist die Orsini, Siena, aber auch Mailand, Venedig oder der Borgia-Papst bzw. dessen intransigent-machiavellistischer Sohn Cesare) waren allesamt gescheitert. Stärker denn je erlebten sie ihre Handlungsunfähigkeit, ihre Abhängigkeit von den politischen Mächten. Piero de' Medici kämpfte nun bei den französischen Truppen im Königreich Neapel gegen die Aragonesen, verlor dabei Ende 1503 jedoch sein Leben. Die Führung der Familie ging an den Kardinal Giovanni de' Medici über, der ebenso wie der gesamte Mediceer-Kreis von der Wahl Giuliano della Roveres zum Papst Julius II. profitierte, mit dem sie ein erheblich besseres, vor allem aber berechenbareres Verhältnis verband als mit Alexander VI. Als überaus förderlich erwies sich, dass Julius II. bis 1509 ein enges Bündnis mit Frankreich pflegte. Dies stärkte auch die dortige Basis der Medici. Vor gravierende Probleme stellte sie freilich dann der entschiedene Allianzwechsel des Papstes, sein folgender erbitterter Kampf gegen die französischen „Barbaren" in Oberitalien. Das 1510 daraus erwachsende schismatische Konzil von Pisa ist nicht aus theologischen Reformplänen, sondern als ein kirchenpolitisches Instrument, als Reaktion der Franzosen auf den bellizistischen Papst entstanden. Maßgeblicher Initiator war der zentrale Medici-Freund Federico Sanseverino, der erfolgreich den für die Franzosen wenig vorteilhaften Konzilsort Pisa durchsetzte, weil er wusste, dass ein antipäpstliches Konzil in dieser von den Florentinern gerade erst wiedereroberten Hafenstadt den Zorn von Julius II. auf die Medici-feindliche Regierung des Piero Soderini auf neue, von den Mediceern nur erwünschte Höhen treiben würde. Der Sanseverino wollte zugleich, doch vergeblich, Kaiser Maximilian und die Deutschen für das Konzil gewinnen. Im Umfeld des Pisanum ist, als naheliegende theoretische Fundierung, auch das radikal-konziliaristische Gedankengut des Konstanzer und Basler Konzils bzw. der Gallikanischen Freiheiten erneuert und intensiviert worden. Dieses Konzil erweckte das längst erloschene antikuriale Gedankenfeuer zu neuem Leben – wirkmächtig und mit einer langen Rezeptionsgeschichte auch bei deutschen Kurienkritikern und Reformern[23].

---

[21] Beispiele in *Tewes*, Kampf um Florenz (wie Anm. 6) 755–757.
[22] Belege in *Tewes*, Die päpstliche Datarie (wie Anm. 7) 174f., Anm. 42, 45; umfassender zu Lorenzo Pucci als engem Medici-Freund: *ders.*, Kampf um Florenz (wie Anm. 6), passim.
[23] In Mailand hatte Zaccaria Ferreri 1511 die Konstanzer und Basler Konzilsdekrete ediert, die Jakob Wimpfeling 1515 in seinem Gravamen-Traktat *Responsa et replice ad Eneam Silvium*

Das parallel zum schismatischen Pisanum im Auftrag Maximilians durch Wimpfeling verfasste Gutachten zum Aufbau einer deutschen Nationalkirche und zur Abfassung einer deutschen pragmatischen Sanktion, das möglicherweise auch Luther inspirierte, gründete also auf der gegen Papst Julius II. gerichteten Politik des Mediceers Federico Sanseverino, der realiter genau das Gegenteil des programmatisch Postulierten praktizierte. Er profitierte nämlich ebenso wie alle Medici, ihre Bankiers und sonstigen Freunde hervorragend von der kurialen Benefizienpraxis und der engen französischen Kurienbindung, die lediglich Julius II. für drei Jahre konterkarierte. Aus seiner neuen Frankreichfeindlichkeit heraus war der Papst allerdings auch bereit, ein offenbar von Giovanni de' Medici vorbereitetes, für den Jahreswechsel 1510/11 geplantes, letztlich aber gescheitertes Attentat auf den Florentiner *Gonfaloniere a vita* Piero Soderini zu unterstützen, um auf diese Weise das mit Frankreich verbündete Regime zu stürzen und die Medici zu restituieren[24]. Eine weitere Unterstützung dieses Vorhabens machte Julius II. davon abhängig, dass Kardinal Giovanni de' Medici als Legat des Papstes für die Romagna das zu Frankreich haltende Bologna für den Kirchenstaat zurückeroberte und die Franzosen in Oberitalien bekämpfte. Nur deshalb war der Medici gezwungen, Ostern 1512 an der Spitze des päpstlich-spanischen Heeres gegen die Franzosen und seinen Freund Federico Sanseverino als Legat des Pisanum in die Schlacht von Ravenna zu ziehen. Die Päpstlichen unterlagen, Giovanni de' Medici geriet in französische Gefangenschaft, bewacht von seinem Freund Federico Sanseverino. Dieser ermöglichte ihm schon im Frühsommer beim Übergang über den Po die vom Medici-Papst später propagandistisch als göttliches Wunder verklärte Flucht, die wiederum die Voraussetzung für die mit päpstlicher und spanischer Hilfe verwirklichte Rückkehr der Medici nach Florenz bildete[25].

Dass der dickliche, fistelkranke, halbblinde Medici-Kardinal durchaus bereit war, mit allen, auch brutalen Mitteln seine ihm wichtigen Ziele zu erreichen, beweist nichts mehr als das von Giovanni billigend und als für ein Florentiner Einlenken notwendig erachtete, von der spanischen Soldateska verübte Massaker in

---

gerade mit Blick auf jene harten Dekrete, welche die päpstlichen Rechte zur Besetzung und Reservation von Benefizien sowie die damit verbundenen Taxen bzw. Annaten und Servitien einschränkten, als heilige Basler Gesetze bezeichnete, die nur von der allerchristlichsten Nation Frankreich, nicht aber Deutschland realisiert worden seien, weshalb das Reich ausblute und von sozialen Unruhen bedroht sei. Mit noch schärferer und umfangreicherer antikurialer Munition attackierte der Kölner Ortwin Gratius 1530 und 1535 diese kuriale Finanzpraxis, wobei er offenkundig die Basel-Edition Ferreris tradierte und explizit die 1512/13 von Jean Petit in Paris gedruckten radikalkonziliaristischen bzw. papstfeindlichen Traktate und Konstitutionen des Konstanzer und Basler Konzils gegen die Annaten rezipierte, die Petit gleichsam als gallikanisches Repetitorium zum schismatischen Pisanum veröffentlicht hatte; vgl. *Tewes*, Kirchliche Ideale (wie Anm. 16) 353–355, 362–365 (mit Quellen und Literatur).

[24] *Tewes*, Kampf um Florenz (wie Anm. 6) 880–892.
[25] *Götz-Rüdiger Tewes*, Das konfliktträchtige Eigenbild Papst Leos X., in: Eigenbild im Konflikt. Krisensituationen des Papsttums zwischen Gregor VII. und Benedikt XV., hrsg. v. *Michael Matheus, Lutz Klinkhammer* (Darmstadt 2009) 88–119; ders., Kampf um Florenz (wie Anm. 6) 927–951.

Prato Ende August 1512, das 5000–6000 Tote und zahllose Verbrechen forderte[26]. Kaum mehr als ein halbes Jahr nach der Beendigung des Exils erfolgte in der Nacht vom 9. auf den 10. März 1513 die selbst für enge Medici-Freunde und Kurienkenner wundersame Wahl des kranken, übel aus seiner Fistel am After riechenden, mit 37 Jahren viel zu jungen Medici zum Papst[27]. Als Leo X. setzten er und seine wichtigsten Berater wie insbesondere sein Cousin Giulio de' Medici und sein Schwager Jacopo Salviati – man kann v. a. Giulios Einfluss kaum von dem des Papstes unterscheiden – sofort die bisherige Frankreichbindung fort und bauten sie konsequent aus, um der Familie, dem Haus Medici mit Frankreich als Schutzmacht eine ökonomische, dynastische und territoriale Stabilität zu verschaffen. Diese konnte sich nicht allein auf Florenz konzentrieren, sollte sich jedoch niemals auf das Deutsche Reich, Spanien oder gar die Habsburger gründen. Der Florentiner war ein erklärter Guelfe. Als solcher war er wahrscheinlich zugleich der einzige Papst der Geschichte, der neben dem Kirchenstaat über einen unter seiner Herrschaft (bzw. der seiner Familie) stehenden Staat, also die Florentiner Republik, und darüber hinaus über ein persönliches Bankenimperium verfügte!

All dies prägte, beeinflusste sein politisches und auch kirchenpolitisches Handeln. Sein Credo lautete: Ein Bekenntnis zu Spanien bedeutet Exil und Untergang, was die Medici niemals wieder erleben wollen; die Sicherheit und Zukunft der Dynastie kann allein Frankreich gewährleisten, das ein Medici-Papst nun auch beeinflussen und seinerseits beschützen kann! Mit diesem politischen Axiom verstärkte Leo X. die in den vorangegangenen Jahren entstandenen Ungleichgewichte bei den Beziehungen der einzelnen europäischen Länder zur Kurie, denn unter ihm wurde die Sonderstellung der Franzosen mit neuen Ausmaßen intensiviert. Verschlimmert wurden aber zugleich die seit Jahrzehnten gewachsenen Verformungen der kurialen Benefizienpraxis. Beides beeinflusste ebenfalls die frühe Reformation in Deutschland, indem jenes Axiom Leos Haltung gegenüber dem Lutherprozess unmittelbar bestimmte, indem die Auswüchse der Benefizienpraxis zumindest mittelbar eine Antwort in den Gravamina der ungemein populären Adelsschrift Luthers fanden.

Mit der schon im Juni 1513 erfolgenden Rehabilitierung seines Freundes Federico Sanseverino, des schismatischen Kardinals, und dessen schismatischen Freundes Bernardino Carvajal leitete Leo X. die Aussöhnung des päpstlichen Stuhls mit Frankreich ein, mit welcher er Spanien massiv brüskierte, obwohl er dieser Macht die Rückkehr seiner Familie nach Florenz verdankte. Schon Ende Oktober 1513 war das Pisanum beendet, Ludwig XII. wurde vollkommen entlastet, von allen

---

[26] *Tewes*, Kampf um Florenz (wie Anm. 6) 954–957.
[27] Giovanni de' Medicis damaliger Generalprokurator Leonardo di Zanobi Bartolini, der nach eigener Aussage diese Papstwahl maßgeblich beeinflusste, wollte noch während des Konklaves mit seinen Florentiner Freunden Gianbattista Bracci und Lanfredino Lanfredini gegen eine hohe Summe auf die Wahl des ungarischen Kardinals und Medici-Freundes Thomas Bakócz wetten; *Tewes*, Kampf um Florenz (wie Anm. 6) 986f.

Strafen absolviert; die Schuld am Schisma sprach Leo der Kurie unter Julius II. zu, der seine Fürsorge für den treuesten Sohn der Kirche sträflich vernachlässigt habe, sowie Kaiser Maximilian I. Noch vor dem Vertragsschluss einigte sich die Medici-Kurie mit Ludwig XII., der während des Schismas jeden Geldverkehr nach Rom verboten hatte, dass Leos Bankier Leonardo Bartolini einen großen Kredit an den Papst von zunächst 20 000, dann nochmals 15 000 Kammergulden allein bzw. später primär durch französische Annaten-Zahlungen tilgen solle. Aus diesem zwischen dem Papst, seinem Bankier und der französischen Krone ausgehandelten Kreditgeschäft erwuchs eine völlige Deformierung in der ansonsten (bis auf die Datarie) höchst bürokratischen, aber transparenten Finanzverwaltung der Kurie. Erstmals sind Hunderte, vermutlich Tausende von annatenpflichtigen Bullen für französische Benefizien, d.h. zumeist für Pfarrkirchen oder mit ihnen verknüpfte Pensionen und Reservationen, nicht mehr von der Apostolischen Kammer, sondern von einem Bankier (der offiziell nicht einmal eine Bank besaß oder leitete!) gegen die entsprechende Obligationsleistung der Benefiziaten bzw. ihrer Prokuratoren ausgegeben worden. Und – was als noch exzeptioneller zu bewerten ist – die gezahlten Annatenbeträge gerade aus den unter der Kontrolle des französischen Königs liegenden Diözesen sind nicht mehr, wie verbindlich gefordert und stets praktiziert, in den Annaten- und Introitus-Registern verbucht worden, während der Großteil der Bartolinis Kredite tilgenden französischen Servitien in den Introitus et Exitus-Registern verzeichnet ist[28]. Der französische Sonderweg zur Kurie ist unter dem Medici-Papst somit gleichsam zu einer privaten, bilateralen Handelsstraße geworden, von starken, alten wie neuen Fundamenten getragen.

Dieses kirchenpolitische und ökonomische Grundgerüst wurde 1514 erstmals dynastisch verstärkt bzw. abgesichert, als die beiden Partner die Eheschließung zwischen Giovannis jüngerem Bruder Giuliano und Filiberta von Savoyen (der Tochter des Medici-Freundes Philippe de Bresse bzw. Tante des schon 1515 den Thron besteigenden Königs Franz I.) vertraglich beschlossen, nachdem Spanien seinerseits mit einer spanischen Prinzessin für den Papstbruder gelockt hatte, um das französisch-mediceische Bündnis aufzubrechen. Mit dieser Ehe wurde der dynastische Aufstieg der bürgerlichen Medici in den europäischen Hochadel eingeleitet. Die enormen Kosten bewältigten die Lyoner Tarnbanken der Medici, die unter den Namen Salviati und Bartolini firmierten[29]. Leo X. versprach Ludwig XII. im Gegenzug, ihm bei der Rückgewinnung des 1512 verlorenen Herzogtums

---

[28] Vgl. *Tewes*, Die römische Kurie (wie Anm. 1) 278–290; *ders.*, Kampf um Florenz (wie Anm. 6) 1052–1082.

[29] Die notwendigen Verträge waren 1514 geschlossen worden, im Februar 1515 wurde die Hochzeit gefeiert. An der Anbahnung und Realisierung dieser für den weiteren Aufstieg der Medici epochalen Eheverbindung waren nicht von ungefähr führende Bankiers der Medici-Tarnbanken in Lyon beteiligt. Ausführlicher hierzu *Tewes*, Kampf um Florenz (wie Anm. 6) 1087–1098; vgl. auch *ders.*, Die Medici und Frankreich im Pontifikat Leos X. Ursachen, Formen und Folgen einer Europa polarisierenden Allianz, in: Der Medici-Papst Leo X. und Frankreich. Politik, Kultur und Familiengeschäfte in der europäischen Renaissance, hrsg. v. *Götz-Rüdiger Tewes, Michael Rohlmann* (Spätmittelalter und Reformation, Neue Reihe 19. Tübingen 2002) 11–116, hier 78–83.

Mailand zu helfen – zum öffentlichen und privaten Nutzen beider Seiten! So explizit Leo X. und sein Cousin Giulio de' Medici, die offiziell noch auf der Seite der antifranzösischen Liga standen, den neuen König Franz I. 1515 jedoch heimlich geradezu zum Feldzug gegen Mailand bzw. die Schweizer antrieben und die unwilligen Franzosen sogar der Undankbarkeit und des Geheimnisverrats zuungunsten der willigen Medici bezichtigten, *perchè la decta impresa non si fece*! Bezeichnend für die ökonomischen Interessen der Medici bzw. ihre permanente Verquickung von Politik und Wirtschaft, dass sie sich schon vor dem französischen Erfolg von Marignano im September 1515 das lukrative Salzmonopol für das Herzogtum sicherten[30].

Im Kontext der dynastischen Territorialpolitik der Medici-Kurie kam zu dieser Zeit bereits die für die frühe Reformation wichtige antihabsburgische Komponente ins Spiel: Um die befürchtete Nachfolge Karls von Habsburg auf den Thron von Neapel und damit eine mögliche habsburgische Umklammerung des Kirchenstaates und von Florenz zu verhindern, sollte Franz auch das Königreich Neapel zurückerobern und Giuliano de' Medici als König einsetzen – ein irrealer Plan[31]. Doch auf dem Boden eines wieder französischen Herzogtums Mailand wurde schon im Oktober 1515 zwischen dem Papst, dem Haus Medici, der Republik Florenz und König Franz I. der Vertrag von Viterbo geschlossen, der für die nächsten Jahre die Grundlage ihrer einen gemeinsamen Körper und ein Schicksal bildenden Konföderation bildete. Frankreich schützte die Dynastie, verlieh Giuliano das Herzogtum Nemours und eine hohe Pension; der Papst gewährte den Franzosen inoffiziell rechtswidrige Privilegien bei der Vergabe mailändischer Benefizien und konnte zwei Monate später in Bologna das schon erläuterte Konkordat zwischen der Kurie und Frankreich aushandeln, das die zwischen ihnen seit Jahrzehnten praktizierte, die Pragmatique ad absurdum führende Kirchenpolitik nun auch rechtlich festschrieb[32].

Am Rande der Konkordatsverhandlungen versicherte Franz I. einem erneut skrupellosen Papst, den Herzog von Urbino, Francesco Maria della Rovere, fallen zu lassen und den Medici bei der 1516/17 erfolgenden Eroberung des Herzogtums für den Nepoten Lorenzo di Piero de' Medici zu unterstützen[33]. Dieser langwierige, intensive Krieg um Urbino kostete die Medici gewaltige Summen. Sie

---

[30] *Tewes*, Die Medici und Frankreich (wie Anm. 29) 68–73 (mit Quellen und Literatur).
[31] *Tewes*, Die Medici und Frankreich (wie Anm. 29) 70, Anm. 110; *ders.*, Kampf um Florenz (wie Anm. 6) 1096.
[32] *Tewes*, Die Medici und Frankreich (wie Anm. 29) 74–77, 83–86. Druck des Vertrags von Viterbo in: *Maurizio Gattoni*, Leone X e la geo-politica dello stato pontificio (1513–1521) (Collectanea Archivi Vaticani 47. Città del Vaticano 2000) 291f.
[33] Zu Lorenzo di Piero di Lorenzo de' Medici vgl. etwa *Hilde Reinhard*, Lorenzo von Medici, Herzog von Urbino, 1492–1515. Ein biographischer Versuch unter besonderer Berücksichtigung der Vermittlerrolle Lorenzos zwischen Leo X. und Franz I. von Frankreich im Jahre 1515 (Freiburg i.Br. 1935); *Rosemary Devonshire Jones*, Lorenzo de' Medici, Duca d'Urbino „Signore" of Florence?, in: Studies on Machiavelli, ed. by *Myron P. Gilmore* (Firenze 1972) 297–315; zum Krieg um Urbino aus politisch-militärischer Sicht: *Gattoni*, Leone X (wie Anm. 32) 155–182.

aufzubringen, stellte sie ständig vor große Probleme, obwohl Franz I. dem Papst am 3. November 1516 vertraglich zusicherte, monatlich 12 000 Dukaten für die Verteidigung des Kirchenstaates und 6 000 Dukaten pro Monat für die Offensive bereitzustellen. Selbstredend griff der Papst bei dieser dynastisch-territorialen Absicherung der Familie auch in die kurialen Kassen[34]. Mit universalen Konsequenzen verstärkte dies den Zwang, deren Einnahmen aus Provisionen, Dispensen und sonstigen Gnaden zu erhöhen. Antikuriale, antipäpstliche Reaktionen resultierten daraus ebenso wie aus dem für die Zeitgenossen ungewohnten Bellizismus des Medici-Papstes, der sich doch bei seinem Amtsantritt nachdrücklich und programmatisch, von seinem Vorgänger absetzend, als versöhnender Friedenspapst präsentiert hatte[35].

Sich auch bei eher privaten Interessen zu verständigen, scheint den Verhandlungspartnern in Bologna fast ebenso wichtig gewesen zu sein wie der staatsrechtliche Ausgleich auf kirchenpolitischer Ebene. Denn natürlich nutzte man Anlass und Gelegenheit, um hier im persönlichen Gespräch zu möglichst vielfältigen, weitreichenden Ergebnissen zu kommen. Dies legen zahllose Quellen aus ganz anderen Kontexten nahe, die immer wieder auf Abmachungen bei den Verhandlungen von Bologna verweisen. Sie festigten das mediceisch-französische Bündnis, schlossen Reibungen bei den Realisierungen und Konkretisierungen nicht aus, vergrößerten jedoch die Distanz zu den übrigen europäischen Mächten, insbesondere den habsburgischen. Exemplarisch ließe sich die Zusage Leos X. anführen, bestimmte Favoriten des französischen Königs zu Kardinälen zu ernennen, sowie die ebenso auf Bologna rekurrierende Bereitschaft von Franz I., Leos Cousin, Kardinal Giulio de' Medici, mit exklusiven Benefizien im französischen Machtbereich zu versorgen[36]. Den Erfolg in Urbino krönte Leo mit der zweiten, schon Jahre vorher

---

[34] *Gattoni*, Leone X (wie Anm. 32) 162. Es gibt kaum einen der ca. 500 Lorenzo de' Medici 1516/17 bzw. den Krieg um Urbino betreffenden Briefe, in welchem es nicht um die immensen Finanzierungsprobleme ging. Dabei wurde, ohne dies systematisch analysiert zu haben, deutlich angesprochen, dass man sich aus päpstlichen Kassen, etwa der *thesauria* der Romagna im Kirchenstaat und der *camera apostolica*, bediente; vgl. Archivio di Stato di Firenze (zit. ASF), Carte Strozziane, ser. I, filza 7–9, etwa I/7, Nr. 56 (28. 1. 1517: der päpstliche *generalis commissarius Romandiole* an Lorenzo de' Medici); I/7, Nr. 84 (30. 1. 1517: Goro Gheri an Lorenzo de' Medici. Man habe sofort nach Rom geschrieben, dass man mehr als jene 25 000 Dukaten für Soldaten brauche; Frankreich werde wohl nicht mehr als das schon Zugesagte zahlen); I/8, Nr. 24 (2. 2. 1517: Goro Gheri an Lorenzo de' Medici. Aus Rom seien 10 000 Dukaten für den Krieg gekommen). Auch wenn noch kein Hinweis auf die Nutzung der Datarie-Kasse für diese Zwecke gefunden wurde, ist es mehr als naheliegend, dass Leo X. dafür auf deren nur ihm zugänglichen hohen Einkünfte zugriff.

[35] *Tewes*, Das konflikträchtige Eigenbild (wie Anm. 25).

[36] So hatte Leo X. dem König in Bologna versprochen, Jean Louis de Bourbon, Comte de Vendôme, bei der nächsten Kardinalsernennung zu berücksichtigen – er wurde am 1. 7. 1517 Kardinal –, während Giulio de' Medici im März 1517 explizit auf der Basis von in Bologna getroffenen Vereinbarungen die Abtei Chiaravalle im Herzogtum Mailand erhielt. Maßgeblich beteiligt war an dieser Aktion der ebenso wie sein Bruder Thomas de Foix mit den Medici befreundete Odet de Foix, Vicomte de Lautrec, dessen Diener Monaut de Mortory, Bischof von Tarbes, durch den Papst mit dieser Abtei providiert worden war, um sie sogleich an Giulio de' Medici weitergeben

angebahnten Eheverbindung in den französischen Hochadel, als er für Lorenzo 1518 die Königsverwandte Madeleine de la Tour d'Auvergne als Gemahlin sowie jährliche Einkünfte von 10 000 Scudi und eine französische Grafschaft aushandeln konnte[37]. Aus der kurzen Ehe – Lorenzo starb 1519 – ging bekanntlich mit Katharina de' Medici eine künftige Königin von Frankreich hervor, deren Name eine Reverenz an Lorenzos Großmutter Caterina Sanseverino Orsini war.

Der Sieg über Francesco Maria della Rovere kostete nicht nur ein Vermögen, sondern Leo X. fast das Leben. Ausgehend von dem in Siena durch die Medici-Partei entmachteten sienesischen Kardinal Alfonso Petrucci bildete sich im Spätsommer 1516 eine Verschwörergruppe, zu welcher der prospanische Kardinal Raffaele Riario, Mitglieder der mit Riario verwandten Familie della Rovere, die prospanischen Colonna und schließlich die Spanier als Schutzmacht gehörten, denn ihnen hatte Leo X. ihre 1511 erlangte Oberherrschaft über Siena entrissen. Ein Arzt sollte im September 1516 den Papst bei der Behandlung seines Fistelleidens vergiften; Raffaele Riario sollte Leos Nachfolger werden, womit die profranzösische Kurienpolitik in eine prospanische umgewandelt worden wäre. Der Giftanschlag schlug fehl, Leo X. formte Siena mittels seines alten Freundes Raffaele Petrucci zu einem mediceischen Satellitenstaat. Kardinal Alfonso Petrucci wurde als Verantwortlicher des Attentats verhaftet, seines Ranges als Kardinal enthoben und im Kastell der Engelsburg interniert und verhört. Anschließend verlieren sich alle Spuren Alfonsos; offenkundig ist er im Juli 1517 in der Engelsburg durch Strangulieren ermordet worden. Wenige Wochen vorher hatte man drei seiner wichtigsten Handlanger öffentlich hingerichtet. Schon am 1. Juli vergrößerte Leo X. mit 31 neuen Kardinälen, unter denen sich auffällig viele Freunde der Medici befanden, die Zahl seiner Anhänger in diesem Kollegium[38].

zu dürfen; ASF, Carte Strozziane, I/7, Nr. 106; I/9, Nr. 140; zu Odet de Foix und den Bischof von Tarbes vgl. hier auch *Tewes*, Kampf um Florenz (wie Anm. 6) 753f., 778. Giulio de' Medici wurde im Übrigen 1516 als Nachfolger seines in jenem Jahr verstorbenen Freundes Federico Sanseverino Kardinalprotektor Frankreichs an der Kurie; *Tewes*, Die römische Kurie (wie Anm. 1) 29. Instruktiv sind auch die zahlreichen Provisionen (meist für französische Pfarrkirchen) aus dem Umfeld der Konkordatsverhandlungen in Bologna, die Leo X. durch Kurialbreven schon im November und Anfang Dezember auf der Hinreise in Cortona und Florenz, sodann noch im Dezember 1515 in Bologna und in den folgenden Monaten bis zum Juni 1516 während seiner wieder über Florenz führenden Rückreise nach Rom für offenkundig überwiegend königsnahe Kleriker (auch aus den Häuseren Bourbon und Lothringen) ausstellen ließ; Archivio Segreto Vaticano (zit.: ASV), Arm. XXXI, vol. 79, fol. 4r–97v.

[37] *Humfrey C. Butters*, Governors and Government in Early Sixteenth-Century Florence 1502–1519 (Oxford 1985) 299, 301. König Franz I. hatte Lorenzo de' Medici am 19. 9. 1516 zur päpstlichen Investitur [vom 17. 8. 1516] mit dem Herzogtum von Urbino und der Präfektur von Rom gratuliert und seine Freude darüber ausgedrückt. Schon damals versicherte er ihm, ihm mit einer Heirat in den französischen Hochadel helfen zu wollen, d.h. ihn zu verheiraten mit *qualche bella et buona donna di grande et grosso parentado et mia parente affine*; ASF, Carte Strozziane I/9, Nr. 186.

[38] Vgl. *Tewes*, Die Medici und Frankreich (wie Anm. 29) 66–68; *Gattoni*, Leone X (wie Anm. 32) 187–213. Dass Alfonso Petrucci, der Leo X. noch bei seinem *possesso*, dem feierlichen Abschluss der Krönungszeremonien am 11. 4. 1513, neben dem Kardinal Sigismondo Gonzaga von Mantua begleitet hatte, auf dem berühmten Fresko Raffaels über die „Begegnung zwischen Papst Leo und

Erst in diesem Zeitraum wurde das Deutsche Reich für die Medici-Kurie zu einem Politikum; weniger jedoch durch Luthers Thesen als vielmehr durch die Kaisernachfolge. Hier leitete Leo X. primär das Ziel, Erzherzog Karl von Habsburg, seit 1516 als König von Aragón nun doch zugleich König von Neapel, als Nachfolger Maximilians und künftigen Kaiser zu verhindern. Nichts fürchtete er mehr als eine habsburgische Umklammerung der kirchlichen und Medici-Territorien in Italien. Denn diese Konstellation könnte die bis dahin unter größten Anstrengungen errungenen Erfolge, könnte die Zukunft der Familie erneut nachhaltig gefährden. Leo X. und Giulio de' Medici, der eigentliche politische Kopf der Medici-Kurie, waren sich einig und bekundeten es in jenen Jahren immer wieder, dass sie durch ihre symbiotische Allianz mit Frankreich alle anderen Länder, vor allem Spanien, brüskiert, sich zum Feind gemacht hätten. Mit Frankreich sei man zu einem *corpo, una cosa medesima* zusammengewachsen, man pflege eine ewige *amicizia* und erlebe das gleiche Glück und Schicksal. Während man Frankreich mit Privilegien überschütte, schließe man Spanien gleichsam erzwungenermaßen, aber folgerichtig von legitimen Gnaden und Gunstbeweisen aus[39]. Es lässt sich demnach leicht nachvollziehen, wie sehr Leo X. einen habsburgisch-spanischen Kaiser im Norden fürchtete.

Dies zu verhindern bestimmte Leos Handeln nicht nur bei der Kaiserwahl, sondern auch bei der Behandlung der Luthersache, da beides für ihn aus politischen Gründen nicht zu trennen war. Hierbei ist zu beachten, dass die beiden Medici als erklärte Guelfen generell eine tiefe Aversion gegen das deutsche Kaisertum hatten. Leo X. bekundete am 16. Februar 1519 mit programmatischem Impetus, die Kaiser aus Deutschland seien – ganz im Gegensatz zu den Franzosen – die natürlichen und ausdrücklichen Feinde der Kirche! Und Giulio de' Medici hatte schon gut vier Wochen vorher erklärt, die Habsburger und Spanier wüssten doch sehr gut, dass die Päpste noch nie in der Geschichte von den Romzügen der Kaiser profitiert hätten[40]. Seit dem Herbst 1518 und bis zum Tod Maximilians I. am

---

Attila" in der Stanza di Eliodoro an prominentester Stelle, direkt rechts hinter dem Papst, dargestellt worden ist bzw. abgebildet blieb, halte ich anders als Arnold Nesselrath, der sich auf entsprechende Vorzeichnungen bezieht, vor diesem Hintergrund nicht für denkbar; vgl. etwa *Arnold Nesselrath*, La stanza d'Eliodoro, in: Raffaello nell'Appartamento di Giulio II e Leone X (Milano 1993) 203–245, hier 232–242. Der tote, wahrscheinlich von der Medici-Kurie ermordete Hauptverschwörer wäre 1517 einer *damnatio memoriae* verfallen, sein Porträt wäre – gerade in diesem repräsentativen Saal – aus persönlichen wie politischen Gründen ersetzt worden. Tatsächlich hat (worauf mich Michael Rohlmann freundlicherweise hinwies) der hier zu sehende Kardinal eine frappierende Ähnlichkeit mit mehreren Porträts des Kardinals Bernardino Carvajal, den Leo X. (wie oben schon erläutert) im Juni 1513 zusammen mit dem Medici-Intimus Federico Sanseverino als schismatischen Kardinal rehabilitierte, als Friedenspapst Versöhnung mit den Feinden der Kirche demonstrierend – analog zu der von Leo X. neu konzipierten Programmatik des unter Julius II. begonnenen Attila-Freskos, für welche demnach der *possesso* generell auch keine Bedeutung hätte; vgl. hierzu meine Ausführungen in *Tewes*, Kampf um Florenz (wie Anm. 6) 1082–1084 (wo die Petrucci-Problematik allerdings nicht vertieft wurde).
[39] Zeugnisse und Nachweise in *Tewes*, Die Medici und Frankreich (wie Anm. 29) 83–86.
[40] *Et se bene la potentia di Francia ordinariamente è formidabile, non ha una naturale et expressa inimicitia con la Chiesa, come hanno li Imperatori di Alamagna; nè la parte ghibellina in Italia et*

12. Januar 1519 war Leo X. daher bemüht, Maximilian die päpstliche Krönung als Kaiser zu verwehren, denn nur dann wollten die Kurfürsten schon zu dessen Lebzeiten seinen Enkel Karl zum König wählen. Im August und September 1518 hatten sie dieses Ansinnen des ungekrönten Kaisers abgelehnt. Leo X. forderte Maximilian auf, für eine Krönung nach Rom zu ziehen – wohl wissend, dass der Kaiser die feindlichen Truppen der Venezianer und Franzosen in Oberitalien nicht überwinden könnte. Die von Maximilian zur Lösung seines Problems geforderte Kaiserkrönung durch einen Kardinallegaten auf Reichsboden (in Trient) lehnte der Papst Ende 1518 kategorisch ab. Doch da er mit dieser Haltung primär Spanien brüskierte, suchte er wegen der befürchteten Rache der Spanier, die sich eher gegen Florenz und Siena als gegen Rom richten werde, die Rückendeckung seines Verbündeten Franz I., beschwor diesen sogar zu effektiven Gegenmaßnahmen. Die Ablehnung der Kaiserkrönung bewertete Leo X. als die wichtigste Entscheidung seines Lebens, die entsprechende negative Konsequenzen haben könne: den Ruin des Hauses Medici[41].

Nach Maximilians Tod wollte, oder besser: musste Leo X. demzufolge mit allen Mitteln den aussichtsreichsten Konkurrenten Karls unter den Kurfürsten unterstützen. Doch dies war nicht allein das Ziel des Papstes, sondern auch das von Franz I.! Sowohl der Papst als auch der König von Frankreich sahen die Gefahr, dass aus einer solchen Wahl ein großer Krieg erwachsen könne. *Et in particulare si può coniecturare quanto la electione del Catholico saria molesta al Re di Francia, et quello che ne porria seguire: ch'è una guerra grande si può credere non mancherebbe, de la quale Dio sa quando si vedessi el fine*; so formulierte es Kardinal Giulio de' Medici stellvertretend für Leo X. am 23. Januar 1519 in seiner Instruktion an seinen Kardinallegaten Thomas de Vio, bekannt als Cajetan. Unter keiner Bedingung sei er, Papst Leo X., somit damit einverstanden, dass *questo Imperio* an den katholischen König, d.h. Karl I. von Spanien, gelange[42]. Franz I. versuchte seinerseits, die päpstliche Politik in der Kaiserfrage zu lenken, indem er etwa Leo drängte, Cajetan als „spanischem Untertan" die Legation zu entziehen. Leo lehnte dies ab, erinnerte Cajetan jedoch an seine Loyalitätspflicht gegenüber dem

---

per tucto lo Stato ecclesiastico contraria de diretto a la Chiesa, come hanno li Todeschi; nè si trova in mano un regno di Napoli, tanto vicino et commodo da travagliare li Papi, come ha il Re Catholico. Anzi le fe. me. de' Re di Francia hanno sempre defeso et augmentato l'honore et la auctorità de la Sede Apostolica. Adiungesi li interessi privati et particulari che ha N. S. del parentado, et altre intelligentie con la Cristianissima Maestà; da' quali Sua Santità può ragionevolmente sperare securtà per la Sede Apostolica et per la Excellentia del Duca et tucta Casa sua!.; vgl. I Manoscritti Torrigiani, in: Archivio Storico Italiano (zit.: ASI), serie III, 25 (1877) 381f.; *Hermann Baumgarten*, Die Politik Leos X. in dem Wahlkampf der Jahre 1518 und 1519, in: Forschungen zur Deutschen Geschichte 23 (1883) 521-570, hier 558. Analog schrieb Giulio de' Medici schon am 19.1.1519 an Bernardo Dovizi da Bibbiena: *Preterea sanno* [sc. die Habsburger und Spanier] *molto bene che li Pontefici non guadagnono mai della venuta de li Imperatori a Roma*; I Manoscritti Torrigiani, a. a. O., 16.
[41] Vgl. *Tewes*, Die Medici und Frankreich (wie Anm. 29) 106-108.
[42] *Perchè, a nessun patto, Sua Santità vorria che questo Imperio pervenissi nel Catholico*; vgl. für beide Zitate I Manoscritti Torrigiani, in: ASI 25 (1877) 369-371, hier 370.

Medici-Papst, die sich *per consequens* auch auf seine Majestät, den französischen König beziehe. Gleichwohl stellte Leo X. Cajetan schon Anfang März 1519 den profranzösischen Kardinal Roberto Orsini, einen Verwandten des Papstes, als Nuntius an die Seite, um die Kurfürsten für dieses Ziel zu gewinnen[43].

Der Favorit der Medici-Kurie war der sächsische Kurfürst Friedrich der Weise, obwohl sie auch mit dem brandenburgischen Kurfürsten, Markgraf Joachim I., einverstanden war, dem sie jedoch weniger Chancen einräumte[44]. Dass der Sachse seinen Untertan Luther schützte, war für Giovanni und Giulio de' Medici nachrangig. Anders formuliert: Sie nahmen Luther in Kauf, um einen Kaiser Karl von Habsburg und damit eine akute Bedrohung ihrer fragilen familiär-territorialen Macht zu verhindern[45]. Doch als man Ende Januar konstatieren musste, dass die Mehrzahl der Kurfürsten entschlossen war, den Habsburger zu wählen, forderte Leo nachdrücklich die Kandidatur des französischen Königs Franz I., die er freilich auch vorher schon gutgeheißen hätte, wenn das größere Gewicht des französischen Königs in ihrer Allianz durch entsprechende Gegenleistungen für die mediceische Waagschale kompensiert worden wäre. Nun aber trieb der Papst seinen Verbündeten regelrecht zu einer rationalen, konsequenten und zielgerichteten politischen Offensive an, als deren Belohnung mit der Kaiserkrone ein Erfolg winke, den Frankreich in Tausenden von Jahren kein zweites Mal erringen könne. Aber zunehmend zornig machten ihn dessen unzureichende Bemühungen, seine fehlerhafte Strategie. Gleichzeitig bemühte sich die Kurie weiterhin um den sächsischen Kurfürsten, um über ihn Einfluss auf die Wahl zu behalten[46]. Dass der Medici-Papst Franz I. als den eigentlichen, als seinen Kaiser betrachtete, hatte Leo X. zu diesem Zeitpunkt bereits in einem gewaltigen, beeindruckenden und spätestens 1517 fertiggestellten Fresko in der Stanza dell'Incendio, also einem der wichtigen Repräsentativräume des Papstes (in ihm tagte damals das Tribunal der *Segnatura gratiae et iustitiae*), durch Raffael visualisieren lassen. Bei der Krönung Karls des Großen durch Papst Leo III. trug dieser das Antlitz des ersten Medici-Papstes, doch in dem Gekrönten sahen die Besucher dieses Saals, in der Regel hochrangige Petenten bzw. Prokuratoren und Diplomaten aus dem gesamten *Orbis christianus*, nicht das Porträt eines habsburgischen Karls, sondern das von Franz I.[47]. Diese öffentlich-politische Bildsprache, die möglicherweise sogar auf einer entsprechen-

---

[43] *Tewes*, Die Medici und Frankreich (wie Anm. 29) 109, Anm. 190.
[44] I Manoscritti Torrigiani, in: ASI 25 (1877) 369–371; vgl. *Baumgarten*, Die Politik Leos X. (wie Anm. 40) 552f.
[45] Dies hat schon sehr deutlich – und sogar als eine bis zum Pontifikatsende Leos X. gültige und praktizierte Haltung – Baumgarten hervorgehoben; vgl. *Baumgarten*, Die Politik Leos X. (wie Anm. 40) 554f.
[46] Vgl. *Tewes*, Die Medici und Frankreich (wie Anm 29) 109–112.
[47] Vgl. *Michael Rohlmann*, Gemalte Prophetie. Papstpolitik und Familienpropaganda im Bildsystem von Raffaels „Stanza dell'Incendio", in: Der Medici-Papst Leo X. und Frankreich (wie Anm. 29) 241–371, hier 254, 257–260, 320–323, sowie 323f., wo Rohlmann das zweite Porträt von Franz I. in diesem Saal, nämlich das im Fresko des „Reinigungseides", thematisiert. Dort beschützt der König, wiederum als Karl der Große, den angeklagten Papst Leo III., erneut in der Gestalt Leos X. – im zeitgenössischen Kontext 1516/17 eine deutliche Anspielung auf die franzö-

den Absprache in Bologna basierte, sollte in unserem Problemkontext nicht vernachlässigt werden – selbst wenn dem Medici primär die solchermaßen formulierten Forderungen und Vorteile für seine Familie am Herzen gelegen haben sollten!

Eine fundamentale Konsequenz der mediceischen Politik in der Kaiserfrage ist freilich evident. Der von Albrecht von Brandenburg (sicherlich auch aus finanziellen Motiven) und vom Dominikanerorden wegen Luthers Ablassthesen schon Anfang 1518 angestrengte römische Ketzerprozess gegen Luther wurde von Leo X. bekanntlich bis 1520 aus jenen politischen Gründen auf Eis gelegt[48]. Der Papst gewährte Martin Luther auf diese Weise jenen publizistischen Freiraum, ohne den sein Reformationsprogramm sicherlich weniger Entfaltungsmöglichkeiten und Erfolg gehabt hätte. In den Briefen der Medici-Kurie an ihre Gesandten im Deutschen Reich wird in jenen Jahren, soweit zu erkennen ist, niemals erörtert, welche Folgen die Wahl Friedrichs des Weisen (oder Franz' I.) für den weiterhin anhängenden Lutherprozess in Rom oder für Luthers Thesen und sein theologisches Programm haben könnte. Luthers Name fällt offenkundig nur ein einziges Mal in einem nachgeordneten Kontext, vor seinem Verhör durch Cajetan in Augsburg 1518[49]. Auch in den Breven Leos, in denen Deutschland generell im Vergleich zu spanischen, italienischen, französischen und selbst englischen Belangen eine äußerst marginale Relevanz besitzt bzw. beansprucht, spielt in den an seine Legaten und Nuntien gerichteten die *causa Lutheri* offenbar keine Rolle, sondern dominiert der Peterskirchen-Ablass und im Kontext von Kaiserwahl und Luthersache der Ärger des Papstes über die Weigerung der Deutschen, dem Türkenzehnten zuzustimmen[50]. Die strukturelle Differenz macht einmal mehr der

---

sische Politik während des Krieges um Urbino, die nicht den Ankläger Francesco Maria della Rovere, sondern den mit Gewalt durchgesetzten neuen Herzog Lorenzo de' Medici unterstützte.

[48] Hierzu weiterhin instruktiv: *Wilhelm Borth*, Die Luthersache (Causa Lutheri) 1517–1524. Die Anfänge der Reformation als Frage von Politik und Recht (Historische Studien 414. Lübeck u. a. 1970), bes. 56–69 zur Haltung der Kurie Ende 1518 und 1519 (wegen Rücksichten auf Luthers Landesherrn sei 1519 eine auffällige Zurückhaltung Roms beim Lutherprozess zu konstatieren, um die Kaiserwahlpolitik im kurialen Interesse verfolgen zu können. Deshalb habe es ein Temporisieren in der Luthersache gegeben, ohne den Prozess aufzugeben. Erst im Anschluss an die Leipziger Disputation wurde der römische Prozess wieder aufgenommen, unter der maßgeblichen Initiative von Johannes Eck; vgl. ferner die Zusammenstellung und Kommentierung in: Dokumente zur Causa Lutheri (1517–1521). 2. Teil: Vom Augsburger Reichstag 1518 bis zum Wormser Edikt 1521, hrsg. u. kom. v. *Peter Fabisch, Erwin Iserloh* (Corpus Catholicum 42. Münster 1991), hier 37–240 (mit erschöpfender Literatur, bes. 132, 237f. zur Wahlproblematik); *Tewes*, Die Medici und Frankreich (wie Anm. 29) 113f.

[49] Belege in *Tewes*, Die Medici und Frankreich (wie Anm. 29) 112f.

[50] Zur Problematik der Türkenzehnten vgl. etwa ASV, Arm. XLIV, vol. 5, fol. 223r-226v (23.8.1518); eine umfassende Analyse der Kurialbreven unter Leo X. in *Tewes*, Die römische Kurie (wie Anm. 1) 225–243 (die entscheidenden Gründe für diese sich auch in den Breven spiegelnde Entfremdung zwischen der Kurie und dem Reich lagen darin, dass Deutschland keinen einflussreichen, zentralen Interesenvertreter an der Kurie besaß und dass es auch unter den Kurialen, um deren Belange es in diesen Breven vornehmlich ging, verhältnismäßig schwach vertreten war). Die im Interesse der Kurie abgefassten *brevia de curia* richteten sich vorwiegend an päpstliche Nuntien und Legaten, betrafen etwa Fakultäten des Nuntius Johannes de Arcimboldis, v. a. wegen des für den Bau von St. Peter durchzuführenden Ablasses; ebd. 229f. und Anm. 1.

komparative Blick nach Frankreich sichtbar: Schon in Bologna und nochmals 1518 hatte Leo mit Franz I. einen solchen Zehnten ausgehandelt, der beiden Seiten und damit immer auch den Medici-Banken hohe Gewinne brachte[51]. Bezeichnend denn auch, dass der Ablass für St. Peter, von dem die Krone kaum profitiert hätte, in Frankreich nicht gepredigt werden durfte[52]. Ebenso signifikant und nun auch mit Blick auf die frühe Reformation folgenreich ist hingegen – und hiermit schließt sich ein Kreis –, dass dieser Ablass und weitere Ablass-Kampagnen im Deutschen Reich eine immer stärkere Bedeutung erlangten, sowohl für die Kurie als auch für die einzige davon profitierende Bank der Fugger[53].

Leo X. vernachlässigte die Luthersache und den Lutherprozess nicht allein aus politisch-familiären Gründen. Der leidlich juristisch-kirchenrechtlich, aber kaum theologisch geschulte Medici maß Luther auch aus geistigen Gründen, aufgrund seiner Denkhaltung nicht die Bedeutung zu, die den Interessen der von ihm geführten katholischen Kirche angemessen gewesen wäre. Geistliche Wahrheiten, die Bedrohung der katholischen Fundamente konnte der Medici mit seinem Kategoriensystem, das neben der Familie etwa auch alle Spielarten der Renaissance-Kultur wie etwa den Humanismus, Musik, Jagd oder gebildete Narreteien erfasste, kaum erkennen. Der gut unterrichtete, kuriennahe und zuverlässige Dominikaner Matteo Bandello berichtet gleich zweimal in Widmungen seiner Novellen, es habe einige Personen gegeben, die Leo dafür rügten, dass er am Beginn der lutherischen Bewegung die Warnungen des römischen Dominikanerinquisitors und *Magister sacri palatii* Silvester Prierias ignoriert habe, der ihn auf die Häresie Luthers in dessen Buch über den Ablass hingewiesen habe. Der Medici habe geantwortet, Luther sei geistreich und alles handele sich nur um einen Streit zwischen neidischen Mönchen. Man warf Leo vor, die Flamme wäre gleich gelöscht, der Brand der Kirche verhindert worden, wenn er sofort reagiert hätte[54].

Einen solchen konditionalen Kausalnexus vertrat auch Johannes Eck, der 1519 sogar die fehlende Verurteilung Reuchlins bzw. seines „Augenspiegels" für die

---

[51] Vgl *Tewes*, Die Medici und Frankreich (wie Anm. 29) 94f. (mit Jacopo Salviati ist die unter seinem Namen firmierende Medici-Bank in Lyon gemeint gewesen).

[52] *Tewes*, Die römische Kurie (wie Anm. 1) 300 (außer in Lothringen, Savoyen, Provence, Dauphiné und Burgund). Ein solches Verbot galt ebenso in England, während dieser Ablass in Spanien erst seit 1518/19 unter finanzieller Beteiligung Karls I./V. erlaubt wurde.

[53] *Tewes*, Die römische Kurie (wie Anm. 1) 298–301.

[54] *Matteo Bandello*, Le novelle, in: Tutte le opere di Matteo Bandello, a cura di *Francesco Flora* (I Classici Mondadori III. [Verona] ³1952) Nr. 10 und 25; vgl. hierzu *Michael Tavuzzi*, Prierias. The Life and Works of Silvestro Mazzolini da Prierio, 1456-1527 (Duke Monographs in Medieval and Renaissance Studies 16. Durham, London 1997) 114. Tavuzzi betont, Luther habe Prierias als ernst zu nehmenden Gegner gefürchtet, habe diese Gefahr jedoch bald relativieren können, als ihm bewusst wurde, dass Prierias an der Kurie keinen Rückhalt gehabt habe. Allerdings möchte Tavuzzi aus der Tatsache, dass Leo X. Prierias in seinem hohen Kurienamt beließ, ableiten, der Papst könne nur anfänglich mit einer gewissen Ungeduld auf Prierias' beharrliche Warnung vor der Häresie Luthers in den 95 Ablassthesen reagiert haben. Ein grundsätzlicher Unwillen Leos könne deswegen in dieser Frage jedoch nicht behauptet werden. An der sachlichen, theologischen Ignoranz des Medici ändert eine solche Konstatierung eines weiterhin recht guten persönlichen Verhältnisses freilich nichts.

Entstehung von Luthers Papstkritik verantwortlich machte. Erst seit dem März 1520 wurde der Lutherprozess in Rom weitergeführt, nun aber unter maßgeblicher Beteiligung von Eck, der durch offenkundige politische Protektion Kaiser Karls und seiner Freunde in Rom sogar ins Kardinalskollegium Eingang fand. Die Bannandrohungsbulle „Exsurge Domine" vom 15. Juni 1520 war deshalb stark von der rigiden Position Ecks und seiner Freunde in Köln und Löwen geprägt – und folgerichtig wurde auch Reuchlins inkriminierter Traktat von der Kurie verurteilt[55]. Denn, so Eck und die mit ihm befreundeten, gleichgesinnten Luthergegner (zu denen neben Adrian von Utrecht, dem Nachfolger Leos X. als Papst Hadrian VI., auch dessen Schüler Karl von Habsburg gehörte), nicht aber der Medici-Papst: Hätte man Reuchlin sofort schuldig gesprochen, hätte es die Irrtümer Luthers nicht gegeben.

Die Ignoranz Leos X. ist im Fall Reuchlins wenig verwunderlich, mit Blick auf Luther aber in der Tat erstaunlich. Denn Luthers Kritik am Ablass rüttelte ebenso wie die an den Annaten an einem Fundament, am System der Kurie, nämlich der dargelegten wachsenden Materialisierung der Gnaden – doch was, wenn er die Ausmaße der Kompositionspraxis an der Datarie als eine Form der materialisierten und faktisch simonistischen Bußleistung gekannt hätte?! – und der Fiskalisierung der Kurie, ganz abgesehen davon, dass er sich (nicht nur damit) zugleich gegen den Primat des Papstes stellte. Offenkundig unterschätzte der erste Medici-Papst die Sprengkraft, die in dieser Kritik Luthers lag, da das Deutsche Reich und besonders Luthers Wirkungsraum zum einen aus strukturellen, vielfachen Gründen für die Kurie seit Langem keine größere Bedeutung besaß. Zum anderen dominierten – zum evidenten Nachteil seiner universalen Pflichten als Oberhaupt der katholischen Kirche – die persönlichen und dynastischen Interessen Leos X., die ihn in einer fast symbiotischen Allianz an Frankreichs Krone als Schutzmacht banden, derart stark seine Politik, dass er sich mit geradezu obsessiver Energie auf die Verhinderung Karls von Habsburg als Kaiser und demzufolge auf die Stärkung von Luthers Landesherrn und Beschützer konzentrierte. Theologische Implikationen mussten bei diesem Bestreben marginalisiert werden (die finanziellen tangierten ihn zwar als Papst, doch nicht als Gebieter über ein westeuropäisches Bankenimperium), wobei kaum zu ergründen ist, welche Bereitschaft und Fähigkeit er überhaupt besaß, sich tiefer mit dieser Problematik auseinanderzusetzen.

Summary

The behaviour of Pope Leo X in front of Martin Luther was influenced by different central aspects, which corresponded in various ways. To begin with a general

---

[55] Vgl. *Götz-Rüdiger Tewes*, Luthergegner der ersten Stunde: Motive und Verflechtungen, in: Quellen und Forschungen aus italienischen Archiven und Bibliotheken 75 (1995) 256–365; ders., Zwei Fälle – ein Kläger. Das Netzwerk der Feinde Reuchlins und Luthers, in: Reuchlin und Italien, hrsg. v. *Gerald Dörner* (Pforzheimer Reuchlinschriften 7. Stuttgart 1999) 181–197.

aspect, the German clerics and potentates did not participate in the development of increasing relationships which all important European countries built up with the Roman court in the decades about 1500. Despite their relatively weak relationships with the Roman curia, the German elite believed they were exploited by the papacy – in contrast to France. But, without the knowledge to these Germans and even the French elite at the university of Paris and the parliament, France had the closest relationships to the papacy and paid discretely much more taxes than all other countries. This fact was hidden to the public by the French court, which had no intention to deconstruct the myth of the Gallican Liberties based on a still effective Pragmatic Sanction of Bourges – with the effect that France was a model for the German "gravamina" against the Roman court, including Martin Luther. The second main aspect is the simple fact that Leo X was a Medici, who cultivated strong relations to France, whose kings helped the Medici during their long exile (1494–1512) and where the Medici-bank (which did not go bankrupt in 1494/97) was strongly engaged. Therefore, Pope Leo X formed an alliance with France as protecting power for the Medici family and their territories. To conserve and shelter his success, his corresponding intention was to prevent Charles of Habsburg being elected king of Germany and emperor. In consequence the Pope favoured Luther's protector, the elector Frederic of Saxony, and the French King Francis I as candidates and competitors of Charles of Habsburg – and put the Vatican trial against Luther during these (important, at least for the early Reformation) years on ice, neglecting the danger of Luther's theorems for the Catholic Church.

Eike Wolgast

Die deutsche Kirche vor und in der Reformation – Selbstreform und Fremdreform

I. Organisatorische Voraussetzungen

Im Gegensatz zur Ecclesia Anglicana mit den beiden convocationes der Erzbistümer Canterbury und York und zur Ecclesia Gallicana mit ihrer Doktrin des Gallikanismus und der 1516 (Konkordat von Bologna) erreichten Personalhoheit des französischen Königs über alle Majorpräbenden – ein Gleiches gilt für die spanischen Könige schon seit 1482 – lässt sich im Spätmittelalter und in der Frühen Neuzeit im Heiligen Römischen Reich Deutscher Nation nicht von einer Ecclesia Germanica oder einer Organisationseinheit Reichskirche sprechen[1]. Vielmehr bestand hier die oberste Ebene in Kirchenprovinzen (oder: Metropolitanverbänden), die unverbunden nebeneinander existierten. In den Reichsmatrikeln von 1422, 1505, 1521, 1548 und 1557 wurden als unmittelbar zum Reich gehörig sieben Erzbischöfe[2] mit einer unterschiedlich großen Anzahl von Suffraganbischöfen aufgeführt. Am größten war um 1500 die Kirchenprovinz Mainz mit 12 Bistümern, gefolgt von Salzburg mit acht Bistümern, Köln mit fünf, Magdeburg mit vier, Bremen und Trier mit je drei sowie Besançon mit zwei Bistümern. Exemt waren drei Bistümer, je ein Bistum gehörte zu den Kirchenprovinzen Aquileja, Gnesen, Tarantaise, Vienne, Reims und Lund[3]. Auf dieses institutionelle Konglomerat er-

---

[1] Als Überblicksdarstellung vgl. aus der älteren Literatur *Albert Hauck*, Kirchengeschichte Deutschlands, 5/1-2 (Berlin ⁹1958); *Albert Werminghoff*, Verfassungsgeschichte der deutschen Kirche im Mittelalter (Leipzig, Berlin ²1913). Vgl. *Michael Borgolte*, Die mittelalterliche Kirche (Enzyklopädie deutscher Geschichte 17. München 1992), im Folgenden zitiert: *Bogolte*, Kirche; *Michael Basse*, Von den Reformkonzilien bis zum Vorabend der Reformation (Kirchengeschichte in Einzeldarstellungen II/2. Leipzig 2008); *Heribert Müller*, Die kirchliche Krise des Spätmittelalters. Schisma, Konziliarismus und Konzilien (Enzyklopädie deutscher Geschichte 90. München 2012).
[2] In der Matrikel von 1548 ist zusätzlich der Erzbischof von Riga aufgeführt.
[3] Vgl. *Erwin Gatz* (Hrsg.), Die Bistümer des Heiligen Römischen Reiches von ihren Anfängen bis zur Säkularisation (Freiburg i.Br. 2003), insbes. die Übersicht 842f.; *ders.*, Atlas zur Kirche in Geschichte und Gegenwart. Heiliges Römisches Reich – Deutschsprachige Länder (Regensburg 2009). Vgl. auch *Eike Wolgast*, Hochstift und Reformation. Studien zur Geschichte der Reichskirche zwischen 1517 und 1648 (Stuttgart 1995) 15–27, im Folgenden zitiert: *Wolgast*, Hochstift; *Thomas A. Brady Jr.*, The Holy Roman Empire's Bishops on the Eve of the Reformation, in: *Robert J. Bast, Andrew C. Gow* (Hrsg.), Continuity and Change. The Harvest of Late Medieval and Reformation History. Festschrift Heiko Oberman (Leiden, Boston, Köln 2000) 20–47.

streckt sich die folgende Analyse; nicht erörtert werden die spätmittelalterlichen Ausprägungen von Theologie oder die Gegensätze und Übereinstimmungen von Volks- und Elitefrömmigkeit bzw. Klerus- und Laienfrömmigkeit[4] oder andere nichtinstitutionelle Themenbereiche.

Einzigartig für die westliche Christentumsorganisation war die Stellung der Erzbischöfe und nahezu aller Bischöfe im Verfassungs- und Strukturgefüge des Heiligen Römischen Reiches: Sie waren eine persona duplex und standen nicht nur einer Diözese mit geistlichen Kompetenzen vor, sondern regierten auch ein Hochstift mit weltlicher Herrschaftsverantwortung. Als Fürstbischöfe waren sie Reichsstand – nach der Definition Kaiser Maximilians I. von 1495 „ein glide des heylgen rychs, der uns die burdin desselben [...] mittragen zuhelffen schuldig ist, und ein dutscher furst und liebhaber der eer des heylgen rychs und cristenheyt"[5]. In dieser Eigenschaft waren alle Hierarchen gleichberechtigt, außer den drei rheinischen Erzbischöfen, die als Kurfürsten zum Kreis der Königswähler gehörten, und – weniger hervorgehoben – dem Erzbischof von Salzburg, der die Reichstagskurie der Fürsten und Herren leitete.

Vor allem die Funktion als weltlicher Fürst machte den Bischofsstand für hochadlige Familien attraktiv, so dass es im Spätmittelalter zu Anfängen einer Dynastisierung der Bischofsstühle kam, um das betreffende Hochstift möglichst in der Hand der Familie zu behaupten. Besonders aktiv waren in der Hochstiftspolitik die Wettiner, die pfälzischen und bayerischen Wittelsbacher, die Hohenzollern und die Welfen. Auf spirituelle Qualitäten des Eligendus wurde dabei kein Gewicht gelegt, vielmehr diente die Versorgung als Geistlicher zur Durchsetzung der Primogenitur oder wenigstens zur Verhinderung allzu großer Territorialzersplitterung. Als Korrektiv dieser Entwicklung fungierten allerdings die Domkapitel, deren Interesse nicht darin bestehen konnte, ihr Hochstift einer Dynastie auszuliefern. In den Gebieten östlich der Elbe gelang es dagegen den weltlichen Herrschaften zumeist sogar, die in der Mehrzahl kleinen Hochstifte informell auf den Status der Landsässigkeit herabzudrücken, auch wenn sie in der Reichsmatrikel verfassungsrechtlich korrekt weiterhin als eigenständig und reichsunmittelbar geführt wurden, um sie nicht als Steuerzahler zu verlieren.

In der Kirche des spätmittelalterlichen Reiches bestanden mehrere Konfliktebenen, von denen sich jede nutzen ließ, um Reformansätze zu behindern:

Episkopat	vs.	Papst/Römische Kurie
Metropolit	vs.	Suffragan
Erzbischof/Bischof	vs.	Domkapitel
Episkopat	vs.	Pfarrgeistlichkeit
Pfarrgeistlichkeit	vs.	Klostergeistlichkeit
weltliche Gewalt (Staat)	vs.	geistliche Gewalt (Kirche)

---

[4] Vgl. dazu *Klaus Schreiner*, Laienfrömmigkeit von Eliten oder Frömmigkeit des Volkes? Zur sozialen Verfasstheit laikaler Frömmigkeitspraxis im späten Mittelalter, in: *ders.* (Hrsg.), Laienfrömmigkeit im späten Mittelalter. Formen, Funktionen, politisch-soziale Zusammenhänge (München 1992) 1–78.

[5] Zitiert nach *Wolgast*, Hochstift 19 (Maximilian I. an Bischof Johann VII. von Meißen).

Dabei befanden sich die sieben Erzbischöfe im 15. Jahrhundert nur noch in einer schwachen Mittelstellung zwischen Papst und Bischöfen und wurden in ihren provinzialen Kompetenzen von beiden Seiten angegriffen: Der Papst suchte den kurialen Zentralismus auszubauen, die Bischöfe wollten auch für den geistlichen Bereich eine möglichst immediate Stellung gewinnen, über die sie für den politischen Bereich bereits verfügten. Die Metropoliten besaßen daher nur noch geringe Herrschafts- und Eingriffsrechte in die Sprengel ihrer Suffragane. Ihre Aufgaben beschränkten sich im Wesentlichen auf die Konsekration nach der Wahl und die Entgegennahme des Gehorsamseides des Electus – die Bestätigung hatte der Papst an sich gezogen –, ferner fungierten sie als Appellationsinstanz für Urteile der Diözesangerichte und hatten das Recht und die Pflicht, Provinzialsynoden zu berufen[6]. Das vierte Laterankonzil von 1215 – Ausgangspunkt jeder Reformdiskussion – hatte jährliche Provinzialsynoden/Provinzialkonzilien vorgeschrieben; in ihnen sollten Statuten erlassen werden, die dann durch die Diözesansynoden in die Praxis zu überführen waren. Zu den Tractanda der Synoden zählten gewohnheitsmäßig der Schutz des Kirchengutes, die Wahrung der kirchlichen Freiheit und Reformmaßnahmen[7]. Im 15. Jahrhundert war das Institut der Provinzialsynode jedoch weithin – trotz der Vorschrift des Konzils von Basel (dreijähriger Rhythmus der Provinzialsynoden, jährlich eine Diözesansynode)[8] – in Verfall geraten. Damit blieb ein wichtiges Instrument ungenutzt, das sich für eine effektive Kirchenreform hätte einsetzen lassen[9]. Zu einer Versammlung aller Provinzialverbände auf Reichsboden, die die Funktion einer Nationalsynode hätte übernehmen können, ist es nie gekommen. Lediglich der dritte Nürnberger Reichstag versuchte 1524 durch Berufung einer sog. Nationalversammlung die sich immer mehr verwirrenden kirchlichen Zustände im Reich bis zum Zusammentritt des seit 1523 vom Reichstag geforderten Generalkonzils zu ordnen und dem Zerfall der Kirche entgegen zu wirken[10]. Bekanntlich untersagte Karl V. aus Spanien dieses Nationalkonzil, dessen Zusammensetzung im Übrigen völlig ungeklärt war.

Auch Diözesansynoden, an denen jeweils der gesamte Klerus, von den Ruralkapiteln allerdings lediglich Delegierte, teilnehmen sollten, fanden nur unregelmäßig statt – häufig nur einmal nach Amtsantritt eines Neugewählten, der sich bei

---

[6] Zur Stellung der Metropoliten im Spätmittelalter vgl. *Hans Erich Feine*, Kirchliche Rechtsgeschichte 1 (Weimar ³1955) 321–323.
[7] Vgl. *Borgolte*, Kirche 94f.
[8] Vgl. Konzil von Basel sess. 15 (26. Nov. 1433).
[9] In seinen Denkschriften für die Kurie 1523 erklärte Johann Eck die Wiederbelebung der Provinzial- und Synodalsynoden zur Voraussetzung für die innerkirchliche Reform und die Bekämpfung der lutherischen Ketzerei; vgl. *Georg Pfeilschifter* (Hrsg.), Acta reformationis catholicae ecclesiam Germaniae concernentia saeculi XVI 1 (Regensburg 1959) 107, im Folgenden zitiert: ARC.
[10] Vgl. Deutsche Reichstagsakten Jüngere Reihe 4, 604 (Reichsabschied 18. Apr. 1524), im Folgenden zitiert: RTA JR; vgl. *Ernst Laubach*, „Nationalversammlung" im 16. Jahrhundert. Zu Inhalt und Funktion eines politischen Begriffes, in: Mitteilungen des Österreichischen Staatsarchivs 38 (1985) 1–48.

dieser Gelegenheit vom Klerus seiner Diözese ein „subsidium charitativum" bewilligen ließ[11].

War die Leitungsfunktion der Erzbischöfe durch die Römische Kurie möglichst zurückgedrängt, wurde die Leitungsfunktion der Bischöfe in ihrem Sprengel durch die päpstliche Befugnis, einzelne Klöster und ganze Orden (Mendikanten, Zisterzienser, Prämonstratenser, Ritterorden) von der bischöflichen Aufsicht zu eximieren, eingeschränkt. Selbst Bistümer wurden aus der Kirchenprovinz herausgelöst und dem Papst unmittelbar unterstellt.

II. Reformappelle und Reformansätze bis 1517: Weltklerus und Kloster

Die organisatorischen Voraussetzungen für eine mehr oder weniger ausgedehnte Selbstreform waren mithin für die deutsche Kirche und ihre Glieder insgesamt ungünstig. Dieser Sachverhalt provozierte die Fremdreform, bei der einzelne kirchliche Sektoren durch nichtkirchliche Amtsträger autonom oder wenigstens impulsgebend reformiert wurden. Das betraf vor allem die Klosterreform, aber keineswegs nur sie. Auch die Einrichtung von Prädikaturen in den Städten, die von der Bürgerschaft für studierte Theologen als Prediger finanziert wurden, lässt sich als Akt der Fremdreform deuten[12]. Dass die weltlichen Obrigkeiten sich bewusst waren, in der Reformfrage auf einem Feld zu agieren, das nicht zu ihrer originären Kompetenz gehörte, verdeutlichte Markgraf Philipp I. von Baden, der 1522 seinen Pfarrern befahl, keine Streitfragen auf der Kanzel zu behandeln, sondern das Evangelium christlich auszulegen und zu erklären sowie Neuerungen bei Messe, Gottesdienst und Sakramenten zu unterlassen:

„Wiewol nu wir als weltlicher furst uns ungern unterwinden wolten der ding, so geistlichen oberkeit zustend, so befinden wir doch in erfarung nach gestallt gegenwurtiger leuff, das es den geistlichen allein nit zuerheben, sondern merklich notdurfft ervordert, das die weltlich oberhandt [...] by den geistlichen durch flyssig und ernstlich anmanen und verwarnung und [by] den weltlichen von oberkeit wegen handeln."[13]

Die Reformforderungen am Vorabend der Reformation bezogen sich auf Missstände, die schon lange, zurückgehend bis zum vierten Laterankonzil von 1215, identifiziert waren: Vereinheitlichung der Zeremonien durch diözesanuniforme Missalien und Agenden, regelmäßige Synodenberufungen, vor allem aber Klerus- und Klosterreform. Nach Konstanz und Basel waren die dreizehn Reformdekrete, die Nikolaus von Kues als päpstlicher Legat während seiner Reise durch das

---

[11] So hielt Gabriel von Eyb, 1496–1535 Bischof von Bamberg, der die neue Lehre energisch bekämpfte und Reformen in seiner Diözese durchführte, während seiner Regierungszeit nur eine einzige Synode ab; vgl. *Erwin Gatz* (Hrsg.), Die Bischöfe des Heiligen Römischen Reiches 1448–1648. Ein biographisches Lexikon (Berlin 1996) 171–173, im Folgenden zitiert: *Gatz*, Bischöfe.
[12] Zu den Prädikaturen vgl. *Eberhard Isenmann*, Die deutsche Stadt im Mittelalter 1150–1550. Stadtgestalt, Recht, Verfassung, Stadtregiment, Kirche, Gesellschaft, Wirtschaft (Wien, Köln, Weimar 2012) 633f.
[13] Die evangelischen Kirchenordnungen des XVI. Jahrhunderts 16 (Tübingen 2004) 500.

Reich 1451/52 erließ, „die letzte große Kraftanstrengung der Kurie [...], mit innerkirchlichen Mitteln die Reform zu erzwingen"[14]. Cusanus hielt in Salzburg, Magdeburg, Mainz und Köln Provinzialsynoden ab, auf denen die Dekrete verkündet wurden. Sie enthielten nichts prinzipiell Neues, sondern schärften bestehende Reformvorschriften lediglich mit der Autorität des päpstlichen Legaten ein. Zu den wichtigsten dieser Reformvorschriften gehörte das Verbot, dass der Pfründenverleiher von dem Beliehenen Ablösungszahlungen verlangen dürfe – die Pfründe hatte ihren Inhaber zu ernähren, nicht den Verleiher. Das Dekret gegen Konkubinarier ordnete an, dass die mit einem Priester zusammenlebende Frau von diesem binnen Jahresfrist entlassen werden musste; wer sich danach noch in einem Konkubinatsverhältnis befand, verlor sein Amt. Strafverschärfend wirkte das Verhältnis zu einer Nonne – in diesem Fall konnte die Absolution nur durch den Bischof erfolgen; war das Verhältnis öffentlich, blieb die Absolution dem Papst vorbehalten. Ein anderes Dekret des Cusanus verbot den leichtfertigen Umgang mit dem Interdikt: Bei Schuldsachen durfte es nicht mehr verhängt werden. Im Dekret zur Klosterreform wurden alle Religiosen verpflichtet, binnen Jahresfrist die von ihren Ordensregeln und -statuten vorgeschriebene Lebensweise zu praktizieren; für Nonnen ordnete der Legat strengste Beachtung der Klausur an. Die Statuten der Mainzer Provinzialsynode unter dem Vorsitz des Legaten befahlen den Klerikern angemessene Kleidung und verlangten gute Bildung, in der Kölner Provinzialsynode wurde die Abhaltung regelmäßiger Synoden zur Pflicht gemacht.

Die Dekrete ergingen zwar mit der Autorität des päpstlichen Legaten, blieben aber ohne Erfolg, da, wie der Tegernseer Abt Kaspar Ayndorfer den Kardinal belehrte, für die Durchsetzung von Reformen der Beistand des brachium saeculare erforderlich sei[15]. Zudem hatte Nikolaus von Kues sich ebenso wie alle kirchenoffizielle Kleruskritik seit 1215 auf das Fehlverhalten des niederen Klerus beschränkt, eine Reform von Lebenswandel und Sitten des hohen Klerus dagegen nicht thematisiert.

Kritik am niederen Klerus war von der Amtskirche seit dem vierten Laterankonzil 1215 kontinuierlich und detailliert geübt worden; sie ließ sich auf die Begriffe indecentia durch Verletzung des decorum clericale in Habitus, Kleidung, Haartracht und Benehmen sowie impudicitia im Umgang mit dem Keuschheitsgelübde fokussieren[16]. Da nicht anzunehmen ist, dass hier von kirchlicher Seite

---

[14] *Wolfgang Seibrich*, Episkopat und Klosterreform im Spätmittelalter, in: Römische Quartalschrift 91 (1996) 263-338, hier 296, im Folgenden zitiert: *Seibrich*, Episkopat. Vgl. zum Folgenden zusammenfassend *Erich Meuthen*, Die deutsche Legationsreise des Nikolaus von Kues 1451/1452, in: *Hartmut Boockmann* u. a. (Hrsg.), Lebenslehren und Weltentwürfe im Übergang vom Mittelalter zur Neuzeit. Politik – Bildung – Naturkunde – Theologie (Göttingen 1989) 421-499 (Auswertung der Acta Cusana I, 3, hrsg. v. *Erich Meuthen*).
[15] Vgl. *Seibrich*, Episkopat 296.
[16] Vgl. Konstanz sess. 43 (21. März 1418); Basel sess. 20 (22. Jan. 1435). Als Beispiel vgl. die auf den Bestimmungen des Mainzer Provinzialkonzils von 1310 beruhenden Festsetzungen der Hildesheimer Diözesansynode bei *Johannes Maring*, Diözesansynoden und Domherrn-General-

lediglich Topoi mit nur geringem oder gar keinem Realitätsgehalt tradiert wurden, handelte es sich doch um das amtliche Selbstbild der Kirche, nicht um ein feindliches Fremdbild, muss aus der Penetranz der Repetition von Lasterkatalogen und Besserungsvorschriften auf ein tatsächlich weit verbreitetes Phänomen geschlossen werden. Die „Differenzerfahrung"[17] zwischen Sollen und Sein, Regel und Lebenspraxis blieb anscheinend über zahlreiche Priestergenerationen hinweg konstant. Insbesondere das Konkubinat ist offensichtlich weit verbreitet gewesen; aber auch die bis ins Einzelne reichenden Verbote vestimentärer Abweichungen von der Norm (Schnitt und Farbe der Kleidung, Länge der Gewänder, Schuhwerk) wiederholten sich permanent, ebenso die Einschärfung der angemessenen „vita et honestas clericorum", gegen die verstoßen wurde durch Aufenthalt in Wirtshäusern, Trunkenheit, Beteiligung an Karten- und Würfelspiel, Waffentragen, Besuch von Schauspielen und dergleichen mehr. Auch die nachlässige Amtsführung erscheint durchgehend in den innerkirchlichen Lasterkatalogen: Erhebung von Stolgebühren für die Verrichtung von Kasualien, Sakramentsausteilung nur gegen Gebühr und Ähnliches. Befehle zu gelübdemäßigem Leben blieben offensichtlich unbeachtet, von welcher kirchlichen Instanz sie auch ausgingen; ihre Realisierung scheiterte an der Resistenz der betroffenen Kleriker. Der satirischen Flugschrift „Epistola de miseria curatorum seu plebanorum" zufolge, die 1489 erstmals in Leipzig erschien und viele Nachdrucke erlebte, wurde der Pfarrer von neun Teufeln heimgesucht: Patronatsherr, Küster, Pfarrköchin („coca tua domina"), Kirchpfleger, Bauer, Offizial, Bischof, Kaplan und Prädikant[18].

Dass die Klerusreform über die Jahrhunderte hin erfolglos blieb, erklärt sich vielleicht daraus, dass es offenbar nicht gelang, ein verbindliches und verpflichtendes Normbild für Weltpriester zu entwickeln – anders als bei den Religiosen, für die in den Ordensregeln verlässliche Muster vorgegeben waren, zu denen zurückgeführt werden konnte. Besonders nachteilig für eine Reform erwies sich im 15. Jahrhundert die „inundatio clericorum", die Masse der clerici vagantes, die ohne hinreichende Bildung und genügende Beschäftigung schlecht bezahlt das Niveau des niederen Klerus zusätzlich herabdrückten. Vor allem aber scheiterte die Klerusreform daran, dass die Dekrete sich stets auf den Niederklerus be-

---

kapitel des Stifts Hildesheim bis zum Anfang des XVII. Jahrhunderts (Hannover, Leipzig 1905) 49–55; vgl. auch *Franz Gescher*, Die kölnischen Diözesansynoden am Vorabend der Reformation (1490–1515), in: ZRG 52 Kanon. Abt. 21 (1932) 190–288; *Sigmund Freiherr von Pölnitz*, Die bischöfliche Reformarbeit im Hochstift Würzburg während des XV. Jahrhunderts. Unter besonderer Berücksichtigung der übrigen fränkischen Diözesen (= Würzburger Diözesangeschichtsblätter 8/9. 1940/41).

[17] *Ralph Weinbrenner*, Klosterreform im 15. Jahrhundert zwischen Ideal und Praxis. Der Augustinereremit Andreas Proles (1429–1503) und die privilegierte Observanz (Tübingen 1996) 25, im Folgenden zitiert: *Weinbrenner*, Klosterreform.

[18] Den lateinischen Text mit deutscher Übersetzung vgl. *Albert Werminghoff*, in: ARG 13 (1916) 200–227. Zur Interpretation vgl. *Enno Bünz*, „Neun Teufel, die den Pfarrer quälen". Zum Alltag in den mittelalterlichen Pfarreien der Oberlausitz, in: *Lars-Arne Dannenberg, Dietrich Scholze* (Hrsg.), Stätten und Stationen religiösen Wirkens. Studien zur Kirchengeschichte der zweisprachigen Oberlausitz (Bautzen 2009) 19–54.

schränkten, den Prälaten- und Bischofsstand dagegen aussparten. Die „reformatio in capite et membris" reduzierte sich auf die membra – erst Hadrian VI. ließ auf dem 2. Nürnberger Reichstag 1522 seinen Legaten Chieregati erklären, dass Gott die lutherische Ketzerei über die Kirche verhängt habe „propter peccata hominum, maxime sacerdotum et ecclesiae praelatorum. [...] Nec mirum, si aegritudo a capite in membra, a summis pontificibus in alios inferiores praelatos descenderit"[19]. Resonanz hat er mit dieser Einsicht bis zum Tridentinum kaum gefunden.

Im Gegensatz zur Klerusreform zeitigte die vorreformatorische Klosterreform durchaus Teilerfolge[20]. Die Regelvorgaben, an denen sich Reformen orientieren konnten, waren eindeutig: die drei vota substantialia, die vita communis und die persönliche Eigentumslosigkeit. Im Spätmittelalter hatte der „Verlust an Gemeinschaftsfähigkeit und die Ausbreitung individualistischen Denkens"[21] zum Niedergang vieler geistlicher Einrichtungen geführt, indem das Klostergut und die Einkünfte präbendisiert worden waren, so dass die Religiosen persönlich wohlhabend wurden, die Klöster dagegen verarmten und in finanzielle Not gerieten. Als Krebsschaden und Ursache des Disziplinverfalls wurde von den Reformern denn auch die proprietas, das Privateigentum der Mönche, ausgemacht. Die Diskrepanz zwischen Regeltreue und Lebenspraxis schien den Reformunterstützern eindeutig; dennoch ist vielleicht nicht zu Unrecht gefragt worden, ob sich die Wirklichkeit aktuell verändert hatte oder nur „eine Veränderung ihrer Wahrnehmung durch die Rückbesinnung auf die geistlichen Grundlagen des Klosterlebens"[22] die Diskrepanz aufdeckte. Von der „proprietatis pestis"[23] waren angeblich nur die Kartäuser verschont geblieben. In Reaktion auf den Verfall hatten sich in den anderen Orden Reformbewegungen gebildet, die in den Bettelorden bis zur organisatorischen Spaltung in Observanten und Konventualen führten. Erfolgreich war bei den Kanonikerstiften insbesondere die Windesheimer Kongregation[24] und bei den Benediktinern neben den Unionen von Melk und Kastl die Union von Bursfelde, der sich zahlreiche Klöster anschlossen[25]. Gegenseitige Überwachung und strikte Leitung führten in den Bursfelder Klöstern vielfach zur Hebung der Diszi-

---

[19] RTA JR 3, 397,7f., 17f.
[20] Zusammenfassend vgl. *Kaspar Elm* (Hrsg.), Reformbemühungen und Observanzbestrebungen im spätmittelalterlichen Ordenswesen (Berlin 1989); *Dieter Mertens*, Monastische Reformbewegungen des 15. Jahrhunderts: Ideen – Ziele – Resultate, in: *Ivan Hlaváček, Alexander Patschovsky* (Hrsg.), Reform von Kirche und Reich zur Zeit der Konzilien von Konstanz (1414–1418) und Basel (1431–1449) (Konstanz 1996) 157–181; *Seibrich*, Episkopat (mit weiterer Literatur); *Weinbrenner*, Klosterreform.
[21] *Seibrich*, Episkopat 266.
[22] *Weinbrenner*, Klosterreform 12.
[23] Zitiert nach *Wolfgang Seibrich*, in: *Friedhelm Jürgensmeier* (Hrsg.), Handbuch der Mainzer Kirchengeschichte 1/II (Würzburg 2000) 739 (vom Abt von Himmerod im Visitationsbericht für Eberbach zwischen 1311 und 1337 formuliert).
[24] Vgl. *Wilhelm Kohl, Ernest Persoons, Anton G. Weiler* (Hrsg.), Monasticon Windeshemense 2: Deutsches Sprachgebiet (Brüssel 1977).
[25] Vgl. *Ulrich Faust OSB, Franz Quarthal* (Bearb.), Die Reformverbände und Kongregationen der Benediktiner im deutschen Sprachraum (Germania Benedictina 1. St. Ottilien 1999) 195–407.

plin, spirituellen Erneuerung und wirtschaftlichen Sanierung. Die ökonomische Stabilisierung wurde allerdings häufig durch Inkorporation von Pfarreien erreicht, was leicht zu Missständen in der Seelsorge führte, da die Pfarrgeschäfte dann zumeist durch schlecht dotierte Vikare verrichtet wurden.

Die Klosterreform wurde häufig durch die weltliche Obrigkeit unterstützt, wenn nicht sogar initiiert[26]. Die Motive der Landesfürsten waren sehr unterschiedlicher Natur: Spirituell-konsziential begründete Sorge für die Intaktheit einer Einrichtung, die von den Vorfahren zur Ehre Gottes und zu ihrem Seelenheil gestiftet und die der Memoria der Stifter und Wohltäter verpflichtet war; Abwendung der Strafen Gottes, die wegen des ungeistlichen Lebens der Mönche und Nonnen über das Land verhängt worden waren[27]; Sanierung der Klöster als wichtiger Faktor der Landesökonomie; stärkere Integration in den Territorialstaat und Heranziehung zu dessen Aufgaben. „Ein wesentlich auf Askese und Vollzug der geistlichen Pflichten bedachter reformierter Mönch (zumal niedriger sozialer Herkunft) war in der Regel weniger fähig und willens, politische Freiräume für sein Kloster zu erkämpfen bzw. zu behaupten, als ein verweltlichter adliger Konventsherr."[28] Für die Territorialfürsten wurde die Klosterreform daher zu einer tragenden Grundlage der Landesreform. Die weltliche Obrigkeit scheute auch nicht vor Gewaltmaßnahmen zurück, um einen Konvent zum Anschluss an die Reformkongregation zu zwingen: Militärische Besetzung des Klosters, Austausch der Oberen, Verhaftung und Umsetzung von renitenten Mönchen und Nonnen. Derartige Maßnahmen ließen sich gegenüber dem Weltklerus nicht praktizieren. Für die Bischöfe war die Klosterreform ambivalent: Reformierte Klöster waren einerseits selbstbewusster und zeigten sich bischöflichen Eingriffen gegenüber unabhängiger; andererseits konnten Klosterreformen die Position des Bischofs stärken, wenn es ihm gelang, seine Diözesangewalt auf die exemten Klöster seines Sprengels auszudehnen.

Widerstand gegen die Klosterreform kam häufig vom Adel, der seine Verwandten in den Konventen nicht aus Gründen des frommen, regelgerechten Lebens oder der via securior zum Heil untergebracht hatte, sondern um sie standesgemäß zu versorgen und ihnen die traditionelle Lebensweise ohne Kosten für die Familie zu ermöglichen. Die Reformbewegung ihrerseits war getragen von bürgerlichen Ordensleuten und Intellektuellen, die sich bemühten, die adlige Dominanz zurückzudrängen. Als Fluchtmöglichkeit, um sich der Reform zu entziehen, blieb neben der Renitenz eines reformunwilligen Konvents die Umwandlung des Klosters in ein weltliches Chorherren- oder Chorfrauenstift; dadurch konnten das Privateigentum und mit ihm der gewohnte Lebensstil konserviert werden.

---

[26] Vgl. allgemein noch immer *Justus Hashagen*, Staat und Kirche vor der Reformation (Essen 1931) 339–370, im Folgenden zitiert: *Hashagen*, Staat; als Beispiel vgl. *Joachim Kemper*, Klosterreformen im Bistum Worms im späten Mittelalter (Mainz 2006).
[27] So Landgraf Friedrich von Thüringen († 1440) zur Begründung seines Eingreifens in den Reformprozess; vgl. *Wolfgang Seibrich*, in: *Jürgensmeier*, Handbuch (wie Anm. 23) 766.
[28] *Dieter Stievermann*, zitiert nach *Seibrich*, Episkopat 268.

Wie aus den Biographien im Bischofslexikon von Erwin Gatz[29] hervorgeht, strebten am Vorabend der Reformation zahlreiche Bischöfe Reformpolitik an. Zur Vereinheitlichung der Zeremonien auf Diözesanebene wurden Missalien und weitere liturgische Handbücher gedruckt, andere Bischöfe veranstalteten Sammlungen der Statuten früherer Reformsynoden und passten sie veränderten Umständen an, so Hugo von Hohenlandenberg, 1496–1530 Bischof von Konstanz, oder Heinrich von Absberg, 1466–1492 Bischof von Regensburg[30]. Bei ihren Reformbemühungen wurden die Bischöfe jedoch zumeist von ihren Domkapiteln allein gelassen, die im Gegenteil sehr häufig Reformanläufe sabotierten. So erreichte der Mainzer Erzbischof Uriel von Gemmingen (1508–1514) von der Kurie um 1509 ein Verbot der Pfründenkumulation; auf Drängen von Kapitel und Diözesanklerus wurde das Verbot jedoch wieder zurückgenommen[31]. Als Beispiel eines konsequenten Reformers kann Matthias von Rammung, 1464–1478 Bischof von Speyer und zugleich kurpfälzischer Kanzler, gelten[32]. Er nahm bei seinen Bemühungen vielfach Reformvorschriften wieder auf, die einer seiner Vorgänger, Raban von Helmstätt, bereits 1423 erlassen hatte. Rammung setzte ungewöhnlicherweise bei der hohen Geistlichkeit seiner Diözese an; unter anderem reformierte er den Chorgottesdienst des Domkapitels und bemühte sich, ihn wieder als Gemeinschaftsgottesdienst feiern zu lassen. Zudem schärfte er würdiges Verhalten und genaue Pflichterfüllung ein. Auch die Kollegiatstifte in Speyer und im Hochstift bezog er in die Reform ein, um sie moralisch und disziplinarisch zu heben und den Gottesdienst zu vereinheitlichen. Gegen das weltliche Verhalten des Pfarrklerus wurden auf mehreren Diözesansynoden Reformstatuten erlassen. Insgesamt waren die Reformanstrengungen Rammungs jedoch ebenso wie die seines Vorgängers nahezu erfolglos – sie blieben offensichtlich auf allen Ebenen der Hierarchie in Hochstift und Diözese unbeachtet.

III. Die Bischofsgeneration von 1517

In der Bischofsgeneration, die zu Beginn der Reformation amtierte, waren von 33 Personen 17 länger als zehn Jahre im Amt. Von ihrer Vorbildung und ihren Interessen her zeigten sich nur sehr wenige in der Lage, sich theologisch mit den reformatorischen Lehrinhalten und ihren äußeren Manifestationen auseinanderzusetzen[33]. Dieser Befund resultiert zum Teil bereits aus ihrer sozialen Herkunft. Von den etwa 45 Hochstiftsinhabern des deutschen Sprachraums waren 1517 nur fünf bürgerlicher Herkunft, dagegen stammten zwölf aus fürstlichen Familien, die

---

[29] Vgl. *Gatz*, Bischöfe.
[30] Vgl. *Gatz*, Bischöfe 306–308 (Rudolf Reinhardt), ebd. 1f. (Karl Hausberger).
[31] Vgl. *Gatz*, Bischöfe 217–219 (Friedhelm Jürgensmeier).
[32] Vgl. *Franz Haffner*, Die kirchlichen Reformbemühungen des Speyerer Bischofs Matthias von Rammung in vortridentinischer Zeit (1464–1478) (Speyer 1961).
[33] Vgl. *Wolgast*, Hochstift 26f., 183–195. Vgl. auch die Angaben in *Gatz*, Bischöfe.

traditionell nicht studierten; bezeichnenderweise hatten diese hochadligen Bischöfe insgesamt 17 Hochstifte inne – mit der Spitze in Markgraf Albrecht von Brandenburg, der über zwei Erzstifte und ein Hochstift verfügte. Gediegene theologische Kenntnisse und ein besonderes pastorales Interesse besaßen offenbar Fürst Adolf von Anhalt, Bischof von Merseburg (1514–1526), und Christoph von Utenheim, Bischof von Basel (1503–1527)[34]. Die große Mehrheit der Bischofsgeneration von 1517 hatte juristische Studien betrieben oder sogar ein volles Studium der Rechtswissenschaft absolviert, denn von den 45 Bischöfen verfügten zehn über einen juristischen Doktorgrad; Doktor der Theologie war keiner. Allerdings wurde das episkopale theologische Defizit gelegentlich durch die – durchweg bürgerlichen und studierten – Weihbischöfe ausgeglichen. Der Mangel an Fachtheologen blieb dennoch lange Zeit eklatant und erstreckte sich bis in die vierziger Jahre hinein auch auf den Beraterstab der Bischöfe. So klagte Kardinal Matthäus Lang von Salzburg im Februar 1522, dass seine „drey geschickt gelert räte, diser sachen [sc. Reform] kundig und verständig", verstorben seien[35], und noch 1542 ließ der Würzburger Bischof Melchior Zobel von Giebelstadt zur Frage der Konzilsteilnahme erklären, er sei „mit leuten, so zu solchem werck tauglich und geschickt, nit versehen"[36]. Auch Erasmus von Limburg, Bischof von Straßburg, musste 1543 auf einen auswärtigen Sachverständigen zurückgreifen, den damaligen Domherrn in Breslau und Eichstätt Johannes Cochlaeus, der sich der Mission nicht entziehen könne, da er in der Diözese „dermassen mit prebenden versehen"[37], dass er den Auftrag nicht ablehnen könne. Der Eichstätter Domkapitular Daniel Stiebar war 1546 von seinem Bischof gebeten worden, sich um einen Konzilstheologen zu bemühen, und berichtete von einer Unterredung mit dem rheinisch-schwäbischen Provinzial der Augustinereremiten Johannes Hoffmeister, diesem sei auch von den Bischöfen von Augsburg und Straßburg[38] aufgetragen worden, „ynen theologos, caplan und schulmeister zu bestellen. Aber er wyss nit eynen zuwegen zu bringen"[39].

Mit Beginn der Reformation geriet der Episkopat im Reich in eine doppelte Frontstellung: Gegenüber den altkirchlich bleibenden weltlichen Fürsten kämpften die Bischöfe um ihre Autonomie und Selbständigkeit, gegen die evangelisch werdenden Stände um die Behauptung der alten Religion, die allein ihre Stellung legitimierte. Ihre Diözesankompetenzen gaben sie dort, wo sie ernsthaft in Frage gestellt wurden, offenbar überall ohne große Gegenwehr auf – zumeist stillschweigend, Albrecht von Mainz 1528 im Vertrag von Hitzkirchen gegenüber Sachsen und Hessen aber auch formell. Dagegen gelang es zunächst, die Hochstif-

---

[34] Vgl. *Gatz*, Bischöfe 2–4 (Clemens Brodkorb), ebd. 719f. (Pierre Louis Surchat).
[35] ARC 1, 13 (Relation der bayerischen Gesandten, 5. März 1522).
[36] ARC 4, 271. 1546 waren von seinen drei Theologen zwei verstorben; vgl. ebd. 318.
[37] ARC 4, 285.
[38] Schon 1544 hatte der Straßburger Bischof Erasmus von Limburg seinen Kanzler beauftragt, sich bei dem Speyerer Bischof Philipp von Flersheim nach einem Theologen zu erkundigen; dieser war jedoch „gleich e. g. mit leuten nit gefasst"; ARC 4, 200.
[39] ARC 4, 317.

te zu retten, so dass mit Ausnahme der Landesbistümer im Osten zum Zeitpunkt des Augsburger Religionsfriedens von 1555 kein Hochstift in evangelische Hand gefallen war. Erst die Dynastisierung und Protestantisierung in den Jahrzehnten nach dem Religionsfrieden ließ auch die nord- und mitteldeutschen Hochstifte allmählich verloren gehen[40].

IV. Die Gravamina der deutschen Nation

Selbstheilungskräfte durch energische Reformen auf allen Stufen der Hierarchie entwickelten die Bischöfe nach 1517 nicht. 1521 formulierte der Wormser Reichstag 102 Gravamina, die implizit die Geistlichen dringend zur Selbstreform aufforderten[41]. Im Text waren zuerst 28 Artikel, „damit bäpstlicher Heiligkait Teutsche land beschwärt", zusammengestellt. Diese Klagen standen ganz in der Tradition des 15. Jahrhunderts, als geistliche und weltliche Reichsstände gemeinsam Verletzungen des Konkordats von 1448 und der einzelfürstlichen Konkordate durch Rom gerügt hatten[42]. Die Artikel 29–58 behandelten „Beschwerd von den erzbischofen, pischofen und prelaten allain". Hauptpunkte waren hier die Ausdehnung der geistlichen Gerichtsbarkeit auf weltliche Sachen; die Nutzung des Immunitätsprivilegs der Geistlichen auch in weltlichen Streitfragen; der Missbrauch des geistlichen Gerichts zum Schutz des jüdischen Geldverleihs; die Ausdehnung des Besitzes der toten Hand, die befürchten ließ, dass der weltliche Stand allmählich ganz ausgekauft würde. Geklagt wurde ferner über das ungebührliche fiskalische Interesse der Hierarchen, die für die Besetzung geistlicher Stellen Abgaben verlangten; auch die alte Beschwerde wegen leichtfertiger Verhängung des Interdikts um geringer Sachen willen oder ohne Untersuchung der Umstände bei dem gewaltsamen Tod eines Priesters wurde aufgenommen. Theologische Substanz enthielt die Klage, dass von Vergehen gegen Geldzahlung absolviert wurde statt Bußübungen aufzuerlegen; dass die Zulassung zu vieler Terminierer das Almosenaufkommen für Bedürftige schmälere; dass ungelehrte Priester amtieren dürften, die noch dazu so kärglich dotiert würden, dass sie ihren Lebensunterhalt mit weltlichem Gewerbe bestreiten müssten. Abschließend wurden die Bischöfe ermahnt, regelmäßig Synoden abzuhalten und diese, wie das Kanonische Recht es forderte, auch selbst zu besuchen.

Die Artikel 59–72, in denen Missstände bei „thumb- und chorhern, pfarrhern, auch andern gaistlichen personen ingemain" angeprangert wurden, wiederholten detailliert die Klagen über zu hohe Stolgebühren – mit der kritischen Zuspitzung: „Item, daraus erscheinet, da man alle sacrament umb gelt verkauft und on gelt

---

[40] Vgl. *Wolgast*, Hochstift 261–285.
[41] Vgl. RTA JR 2, 671–704. Zu den Gravamina vgl. zusammenfassend TRE 14 (Berlin, New York 1985) 131–134 (*Eike Wolgast*).
[42] In seiner Wahlkapitulation war Karl V. auf ihre Beseitigung verpflichtet worden; vgl. RTA JR 1, 871f. § 18.

mancher muss versaumbt werden" (Art. 64). Kritisch beurteilten die Gravamina die Kapitulationen, die Bischöfen und Prälaten von ihren Wahlkörperschaften aufgenötigt wurden und deren Inhalte vielfach dazu dienten, die Wähler gegen Reformen zu sichern. Das weltliche Verhalten „der pfarrer und anderer gaistlicher der merer tail", die sich wie Laien benahmen und leichtfertige Personen im Haushalt duldeten, wurde ebenso gerügt wie die Vermehrung der toten Hand durch Erbschleicherei. Einen positiven Vorschlag enthielt Art. 72 über die Nonnenklöster: Die weltliche Obrigkeit sollte in diesen Klöstern, sofern sie von Mönchskonventen abhingen, Pfleger oder Verweser einsetzen, um die durch Mönche ausgeübte Klosterökonomie zu kontrollieren, damit „dieselben munich sie unbillich nit beschwärden noch auf denselben clostern zu unnotdurft zerten". Der letzte Teil der Gravamina (Art. 73–102) von „erzpriestern, officialen und andern gaistlichen richtern und gerichtspersonen" griff erneut die Vorwürfe unzulässiger Ausdehnung der geistlichen Gerichtsbarkeit auf, verbunden mit der Anklage, dass Armen die Sakramente vorenthalten würden, wenn sie aus materieller Not ihrer Pfarrei Abgaben schuldig blieben.

Insgesamt vermittelten die Gravamina das Bild von eigensüchtigen, habgierigen und ihre Privilegien missbrauchenden Amtsträgern auf allen Stufen der Hierarchie, die ihre geistlichen Pflichten nur gegen materielle Äquivalente erfüllten. Explizit reformatorisches Gedankengut spiegelte sich dagegen 1521 noch nicht wider. Auf dem 2. Nürnberger Reichstag 1523 wurden die Gravamina in zum Teil neuer Formulierung von den weltlichen Ständen in 74 Artikeln zusammengefasst und an den Papst adressiert, da die Klagen beim geistlichen Stand ohne Resonanz geblieben seien[43]. Falls auch der Papst nicht „in bestimbter zeit" reagierte, wollten die Reichsstände selbst initiativ werden, da „sie solcher unleidlicher, verterblicher beswerden lenger nit gedulden konnen, sonder aus der notturft gedrungen werden, fur sich selbst auf ander fuglich mittel und wege zu gedenken, wie sie solcher beswerung und drangsal von den geistlichen abkomen und entladen werden mugen"[44] – eine unverhüllte Drohung mit Fremdreform.

V. Beschlüsse zur Selbstreform

Auf Drängen der bayerischen Herzöge Wilhelm IV. und Ludwig X. berief Kardinal Matthäus Lang die Bischöfe der Salzburger Kirchenprovinz im Mai 1522 nach Mühldorf, um in Anwesenheit und nach den Vorgaben bayerischer Vertreter Reformstatuten zu beraten, die auf einer Provinzialsynode verabschiedet und in einer Generalvisitation umgesetzt werden sollten[45]. Gemäß dem Rat Johann Ecks

---

[43] Vgl. RTA JR 3, 645–688. Zur theologisch fundierten Kritik am Ablass vgl. ebd. 651f. Art. 4.
[44] RTA JR 3, 688, 22–26.
[45] Zum Mühldorfer Reformkonvent vgl. *Johann Sallaberger*, Kardinal Matthäus Lang von Wellenburg (1468–1540) (Salzburg, München 1997) 255–259.

an die Kurie⁴⁶ bot Salzburg die günstigsten Voraussetzungen für eine Reformsynode, da die Kirchenprovinz am wenigsten von der Ketzerei infiziert war und tatkräftige weltliche Obrigkeiten zur Verfügung standen. Im Mittelpunkt der Mühldorfer Statuten⁴⁷ stand erneut eine detaillierte Kritik an Habitus, Kleidung, Lebenswandel und Amtsführung des niederen Klerus, dessen „deformitas infinitaque insuper [...] flagitia et excessus indies magis, proh dolor, invalescunt". „Innumeri" beherbergten Konkubinen und eigene Kinder im Pfarrhaus. Verlangt wurden dagegen fleißiges Studium der Heiligen Schrift und Verkündung des Wortes Gottes ohne falsche Lehre, nach den von der Kirche approbierten Autoritäten. Die von den Weltpriestern erforderten Qualifikationen wurden mit scientia, doctrina, peritia und mores umschrieben (Art. 13). Fremde und unbekannte Priester sollten nicht zur Messfeier zugelassen werden, Mönche keine Seelsorge außerhalb ihres Klosters betreiben.

Realisiert wurde von diesen Statuten offensichtlich nichts. Vermutlich galt schon damals, was noch 1543 der Eichstätter Bischof Moritz von Pappenheim Kardinal Albrecht als Reaktion auf die Mainzer Reformkonstitutionen⁴⁸ mitteilte: Die Durchführung sei wünschenswert, würde aber gegenwärtig zu einem großen Priesterexodus führen. Die Erfahrung hatte dem Bischof gezeigt, dass viele Geistliche, bevor sie sich der Reform unterwürfen, aus dem Hochstift „an andere ort, da man sie onreformiert gelitten", abwanderten oder sogar ganz vom alten Glauben abfielen⁴⁹. Als auf dem 2. Nürnberger Reichstag Anfang 1523 der Erzbischof von Salzburg mit seinen Suffraganen von Freising, Regensburg und Passau über die Umsetzung der Mühldorfer Beschlüsse beriet, erklärten sie, dass die Generalvisitation gegenwärtig nicht opportun sei, da

„in disen schweren sorglichen leufften [...] yederman sich mer zu ungehorsam under dem erdichten pretext der cristlichen freiheit erzaigt und hierin mer aufstand [und] anhang gegen der oberkeit zu besorgen wär [...] So wer auch in diesen leuffen claine besserung bei der geistlikait, auch zu vorab kain ableinung des unwillens, so die weltlichen gegen den geistlichen sich vermerken lassen, zu verhoffen".

Die Visitation müsse sich zudem auch auf den Glaubensstand der Laien erstrecken, was gegenwärtig unmöglich durchzuführen sei. Die geistliche Autorität reichte mithin selbst in der Salzburger Kirchenprovinz nicht mehr aus, so dass „yetz der lutterisch handel (denselben abzustellen und auszureutten) vasst [= ganz] an der weltlichen oberkeit gelegen ist und nach gestalt der leuff darinn durch der geistlichen oberkeit vermugen oder verbot allein nichts fruchtbers gehandelt sein will noch mag"⁵⁰.

---

⁴⁶ Vgl. ARC 1, 130f. (Denkschrift an die Kurie 1523). Eck schlug als Tagungsort allerdings München vor.
⁴⁷ Vgl. ARC 1, 67–75 (Zitate 67, 34f.; 68, 11f.).
⁴⁸ Vgl. dazu unten S. 45f.
⁴⁹ ARC 4, 116, 12f.
⁵⁰ Vgl. ARC 1, 86–89 (Zitate 86, 26–37; 88, 39–43).

Der Metropolitanverband Salzburg blieb aber trotz des Fehlschlags von 1522 das bevorzugte Feld für Kirchenreformversuche, da Bayern und Habsburg auf Reformen drängten und die Bischöfe unter Druck setzten bzw. mit päpstlicher Erlaubnis ihre Privilegien antasteten (geistliche Gerichtsbarkeit, Heranziehung zur Türkensteuer, Einschreiten gegen abgefallene Priester). Dadurch wurden allerdings die Salzburger Hierarchen herausgefordert, sich eher auf die Verteidigung ihres Besitzstandes zu konzentrieren als auf die Kirchenreform. Dennoch ging nach der Ankündigung einer Nationalversammlung durch den Reichstag 1524 erneut von Salzburg eine Reforminitiative aus, die diesmal sogar über die Kirchenprovinz hinausreichte. Auf Einladung des päpstlichen Legaten Tommaso Campeggio und Erzherzog Ferdinands trafen sich im Juni/Juli 1524 zwölf Bischöfe (oder deren Vertreter) mit Diözesananteilen auf bayerischem oder habsburgischem Gebiet in Regensburg[51] – sie gehörten mehrheitlich nicht zur Salzburger Kirchenprovinz[52]. Auch die bayerischen Herzöge nahmen an der Versammlung teil und demonstrierten damit ihr fortdauerndes Interesse an einer Klerusreform. Das Ergebnis der Beratungen bestand in einer Einung der Beteiligten[53] sowie in der Regensburger Reformordnung vom 7. Juli 1524, die Campeggio erließ: „Constitutio ad removendos abusus et ordinatio ad cleri vitam reformandam."[54]

Die Regensburger Constitutio richtete sich ausdrücklich an die Kleriker aller Hierarchiestufen im ganzen Reich, vom Erzbischof bis zum untersten Weltgeistlichen und zum einfachen Mönch. Sie wurde durch den Druck verbreitet und erschien auch in einer deutschen Übersetzung[55]. Inhaltlich griff der Text mit 38 Artikeln auf die Mühldorfer Beschlüsse von 1522 zurück. Wie üblich wurde auch diesmal der ausführliche Lasterkatalog in Bezug auf den niederen Klerus repetiert. Die bayerischen Herzöge setzten die Aufnahme mehrerer ihrer Forderungen in die Constitutio durch, so die Reduzierung der kirchlichen Feiertage und die Einschränkung der bischöflichen Ansprüche auf finanziellem Gebiet: Geldforderung für die Weihe einer Kirche, Einziehung der Hinterlassenschaft verstorbener Priester u.ä. Damit wurde erstmals in einem kirchenamtlichen Reformdokument konkrete Kritik auch am Verhalten des Hochklerus geübt. Die Erzbischöfe wurden an ihre Pflicht erinnert, alle drei Jahre eine Provinzialsynode abzuhalten; die jährliche Diözesansynode sollte zur Kontrolle der Einhaltung der Vorschriften dienen sowie zur Besserung des Ansehens der Priester und zur Zurückdrängung der Ketzerei beitragen. Auf das negativ veränderte kirchliche Klima reagierte die Constitutio vor allem mit der Aufforderung, die Gewissen der Schwachen nicht zu sehr

---

[51] Zum Regensburger Konvent vgl. die Aktenstücke ARC 1, 294–393; vgl. *Sallaberger*, Kardinal (wie Anm. 45) 302–317.
[52] Vertreten waren außer Salzburg die Bischöfe von Regensburg, Trient, Bamberg, Speyer, Straßburg, Konstanz, Basel, Augsburg, Freising, Passau und Brixen; vgl. die Relation des Speyerer Dompropsts Georg von Schwalbach (20. Juli 1524) ARC 1, 321 f.
[53] Vgl. ARC 1, 329–334; *Adolf Laube* (Hrsg.), Flugschriften gegen die Reformation (1518–1524) (Berlin 1997) 692–699 (deutsche Fassung).
[54] Vgl. ARC 1, 334–344; *Laube*, Flugschriften (wie Anm. 53) 700–714 (deutsche Fassung).
[55] Zu den Drucken der Constitutio vgl. ARC 1, 361–366.

mit Strafen zu belasten, da in diesen Zeiten „pietas paene omnis iacet" und den Priestern wenig Respekt entgegengebracht wird (Art. 23). Einen vom deutschen Episkopat bisher stets bekämpften Eingriff in die geistliche Gerichtsbarkeit stellte die Ermächtigung für die weltliche Obrigkeit dar, ausgelaufene Klosterinsassen und verheiratete Geistliche von sich aus in Haft zu nehmen und sie dann dem zuständigen Ordinarius zur Bestrafung zu überstellen. Die Bischöfe sollten an ihnen die im Kirchenrecht vorgesehenen Strafen nachdrücklicher als bisher vollziehen; bei Nachlässigkeit werde der Heilige Stuhl auf Verlangen der weltlichen Obrigkeit geeignete geistliche Richter einsetzen. Überhaupt sollten Vergehen des Klerus der Schwere des Missstands entsprechend bestraft werden, statt sie durch Geldzahlungen ablösen zu können, „ut refloreat catholica fides ecclesiasticaque dignitas (haeresibus radicitus exstirpatis)" (Art. 38).

Die Regensburger Reformkonstitution Campeggios blieb – außerhalb der bayerisch-österreichischen Gebiete – im Wesentlichen wirkungslos, zumal sie der Legat aus eigener Vollmacht ohne Mitwirkung der deutschen Erzbischöfe (außer der Salzburgs) erlassen und ihnen oktroyiert hatte. Ergebnislos blieb auch der Ratschlag, den Vertreter der zwölf Domkapitel der Mainzer Kirchenprovinz am 14. November 1525 ausarbeiteten[56]. Jedes Kapitel sollte seinen Bischof drängen, die lutherischen Prediger zu vertreiben. Eine Gesandtschaft an den Papst sollte diesen bitten, den Kaiser an seine Schutzpflicht für die Kirche zu mahnen. Eine weitere Gesandtschaft war dazu bestimmt, den Kaiser selbst aufzufordern, dem bedrängten und in seinen Rechten gekränkten Klerus zu Hilfe zu kommen. Den Zustand der Kirche stellte der Mainzer Ratschlag dem Kaiser folgendermaßen dar: Aufrührerische Predigten Luthers, Beschäftigung häretischer Prediger durch vom Glauben abfallende Obrigkeiten, Priesterehe, Spendung der Sakramente in deutscher Sprache, Fastenbrechen und Aufhören der Heiligenverehrung, Besteuerung des Klerus oder sogar Enteignung, Verwerfung der geistlichen Gerichtsbarkeit. Karl V. sollte ein Verbot aller Abweichungen von der Norm aussprechen und zu dessen Durchsetzung Exekutoren ernennen; als solche wurden die Kurfürsten von Köln, Trier und der Pfalz, ferner Joachim I. von Brandenburg, Erzherzog Ferdinand, Georg von Sachsen, Wilhelm und Ludwig von Bayern sowie Johann III. von Jülich-Kleve-Berg genannt – nicht aber der eigene Erzbischof.

Der Mainzer Ratschlag blieb unausgeführt. Dasselbe Schicksal erfuhren die Mainzer Reformstatuten, die der Landauer Reformkonvent, bestehend aus Vertretern von zehn Bischöfen der südlichen Kirchenprovinz, aber ohne Erzbischof Albrecht, am 16. November 1526 vorlegte[57]. Ihr Inhalt stimmte teilweise wörtlich mit der Regensburger Constitutio von 1524 überein. Erstmals wurde explizite

---

[56] Vgl. *Wolgast*, Hochstift 188 (dort weitere Literatur). Der Text ist in: Martin Luther, Werke (WA) 19, 264-273 in Luthers Polemik „Wider den Ratschlag der Mainzischen Pfafferei Unterricht und Warnung" inseriert.
[57] Die Aktenstücke zum Landauer Reformkonvent vgl. ARC 1, 394-418, die Reformstatuten vgl. ebd. 406-418. Beteiligt waren die Bischöfe von Worms, Speyer, Straßburg, Bamberg, Würzburg, Eichstätt, Chur und Konstanz.

Selbstkritik der Bischöfe geübt – allerdings blieb der Text unveröffentlicht. Die Bischöfe erklärten, die Reform müsse vom Haupt ihren Ausgang nehmen und von dort auf die Glieder übergehen: „Vivamus [...] sobrie, caste atque pie", häufig die divina officia und Messen zelebrieren. „Domus insuper, familia, mensa et supellex episcopalis non fastu aut pompa neque superfluis rebus aut aliquo vitio reprehensibilis existat", sondern soll in „modestia et frugalitas" ein Spiegel sein, so dass „episcopalis ‚candor luceat coram hominibus videanturque opera illorum bona' [Mt. 5,16], semota omni hypocrisi, ut deus inde glorificetur" (Art. 31). Ihre Prälaten und deren Kanoniker wollten die Bischöfe freundlich und ehrenvoll behandeln, Klerus und Kirchenvolk zur Sorgfalt bei Kultus, Kirchengut, Sitten und Lebensweisen anhalten.

Während die meisten Reformstatuten und -vorschläge partikularen Ursprungs und ebensolcher Zielsetzung waren, fanden sich die geistlichen Reichsstände 1526 auf dem ersten Speyerer Reichstag erstmals zu einer Handlungsgemeinschaft zusammen, um den Gravamina der weltlichen Stände ihre eigenen Beschwerden entgegenzusetzen[58]. Der Text griff auf den Mainzer Ratschlag des Vorjahres zurück und zeigte, wie intensiv und konkret der reformatorische Umsturz auf die kirchlichen Verhältnisse einzuwirken begann. „Etliche der weltlichen Oberkeiten" hinderten, so die Gravamina, die geistlichen Instanzen an der Verfolgung und Bestrafung von Predigern, die gegen die Sakramente und Gottes Wort lehrten, sowie von gelübdebrüchigen Priestern, Mönchen und Nonnen. Weltliche Obrigkeiten – ohne Differenzierung – änderten eigenmächtig Zeremonien oder schafften sie ganz ab. Die freie Wahl von Klosteroberen wurde verhindert; Visitationen durch die Bischöfe wurden unterbunden und stattdessen eigenmächtig und unautorisiert von der weltlichen Obrigkeit vorgenommen. Ausführlich sind insbesondere die Klagen über den Entzug des privilegium fori und des privilegium immunitatis sowie über die Vorenthaltung von Abgaben und Gefällen gestaltet. Weitere Klagen betrafen die Nichtrespektierung der geistlichen Gerichtsbarkeit über Kleriker und die Verweigerung des brachium saeculare bei der Vollstreckung des Banns. Beschwerde wurde auch über die Behandlung der Klöster geführt, die den Gravamina zufolge durch Einziehung des Klosterbesitzes gekennzeichnet war, wenn die Insassen ausgelaufen waren, ferner durch Beschlagnahme von Bargeld und Kirchenzierat sowie Vergabe von Kirchenland an weltliche Untertanen; zudem erließ der Staat eigenmächtig Klosterordnungen[59]. Die geistlichen Stände sahen sich in der Verfolgtensituation und sprachen sich in den Reichstagsberatungen gegen den Plan der weltlichen Stände aus, den Kaiser zur Suspension des Wormser Edikts aufzufordern: „Darumb, das diejhenen, so bißhere aus forcht der peenen und straffen, im ksl. edict verleybt, bey dem alten herprachten christlichen glauben beliben, der on zweivel ein grosse zall ist, wo das edict suspendirt, auch abfallen wurden."[60] Zudem würde die Suspension des Edikts den weltlichen Obrigkeiten

---

[58] Vgl. RTA JR 5/6, 686–709.
[59] Vgl. auch die Ergänzungen zu den Beschwerden der Geistlichen RTA JR 5/6, 710–712.
[60] RTA JR 5/6, 554.

nur einen Anlass bieten, den Geistlichen ihre Autorität völlig zu entziehen, neue Ordnungen und Zeremonien einzuführen und die alten zu unterdrücken.

VI. Das landesherrliche Kirchenregiment vor und in der Reformation

Die geistlichen Gravamina von 1526 reflektierten akkusatorisch die gegenüber der Zeit vor 1517 veränderte Situation. Das sogenannte vorreformatorische landesherrliche Kirchenregiment bestand im Wesentlichen aus einem „härteren fürstlichen Zugriff auf kirchliche Pfründen. Sichtbar wird dies vor allem an dem Verhältnis zu den Klöstern. Diese sind nicht mehr die respektvoll behandelten Stätten der Frömmigkeit, sondern sie werden in ihrem Pfründenreichtum ausnutzbare Objekte"[61]; ferner gehörten zum bevorzugten Instrumentarium des vorreformatorischen landesherrlichen Kirchenregiments die fürstlichen Patronate über Pfarreien. Der Aufbau des geschlossenen Territorialstaates verlangte zudem die möglichste Zurückdrängung der geistlichen Gerichtsbarkeit und tastete auch auf anderen Sektoren die kirchliche Autonomie an, so vor allem in der mehr oder weniger intensiven Beschneidung der fiskalischen Privilegien[62]. In den Gravamina der Geistlichen von 1526 wurden dagegen die ersten Konturen eines qualitativ völlig veränderten Kirchenregiments der weltlichen Obrigkeit erkennbar. Das vorreformatorische landesherrliche Kirchenregiment hatte der Reform der Kirche gedient, wenn auch vielleicht auf einer reduzierten Machtgrundlage; das reformatorische Kirchenregiment revolutionierte dagegen das bisherige Kirchensystem und markierte den Epocheneinschnitt. Jetzt ging es nicht mehr lediglich um Besetzung geistlicher Stellen und wirtschaftliche Nutzung geistlicher Einrichtungen, sondern der frühmoderne Staat übernahm Kompetenzen auf Feldern, die bisher unbestritten und unhinterfragt der kirchlichen Regelungsgewalt unterworfen gewesen waren: Dogmen, Gottesdienstbestimmungen, kirchliche Organisationsformen. Das im evangelischen Raum entstehende neue Textgenus Kirchenordnung ist das eindrücklichste Zeugnis der grundlegenden Veränderungen des landesherrlichen Kirchenregiments nach 1517. Schon der Titel zeigte üblicherweise den von der weltlichen Obrigkeit verordneten Normcharakter an: „Kirchenordnung, wie es mit der christlichen Lehre, heiligen Sakramenten und Zeremonien im Fürstentum X gehalten wird" (oder: „gehalten werden soll")[63]. Ein Vorwort des Ordnungsgebers

---

[61] *Ernst Schubert*, Fürstliche Herrschaft und Territorium im späten Mittelalter (Enzyklopädie deutscher Geschichte 35. München ²2006) 40.
[62] Zum sogenannten vorreformatorischen landesherrlichen Kirchenregiment vgl. noch immer *Hashagen*, Staat; zu den zahlreichen regionalen Studien vgl. *Borgolte*, Kirche 136 sowie *Wolgast*, Hochstift 25, Anm. 31.
[63] Zur Kirchenordnung vgl. TRE 18 (Berlin, New York 1989) 670–703 (*Anneliese Sprengler-Ruppenthal*); *dies.*, Gesammelte Aufsätze. Zu den Kirchenordnungen des 16. Jahrhunderts (Tübingen 2004); *Karla Sichelschmidt*, Recht aus christlicher Liebe oder obrigkeitlicher Gesetzesbefehl? Juristische Untersuchungen zu den evangelischen Kirchenordnungen des 16. Jahrhunderts (Tübingen 1996); *Eike Wolgast*, Obrigkeitliche Einführung der Reformation – Kirchenvisitationen und

und der Abdruck seines Wappens auf dem Titelblatt autorisierte den Inhalt als amtliches Dokument.

Mit den Kirchenordnungen definierte die fürstliche Landesobrigkeit bzw. der reichsstädtische Magistrat aus selbst verliehener Vollmacht, legitimiert lediglich durch ihre Theologen, autonom neue Inhalte und Normen, nachdem Luther Ende 1520 demonstrativ das bisherige Kirchenrecht in Gestalt des Corpus Iuris Canonici verbrannt und damit im Zeichenhandeln außer Kraft gesetzt hatte. Die in obrigkeitlicher Alleinverantwortung erlassenen Kirchenordnungen legten verbindlich Lehrsätze und Dogmen fest – auf der Basis des Schriftprinzips als norma normans kirchlicher Lehre und kirchlichen Lebens unter Absage an jede Tradition als autonomer Autorität –, so zu Rechtfertigung, Abendmahlsverständnis und Christologie. Sie regelten Zeremonien und Agenden (Gottesdienstsprache, Gesang, Gebete, Gottesdienstablauf, Art der Sakramentsverwaltung); staatliche Instanzen verboten traditionelle Frömmigkeitsexpressionen (Heiligenverehrung, Prozessionen, Wallfahrten, religiöses Brauchtum). Der Staat traf lebensweltliche Entscheidungen auf kirchlichem Gebiet; so beendete er die monastische Existenz und vernichtete die kirchliche Institution Kloster, ebenso beseitigte er den Pflichtzölibat. Mit dem Prinzip des Priestertums aller Getauften wurde die bisherige, durch ein Sakrament legitimierte Sakralisierung einer ganzen Sozialgruppe aufgehoben. Mit der Ablehnung der hierarchisch gegliederten papal-episkopalen Kirchenorganisation vollzog sich ein Systembruch, der von den vorreformatorischen systemimmanenten Maßnahmen in keiner Weise vorbereitet worden war. Das Ausbleiben der Reform hatte zur Revolution geführt. Auf die lebenspraktischen Wirkungen dieses Systembruchs für das Individuum und für die Gemeinschaft der Gläubigen soll nur mit den Stichworten Neubestimmung des personalen Gottesverhältnisses und Beseitigung des Fiskalzwangs als sicherem Heilsweg hingewiesen werden.

Angesichts dieses Gesamtbefundes geht es an den Realitäten des 16. Jahrhunderts vorbei, den „Abschied vom Epochendenken in der Reformationsforschung" zu proklamieren[64]. Die historische Eigenbedeutung dessen, was nach 1517 vor sich ging, lässt sich durch Nachweise, dass dieser oder jener Gedanke schon in der spätmittelalterlichen theologischen Literatur auftaucht oder eine entsprechende Maßnahme hier und da bereits praktiziert wurde, nicht einebnen, ohne die Realgeschichte unhistorisch abstrakt-theoretischen Zwängen zu unterwerfen[65]. Der konkrete Vollzug der Kirchenspaltung im 16. Jahrhundert hing zwar von vielen, auch kontingent einwirkenden Faktoren ab, wie etwa der Konzilsverzögerung oder der Türkenbedrohung, aber das Gesamtereignis Reformation ist nicht ein-

---

Kirchenordnungen, in: *Peter Schiffer* (Hrsg.), Aufbruch in die Neuzeit. Das nördliche Württemberg im 16. Jahrhundert (= Forschungen aus Württembergisch Franken 53. Ostfildern 2012) 45–56 (mit weiterer Literatur).

[64] Vgl. *Berndt Hamm*, Abschied vom Epochendenken in der Reformationsforschung. Ein Plädoyer, in: ZHF 39 (2012) 373–411.

[65] Dagegen *Hamm*, Abschied (wie Anm. 64) 389: „Es gab keine Antriebskraft der Reformation, die nicht eine Verankerung und disponierende Voraussetzung im ‚Spätmittelalter' hatte."

fach die Fortführung früherer Entwicklungen, sondern bedeutete – bei allen Kontinuitätsverknüpfungen – einen Grabenbruch und einen zentralen Neuanfang.

Die Amtskirche hat auf die Konsensaufkündigung durch die reformatorische Lehre und ihre praktischen Wirkungen bis nach der Jahrhundertmitte weder prinzipiell noch fallweise zureichend reagiert. Erst das Tridentinum begann mit der großen Selbstreform, und mit dem Jesuitenorden stand dann auch das geeignete Instrument zur Umsetzung zur Verfügung. Der deutsche Episkopat der ersten Jahrhunderthälfte wurde dagegen nur partikular, sporadisch und konsequenzenlos aktiv. Das gilt auch für die umfangreichen Mainzer Reformkonstitutionen, die Kardinal Albrecht seit 1541 ausarbeiten ließ und die in drei Teilen Vorschriften „De statu, ministerio ac vita episcoporum", „De disciplina ecclesiastica et vita cleri recte instituenda" und „De disciplina populi restituenda" enthielten[66]. 1543 wurde der Text den Suffraganbischöfen zur Stellungnahme vorgelegt, ohne dass das Reformwerk am Ende umgesetzt wurde. Daher beklagte auch der bayerische Kanzler Leonhard von Eck 1539: „Die pischoff schlaffen alle." 1545 benannte Julius Pflug, selbst Bischof von Naumburg, wenn auch durch Kursachsen an der Amtsausübung verhindert, die „negligentia archiepiscoporum atque episcoporum, qui seipsos tantum pascunt", als „causa morbi" der Kirche[67].

VII. Die kaiserliche Reform von 1548

Mit der von Karl V. dem deutschen Episkopat auf dem Augsburger Reichstag von 1548 vorgelegten „Formula reformationis"[68] wurde zum ersten Mal die Diskussion konsequent nicht auf den niederen Klerus und die Klöster orientiert, sondern auf Pflichten und Aufgaben der Bischöfe. Es fehlten zwar auch in diesem Dokument nicht die gängigen Klagen und Beschwerden über die niederen Kleriker, aber durch die 22 Artikel der Reformatio zog sich wie ein roter Faden die Forderung an die Bischöfe, ihrer Verantwortung gerecht zu werden und ihre Amtsaufgaben wahrzunehmen. Sie hatten die Priesterkandidaten selbst zu prüfen und nur Würdige für das Priesteramt zu ordinieren; zu ihren wichtigsten Pflichten zählte neben der Firmung die Visitation ihrer Diözese – nur aus wichtigem Grund durften diese Aufgaben Vertretern übertragen werden. Auch hatten sie die Synoden zu berufen und selbst zu leiten. Im zweiten Kapitel „De ordinum ecclesiasticorum officiis" wurde erstmals[69] der besondere Status der duplex potestas der Bischöfe thematisiert und die Priorität verdeutlicht: Die Bischöfe mussten das „regere

---

[66] Die Aktenstücke zu den Mainzer Reformkonstitutionen vgl. ARC 4, 24–121; den Text der Konstitutionen ebd. 24–85.
[67] Zitiert nach *Wolgast*, Hochstift 190 (dort auch weitere Zeugnisse altkirchlicher Bischofskritik).
[68] Vgl. ARC 5, 319 (Vorwort), 6, 348–380; RTA JR 18/II, 1960–1995. Vgl. auch *Eike Wolgast*, Die Formula reformationis, in: *Luise Schorn-Schütte* (Hrsg.), Das Interim 1548/50. Herrschaftskrise und Glaubenskonflikt (Gütersloh 2005) 342–365; im Folgenden zitiert: *Wolgast*, Formula.
[69] Erste Ansätze finden sich in den Mainzer Reformkonstitutionen 1543; vgl. ARC 4, 32: De munere et officio episcoporum et quod praecipuam ecclesiarum curam habeant.

ecclesiam dei" als ihr „proprium officium" verstehen, damit klar war „episcopos potius quam principes esse et coelum potius quam mundum cogitare". Ihre Pflichten in der Seelsorge wurden im Einzelnen beschrieben. Vor allem hatten sie sich um die Kleriker als ihre Mitarbeiter zu kümmern. Niemand durfte als Bischof angenommen werden, wenn er nicht Priester war oder versprach[70], die fehlenden Grade rasch zu erwerben. Mit der Regelung „De pluralitate beneficiorum" (cap. 18) griff die Formula reformationis einen weiteren Missstand auf episkopaler Ebene auf: Grundsätzlich sollten Pfründenkumulationen unterbleiben, ausdrücklich galt dies auch für Erzbischöfe und Bischöfe[71]; Mehrfachpfründen waren binnen Jahresfrist entschädigungslos zurückzugeben, jeder Pfründeninhaber hatte Residenzpflicht.

Der Episkopat war auf dem Augsburger Reichstag 1547/48 in großer Zahl vertreten: Sechs der sieben Erzbischöfe – nur der Magdeburger, der erst 1548 sein Amt wieder übernahm, fehlte –, und 14 Bischöfe waren persönlich anwesend. 19 Bischöfe ließen sich vertreten, nur vier blieben ohne Vertretung absent. Von einem Reformimpetus war gleichwohl nichts zu spüren. Die Bischöfe zeigten sich nicht zur Kooperation bereit[72], so dass Karl V. die Formula von sich aus in Kraft setzte – mit Geltung bis zu den Entscheidungen des Konzils; außerdem versicherte er, mit der Formula weder die päpstliche noch die bischöfliche Autorität schmälern zu wollen[73]. Die in Augsburg versammelten Bischöfe nahmen die Formula dennoch nur ad personam an; viele beriefen jedoch in der Folgezeit die in der Formula (cap. 20/21) geforderten Provinzial- und Diözesansynoden. Insgesamt blieb die Reformordnung von 1548 aber unausgeführt. Karl V. beklagte daher in seiner Proposition zum Reichstag von 1550, dass der Reform des geistlichen Standes nur „von dem wenigern tail wurcklich nachgesetzt, sonder das es von vilen durch gesuechte ausflucht und in ander weg, wo nit gantz veracht und umgestossen, jedoch zum wenigsten aufgezogen und verhindert werden solle"[74]. Die deutschen Bischöfe versäumten 1548 die letzte Chance einer Selbstreform. Gegen den Kontinuitätsbruch durch die revolutionäre Veränderung von Kirchenlehre und Kirchenorganisation, wie sie Folge der reformatorischen Aktivitäten war, setzte der Episkopat die Kontinuität der Reformverweigerung, sei es als Selbstreform, sei es als Fremdreform.

---

[70] Im Entwurf der Formula war das stärkere „iurare" verwendet worden; auf Verlangen der Bischöfe wurde es gegen „promittere" ausgetauscht; vgl. *Wolgast*, Formula 352.
[71] Zwei Bischofsstühle besetzten 1548 Christoph von Braunschweig-Wolfenbüttel (Bremen und Verden), Pfalzgraf Heinrich (Worms und Freising), Markgraf Johann Georg von Brandenburg (Magdeburg und Halberstadt), Christoforo Madruzzo (Brixen und Trient), Georg von Blumenthal (Lebus und Ratzeburg), Nikolaus von Lothringen (Metz und Verdun, bis Okt. 1547). Franz von Waldeck regierte sogar in drei Hochstiften (Minden, Münster und Osnabrück).
[72] Vgl. die Antwort der geistlichen Reichsstände auf die Vorlage der Formula ARC 5, 310–313; RTA JR 18/II, 1950–1953.
[73] Vgl. *Wolgast*, Formula 359, Anm. 75.
[74] RTA JR 19/I, 253. Zur Wirkungsgeschichte der Formula vgl. *Wolgast*, Formula 361–365.

Summary

The Church of the Holy Roman Empire consisted of seven metropolitan provinces, each of which acted autonomously. Contrary to bishops in all other Latin Churches, German bishops executed two roles: firstly, they administrated a diocese and secondly, they posessed their own territory (the so-called Hochstift). This situation was not the ideal basis for a self-reform.

Demands for reform were continuously voiced at the Councils and synods since the 13th century – mostly concerning the lower clergy and the monasteries. The secular clergy was accused of their violation of the *decorum clericale*, *indecentia* concerning lifestyle and attire as well as *impudicitia* in the matter of celibacy. Regulations trying to ameliorate the situation remained without results. The reform of the monasteries however, was more successful by means of self-reform of the order on the one hand as well as an „external" reform – induced by the temporal authorities – on the other.

Due to the Reformation, the traditional structure of the Church was affected and partly destroyed. At all Imperial Diets since 1521 gravamina against the Roman Curia and the German clergy were discussed, Protestant princes and free imperial cities (Reichsstädte) created the so-called sovereignty over the Church (landesherrliches Kirchenregiment) and passed their own ecclesiastical constitutions. The synods of several ecclesiastical provinces decided individually on self-reform: e. g. with the Statutes of Mühldorf in 1522, the Constitutio of Regensburg in 1524, the Council of the Chapters in the province of Mainz in 1524 and the Statutes of reform of Mainz in 1526 and in 1543.

These attempts to self-reform were, however, not executed. In the same way, the „external" reform imposed by Charles V. in 1548 – which tried to force bishops to perform their spiritual duties seriously – was unsuccessful. It was not until the Council of Trient that a new image of bishops and parish priests was created, which however only slowly spread throughout Germany.

Thomas Kaufmann
Luthers Sicht auf Judentum und Islam*

I.

Unter den reformatorischen Schriftstellern ist Martin Luther der produktivste Autor zum Thema ‚Judentum‘[1] und ‚Islam‘ bzw. ‚Judaismus‘ und ‚Mohammeds- oder Türkenglauben‘[2] gewesen. Dies gilt in quantitativer wie in qualitativer Hinsicht: Niemand hat mehr Schriften vorgelegt, die sich explizit, schon im Titel, auf ‚Juden‘[3] und ‚Türken‘[4] beziehen, als er; kein Autor ist häufiger und – jedenfalls in

---

* Öffentlicher Abendvortrag am Historischen Kolleg, 6.11.2013; die Form der gesprochenen Rede wurde beibehalten. Nachweise aus der Sekundärliteratur wurden auf die für die Weiterarbeit unverzichtbaren Hinweise beschränkt. Die im Folgenden verwendeten Abkürzungen bedeuten: DS³⁸: *Heinrich Denzinger*, Enchiridion symbolorum, definitionum et declarationum de rebus fidei et morum, erw. und ins Deutsche übertragen von Peter Hünermann (Freiburg u. a. ³⁸1999); Köhler, Bibl.: *Hans-Joachim Köhler*, Bibliographie der Flugschriften des 16. Jahrhunderts, Teil I: Das frühe 16. Jahrhundert (1501–1530), Druckbeschreibungen, Bd. 1 ff. (Tübingen 1991 ff.); MF: *Hans-Joachim Köhler, Hildegard Hebenstreit-Wilfert, Christoph Weissmann* (Hrsg.), Flugschriften des 16. Jahrhunderts, Mikroficheserie (Zug 1978–1988); VD 16: Bayerische Staatsbibliothek – Herzog-August-Bibliothek (Hrsg.), Verzeichnis der im deutschen Sprachbereich erschienenen Drucke des 16. Jahrhunderts, Bd. 1-25 (Stuttgart 1983–2000); W²: Dr. Martin Luthers Sämtliche Schriften, hrsg. v. *Johann Georg Walch*, 23 Bde. (St. Louis, Missouri ²1888–1910, ND Groß-Oesingen 1986); WA (mit Einzelabteilungen Br: Briefwechsel; Tr: Tischreden): Martin Luther, Werke, Kritische Gesamtausgabe (Weimar 1883 ff.).

[1] Vgl. die Belege für ‚Judentum‘ und ‚Iudaismus‘ in: WA 62, 216f.
[2] Ein singulärer Beleg für diese Wortwahl findet sich in: WA 30/II, 188,9; belegt ist ansonsten auch „Türkentum", WA 30/II, 595,15; WA 33, 124,20; WA 40/III, 21,10; WA 49, 160,25 und „Türkenglaube", vgl. WA 34/II, 61,12.24; WA 36, 10,23; 26,3.12.
[3] Es sind dies: *Dass Jesus Christus ein geborener Jude sei* (1523), in: WA 11, 314–336; *Auff das vier und zwentzigst Capittel Matthei, von des Juden Reichs und der Welt ende* (1524), in: WA 15, 741–758; *Wider die Sabbather an einen guten Freund* (1538), in: WA 50, 312–337; *Von den Juden und ihren Lügen* (1543), in: WA 53, 417–552; *Vom Schem Hamphoras und vom Geschlecht Christi* (1543), in: WA 53, 579–648; *Von den letzten Worten Davids* (1543), in: WA 54, 28–100; *Auf den Neuen Jahrstag von der Beschneidung Christi und der Juden* (1544), in: WA 52, 75–88; *Eine Vermahnung wider die Juden* (1546), in: WA 51, 195f.
[4] Es sind dies im Einzelnen: *Vom Kriege wider die Türken* (1529), in: WA 30/II, 107–148; *Heerpredigt wider die Türken* (1529), in: WA 30/II, 160–197; Vorrede zur Ausgabe des Georgius de Hungaria zugeschriebenen *Tractatus de ritu et moribus Turcorum* (1530), in lateinischer Version in: WA 30/II, 205–208, zu den deutschen Ausgaben vgl. die Hinweise in: *Thomas Kaufmann*, „Türckenbüchlein". Zur christlichen Wahrnehmung ‚türkischer Religion‘ in Spätmittelalter und Reformation (FKDG 97. Göttingen 2008) 171 ff.; Vorrede Luthers zur Predigtsammlung von

Bezug auf die Türkenschriften[5] – auch dauerhafter gedruckt worden als Luther[6]; die publizistische Bedeutung des Wittenberger Reformators in Hinblick auf die Orientierung und Meinungsbildung über die beiden zeitgenössisch relevanten nicht-christlichen Religionen ist als dauerhaft prägend und überragend einzustufen. Niemand schließlich unternahm solche Anstrengungen wie er, um das ‚Wissen' über Türken und Juden in der Volkssprache zu verbreiten[7].

Die Gründe, die Luther zu seinem singulären literarischen Engagement auf diesem Felde veranlassten, sind vielfältig und komplex; sie hängen sowohl mit der zeitgeschichtlichen Erfahrung als auch mit der biblischen Überlieferung zusammen. Deshalb stelle ich einige summarische Bemerkungen zur Vorabverständigung voran: Die Motive für Luthers außerordentliches literarisches Engagement zu Türken und Juden ergeben sich zum einen – modernistisch formuliert – aus seiner ‚Ambiguitätsintoleranz'[8], also aus dem universalen Wahrheitsanspruch seiner Deutung der christlichen Schriften, die andere Offenbarungsquellen und Lesarten, etwa jüdische in Bezug auf das Alte Testament, nicht zuließ. Sie folgten zum anderen aus apologetischen Konstellationen im Verhältnis zur römischen Papstkirche, die Luther im Nachgang der bereits in der Bannandro-

---

Johannes Brenz: *Homiliae viginti duae sub incursionem Turcarum in Germaniam ad populum dictae* (1532), in: WA 30/III, 536f.; Luthers Ausgabe des päpstlichen Kreuzzugsablasses (1537) mit Glossen und Nachwort: *Bulla papae Pauli tertii de indulgentiis contra Turcam*, in: WA 50, 113–116; *Vermahnung zum Gebet wider den Türken* (1541), in: WA 51, 585–625.

[5] Hier lassen sich in engerer Korrelation mit den militärischen Bedrohungswellen bestimmte Publikationszyklen der Lutherschen *Heerpredigt* und *Vom Kriege* (wie Anm. 4) nachweisen, vgl. die Hinweise in WA 30/II, 153f.; 99f.; zur ‚Türkenpredigt' im 16. Jahrhundert jetzt umfassend: *Damaris Grimmsmann*, Krieg mit dem Wort. Türkenpredigten im Alten Reich (Diss. theol. Göttingen 2014).

[6] Von Luthers sog. ‚Judenschriften' (s. dazu *Kaufmann*, ‚Judenschriften' [wie Anm. 10]) erschienen bis zu seinem Tod insgesamt 23 deutsche und sechs lateinische Drucke; von den ‚Türkenschriften' (s. Anm. 4) *Vom Kriege*, *Heerpredigt* und *Vermahnung* 31 deutsche und eine lateinische Ausgabe, insgesamt also 61 Drucke; vgl. im Ganzen auch: *Josef Benzing, Helmuth Claus*, Lutherbibliographie. Verzeichnis der gedruckten Schriften Martin Luthers bis zu dessen Tod, 2 Bde. (BBAur X. Baden Baden ²1989/1994).

[7] In der volkssprachlichen Ausrichtung seiner einschlägigen Publizistik unterscheidet sich Luther von derjenigen Theodor Biblianders, desjenigen reformatorischen Gelehrten, der sich ansonsten am intensivsten mit Judentum und Islam beschäftigte, vgl. dazu: *Hans-Martin Kirn*, Humanismus, Reformation und Antijudaismus: Der Schweizer Theologe Theodor Bibliander (1504/09–1564), in: *Achim Detmers, J. Marius J. Lange van Ravenswaay* (Hrsg.), Bundeseinheit und Gottesvolk. Reformierter Protestantismus und Judentum im Europa des 16. und 17. Jahrhunderts (Emder Beiträge zum reformierten Protestantismus 9. Wuppertal 2005) 39–58; *Christian Moser*, Theodor Bibliander (1505–1564). Annotierte Bibliographie des gedruckten Werkes (Zürcher Beiträge zur Reformationsgeschichte 27. Zürich 2009), zu den Turcica und Judaica bes. B-4, 42ff.; B-7, 61ff.; B-9, 111ff. Zur reformierten Türkenpublizistik am Beispiel Heinrich Bullingers s. *Damaris Grimmsmann*, Heinrich Bullingers Deutung der Türkengefahr und des Islam, in: ARG 103 (2012) 64–91.

[8] Vgl. dazu konzeptionell grundlegend: *Thomas Bauer*, Die Kultur der Ambiguität. Eine andere Geschichte des Islams (Berlin 2011); in Anwendung auf das konfessionelle Zeitalter: *Andreas Pietsch, Barbara Stollberg-Rilinger* (Hrsg.), Konfessionelle Ambiguität. Uneindeutigkeit und Verstellung als religiöse Praxis in der Frühen Neuzeit (SVRG 214. Gütersloh 2013).

hungsbulle⁹ erfolgten Verurteilung früher Äußerungen bezichtigte, dass er einen Krieg gegen die Osmanen ablehne, ja heimlich mit ihnen paktiere. Sie liegen sodann darin, dass Luther seitens papsttreuer Kontroversisten wegen seiner ersten Judenschrift als ‚Judenfreund' diffamiert und für jüdische Inobödienz verantwortlich gemacht wurde¹⁰. Diese Bezichtigungen hielten während des weiteren 16. Jahrhunderts altgläubigerseits an; in Gestalt einer einschlägigen Rede Johannes Fabris drangen sie bis vor den englischen König Heinrich VIII.¹¹

Luthers Engagement zum Thema Juden und Türken bzw. zur jüdischen und türkischen Religion hat sodann damit zu tun, dass er bei seinen ehemaligen Mitstreitern aus dem eigenen Lager, den ‚Schwärmern' und ‚Rottengeistern', eine seines Erachtens bedenkliche Affinität zu diesen Religionen wahrnahm. Luthers Beiträge zu Judentum und Islam sind also – das sei vorausgeschickt – zutiefst in den Auseinandersetzungen seiner Zeit begründet; sie gehören ins Zentrum seiner Theologie: Im Spiegel der gleißenden Heiligkeit der Religion Mohammeds führte er vor, wie eine Form der Werkgerechtigkeit aussieht, die vollkommener ist als die römisch-katholische; an den Juden demonstrierte er die Folgen eines irregeleiteten Bibelverständnisses und des Zornes Gottes. Auch bei Luthers geistiger und geistlicher Auseinandersetzung mit Juden und Türken handelt es sich in keiner Weise darum, diese Religionen von ihren Voraussetzungen aus oder historisch zu verstehen, sondern es geht um die ‚forma Christianismi'¹², um den wahren und allein

---

⁹ Th. 34: „Proeliari adversus Turcas est repugnare Deo visitanti iniquitates nostras per illos." DS³⁸ Nr. 1484, 492. Im Hintergrund steht eine Aussage Luthers im Zusammenhang seiner Auslegung der fünften seiner *95 Thesen* in den *Resolutiones*; er führte dort aus, dass Türken, Tartaren, die Pest und anderes Züchtigungsmittel (flagellatio; flagella) Gottes seien, die unsere Vergehen straften und die zu erdulden seien. Die ‚Großen' in der Kirche aber wollten das nicht wahrhaben: „Licet plurimi nunc iidem magni in ecclesia nihil aliud somnient quam bella adversus Turcam, scilicet non contra iniquitates, sed contra virgam iniquitatis bellaturi deoque repugnari, qui per eam virgam sese visitare dicit iniquitates nostras, eo quod nos non visitamus eas." WA 1, 535,35–39. Diese Aussage wurde u. a. von der Pariser Universität verworfen, vgl. *Adolf Laube*, Flugschriften gegen die Reformation (1518–1524) (Berlin 1997) 286,9f.; vgl. auch Luthers Refutationen von *Exsurge Domine* WA 7, 140f.; 443.

¹⁰ Vgl. die Nachweise in *Thomas Kaufmann*, Luthers ‚Judenschriften'. Ein Beitrag zu ihrer historischen Kontextualisierung (Tübingen ²2013) 24 f.

¹¹ *Johannes Fabri*, *Oratio de origine, potentia ac tyrannide Thurcorum, Ad Serenissimum potentissimum Henricum Angliae et Franciae Regem* …, [Köln, o.Dr. 1528]; VD 16 F 219; Köhler, Bibl. Bd. 1, Nr. 1113; Ex. MF 1052 Nr. 2661; weitere Ausgabe: [Wien, Singriener d. Ä. 1528]; VD 16 F 220; Köhler, Bibl. Bd. 1, Nr. 1114; Ex. MF 1339 Nr. 3513. Fabri warf Luther vor, ein militärisches Resistenzrecht gegenüber dem Türken zu bekämpfen („[…] ipse Lutherus, minime gentium resistendum esse fortiter contendit." VD 16 F 219 [A 3ʳ]; vgl. C 1ᵛ: „Non enim tam impius & crudelis in suos etiam Hungaros & Croatos esse voluit [sc. Erzherzog Ferdinand] ut sese praecipitet in damnatißimam Lutheri novam & inauditam haeresim, qua pro suo more pertinaciter per insaniam affirmat. Quomodo Christianis contra Turcos bellare non liceat, sed Turcis omnes aperire portas Christinanum & Evangelicum principem conveniat.").

¹² WA 18, 611,1 (*De servo arbitrio*, 1525). Via negationis ergibt sich aus dem, woran es bei Erasmus mangelt, Luthers Sicht der forma christianismi: „Tu vero Theologus et Christianorum magister praescripturis illis formam Christianismi, non saltem more Sceptico tuo dubitas quid necessarium et utile illis sit, sed plane in diversum laberis, et iam contra ingenium tuum assertione

seligmachenden Glauben, der mittels der Schrift erkannt wird und den Beurteilungsmaßstab auch der fremden Religionen abgibt. Auch wenn die konkreten politischen Umstände der Einlassungen zu Juden und Türken z. T. einer erheblichen Dynamik und zeithistorischen Kontingenz unterworfen waren und Luther in Bezug auf die Judenpolitik eine frühere Position revozierte, kann seine theologische Gesamtbeurteilung beider Religionen als ausgesprochen konstant beurteilt werden[13]. Dies rechtfertigt ein methodisches Verfahren, das Luthers literarisches Gesamtwerk kursorisch einbezieht.

In den fremden Religionen behandelt Luther elementare menschliche Verfehlungen; in keiner der vielen Schriften über Juden oder Türken aber spricht er zu den Menschen dieser Glaubensrichtungen direkt; er zielt durchweg auf die Christenheit, die er über den christlichen Glauben belehren und anhand von Betrachtungen über das ‚Wesen' der fremden Religionen warnen und zu einem angemessenen Verhalten ihnen gegenüber veranlassen will. Es geht Luther also nicht um ‚äußere' sondern um eine ‚innere Mission' der Christianitas. Dem katechetischen Charakter seiner Schriften über Türken und Juden entspricht es, dass sie durchweg in der Volkssprache erschienen sind und erst in einer mittleren Publikationsphase, seit den frühen 1520er Jahren, einsetzten, als es um den Aufbau eines ‚evangelischen' Kirchenwesens ging.

Die Rolle und Aufgabe der Prediger und seiner selbst bestand nach Luther darin, warnend und mahnend gegenüber einem unwilligen Volk, den Deutschen, das Wort ‚aufzurichten': „Auch wenn die Belehrung und Ermahnung bei verstockten Leuten vergeblich ist", so formulierte er etwa im Vorwort einer Sammlung lateinischer Türkenpredigten des Johannes Brenz, „müssten diejenigen, die das Lehramt innehätten, unablässig lehren und ermahnen"[14]. Selbst wenn die Paränese nur auf taube Ohren stoße, sei der Amtspflicht durch den Vollzug der Mahnung als solcher Genüge getan; „wir Diener des Wortes sind entschuldigt"[15]. Ähnlich lässt sich Luthers literarisches Handeln im Zusammenhang mit seiner berühmt-be-

---

inaudita iudicas, ea non esse necessaria, quae nisi necessaria et cognita certo fuerint, nec Deus, nec Christus, nec Euangelion, nec fides, nec quicquam reliquum est, ne Iudaismi quidem, multo minus Christianismi." WA 18, 610,13–19.

[13] Vgl. in Bezug auf Luthers Judenbild außer *Kaufmann*, ‚Judenschriften' (wie Anm. 10) [Lit.] aus der älteren Lit. besonders: *Wilhelm Maurer*, Die Zeit der Reformation, in: *Heinrich Rengstorf*, *Siegfried von Kortzfleisch* (Hrsg.), Kirche und Synagoge, Bd. 2 (Stuttgart 1968) 363–452; zu Luthers Türkenbild: *Ehmann*, Luther (wie Anm. 30).

[14] „Quamquam omnis eruditio et admonitio frustra sit apud induratos homines, Sicut etiam Esaias queritur frustra percuti populum induratum a Domino, nos tamen, qui in offitio docendi sumus, non debemus vel a docendo vel movendo cessare [...] licet videret se nihil apud pertinaces Iudeos efficere posse, donec re experientur, quae minabatur Propheta [...]." WA 30/III, 536,3–8; bei dem Druck handelt es sich um die *Homiliae viginti duae sub incursione Turcarum in Germaniam ...*, Johannes Weiß, Wittenberg 1532; VD 16 B 7671; vgl. WA 30/III, 534: A; zu Brenz vgl. *Siegfried Raeder*, Johannes Brenz und die Islamfrage, in: Blätter für Württembergische Kirchengeschichte 100 (2000) 345–367; *Grimmsmann*, Krieg (wie Anm. 5) passim.

[15] „Nos ministri verbi sumus excusati." WA 30/III, 537,3f.

rüchtigten Schrift *Von den Juden und ihren Lügen* beschreiben[16]. Der Prophet entging der schuldhaften Mitverantwortung[17] für das Versagen derer, zu denen er gesandt war, indem er seine Botschaft vortrug.

II.

Aus den eminenten Zeit- und Kontextbezügen auf die gegenwärtige Christenheit folgt freilich nicht, dass es in den vielen Schriften und zahllosen Äußerungen Luthers über die Juden und die Türken tatsächlich gar nicht um Juden und Türken, um ihre ‚Religion', ginge. Das sei ferne; Luther interessierte sich für ihre Religionen durchaus. Ihm ist ein übergeordneter, die unterschiedlichen Kulte oder positiven Religionen umfassender Begriff von Religion[18] durchaus geläufig. So, wie er von der ‚christiana religio' spricht, die er knapp und prägnant als allein auf Gott gerichtetes „fidere misericordia [...] dei propter Christum"[19] definieren und

---

[16] „Ich will hie mit mein gewissen gereinigt und entschuldigt haben, als der ichs trewlich hab angezeigt und gewarnet." WA 53, 527,29–31. Vgl. die autoapologetischen Wendungen a. a. O., 529,31 und 542,3f: „Ich habe das meine gethan, Ein jeglicher sehe, wie er das seine thu. Ich bin entschuldigt."

[17] Zum Motiv der Mitschuld an der ‚fremden Sünde' der jüdischen Gottes- und Christuslästerung, einem Kernmotiv in *Von den Juden* (vgl. WA 53, 522ff.; 527; 535; 538), und ihren rechtshistorischen Implikationen vgl. *Anselm Schubert*, Fremde Sünde. Zur Theologie von Luthers späten Judenschriften, in: *Dietrich Korsch, Volker Leppin* (Hrsg.), Martin Luther – Biographie und Theologie (SMR 53. Tübingen 2010) 251–270.

[18] Vor dem Hintergrund der etwa an Luther, aber auch an anderen Autoren des 16. Jahrhunderts zu gewinnenden Beobachtungen überzeugen die bei *Ernst Feil* (Religio, 4 Bde. [FKDG 36; 70; 79; 91. Göttingen 1986-2007]; *ders.*, Art. Religion, in: RGG[4], Bd. 7 [2004] 263–274) gebotenen Befunde nur bedingt. Zu Luthers Religionsverständnis vgl. auch *Karl Holl*, Was verstand Luther unter Religion?, in: *ders.*, Gesammelte Aufsätze zur Kirchengeschichte, Bd. 1: Luther (Tübingen 2/31923) 1–110; *Ulrich Barth*, Aufgeklärter Protestantismus, Teil 1 (Tübingen 2001); *Walter Holsten*, Christentum und nichtchristliche Religion nach der Auffassung Luthers (Allgemeine Missions-Studien 13. Gütersloh 1932).

[19] WA 31/II, 54,30f.: „Idolatria est alio fidere quam solo deo. Christiana religio est fidere misericordia et bonitate dei propter Christum. Haec pura est et simplex, quaecunque alia est idolatria, eciamsi praetexat nomen veri dei." (*Jesajavorlesung*, 1527-1530). Vgl. auch die Bestimmung des christlichen Bekennens als ‚religio' in der ersten Psalmenvorlesung: „[...] Ubi hoc verbum ‚confiteri' ponitur, subnotatur ibidem Christianorum nomen et religio, Quorum est duplici confessione, scil. peccati et laudis, Confiteri Domino." WA 4, 431,32-34 (Glosse zu Ps 137) = WA 55/II, 857,7-10. Vgl. ansonsten: WA 5, 135,30; WA 6, 566,25; 575,3; WA 7, 69,32; 484,14; WA 8, 327,5; eine ausgeprägte Tendenz zur Identifizierung von ‚Christiana religio' und dogmata bzw. articuli fidei in: WA 18, 667,8; 744,6. Zur Fokussierung des Verständnisses der religio christiana auf den menschgewordenen und gekreuzigten Christus vgl. etwa WA 25, 139,4; WA 4, 369,10 = WA 55/II, 980,2543-2546: „Iudei et heretici nostram fidem et religionem calumniantur, dum eam falsam et iniquam proclamant." WA 7, 95,27; WA 20, 640,16; 765,3; 769,1. Den ‚Lutherani' (vgl. dazu: *Albrecht Beutel*, „Wir Lutherischen". Zur Ausbildung eines konfessionellen Identitätsbewusstseins bei Martin Luther, in: ZThK 110 [2013] 158-186) attribuiert Luther eine ‚religio', die ganz durch „praedicare, laudare [...] omnia gratis accipere" (WA 31/II, 318,5.11) gekennzeichnet ist, im Unterschied zu den Papisten gilt für die ‚Lutherischen': „[...] non solum versatur in ceremoniis, ut Papistae arbitrantur. Nos summum cultum habemus, non multum facimus istum cultum ceremonialem [...]." A. a. O., 318,6-8.

als deren Ordnungsrahmen er die Kirche angeben kann[20], ist ihm die Rede von der ‚türkischen' bzw. Mohammeds[21] Religion, von ‚cultus und religio' der Heiden[22] und von der einstmals mit dem göttlichen Wort gewürdigten, insofern vor allen anderen ausgezeichneten ‚religio' der Juden[23] vertraut, ja selbstverständlich.

In der religionsvergleichenden Perspektive auf die zeremonielle Vielfalt, asketische Rigorosität und orthopraktische Legalität insbesondere der ‚türkischen Religion', die pars pro toto für alle menschliche Religion einschließlich der papistischen steht, plausibilisiert Luther: Diejenigen Dinge, „welch das Evangelium lert/ [seien] wa[h]r [...]/ Nemlich das Christenlich wesen und religion etwas vil anders unnd höchers sein/ dann ein schön höflich Kirchengebreng/ gebären [sc. Gebärden]/ schein/ platten/ kappen/ fasten/ feyertag/ siebenzeyt/ bleichs angesicht"[24].

---

[20] In Auslegung des Begriffs von Gerechtigkeit (iustitia, vulg.) in Jes 45, 8 formuliert Luther in seiner Jesaja-Vorlesung: „Iustitia regni restituti, ubi digerebantur populi recto ordine sancta ordinacione et pia, ubi ecclesia ordinatur vera religione, das im rechten schwang gehe, sicut nobiscum fit, ubi iusta administracione constituuntur." WA 31/II, 360,20-23.

[21] Vgl. etwa: „Hunc libellum [sc. Georgs von Ungarn] de religione et moribus Turcorum [...]." WA 30/II, 205,2f. „Itaque ex hoc libro [sc. dem Georgs von Ungarn] videmus Turcorum seu Mahomethi religionem caeremonijs, pene dixerim de moribus, esse multo speciosiorem quam nostrorum, etiam religiosorum [hier natürlich im traditionellen Sinn von ‚Mönche'] et omnium clericorum." WA 30/II, 206,3-5. Die vorreformatorische Druckverbreitung der Schrift erfolgte unter dem Titel „tractatu[s] de moribus, conditionibus et nequitia Turcorum" bzw. „tractatus de ritu et moribus", den auch Luther wählt, vgl. die bibliographischen Hinweise in: *Reinhard Klockow*, Georgius de Hungaria, Tractatus de Moribus, Conditionibus et Nequitia Turcorum. Traktat über die Sitten, die Lebensverhältnisse und die Arglist der Türken (Schriften zur Landeskunde Siebenbürgens 15. Köln, Weimar, Wien ²1994) 60-69. Der Begriff ‚ritus' taucht in den Titelangaben der Handschriften nicht auf, a. a. O., 70-72. Luther verwendet ritus, cultus und ceremoniae weitestgehend synonym, vgl. etwa: WA 14, 582,20ff.; WA 40/1, 302,25ff.; WA 44, 814,29ff.; bzw. setzt ‚Gottesdienst' den Zeremonien und der Religion entgegen: „Cultus nunc die non est servare ullas religiones, ceremonias gentium, Pape, Mosi, circumcisionem, sed apprehendere et credere hunc Regem et verum filium dei [...]." WA 40/II, 595,3-5 (*Praelectio in psalmum 45*, 1532).

[22] In Auslegung von Jes 34,4 (‚Omnis militia coelorum') heißt es: „Sic appellat religionem Iudaeorum, quod haberent cultum divinitus institutum. Caeterarum gentium cultus et religio ac studia erant solum terrestris militia, quia non habebant verbum." WA 25, 217,12-14 (*Scholia zu Jesaja*, 1527-1529). Vgl. auch WA 25, 260,24; WA 31/II, 58,34; 380,12; WA 40/I, 362,28; WA 31/II, 375,10 (zur besonders prächtigen Religion der Chaldäer); zur Vielheit der Religionen und der Konfusion ihrer Verehrung diverser Gottheiten vgl. auch WA 31/II, 25,32ff.; WA 38, 657,33. Generell gilt für Luther, dass die menschlichen Bemühungen um Religion zu den besten Werken der Menschheit gehören, gleichwohl wegen des Wortes Gottes der Verdammnis anheim gegeben sind, vgl. etwa WA 25, 383,10ff.

[23] „Secundo bonitas divina quoque Deum cogit, ut se ostendat errantibus. Hoc autem facit per verbum. Sic necessario Iudaei propter nimiam religionem reiiciendi et gentes propter nimiam inanitatem recipiendi erant." WA 25, 383,31-34 (*Scholia zu Jesaja*, 1527-1529). Zur zentralen Bedeutung der Schrift und der Propheten, die die ‚religio Iudaica' zierten vgl. WA 40/III, 407,23f.; vgl. zur jüdischen Religion auch noch: WA 25, 348,22; WA 31/II, 570,8; 694,1; 756,10; WA 34/I, 552,29; WA 38, 532,22; WA 40/1, 644,8; WA 40/II, 274,3f.; 402,4f.; 573,4.

[24] Vorrede Luthers zu Georgius de Hungarias Tractatus, zit. nach der Übersetzung Sebastian Francks, als Faksimile in: *Carl Göllner* (Hrsg.), Chronica unnd Beschreibung der Türckey. Mit eyner Vorred D. Martini Lutheri (Schriften zur Landeskunde Siebenbürgens 6. Köln, Wien 1983) 4; vgl. *Sebastian Franck*, Sämtliche Werke. Kritische Ausgabe mit Kommentar, Bd. 1: Frühe

Die Türken seien den Papisten in Bezug auf die äußere religiöse Disziplin unendlich überlegen[25]; daraus aber ergäbe sich ein präziseres Verständnis dessen, was die christliche Religion eigentlich ist. Sie bestehe eben nicht in ‚guten Sitten', ‚guten Werken'[26] oder Zeremonien[27], sondern allein im Glauben an Christus, den Sohn Gottes, der für unsere Sünden starb und in dessen Glauben wir gerecht und unserer Sünden ledig werden[28]. Dies sind nach Luther die eigentlichen ‚Geschütze'[29], die gegen den Koran in Stellung gebracht werden sollen. Die Argumentation impliziert Luthers dezidierte Absage an Motive eines Religionskrieges oder Kreuzzuges im Kampf gegen die Türken. Militärisch ist ihnen in einem Verteidigungskrieg unter weltlichem Kommando zu begegnen[30]; religiös aber soll man ihnen

Schriften, Text-Redaktion Peter Klaus Knauer (Bern 1983) 240,35-37; vgl. *Sebastian Franck, Sämtliche Werke*, Bd. 1: Frühe Schriften, Kommentar von Christoph Dejung (Stuttgart-Bad Cannstatt 2005) 410. Bei Luther heißt es: „[...] hoc, quod Evangelium docet, verum esse, Nempe Christianam religionem longe aliud et sublimius aliquid esse quam ceremonias speciosas, rasuram, cucullos, pallorem vultus, ieiunia, festa, horas Canonicas et universam illam faciem Ecclesiae Romanae per orbem." WA 30/II, 206,25-28.
[25] Vgl. nur WA 30/II, 206,3 ff. „[...] vestros [sc. der Papisten] mores ad illorum [sc. der Türken] mores collatos plane abominationes esse." WA 30/II, 207,2 f. Vgl. auch *Kaufmann*, „Türckenbüchlein" (wie Anm. 4) 45 f.; 182 f.
[26] „Deinde et hoc palpent esse verum, Scilicet Christianam religionem longe aliud esse quam bonos mores seu bona opera. Nam in his quoque ostendit is liber [sc. dasjenige des Georgius aus Ungarn] Turcos longe superiores esse Christianis nostris." WA 30/II, 206,31-34. Zur ‚türkischen Religion' als einer von Mohammed inaugurierten Lehre der Gerechtigkeit aus Werken vgl. WA 30/II, 122,21; WA 31/I, 256,7; WA 41, 397,29. „[...] werk, werk, opfer, opfer [...] schweig still, Ich will kein ander wort oder geist horen denn diesen, der mir predigt den glauben in Christum [...] Der Mahoment stilt aus Judischem und alten Testament vom werk, beten, allmosen [...]." WA 49, 455,35-41; vgl. WA 49, 456,3; WA 52, 709,38; WA 53, 386,32.
[27] Die Christen sollen aus dem Buch des Georgius lernen, „religionem Christi aliud esse quam caeremonias et mores et leges sint meliores Atque Fidem Christi prorsus nihil discernere, utrae ceremoniae, mores et leges sint meliores aut deteriores, Sed omnes in unam massam contusas dictat ad iustitiam nec esse satis nec eis esse opus." WA 30/II, 207,27-31.
[28] „[...] Tamen videmus illo tempore non ita valuisse in publico nostra summa praesidia et robustissima arma, quae sunt articuli de Christo, Scilicet quod Christus sit filius Dei, mortuus pro nostris peccatis, resuscitatus ad vitam nostram, quod Fide in illum iusti et peccatis remissis salvi sumus etc." WA 30/II, 207,35-39.
[29] „Mahomet enim negat Christum esse filium Dei, Negat ipsum mortuum pro nostris peccatis, Negat ipsum resurrexisse ad vitam nostram, negat Fide illum remitti peccata et nos iustificari, Negat ipsum iudicem venturum super vivos et mortuos [...], Negat Spiritum sanctum, Negat eius dona. His et similibus articulis est munienda conscientia contra caeremonias Mahomethi. His machinis Alkoranus eius confutandus est." WA 30/II, 207,40-208,4. Franck übersetzt den letzten Satz mit: „Mit diesen Büchsen muss man Alkoran stürmen." Ed. *Göllner*, Chronica (wie Anm. 24) 7 = *Franck*, Werke Bd. 1 (wie Anm. 24) 242,36 f.
[30] Vgl. Luthers Schrift *Vom Kriege wider die Türken* (1529) (wie Anm. 4), mit der er angesichts der militärischen Bedrohung der gegen ihn verbreiteten altgläubigen Polemik begegnete, die ihm wegen seiner frühen bußtheologischen Äußerungen unterstellte, dass er nichts zur Verteidigung gegen die Türken beitrage und insofern für den Vormarsch der Osmanen verantwortlich sei; vgl. zum Kontext auch: *Martin Brecht*, Martin Luther, Bd. 2: Ordnung und Abgrenzung der Reformation 1521-1532 (Stuttgart 1986) 350 ff.; *Rudolf Mau*, Luthers Stellung zu den Türken, in: *Helmar Junghans* (Hrsg.), Leben und Werk Martin Luthers von 1526 bis 1546 (Berlin ²1985) Bd. 1, 647-662; Bd. 2, 956-966; *Johannes Ehmann*, Luther, Türken und Islam. Eine Untersuchung zum Türken-

durch die Stärkung des christlichen Gewissens qua Vergegenwärtigung der elementaren Kerngehalte des christlichen Glaubens entgegentreten.

Für Luthers Umgang mit der ‚türkischen', aber auch der jüdischen und allen anderen Religionen war charakteristisch, dass er sie am Christusbekenntnis maß und vom Rechtfertigungsglauben aus beurteilte. Das im Apostolischen Glaubensbekenntnis enthaltene Zeugnis von Christus als Gottes- und Jungfrauensohn sei weder der menschlichen Vernunft[31] noch den anderen Religionen zugänglich; der Glaube aber begnüge sich mit dem göttlichen Wort und sage sich: „darbei las ichs bleiben, do ists zusammen gereimet undt gebacken, das die einige person Christi sei gott und Mensch."[32] Diese Kernaussage des christlichen Glaubens aber werde von den Juden, den Türken und dem Papst offen attackiert: „Dan der Turck sihet uns fur lauter stocknarrn an. Also halten uns die Juden undt der Bapst auch fur die thollesten leuthe, das wir gleuben, das diese person gott undt mensch sei."[33] Die Gründe, die die drei genannten Religionen gegen das Bekenntnis zu Christus als wahrem Gott und wahrem Menschen anführen, sind allerdings je spezifisch. Die Juden und der Papst sträuben sich dagegen, dass Christus der einzige Heiland und das Heilsgut ist, da sie ein Interesse daran haben, „die leuthe dohin [zu führen], das sie gute werck sollen thun"[34]. Der „Turck" akzeptiert Christus als einen großen Prophet, nimmt aber an der Gottessohnschaft Anstoß[35].

Allerdings sind die Verirrungen der türkischen und der jüdischen Religion, die Christus im Kern verkennen, weniger schlimm – wie Luther gelegentlich behaupten kann – als die Verirrung des Papstes: Der „glaube" der Juden und Türken sei „besser dan der Bapst", der zwar Christus bekennt aber „ins teuffels namen das fest des fronleichnams angericht" hat; mit diesem Fest habe er „Christum zu grunde [ge]stosse[n], unnd anders nicht gethan, dan das man das Sacrament anbeten undt ehren solte und ablas darmit verdienen"[36].

In seiner *Heerpredigt wider die Türken*, in der Luther zur Einübung einer geistlich-katechetischen Abwehr der bedrohlichen, kulturell attraktiven islamischen Großmacht ermahnte, rückte er den zweiten Artikel des Apostolischen

---

und Islambild Martin Luthers (1515–1546) (QFRG 80. Gütersloh 2008) 268ff.; *Adam S. Francisco*, Martin Luther and Islam (History of Christian-Muslim Relations 8. Leiden, Boston 2008) 131ff.

[31] Zu den möglichen Grenzen menschlicher Vernunft vgl. das Kapitel „Theologisch-philosophische Rationalität: Die Ehre der Hure. Zum vernünftigen Gottesgedanken in der Reformation", in: *Thomas Kaufmann*, Der Anfang der Reformation. Studien zur Kontextualität der Theologie, Publizistik und Inszenierung Luthers und der reformatorischen Bewegung (SMHR 67. Tübingen 2012) 436–463.

[32] WA 33, 123,11–14 (*Wochenpredigten über Joh 6–8*, 1530). Zu Luthers Christologie vgl. *Jörg Baur*, Luther und die Philosophie, in: *ders.*, Luther und seine klassischen Erben (Tübingen 1993) 13–28; *Marc Lienhard*, Martin Luthers christologisches Zeugnis (Göttingen 1980), bes. 120ff.; *Bernhard Lohse*, Luthers Theologie in ihrer historischen Entwicklung und in ihrem systematischen Zusammenhang (Göttingen 1995) 235ff.

[33] WA 33, 123,24–29.

[34] A.a.O., 123,33–35.

[35] A.a.O., 123,36ff.

[36] A.a.O., 124,10–19; vgl. WA 10/I,1, 470,7; vgl. WA 6, 242,1.

Glaubensbekenntnisses, an dem „leben und seligkeit"[37] hänge, prominent in den Mittelpunkt: „Und durch diesen artickel wird unser glaube gesondert von allen andern glauben auff erden, Denn die Jüden haben des nicht, Die Türcken und Sarracener auch nicht, dazu kein Papist noch falscher Christ noch kein ander ungleubiger, sondern allein die rechten Christen."[38] Vom Christusbekenntnis und der dieses explizierenden Rechtfertigungslehre[39] her befindet sich der christliche Glaube im Sinne Luthers also in einer Äquidistanz zu allen maßgeblichen christlichen oder nicht-christlichen religiösen Alternativen[40]. In der exzessiven Dämonisierung aller Gegner, besonders aber auch der Juden[41] und der Türken[42], ist der

[37] WA 30/II, 186,27 (*Heerpredigt wider den Türken*, 1529).
[38] A. a. O., 186,15–18; in der Türkei gibt es nach Luther keinen Trost durch Christus, WA 31/I, 341,10f.; da Christus in der Türkei weitgehend unerwähnt sei (WA 45, 260,20f.: „In Turcia nulla mentio de Christo, nisi pauculi, qui wasser treger." Vgl. WA 49, 712,5ff.), soll der Christ in der Gefahr einer türkischen Okkupation oder einer Deportation in die Türkei in Gestalt des katechetischen Grundwissens die Basis seines Glaubens mit sich führen und sich immerzu vergegenwärtigen, vgl. die WA 30/II, 185,18ff. gebotene „vermanung" für die Deutschen, „so bereit ynn der Türckey gefangen sind odder noch gefangen möchten werden" (a. a. O., 185,19f.). Dass Mahnungen dieser Art ein fundamental in re hatten, konnten zeitgenössische Leser nicht nur an dem in der Zeit seiner Gefangenschaft religiös angefochtenen Siebenbürgener (s. ed. *Klockow* [wie Anm. 21], bes. 146f.; 407–411) studieren, sondern auch an einem aktuellen Brief aus der Türkei, in dem ein dorthin Verzogener seine religiösen Skrupel offenbarte: *Auszug eines Brieffs wie einer so in der Türckey wonhafftig seinem freund in dise Land geschriben und angezeigt was das Türckisch Regiment und wesen sey ...* [Augsburg, Philipp Ulhart 1526?]; Köhler, Bibl. Bd. 1, Nr. 194; Ex. MF 1329 Nr. 3472; VD 16 A 4420; insgesamt fünf Drucke dieser Schrift verzeichnet *Carl Göllner*, Turcica. Die europäischen Türkendrucke des XVI. Jahrhunderts (Bibliotheca Bibliographica Aureliana XIX. Bukarest, Berlin 1961, ND Baden-Baden 1994) Nr. 245–250.
[39] „Ergo eadem fides Turcae et papae et Iudaeorum. Nam quando dicitur: homo per opera fit salvus, est contra hoc ec. nisi quod papa servat den deckel und lests Evangelium predigen, Turca palam impugnat." WA 29, 612, 17–20 (*Predigten*, 1529). Statt von ,derselben Religion' kann Luther Papsttum, Juden, Türken und Pharisäern auch dasselbe Herz bei unterschiedlichen Riten zuschreiben: „Deus bonus, sapiens dat tam multa bona in orbe terrarum, ergo erit mihi misericors. Si non ieiunaro etc., tunc erit mihi iratus. Das ist religio falsa, quae concipi potest a ratione. Das ist religio Papae, Iudaeorum, Turcarum, Ut Pharisaeus [sc. in Lk 18, 11f.] [...]." WA 40/I, 603,4–7; ähnlich auch WA 33, 567,12, wo Luther die Identität der verschiedenen Religionen aus ihrer Differenz gegenüber dem Rechtfertigungsglauben heraus begründet. Vgl. auch die folgende Zusammenschau: „Itaque manent iidem qui fuerunt sub Papa, nisi quod nova nomina et opera nova faciunt, res tamen manet eadem, Ut Turcae faciunt alia opera quam Papistae, Papistae faciunt alia opera quam Iudaei etc. Sed utcunque alii faciant aliis speciosiora, maiora, difficiliora opera, tamen eadem est substantia, Qualitas tantum est alia, Hoc est: specie et nomine tantum variant opera. Revera tamen opera sunt, Et qui ea faciunt, non Christiani, sed operarii sunt et manent, sive vocentur Iudaei, Mahometistae, Papistae, Sectarii." WA 40/I, 49,16–23.
[40] Dies konnte Luther etwa auch am Auferstehungsglauben konkretisieren: „Is articulus [sc. von der Auferstehung] stösst nider papatum, Turcatum, Iudaismum et omnes, qui volunt mereri remissionem peccatorum et liberationem a peccato." WA 49, 160,25f. (Predigten des Jahres 1540).
[41] „Denn der Teuffel hat die Juden besessen und gefangen, das sie müssen seines willens sein [...] zu narren, liegen, lestern, auch fluchen Gott und alles, was Gottes ist." WA 53, 601,18–20 (*Vom Schem Hamphoras*, 1543). Vgl. WA 53, 468,30ff.; 479,24ff. (der Christ soll sich vor den Juden hüten, die der Teufel des Verstandes beraubt hat); vgl. WA 53, 491,12f.; 535,21ff.; 552,36; 587,1ff.; vgl. WA 19, 599,11; 603,22; WA 23, 544,31.
[42] Der Teufel ist nach Luther der ,Türken Gott', vgl. WA 30/II, 116,32ff. Mohammed ist ein „Erst gebornes Kind des Satans", WA 53, 276,31. Der Türke kann aber auch – wie der Jude (WA

unüberbrückbare Gegensatz zwischen dem Christusglauben und den fremden Religionen sistiert.

Das unverrückbare Bekenntnis zu Christus ist das Kriterium, an dem Luther jede Form religiöser Virtuosität zu messen und diese zu verwerfen für sachgerecht hält: „Den wen gleich der Bapst und Turcke auch darzu todten aufferwecketen und sich mit ruthen strichen, das das bluth von ihnen flosse, und etliche wochen zu wasser und brodt fastetest, so weis ich doch, das du nicht die aufferstehung noch das leben oder die auffarth und weg gehen Himmel bist, sondern du betreugst und verfurest mich mit diesen Stucken allenn."[43] Von Christus her entscheidet sich für Luther die prinzipielle Wertlosigkeit „der Juden und Turcken glawb […], und deren, die auff yhren wercken"[44] insistieren.

Diese Religionen stehen in Luthers Sicht für menschliche Bemühungen um ‚das Heil' und ihr Scheitern[45]. Die Reihung ‚Heide, Jude, Türke, Sünder'[46] impliziert

---

53, 528,11ff.; 530,24ff.; 531,3f.) – als „leibhafftige[r] Teufel" (WA 30/II, 126,2) bezeichnet werden. Er ist „ein diener des Teuffels, der nicht allein land und leute verderbet mit dem schwerd […] sondern auch den Christlichen glauben und unsern lieben Herrn Jhesu Christ verwüstet." WA 30/II, 120,26–28; vgl. WA 30/II, 176,20f.24; 182,22; WA 31/II, 635,12; WA 32, 115,30ff.; weitere Belege in: WA 62, 348f.

[43] WA 47, 62,18–24 (*Auslegung Joh 3 und 4*, 1539). Ähnlich im *Großen Galaterkommentar* (1535): „Was ist ein Papatus, Turcatus et totus mundus erga unum Christum?" WA 40/II, 21,10 [Handschrift].

[44] WA 12, 285,4f. (*Epistel S. Petri gepredigt*, 1523). Die ‚anderen Religionen' stehen für Luther stellvertretend für menschliche Leistungen und Bemühungen in Bezug auf Gott. „[N]on media via inter cognitionem Christi et operationem humanam. Postea nihil refert, sive sit Papista, Turca, Iudeus, una fides ut altera." WA 40/I, 603,10–604,2 (*Großer Galaterkommentar*, 1535, Handschrift). Dem jüdischen und türkischen Ethos zollt Luther gleichfalls keinen sonderlichen Respekt, vgl. WA 46, 459,13f. „Iam Mohamet, sub quo will Turca uns alle haben, hat Christum lang hinweg geworffen. Bapst ist ein wenig kluger, non abiecit scripturam ut Turca, sed ist nicht weit a Turcis et Iudeis, quia depravavit, imo prorsus abolevit veram intelligentiam scripturae et suos Canones." WA 49, 16,19–23.

[45] „Sicut Iudaei putant propter sua merita se velle impetrare Messiam. Ad hunc modum plane eadem religio Turcarum, Iudaeorum et Papistarum est, pariter enim nituntur sua dignitate. Nos autem personam activam, cum ad Dei conspectum ventum est, abiicimus et volumus passivam personam indutam promissionibus […]." WA 40/III, 396,19–24 (*In XV Psalmos graduum*, 1540). In gewisser Weise erlaubt sich von daher das Urteil, dass der ‚natürliche Mensch' Türke, Jude oder Papist ist, vgl. WA 37, 58,25–27: „Denn wo ers nicht leret [sc. der Heilige Geist Christi Heilswerk], da bleibet alle welt inn dem glauben des Bapsts, Türcken und Jüden, das sie sich durch ihre werck wollen rein haben und wasschen von sunden […]." In einer Predigt aus dem Februar 1544 räsonniert der Reformator darüber, dass der Papst „Turkisch worden" (WA 49, 350,30f.) sei; und er fügt auch an: „Frantzos, der sich Christianissimum nennt, ist auch Turkisch, hat dem Turken ein Capellen zur kirchen geben […]." (A. a. O., 350,34–36; vgl. zu diesen Vorgängen den Brief Luthers an Mörlin vom 6.2.1544 [WABr 11, 525,15ff.]; es geht um militärische Zweckbündnisse und die Überlassung eines Hafens an den türkischen Seekommandanten Barbarossa, wo „consensu Papae" ein „templum Mahometicum" [a. a. O., 525,18] errichtet wurde). In der ‚realen Politik' wiederholt sich also die Nähe von ‚Papst' und ‚Türke'!

[46] Z.B. WA 6, 206,16 (*Von den guten Werken*, 1520); ähnlich, ohne die Sünder, WA 6, 82,27; vgl. die Reihung „unvornunfftige thiere, lewen unnd schlangen, heydenn, Judenn, Turckenn, buffen [= Buben], morder, bosze weyber" WA 6, 266,5f.; vergleichbare Reihungen WA 1, 440,13; WA 8, 383,29; 597,31; WA 10/I,1, 331,5; s. auch WA 62, 347 s. v. ‚heyd'.

eine prinzipielle Gleichwertigkeit. In der Auseinandersetzung mit Eck war es deshalb für Luther ein „Horror" zu hören, dass dieser andere als Gottes in der Schrift Willen begründete Heilsmittel kannte[47]. Trotz unterschiedlicher Kulte stimmten Juden und Türken „in ratione", d.h. in Bezug auf ihren der menschlichen Erkenntnisfähigkeit entsprechenden Vernunftgebrauch, überein, auch wenn dem Türken gegenüber dem Juden eine gewisse sittliche Überlegenheit zuzusprechen war[48].

Auch in der rein ‚weltlichen' Ausrichtung des Messiasglaubens und der Jenseitserwartung – „Bauch füllenn, und sich in der Welt wollust weiden"[49] – stimmen Juden und Türken überein. Dies rechtfertigt die von Luther punktuell übernommene traditionelle Rede von den Türken als ‚roten Juden'[50] und steht im Hintergrund seiner späteren Überlegungen, die zeitgenössische Judenheit in türkisch besetzten Gebieten anzusiedeln[51].

Seit ca. 1518 war diese exklusivistische Position Luthers weitgehend konsolidiert[52]. Alle durchaus spezifischen Ausführungen des Wittenberger Reformators zu Judentum und Islam, die uns im Folgenden beschäftigen sollen, stehen unter diesem Vorzeichen der rettungslosen Verworfenheit aller ‚Unchristen'[53]. Die Egalität des Unheils schließt jedermann ein, der nicht zur ‚unsichtbaren', katholischen Gemeinde im Sinne des Glaubensbekenntnisses gehört. Wenn „keyn Jude, Ketzer,

---

[47] „Horror mihi [sc. Luther] est audire, non a Iudaeo, non a Turco, non a Bohemo haeretico, sed a Theologo catholico [sc. Eck], suffragia Ecclesiae non esse in arbitrio Dei solius." WA 1, 297,33–35 (*Asterici*, 1518).
[48] WA 48, 338,33f.: „Quamvis diversos cultus habent Iudei et Turcae, tamen in ratione conveniunt, unde omnia proveniunt. Turca tamen aliquando probior est Iudeo." (*Predigtkonzept*, 1531).
[49] WA 53, 478,16; die Absenz von Wundern im Islam unterstreicht nach Ricoldus und dem ihn übersetzenden Luther, dass die Muslime „gantz fleischlich und zu zeitlicher lust geneigt sind" (WA 53, 312,29f.; vgl. 325,1f.).
[50] „Turca est roter Jüde, helt nicht vil anders quam Iudaei." WA 49, 16,17f.; weiterer Beleg für ‚rote Juden' mit Bezug auf den Papst in: WATr 3, Nr. 3884, 683,3; zur spätmittelalterlichen Tradition vgl. v. a. die Studie von *Andrew C. Gow*, The red Jews: Antisemitsm in an Apocalyptic Age 1200–1600 (Studies in Medieval and Reformation Thought 55. Leiden 1995).
[51] Vgl. bes. WA 53, 530,27–31: „Darum ich gerne wolte, sie [sc. die Juden] weren, da keine Christen sind. Der Türcke und ander Heiden leiden solchs nicht von jnen, das wir Christen von den gifftigen Schlangen und jungen Teufeln leiden, sie thuns auch niemand, denn uns Christen." Der Türke lasse überdies „fidem Iudeorum zu friden" (WA 46, 434,15), verhindere aber auch, dass die Juden unter seiner Herrschaft zu einem „regiment" (WA 41, 504,15) gelangen. Zugleich dient die ‚türkische Behandlung' der Juden Luther als Argument dafür, die Umgangsweise christlicher Magistrate zu überdenken, vgl. WA 42, 449,33–35: „Ac clementer tamen tractantur a Christianis Magistratibus prae eo, quod a Turcis patiuntur. Hi ne quidem corporibus et vitae parcerent, nisi sentirent tanta commoda, ad quas Iudaei instructissimi sunt odio Christianorum." Allerdings denkt der Jude nach Luther allezeit daran, Christen und Türken zu schaden: „Iudaeus cogitat: Ich wolt gern Christen und Turken tod schlagen, weil das Gott nicht thut, ergo Christus non venit." WA 45, 354,30–32 (*Predigten*, 1537).
[52] Vgl. etwa die in der *Auslegung des 109. Psalms* von 1518 begegnende Wendung: „Darumb [sc. wegen der Begründung des Heils in Wort und Glauben] seind die Juden, haiden und kätzer nit das volck Christi, wann sie suchen iren willen on got und in iren wercken." WA 1, 698,32f.
[53] Vgl. WA 7, 219,8; 367,4; WA 1, 297,34; 608,32; WA 2, 688,17; WA 30/II, 131,5.

Heyd oder sunder [...] selig"⁵⁴ werden könne, implizierte dies, dass allein der auf das Wort gegründete Glaube, nicht aber ein äußerer sakramentaler Vollzug, etwa die Taufe, per se heilsrelevant waren.

Abtrünnige Christen stehen also für Luther prinzipiell nicht anders vor Gott als die Angehörigen einer fremden Religion; Solidaritäts- und Kulturkampfmotive, die sich aus einer Zugehörigkeit zu einem ‚christlichen Abendland' ergäben, sind Luther fremd. Da der Glaube für ihn kein menschliches Verdienst, sondern Gabe Gottes ist, gilt: Gott hätte „uns" genau so „jnn der irre lassen lauffen [können] als Türcken, Tattern⁵⁵, Juden und andere abgöttische, die von dem schatz [des Wortes Gottes] nichts wissen, Oder verstockt lassen bleiben als die Papisten, die diesen unsern schatz lestern und verdammen"⁵⁶.

Sind die fremden Religionen also prinzipiell unmittelbar zum Unheil, so ergeben sich für Luther in ihrer konkreten Beurteilung doch Unterschiede aus den jeweiligen historischen Konstellationen, etwa bezüglich der Verfolgung der ‚wahren Christen'. 1522 war er beispielsweise der Meinung, „itzt" verfolgten und vermaledeiten „Juden und Papisten" das „Euangelion und den glawben"⁵⁷; überhaupt stimmten Papisten und Juden darin überein, dass sie das weltliche Schwert zu dominieren versuchten; in dieser Hinsicht seien sie ‚ärger' als der Türke⁵⁸, eine Charakterisierung, die Luther auch immer wieder aufgriff, wenn es galt, moralisch zweifelhaftes Verhalten unter den Christen zu brandmarken⁵⁹.

Noch 1531, nicht lange nach der Belagerung Wiens, meinte er, der Türke zerstöre nur Tempel und tue dem Evangelium „hodie" nicht so weh wie der Papst, die „Rottengeister und burger und bauern"⁶⁰. Die tendenziell bessere Beurteilung, die Luther den Türken angedeihen ließ, enthält auf den kontroverstheologischen Kontext bezogene provokative Momente und ist auch dem Umstand zuzuschreiben, dass in Bezug auf Muslime lebensweltliche Beziehungen weitestgehend fehlten. Dass sie Christusfeinde waren, die primär legalistisch-statutarische Gebote

---

⁵⁴ WA 7, 219,8f. (*Eine kurze Form der zehn Gebote*, 1520).
⁵⁵ Die Tartaren sind für Luther ein böses Volk (WA 40/III, 39,2ff.), unter dem sich allerdings Christen erhalten haben (WA 34/I, 463,16; WA 47, 246,36; WA 30/II, 273,1.18; WA 31/II, 443,10 u.ö. vgl. WA 62, 329-331 s. v. ‚Tartarei'). Sie bekämpfen Christus (WA 32, 282,25); der Glaube der Tartaren gründet sich auf die Vernunft, meint Luther (WA 34/II, 152,1ff.), obschon er gelegentlich auch eingestehen kann: „Verdampt mich nun der Bapst als einen ketzer, so frage ich nichts darnach. Den verdampt michs nicht, ob ich gleich nicht weiß, was der Perser, Tatter oder Turck gleubet, also schadets mir auch nichts, wen ich gleich nicht weiß, was des Bapsts glaub und lehre ist." WA 47, 246,7-10 (*Predigten zu Mt 18,24*, 1537-1540). Letztlich stellen sich Luthers Urteile über die ‚fremden Religionen' also als Applikationen seines ‚Wissens' um den ‚natürlichen Menschen' dar (s. dazu *Kaufmann*, Ehre der Hure [wie Anm. 31]).
⁵⁶ WA 51, 280,23-26.
⁵⁷ WA 10/II, 409,7f. (*Betbüchlein*, 1522).
⁵⁸ WA 7, 441,10-23 (*Grund und Ursach*, 1521); Luther vergleicht auch die jüdische mit der unter dem Papsttum bestehenden Blindheit, WA 17/II, 437,31-36; vgl. WA 19, 365,30ff.; WA 28, 364,7ff.
⁵⁹ Vgl. etwa: WA 10/II, 283,12-14: „Man findt wol Christen, die erger sind ym unglawben ynnewendig (und der das mehrer teyll) denn keyn Jude, Heyde odder Turcke odder ketzer." Vgl. auch WA 1, 432,13.15; WA 2, 501,11; WA 3, 509,17.
⁶⁰ WA 34/II, 553,10.13f. (*Predigten*, 1531).

befolgten, Gott nicht von Herzen glauben konnten[61] und Kernaussagen des christlichen Glaubens – insbesondere hinsichtlich der Christologie[62] und der Trinitätslehre[63] – bekämpften, war Luther natürlich in hohem Maße präsent.

III.

Nach den soeben skizzierten Aspekten, die Juden und Türken in Luthers Sicht verbinden, sollen nun einige spezifische Motive in den Blick genommen werden, die sie jeweils charakterisieren.

Dabei gilt, dass Luthers ‚Wissen' über die Türken bzw. „Maselmin"[64], wie er die Muslime gelegentlich nennt, einerseits wesentlich von der vorreformatorischen Literatur, insbesondere der von ihm 1542 in einer eigenen Übersetzung herausgegebenen *Confutatio Alcorani* des Ricoldus de Montecrucis und dem von ihm nachgedruckten *Tractatus de ritibus et moribus Turcorum* des Georgius de Hungaria abhängig und geprägt war, sich andererseits aber aus der ‚Entdeckung' des Türken in der Bibel – insbesondere im ‚kleinen Horn' in Dan 7 – ergab[65].

Aufgrund der ‚ethnologisch'[66]-empirischen Literatur ergab sich für Luther eine tendenzielle Positivierung der Türken und ihrer Religion: Sie hielten Ordnung

---

[61] Vgl. Luthers allegorische Auslegung des Wortes ‚Nabal': „Nomen ‚Nabal', quod insipientem fecerunt, significat omnem hominem, qui est sine sapientia Christi et sine verbo: Turca, papa et sapientissimi in mundo, quicquid non credit Deo ex corde, est ‚Nabal', id quod factis ostendunt, quia damnant verbum dei." WA 31/I, 307,32–308,2.
[62] Vgl. nur: WA 30/II, 111,15; 139,5; WA 53, 548,38; 550,19; 552,24 ff.; WA 1, 421,21; WA 20, 362,27; vgl. WA 21, 279,2; WA 20, 345,26; vgl. WA 62, 344 s. v. ‚*Christus*'.
[63] Der Türke behaupte, „nos adorare tres Deos et hominem pro Deo", WA 49, 109,24. Vgl. WA 20, 335,35; 346,34; WA 29, 165,27; 166,2; WA 32, 62,18.33; WA 34/II, 58,4.14f.28f.; 148,13.31; 151,12.
[64] Vgl. in Luthers deutscher Ausgabe der *Confutatio Alcorani* des Ricoldus de Montecrucis (vgl. dazu *Ehmann*, Luther [wie Anm. 30] 75 ff.; *ders*., Ricoldus de Montecrucis Confutatio Alcorani (1300). Martin Luther, Verlegung des Alcoran (1542) [Corpus Islamo-Christianum 6. Würzburg, Altenberg 1999]) die Aussage: „Und die Sarraceni wollen […] nicht Sarraceni, Sondern Maselamin, das ist, die Erhaltene heissen, und verlachen die Christen, das sie sich die erhalten nennen." WA 53, 310,10–12; vgl. 380,20f. In der lateinischen Vorlage heißt es: „Unde et Saraceni non vocantur saraceni, sed Meselamin, quod interpretatur salvati." (*Ehmann*, Ricoldus 76). Ehmann übersetzt interpretierend: „Daher nennen sich auch die Sarazenen nicht Sarazenen, sondern Muslime, d.h. ‚Verschonte'. Und sie lachen die Christen aus, die sich [auch] ‚Bewahrte' nennen." A. a. O., 77.
[65] Die übliche Rekonstruktion der Traditionsgeschichte der auf den Türken bezogenen Danielauslegung sieht bisher in Melanchthon den Inaugurator einer dann seit 1529 als ‚offizielle Linie' der Wittenberger vertretenen Exegese, vgl. vor allem die entsprechenden Bemerkungen von Hans Volz, in: WADB 11/2, XXXf.; XLIX ff.; sowie *Arno Seifert*, Der Rückzug der biblischen Prophetie von der neueren Geschichte (Beihefte zum Archiv für Kulturgeschichte 31. Köln, Wien 1990) 11 ff. Gegen diese These kann aufgrund einer Brenzschen ‚Türkenpredigt' von 1526, wohl dem ersten überlieferten evangelischen Beispiel für dieses Genus, Einspruch erhoben werden, vgl. jetzt die Edition in: *Grimmsmann*, Krieg (wie Anm. 5).
[66] Vgl. zu diesem Ansatz die Hinweise in *Almuth Höfert*, Den Feind beschreiben. „Türkengefahr" und europäisches Wissen über das Osmanische Reich 1450–1600 (Campus historische

und führten ein effektives und diszipliniertes Regiment – ein Topos, der auch in der zeitgenössischen politiktheoretischen Literatur, etwa bei Macchiavelli[67], begegnet; sie praktizierten eindrucksvolle asketische Höchstleistungen; sie hielten ihre Frauen unter Kontrolle und ließen auch in der Armenversorgung respektable Leistungen erkennen. Aufgrund dessen, was Luther über die Lebensverhältnisse der Türken aus der ethnographischen Literatur bekannt wurde, dienten sie ihm als kritischer Maßstab zur Beurteilung der zeitgenössischen Christianitas. Die Türken gaben mithin Anlass zur Kritik an der sittlichen Beschaffenheit der Christen. Luther konnte sogar die Vermutung äußern, dass „das mehrer teyll" der Christen „erger sind ym unglawben [...] denn keyn Jude, Heyde oder Turcke"[68], dass „bey den Christen wenig rechter Christen und viel erger Turcken [...] sein mussen, denn ynn der Turckey odder ynn der helle dazu"[69] und dass Gott den Türken deshalb die Macht gegeben habe, christliche Tempel zu profanisieren, um die ungleich dramatischere Beschmutzung des Heiligen zu bestrafen, derer sich die Christen selbst schuldig machten[70].

Studien 35. Frankfurt a. M., New York 2003); zur implizit teleogischen Bewertung der ethnographischen Beschreibungsperspektive vgl. *dies.*, Vom Antichrist zum Menschen. Der Wandel des westeuropäischen Türkenbildes in der frühen Neuzeit anhand des Traktats über die Sitten, die Lebensverhältnisse und die Arglist der Türken des Georgs von Ungarn, in: *Jürgen Reulecke* (Hrsg.), Spagat mit Kopftuch. Essays zur Deutsch-Türkischen Sommerakademie der Körber-Stiftung (Hamburg 1997) 47–72.

[67] In der zeitgenössischen politischen Diskussion wird die These vertreten, dass das „weltlich regiment" (WA 6, 459,25) der Türken „feyner" (a. a. O., 459,24), d.h. ‚richtiger', ‚besser' sei als das bei den Christen; dafür kann man etwa anführen: Machiavelli (*Der Fürst*, hrsg. v. *Rudolf Zorn* [Stuttgart ⁶1978] 16, 85 [der türkische Herrscher hat unumschränkte Gewalt über seine Untertanen; er muss gegenüber dem Volk keine Konzessionen machen]; *Discorsi*, hrsg. v. *Rudolf Zorn* [Stuttgart ²1977] 186 [ein Quell der Stärke der türkischen Herrschers ist darin zu sehen, dass er seine Feldzüge selber anführt]; ähnlich: Paolo Giovio, *Turcicarum rerum commentarius*, Ausg. Melanchthons Wittenberg 1537; VD 16 G 2053; Ex. BSB München Res./A lat.b 1004 {digit.]; *Kaufmann*, „Türckenbüchlein" [wie Anm. 4] 120 Anm. 21); Georgius de Hungaria (ed. *Klockow*, Tractatus [wie Anm. 21] 171 ff.; 245 ff. [Stärke aufgrund hemmungsloser Versklavung von Christen; Zucht der Frauen als wesentliches Element des funktionierenden Hausstandes]; vgl. im Ganzen auch: *Hans Sturmberger*, Das Problem der Vorbildhaftigkeit des türkische Staatswesens im 16. und 17. Jahrhundert und sein Einfluss auf den europäischen Absolutismus, in: Comité International des Sciences Historiques, XIIe Congrès International des Sciences Historiques [Wien 1965] Rapports IV, 201–209). Was der Türke politisch repräsentiere, sei also besser als alles, was in der lateineuropäischen Hemisphäre („bey unns", WA 6, 459,27) begegne. Auch eine Aussage wie die, dass der ‚aufrührerische Geist' Müntzers durch den Türken sicher effizienter besiegt werde als durch die christlichen Obrigkeiten (z. B. WA 25, 464,2 f.), basiert auf einer entsprechenden Wertschätzung der autoritären Herrschaftsstrukturen im Osmanischen Reich.

[68] WA 10/II, 283,12–14 (*Vom ehelichen Leben*, 1522).

[69] WA 30/III, 301,3–5 (*Warnung an seine lieben Deutschen*, 1531).

[70] „At nos cum audimus Turcas templa prophanare, altaria et omnia sacra polluere, miro stupore accendimur ad iram et cogitamus iniuriam bello vindicare et querimur quod principes non contra Turcum bellant, sed palpa sinum tuum, et Turcum palpasti. Interim deus eo magis in poenam principes in mutua bella tradit, ut nos magis quam Turcas puniat, quia peius polluimus sacra quam illi." WA 1, 432,10–15 (*Decem praecepta Wittenbergensi populo praedicata*, 1518); vgl. auch: WA 1, 387,22; WA 3, 509,37; WA 10/I,1, 388,7; WA 13, 49,2; WA 15, 565,12; WA 23, 377,8; WA 31/I, 263,16; WA 34/II, 553,2 ff.

Die andere Quelle von Luthers Urteilen über den Islam neben der ‚ethnologisch-empirischen' Literatur bildete der Koran, den er 1542 in der lateinischen Übersetzung Robert von Kettons kennengelernt hatte und dessen Drucklegung er gegenüber dem Basler Rat durchsetzte[71]. Luthers wohl nur punktuelle Lektüre des lateinischen Manuskriptes der Koranübersetzung, die einem früher geäußerten Wunsch entsprach[72], bestätigte allerdings, dass die ihm seit langem und durch mehrmalige Lektüre vertraute *Confutatio Alcorani* des Dominikaners Ricoldo de Montecrucis ein im Ganzen richtiges Bild des Islams zeichnete. Luthers Übersetzung dieser Schrift erschien in der Absicht, dass

„bey uns deudschen auch erkand werde, wie ein schendlicher Glaube des Mahmets Glaube ist, Da mit wir gesterckt werden in unserm Christlichen Glauben. Denn weil der Mahmet sieg, glück, gewalt und ehre der Welt bekomen durch Gottes zorn oder verhengnis, wir Christen aber das Creutz unsers Herrn tragen und nicht hie auff erden, sondern dort in jenem leben selig sein sollen, So ist der Gemeine man nach fleisch und blut dahin bewegt, da kein Creutz, sondern eitel gut und ehre in diesem leben scheinet, dahin auch Mahmet seinen Alcoran richtet."[73]

Die Anziehungskraft der türkischen Religion für die ganz auf das diesseitige Leben ausgerichteten *simplices* stellte also eine Herausforderung dar, die Luther zum wirkungsvollen Propagandisten vorreformatorischer ‚Aufklärungsliteratur' werden ließ. Insbesondere in der Kritik an der Jenseitshoffnung der Muslime, ihrem „Schlauraffenland"[74] mit „wassereiche[n] Garten, frawen und nebenfrawen, Jung, seuberlich, sittig, in Purpurkleidern, gülden und silbern bechern uber den Ti-

---

[71] Vgl. dazu *Hartmut Bobzin*, Der Koran im Zeitalter der Reformation (Beiruter Texte und Studien 42. Beirut 1995) 189; weitere Nachweise zu den in diesem Zusammenhang wichtigen Quellen in: *Kaufmann*, ‚Judenschriften' (wie Anm. 10) 108–110.

[72] „Dis Buch Bruder Richards, prediger Ordens, Confutatio Alcoran genant, hab ich vormals mehr [d. h. mehrmals] gelesen, Aber nicht gleuben können, das vernünfftige Menschen auf Erden weren, die der Teufel sollte bereden, solch schendlich ding zugleuben […]. In des hette ich gerne den Alcoran selbs gelesen […]." WA 53, 272,3–9; vgl. WA 53, 570,28. Luthers Lektüre der lateinischen Koranübersetzung datiert in die Fastenzeit 1542; vgl. auch: *Hartmut Bobzin*, „Aber itzt … hab ich den Alcoran gesehen Latinisch". Gedanken Martin Luthers zum Islam, in: *Hans Medick, Peer Schmidt* (Hrsg.), Luther zwischen den Kulturen (Göttingen 2004) 260–276. Zu dem früher geäußerten Wunsch, den Koran zu lesen, vgl. WA 30/II, 205,4–10 (mit Kritik an der mutmaßlich unzutreffenden Sicht auf den Koran bei Ricoldus und Nikolaus von Cues); a. a. O., 208,14f. auch die Ankündigung: „Plura forte dicam, siquando mihi ipse Mahometus Alkoranusque suus in manum venerit."

[73] WA 53, 272,31–274,6; Appelle zur Leidensbereitschaft der Christen gegenüber dem Türken durchziehen Luthers literarisches Werk, vgl. etwa: WA 30/II, 137,29; 173,30; 179,8; 184,21; 192,25ff.; 195,3ff.; 196,19; WA 1, 575,11; WA 2, 95,26; 186,36f.; WA 7, 5; 220,2ff.; WA 1, 575,1; WA 2, 95,36; 186,36f.; WA 6, 322,1; 507,26; 584,8; WA 7, 397,17; WA 15, 165,26f.; 169,27; WA 22, 59,37ff.; WA 29, 597,34ff.; WA 31/II, 566,19ff.; WA 41, 316,20ff.; WA 47, 506,13ff.; WA 49, 389,21ff.; 390,14ff.; 506,17ff.; WA 51, 271,2–5: „Selig sind die, sie seien nu under dem Türcken oder Bapst zerstrewet, die des Worts beraubet sind und hettens gerne und nemen die weil mit danck an die brocken, die inen widderfaren können, bis ein mal besser wird."

[74] WA 53, 322,10; 300,11f. (Randglosse Luthers); vgl. *Ehmann*, Ricoldus (wie Anm. 64) 248; zu einer Parallele bei Geiler von Kayssersberg s. *Kaufmann*, „Türckenbüchlein" (wie Anm. 4) 167, Anm. 249.

schen, und allerley köstliche[r] speise"⁷⁵ verdichtete sich Luthers Polemik gegen den ‚fleischlich'-diesseitigen Grundzug dieser Religion.

Im Verständnis des Islams griff der Wittenberger Augustinereremit mit Ricoldus de Montecrucis und Georgius de Hungaria auf Autoren zurück, die jenem Orden entstammten, der ihn am frühesten und massivsten bekämpft hatte, dem Ordo Praedicatorum⁷⁶. Er verschaffte damit mittelalterlichen Texten und Wertungen eine Popularität, die ihnen vorher nicht zugekommen war und die sie ohne ihn sicher nicht erlangt hätten. In dieser Hinsicht stellt die Reformation nicht nur eine Perpetuierung, sondern zugleich eine Intensivierung des Mittelalters dar.

Luther war davon überzeugt, dass das Leben der Muslime im Wesentlichen durch den Koran bestimmt sei; der Türke „glaube an den Koran"⁷⁷ und werde, wenn er ihn halte, selig⁷⁸; freilich – so stellte er fest – sofern „die Türcken oder Sarracenen" dem Buch „des Mahmets, dem Alcoran, mit ernst gleuben" würden, seien sie „nicht werde, das sie Menschen heissen, als die gemeiner Menschlichen vernunfft beraubt, lauter unmenschen, Stein und Klotz worden sind"⁷⁹. Denn der Koran bestehe aus „viel öffentlicher Lügen" und sein Verfasser sei „ein Vater der Lügen"⁸⁰; der Koran stecke „voller fabeln und unnützer mehrlin"⁸¹. Die „vernünfftigen und gelerten unter den Sarracenen", denen der Reformator mit Respekt begegnet, würden ohnehin „nichts gleuben dem Alcoran"⁸². Der Koran zerstöre die natürliche Gottes- und Welterkenntnis und damit die Menschlichkeit des Menschen. Er verführe mit „falscher lere und ketzerey [...] die Seelen"⁸³, wobei die Rechtfertigung aus Werken im Zentrum steht⁸⁴.

---

⁷⁵ WA 53, 322,10-12; vgl. 300,3f.11ff.; WA 44, 743,27-29. WA 53, 282,11f. heißt es: „Da er [sc. Mohammed] aber gauckelt und narret von der künfftigen ewigen Seligkeit, das die solle sein in fleischlicher lust, wollleben, köstlichen kleidern und lustigen Garten." Zu den entsprechenden Koranquellen vgl. die Hinweise in der WA, ebd. sowie bei *Ehmann*, Ricoldus (wie Anm. 64) 42f.
⁷⁶ Vgl. *Klaus-Bernward Springer*, Die deutschen Dominikaner in Widerstand und Anpassung während der Reformationszeit (Quellen und Forschungen zur Geschichte des Dominikanerordens in Deutschland N.F. 8. Berlin 1999).
⁷⁷ „[...] Papa credit in Missam fest, sic Turca in Alcoranum [...]." WA 37, 176,14f. (*Predigten*, 1533). Vgl. WA 6, 181,33f.; WA 19, 600,20; WA 26, 391,5; WA 40/III, 604,34ff.; WA 53, 388,32f.
⁷⁸ Die Türken sprächen, „wer den Mahomet haltte, der wer selig", WA 47, 147,2f. Vgl. WA 21, 518,23ff.; WA 29, 612,27ff.; WA 40/I, 85,7; 244,4; 604,10ff.; 608,4ff.; WA 42, 452,31ff.; WA 44, 95,8ff.; WA 47, 61,35ff.; WA 52, 709,38ff.; WA 53, 386,32.
⁷⁹ WA 53, 388,32-389,2.
⁸⁰ WA 53, 326,12 (Übersetzung von Ricoldus); vgl. 332,4f.; 340,5; 348,24; 352,13; 363,24; 372,34; 391,27.39; 394,19; WA 30/II, 124,13; 126,11; WA 37, 176,15; WA 40/II, 390,1ff.
⁸¹ WA 53, 296,4.
⁸² WA 53, 340,14f.
⁸³ WA 21, 323,31-33.
⁸⁴ WA 31/I, 269,13f.: „Papa, monachi, Turca volunt per opere satisfecere." Vgl. WA 28, 50,24; 167,6; 588,8ff.; WA 30/II, 122,21; 206,33; 289,19; WA 31/I, 256,7; WA 22, 149,5ff.; 367,21ff.; WA 31/I, 356,7; WA 41, 397,29ff.; WA 47, 85,32ff. Vgl. etwa auch die summierende Bemerkung: „Da [sc. in der Lehre Mohammeds] ist Vater, Son, heiliger geist, Tauffe, Sacrament, Evangelion, glaube und alle Christliche lere und wesen dahin, Und ist an stat Christi nichts mehr, denn Mohameth mit seiner lere von eigen wercken und sonderlich vom schwerd: das ist das heubtstücke des Türckischen glaubens [...]." WA 30/II, 122,19-22.

Der Koran ziele überdies darauf ab, „den Christlichen glauben [zu] verstören" und das „gantz weltlich Regiment" aufzulösen, da „das meiste und furnemest werck ynn seinem Alkoran das schwerd" sei[85]. „[G]ar Müntzerisch" rotte der Türke „[...] alle Obrigkeit" aus, da er „keine ordnung ynn weltlichem stande (als Fürsten, Graven, Herrn, Adel und ander lehenleute)" dulde, „sondern [...] alleine herr uber alles ynn seinem lande"[86] sein wolle. Der Türke, der mehr bete als die Christen[87], liebe es, sich mit dem Nimbus besonderer Heiligkeit zu umgeben, was der Strategie des Teufels entspreche, sich in einen Engel des Lichts (2 Kor 11, 14) zu verwandeln[88]. Die im Koran enthaltenen Urteile über Christus und das Christentum bildeten den entscheidenden Maßstab von Luthers Beurteilung des Korans[89]; hierin unterscheidet er sich, mit Ausnahme spezifisch reformatorischer Pointen im Verständnis des Rechtfertigungsglaubens, nicht von Ricoldus.

Für Luther war der Islam sowohl Abgötterei (*superstitio*), als auch Ketzerei (*haeresis*). Allerdings verband sich dieses Urteil nicht selten mit der Feststellung, dass diese auch unter den Christen begegnen. Um gegen „greulich abgötterey"[90] zu kämpfen, müsse der Kaiser nicht gegen den Türken zu Felde ziehen, denn solche „unchristen" gäbe es unter den Prälaten und sonstigen Christen „alzu viel"[91]. Einer Gebetsbitte wie der folgenden kann man entnehmen, dass sich die Distanz zur türkischen Religion nicht kategorial grundlegend von der gegenüber dem Papsttum und den innerreformatorischen Gegnern unterschied: „Ah je, Herr Gott [...] vertilge die grewel, Abgötterey und Ketzerey des Türcken, des Bapsts und aller falschen lerer oder rottengeister, die deinen namen felschlich füren [...]."[92]

---

[85] WA 30/II, 123,19–22; vgl. 142,3 f.
[86] WA 30/II, 128,25–28; zu den mit jüdischen Vorstellungen konvergierenden ‚fleischlichen' Phantasien der ‚Schwärmer' vgl. WA 49, 393,1 ff.; WA 47, 562,3 ff.; WA 15, 220,11; WA 30/II, 213,9; WA 30/III, 40,31; WA 54, 30,24.
[87] WA 45, 82,5; WA 40/II, 388,2; WA 46, 163,31.
[88] WA 30/II, 127,24 f.; vgl. 206,1 („angelum lucis mentita forma spoliare et sua propria turpidine et rapina lucis odiosum reddere"). Diese Weise des Auftretens als ‚Engel des Lichts' entspricht übrigens der Art, in der nach Nikolaus von Lyra der Antichrist wirksam wird, vgl. *Postilla super totam Bibliam* Vol. II (Straßburg 1492, ND Frankfurt a. M. 1971) DDD 3ʳ. Zur angemaßten Heiligkeit der Muslime vgl. auch WA 30/II, 143,9.22; 170,12 f.; 191,18; 190,15; 186,31; 514,4; WA 20, 526,5; WA 25, 503,14. Zum „streng leben" als Merkmal dieser ‚Scheinheiligkeit' vgl. WA 41, 506,20; vgl. WA 30/II, 187,12; 188,8.
[89] Vgl. WA 53, 364,26 f.; 280,26 f.; 366,25; 290,8; 372,18; 378,28; 386,5; 280,15 ff.; 328,3. Eine differentia specifica in der Wahrnehmung des Korans bei Luther im Vergleich mit Ricoldus ergibt sich aus der Wertung des Wortes Gottes, s. z. B. WA 41, 698,31; WA 34/II, 151,3 ff.; WA 37, 437,25; WA 40/II, 547,8; WA 30/III, 300,34; WA 31/I, 230,36.
[90] WA 30/II, 131,3.
[91] WA 30/II, 131,5; vgl. WA 30/II, 666,34 f., wo Luther von einer auch unter Christen grassierenden „idolatria inaudita" handelt.
[92] WA 38, 360,14–17 (*Eine einfältige Weise zu beten*, 1535); ähnlich: WA 40/I, 608,10 f.: „Monachus, Turca, non adorat lignum et lapidem, sed idolum, quod est cordis sui figmentum." WA 40/III, 396,1 f. wird die Idolatrie der Türken, Tartaren und Papisten summmarisch abgewiesen; WA 44, 560,1 betont, dass ‚wir' Christen immerzu mit ‚Idolatris' zusammenleben müssen, sei es unter Kaiser Karl – also mit den ‚Römern' –, sei es „sub Turca"; WA 46, 449,10 f. die Behauptung,

Mit der seit Johannes Damaszenus üblichen Betrachtung des Islams als christlicher Häresie[93] brach auch Luther nicht. Er war, wie er versicherte, mit „alle[n] Historien"[94] gewiss, dass Mohammeds Lehre aus den altkirchlichen Häresien der Arianer, Nestorianer und Macedonier hervorgegangen und ansonsten in Bezug auf „Werke, Gebet, Almosen und Beschneidung" aus dem „Judischem und alten Testament"[95] „zusammengebacken" sei. Gelegentlich konnte er betonen, dass es nach den Papisten kein Volk gäbe, das wegen seiner Religion und angemaßten Gerechtigkeit hochmütiger sei als die Türken[96]. In der türkischen Religion gäbe es keinerlei Licht, sondern nur Träumereien[97]; im Grunde sei sie nur ein ‚Schein' von Religion, wirke aber, nicht zuletzt wegen der Wertung Christi als Prophet, stark genug, um Christen zu verführen[98].

Die Nähe der türkischen Religion zum Papsttum findet vor allem darin ihren deutlichen Ausdruck, dass Luther auf beide das ‚Antichrist'-Epitheton anwendet. Schon in der *Kirchenpostille* (1522), also deutlich vor den großen Offensiven der Osmanen auf dem europäischen Kontinent, formulierte der Wittenberger: „das der Bapst der Endchrist sey mit dem Turcken, ist myr keyn tzweyfel mehr, glewb

---

„Turck unnd Bapst" trieben zu „ihrer abgotterey [...] mit dem Schwert"; ähnlich WA 47, 482,21 f.; vgl. zur Abgötterei der ‚Katholiken' und der Muslime auch WA 30/II, 131,3 f.; 666,36 f.; WA 31/II, 573,8; WA 38, 360,16; WA 40/I, 608,10; WA 40/III, 396,12; WA 53, 594,17; zu Mohammed als ‚Abgott' s. auch: WA 30/II, 196,28; WA 21, 426,21; WA 32, 384,38; WA 45, 353,27; WA 49, 48,3; WA 53, 276,10. Zum Blasphemie-Diskurs des späten Mittelalters und der frühen Neuzeit vgl. *Gerd Schwerhoff*, Zungen wie Schwerter. Blasphemie in alteuropäischen Gesellschaften 1200–1650 (Konflikt und Kultur – Historische Perspektiven 12. Konstanz 2005); vgl. *Dorothea Weltecke*, „Der Narr spricht: Es ist kein Gott". Atheismus, Unglauben und Glaubenszweifel vom 12. Jahrhundert bis zur Neuzeit (Campus Historische Studien 50. Frankfurt a. M., New York 2010), bes. 378 ff.

[93] Vgl. v. a. die instruktive Textsammlung von *P. Bonifatius Kotter* (Hrsg.), Die Schriften des Johannes von Damaskos, Bd. IV: Liber de haeresibus. Opera polemica (Patristische Texte und Studien 22. Berlin, New York 1981) 60 ff.; vgl. auch die weiterführenden Hinweise in: *Kaufmann*, „Türckenbüchlein" (wie Anm. 4) 18 ff. Im zeitgenössischen Kontext wurde diese häresiologische Einordnung des Islams bes. sorgfältig von dem Dominikaner Bernhard von Luxemburg durchgeführt, vgl. *Catalogus haereticorum omnium pene, qui ad haec usque tempore passim literarum monumentis proditi sunt, illorum nomina, errores et tempora*, editio secunda, [Köln, Eucharius Cervicornus] 1523; VD 16 B 1986; Ex. SUB Göttingen 8 H EE 794/3, J 7r/v; die erste Ausgabe kam 1522 heraus, VD 16 B 1985; Ex. MF 1564, Nr. 4053, hier: g 2v.

[94] WA 54, 160,13; vgl. auch WA 20, 681,39; 769,29; WA 30/III, 561,36; WA 45, 32,3; 34,13; WA 46, 594,1; 596,35; WA 49, 564,6; WA 50, 246,24; 575,2.

[95] WA 49, 455,40 f. Zu der Behauptung Mohammeds, die Juden hätten das Alte Testament gefälscht, vgl. WA 53, 286,26; 288,2.11.14; 306,4; 328,30 f.; 330,3; 372,22 ff.; 376,5 (alles in: *Verlegung des Alcoran*).

[96] „Post Pontifices Romanos et complices eorum nulla gens est, quae magis superbiat de religione et iusticia quam Turci [...]." WA 42, 304,22-24. Vgl. WA 30/I, 208,5 f.; WA 40/II, 10,4; WA 45, 352,30.

[97] „Sicut in religione Turcae non est lux sed merum somnium (ut in regno Papae) sed mors non vita [...]." WA 20, 673,4 f.

[98] „Turca enim eum [sc. Jesus] estimat virum sanctum, prophetam aliquem, cuius officium desiit sicut Ioannis Baptistae. Habet enim Turca tantum fucum religionis, ut et nos seduci possimus." WA 29, 612,32-34.

was du willst."⁹⁹ Allerdings schloss er die Möglichkeit aus, dass Mohammed, den er als „Mörder, Frawenschender, Reuber und aller Laster voll"¹⁰⁰ und vom Teufel besessen¹⁰¹ apostrophierte, persönlich der Antichrist sei. Als Begründung gab Luther an: Dieser verfahre zu grob, sei offenkundig von einem Teufel verführt und verfolge die Christenheit wie ein Heide von außen; überdies verwerfe er die beiden Testamente und die Sakramente explizit, täusche und betrüge also in dieser Hinsicht, anders als vom Antichristen zu erwarten, die Christen nicht¹⁰².

An und für sich betrachtet ist die ‚türkische Religion' für Luther eine abscheuliche, durch teuflische Infiltration ermöglichte Aberration, die die abgründige Bosheit des Menschen offenbart. Ihre kulturellen Attraktionsmomente entsprechen dem ‚schönen Schein' des Bösen; sie sind nicht an sich gut, sondern dienen als Spiegel der Verworfenheit jeder auf ‚Werkgerechtigkeit' und der Verleugnung Christi basierenden Religion. Luthers publizistisches Engagement zielte seit der Phase der akuten Bedrohung Europas durch die übermächtigen Osmanen darauf ab, für einen weltlichen Verteidigungkrieg zu mobilisieren und den Koran dadurch zu desavouieren, dass man ihn in übersetzter Form zugänglich machte.

IV.

Luthers theologische Bewertung der ‚türkischen Religion' unterlag, soweit man sehen kann, keinem substantiellen Wandel. Lediglich hinsichtlich der *politischen* Frage der Legitimität einer militärischen Abwehr korrigierte er seinen frühreformatorischen Appell, die Türken als Zuchtrute Gottes bußfertig zu erdulden, im Sinne der Affirmation eines unter der Ägide des Kaisers geführten Verteidigungs-

---

[99] WA 10/I,1, 148,17f.; ähnlich die Wendung: „[...] wie der End Christ, beide, Türck und Bapst, wütet und tobt widder den namen Christi und der Christen blut [...]." WA 34/II, 478,9–11 und WA 42, 389,24f.; oder: „Antichristus, hoc est Papa et Turca [...]." WA 42, 634,18f.; vgl. 635,24; WA 46, 678,24; WA 52, 519,31 33. Zur Verbindung des Antichristnamens mit dem Türken, die natürlich im Mittelalter breit belegt ist (vgl. *Kaufmann*, „Türckenbüchlein" [wie Anm. 4] 194f.; 203f.; 224–226), äußerte sich Luther schon in der ersten Psalmenvorlesung (WA 3, 505,26 = WA 55/II, 486,18; WA 3, 610,19f. = WA 55/II, 596,158f.). „[...] Der Endechristische turck ist noch ymer dahinden, und wil mit seinen ungewissen lugen uber Gott und sein wort herrschen [...]." WA 30/II, 452,3–5.

[100] WA 53, 376,16f. (Übersetzung des Ricoldus, in: *Verlegung des Alcoran Bruder Richardi*, 1542).

[101] WA 30/II, 173,13; vgl. WA 40/III, 709,15; WA 49, 548,12.32; 583,14; WA 53, 276,24; 278,26; 342,8; 352,13; 389,4; 392,22; 394,15 (alle Belege aus der *Verlegung des Alcoran*); WA 53, 123: der Teufel beherrscht mit dem Türken das sechste und letzte Jahrtausend der Weltgeschichte.

[102] „Und ich [sc. Luther] halt den Mahmet nicht für den Endechrist, Er machts zu grob und hat einen kendlichen schwartzen Teuffel, der weder Glauben noch vernunfft betriegen kann, Und ist wie ein Heide, der von aussen die Christenheit verfolget, wie die Römer und andere Heiden gethan haben. Denn wie kann der einen Christen betriegen, der die heilige Schrifft, beide, New und Alt testament verwirfft, Die Tauffe, Sacrament, Schlüssel oder vergebung der sünden, Vater unser, Glauben, Zehen gebot, Auch den Ehestand fur nichts helt, Und eitel mord und unzucht leret?" WA 53, 394,31–395,3.

krieges. Ganz ähnlich kann man in Bezug auf die theologische Wahrnehmung der jüdischen Religion von einer hochgradigen Konstanz der Position Luthers sprechen, während die *politische* Frage des konkreten Umgangs mit der zeitgenössischen Judenheit einem dramatischen Wandel unterlag.

Für Luthers Beurteilung der jüdischen Religion sind folgende Leitgedanken und Wertungsmuster zentral gewesen:

Die jüdische Schriftauslegung und insbesondere ihre Erwartungen des Messias[103] sind ‚fleischlich'[104]; die Juden missachten die Zeugnisse von Christus, die nach Luther im Alten Testament in reicher Zahl enthalten sind und die darzulegen den wesentlichen Inhalt seiner sog. ‚Judenschriften'[105] ausmacht.

Zwischen den Juden bis zur Zeit Jesu und dem seither existierenden Volk besteht nach Luther eine scharfe, fundamentale Differenz; er spricht von „zweyerley Jüden oder Israel"[106]. Die ersten sind des „Moses Jüden", die zweiten „des Keisers Jüden", die auf die Pilatusfrage hin das „Creutzige jn, Creutzige jn"[107] anstimmten, einen König zu haben bestritten und betonten, nur dem Kaiser zu dienen. Diese „itzigen Juden" würden Abraham als einen „Erzketzer" „steinigen"[108], wissen von Mose nichts[109] und sind nach dem Aufstand gegen Rom und der Zerstörung Jerusalems über die ganze Welt verteilt worden. Luthers Hinweis darauf, „dass Jesus Christus ein geborener Jude sei", basiert demgegenüber auf der Vorstellung eines ungebrochenen genealogischen und ‚ethnischen' Zusammenhangs zwischen der zeitgenössischen Judenheit und dem biblischen Gottesvolk[110].

---

[103] WA 25, 97,33ff.; WA 1, 109,25; 701,29; WA 3, 130,39 = WA 55/II, 172,19f.; WA 3, 180,34 = WA 55/II, 298 A. 13, Z. 4f.; WA 3, 307,5 = WA 55/I, 417 A. 26; WA 3, 515,37 = WA 55/I, 495,147f.; WA 55/II, 102,12; WA 4, 46,17; 102,27; 103,1; 106,34; 215,15.19.34; 418,36; 475,17; WA 6, 294,36; WA 11, 212,12ff.; WA 53, 542,5ff.; 550,19; 608,25; vgl. auch WA 62, 191 s.v. ‚Messias'; zur Wahrnehmung der Juden in der ältesten Psalmenauslegung Luthers s. *Rasmussen*, Inimici (wie Anm. 114); *Peter von der Osten-Sacken*, Martin Luther und die Juden (Stuttgart 2002) 58ff.
[104] Vgl. WA 3, 492,8; 310,13.23; 320,15.19.32 = WA 55/II, 564,8f.; 288,99ff.; 289,113f.; WA 55/I, 428 A. 2 und 3; WA 15, 467,35; WA 40/III, 725,3; WA 42, 259,22.
[105] Vgl. *Kaufmann*, ‚Judenschriften' (wie Anm. 10).
[106] WA 53, 524,30f.
[107] WA 53, 525,1–4.
[108] WA 20, 347,23–25; die Rede von den „jtzigen Jüden" auch WA 31/1, 403,31.
[109] „Von denen [sc. den aufständischen Juden zur Zeit des Jüdischen Krieges] sind die itzigen ubrigen hefen der Jüden, von welchen Moses nichts weis, sie selbs von jm auch nichts, denn das sie kein passuk [Vers] oder vers im Mose halten." WA 53, 525,11–13. Die Behauptung, dass die zeitgenössischen Juden ein übriggebliebener ‚Bodensatz' (fex) seien, findet sich der Sache nach schon in der ersten Psalmenvorlesung (WA 3, 501,31ff. = WA 55/II, 477,387ff.). Darin gründet Luthers Überzeugung, dass die heutige Judenschaft nicht beweisen könne, dass sie Israels Same sei, WA 53, 613,13ff.; WA 3, 501,32; WA 44, 691,39; WA 53, 525,12; 614,24f.; 615,1ff.
[110] „Ich [sc. Luther] hoff, wenn man mit den Juden freuntlich handelt und aus der heyligen schrifft sie seuberlich unterweyßet, es sollten yhr viel rechte Christen werden und widder tzu yhrer vetter, der Propheten und Patriarchen glauben tretten [...]. Wenn die Apostel, die auch Juden waren, also hetten mit uns heyden gehandelt, wie wyr heyden mit den Juden, es were nie keyn Christen unter den heyden worden. [...] Und wenn wyr gleych hoch uns rhumen, so sind wyr dennoch heyden und die Juden von dem geblutt Christi, wyr sind schweger und frembdling, sie sind blutt freund, vettern und bruder unsers hern." WA 11, 315,14–27. Die Juden, die

Die jüdische Religion stellt einen falschen, heuchlerischen, perfiden Kult, ja Idolatrie dar[111]; sie basiert auf der wahnhaften, von den Juden geteilten Vorstellung aller Heuchler, durch die Erfüllung des Gesetzes gerecht werden zu können[112]. Die Juden sind demnach „die werckheyligen" schlechthin, „die mit dem Gesetz umb gehen" und das „Evangelion für ein ergerliche Predig halten"[113].

Die Juden sind für Christi Kreuzigung schuldhaft verantwortlich. Sie haben deshalb als Gottesfeinde zu gelten[114]. In demselben Jahr, in dem Luther mit seiner Schrift *Dass Jesus Christus ein geborener Jude sei* eine epochale judenpolitische Wende einleitete, indem er sich für ihre unbedingte Duldung aussprach, bediente er sich ganz selbstverständlich der traditionellen Behauptung, dass die Juden Christus gekreuzigt hätten[115].

Die ‚Blindheit' (caecitas) der Juden[116] stellt eine Folge des göttlichen Verhängnisses ihrer Verstockung dar. Diese zeigt sich für Luther besonders dramatisch daran, dass die Juden aus der ihnen seit und infolge der Kreuzigung Christi widerfahrenden 1500jährigen Leidensgeschichte[117] nicht die seines Erachtens einzig mögliche Konsequenz ziehen, nämlich die Messianität Jesu anzuerkennen.

Kirche bildeten und in die hinein ‚wir' Heiden eintraten (vgl. WA 2, 203,38ff.; WA 31/II, 752,20; 557,11), sind natürlich die mit den Vätern und Propheten verbundenen Juden gewesen, sodass der ‚ursprünglichere' und ‚bessere' Teil der Juden in der Kirche fortlebt.

[111] Vgl. WA 28, 613,23; WA 14, 743,26f.; WA 28, 667,5.18; WA 31/II, 472,25; WA 36, 403,33; WA 3, 215,36 = WA 55/II, 210,54–211,55; WA 30/II, 693,26; WA 31/I, 277,34. Vgl. auch ein Urteil wie: „Iudaei orarunt multa, sed perverse", WA 27, 232,23. Der entscheidende Grund der Totalkorruption der jüdischen Religion im Sinne Luthers besteht natürlich in der Verleugnung der Gottessohnschaft bzw. Messianität Jesu, die eine Schmähung des Vaters bedeutet: „Weil nu das gewis ist [...] das ‚Wer den Son unehret, der unehret den Vater', Und wer den Son nicht hat, kann den Vater nicht haben, Und die Jüden gleich wol jmer fur und fur Gott den Vater [...] lestern und fluchen, eben in dem, das sie seinen Son [...] lestern und fluchen [...] So ist uns Christen solchs, fur unsern ohren und frey fur unser nasen in öffentlichen Synagogen [...] keines weges zu leiden [...]." WA 53, 536,4–16.

[112] WA 40/III, 721,19; WA 2, 558,11; WA 3, 286,13; WA 5, 671,36; WA 9, 386,16; 387,32.36; WA 13, 225,19; 651,24; 694,22; WA 38, 542,8.10; vgl. weitere Belege WA 62, 178f.

[113] WA 52, 707,21ff.; vgl. WA 11, 11,3f.11; 206,17; WA 17/II, 71,12; WA 19, 131,28; 132,2; WA 52, 25,1; 27,23.

[114] Vgl. *Maurer*, Zeit (wie Anm. 13); *Tarald Rasmussen*, Inimici ecclesiae: das ekklesiologische Feindbild in Luthers „Dictata super Psalterium" (1513–1515) im Horizont der theologischen Tradition (Studies in Medieval an Reformation Thought 44. Leiden u. a. 1989).

[115] „Nam deus miseret eum [sc. Jesus] apostolum Iudeis, quamquam pauci erant, qui eum recipiebant, qui et postea crucifixerunt." WA 11, 74,2-4 (*Predigt vom Palmsonntag* [29. 3.] 1523). Vgl. das sich an die jüdische Kreuzigung anschließende Urteil über das „Schlangen gezicht und Teuffels Kinder" (vgl. Mt 12, 34; Joh 8, 44) WA 53, 530,6ff. Vgl. auch WA 3, 426,19 = WA 55/II, 397,393; WA 3, 192,15.18.28 = WA 55/I, 304; WA 3, 193,31 = WA 55/I, 306 A. 4; WA 3, 489,21.29 = WA 55/I, 526 A. 9 und 12; WA 3, 555,32 = WA 55/I, 555 A. 33,2f.; WA 11, 74,3; WA 38, 54,25; WA 45, 300,4.23.25; 558,38; 559,34; WA 53, 280,26; WA 54, 90,15.17.21.

[116] WA 1, 268,32; 705,29; WA 3, 506,1.13; WA 4, 169,11; WA 5, 600,29; WA 18, 658,28; WA 31/II, 175,6; 222,1; WA 40/III, 681,3.5.8; 694,3; WA 53, 410,27; 419,11; 449,27; 548,31; 645,36; 646,8f.

[117] Vgl. WA 50, 318,2ff.; 313,8ff.; WA 34/II, 150,2ff.; WA 53, 336,3; 418,7ff.; 456,25; 472,15; 535,9ff.

Dass die Juden nach Luthers Überzeugung den Kreuzestod Jesu im paulinischen Sinne skandalisieren[118], den Gekreuzigten schmähen und dessen Anhänger, die Christen, verfluchen, sie der Anbetung dreier Götter wegen verlachen[119] und sich dem Glauben des Teufels ergeben haben[120], bildet das maßgebliche Motivgeflecht der kämpferischen Judenfeindschaft insbesondere seiner späten Jahre.

Die Juden sind keine Ketzer, auch wenn sie diesen in der Negativität der Beurteilung in nichts nachstehen[121] und wie diese auf die eigene Gerechtigkeit vertrauen[122]. Insofern ist die Trennlinie zwischen ihnen und der Christenheit klar, eindeutig und heilsgeschichtlich zwingend. Das Verhältnis zu den Juden ist insofern prinzipiell kein konkurrentielles, sondern die Juden repräsentieren eine definitiv überwundene, von Gott verworfene religiöse Option.

Luther maß die zeitgenössische Judenheit bzw. ihre Vertreter an einer *lectio christiana* der biblischen Überlieferung des Alten Testaments. Die nachbiblische jüdische Literatur bewertete er ausschließlich negativ, und zwar als Abfall von der biblischen Urform des Judentums. In seinen späten Texten forderte Luther die Liquidierung „alle[r] jre[r] Betbüchlin und Thalmudisten", da diese nur „Abgötterey, lügen, fluch und lesterung"[123] enthielten. Unbeschadet seiner Beobachtung, dass sich das Judentum seit der Zeit Jesu weiterentwickelt hatte, legte er es auf eine Gestalt fest, die es gleichsam ursprünglich und elementar mit Jesus von Nazareth als dem Messias und dem Wahrheitszeugnis des christologisch gedeuteten Alten Testaments konfrontierte.

Die Möglichkeit der Bekehrung einiger Juden zum Christentum hielt Luther durchgängig für gegeben; allerdings habe die christliche Glaubenspropaganda bisher so abschreckend gewirkt, dass auch Luther selbst, wie er zuspitzend betonte, „ehe eyn saw worden [wäre] denn eyn Christen"[124]. Die durch die Papstkirche bekehrten Juden hätten zwar „das Gesetz Mosi verlassen", das „Evangelium" aber „auch nicht" „[ge]kriegt"[125]; der religionskulturelle ‚Hybrid' des Marranenentums[126] ist nach Luther also eine zwangsläufige Folge der mangelhaften päpst-

---

[118] WA 1, 81,14; 341,5; WA 2, 572,28; WA 3, 577,8 ff. = WA 55/II, 557,679 ff.; WA 3, 176,8 = WA 55/II, 179,87 f.; WA 3, 188,20 ff. = WA 55/II, 191,21 ff.; WA 3, 301,35 = WA 55/II, 282,43; WA 3, 406,36 = WA 55/II, 378,646; WA 3, 577,9 = WA 55/II, 557,679 f.; WA 31/II, 264,26; WA 53, 542,5 ff.; weitere Belege WA 62, 189 f.
[119] WA 49, 382,23; weitere Belege WA 62, 189 s. v. ‚trinitas'.
[120] WA 12, 267,35; WA 10/I,1, 121,11; 240,4; 465,4.9; WA 10/III, 153,23; 161,12; WA 12, 285,4; WA 30/II, 186,16; WA 40/I, 607,9 u.ö.
[121] Vgl. Wendungen wie „primo de Iudaeis, deinde de hereticis, generaliter autem de omnibus malis", WA 4, 133,39 f.; vgl. WA 3, 177,27 ff. = WA 55/II, 182,150 ff.; WA 3, 564,31 f. = WA 55/II, 540,187 f.; WA 4, 136,29; 138,33; 283,34; 317,19; 365,32; WA 55/II,1, 107,4; WA 4, 460,5.
[122] „[...] in propriam iustitiam confidit, ut Iudaei et Heretici [...]", WA 3, 355,4 = WA 55/II, 329,26 f.
[123] WA 53, 523,30 f.; vgl. 536,29 ff.; zum Lehrverbot der Rabbinen vgl. WA 53, 523,32 ff.
[124] WA 11, 315,2; vgl. WA 47, 466,14; 467,8 ff.; 468,2.
[125] WA 47, 471,1 f.
[126] „Ich habs selbs gehort von frumen getaufften Juden, das, wenn sie nicht bey unser Tzeyt das Evangelion gehort hetten, sie weren yhr leben lang Juden unter dem Christen mantel blieben." WA 11, 315,9–12.

lichen Konversionsstrategie[127] gewesen. Luthers seit 1521[128] geäußerte Hoffnung, dass dadurch, dass man „mit den Juden freuntlich handelt" viele von ihnen zu „rechte[n] Christen"[129] würden, ging mit der Überzeugung einher, dass „der grosse hauffe vorstockt ist"[130]. Dass „das Jüdenthum, wilchs wir das Jüdische volck heyssen, wird nicht bekeret"[131], war ihm insofern gewiss. Die Skepsis, die Luther gegenüber Judentaufen[132] an den Tag legte – und in der Regel mit einem grundsätzlichen Vorbehalt gegenüber ,istud genus hominum'[133] begründete, ging damit einher, dass er dem sakramentalen Taufakt bei seinem Appell, die Juden sollten ,rechte Christen' werden, keine Bedeutung zuerkannte.

Luthers Haltung gegenüber den Juden seiner Zeit war weniger durch die ,Erfahrung' als durch die ,Möglichkeit' lebensweltlicher Nähe bestimmt. Damit ist

---

[127] „Wen wir einen Juden getaufft haben, so meineten wir, das wir ihme alles genommen hetten. Darnach legte man ihme auff, das ehr gehn Rom gehen soltte und bussen fur seine sunde. Man lernet ihnen nicht recht verstehen das vater unser oder unsern Catechismum. Nun hat der Jude das Gesetz Mosi verlassen, kompt hiehehr und kriegt das Evangelium auch nicht." WA 47, 470, 40–471,2.
[128] WA 7, 600,33 ff.
[129] WA 11, 315,14f.; vgl. 315,19ff.; WA 14, 90,5; WA 15, 447,1.12; WA 26, 233,37; WA 49, 500,16.22 ff.; 502,21; die Freundlichkeit ist auch ein Mittel, den jüdischen Einwand, die christliche Lehre sei nicht wahr, abzuwehren, WA 17/II, 182,14; vgl. WA 15, 611,30; WA 24, 275,26; WA 41, 596,3 ff.; WA 53, 482,3. Vor dem Hintergrund dieser Freundlichkeitsappelle ist Luthers Aussage zu interpretieren: „Wolan, es möchte villeicht der barmhertzigen heiligen einer unter uns Christen dencken, ich machte es ja zu grob und unesse [unfein] wider die armen elenden Jüden, das ich so spöttisch und hönisch mit jnen handele." WA 53, 590,23–25 (*Vom Schem Hamphoras*, 1543).
[130] WA 7, 600,29.
[131] WA 19, 608,30f. (*Vier tröstliche Psalmen an die Königin zu Ungarn*, 1526); vgl. WA 47, 571,4.
[132] WABr 5, Nr. 1632, 452,1–28; zur Interpretation vgl. *Reinhold Lewin*, Luthers Stellung zu den Juden (Neue Studien zur Geschichte der Theologie und Kirche 10. Berlin 1911, ND Aalen 1973) 38–42; W² Bd. 15, 444–447; WATr 3, Nr. 3479, 348,18ff.; WATr 6, Nr. 7038, 352,18ff.; *Walther Bienert*, Martin Luther und die Juden (Frankfurt a. M. 1982) 94–96; Osten-Sacken, Luther und die Juden (wie Anm. 103) 115f.; vgl. auch Johann Mathesius, D. Martin Luthers Leben in siebzehn Predigten, hrsg. v. *Georg Buchwald* (Leipzig [1887]) 338. Im Zusammenhang liturgischer Anweisungen für die Durchführung der Taufe eines jüdischen Mädchens mahnt Luther dazu, die Ernsthaftigkeit des Glaubens der Aspirantin zu prüfen; als Grund führt er an, dass dieses ,Menschengeschlecht' [sc. die Juden] allerlei vortäusche („Verumtamen vide [gemeint ist der Adressat des Briefes], ne illa puella fingat fidem Christi, mira enim istud genus hominum fingit, non quod dubitem, reliquias Abrahae superesse, quae ad Christum pertinent, sed quod hactenus varie illuserunt Iudaei fidem nostram." WABr 5, Nr. 1632, 452,21–24). In einem Brief an seinen Freund Amsdorf (Febr. 1533, WABr 6, Nr. 1998, 427) teilte Luther mit, dass er sehr ungern von einer Judentaufe hörte: „Iudeum tuum baptizari valde invitus audio, es sint schelck [= Schalck, Teufel]. Mira tibi scribam et dicam de Judeo hoc subornato et misso." WABr 6, 427, 1f. Mathesius begründet Luthers ,Taufskepsis' mit negativen persönlichen Erfahrungen. Luther habe „im Anfang Etliche [Juden] taufen" lassen „und verschrieb ihrer Etliche an gute Freunde, aber sie hielten nicht Glauben und ließen sich Etliche bestellen, dass sie ihn mit Gift umbrächten" (ed. *Buchwald*, 338). Demnach wird die späte Judenfeindschaft des Wittenberger Reformators durch Mathesius als verständliche Reaktion des Judenfreundes und -täufers Luther plausibilisiert, der von den getauften Juden nicht nur getäuscht worden, sondern Mordattentaten ausgesetzt gewesen sei; im Hintergrund steht wohl eine Begebenheit des Jahres 1540, s. u. Anm. 139.
[133] WABr 5, 442,22; vgl. vorherige Anm.

gemeint, dass es nur in sehr eingeschränktem Maße die tatsächlich nachweisbaren persönlichen Kontakte Luthers zu Juden[134] gewesen sind, die sein Verhalten beeinflussten, dass aber die Tatsache, dass es Juden in seinem Lebenskreis hätte geben können, von erheblicher Wirkung auf ihn gewesen ist. Ich möchte dies an einer in der neueren Forschung vielleicht doch etwas zu vorschnell „[i]n das Reich der Legende"[135] verwiesenen Überlieferung von jüdischen Attentatsversuchen auf Luther illustrieren. Von Interesse ist nicht primär, ob es solche Mordpläne tatsächlich gegeben hat; historisch eindeutig aber ist, dass Luther von ihnen überzeugt war und dass er zumeist mit jüdischen Attentätern rechnete. Im Januar 1525 ließ er seinen engen Vertrauten Nikolaus von Amsdorf in Magdeburg wissen:

„Hier bei uns ist ein polnischer Jude, der für die Summe von 2000 Gulden gesandt wurde, dass er mich mit Gift umbringe; von Freunden ist er mir durch Briefe verraten worden. Er ist ein Doktor der Medizin und mit unglaublicher Schlauheit und Regsamkeit bereit, nichts unversucht zu lassen und zu tun; ich habe ihn zu dieser Stunde festnehmen lassen und weiß noch nicht, was passieren wird."[136]

Dieser gleichsam aus dem Erlebnis heraus abgefassten Schilderung kann man Folgendes entnehmen: Luther hatte eine briefliche Warnung vor einem Attentat erhalten; eine ihm unbekannte Person fremder Herkunft geriet in den Verdacht, der angekündigte Mörder zu sein, und wurde auf Veranlassung Luthers gefangengenommen. In einer sieben Jahre später datierten Tischrede, in der es darum ging, dass Luther unbekannte Menschen unbefangen per Handschlg in seinem Wittenberger Lebenskreis zu begrüßen pflegte[137], tauchte die Episode wieder auf, allerdings mit dem bezeichnenden Unterschied, dass der ‚polnische Jude' nunmehr lediglich ein ‚polnischer Doktor' und Astronom war, der viele Sprachen beherrschte, auf Melanchthon großen Eindruck machte und mit Luther Schach spielen wollte, was dieser dann aber aus Misstrauen ablehnte. Das in der Tischrede genannte Kopfgeld ist nun auf 4000 Gulden angestiegen; als Herkunftsort des Briefes ist Breslau genannt, von einer Verhaftung ist nicht die Rede, eher entsteht der

---

[134] Zusammenstellung der einschlägigen Belege etc. in: *Kaufmann*, ‚Judenschriften' (wie Anm. 10) 157f. Folgende Hinweise auf direkte oder indirekte persönliche Begegnungen mit Juden aus der Briefwechsel seien noch erwähnt: WABr 3, Nr. 821, 428,14–17; WABr 3, Nr. 829, 439,4–8; WABr 7, Nr. 2220, 225f.; Nr. 2228, 241,9f.; Nr. 2235, 251,9ff. (zum Fall der Schwester Hartmut von Cronbergs, die von einem Juden geschwängert wurde; der Jude wurde daraufhin – Menius meinte zu Recht [WABr 7, 240,12] – erschlagen); Luther schrieb dann an Spalatin: „Iudaeus quidam abduxerat eam iam viduam et coniugem suam fecerat. Sed is in itinere a cognatis occisus est, ipsa ad cognatos in pace vocata concessit." WABr 7, 251,11–13; zu Attentatsängsten s. auch: *Julius Köstlin, Gustav Kawerau*, Martin Luther Bd. 1 (Berlin ⁵1913) 628f.; 789 (zu 629); vgl. auch *Hans Volz*, Die Lutherpredigten des Johannes Mathesius (QFRG 12. Leipzig 1930, ND New York, London 1971) 275.
[135] *Osten-Sacken*, Luther und die Juden (wie Anm. 103) 108.
[136] „Est hic apud nos Iudaeus Polonus, missus sub pretio 2000 aureorum, ut me veneno perdat, ab amicis per literas mihi proditus. Doctor est medicinae et nihil non audere et facere paratus incredibili astutia et agilitate, quem hac hora iussi capi; nescio, quid adhic futurum sit." WABr 3, Nr. 821, 23.1.1525, 428,14–17.
[137] WATR 2, Nr. 2501a/b, 494,1–495,10.

Eindruck, dass der mutmaßliche Mörder, wohl durch Luthers Argwohn veranlasst, von sich aus Wittenberg verließ[138]. Die Differenzen zwischen beiden Überlieferungen geben Anlass zu Rückfragen; die weitere Lutherüberlieferung[139] – einschließlich der Weimarer Ausgabe[140] – hat die Episode, die wir zuerst aus der Korrespondenz des Jahres 1525 kennen, mit der sieben Jahre jüngeren Tischreden- und anderen Überlieferungen identifiziert. Als Grundtendenz der gesamten Überlieferung ist erkennbar, dass Luther bis in die 1540er Jahre hinein davon überzeugt war, dass ein von katholischen Bischöfen außerhalb des Reichs gesandter jüdischer Auftragskiller auf ihn angesetzt sei[141]. Versucht man nun zu rekon-

---

[138] „Item mihi [sc. Luther] literae veniebant mihi ex Vratislavia quendam futurum, qui me veneno esset interfecturus; cui Poloni quatuor milia promisissent aureorum. Et ita illum mihi describebant, ut optime noscerem eum. Erat autem doctor Polonus, peritus multarum linguarum, optimus astronomus, quem Philippus admirabatur. A quo etiam ipso me Deus custodivit. Is mecum libenter lusisset im schacht, sed ego nolui. Tandem animadvertens se esse suspectum, clam abiit [...]." WATr 2, 494,9-15; s. auch WA 48, 495,9-15; s. auch einen Bericht Aurifabers in: WA 59, 729-732 und unten.

[139] Vgl. Mathesius, Lutherpredigten, hrsg. v. *Buchwald*, (wie Anm. 132) 335 ff.; vgl. *G. Loesche* (Hrsg.), Johannes Mathesius, Ausgewählte Werke Bd. 3 (Prag ²1906) 343,24 ff.; auch die Überlieferung des Juden Michel von Posen, die Mathesius bringt, trägt Züge aus Einzelelementen des Briefes vom Januar 1525 und der Tischrede von 1532: Mathesius habe 1540 einen Juden aus Joachimstal mit zu Luther gebracht, der die Taufe begehrte. Luther habe ihn folgendermaßen angesprochen: „,Jud', spricht D. Luther, ,ist dir's Ernst, wir wollen dir gerne unserer Kirche Dienst leisten; ich bin allen Juden hold um des frommen Juden willen, der aus eurem Geschlecht, doch von einer keuschen Jungfrau und alma [Jes 7, 14] nach Jesajas Weissagung geboren ist, aber ihr haltet selten Farbe.'" (Mathesius, hrsg. v. *Buchwald*, [wie Anm. 132] 338). Luther begegnete dem taufwilligen Juden also einerseits ,freundlich', konfrontierte ihn andererseits aber mit Misstrauen, dass sich auf ,sein Geschlecht' (s. Anm. 132), also die jüdische ,Ethnie', bezog; vgl. auch WA 53, 482,12; WA 53, 547,18 f.; 482,12; vgl. WA 47, 470,36 ff.; 471,1; WA 53, 481,25 f. Nachdem sich der Jude „ernstlich vernehmen" ließ (ebd.), fragte Luther nach dessen Namen und offenbarte ihm dann: „,Mein Jude', [...] ,man hat mich vor einem Juden gewarnt des Namens, aber du siehst viel zu einfältig darzu.'" (ebd.) Und dann erzählt der Wittenberger Reformator eine Geschichte, nach der sich etliche Bischöfe außerhalb des Reichs mit einem Juden namens Michel von Posen besprochen hätten und ihm 1 000 Gulden für einen Giftmordanschlag auf Luther angeboten hätten. Einer der an diesen Planungen Beteiligten habe Luther dann „durch eine namhafte Stadt warnen [lassen]; die zeigt ihm den Namen, Gestalt und Anschlag des Juden an, welcher willens sei, sich beim Doctor als ein Wundermann von viel Sprachen und großer Erfahrung anzugeben und mit ihm zu essen; über Tisch wollte er mit einem vergifteten Bisemknopf [eine Art Parfümdose mit Moschus?; vgl. DWb 2, 47 f.] spielen, und den in seinen Becher fallen lassen [...]." A. a. O., 338 f.

[140] Vgl. WABr 3, 429 Anm. 15; WA 59, 729-732 druckt die Variante der Tischredenüberlieferung nach Aurifaber ab. In dieser Variante ist die Kopfgeldsumme wieder bei 2 000 Gulden (WA 59, 729,2; vgl. WABr 3, 428,14) angegeben; der Luther über Breslau benachrichtigende Freund ist hier – wie auch der Attentäter – ein Arzt (WA 59, 729,6). Der Attentäter ist wiederum ein Jude (a. a. O., 730,1) und trägt den Namen „Franciscum" (ebd.). Außerdem wird seine Haarfarbe mit „gele" (= gelb) angekündigt, a. a. O., 730,3. Ansonsten fließen in Aurifabers Schilderungen Elemente aus den Briefen und Mathesius mit neuen Einzelzügen (Ankunft aus Prag; Giftbehältnis Ring oder „Bisen apfpel", a. a. O., 730,9; Bekanntschaft wird über den Hebraisten Aurogallus eingefädelt; Bericht über Gefangenschaft und Probe der braunen Haare) zusammen.

[141] In Übereinstimmung mit WATr 2, 494 f. Nr. 2501 a/b und Nr. 2501c (WA 48, 495) sollte nach der Ratzebergerschen Überlieferung der in Polen (Krakau) geplante Giftmordanschlag auf Luther von einem gelehrten Mathematiker ausgeführt werden; dass dieser Jude gewesen sei, wird

struieren, was in dieser Sache zu Jahresbeginn 1525 tatsächlich geschehen war, tut man gut daran, zunächst bei den brieflichen Primärquellen zu bleiben – außer dem Brief an Amsdorf vom 23.1.1525 ist dies ein Schreiben an Spalatin vom 11.2.1525. Demnach wurden auf Anzeige Luthers hin mehrere Juden inhaftiert, die angeblich Gift für ihn bereitet hätten; doch sei es bei den weiteren Ermittlungen nicht gelungen, herauszufinden, wer sie gesandt habe. Ein entsprechendes Geständnis unter Folter zu erzwingen habe Luther aber abgelehnt, obwohl er, wie er betont, sicher sei, dass einer der Gefangenen die ihm zuvor avisierte Person gewesen sei[142]. Überdies kann – kombiniert man die Briefzeugnisse mit Aurifabers Bericht – als wahrscheinlich gelten, dass der aus Polen stammende Mann mit medizinischer Bildung, den Luther für einen Juden hielt und hatte inhaftieren lassen[143], braunhaarig war und dass dieser mit „scharffer Lauge"[144] gewaschen worden war, da die Haarfarbe des Luther angekündigten Mörders blond sein sollte. Als sich bei dieser Prozedur herausstellte, dass die Haare nicht gefärbt waren, ließ man den Mann frei[145]. Auch bei einer späteren Begebenheit mit einem weiteren Verdächtigen ergab sich, dass dieser leugnete, ein Jude zu sein; er erbot sich dazu „das Praeputium [zu] weisen"[146], also seine Vorhaut zu zeigen. Er soll Wittenberg dann aber heimlich und unbehelligt verlassen haben, vermutlich weil ihm der Nachweis, kein Jude zu sein, gelungen war. Aurifaber schloss den einschlägigen

nicht erwähnt. Vgl. *Christian Gotthold Neudecker*, Die handschriftliche Geschichte Ratzeberger's über Luther und seine Zeit (Jena 1850) 69–72. Allerdings unterscheidet sich die Darstellung Ratzebergers von der übrigen Überlieferung darin, dass das Giftmordattentat mit einer vergifteten Apfelhälfte gelingt (a.a.O., 71); Luther überlebt aufgrund der Einnahme von Horn eines Einhorns (a.a.O., 72). Diese aus dem Märchen bekannten Motive indizieren, dass ‚Luthers' Bild von den Juden etwas Phantasmagorisches anhaftet.

[142] Der entsprechende Passus lautet: „Cras nova audies, quod petis scire, Id est, Mi Spalatine, Quod Iudaei illi captivi, qui mihi venenum parabant, essent forte prodituri, a quibus essent missi; Cum vero sponte hoc non facerent, nolui eos torqueri, sed egi, ut dimitterentur liberi, quamvis persuassimus sim ipsum fuisse, quem mihi amici prodiderant, adeo omnia symbola consentiunt." WABr 3, 439,3–8. Es gibt einige Ungereimtheiten: Unklar ist der Anfang des Briefes: Wodurch und inwiefern soll Spalatin ‚morgen' oder ‚künftig' (cras) erfahren, was Luther ‚heute' nicht weiß, nämlich wer der Auftraggeber des jüdischen Mordkommandos sind? Haben die freigelassenen ‚Juden' angekündigt, sich – etwa aus Empörung über die ihnen zuteil gewordene Behandlung –, an den Hof zu begeben? Warum ließ Luther von der Folter ab – aus ‚Milde' gegenüber den gedungenen Mördern oder aus leisem Zweifel an seiner Einschätzung, die er gleichwohl gegenüber Spalatin mit Tönen der Gewissheit überspielt? Und dann: Wie verhält sich der eine Gefangene (WABr 3, 428,14) bzw. mutmaßliche Attentäter (WABr 3, 439,6f.) zu den „Iudei"?

[143] WABr 3, 428,17; s.o. Anm. 136; WA 59, 730,18–20.

[144] WA 59, 730,20.

[145] WA 59, 730,20–23. Nach den Angaben Aurifabers wiederholte sich ca. fünf Jahre (a.a.O., 730,24) später eine entsprechende Begebenheit, was mit der übrigen Tischredenüberlieferung der frühen 1530er Jahre konvergiert (WATr 2, 494f.). Dass diese Begebenheit mit der Nachricht von dem ‚hierher geschickten Juden' („de Judeo huc subornato et misso" [WABr 6, 427,2; Luther an Amsdorf, vor 9.2.1533]) zusammenhängt, scheint mir unwahrscheinlich zu sein, da die WATr 2 Nr. 2501 berichtete Geschichte in den Jahresanfang 1532 gehört, während die briefliche Nachricht an Amsdorf aus dem Folgejahr stammt (gegen Clemen, WABr 6, 437).

[146] WA 59, 732,3f.

Passus mit dem Hinweis darauf, dass Luther immerzu mit Giftmordattentaten gerechnet habe, etwa in Form von mit Gift bestrichenen Lehnen oder Predigtstühlen; seine Errettung habe er jeweils dem Allmächtigen zugeschrieben[147]. Versucht man diese Überlieferungen zu bilanzieren, so ergibt sich eine zweifelsfrei in den Quellen verwurzelte offenbar existentielle Angst Luthers vor jüdischen Mördern, die ihn vermutlich von den früheren 1520er Jahren an bis zu seinem Lebensende begleitete. Luther setzte voraus, dass der gefürchtete Attentäter, der auf ihn angesetzt sein sollte, ein Jude sein müsse; sofern sich ein solcher Verdacht ausräumen ließ, etwa durch die Vorhautprobe, entging ein beargwöhnter ‚Fremder' weiterer Bestrafung, wandte sich aber wohl zumeist auch umgehend von Wittenberg ab. Dass die wenigen, zumeist schwierig verlaufenden persönlichen Begegnungen zwischen Luther und Juden, von denen wir sicher wissen[148], vor dem Hintergrund dieser obsessiven existentiellen Angst vor jüdischen Mordpraktiken, in der Luther von seiner Frau bestärkt worden sein dürfte[149], zu verstehen sind, ist eigens hervorzuheben. Möglicherweise ist die obsessive Judenangst des Reformators auch ein Grund für einzelne der von menschenverachtender Abscheu und abgrundtiefem Ekel bestimmten Aussagen über Juden, die sich in seinem Spätwerk häufen[150].

Aus Luthers abgrundtiefer Angst vor der möglichen Nähe böser Juden, die aus heutiger Sicht zu ‚rationalisieren' schwierig sein dürfte, ergab sich auch sein em-

---

[147] WA 59, 732,10–15.
[148] Eine Begegnung schildert Luther erstmals in einer Predigt des 25.11.1526, WA 20, 569,31–570,12; sie handelt von einem Gespräch über die Auslegung von Jer 23,6; die jüdischen Gesprächspartner Luthers hielten sich gegen seinen Einspruch an die Auslegung des Talmud; ähnlich in der Jesajavorlesung (1527–1529), WA 31/II, 162,28f.; WA 25, 185,24–26. Möglicherweise ist sie von der sog. ‚Thola'-Episode unterschieden, von der Luther seit 1536 berichtet. Demnach seien Juden zu ihm gekommen und hätten ihn um einen Geleitbrief gebeten; er sei ihrem Wunsch nachgekommen und habe einen mit einer christologischen Formel versehenen ausgestellt. Diesen habe einer der Juden mit der Bemerkung gezeigt: „Wan nur der Thola, id est, crucifixus Christus nit darinnen stunde." WATr 3, Nr. 3512, 370,16f.; vgl. dazu auch: WATr 4, Nr. 5026 (1540); WATr 4, Nr. 4795/4804 (1541/4); *Wider die Sabbather* (1538; WA 50, 313,1–6) und *Von den Juden und ihren Lügen* (1543, WA 53, 461,28–462,5) sowie in *Vom Schem Hamphoras* (1543, WA 53, 589,12–19). Vgl. die Analyse der Einzelüberlieferung bei *Osten-Sacken*, Luther und die Juden (wie Anm. 103) 103–110, 158, 224.
[149] Dies ist aus Luthers Brief an Katharina vom 1.2.1546 zu folgern, in dem er die Durchfahrt durch den von Juden bewohnten Flecken Rißdorf nahe Eisleben (instruktiv dazu: *Jochen Birkenmeier*, Wo Luther fror. Die „kalte Stelle" und der Tod des Reformators, in: Luther 84 [2013] 8–14) bzw. die ihn dort befallende Angina pectoris-Attacke schildert: „Ich bin ia schwach gewesen auff dem weg hart vor Eisleben, Das war meine schuld. Aber wenn du werest da gewest, so hettestu gesagt, Es were der Juden oder ihres Gottes schuld gewest. Denn wir musten durch ein Dorff hart vor Eisleben, da viel Juden innen wonen, vielleicht haben sie mich so hart angeblasen. So sind hie in der stadt Eisleben itzt diese stund uber funfftzig Juden wonhafftig. Und war ists, do ich bey dem Dorff fuhr, gieng mir ein solcher kalter wind hinden zum wagen ein auff meinen kopff, Durch Parret, als wolt mirs das Hirn zu eis machen." WABr 11, 275,4–276,12.
[150] Vgl. etwa WA 53, 522,11; 528,11ff.; 530,18ff. (Gräuelgeschichten, u. a. Brunnenvergiftung und Ritualmord); vgl. WA 53, 531,1ff.; dass den Juden ihr „geblütt" anhängt vgl. a. a. O., 482,6ff.12.

siges Bemühen, jeder Mitschuld[151] an den unablässigen Freveln der Juden zu entgehen, die seines Erachtens das religiöse Leben der Judenheit prägten. Da die Christen von den Juden ungleich mehr zu ertragen hätten als etwa der Türke oder andere Heiden[152], sei eine Austreibung der Juden in Gegenden, „da keine Christen sind"[153], die zu favorisierende judenpolitische Option[154]. Durch die Austreibung der Juden und die Befreiung von der Mitschuld an ihren Sünden sollten sich die christlichen Gewissen entlasten; dann, so aktualisierte Luther im Kontext der 1540er Jahre, könnten sie um so unbefangener gegen den Türken Krieg führen[155].

Ausgehend von alttestamentlichen Texten (Dtn 13, 13ff.; Dtn 4, 12)[156], die ein Gericht über Orte, in denen Abgötterei getrieben werde, ankündigen, entwickelte Luther eine Argumentation, die die Furcht vor dem göttlichen Zorn bzw. dem Jüngsten Gericht[157] angesichts der jüdischen Frevel in den Lebensräumen der Christen zu einer Heilsfrage machte. In dieser Perspektive musste jede abweichende religiöse Position auf diejenigen zurückschlagen, die sie duldeten. Judentoleranz gefährdete nach dieser Logik die ewige Seligkeit derer, die sie gewährten. Der Unterschied zur frühreformatorischen Position wird hier am Verhältnis zu den Juden besonders deutlich: Waren es zunächst diese ‚Fremden' gewesen, denen gegenüber Luthers Auffassung zufolge die Christenheit ihr Christsein werbend plausibel machen sollte, wissend, dass „wyr doch auch nicht alle gutte Christen

---

[151] Vgl. zu diesem insbesondere für *Von den Juden und ihren Lügen* zentralen Motiv: WA 53, 522ff.; 527; 531,24ff.; 535; 538; zur Frage der Rache für die Vergehen der Juden a.a.O., 522,11.36; 526,12.

[152] „Der Türcke und ander Heiden leiden solchs [z.B. Kindermorde] nicht von jnen, das wir Christen von den gifftigen Schlangen und jungen Teufeln leiden, Sie thuns auch niemand, denn uns Christen." WA 53, 530,28-31.

[153] WA 53, 530,28.

[154] Zum Abschluss seines Maßnahmenkatalogs formuliert Luther als ‚beste Lösung': „Besorgen wir uns aber, das sie [sc. die Juden] uns möchten an Leib, Weib, Kind, Gesind, Viehe etc. schaden thun, wenn sie uns dienen und erbeiten sollten, weil es wol zu vermuten ist, das solch edle Herren der Welt und gifftige, bitter würme, keiner erbeit gewonet, gar ungern sich so hoch demütigen würden unter die verfluchten Goijm, So lasst uns bleiben bey gemeiner klugheit der andern Nation, als Franckreich, Hispanien, Behemen etc. und mit jnen rechen, was sie uns abgewuchert, und darnach gütlich geteilet, Sie aber jmer zum Land ausgetrieben." WA 53, 526,7-14; vgl. 538,7ff.

[155] „Wir haben zuvor eigner sunde gnug auff uns, noch vom Bapstum her, Thun teglich viel dazu mit allerley undanckbarkeit und verachtung seines Worts und aller seiner gnaden, Das nicht not ist, auch diese frembden, schendliche laster der Jüden auff uns zu laden und jnen dennoch geld und gut zu geben. Last uns dencken, das wir nu teglich wider den Türcken streiten, da wir wol leichterung unser eigen Sünde und besserung unsers lebens zu dürffen. Ich will hie mit mein gewissen gereinigt und entschuldigt haben, als der ichs trewlich hab angezeigt und gewarnet." WA 53, 527,23-31; zu Luthers eigener selbstapologetischer Rolle in *Von den Juden und ihren Lügen* vgl. auch WA 53, 527,29-31; 529,31; 542,2ff.; 546,12f.

[156] Vgl. WA 53, 523,13ff.

[157] „Wenn nu Gott itzt oder am Jüngsten tage mit uns Christen also wird reden: Hörestu es, du bist ein Christ und hast gewust, das die Juden meinen Son und mich öffentlich gelestert und geflucht haben, Du aber hast jnen raum und platz dazu geben, Sie auch geschützt und geschirmet, damit sie uns ungehindert und ungestrafft thun möchten in deinem Lande, Stad und Haus. Sage mir: Was wollen wir hier antworten?" WA 53, 531,28-33.

sind"[158], so erschien es ihm im Horizont des Ideals einer religiös homogenen Gesellschaft später ausgeschlossen, diesen ‚Fremden' auch nur ein Existenzrecht einzuräumen[159]. „Drumb jmer weg mit jnen."[160]

V.

Meine bilanzierende Schlussbetrachtung soll zunächst Gemeinsamkeiten, dann Unterschiede in Luthers Wahrnehmung der jüdischen und der ‚türkischen' Religion identifizieren.

Luther sieht in beiden Religionen Blendwerke des Teufels; sie dienen dazu, Gott zu lästern und die Exklusivität der Erlösung in Christus in Frage zu stellen. Der Christusglaube ist der unverrückbare Maßstab von Luthers Beurteilungen der fremden Religionen. Sie werden deshalb als Blasphemie, Abgötterei, Superstition oder Idolatrie bezeichnet. Die Anhänger beider Religionen werden schuldhaft der ewigen Verdammnis anheimfallen. Christen sind gut beraten, Distanz zu diesen Religionen zu halten. Der definitive Sieg des Christentums über Juden und Muslime ist gewiss. Die temporären Erfolge insbesondere der Osmanen, die vor dem nahen Ende der Zeiten die Herrschaft über Europa erlangen werden, sind eine Strafe Gottes für die Sünden der unbußfertigen Christianitas. Judentum und Islam haben zahlreiche Gemeinsamkeiten mit dem Papsttum; sie sind wie dieses ein Produkt des natürlichen Menschen, der auf seine eigenen Kräfte vertraut. Die religionskulturellen Ausdrucksformen dieser Werkgerechtigkeit sind nach Luthers Urteil bei Muslimen ungleich eindrucksvoller als bei Juden und besonders als bei Papisten.

Das religiöse Versagen der Muslime und der Juden hat unterschiedliche Gründe; während sich der Koran aus trüben häretischen Rinnsalen der christlichen Ketzergeschichte, die die biblische Überlieferung pervertiert haben, und dem Alten Testament speist, ist der Gehalt der Christusoffenbarung im Alten Testament vollgültig vorhanden, was die ‚verstockten Juden', die durch ihre nachbiblischen

---

[158] WA 11, 336,34.
[159] Es sei lediglich knapp darauf verwiesen, dass Luther bei seinem Versuch, die weltlichen Obrigkeiten auf seinen judenpolitischen Kurs zu zwingen, auch vor der Androhung von Insubordination nicht zurückschreckte (vgl. WA 53, 524,13ff.). In Bezug auf die Frage der Anwendung physischer Gewalt gegen Juden oszillieren Luthers Aussagen in eigentümlicher Weise: „So ist auch unser schuld, das wir das grosse unschuldige Blut, so sie an unserm Herrn und den Christen bey dreyhundert jaren nach zerstörung Jerusalem, und bis daher, an Kindern vergossen (welchs noch aus jren augen und haut scheinet) nicht rechen, sie nicht todschlahen [...]." WA 53, 522,8-12. Und: „[...] Rechen dürffen wir uns nicht, Sie haben die Rache am halse [...]." WA 53, 522,36f. Der folgenden Formulierung kann man schwerlich entnehmen, dass Luther die Tötung von Juden prinzipiell ausschloss: „Verbrenne jr Synagogen, Verbiete alles, was ich droben erzelet habe, Zwinge sie zur erbeit, Und gehe mit jnen umb nach aller unbarmhertzigkeit, wie Mose thet in der Wüsten und schlug drey tausent tod [vgl. Ex. 32,28], das nicht der gantze hauffe verderben muste." WA 53, 541,30-33. Demnach hielt Luther auch die Tötung von Juden als Abschreckungs- und Erziehungsmaßnahme nicht für ausgeschlossen.
[160] WA 53, 526,16.

Traditionen verdorben sind, nicht wahrnehmen wollen und können. Während Luther sich für die Verbreitung des Korans in einer lateinischen Übersetzung einsetzte, weil er davon überzeugt war, den Islam durch kein Mittel wirksamer bekämpfen zu können, setzte er sich – unbeschadet seiner früheren Parteinahme für Reuchlin[161] – für eine Liquidation des gesamten jüdischen Schrifttums einschließlich der hebräischen Bibel[162] ein, da diese Texte die Juden nur in ihrem Irrglauben bestärkten. Jüdischem Leben geht nach Luthers Sicht jedes Moment kultureller Attraktivität ab, während er aufgrund der Nachrichten aus den türkisch besetzten Gebiet darum wusste, dass sich Christen von der türkischen Religion angezogen fühlten. Der Katechismus war für ihn das Instrument, um die Christen gegen diese Verführungen innerlich zu schützen; er war auch das wichtigste Medium, um den Juden die Kerngehalte des Christentums nahezubringen – was die Papstkirche unterlassen hatte. Die Möglichkeit einer Bekehrung von Türken bzw. Muslimen zum Christentum war außerhalb von Luthers Vorstellungshorizont, was sicher auch mit der militärisch-politischen Vormachtstellung des Osmanischen Reiches zusammenhängt. Dass es immer wieder einige wenige Juden geben werde, die sich zum Christentum bekehrten, setzte Luther hingegen voraus; die frühreformatorischen Erwartungen waren in dieser Hinsicht sogar euphorisch gewesen, getragen von der Gewissheit, dass den Juden nun erstmals seit Jahrhunderten das wahre Evangelium angeboten werde. Luthers Furcht vor den Türken, den fernen Fremden, ging nicht über das in seiner Zeit übliche Niveau hinaus, ja blieb hinter deren heftigsten Formen sogar zurück; sie konnte mit nüchternen Strategien zur Beförderung eines weltlichen Abwehrkrieges gegen die Osmanische Supermacht und scharfer Sozial- und Sittenkritik an der zeitgenössischen Christenheit verbunden werden. Luthers Angst vor den Juden, den nahen Fremden an den Rändern der eigenen Lebenswelt, war hingegen obsessiv, trug persönliche Züge, wurde aus diversen Quellströmen eines menschenverachtenden Hasses gespeist und mündete in politische Appelle ein, Juden auf alle erdenkliche Weise zu demütigen, ihre religiöse Betätigung zu verhindern und sie entsprechend der Ausweisungspolitik anderer europäischer Ländern auch aus Deutschland zu vertreiben. Luther vereint in seiner Biographie die denkbar extremsten Positionen zur ‚Judenfrage', die seine Zeit kannte: Niemand hat nachdrücklicher und wirkungsvoller der unbedingten Duldung der Juden das Wort geredet; und niemand hat radikaler und mit barbarischeren sprachlichen Mitteln die Austreibung der Juden und die Vernichtung ihrer religiösen, kulturellen und sozialen Lebensgrundlagen gefordert als er. Judenfeinde und Judenfreunde konnten sich gleichermaßen auf Luther berufen – und haben es, wie es scheint, auch getan[163].

---

[161] Vgl. die Hinweise in: *Kaufmann*, Luthers ‚Judenschriften' (wie Anm. 10) 160f.
[162] „Zum andern, Das man jnen alle jre Bücher neme, Betbücher, Thalmudisten, auch die gantze Bibel, und nicht ein blat liesse, und verwaret auff die, so sich bekereten, Denn sie des alles brauchen zu lestern den Son Gottes, das ist: Gott selbst den Vater […]." WA 53, 536,29–32.
[163] Vgl. dazu vor allem die Arbeiten von *Christian Wiese*, „Unheilsspuren". Zur Rezeption von Martin Luthers „Judenschriften" im Kontext antisemitischen Denkens in den Jahrzehnten vor

Luthers Gedanken über die fremden Religionen einschließlich der päpstlichen waren auch in ihrer Zeit sowohl hinsichtlich ihrer Menge als auch bezüglich ihrer Beschaffenheit außergewöhnlich, ja extrem. Sie sind zweifellos eine Folge seines religiösen Wahrheitsanspruchs, aber auch Ausdruck diffuser Ängste. Dass einige Reformatoren und Humanisten schon im 16. Jahrhundert anders über die eigene und fremde Religionen denken konnten als Luther, ist bekannt. Durch seine frühreformatorischen Äußerungen hat er selbst Impulse zur Kohabitation von Menschen unterschiedlicher religiöser Überzeugungen und zum Verzicht auf die Verfolgung devianter religiöser Meinungen formuliert, auf die sich später Täufer und andere Randsiedler der europäischen Religionskultur beriefen[164]. Ihre Stimmen, die die Neuzeit ankündigen, sind uns in Bezug auf die Fragen des Zusammenlebens von Menschen unterschiedlicher Religionen ungleich näher als die Stimme Luthers, des Januskröpfigen, des zutiefst Ambivalenten. „Sein Geist ist zweier Zeiten Schlachtgebiet – Mich wunderts nicht, dass er Dämonen sieht!"[165] So sagt es der Dichter.

Es stünde nicht eben gut um uns, wenn Luther uns näher wäre. Für eine ‚Rettung' ist Luther zu groß. Doch wie kein zweiter leistet uns Luther den Dienst, an seinem Umgang mit Varianten des Christentums, mit Judentum und Islam mentale und emotionale Abgründe sichtbar zu machen, und dadurch *unser* Bewusstsein zu schärfen und *unsere Verantwortung* zu erkennen.

---

der Shoah, in: *Peter von der Osten-Sacken* (Hrsg.), Das missbrauchte Evangelium. Studien zur Theologie und Praxis der Thüringer Deutschen Christen (Berlin 2002) 91-135; *ders.*, „Auch uns sei sein Andenken heilig!" Idealisierung, Symbolisierung und Kritik in der jüdischen Lutherdeutung von der Aufklärung bis zur Shoah, in: *Hans Medick, Peer Schmidt* (Hrsg.), Luther zwischen den Kulturen. Zeitgenossenschaft – Weltwirkung (Göttingen 2004) 215-259; vgl. *Gotthard Deutsch*, Art. Luther, in: The Jewish Encyclopedia, Vol. VIII (⁴1916) 213-215, hier: 215: „The totally different attitudes which he [sc. Luther] took at different times with regard to the Jews made him, during the anti-Semitic controversies of the end of the nineteenth century, an authority quoted alike with friends and enemies of the Jews." Als prominentes Beispiel einer Anknüpfung an Luthers Schrift von 1523 in der Zeit des ‚Kirchenkampfes' sei verwiesen auf Dietrich Bonhoeffers ursprünglich in der Zeitschrift „Der Vormarsch. Evangelische Monatsschrift für Politik und Kultur" 3/6 (1933) 171-176, hier 171 erschienenen Traktat *Die Kirche vor der Judenfrage*; vgl. *Dietrich Bonhoeffer*, Werke, Zwölfter Band (Berlin 1932-1933, Gütersloh 1997) 349-358, hier 349; es handelt sich um WA 11, 315,19-24; 336,24-29; daneben zit. Bonhoeffer ein vor christlichem Hochmut warnendes Stück aus Luthers letzter Eislebener Predigt *Eine Vermahnung wider die Juden*, WA 51, 195,25-27, ebd.

[164] Vgl. einzelne Nachweise in: *Kaufmann*, Luthers ‚Judenschriften' (wie Anm. 10) 150f; *ders.*, Konfession und Kultur. Lutherischer Protestantismus in der zweiten Hälfte des Reformationsjahrhunderts (SuR, N.R. 29. Tübingen 2006) 379ff.; *ders.*, Luthers Juden (Stuttgart 2014).

[165] *Konrad Ferdinand Meyer*, Huttens letzte Tage (1871) XXXII, 408. Vgl. auch: *Hardy Eidam, Gerhard Seib* (Hrsg.), „Er fühlt der Zeiten ungeheuren Bruch und fest umklammert er sein Bibelbuch …". Zum Lutherkult im 19. Jahrhundert (Berlin 1996) 3ff.; zum Huttenkult des 19. Jahrhunderts vgl. bes. *Paul Laub* (Hrsg.), Ulrich von Hutten. Ritter. Humanist. Publizist (Kassel 1988); weitere Hinweise in: *Kaufmann*, Anfang (wie Anm. 31) 276ff.; 295ff.

Summary

Luther was one of the most productive authors on Judaism and Islam – in his words: the Turkish religion – early modernity knew. His judgements on both religions had similarities as well as differences. First of all he saw in both of them the devil's trickery and blasphemous means of questioning Christ as the saviour. The person of Christ was Luther's criterion in respect of all form of spirituality. He was sure that Christendom will definitely overcome all competitors. In Luther's perspective Judaism, Islam, and the Papacy had pretty much in common. While Luther was receptive for cultural aspects of Turkish attractiveness – for instance the gouvernemental force of the 'Turkish Emperor', the gender policy within the Ottoman Empire, its architecture and so on – his view on recent Judaism was entirely negative. The Jews are stubborn because they ignore the messianic prophecies inside their holy books of the Old Testament. In relation to both religions mission strategies were out of question because of the military strength of the Ottoman Empire on the one hand, the Jewish obstinacy on the other hand. Personal contacts to some Jewish people had a negative impact on Luther's views. His ideas on how to deal with Jews within Christian society changed dramatically.

Volker Leppin

„Nicht seine Person, sondern die Warheit zu verteidigen"
Die Legende vom Thesenanschlag in lutherischer
Historiographie und Memoria

Reformationsgeschichten, die davon ausgehen, dass Martin Luther am 31. Oktober 1517 seine Thesen gegen den Ablass an die Türen der Wittenberger Schlosskirche angenagelt habe[1], würden wohl nicht viel verlieren, wenn sie auf diese Annahme verzichteten. Und diejenigen Darstellungen, die die Ereignisse dieses Tages zurückhaltender schildern[2], müssten wohl auch ihren Duktus nicht wesentlich ändern, wenn sie doch die Annahme eines Thesenanschlags zugrundelegten. Anders gesagt: Die vielfach diskutierte Frage, ob der Thesenanschlag stattgefunden habe, ist historisch bemerkenswert marginal. Ihre Bedeutung liegt eher in der symbolischen Selbstdarstellung der feiernden Protestanten als in dem, was gegebenenfalls als Ereignis festzustellen ist. Entsprechend soll im Folgenden nicht die
– derzeit wohl kaum um neue Argumente zu bereichernde – Frage im Vordergrund stehen, ob der Thesenanschlag nun stattgefunden habe oder nicht[3]. Viel-

---

[1] S. etwa *Hans J. Hillerbrand*, The Division of Christendom. Christianity in the Sixteenth Century (Louisville 2007) 33, Anm. 18; *Thomas Kaufmann*, Geschichte der Reformation (Frankfurt a. M. ²2010) 182f.
[2] *Bernd Moeller*, Deutschland im Zeitalter der Reformation (Göttingen ³1988) 55; *Volker Leppin*, Die Reformation (Darmstadt 2013) 12. Vorsichtig abwägend s. etwa: *Diarmaid MacCulloch*, Die Reformation 1490–1700 (München 2008) 176f; *Martin H. Jung*, Reformation und Konfessionelles Zeitalter (1517–1648) (Göttingen 2012) 30; im Folgenden zitiert: *Jung*, Reformation; *Athina Lexutt*, Die Reformation. Ein Ereignis macht Epoche (Köln u. a. 2009) 51; *Gottfried Seebaß*, Geschichte des Christentums III. Spätmittelalter – Reformation – Konfessionalisierung (Stuttgart 2006) 102.
[3] *Volker Leppin*, Die Monumentalisierung Luthers. Warum vom Thesenanschlag erzählt wurde – und was davon zu erzählen ist, in: Luthers Thesenanschlag – Faktum oder Fiktion, hrsg.v. *Joachim Ott, Martin Treu* (Schriften der Stiftung Luthergedenkstätten in Sachsen-Anhalt 9. Leipzig 2008) 69–92; im Folgenden zitiert: *Leppin*, Monumentalisierung. Zu den vermeintlichen neuen Belegen s. *ders.*, Der „Thesenanschlag" – viel Lärm um nichts?, in: *Uwe Wolff*, Iserloh. Der Thesenanschlag fand nicht statt (Basel 2013) 239–245; im Folgenden zitiert: *Wolff*, Iserloh Die Menge der Argumente wird man letztlich darauf reduzieren können, ob man mehr Vertrauen in die zeitnahe Darstellung Luthers selbst setzt, die jedenfalls einen Thesenanschlag am 31. Oktober 1517 ausschließt, oder in die deutlich späteren Berichte von Rörer und Melanchthon sowie allgemeine Erwägungen zur Alltäglichkeit eines solchen Thesenanschlags im universitären Disputationswesen der Frühen Neuzeit, welche allerdings dadurch entkräftet werden, dass sowohl der Umstand, dass Luther auch Abwesende zur Disputation einlud, als auch das allgemein akzeptierte Faktum, dass die Ablassthesen nicht, wie statutengemäß nach einem Anschlag erforderlich, disputiert worden sind, eben die Alltäglichkeit in Frage stellen.

mehr soll es um das Verhältnis zwischen historischer Betrachtung und symbolischer Bedeutungszuweisung gehen, wie es sich in der Rede von einem Thesenanschlag zeigt[4].

1. Feier und Memoria: der „Thesenanschlag" im langen 16. Jahrhundert

1.1 Die Genese der Erzählung: Die Anfänge des Gedächtnisses an den 31. Oktober 1517 sind weidlich bekannt und müssen hier nur kurz in Erinnerung gerufen werden: Als erste Feier des Ereignisses darf der 1. November 1527 gelten. Luther datierte einen Brief an Nikolaus von Amsdorf in Magdeburg mit der süffisanten Bemerkung:

„Wittembergae die Omnium Sanctorum, anno decimo Indulgentiarum conculatarum, quarum memoria hac hora bibimus utrinque consolati, 1527"[5] („Wittenberg, am Tag Allerheiligen, im zehnten Jahr nach Niedertretung der Ablässe, zu deren Gedächtnis wir zu dieser Stunde rundum getröstet trinken").

Diese Bemerkung sagt über einen Thesenanschlag nichts, wohl aber darüber, dass Luther sein Vorgehen am 31. Oktober 1517 für entscheidend hielt und zehn Jahre später bereits einen erheblichen Erfolg eingetreten sah.

Eine eigentliche Thesenanschlags-Memoria setzte erst in den vierziger Jahren des 16. Jahrhunderts ein – möglicherweise noch zu Lebzeiten Martin Luthers. Hierauf verweist die vor einigen Jahren viel diskutierte Rörer-Notiz[6]:

„Anno do[m]ini 1517 in profesto o[mn]i[u]m Sanctoru[m], p<...> | Wite[m]berge in valuis temploru[m] propositae sunt <...> | de Indulgentiis, a D[octore] Mart[ino] Luth[ero]"[7] („Im Jahr des Herrn 1517, am Vorabend von Allerheiligen, sind in Wittenberg an den Türen der Kirchen [Thesen] über den Ablass von Doktor Martin Luther angeschlagen worden").

Die Debatte dürfte mittlerweile gezeigt haben, dass diese Notiz am Status quaestionis nichts Wesentliches ändert. Bemerkenswerter als ihr Inhalt ist denn auch ihre Lokalisierung: Sie befindet sich in einem Druck der Lutherbibel, den der Reformator und sein Umfeld für die Revision der Übersetzung nutzten[8], und zwar am Ende dieses Bandes: Hier war eine Liste von Perikopen aufgeführt, die den wichtigen Feiern im Kirchenjahr zugeordnet waren. Die gedruckte Liste endete mit

---

[4] Einen kurzen Überblick zu beiden Fragen bietet *Volkmar Joestel*, „Hier stehe ich!". Luthermythen und ihre Schauplätze (Wettin 2013) 74–85; im Folgenden zitiert: *Joestel*, „Hier stehe ich!".
[5] WA.B 4, 275,25–27 (Nr. 1164).
[6] Zur Debatte s. *Martin Treu*, Der Thesenanschlag fand wirklich statt. Ein neuer Beleg aus der Universitätsbibliothek Jena, in: Luther 78 (2007)140–144; *Volker Leppin*, Geburtswehen und Geburt einer Legende. Zu Rörers Notiz vom Thesenanschlag, in: Luther 78 (2007) 145–150 (im Folgenden zitiert: *Leppin*, Geburtswehen).
[7] S. WA 48,116.
[8] Das Neue Testament Deutsch, Wittenberg: Hans Lufft, 1540 (ThULB Jena, Ms. App. 25; http://archive.thulb.uni-jena.de/hisbest/receive/HisBest_cbu_00010595 [Zugriff am 20. 11. 2013], f. 413r).

dem „tage Simonis vnd Jude"[9], also dem 28. Oktober. Rörer hat seine Notiz also, indem er sie hieran anschließen ließ, liturgisch passend untergebracht und damit mehr als nur einen historischen Bericht geliefert: Es ging um die Integration des „Thesenanschlags" in die reformatorische Feierkultur. Dies stand zweifellos schon im Zusammenhang der von Eike Wolgast und Günther Wartenberg so benannten Monumentalisierung Luthers[10], zu der auch die Gestaltung einer Werkausgabe in Wittenberg beitrug. So ist es kein Zufall, dass eben in dieser Ausgabe der berühmte Bericht Melanchthons gedruckt wurde:

„Lutherus, studio pietatis ardens, edidit Propositiones de Indulgentiis, quae in primo Tomo monumentorum ipsius extant, Et has publice Templo, quod arci Witebergensi contiguum est, affixit pridie festi omnium Sanctorum anno 1517"[11] („Luther hat, brennend in frommem Eifer, die Thesen über den Ablass herausgegeben, die im ersten Band seiner Denkwürdigkeiten vorliegen, und hat diese öffentlich an der Kirche, die mit dem Wittenberger Schloss verbunden ist, am Vortag des Festes Allerheiligen im Jahr 1517 angeschlagen").

Damit war die dauerhaft wirksame Form der Erzählung vom Thesenanschlag geschaffen.

Nach den bisherigen Beobachtungen wird man also sagen können: Früh schon, in den zwanziger Jahren der Reformation, wurde der 31. Oktober 1517 in besonderer Weise hervorgehoben. In den vierziger Jahren des 16. Jahrhunderts verdichtete sich diese Erinnerung in Wittenberg zu einem Narrativ mit dem Inhalt, dass Martin Luther am 31. Oktober die Thesen gegen den Ablass an die Tür der Wittenberger Schlosskirche angeschlagen habe. Der Bericht war in dieser Gestalt im Wesentlichen durch Melanchthon geformt, der sich damit auch gegen konkurrierende Erzählungen durchsetzte. Auffällig ist die Dominanz seines Erzählmodells auch deswegen, weil es zum einen nicht von der Autorität persönlicher Erinnerung getragen war, und es zum anderen an drei Punkten den statutengemäßen Vorgängen nicht Rechnung trug: Diese sahen erstens vor, dass ein solcher Thesenanschlag nicht allein an der Tür der Schlosskirche stattfand[12]; zweitens bestimmten sie nicht den Professor als denjenigen, der einen solchen Anschlag vornahm, sondern ausdrücklich den Pedell[13]; und zum Dritten hätte binnen einer Woche nach einem solchen Thesenanschlag die darin angekündigte Disputation stattfinden müssen[14]. Dies sind drei wichtige Gesichtspunkte für die Frage der Historizität des Thesenanschlags, aber auch für die Genese der Feierkultur – dies umso

---

[9] Ebd.
[10] *Eike Wolgast*, Biographie als Autoritätsstiftung: Die ersten evangelischen Lutherbiographien, in: Biographie zwischen Renaissance und Barock, hrsg. v. *Walter Berschin* (Heidelberg 1993) 41–71, hier 42, 52; im Folgenden zitiert: *Wolgast*, Biographie; *Günther Wartenberg*, Martin Luthers Kindheit, Jugend und erste Schulzeit in den frühen biographischen Darstellungen des Reformators, in: Martin Luther und Eisleben, hrsg. v. *Rosemarie Knape* (Leipzig 2007) 143–162, hier 145.
[11] CR 6, 161f.
[12] Satzung der Theologischen Fakultät Wittenberg vom 15. November 1508 (Urkundenbuch der Universität Wittenberg. Teil 1 [1502–1611], bearb. v. *Walter Friedensburg* [Geschichtsquellen der Provinz Sachsen und des Freistaates Anhalt. N.R. 3. Magdeburg 1926] 33).
[13] Satzung der Universität vom 1. Oktober 1508, ebd. 30.
[14] Satzung der Theologischen Fakultät Wittenberg vom 15. November 1508, ebd. 33.

mehr, als sie nicht als glatter Widerspruch erscheinen, sondern eher in Gestalt einer rhetorischen Zuspitzung: Die Formulierung Melanchthons schließt ja weder ausdrücklich einen zweiten Thesenanschlag aus, noch muss das „affixit" zwingend so verstanden werden, dass Luther selbst handelte, sondern man kann es auch im Sinne einer vereinnahmenden Redeweise interpretieren, nach welcher dann als der pragmatisch Handelnde der Pedell denkbar wäre. Schließlich wird wiederum zum Vorgang der Disputation nichts gesagt. So kann man das Ganze auch als anekdotische Zuspitzung verstehen, ein Verfahren, in welchem ein grob erinnerter Vorgang auf eine klar erzähl- und repetierbare Fassung heruntergebrochen wird[15].

In solcher anekdotischen Zuspitzung ist die frühe Erzählung vom Thesenanschlag im Wesentlichen als Moment in dem weiterreichenden erinnerungskulturellen Vorgang zu verstehen, welcher einsetzen musste, als das Ende des kommunikativen Gedächtniszusammenhanges erkennbar war[16] und das kulturelle Gedächtnis gesichert werden musste. Im Kontext der einsetzenden Monumentalisierung entfaltete die Erzählung vom Thesenanschlag weitere Produktivität: Paul Eber nahm eine diesbezügliche Notiz schon 1550 in sein *Calendarium* auf[17]. Und in einem anderen *Calendarium*, das ausdrücklich auf den Vorlesungen Melanchthons und anderer basierte[18] und einer ebenfalls auf Melanchthon fußenden *Loci*-Sammlung beigefügt war, wusste Johannes Manlius unter Berufung auf den *Praeceptor* auch von der Uhrzeit zu berichten: Das Geschehen sei um 12 Uhr mittags erfolgt[19] – eine Angabe, für die es nicht den geringsten Anhalt in vorherigen

---

[15] Vgl. immer noch lesenswert zur Bestimmung der Legende: *André Jolles*, Einfache Formen. Legende, Sage, Mythe, Rätsel, Spruch, Kasus, Memorabile, Märchen, Witz (Konzepte der Sprach- und Literaturwissenschaft 15. Tübingen ⁸2006) 40, über die Legende: „Nicht der Zusammenhang des menschlichen Lebens ist ihr wichtig, nur die Augenblicke sind es, in denen das Gute sich vergegenständlicht." Zur Anwendung des Legendenbegriffs auf die Luther-Erzählungen s. *Robert W. Scribner*, Luther-Legenden des 16. Jahrhunderts, in: Martin Luther. Leben – Werk – Wirkung, hrsg. v. *Günter Vogler* (Berlin 1986) 377–390; in der Begrifflichkeit nur wenig anders gelagert ist *Joestel*, „Hier stehe ich!"
[16] Vgl. hierzu *Aleida Assmann*, Erinnerungsräume. Formen und Wandlungen des kulturellen Gedächtnisses (München 2003) 13.
[17] CALENDA-| RIVM HISTORI-| CVM CONSCRI-| ptum | PAVLO EBERO, Wittenberg: Georg Rau Erben 1550, 368: „HOC DIE PUBLICE PROPOSITA, ET FORIBUS TEMPLI AD AD ARCEM VVITEBERGENSEM AFFIXA EST PRIMA DISPVTATIO DOCTORIS MARTINI LYTHERI CONTRA INDULGENTIAS". Die Tradition der Aufnahme in Kalender lebte im Luthertum fort, s. CALENDARIVM | SAXONICVM.| Kurtz Verzeich-| niß / allerley Gedenckwirdigen | Historien / so in dem Hochlöblichsten | Chur unnd Fürstlichen Hause zu Sachsen / etc. | sich jeden Tag / von jharen zu jharen (…) zugetragen/| (…) Durch M. Adam Remp, Erfurt: Georg Baumann 1587, 304, zum 31. Oktober unter ausdrücklicher Berufung auf Ebers Calendarium: „D. Luther schlecht seine Propositiones an / wider das Bâptische Ablas zu Wittemberg / Damit also die Reformation der Lehr angefangen / 1517."
[18] LOCORVM | communium col-| lectanea | A IOHANNE MANLIO PER | multos annos, tum ex Lectionibus D. | PHILIPPI MELANCHTHONIS, tum | ex aliorum doctissimorum uirorum relationi-| bus excerpta, & nuper in ordinem ab | eodem redacta (…), Bautzen: Johann Wolrab 1565, 641.
[19] Manlius, Locorum communium collectanea 696f: „Fuit olim consuetudo in ecclesia, ut in festo omnium Sanctorum venderentur indulgentiæ. Ideoque in profesto omnium Sanctorum sunt pri-

Erzählungen gibt, die also der freien Produktivität legendarischen Schreibens entspringt. Diesem Interesse an einer Ausschmückung der Geschehnisse entspricht es, dass etwa bei Johannes Aurifaber 1564 selbstverständlich davon berichtet wird, dass Luther seine Thesen gegen den Ablass nicht allein angeschlagen, sondern auch disputiert habe[20]. Man kann hier einen ähnlichen Vorgang beobachten, wie er möglicherweise schon der Entstehung der Legende vom Thesenanschlag selbst zugrunde lag: Die literarische Form der Disputation weckte bestimmte Erwartungshaltungen hinsichtlich der universitären Form, der sie entsprach: Sie musste statutengemäß angeschlagen worden sein[21] und eine Disputation ausgelöst haben. So stellten es sich, ganz unabhängig vom historischen Geschehen, die nachfolgenden Generationen vor.

1.2 Konkurrierende Erzählmuster: Nun fällt freilich auf, dass die im Wittenberger Kontext normierte Auffassung von einem Thesenanschlag keineswegs überall dieselbe herausragende Bedeutung genoss. Dies lässt sich an den frühen biographischen Rekonstruktionen von Luthers Leben nachzeichnen[22]. Sie zeigten Ignoranz

mum à Luthero propositiones contra indulgentias, anno 1517, hora 12, ad ianuam templi arcis Vuitebergensis affixæ"; vgl. hierzu *Matthias Pohlig*, Zwischen Gelehrsamkeit und konfessioneller Identitätsstiftung. Lutherische Kirchen- und Universalgeschichtsschreibung 1546–1617 (Spätmittelalter und Reformation. Neue Reihe 37. Tübingen 2007) 428; im Folgenden zitiert: *Pohlig*, Gelehrsamkeit; *Hans Volz*, Martin Luthers Thesenanschlag und dessen Vorgeschichte (Weimar 1959) 95f., Anm. 118; im Folgenden zitiert: *Volz*, Thesenanschlag. *Remigius Bäumer*, Die Diskussion um Luthers Thesenanschlag. Forschungsergebnisse und Forschungsaufgaben, in: Um Reform und Reformation. Zur Frage nach dem Wesen des „Reformatorischen" bei Martin Luther (2. Auflage mit Weiterführung der Diskussion um Luthers Thesenanschlag, Münster 1983) 53–95, hier 75 (im Folgenden zitiert: *Bäumer*, Diskussion), weist darauf hin, dass hierzu eine andere Aussage Melanchthons in seiner Postilla von 1557 in Spannung stehe, wonach der Thesenanschlag während der nachmittäglichen Predigt, also deutlich nach 12 Uhr stattgefunden habe: „Dies omnium sanctorum incidit in Calendas Novembris; Ultimus autem dies Octobris, id est, profestum omnium sanctorum, est dies ille, quo primum propositae sunt propositiones D. Lutheri de indulgentiis, quae fuerunt initium emendationis doctrinae. Et hoc anno 1557, erunt anni completi 41, quando ista certamina Ecclesiarum coeperunt: videlicet ab initio isto affixarum propositionum, et editionum illarum. Fuerunt affixae templo Arcis ad vespertinam concionem." (CR 25, 777).
[20] „Nachdem Anno M.D.XVII. Doctor Martinus Luther wider das Bepstliche Ablas zu Wittenberg / in vigilia omnium sanctorum Positiones, angeschlagen vnd Disputiret / auch offentlich dawider predigte" (Der Erste Theil | Der Bůcher/ Schrifften/ vnd | Predigten des Ehrwirdigen Herrn/ D. Martin Luthers | deren viel weder in den Wittenbergischen noch Jheni-| schen Tomis zufinden/ vnd doch von dem Tewern | Man Gottes/ zum teil zum Druck ausgangen/ vnd | sonst geschrieben vnd gepredigt worden sind/| jtzt nach ordenung der Jarzal/ als vom |M.D.XVI. bis in das M.D.XXIX. | jar/ dem Christlichen Leser zu | allerley Lere vnd Trost/ mit | vleis zusamen ge-|tragen. Eisleben: Urban Gaubisch 1564, 1ᵛ).
[21] Zu dieser Erklärung der Entstehung der Legende vom Thesenanschlag s. *Leppin*, Geburtswehen 148.
[22] Neben den Biographien sind es auch die großen chronographischen Werke, die die Erzählung weitertradierten; s. CHRONOLOGIA | Das ist /| Gründtliche | vnd fleissige JahrRech-| nung / Sammpt verzeichnung der für-| nemsten Geschichten / Verenderungen vnd | Zufell / so sich bey-| de in Kirchen vnd WeltRegimenten zugetra-| gen haben (…) Durch | Leonhard Krentzheim (…). [Zweiter Teil], Görlitz: Fritsch 1577, 362ʳ: „Dieses Jahr ist Johannes Tetzel ein Münch / mit

oder jedenfalls Zurückhaltung gegenüber der Erzählung vom Thesenanschlag. Dabei wirkten in ihnen offenbar jene Berichte Luthers selbst fort, die bis heute für eine skeptische Haltung gegenüber der Historizität des Thesenanschlags leitend sind. Luther nämlich hatte über den 31. Oktober 1517 in seinen „Resolutiones" zu den Ablassthesen berichtet:

„Ego sane, ut fateor, pro zelo Christi, sicuti mihi videbar aut si ita placet pro iuvenili calore urebar, nec tamen meum esse videbam, in iis quicquam statuere aut facere: proinde monui privatim aliquot Magnates Ecclesiarum. [...] Tandem, cum nihil possem aliud, visum est saltem leniuscule illis reluctari, id est eorum dogmata in dubium et disputationem vocare. Itaque schedulam disputatoriam edidi, invitans tantum doctiores, siqui vellent mecum disceptare"[23] („Ich freilich entbrannte um des Eifers für Christus Willen, wie mir schien, oder, wenn man so will, aufgrund jugendlicher Hitze. Freilich meinte ich, es sei nicht meine Aufgabe, in diesen Dingen etwas festzustellen oder zu tun. Daher habe ich privat einige Kirchenfürsten ermahnt. [...] Endlich, als ich nichts anderes vermochte, schien es angemessen, mich jenen [Vertretern des Ablasses] wenigstens ganz sanft zu widersetzen, das heißt, ihre Lehren in Zweifel und zur Disputation zu ziehen. Daher habe ich ein Disputationszettelchen herausgegeben, in dem ich nur Gelehrte einlud, ob sie vielleicht mit mir debattieren wollten").

Und auch sein erklärendes Schreiben an Kurfürst Friedrich weist in eine ähnliche Richtung:

„Hos enim, sicut intererat eorum ista monstra prohibere, ita privatis literis, antequam disputationem ederem, humiliter et reverenter monui"[24] („Diese [Bischöfe] habe ich, demgemäß, dass es in ihrem Interesse lag, diese Ungeheuerlichkeiten zu unterbinden, in privaten Schreiben, ehe ich eine Disputation herausgab, demütig und ehrerbietig ermahnt").

Luther stellten sich die Abläufe also offenbar so dar, dass er zunächst ausschließlich in Briefen Kontakt zu den Bischöfen aufgenommen hatte und erst später eine Veröffentlichung eines Disputationszettels vorgenommen habe. Ihm lag daran, zu betonen, dass er den Schritt an die Öffentlichkeit nicht aus eigenem Antrieb getan hatte. So war nach seinem Bericht also – ungeachtet der Bedeutung, die er dem Tag gab – am 31. Oktober 1517 keineswegs ein Thesenanschlag erfolgt.

Und eben diese Auffassung vom Geschehen teilten auch die frühen Darstellungen von anderer Hand: In seinem „Geschichtbuch" von 1528 schrieb Christoph Scheurl zum Anfang der Reformation:

„(...) Doctor Luther (...) Hat derhalb, als di ordnung des freiteglichen presidirens an in khomen ist, 95. satzung vom ablas gestelt und den andern Doctorn Zugeschickt, gewislich nit in mainung, das die weiter gelangen sollten, dann si bloslich geschriben waren."[25]

---

seinem Ablaß Kram / den er das vorgehende Jahr in Deudtschlandt herumb geführet hatte / auch in die Chur Sachssen kam / vnd viel vngereimtes dings vorgabe / / Fehet Doctor Martin Luther an wider jn zu predigen / schreiben vnd disputieren / vnd schlegt Propositiones vom Ablas zu disputieren an zu Wittenberg / an die Schloßkirch / am letzten tag des monats Octobris / an aller Heiligen abendt."

[23] WA 1, 528,18-26.
[24] WA.B 1, 245,361-363 (Nr. 110).
[25] Christoph Scheurl's Geschichtbuch der Christenheit von 1511 bis 1521, hrsg. v. *J.K.F. Knaake*, in: Jahrbücher des deutschen Reichs und der deutschen Kirche im Zeitalter der Reformation 1 (1872) 1-179, 112; vgl. hierzu *Klemens Honselmann*, Urfassung und Drucke der Ablaßthesen Mar-

Der Nürnberger Gelehrte fand also keinen Thesenanschlag berichtenswert, sondern nur die Versendung von Briefen. Als Friedrich Myconius 1541 seine Reformationsgeschichte verfasste, stand es kaum anders: Er erwähnte sogar vier Briefe an Bischöfe und nach ausbleibender positiver Reaktion einen Druck der Thesen durch Martin Luther sowie deren baldige Verbreitung[26] – aber keinen Thesenanschlag[27]. Ähnlich steht es mit den *Commentaria* des Cochlaeus. Man mag diese angesichts ihres offenkundig tendenziösen Charakters für eine fragwürdige Quelle halten. Jedenfalls ist der Autor ein früher, durchaus quellenkundiger Zeuge für die Wahrnehmung der Biographie Luthers. Im Zusammenhang des 31. Oktobers 1517 berichtete er lediglich von dem Schreiben an Albrecht von Mainz und erwähnte im Anschluss daran, Luther habe nicht allein die *privata epistola* abgesandt, sondern auch 95 Thesen gegen den Ablass veröffentlicht[28].

tin Luthers und ihre Veröffentlichung (Paderborn 1966) 18; im Folgenden zitiert: *Honselmann*, Ablaßthesen. Dass *Bernd Moeller*, Thesenanschläge, in: Luthers Thesenanschlag – Faktum oder Fiktion, hrsg. v. *Joachim Ott, Martin Treu* (Schriften der Stiftung Luthergedenkstätten in Sachsen-Anhalt 9. Leipzig 2008) 9-31, hier 25, Anm. 88, nun versucht, Scheurls Gewicht mit dem Hinweis zu entkräften, er sei „kein Augenzeuge" gewesen, ist angesichts der Diskussion um Melanchthon und Rörer wohl kaum als maßgebliches Argument anzusehen. Diesem steht gegenüber, dass Luther gerade mit Scheurl von Anfang an in intensivem Austausch über das Geschehen rund um die Ablassthesen, insbesondere um ihre Verbreitung, stand (WA.B 1,152 [Nr. 62,6-10]). Richtig ist zwar der Hinweis von Moeller, dass Scheurl irrte, als er annahm, Luther habe eine Zirkulardisputation angestrebt (a.a.O.), aber der Irrtum hinsichtlich der Wittenberger Geschehnisse schwächt doch nicht die unmittelbare Einbeziehung Scheurls in die Verbreitungsgeschichte der Thesen. Tatsächlich hatte Scheurl spätestens Anfang des Jahres 1518 ein Exemplar der Ablassthesen erhalten (s. Christoph Scheurl am 5. Januar 1518 an Ulrich von Dinstedt, in: Christoph Scheurl's Briefbuch, ein Beitrag zur Geschichte der Reformation und ihrer Zeit, hrsg. v. *Franz von Soden, J.K.F. Knaake*, 2. Bd. [Potsdam 1872 = Aalen 1962] 42 [Nr. 158]) und darf insofern als vorzüglicher Zeuge für die Verbreitung der Thesen in ihrer Anfangsphase gelten. Als solcher aber ging er offenkundig durchgehend davon aus, dass diese handschriftlich erfolgte (vgl. auch seine Notiz, dass die Thesen „vhilualtig vmbgeschriben vnd in teutsche landt fur newe Zeitung hin vnd wider geschickt" wurden, in: Scheurl's Geschichtbuch 112). Sollte der Adressat in Ingolstadt, an den Scheurl am 8. Januar die Ablassthesen weiterzusenden versprach (Scheurl's Briefbuch II, 43 [Nr. 160]) tatsächlich Eck gewesen sein (*Honselmann*, Ablaßthesen 90) – und es sind nicht viele Alternativen denkbar –, so wäre dies in Verbindung mit der Nachricht, dass erst die Gegner Luther zum Druck der Thesen veranlasst hätten (Scheurl's Geschichtbuch 123) ein deutlicher Beleg dafür, dass Scheurl die Thesen am 5. Januar 1518 noch in handschriftlicher Form aus Wittenberg erhalten hat. In jedem Falle dürften diese Äußerungen weit stärkeres Gewicht haben als Moellers Konjektur eines Plakatdrucks.

[26] *Hans-Christoph Rublack*, Neuere Forschungen zum Thesenanschlag Luthers, in: Historisches Jahrbuch 90 (1970) 342, hält diese Nachricht für zuverlässig; im Folgenden zitiert: *Rublack*, Neuere Forschungen.

[27] *Friedrich Myconius*, Geschichte der Reformation, hrsg. v. *Otto Clemen*, Leipzig 194 (= Gotha 1990) 21f.; vgl. hierzu *Volz*, Thesenanschlag 23, zu den Fehlern bei Myconius, ebd. 25f.; vgl. auch die höchst nüchterne Äußerung in Carions Chronik: „Nach Julio secundo / warde Bapst Leo x. ein son Laurentij Medicis / zur zeit Leonis anno 1517 hat Martinus Luther erstlich widder den Ablas geschrieben / vnd sind hernach viel disputationes erreget / Daraus nu ein grosse spaltung jnn Deudschland worden ist." (Chronica | durch Magistrum | Johan Carion / vleis-| sig zusamen gezo-| gen / meniglich | nützlich zu | lesen., Wittenberg: Rhau 1532; vgl. hierzu *Bäumer*, Diskussion 74).

[28] COMMENTARIA | IOANNIS COCHLAEI, DE ACTIS | ET SCRIPTIS MARTINI LVTHERI SAXONIS, | Chronographice, Ex ordine ab Anno Domini M.D. CVII. | usque ad Annum M.D.XLVI. Inclusiue, | fideliter conscripta. (…), St. Victor bei Mainz: Franz Behem 1549, 4f.

1.3 Zusammenwachsen der Traditionen: Die Unterschiedlichkeit der Traditionen – ein Thesenanschlag bei Melanchthon, bloße Briefversendung bei Luther – machte allerdings den Lutherbiographen zu schaffen, und es lässt sich noch nachvollziehen, mit welcher Mühe beides zusammenwuchs. Johannes Mathesius kannte in seinen 1562–1565 gehaltenen Lutherpredigten[29] durchaus die Erzählung von einem Thesenanschlag an der Schlosskirchentür und repetierte sie in seiner Biographie[30], weswegen ihm Hans Volz eine wichtige Rolle für die Verbreitung dieser Erzählung zuspricht[31]. Freilich ist der Tenor des Berichts bemerkenswert, denn nach Mathesius war Luther zu dem Thesenanschlag „gedrungen" worden[32]: Es handelt sich hier also keineswegs um den Ausdruck eines aktiven Reformwillens Luthers wie in späteren heroisierenden Darstellungen. Im Blick auf Mathesius' eigene Erzählinteressen ist es denn auch bemerkenswert, dass er neben die Erzählung vom Thesenanschlag und kaum damit vermittelt auch einen anderen Bericht stellte:

„Wie nun vnser Doctor sihet vnd hóret / das man Tetzels Ablaß vertheidigen / vnd darneben die tröstliche lehr von der rechten buß vnd gnediger vergebung der Sünden anfechten vnd lestern will / schreibet er anfencklich an dem tag / daran die propositiones getruckt sein / an Bischoff von Mentz / welcher solchen Ablaßkrentzler abgefertiget hatte / vnd bitte auffs aller demütigst / als ein ordenlicher Doctor der heiligen Schrifft / man wölle denn ergerlichen handel vnnd gefehrlichen worten abhelffen / damit es nit der Bepstlichen heiligkeit vnd seinem bischoflichen Primat zu mercklichem nachtheil gereiche. Wie vnser Doctor auch an sein Ordinarium / den Bischoff zu Brandenburg schriebe / inn des sprengel / die Schul / Kirch vnnd Kloster zu Wittenberg desmals noch gehörete / vnd Schicket jnen beiden seine gedruckte positiones mitte. Aber es gefiel geringe antwort / man rieth jhm er sollte stillhalten es were ein grosse sache."[33]

---

[29] Zur Datierung s. *Hans Volz*, Die Lutherpredigten des Johannes Mathesius. Kritische Untersuchungen zur Geschichtsschreibung im Zeitalter der Reformation (Quellen und Forschungen zur Reformationsgeschichte 12. Leipzig 1930) 9–11.
[30] Dass Mathesius hier Melanchthons Vorrede folgte, vermerkt Volz, ebd. 222.
[31] *Volz*, Thesenanschlag 30; zur Nachwirkung von Mathesius' Lutherbiographie s. *Wolgast*, Biographie 66.
[32] Historien /| Von des Ehrwirdigen in | Gott seligen theuren Manns Gottes / D. | Martin Luthers / Anfang / Lere / Leben / Stand-| hafft bekentnuß seines Glaubens / vnd Sterben / Or-|denlich der Jarzal nach / wie sich solches alles | habe zugetragen / Beschrieben| Durch | herrn M. Johann Mathesium den El-| tern / vnd für seinem Christlichen ende / von | jm selbs in Truck verfertiget (…), Nürnberg: Johann von Berg Erben 1570,11ᵛ: „Da aber Tetzel vnd sein anhang / mit Römischer vnd Bischofflicher gewalt / vnnd mit der Kirchen Schlüssel / jr Tande werck vertheidigen wollten / wird D. Luther auff sein Eyd vnd Doctorat gedrungen / positiones vnd gründe wider Johann Tetzel / vnnd alle die mit jm vnter der Decken lagen / zustellen / vnd an die Schloßkirch zu Wittenberg an jrem Kirchmeß tag anzuschlagen / vnnd in Druck außgehen zu lassen / welches geschach am letzten Octobris im 1517. Jar". Treffend verweist *Susan Boettcher*, Martin Luthers Leben in Predigten: Cyriakus Spangenberg und Johannes Mathesius, in: Martin Luther und der Bergbau im Mansfelder Land, hrsg. v. *Rosemarie Knape* (Lutherstadt Eisleben 2000) 163–188, hier 172f., allerdings im Zusammenhang mit Cyriacus Spangenberg auf das hinter solchen vorsichtigen Lutherdarstellungen stehende Problem: „Hier sehen wir eine besonders interessante Spannung, in der fast alle Verfasser der Luther-memoria stehen: obwohl alle auf der einen Seite behaupten wollen, daß der starke Luther für die Reformation der Kirche verantwortlich ist und daß ohne ihn sich nichts geändert hätte, will trotzdem kein Verfasser zugeben, daß Luther die Reformation angefangen hat, weil sie auch behaupten wollen, daß Luther keinen Eingriff in die Politik unternommen hat."
[33] Mathesius, Historien 12ᵛ–13ʳ.

In dieser Notiz weicht Mathesius lediglich in der Angabe eines Drucks am 31. Oktober 1517 von Luther ab, der von einer erst später herausgegebenen *schedula disputatoria* sprach[34]. Sonst folgt er dessen äußeren Bericht wie auch der damit verfolgten inneren apologetischen Strategie. Der Thesenanschlag ist so zwar als Faktum anerkannt, aber wird – ebenso wie in den Luther-Predigten von Cyriacus Spangenberg[35] – keineswegs narrativ herausgestrichen, im Gegenteil: Der Akzent liegt auf der Zurückhaltung Luthers. Das Bemühen, divergierende Berichte zusammenzufügen, ist dabei unverkennbar – und machte auch anderen wie Ludwig Rabus Beschwer, der Luther 1556 in seine Märtergeschichte integriert hatte. Aus den unterschiedlichen Notizen, deren Spannung er offenbar bemerkt hat, machte er ein geschlossenes Ganzes, indem er den Brief Luthers an Albrecht von Mainz auf den 1. Oktober vordatierte:

„Demnach schryb er erstlich an den Cardinal von Mentz / den Ertzbischoff Albrechten / dem dann der halbe theyl von erlöstem Ablaßgeld zůstůnd / den ersten tag des Weinmonats (…). Er stellet auch etliche Artickel vnd schlußreden (deren bey vcv. [sic] waren / in denen er vom Bäpstischen Ablaß weytleüffig handlet. Schlůg dieselbige offentlichen an / an die Schloßkirch / zů Wittemberg auff aller Heyligen abent / Im Jar wie gemeldet / M.D. vnd XVII."[36]

1.4 Der Triumph des Thesenanschlags: Eine heroische Schilderung des Thesenanschlags findet sich erst bei Nikolaus Selnecker[37], der aus dem von Mathesius noch konzedierten „Gedrungensein" Luthers eine aktive, ja heroische Tat macht:

---

[34] WA 528,24; vgl. auch Cochlaeus, Commentaria (wie Anm. 28) 5, der als ersten Druck ein Blatt mit 97 Thesen voraussetzt.
[35] In: Von der Geistlichen | Haushaltung | vnd | Ritterschafft | D. Martin Luthers. | Zum Exempel allen recht-| schaffenen Evangelischen | Lerern. | Zwo Predigten: | M. Cyriaci Span-| genberg, Erfurt: Georg Baumann 1565, H VI^v, heißt es lediglich in vergleichbar abschwächender Tendenz: „Der Teufel hat sich durch die Papisten an jhn gelegt / vmb etlicher Schlussreden willen vom Ablass / die er doch nur disputierlich gesetzt"; vgl. auch: Die Zehende Predigt /| Von dem thewren Bekenner Gottes:| D. MARTIN LVTHER, | Das er ein rechtschaffen | heiliger MARTYRER vnd Be-| stendiger Zeuge Jhesu Chri-| sti gewesen.| M. Cyria. Spangenberg, Eisleben: Petri 1568, C IV^v: „Wie mancherley Lügen haben sie wider den guten Man ertichtet / damit sie je vermeint sie wollten seine lehre bey den Leuten verdechtich machen / gaben für Er het sich one alle noth vnd vrsach zu dem Religions handel genöttigt / Aus Fürwitz vnd Leichtfertigkeit den Römischen Ablass angegriffen." Zur gnesiolutherischen Abzweckung von Spangenbergs Biographie s. *Robert Kolb*, Die Umgestaltung und theologische Bedeutung des Lutherbildes im späten 16. Jahrhundert, in: Die lutherische Konfessionalisierung in Deutschland, hrsg. v. *Hans-Christoph Rublack* (Schriften des Vereins für Reformationsgeschichte 197. Gütersloh 1992) 202–231, 207; im Folgenden zitiert: *Kolb*, Umgestaltung; *Pohlig*, Gelehrsamkeit 114.
[36] Historien.| Der Heyligen Außer-| wölten Gottes Zeügen/ Bekennern vnnd | Martyrern/ so vor/ vnnd zů disen vnsern letsten zeiten/| darinnen der Allmechtig Ewig Gott seine Kirchen| mit der reynen Lehre seines Gnadreychen Euangeli-|ums Vätterlichen heymgesůcht hat/ hin | vnnd wider in allen Landen wor-|den seind.| (…) Durch Ludouicum Rabus von | Memmingen (…) be-schryben.| Der vierdte Theyl., Straßburg: Samuel Emmel 1556, VIr.
[37] Zu Selneckers Lutherbiographie s. *Hans-Peter Hasse*, Die Lutherbiographie von Nikolaus Selnecker. Selneckers Berufung auf die Autorität Luthers im Normenstreit der Konfessionalisierung in Kursachsen, in: ARG 86 (1995) 91–123; im Folgenden zitiert: *Hasse*, Lutherbiographie.

„Luther aber / nicht seine Person / sondern die Warheit zu verteidigen / schleget öffentlich am abend aller Heiligen / an die Schloßkirche zu Wittemberg / sein erste Disputation vom Ablas im Jar 1517."[38]

Hier also wird der Thesenanschlag zum hervorgehobenen Teil des biographischen Narrativs zu Luther. Dazu dürfte auch beigetragen haben, dass im Zuge der innerlutherischen Annäherungen die an manchen Stellen möglicherweise noch leitenden Vorbehalte gegenüber einem von Melanchthon geprägten Erzählstrang zurücktraten[39]. Die sich bei Selnecker abzeichnende Tendenz lässt sich dann auch bei dem Straßburger Pfarrer Georg Glocker nachvollziehen: In seinem 1586 gedruckten „Bericht von Lehre, Leben, Beruf und Abschied Martin Luthers" berief er

---

[38] Historica Oratio. | Vom Leben | vnd Wandel des Ehrwir-| digen Herrn / vnd thewren | Mannes Gottes / D. Mar-| tini Lutheri. | (…) Durch | Nicolaum Selneccerum, [Leipzig] 1576, B III^v. Diese Zusammenführung der Traditionen dürfte auch im Horizont von Selneckers Bemühen stehen, neben Luthers Autorität auch die Melanchthons zu würdigen (s. *Hasse*, Lutherbiographie 111 f.; *Kolb*, Umgestaltung 212; s. zur ausführlichen Würdigung von Selneckers Position in den innerlutherischen Verständigungsprozessen *Werner Klän*, Der „vierte Mann". Auf den Spuren von Nikolaus Selneckers [1530–1592] Beitrag zu Entstehung und Verbreitung der Konkordienformel, in: Lutherische Theologie und Kirche 17 [1993] 145–174). Die bei ihm zu beobachtende Verschiebung des Gewichts des Thesenanschlags ist umso bemerkenswerter angesichts der sonst von *Hasse*, Lutherbiographie 106; *Pohlig*, Gelehrsamkeit 112, konstatierten Abhängigkeit Selneckers von Mathesius.

[39] Die Vorrede Melanchthons (zu seiner für die biographische Rekonstruktion Luthers gleichfalls nicht unbedeutende Leichenrede vgl. *Siegfried Bräuer*, Die Überlieferung von Melanchthons Leichenrede auf Luther, in: Humanismus und Wittenberger Reformation. Festgabe anläßlich des 500. Geburtstages des Praeceptor Germaniae Philipp Melanchthon am 16. Februar 1997. Helmut Junghans gewidmet, hrsg. v. *Michael Beyer*, *Günther Wartenberg* [Leipzig 1996] 185–252) befand sich bekanntlich in der Wittenberger Lutherausgabe, der aber nach dem Augsburger Interim bzw. den wettinischen Machtverschiebungen in Jena eine neue Ausgabe entgegengesetzt wurde (s. hierzu *Eike Wolgast*, *Hans Volz*, Geschichte der Luther-Ausgaben vom 16. bis zum 19. Jahrhundert, in: WA 60, 429–637, 495–543). Diese aber enthielt Melanchthons Vorrede nicht. Gleichwohl konnte sie in den gnesiolutherischen Kreisen (zur Problematik des Begriffs s. *Volker Leppin*, Antichrist und Jüngster Tag. Das Profil apokalyptischer Flugschriftenpublizistik im deutschen Luthertum 1548–1618 [Quellen und Forschungen zur Reformationsgeschichte 69. Gütersloh 1999] 47–50; im Folgenden zitiert: *Leppin*, Antichrist; *Thomas Kaufmann*, Die Anfänge der Theologischen Fakultät Jena im Kontext der ‚innerlutherischen' Kontroversen zwischen 1548 und 1561, in: Johann Friedrich I. – der lutherische Kurfürst, hrsg. v. *Volker Leppin*, *Georg Schmidt*, *Sabine Wefers* [Schriften des Vereins für Reformationsgeschichte 204. Gütersloh 2006] 209–258, hier 209–213; *Daniel Gehrt*, Ernestinische Konfessionspolitik. Bekenntnisbildung, Herrschaftskonsolidierung und dynastische Identitätsstiftung vom Augsburger Interim 1548 bis zur Konkordienformel 1577 [Arbeiten zur Kirchen- und Theologiegeschichte 34. Leipzig 2011] 22 f.) bekannt werden, da die Vorrede in Einzeldrucken verbreitet und zum Teil erweitert wurde (zur Druck- und Tradierungsgeschichte s. *Harald Weinacht* [Hrsg.], Melanchthon und Luther. Merkmale einer Kirchenreform. Martin Luthers Lebensbeschreibung durch Philipp Melanchthon [Zürich 2008] 161–167). Selnecker griff dann für seine Oratio nachweislich auf die Jenaer Ausgabe zurück (Historica oratio IV^v). Allerdings bewegte er sich mit seiner „Historica oratio" im Vorfeld der Konkordienformel und wollte ausdrücklich „von einheiliger und bestendiger Eintrechtigkeit Herrn Lutheri vnd Philippi" lehren (Historica oratio, Titelblatt). Seine Lutherbiographie steht also bereits im Dienst des Ausgleichs zwischen unterschiedlichen Varianten des Luthertums und ist insofern auch Ausdruck für das Bemühen, sich dem melanchthonischen Erbe zu öffnen. Gerade bei der Erzählung vom Thesenanschlag dürfte dies leicht gefallen sein.

sich ausdrücklich auf eine stattliche Reihe von Zeugen unterschiedlicher Provenienz: Melanchthon, Caspar Crucier, Bugenhagen, Mathesius als Zeitgenossen Luthers und Selnecker, Heerbrand, Ludwig Rabus und Antonius Probus als eigene Zeitgenossen[40]. Auf dieser breiten Basis repetierte er die Geschichte vom Thesenanschlag, den er allerdings – ein interessantes Indiz für die noch bestehende Schwankung im Narrativ – „am Allerheyligen Tag / Im Jahr Christi 1517" stattfinden ließ[41].

Mit ihm gelangt man in etwa in die Zeit, in der die Erzählung vom Thesenanschlag Konjunktur gewann. Matthias Pohlig hat kürzlich daran erinnert, dass Georg Mylius im Jahr 1592 eine Predigt in den Druck gab, in welcher ein historischer Abschnitt „auf den Thesenanschlag Luthers als Beginn der Reformation" zuläuft[42] – ein Befund, der um so auffälliger ist, als Mylius das so fest tradierte Faktum mit einem falschen Datum, nämlich dem Jahr 1516 versieht[43].

Wie immer diese Äußerungen im Einzelnen zu bewerten sind, sie zeigen doch eines, was dann wichtig für die Rekonstruktion der Entstehung der Erzählung vom Thesenanschlag ist: Sie entstand offenbar zunächst in einem lokal überschaubaren Rahmen, nämlich in Wittenberg, und hier besonders, freilich nicht ausschließlich unter mit Melanchthon verbundenen Theologen – das vielleicht beste Indiz für die Akzeptanz in diesen Kreisen ist der Bericht von Georg Major, auf den Timothy Wengert vor einiger Zeit hingewiesen hat und der sich wiederum als literarisch abhängig von Melanchthon erweist[44]. Dass Melanchthon seinen eigenen Bericht in die Vorrede zum Zweiten Band der Opera Luthers platzierte, zeigt, dass er eine Popularisierung und räumliche Streuung der Erzählung erreichen wollte. Allerdings fand aufgrund der innerlutherischen Streitigkeiten, genauer: derjenigen Streitigkeiten im Wittenberger Lager, die zur Formierung des Luthertums führten, der gewünschte Träger der neuen Leiterzählung, die Wittenberger Lutherausgabe nicht allenthalben Verbreitung. Gleichwohl sickerte die Erzählung

---

[40] Warhafftige Historia/| Vnd gründlicher | Summarischer Bericht / von | der Lehr / Leben / BEruff / vnd seligen | Abschiedt des thewren Gottes Manns Docto-| ris Martini Lutheri (…)| Durch | M. GEORGIUM GLOCCERVM.|, Straßburg 1586, B5ᵛ–B6ʳ.
[41] Glocker, Historia C3ʳ.
[42] Parentatio LVTHERI.| Eine Christliche Predigt | Vom Herrn | Martino Luthero /| Was Gott durch diesen seligen tewren | Mann / vnd ausserwehlten Rüstzeug ausgerich-| tet / vnd gemeiner Christenheit für Edel Wol-| that erzeiget habe.| Gehalten | In der Pharrkirchen zu Wittemberg /| Anno 1592. den 16. Februar (…)| Durch | Georgen Müllern (…), Wittenberg: Matthes Welack 1592, A IIIʳ⁻ᵛ; s. *Matthias Pohlig*, Luthers Thesenanschlag von 1516 (!) und seine prophetische Legitimation. Georg Mylius' Gedenkpredigt von 1592, in: Geschichte schreiben. Ein Quellen- und Studienhandbuch zur Historiografie (ca. 1350–1750), hrsg. v. *Susanne Rau, Birgit Studt* (Berlin 2010) 501–506, hier 505; zu Georg Mylius *ders.*, Gelehrsamkeit 115.
[43] S. hierzu und zu den Hintergründen, insbesondere in der Hiltenweissagung (zu dieser s. *Leppin*, Antichrist 145–149): *Pohlig*, Thesenanschlag 505. Allerdings wäre zu bedenken, ob nicht eventuell die Äußerung Melanchthons, dass 1557 41 Jahre vergangen seien, seit der Thesenanschlag stattgefunden habe (CR 25,777) zu dieser irrtümlichen Datierung geführt hat.
[44] *Timothy J. Wengert*, Georg Major: An „Eyewitness" to the Posting of Martin Luther's Ninety-Five Theses, in: Luthers Thesenanschlag – Faktum oder Fiktion, hrsg. v. *Joachim Ott, Martin Treu* (Schriften der Stiftung Luthergedenkstätten in Sachsen-Anhalt 9. Leipzig 2008) 93–97, hier 95; zur kritischen Auseinandersetzung mit diesem Zeugnis s. *Leppin*, Monumentalisierung 80.

bei einzelnen Autoren, in einzelnen Bemerkungen auch jenseits der an Melanchthon orientierten Kreise, etwa bei Rörer und bei Aurifaber weiter durch und wurde zu einem memorialen Gemeingut der an der Entstehung des Luthertums beteiligten Gruppierungen.

Erst im Umfeld der Konkordienverhandlungen und des damit verbundenen Ausgleichs zwischen den widerstreitenden Lagern war allerdings die Basis dafür geschaffen, dass die Thesenanschlagserzählung Verbreitung als heroisches Initial des Luthertums fand. Dies bildete die Basis für ihre breite Aufnahme und symbolische Aufladung. Hierfür kann insbesondere das berühmte Flugblatt „Göttlicher Schrifftmessiger / woldenckwürdiger Traum" von 1617 als Beleg gelten[45]. Der prophetisch Träumende ist hier, zurückgehend auf eine Erzählung aus der zweiten Hälfte des 16. Jahrhunderts[46], Friedrich der Weise: Er sah einen Mönch, der „etwas an meine Schloßkapelle zu Wittenberg schreiben" wollte[47]. Der auf diese Erzählung zurückgehende Stich zeigt, wie Luther mit einer riesigen Feder Buchstaben in die Tür der Wittenberger Schlosskirche einritzt [Abb. 1]. Die Feder aber ist so überdimensioniert, dass sie bis nach Rom reicht und dort die Kleriker und unter ihnen besonders einen Löwen – offenkundig Leo X. – aufstört[48]. Es drängt sich auf, in diesem Traum eines Kurfürsten die Parallele zum Traum eines Papstes zu sehen, der gesehen hatte, wie ein kleines Männlein die Kirche wiedererrichtete[49]: Evangelische Erzähl- und Bildtradition machte sich hier ein Muster zu eigen, das sich schon bei Franz von Assisi bewährt hatte. Für die Tradierung eines Thesenanschlags ist allerdings bemerkenswert: Der Mönch, den Friedrich sah, nagelt nicht, und doch wird damit die Bildverbindung fest, die für die Zukunft prägend sein sollte. Die eigene Aktivität Martin Luthers, dessen von ihm selbst gefeierter Beginn des Kampfes gegen den Papst am 31. Oktober 1517, hatte nun auch einen festen Ort: eben jene Tür an der Schlosskirche. Das Jahr 1617 dürfte man als jenes Jahr benennen können, das den Gründungsmythos des Luthertums endgültig festigte und propagierte[50].

---

[45] S. *Henrike Holsing*, Luthers Thesenanschlag im Bild, in: Luthers Thesenanschlag – Faktum oder Fiktion, hrsg. v. *Joachim Ott, Martin Treu* (Schriften der Stiftung Luthergedenkstätten in Sachsen-Anhalt 9. Leipzig 2008) 141–172, hier 143; im Folgenden zitiert: *Holsing*, Thesenanschlag.
[46] Der Text einer Abschrift der Legende in einer Fassung aus dem frühen 17. Jahrhundert findet sich bei *Hans Volz*, Der Traum Kurfürst Friedrichs des Weisen vom 30./31. Oktober 1517. Eine bibliographisch-ikonographische Untersuchung, in: Gutenberg-Jahrbuch 45 (1970) 174–211, hier 177–180; im Folgenden zitiert: *Volz*, Traum (vgl. auch *Ernst Benz*, Der Traum Kurfürst Friedrichs des Weisen, in: Humanitas-Christianitas. FS Walther von Loewenich, hrsg. v. *Karlmann Beyschlag* u. a. [Witten 1968] 134–149, hier 136–138); zur Druckgeschichte (beginnend mit Predigten Hoe von Hoeneggs 1604) *Volz*, Traum 181–186; zur Datierung in die fünfziger bis siebziger Jahre des 16. Jahrhunderts, ebd. 203; vgl. *Joestel*, „Hier stehe ich!" 88.
[47] *Volz*, Traum 43f., 178.
[48] Zur Bildbeschreibung vgl. *Holsing*, Thesenanschlag 142; zum Motiv des Löwen s. *Volz*, Traum 179.
[49] S. hierzu *Helmut Feld*, Franziskus von Assisi und seine Bewegung (Darmstadt 1994) 174–177.
[50] Gleichwohl spielte das Faktum „Thesenanschlag" in den theologischen Deutungen der Reformation im Jahre 1617 keine maßgebliche Rolle; s. hierzu *Jürgen Schönstädt*, Antichrist, Weltheilsgeschehen und Gottes Werkzeug. Römische Kirche, Reformation und Luther im Spiegel des Re-

Abb. 1: Holsing, *Thesenanschlag 143 (Abb. 1)*.

Man kann also festhalten, dass zum Reformationsjubiläum 1617 das Image des Thesenanschlags in Erzählung und Bild einigermaßen feststand. Geschaffen worden war es in den vierziger Jahren in Wittenberg. Ihr maßgeblicher Propagator wurde dann Philipp Melanchthon. Entsprechend waren es zunächst seine Anhänger und Erben, die dieses Erzählgut besonders pflegten, doch im Zuge der innerlutherischen Annäherung wurde das Image zu einem Gemeingut des Protestantismus: Der Thesenanschlag hatte stattgefunden.

2. Der Thesenanschlag im lutherischen Narrativ des 19. und 20. Jahrhunderts

2.1 Der Thesenanschlag als Faktum: Eben diese unumstößliche Überzeugung vom Faktum eines Thesenanschlags trug dann auch die protestantische Geschichtswissenschaft und die lutherische Konfessionskultur im 19. Jahrhundert weiter.

formationsjubiläums 1617 (Veröffentlichungen des Instituts für Europäische Geschichte 88. Wiesbaden 1978).

Für ersteres mag die Reformationsdarstellung Leopold von Rankes stehen, in welcher es hieß:

„An dem Vorabende des Allerheiligentages, an welchem die Stiftskirche den Schatz des Ablasses, der an ihre Reliquien gebunden war, auszuteilen pflegte, 31. Oktober 1517, schlug Luther an den Türen derselben 95 Streitsätze an, eine Disputation zur Erklärung der Kraft des Ablasses."[51]

Das war in aller Nüchternheit formuliert, der Stand der historischen Wissenschaft zum Thesenanschlag Mitte des 19. Jahrhunderts. Ihm folgten auch die Lutherbiographen[52], bis hin zu Heinrich Boehmer, der auch in seinem „Luther im Lichte der neueren Forschung", ohne weiteren Vorbehalt festhielt, dass Luther die Thesen – übrigens ausdrücklich nicht in gedruckter Form – „mittags 12 Uhr" angeschlagen habe. Dies schrieb er in der festen Überzeugung, dass von diesen Thesen „jedes Kind" wisse[53].

Damit verwies er auf den für die Frage nach dem Thesenanschlag bedeutend wichtigeren Bereich der öffentlichen Wahrnehmung und Wirkung. Was in der Wissenschaft als gesichertes Datum galt, hatte selbstverständlich auch in die populäre Literatur Eingang gefunden[54]. Als einen späten Höhepunkt der populärwissenschaftlichen Verarbeitung im 19. Jahrhundert wird man Ricarda Huchs Lutherkapitel aus ihrer Deutschen Geschichte sehen dürfen. Dies entstand zwar erst in ihren letzten Lebensjahren, also Mitte des 20. Jahrhunderts[55], wurzelte aber in ihrem Bildungsgang im 19. Jahrhundert[56]. Zum Ablassstreit schrieb sie:

„Als er um die Mittagszeit des 31. Oktober 1517, am Tage vor dem Allerheiligenfest, die Thesen an das Portal der Stiftskirche schlug, glaubte er nicht, damit den Stein zu werfen, der schlummerndes Unheil aufweckt; es war eine Angelegenheit der Universitäten, nichts weiter. Das vernichtende Gewitter begann mit einem so schwachen Donnern, wie es manchmal im Hochsommer die mittägliche Stille nur leise erzittern läßt."[57]

---

[51] *Leopold von Ranke*, Deutsche Geschichte im Zeitalter der Reformation. Bd. 1, hrsg. v. *Horst Michael* (Leopold von Ranke, Historische Meisterwerke. Ausgewählt und hrsg. v. *Adolf Meyer*, *Horst Michael*, Bd. 19–20. Wien u. a. o.J) 160.
[52] S. *Julius Köstlin*, Martin Luther. Sein Leben und seine Schriften (fünfte, neubearbeitete Auflage, fortgesetzt von Gustav Kawerau, Berlin 1903) 154: „Noch vor dem Gottesdienste – nach einer späteren Angabe schon mittags 12 Uhr – schlug Luther seine 95 Thesen an den Türen der Schloßkirche zu Wittenberg an."; *M. Wartburger*, Martin Luther. Lebensgeschichte des Reformators (Berlin 1905) 10: „Am 31. Oktober 1517 heftete Luther die fünfundneunzig Thesen, wahrscheinlich in einer Abschrift, an der Wittenberger Schloßkirche an" (zu dem Pseudonym Wartburger, hinter dem vermutlich Gustav Kawerau steht, s. *Volker Leppin*, Der Held der protestantischen Nation: die Lutherpartien in Baumgärtels „Wartburg", in: Wartburg-Jahrbuch [2008] 208–219).
[53] *Heinrich Boehmer*, Luther im Lichte der neueren Forschung. Ein kritischer Bericht (Aus Natur und Geisteswelt 113. Leipzig ²1910) 66.
[54] S. etwa *Julius Disselhoff*, D. Martin Luther in Wort und Bild, für Alt und Jung (Kaiserswerth ²¹o.J. [nach 1883]) 33: „Am 31. Oktober 1517 schlug er 95 Sätze gegen den Ablaß an die Schloßkirche zu Wittenberg".
[55] S. *Bernd Balzer*, Nachwort in: *Ricarda Huch*, Luther (Köln 1983) 197–202, hier 197; im Folgenden zitiert: *Balzer*, Nachwort, und: *Huch*, Luther.
[56] *Balzer*, Nachwort 197.
[57] *Huch*, Luther 25.

Abb. 2: Holsing, Thesenanschlag 150 (Abb. 5).

In dieser Formulierung schwingt allerdings schon eine gewisse Demythisierung des heroischen Lutherbildes aus dem 19. Jahrhundert mit, für dessen Popularisierung wohl mehr noch als die Literatur die Kunst verantwortlich war.

1.2 Popularisierung des Helden in der Kunst: Henrike Holsing überschreibt in ihrer Studie über den Thesenanschlag im Bild den Abschnitt zum 19. Jahrhundert mit „Der Held tritt auf den Plan"[58]. Da sie die entsprechenden Darstellungen gründlich ausgewertet hat, können sich die folgenden Bemerkungen auf das Wesentliche beschränken[59]: Zum einen wird festzuhalten sein, dass die Ikonographie des 19. Jahrhunderts anfänglich sehr wohl darum wusste, dass es nicht die Aufgabe des Professors, sondern des Pedells war, solche Thesen anzuschlagen. So hat es 1806 Johann Erdmann Hummel ins Bild gesetzt [Abb. 2][60], und kein geringerer als Johann Gottfried Schadow ist ihm darin gefolgt [Abb. 3]. Sie verarbeiteten dabei ältere Motive des 17. und 18. Jahrhunderts[61] und zeigen, dass auch im 19. Jahrhundert – noch bis 1878[62] – der Thesenanschlag keineswegs selbstverständlich durch Luther selbst vollzogen sein musste.

[58] *Holsing*, Thesenanschlag 148.
[59] Meine Bildauswahl stützt sich dabei auf die genannte verdienstliche Studie von Henrike Holsing.
[60] Vgl. *Holsing*, Thesenanschlag 149–151.
[61] Ebd. 150; vgl. ebd. 144–146; vgl. zu weiteren Darstellungen mit dem Pedell als demjenigen, der die Thesen anschlägt ebd., Abb. 7f.
[62] Ebd. 153.

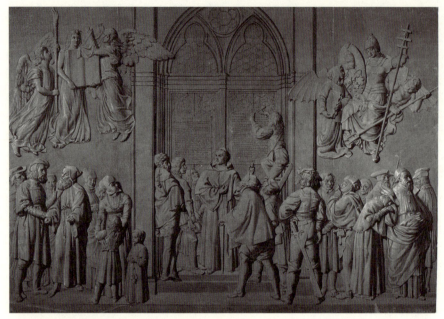

Abb. 3: Holsing, *Thesenanschlag 153 (Abb. 6).*

Daneben aber entwickelte sich ein Typus, den Henrike Holsing zu Recht schlicht als „Luther mit dem Hammer" und Ausdruck „der zunehmenden Heroisierung Luthers in der zweiten Hälfte des 19. Jahrhunderts" bezeichnet[63]. Ebenso kann man ihr in der Charakterisierung folgen, dass Luther so nicht mehr primär als „Gelehrter" erschien, sondern als „Tatmensch"[64]. Diese Weise der Darstellung beginnt nach ihren Untersuchungen tatsächlich schon mit einem Kupferstich von Friedrich Rosmäsler aus dem Jahre 1817 [Abb. 4]. Auf diesem erscheint Luther freilich noch relativ behäbig, Mitte des Jahrhunderts wurde er immer dynamischer, so bereits in einer hagiographisch anmutenden Darstellung Gustav Königs aus dem Jahre 1846 [Abb. 5]: Luther erscheint in der Mitte des an einen Altar erinnernden Aufbaus, wie er ein Blatt an eine Tür anheftet, linkerhand ist sein Protest gegen den Ablass dargestellt, rechterhand wohl die Verbrennung entweder von Ablassbriefen[65] oder der Bannandrohungsbulle. Insbesondere der Kontext macht damit die Darstellung zu einem Ausdruck der zunehmenden Mittelpunktstellung des Thesenanschlags in der visuellen Reformations-Memoria. Es folgen die berühmten, bis heute prägenden Darstellungen von Ferdinand Pauwels 1871/72 und Hugo Vogel 1902/03 [Abb. 6 und 7]. Mit diesen beiden großen Gemälden dürfte die prägende Ikonographie feststehen, in der der Heros Luther als

---

[63] Ebd. 162.
[64] Ebd.
[65] Holsing spricht ebd. 165 von einer „studentischen Bücherverbrennung".

Abb. 4: Holsing, *Thesenanschlag 163 (Abb. 11).*

Bekämpfer des Ablasses erscheint – obwohl die Künstler zum Teil selbst wussten, dass das Ereignis, wenn es denn stattgefunden haben sollte, von weit geringerer Bedeutung war[66].

In die Reihe dieser Heroisierungen des Thesenanschlags-Motivs wird man noch ein weiteres Ereignis einreihen müssen: die Restitution der Thesenanschlagstür in Wittenberg. Das Original war am 13./14. Oktober 1760 zerstört worden[67] – und erst im 19. Jahrhundert entstand im Zuge der Gesamtumformung der Wittenberger Schlosskirche zu einem Reformationsdenkmal[68] offenbar das Bedürfnis, eine Anmutung des Originals wiederherzustellen: Friedrich Wilhelm IV. stiftete aus Bronze gegossene Türen, die mit den Thesen beschriftet waren und an Luthers 375. Geburtstag eingesetzt wurden[69]. Das Denkmal besitzt einen eigenartigen Reiz, insofern es die mangelnde Historizität allein schon durch das Material the-

---

[66] Holsing verweist ebd. 163–165 auf Äußerungen Gustav Königs, die betonten, dass der Thesenanschlag von geringer historischer Bedeutung war und seinen Rang nur durch die Kunst erhielt.
[67] *Volz*, Thesenanschlag 104, Anm. 151.
[68] *Helmar Junghans*, Martin Luther und Wittenberg (München, Berlin 1996) 176–192.
[69] Ebd. 176; *Volz*, Thesenanschlag 104, Anm. 151.

Abb. 5: Holsing, *Thesenanschlag 164 (Abb. 12).*

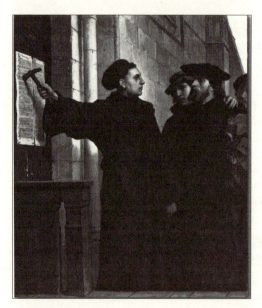

Abb. 6: Wartburg Stiftung *(Hrsg.), Luthers Bilderbiografie. Die einstigen Reformationszimmer der Wartburg (Regensburg 2012) 88.*

Abb. 7: Holsing, *Thesenanschlag 168* (Abb. 15).

matisiert und doch zugleich durch eben dasselbe edle Material die besondere symbolische Bedeutung und Gedenkwürdigkeit hervorhebt. Im Rahmen der Reflexion auf den Mythos Thesenanschlag stellt sie einen gewissen Höhepunkt jedenfalls lokaler Erinnerungskultur dar.

3. Die Thesenanschlagsdiskussion und ihre Remythifizierungen

Hier ist nicht der Ort die neue Diskussion um den Thesenanschlag im Einzelnen zu rekapitulieren. Hans-Christoph Rublack hat 1970 ein gewisses Fazit dieser Debatten gezogen[70]. Als wichtiger Ausgangspunkt lässt sich festhalten, dass zunächst 1957 Hans Volz eine erste Verunsicherung in die lutherische Gedächtniskultur brachte: Nach seiner im Deutschen Pfarrerblatt vorgetragenen Rekonstruktion konnte das fragliche Ereignis nicht am 31. Oktober stattgefunden haben, sondern es habe „fortan der 1. November 1517 als Tag des Lutherschen

---

[70] *Rublack*, Neuere Forschungen 329–342; vgl. auch den Überblick von *Bäumer*, Diskussion.

Thesenanschlages zu gelten"⁷¹. Dies befestigte er durch ein eigenes Büchlein, das im Jahre 1959 erschien⁷². Grundlage seiner Darstellung war die Differenz zwischen Luthers eigener Memoria, die auf Allerheiligen verwies, und Melanchthons Datierung auf den Vorabend von Allerheiligen⁷³, der allerdings liturgisch schon zum Fest dazugehört.

Einschneidender war es, dass Erwin Iserloh in seinem berühmten Vortrag im Auditorium Maximum der Universität Mainz am 8. November 1961 zu dem Ergebnis kam, dass der Thesenanschlag gar nicht stattgefunden habe⁷⁴. Leitlinie der Argumentation war eine kritische Analyse der zuvor von Volz zusammengestellten und mit anderer Stoßrichtung untersuchten Quellengrundlagen mit dem Ergebnis, dass frühestes und maßgebliches Zeugnis jene Vorrede Philipp Melanchthons aus dem Jahre 1546 war. Diese aber sei in sich unstimmig, sei erst nach Luthers Tod veröffentlicht und habe einen Verfasser, der nicht Augenzeuge des Geschehenen gewesen sein könnte. Nüchtern besehen, wird man kaum bestreiten können, dass Iserloh damit eine Fülle von Indizien zusammentrug, wie sie für Legenden typisch sind. Doch erregte er, anders als Volz mit seiner Umdatierung, Gegenwehr: Es war ein hochgelehrter römisch-katholischer Autor, der den Protestanten die Grundlage ihrer konfessionsgebundenen Festkultur zu entziehen drohte, und bald hatte der Katholik auch noch einen bekannt kirchenfernen Verbündeten: Am 3. Januar 1965 – mit bemerkenswerter Verzögerung gegenüber dem Wissenschaftlerstreit – schrieb sogar der Spiegel über den „Reformator ohne Hammer" und bohrte in der Wunde:

„Protestanten können wieder protestieren: Ein Katholik will ihnen weismachen, daß Martin Luther mitnichten den Hammer zur Hand genommen und damit seine 95 Thesen an die Kirchentür zu Wittenberg genagelt hat.
Die katholische Behauptung rüttelt an dem heroischen Luther-Bild, das von Kanzeln und Kathedern herab ganzen Generationen von Konfirmanden und Kommilitonen eingeprägt worden ist."⁷⁵

Tatsächlich war der Protest auf Seiten evangelischer Theologen erheblich, auch der Aufwand, der getrieben wurde, um Iserloh zu widerlegen. Als wichtigsten Beitrag wird man hier den von Heinrich Bornkamm hervorheben dürfen⁷⁶. Wiederum kann es nicht Anliegen dieser Studie sein, die einzelnen Argumente zu würdigen, die von ihm und anderen vorgebracht wurden. Bemerkenswert ist aber

---

⁷¹ *Hans Volz*, An welchem Tage schlug Martin Luther seine 95 Thesen an die Wittenberger Schloßkirche an?, in: Deutsches Pfarrerblatt 57 (1957) 457–458, 458 (Sperrung von H.V.).
⁷² *Volz*, Thesenanschlag.
⁷³ *Volz*, Thesenanschlag 31–33. Neben der Briefstelle an Nikolaus von Amsdorff WA.B 4, 275,25–27 (Nr. 1164) verweist Volz hier auch auf WA.TR 2,467 (Nr. 2455a und b).
⁷⁴ *Erwin Iserloh*, Luthers Thesenanschlag. Tatsache oder Legende (Institut für Europäische Geschichte Mainz, Vorträge 31. Wiesbaden 1962); zum biographischen Kontext s. jetzt *Wolff*, Iserloh 100–103; vgl. auch Iserlohs Lebenserinnerungen, ebd. 149f.
⁷⁵ Der Spiegel (1/1966) (http://www.spiegel.de/spiegel/print/d-46265199.html; Zugriff am 24.11.2013).
⁷⁶ *Heinrich Bornkamm*, Thesen und Thesenanschlag Luthers. Geschehen und Bedeutung (Berlin 1967); im Folgenden zitiert: *Bornkamm*, Thesen und Thesenanschlag.

die gemeinsame Strategie des wissenschaftlichen Umgangs mit einem Mythos, die nun verfolgt wurde. Sie lässt sich unter drei Gesichtspunkten zusammenfassen:
1. Gemeinsam war den Bestreitern von Iserlohs These, dass sie die Alltäglichkeit des Geschehens hervorhoben. Dass Ricarda Huch dies schon vor diesen Debatten getan hatte, zeigt, dass es sich hierbei nicht nur um ein apologetisches Moment handelte, sondern sich offenbar schon allmählich ein nüchterner Blick auf die Ereignisse vorbereitet hatte, eine gewisse Rückkehr zu der beschriebenen Darstellungsweise im frühen 19. Jahrhundert. Nun aber gewann diese Betonung der Alltäglichkeit eine entscheidende apologetische Pointe: Wenn denn der Vorgang ein ganz alltäglicher war, so erklärte sich ganz von selbst, dass hierüber keine früheren Berichte vorlagen. In gewisser Weise lag schon hierbei der Gedanke in der Luft, dass die *Erzählung* vom Thesenanschlag – ungeachtet der Wertung ihrer Historizität – ein Produkt der Monumentalisierung oder mindestens Memorialisierung Luthers war[77]. Dies war freilich angesichts der apologetischen Verwendung nicht der Hauptakzent der Argumentation. Deren Duktus zielte auf das Ereignis selbst, das mithin von einer herausragenden symbolischen Bedeutung zu einer Bagatelle hinabsank. Nach der Iserloh-Debatte würden wohl auch Verfechter der Historizität des Thesenanschlags nicht mehr wie Volz 1959 formulieren: „Die Stunde, in der Martin Luther seine 95 Thesen über den Ablaß an die Tür des damaligen Allerheiligenstiftes (Schloßkirche) zu Wittenberg anschlug, war zugleich die Geburtsstunde der Reformation."[78]
2. Im Sinne dieser Veralltäglichung wurde die Rede vom „Schwarzen Brett" gebräuchlich, das Luther benutzt habe[79]: eine Begrifflichkeit, die Beate Kellner und Winfried Müller wohl zu Recht unter „rhetorische Rückzugsgefechte" rubriziert haben[80], die gleichwohl auch heute noch gelegentlich gebraucht

---

[77] Genau in diesen Kontext ordnet *Wolgast*, Biographie 52, 56, entsprechend auch Melanchthons Vorrede zum Zweiten Band von Luthers Lateinischen Werken ein.
[78] *Volz*, Thesenanschlag 9.
[79] Vgl. so schon *Volz*, Thesenanschlag 104, Anm. 151; *Gerhard Brendler*, Martin Luther. Theologie und Revolution (Berlin 1983) 107; *Johannes Wallmann*, Kirchengeschichte Deutschlands seit der Reformation (Tübingen ⁵2000) 20. In die Reihe dieser Mischung aus Veralltäglichung und Besonderheit gehört auch das angestrengte Bemühen von *Bornkamm*, Thesen und Thesenanschlag 28, Anm. 84, zu begründen, dass gegen die Statuten der „Thesenanschlag" nur an einer Tür, eben der der Schlosskirche stattgefunden habe.
[80] *Beate Kellner, Winfried Müller*, Genealogie und Jubiläum. Konstruktionen von Identität und Autorität, in: Institution und Charisma, hrsg. v. *Franz J. Felten* u.a. (Köln u.a. 2009) 203-213, hier 209. Zu welch problematischen Argumentationsverläufen das Bemühen, die Historizität des Thesenanschlags aufrechtzuerhalten, führen kann, zeigt die Studie von *Helmar Junghans*, Martin Luther, kirchliche Magnaten und Thesenanschlag. Zur Vorgeschichte von Luthers Widmungsbrief zu den „Resolutiones disputationum de indulgentiarum virtute" an Papst Leo X, in: Luthers Thesenanschlag – Faktum oder Fiktion, hrsg. v. *Joachim Ott, Martin Treu* (Schriften der Stiftung Luthergedenkstätten in Sachsen-Anhalt 9. Leipzig 2008) 33-46. Junghans legt dar, dass unter den „Magnates Ecclesiarum", an die Luther sich vor der Publikation der Thesen gewandt habe (WA 1, 528,19f.), nicht notwendig Bischöfe zu verstehen seien (38-40) und auch *privatim* nicht unbedingt auf einen brieflichen Kontakt verweisen müsse (34), so dass man davon ausgehen könne, dass nicht der Brief vom 31. Oktober an Albrecht von Mainz Luthers erste Initiative gegen-

wird⁸¹. Die jüngeren Diskussionen⁸² haben allerdings die Problematik dieser Begrifflichkeit wenigstens insofern gezeigt, als die Funktion eines solchen Schwarzen Bretts in Wittenberg nicht allein auf die Schlosskirchentüre beschränkt war, sondern auch für die Portale der anderen Kirchen der Stadt, mindestens also auch der Stadtkirche galt⁸³. Gerade die Betonung des alltäglichen Vorgangs also führt der Sache nach dazu, dass die alte, von Melanchthon geformte Erzählung mit ihrer Konzentration auf die Schlosskirchentür auch dann geändert werden muss, wenn man an der Historizität des Vorganges als solcher festhält.

3. Bernd Moeller hat auf eine weitere Auffälligkeit verwiesen, dass nämlich „sehr viele, ja wohl die Mehrheit der Autoren [...]" sich „einer dissimulierenden Vokabel" bedienen, um die Vorgänge am 31. Oktober 1517 zu beschreiben, nämlich: Veröffentlichung⁸⁴. Er hat zugleich darauf hingewiesen, dass dies sich mit einer bloßen Briefversendung nicht vertrage, sondern eigentlich nur einen Thesenanschlag meinen könne⁸⁵. Man wird hinzufügen dürfen, dass es sich auch mit Luthers eigener Betonung, dass er zunächst nur privat gehandelt habe, nicht verträgt⁸⁶. Die Begrifflichkeit erweist sich also, mit Moeller gesprochen, als „Schein-

---

über den Bischöfen war, sondern eine vorherige mündliche Situation. Dies würde tatsächlich die Spannung zwischen Luthers eigenen Aussagen und Melanchthons Bericht auflösen. Junghans geht dabei allerdings an der zweiten Äußerung Luthers, in einem Schreiben an Friedrich den Weisen, vorbei, worin Luther nun explizit erklärt, dass er sich *privatis literis* an Albrecht von Mainz und Hieronymus Schulz gewandt habe (WA.B 1, 245,359-363).

⁸¹ *Jung*, Reformation 30.

⁸² Unter den für den Thesenanschlag vorgebrachten Argumentationen ist die wohl bemerkenswerteste die von *Moeller*, Thesenanschläge, die allerdings durchaus waghalsig ist: Moeller postuliert, es müsse angesichts der für Disputationseinladungen üblichen Vorgänge am 31. Oktober 1517 in Wittenberg ein Thesendruck existiert haben (ebd. 25). Solche Konjekturen haben generell einen methodisch prekären Stand. Vor allem aber entgeht Moeller, dass seine eigene Argumentation, die die Besonderheit der Einladung für die Ablassdisputation herausstreicht (ebd. 15), eigentlich der Argumentation mit üblichen alltäglichen Vorgängen entgegensteht (zu dieser grundlegenden methodischen Problematik s. *Leppin*, Monumentalisierung 86f.). Seine Argumentation spiegelt im Großen und Ganzen wider, was bereits bei *Volz*, Thesenanschlag 44, zu finden ist (vgl. dasselbe Postulat schon bei *Otto Clemen*, in: Luthers Werke in Auswahl, hrsg. v. *Otto Clemen*, 1. Bd. [Berlin ⁶1966] 2; kritisch zu dieser Auffassung bereits *Johannes Luther*, Vorbereitung und Verbreitung von Martin Luthers 95 Thesen [Greifswalder Studien zur Lutherforschung und neuzeitlichen Geistesgeschichte 8. Berlin, Leipzig 1933] 23 [freilich unter Annahme eines andernorts am 31. Oktober erfolgten Drucks]; *Honselmann*, Ablaßthesen 17-29). Allerdings stellt Moeller sich nicht dem aufgeworfenen Problem, ebd. 135, Anm. 209: Nach Volz ist mindestens für zwei der ersten drei Thesendrucke – die Plakatdrucke A und B – wahrscheinlich zu machen, dass sie nicht auf einer gedruckten Vorlage beruhen, sondern auf handschriftlicher Verbreitung. Zusammen mit der Notiz von Scheurl über zahlreiche Abschriften (s. o. Anm. 25) macht dies eine intensive handschriftliche Verbreitung der Ablassthesen wahrscheinlich, die bei einem so früh vorliegenden Druck kaum plausibel wäre.

⁸³ S. die Rede von *valvae ecclesiarum* in der Satzung der Theologischen Fakultät vom 15.11.1508 (Urkundenbuch der Universität Wittenberg 1, 33).

⁸⁴ *Moeller*, Thesenanschläge 10.

⁸⁵ Ebd.

⁸⁶ WA.B 1, 245,361-363

lösung"[87], eine solche Scheinlösung nämlich, die das sich historisch stellende Problem umgeht.

Vor diesem Hintergrund wird man es als erfreulich einstufen dürfen, dass die Debatte um den Thesenanschlag wieder eröffnet worden ist. So marginal das Geschehen ist: Es stellt die grundlegende Frage, wie sich historische Rekonstruktion und kulturelles Gedächtnis zueinander verhalten. Wo diese nur durch „Scheinlösungen" in Verbindung miteinander zu bringen sind, dürfte noch Raum für Klärungen bestehen.

Summary

The legend of Luther nailing the theses to the Wittenberg castle's church door evidently started with short remarks of Georg Rörer and Philipp Melanchthon's in the forties of the sixteenth century. This report was not easily to combine with Luther's own report of the day, which knew nothing about nailing but just about sending letters to the bishops. Early biographers like Ludwig Rabus or Johannes Mathesius show the difficulties to put both narratives together. It was not earlier than in the seventies that with the Luther biography of Nicolaus Selnecker a heroic account of the nailing had entered the center of Luther's image. This was celebrated in the first centenary of the reformation in 1617, as can be seen in a famous engraving showing the dream of Frederick the Wise: As legend told, the Elector had seen a little monk depicting something at the church door in Wittenberg the night before October, 31st 1517. This vaticinium now served as a pictorial argument for Luther's mission. Scholarly debate and cultural envisaging in the nineteenth century did their own to establish the picture of heroic Luther nailing the theses as a fact in Lutheran memory. So, it was a shock for Lutherans, when 1961 Erwin Iserloh denied that this ever had happened with serious arguments. Most Lutheran scholars reacted upholding the legend but with some severe changes: Now, the deed should not be heroic any more, but an everyday event. Nevertheless, the tension remains between the celebration of this event and its questionability or pettiness.

---

[87] *Moeller*, Thesenanschläge 10.

Natalie Krentz

Luther im lokalen Kontext: Zeitgenössische Durchsetzung und langfristige Traditionsbildung der Wittenberger Reformation

Der Reformator Martin Luther begann seine Reformation in Wittenberg – hier verfasste er seine 95 Thesen gegen den Ablass, verbrannte 1520 die päpstliche Bannandrohungsbulle, kämpfte gegen Ablass und Reliquienverehrung an der Wittenberger Schlosskirche und führte als Prediger an der Pfarrkirche erstmals evangelische Reformen ein, die weit über Wittenberg hinaus als Vorbild dienten. Als Ausgangspunkt und Zentrum der Reformation hatte die Stadt bereits damals einen besonderen Stellenwert, was nicht zuletzt auch der Grund dafür ist, dass sie 2017 wiederum zum Zentrum weltweiter Reformationsfeierlichkeiten werden wird[1].

Dieser Beitrag betrachtet den Reformator Martin Luther in seinem lokalen Kontext und fragt nach der Durchsetzung der ersten Schritte der Reformation in Wittenberg. Warum hatte Luther gerade hier Erfolg, auf welche kirchenpolitischen Bedingungen traf er und wie gelang es ihm, diese zu verändern, so dass die Reformation von hier aus dauerhaft wirken konnte? Die Wittenberger Reformation wurde bislang erstaunlich wenig untersucht, wenn auch ihre Bedeutung für das Verständnis der lutherischen Reformation in jüngeren Gesamtdarstellungen der Reformation und Lutherbiographien mehrfach betont wurde[2]. Eine umfassende Darstellung der Wittenberger Reformation soll dieser Beitrag nicht bieten, vielmehr vertieft er einige methodische Aspekte, die auch insgesamt für die Ge-

---

[1] Vgl. zu den geplanten Feierlichkeiten in Wittenberg 2017 http://www.luther2017.de/lutherdekade/reformationsjubilaeum-2017.
[2] Die Bedeutung Wittenbergs für das Verständnis der Genese der lutherischen Reformation wurde jedoch in jüngeren Gesamtdarstellungen der Reformation und der Lutherbiographie mehrfach betont, vgl. *Heinz Schilling*, Martin Luther: Rebell in einer Zeit des Umbruchs. Eine Biographie (München 2012) 115–143; *Thomas Kaufmann*, Geschichte der Reformation (Frankfurt a. M. 2009) 379–392; *Ulinka Rublack*, Die Reformation in Europa (Frankfurt a. M. ²2006) 32–40. Bisherige Studien zu Luther und der Reformation in Wittenberg umfassen: *Harald Meller* (Hrsg.), Fundsache Luther. Archäologen auf den Spuren des Reformators (Stuttgart 2008); *Irene Dingel*, Luther und Wittenberg, in: *Albrecht Beutel* (Hrsg.): Luther-Handbuch (Tübingen 2005) 168–178; *Helmar Junghans*, Luther und Wittenberg (München 1996); *ders.*: Wittenberg als Lutherstadt (Göttingen 1979).

schichte der lutherischen Reformation relevant erscheinen³. Dies betrifft zum einen die Sichtweise der städtischen Reformation als einen kommunikativen Prozess, für den symbolische Akte eine wesentliche Rolle spielten, und zum anderen die Bedeutung der Stiftung dauerhafter Traditionen bereits in der frühen Reformation.

Der erste Punkt knüpft an neuere Forschungen zur symbolischen Dimension von Macht und Herrschaft an, deren Annahme, dass Macht nicht statisch war, sondern stets in kommunikativen Prozessen aufs Neue verhandelt werden musste, wie hier zu zeigen ist für die Situation geistlicher Macht im Spätmittelalter und der Reformationszeit in besonders hohem Maße gilt⁴. Wesentlich für diese Aushandlungsprozesse waren symbolische Handlungen und Rituale. Die Reformationsforschung hat solche kulturgeschichtlichen Ansätze bereits sehr erfolgreich auf den Konfessionalisierungsprozess und die Entstehung konfessioneller Großgruppen angewendet⁵. Und schon zuvor wurde mit Blick auf die volkskulturelle Aneignung die Reformation als ein „ritueller Prozess" bezeichnet, womit der Blick der Reformationsforschung auf die Wahrnehmungsformen breiterer Bevölkerungsschichten gerichtet wurde⁶.

Doch auch das Ringen zwischen geistlicher und weltlicher Obrigkeit, Stadtbevölkerung und Universitätstheologen in der frühen Reformation kann jenseits normativer Ordnungen nach deren Durchsetzungsmöglichkeiten und deren Akzeptanz in der Praxis befragt werden, die insbesondere in symbolischen Akten und Ritualen ausgehandelt wurden. Auf diese Weise wird Luthers frühe Reforma-

---

³ Dieser Beitrag ist aus meiner Forschung zur Wittenberger Reformation hervorgegangen und vertieft einige methodische Aspekte, vgl. *Natalie Krentz*, Ritualwandel und Deutungshoheit. Die frühe Reformation in der Residenzstadt Wittenberg (Tübingen 2014).
⁴ Vgl. allgemein zuletzt etwa *Barbara Stollberg-Rilinger, Tim Neu, Christina Brauner* (Hrsg.), Alles nur Symbolisch? Bilanz und Perspektiven der Erforschung symbolischer Kommunikation (Münster 2013); *Silvia Serena Tschopp, Wolfgang Weber* (Hrsg.), Macht und Kommunikation: Augsburger Studien zur europäischen Kulturgeschichte (Augsburg 2012), mit Bezug auf konfessionelle Auseinandersetzungen in der frühneuzeitlichen Stadt vgl. Stadt – Macht – Räume. Eine Einführung, in: Machträume der frühneuzeitlichen Stadt, hrsg. v. *Christian Hochmuth, Susanne Rau* (Konstanz 2006) 13–40, hier 24–26.
⁵ Zur städtischen Perspektive vgl. *Matthias Pohlig, Vera Isaiaz*, Soziale Ordnung und ihre Repräsentationen: Perspektiven der Forschungsrichtung „Stadt und Religion", in: *dies.* u. a. (Hrsg.), Stadt und Religion in der frühen Neuzeit. Soziale Ordnungen und ihre Repräsentationen (Frankfurt a. M. 2007) 9–32. Zur territorialen Perspektive vgl. *Antje Flüchter*, Konfessionalisierung in kulturalistischer Perspektive? Überlegungen am Beispiel der Herzogtümer Jülich-Berg, in: Was heißt Kulturgeschichte des Politischen? hrsg. v. *Barbara Stollberg-Rilinger* (Berlin 2005) 223–252; *Susan Karant-Nunn*, The Reformation of Ritual. An Interpretation of Early Modern Germany (London, New York 1997); *dies.*: Liturgical rites: The medium, the message, the messenger, and the misunderstanding, in: *James D. Tracey, Maguerite Ragnow* (Hrsg.): Religion and the Early Modern State (Cambridge 2010) 284–301.
⁶ Vgl. stellvertretend für die Forschungen Robert W. Scribners: *ders.*: Religion und Kultur in Deutschland 1400–1800, hrsg. v. *Lyndal Roper* (Göttingen 2002); zur Bedeutung von Inszenierungen vgl. zuletzt *Thomas Kaufmann*, Der Anfang der Reformation. Studien zur Kontextualität der Theologie, Publizistik und Inszenierung Luthers und der reformatorischen Bewegung (Tübingen 2012).

tion in Wittenberg hier mit dem mikrohistorischen Blick auf die Aushandlung geistlicher Macht im lokalen Kontext betrachtet. Der Begriff der „geistlichen Macht" umfasst dabei sowohl normativ festgelegte geistliche Herrschaftsrechte, wie auch deren Akzeptanz, die eng mit der Deutungshoheit in Fragen des Heils zusammenhing[7]. Damit wird auch die Wahrnehmung und der Einfluss unterschiedlicher Wittenberger Akteure mit einbezogen, denn auch darauf, dass an solchen Prozessen nicht nur Luther, sondern eine Vielzahl von Akteuren beteiligt war, ist in der neueren Forschung verstärkt hingewiesen worden[8].

Nachdem sich die Reformation durchgesetzt hatte, galt es, sie dauerhaft zu behaupten. Zentral war hier eine langfristige Traditionsstiftung, die bereits in der frühen Reformation selbst begann und bis zu unserer heutigen Erinnerung fortwirkt. Fragen der Traditionsstiftung wurden in der jüngeren Reformationsforschung verstärkt aufgegriffen, etwa in Zusammenhängen der Historiographie der Reformation oder den sekundären Selbst- und Fremddeutungen der Reformatoren, zuletzt insbesondere im Rahmen der Lutherbiographie[9]. Besondere Aufmerksamkeit hat dabei die Luthererinnerung des 19. Jahrhunderts erfahren[10]. Die Ereignisse der Reformation wurden in einer Weise überliefert und dabei teilweise umgedeutet, dass sie stabilisierend und identitätsstiftend für kommende Generationen wirken konnten[11]. Während die Durchsetzung der Reformation und ihre

---

[7] Über die klassischerweise unter Herrschaft verstandene *Chance, für einen Befehl bestimmten Inhalts bei angebbaren Personen Gehorsam zu finden* hinaus soll damit ein einem weiteren Sinne nach Macht als *Chance, innerhalb einer sozialen Beziehung den eigenen Willen auch gegen Widerstreben durchzusetzen* gefragt werden, *Max Weber*, Wirtschaft und Gesellschaft: Grundriss der verstehenden Soziologie, hrsg. v. *Johannes Winckelmann* (Tübingen ³2005, EA 1922) 38.
[8] Vgl. *Jens-Martin Kruse*, Universitätstheologie und Kirchenreform. Die Anfänge der Reformation in Wittenberg 1516–1522 (Mainz 2002).
[9] Vgl. zuletzt *Schilling*, Martin Luther; *Volker Leppin*, Martin Luther (Darmstadt 2006); *ders.*: Von Sturmgewittern, Turmstuben und der Nuss der Theologie: Martin Luther (1483–1546) zwischen Legende und Wirklichkeit, in: Wittenberger Lebensläufe im Umbruch der Reformation: Martin Luther, Andreas Bodenstein aus Karlstadt, Hieronymus Schurff, Philipp von Hessen, Georg Major, Johann Friedrich, hrsg. v. *Peter Freybe* (Wittenberg 2005) 11–27, *Stefan Laube*, *Karl-Heinz Fix* (Hrsg.), Lutherinszenierung und Reformationserinnerung (Leipzig 2002); *Ernst Schulin*, Luther und die Reformation. Historisierung und Aktualisierungen im Laufe der Jahrhunderte, in: Arbeit an der Geschichte. Etappen auf dem Weg zur Moderne hrsg. v. *Ernst Schulin* (Frankfurt a. M. 1996) 13–26; *Robert W. Scribner*, Luther-Myth: A Popular Historiography of the Reformer, in: *ders.*, Popular Culture and Popular Movements (London 1987) 301–322.
[10] *Hartmut Lehmann*, Luthergedächtnis 1817–2017 (Göttingen 2012); *ders.*, Anmerkungen zur Entmythologisierung der Luthertumsmythen 1883–1983, in: AKG 68 (1986) 457–477; *Hardy Eidam* (Hrsg.), „Er fühlt der Zeiten ungeheuren Bruch und fest umklammert er sein Bibelbuch ...": Zum Lutherkult im 19. Jahrhundert (Berlin 1996).
[11] Vgl. allgemein zur identitätsstiftenden Funktion kollektiver Erinnerungen *Jan Assmann*, Das kulturelle Gedächtnis. Schrift, Erinnerung und politische Identität im frühen Hochkulturen (München 1992) 42–48; *Aleida Assmann*, Erinnerungsräume. Formen und Wandlungen des kulturellen Gedächtnisses (³München 2006) 132–145; zur Reformation vgl. *Joachim Eibach*, *Markus Sandl*, Protestantische Identität und Erinnerung: Von der Reformation bis zur Bürgerrechtsbewegung in der DDR, (Göttingen 2003) 47–69; *Hans Medick*, *Peer Schmidt* (Hrsg.), Luther zwischen den Kulturen: Zeitgenossenschaft – Weltwirkung (Göttingen 2004).

langfristige Traditionsstiftung bislang zumeist getrennt behandelt wurden, ist im Folgenden zu zeigen, dass diese eng zusammengehören: Denn bereits in der frühen Reformation wurden langfristige Traditionen angelegt, die dazu beitrugen, die Reformation gegenüber konkurrierenden Ansprüchen zu stabilisieren und langfristig in Form einer Kirche zu institutionalisieren.

Beginnend mit den geistlichen Machtverhältnissen vor Luthers Ankunft in der Stadt wird dabei zunächst die unmittelbare Vorgeschichte der Wittenberger Reformation untersucht, wobei zu zeigen ist, dass die Reformation auch hier weder plötzlich noch losgelöst von sozialen und politischen Umständen begann. Dabei sind besonders die kommunikative Aushandlung geistlicher Macht und Prozesse der Veränderung herauszuarbeiten, wobei erstens die Stellung der neuen Universität und zweitens der Einfluss der reformatorischen Predigt in seinen Wechselwirkungen mit der Stadt untersucht werden. In einem weiteren Schritt wird die Durchsetzung der Reformation in der Stadt thematisiert, wobei zunächst kurz die Inszenierung des Bruchs mit der alten Ordnung und anschließend die kommunikativen Strategien der Durchsetzung einer neuen Ordnung untersucht werden. Dies geschieht anhand der Ereignisse der Verbrennung der Bannandrohungsbulle, der Wahl eines neuen Stadtpfarrers, einer weiteren Bannandrohung Luthers und der städtischen Akteure gegen das Allerheiligenstift. Schließlich wird drittens mit der Reintegration des altgläubigen Allerheiligenstifts in die kollektive Erinnerung der evangelischen Stadt Wittenberg gezeigt, wie bereits in der frühen Reformation Traditionen geschaffen wurden, die schon zeitgenössisch legitimitätsstiftend und stabilisierend wirkten und dauerhaft das Geschichsbild prägten.

Wittenberg vor Luther: Stadt und Bischof

Die Situation der spätmittelalterlichen Kirche und Gesellschaft wurde mit dem Begriff der „Komplexitätskrise" gekennzeichnet, die in Reichsstädten aufgrund der Vielzahl von Heilsangeboten in Kirchen und Klöstern mit oft komplizierten rechtlichen Strukturen geistlicher Zuständigkeiten besonders stark ausgeprägt war[12]. Von dieser Komplexität war die Residenzstadt Wittenberg besonders geprägt, was allein schon durch die Vielzahl von weltlichen und geistlichen Akteuren bedingt war, die hier geistliche Herrschaftsrechte beanspruchten. Die Stadt war Teil des geistlichen Herrschaftsgebietes des Bischofs von Brandenburg, zugleich aber auch neue Residenz des weltlichen Herrschers Kurfürst Friedrichs des Weisen von Sachsen. Hinzu kommen innerhalb der Stadt die lokale Priesterschaft, der Rat der Stadt und seit 1502 auch die neu gegründete Universität. Die Tatsache, dass alle diese Akteure in unterschiedlicher Weise für geistliche Belange zuständig waren, oder dies zumindest beanspruchten, führt zu der Frage, wessen Ansprüche

---

[12] *Berndt Hamm*, Normative Zentrierung städtischer Religiosität zwischen 1450 und 1550, in: Ad historiam humanam. Aufsätze für Hans-Christoph Rublack, hrsg. v. *Thomas Max Safley* (Epfendorf 2005) 63–80.

tatsächlich anerkannt wurden und ob hier zur Reformation hin ein Wandel festzustellen ist.

Da für die vorreformatorische Zeit in Wittenberg nur sehr wenige Quellen überliefert sind, wird im Folgenden als Testfall für diese Fragen die geistliche Strafe des lokalen Interdiktes dienen, über deren Praxis es in den Quellen einige Hinweise gibt[13]. Die „publica excommunikatio" hatte die Einstellung aller gottesdienstlichen Handlungen, insbesondere auch des Spendens der Sakramente in einer bestimmten Kirche, einer Stadt oder sogar einem noch größeren Gebietes zur Folge[14]. Diese Strafe war im Spätmittelalter verbreitet und wurde auch in Kursachsen in dieser Zeit häufig verhängt[15], so dass das Vorgehen des Bischofs in Wittenberg nicht außergewöhnlich war. Die Praxis der Verhängung des Interdiktes im vorreformatorischen Wittenberg erlaubt einen genaueren Einblick in die komplexen geistlichen Herrschaftsverhältnisse. Die brandenburgischen Bischöfe hatten schon bevor Luther überhaupt in die Stadt kam große Schwierigkeiten, ihre Position als geistliche Herren der Stadt gegenüber Rat, Kurfürst und Universität und dem lokalen Klerus zu behaupten. Zur Durchsetzung dieser Ansprüche diente ihnen häufig das Interdikt. Erfolgreich durchgeführt, konnte seine Verhängung die Position des Bischofs als geistlicher Herr der Stadt festigen und Verstöße sanktionieren. Eine erfolglose Verhängung des Interdiktes ließ jedoch umgekehrt die Machtlosigkeit des Bischofs überdeutlich zu Tage treten, denn wurden die Sakramente trotz des Bannes gespendet und für gültig gehalten, so wurde offensichtlich, dass dieser seine geistliche Machtposition verloren hatte. Der Erfolg des Interdiktes kann so als Indikator gelten, inwieweit der kirchliche Hoheitsträger, der das Ritual des Bannens vollzog, noch von der Gemeinschaft anerkannt wurde.

Der brandenburgische Bischof verhängte das Interdikt zumeist dann, wenn er seine Autorität in der Stadt als gefährdet ansah, etwa in einigen Fällen der Misshandlung seiner Boten durch die Wittenberger, mehrfach wegen des Fehlens der Wittenberger Geistlichkeit auf seinen Synoden, wegen der mangelnden Zahlungsmoral bei geistlichen Abgaben, wegen der Missachtung geistlicher Räume oder wegen der Gefangennahme eines Geistlichen durch den Rat im Jahr 1512, mit der die Stadt in das „privilegium immunitatis" eingriff[16]. Insgesamt sind so zwei Fälle

---

[13] Vgl. zum Folgenden ausführlicher auch *Krentz*, Ritualwandel 23–65.
[14] Vgl. zum Interdikt allgemein *Georg May*, Artikel „Interdikt", in: TRE XVI 221–226; zum Spätmittelalter: *Karl Anker*, Bann und Interdikt im 14. und 15. Jahrhundert als Voraussetzung der Reformation (Tübingen 1919); *Hans Dix*, Das Interdikt im ostelbischen Deutschland (Marburg 1913); *Martin Kaufhold*, Landesherrschaft auf dem Prüfstand. Geistliche Gerichtsrechte und kirchliche Strafgewalt im späten Mittelalter, in: HJ 127 (2007) 13–31.
[15] Vgl. *Paul Kirn*, Friedrich der Weise und die Kirche. Seine Kirchenpolitik vor und nach Luthers Hervortreten im Jahre 1517. Dargestellt nach Akten im Thüringischen Staatsarchiv zu Weimar (Berlin 1926) 61–63.
[16] Die Fälle des Interdiktes lassen sich aus den Wittenberger Kämmereirechnungen belegen: Stadtarchiv Wittenberg, Kämmereirechnungen (StAW, KR) 1502, Bl. 229f., Bl. 525r.; KR 1508, Bl. 103v.

des Interdikts aus den Jahren 1502 bis 1503 und ein weiterer aus dem Jahr 1508 nachzuweisen, ab 1512 war die Stadt wegen eines andauernden Konfliktes mit dem Bischof sogar fünf Jahre lang ständig mit dem Interdikt belegt[17].

Der Umgang der Wittenberger mit dem häufigen Interdikt zeigt eine für die vorreformatorische Zeit typische Ambivalenz. So reagierte der Rat der Stadt einerseits jeweils prompt, bemühte sich um die Verfolgung der Täter und sandte häufig Boten zum Bischof, um Indulte zur Aufhebung des Interdiktes zu erlangen. Der Bischof seinerseits taktierte, gewährte die Indulte nur zögernd und meist erst nach einigen Anläufen des Rates und entsprechenden Geldzahlungen[18]. Auf diese Weise gelang es dem Bischof zunächst, seine Autorität weiterhin zu festigen – er zeigte eine starke Präsenz als geistlicher Herr der Stadt und sanktionierte Verletzungen seines geistlichen Machtbereichs.

Doch wurden die häufigen Versuche des Bischofs, seine Autorität durch den Bann zu bekräftigen, andererseits zugleich auch immer weniger erfolgreich. Während der Rat offiziell weiterhin mit dem Bischof verhandelte, wurde das Interdikt in der Praxis kaum noch beachtet – trotz des Interdiktes wurde der Gottesdienst in einigen Kirchen der Stadt weitergeführt und die Kirchen als sakrale Räume weiterhin genutzt[19].

Auch die Einzelheiten der Verhandlungen über das Interdikt zeigen, dass die Wittenberger die Autorität des Bischofs auf vielfältige Weise in Frage stellten. Zum einen argumentierte der Wittenberger Rat etwa 1513, die ganze Stadt Wittenberg sei mit ihrem gesamten Archidiakonatsbezirk exempt von der bischöflichen Macht und unterstehe direkt dem Papst[20]. Während aus heutiger Sicht aufgrund der überlieferten Urkunden deutlich ist, dass nur die Schlosskirche über ein solches Privileg verfügte, konnten die Wittenberger dies zunächst unwidersprochen behaupten, was zeigt, dass die verworrene und den Beteiligten selbst offenbar unklare rechtliche Lage eine Veränderung des Machtgefüges begünstigte. Ein Selbstbewusstsein in kirchenrechtlichen Dingen, begründet mit der Kompetenz ihrer Universitätsgelehrten, zeigt auch das Argument der Wittenberger, das Interdikt sei ungültig, da der Bischof das Bannritual nicht korrekt ausgeführt habe, so

---

[17] Der Konflikt ab 1512 ist in der kurfürstlichen Überlieferung belegt, vgl. Thüringisches Hauptstaatsarchiv Weimar, Ernestinisches Gesamtarchiv (ThHStA Weimar, EGA) Reg B. 1105 und 1106, vgl. auch *Kirn*, Friedrich der Weise 58f.

[18] Im Jahr 1502 schickte der Rat mehrfach Boten zum Bischof, der zunächst den entweihten Kirchhof wieder weihte: StAW, KR 1502, Bl. 349r; später im Jahr ein erbetenes Indult zunächst nicht gewährte StAW KR 1502, Bl. 525r+v und schließlich den offensichtlich erneut entweihten Kirchhof im April 1503 jedoch wieder weihte, StAW, KR 1503, Bl. 280v und Bl. 333v. Zum Interdikt im Jahr 1508 StAW, KR 1508, Bl. 103v und Bl. 139r.

[19] Es scheint eine Absprache zwischen Klerus und Stadt gegeben zu haben, das Interdikt zwar in Klöstern, jedoch nicht in Pfarrkirchen anzuwenden. Dies geht aus einem Schreiben des Wittenberger Schossers an den Kurfürsten hervor: Anton Niemeck an Friedrich den Weisen, 14. August 1513, ThHStA Weimar, EGA, Reg Kk 1367, 14. August 1513 und Christian Beyer an Friedrich den Weisen, 14. August 1513, ThHStA Weimar, EGA, Reg. B 1106, Bl. 8-9.

[20] Der Rat der Stadt Wittenberg an Friedrich den Weisen, (undatiert, vermutlich um 1513) ThHStA Weimar, EGA, Reg B 1106, Bl. 10r+v, hier 10r.

dass er sich rechtfertigen musste, er habe das Interdikt *mit ordentlich prenen furgenommen*[21].

Und schließlich stellten die Wittenberger 1516 in einem Streit um das *privilegium immunitatis* eines Wittenberger Einwohners, der wegen eines Todschlages vom Ratsgericht verurteilt und bestraft worden war, sogar eigene Kriterien dafür auf, wen sie als Geistlichen akzeptieren wollten. Hier wurde dies mit dem Lebenswandel des Geistlichen begründet, dieser habe, so die Wittenberger, *vil unfugs geubt*[22] und selbst wenn dieser *geweiht gewest, vil het gebraucht sich desselben nit*[23]. Die Wittenberger machten damit die Zugehörigkeit zum geistlichen Stand und damit zugleich die Zugehörigkeit zum Einflussbereich des Bischofs zu einem verhandelbaren Gegenstand, den sie nach eigenen Kriterien entschieden, so dass der Bischof nicht mehr sicher sein konnte, welche Einwohner der Stadt als Geistliche zu seinem Einflussbereich gehörten.

Die Wittenberger Universität

Diese Beispiele aus den Verhandlungen von Stadt, Universität, Priesterschaft und Bischof zeigen, dass die städtischen Akteure schon damals ein Selbstbewusstsein der Entscheidung in geistlichen Belangen entwickelten. Zu einer Ersatzautorität in theologischen und kirchenrechtlichen Fragen wurde dabei die neue Universität, deren Urteil man gerne über das des Bischofs stellte. Die 1502 von Kurfürst Friedrich dem Weisen gegründete Universität Wittenberg war neben dem Allerheiligenstift das zweite große Prestigeprojekt zum Ausbau seiner neuen Residenzstadt[24]. Als ein *oraculum*, das Fürst und Landsleuten in zweifelhaften und unsicheren Fällen eine sichere und anerkannte Antwort geben sollte, ließ er ihren Zweck in den Statuten von 1508 darstellen.[25] Damit schuf der Kurfürst ein eigenes Zentrum der Wahrheitsfindung, um seinem Territorium und dessen neuer Residenzstadt Wittenberg eine gewisse Selbstständigkeit und Unabhängigkeit zu sichern und diese auch nach außen und innen zu behaupten. Dies betraf nicht nur

---

[21] *Handlung uf dem tag zu Wittenberg* [...], ThHStA Weimar, EGA, Reg B 1106, Bl. 63r. Das lokale Interdikt wurde im Mittelalter rituell durch das gleichzeitige Auslöschen von Fackeln oder Kerzen durch die lokalen Geistlichen auf ein Zeichen des Bischofs hin verhängt, vgl. *Georg May*, Artikel „Bann IV. Alte Kirche und Mittelalter", in: TRE V 170-182, 175.
[22] *Handlung uf dem tag zu Wittenberg* [...], ThHStA Weimar, EGA, Reg B 1106, Bl. 63v.
[23] Ebd. Bl. 64r.
[24] Vgl. zur Gründung der Universität Wittenberg *Dieter Stievermann*, Friedrich der Weise und seine Universität Wittenberg, in: Attempto – oder wie stiftet man eine Universität. Die Universitätsgründungen der sogenannten zweiten Gründungswelle im Vergleich, hrsg. v. *Sönke Lorenz* (Stuttgart 1999) 175-197; *Friedensburg*, Geschichte der Universität Wittenberg (Halle 1917) 50-53; *Kruse*, Universitätstheologie 31-41.
[25] Statuten der Universität Wittenberg, 1. Oktober 1508, in: Urkundenbuch der Universität Wittenberg, hrsg. v. *Walter Friedensburg*, 2 Bände, Teil 1: 1502-1611 (Magdeburg 1926) 18-58, 18f. Zu den Statuten vgl. *Walter Friedensburg*, Geschichte der Universität Wittenberg (Halle 1917) 50-53.

politische und rechtliche Fragen, in denen der Hof häufig den Rat der Gelehrten einholte, sondern von Anfang an auch kirchenrechtliche und theologische Fragen. Die Auseinandersetzungen der Stadt mit dem brandenburgischen Bischof zeigen deutlich, dass sowohl der Kurfürst selbst wie auch die Stadt, dessen – kirchenrechtlich legitimen – geistlichen Herrschaftsanspruch immer weniger akzeptierten und stattdessen immer stärker auf die Autorität des Urteils der Universitätsgelehrten verwiesen.

Dies gilt zum einen für die Wittenberger Priesterschaft, die etwa die recht eigenwillige Berechnung ihrer geistlichen Abgaben, die deutlich zu ungunsten des Bischofs ausfiel, damit begründete, man habe sich nach dem *radt der recht vorstendigen* der Wittenberger Universität gerichtet[26]. Auch der Rat der Stadt lud regelmäßig Professoren der Universität zur Beratung ins Rathaus ein[27]. Der Kurfürst unterstützte dieses Vorgehen und sah die Kompetenz in wichtigen Fragen lieber bei den gelehrten Theologen und Juristen seiner Universität, als bei dem auswärtigen brandenburgischen Bischof[28]. Seiner kirchenpolitischen Grundlinie entsprechend bezog Friedrich der Weise schon vor der Reformation grundsätzlich niemals in geistlichen Belangen selbst Stellung, so dass das Urteil seiner Universitätsgelehrten hier umso größeres Gewicht hatte[29]. So schrieb er der Universität etwa 1513, als sich die Wittenberger erneut wegen des Interdikts an ihn gewandt hatten, dass er eine Lösung dieses Falles erwartete und die Universität solle *so sich hyrinnen weiter zuthun geburet vnderthenig beschlissen*[30]. Die Universität bildete so auf den ausdrücklichen Wunsch des Kurfürsten hin schon früh eine Instanz der Wahrheitsfindung, so dass bereits im vorreformatorischen Wittenberg auch in geistlichen Fragen Entscheidungen ohne oder sogar gegen den Bischof getroffen werden konnten.

Strukturell unterscheidet sich die Situation hier von der vieler anderer Städte, in denen die Bischöfe im Zuge städtischer Unabhängigkeitsbestrebungen als welt-

---

[26] ThHStA Weimar, EGA, Reg. Kk 1367, Bl. 6r.
[27] Dies geht aus den Ausgaben für deren Bewirtungen in den Kämmereirechnungen hervor vgl. z. B. StAW, KR 1512: Rubrik „Ausgabe vor des Raths Geschenke": *2 gr. 8 d. vor zwehe kann weyn vor ereth, etlichen doctores auff dem rathause, szo In etlichen Sachen handelung gehabt Montag nach presentatio […] 2 gr. 8 d. hiernach abermals voreret 2 kannen weins in massen wie ztruwen etlichen doctoribus voreret auff dem Rathause Sonnabend nach katarine.*
[28] Bereits Anfang November 1512 hatte er zwei seiner Räte aufgefordert, die Sache juristisch zu beurteilen und dem Wittenberger Rat weitere Handlungsanweisungen zu geben, vgl. Friedrich der Weise an Probst Dr. Wolff und Dr. Christian Beyer, ThHStA Weimar, EGA, Reg. Hh 1647, Bl. 2v. Die kurfürstlichen Räte erhielten auch das Schreiben des Bischofs vom 17. Dezember und antworteten diesem, sie wollten vorerst noch weitere Erkundigungen einziehen, vgl. die kurfürstlichen Räte an den Bischof von Brandenburg, 26. Dezember 1512, ThHStA Weimar, EGA, Reg. B 1106, Bl. 3r.
[29] Vgl. zur kirchenpolitischen Haltung Friedrichs des Weisen allgemein *Christoph Volkmar*, Reform statt Reformation. Die Kirchenpolitik Herzog Georgs von Sachsen 1488–1525 (Tübingen 2008) 481; *Kirn*, Friedrich der Weise 150–164.
[30] Friedrich der Weise an die Universität Wittenberg, 16. August 1513, ThHStA Weimar, EGA, Reg. B 1106, Bl. 11r–12v, Zitat 12r.

liche Herrscher vertrieben wurden[31]. In Wittenberg teilte der Kurfürst als weltlicher Landesherr hingegen die Interessen der Stadt, den geistlichen Einfluss eines auswärtigen Bischofs zu verbannen. Hier etablierte sich vielmehr eine enge Zusammenarbeit von Kurfürst, Stadt und Universität, auf die bei der Einführung der Reformation in den frühen 1520er Jahren zurückgegriffen werden konnte. Die schon früh zentrale Rolle der Universität begünstigte insbesondere auch die Stellung der Reformatoren in der Stadt, denn diesen kam als Universitätsprofessoren schon strukturell eine besondere Autorität zu. Einer dieser Universitätsprofessoren war Martin Luther, der innerhalb dieser strukturellen Gegebenheiten handelte, diese aber, wie im Folgenden zu zeigen ist, auch seinerseits beeinflusste.

Luther und die reformatorische Theologie – der Bruch mit der alten Ordnung

Martin Luther kam 1511 nach Wittenberg, wurde 1512 an der Universität Wittenberg zum Doktor der Theologie promoviert und übernahm danach die Professur für Bibelauslegung, ab 1514 hatte er auch eine Predigerstelle an der Wittenberger Pfarrkirche inne[32]. Damit besetzte er zwei im Wittenberger Kontext einflussreiche Stellen, die sowohl Autorität wie auch Bekanntheit mit sich brachten. Im dargestellten Kontext der Auseinandersetzungen der Stadt mit dem Bischof von Brandenburg lässt sich der Einfluss der reformatorischen Predigt zur Lösung dieses Konfliktes und damit auch der ambivalenten Situation geistlicher Macht in Wittenberg beispielhaft zeigen:

Die Wittenberger hatten mit ihrem oben dargestellten Vorgehen der Verzögerung, Verhandlung und Missachtung die Wirksamkeit des bischöflichen Bannes und damit die Macht des Bischofs sehr weitgehend, aber noch nicht grundsätzlich in Frage gestellt, denn einerseits wurde das Interdikt nur teilweise beachtet und seine Legitimität von den Wittenbergern weitgehend in Frage gestellt, doch bemühte man sich andererseits weiterhin stets um die Aufhebung des bischöflichen Bannes. Vermutlich wären die Konflikte noch lange Zeit weitergegangen und in dieser ambivalenten Situation geblieben, wenn nicht 1518 durch eine Predigt Martin Luthers die Wirksamkeit des bischöflichen Bannes grundsätzlich in Frage gestellt worden wäre[33]. Die Sakramente, so predigte Luther, sollten unabhängig vom Interdikt gelten, der äußere Bann könne hingegen nur einen ohnehin vorhandenen Bruch mit Gott markieren. Ein zu Unrecht verhängtes Interdikt habe so keinerlei

---

[31] Vgl. zur Kontinuität der Vertreibung der Bischöfe in der Reformationszeit zuletzt *J. Jeffery Tyler*, Lord of the Sacred City. The Episcopus Exclusus in Late Medieval and Early Modern Germany (Leiden 1999); *ders.*, The Bishop's Power and Peril: The Episcopus Exclusus in Augsburg and Constance, in: Ad historiam humanam. Aufsätze für Hans-Christoph Rublack, hrsg. v. *Thomas Max Safely* (Epfendorf 2005) 43–62.
[32] Vgl. zu Luther in Wittenberg die unter Anm. 2 genannte Literatur.
[33] Martin Luther, Sermo de virtute excommuniationis (1518), WA 1, 634–643; deutsch: Ein Sermon von dem Bann (1520), WA 6, 63–75.

Einfluss[34]. Luther brachte damit den Wittenbergern das letzte, entscheidende Argument, den Einflussbereich des Bischofs nicht nur immer weiter auszuhöhlen, was ja bereits geschehen war, sondern die Legitimität seines Vorgehens insgesamt in Frage zu stellen. Spätestens ab diesem Zeitpunkt wurde der Bann des Bischofs von den Wittenbergern nicht mehr wie zuvor im Einzelnen in Frage gestellt, sondern einfach ignoriert; die Stadt hörte sogar auf, sich um Indulte zu seiner Aufhebung zu bemühen[35]. Auch wenn der Bischof sich noch bis 1523 darüber beklagte und sogar ein Urteil aus Rom zu seinen Gunsten erwirkt hatte, so hielt man es von diesem Zeitpunkt an nicht einmal mehr für notwendig, auch nur darauf zu reagieren[36].

Mit dem konsequenten Ignorieren des Bannes des Bischofs bedienten sich die Wittenberger einer wirksamen Art des Vorgehens gegen etablierte geistliche Machtstrukturen. Durch die Demonstration, dass man ungestraft und ohne Konsequenzen gegen den Bann verstoßen konnte, wurde offensichtlich, dass seine Kraft nur ein „bloßes Gedankending" (Kant) war und allein von der Anerkennung der Beteiligten abhängig war[37]. Wie dieses Beispiel aus der Vorgeschichte der Wittenberger Reformation zeigt, war der bewusste Verstoß oder das Ignorieren wichtiger Rituale, welche die Ordnung der vorreformatorischen Kirche stützten, zentral für deren schrittweise Delegitimierung. In dieser Konsequenz wurde dieses Vorgehen jedoch erst mit dem Beginn der reformatorischen Predigt in der Stadt möglich, mit der die ambivalente Wittenberger Situation einen Schub „normativer Zentrierung" (Berndt Hamm) erfuhr, welche die Diskussion um die geistliche Gewalt in radikaler Weise auf eine neue Argumentationsbasis stellte und damit eine endgültige Ablösung zunächst von der bischöflichen und schließlich in der Verbrennung der Bannandrohungsbulle sogar von der päpstlichen Gewalt erst ermöglichte.

Auch der endgültige Bruch mit der alten Ordnung wurde in vielfältigen rituellen Formen vollzogen, die nun jedoch über die passive Missachtung hinausgingen und einen offenen Bruch inszenierten. Solche Rituale des demonstrativen Bruchs mit der alten Ordnung sind in der Reformationsforschung weithin bekannt. Bereits Robert W. Scribner hat diese Vorgänge in verschiedenen Städten herausgear-

---

[34] Luther, Sermo de virtute excommunicationis 642. Vgl. zu Luthers Stellung zum Bann allgemein *Hans-Jürgen Goertz*, Artikel „Kirchenzucht III. Reformationszeit", in: TRE XIX (Berlin, New York 1990) 176–183; *Johannes Heckel*, Lex charitatis. Eine juristische Untersuchung über das Recht in der Theologie Martin Luthers (München 1973), hier 179–182; *Christoph Link*, Art. „Bann V. Reformation und Neuzeit", in: TRE V (Berlin, New York 1980) 182–190.
[35] In den Wittenberger Kämmereirechnungen tauchen ab 1518 keine Einträge über Geldzahlungen oder Botenlöhne in diesem Zusammenhang mehr auf, auch die kurfürstliche Überlieferung bricht hier ab.
[36] Zum Urteil aus Rom vgl. *Alphonse de Vignoles*, Index diplomatum Brandenburgensium iuxta chronologiam (Handschrift Universitätsbibliothek Breslau 1710) 158. Zu den Klagen des Bischofs noch 1523 vgl. das Schreiben Friedrichs des Weisen an seine Räte Hieronymus Schurf und Nikolaus von Amsdorf, 4. März 1523, ThHStA Weimar, EGA, Reg B 1106, Bl. 118r–118v. Eine Reaktion aus Sachsen ist nicht bekannt.
[37] *Barbara Stollberg-Rilinger*, Rituale (Frankfurt a. M., New York 2013) 217f.

beitet, die von Messestörungen bis zu ikonoklastischen Akten reichten und an denen alle sozialen Schichten der städtischen Bevölkerung beteiligt waren[38]. Weitere Beispiele sind das Fastenbrechen, öffentlichkeitswirksame Klosteraustritte oder die Heirat von Priestern und Nonnen, mit der nicht nur das Kirchenrecht radikal gebrochen, sondern auch der geistliche Stand als solcher in Frage gestellt wurde[39].

Auch Martin Luther selbst inszenierte mehrere solcher Rituale des offenen Bruchs mit der alten Ordnung, deren möglicherweise bekanntester die Verbrennung der päpstlichen Bannandrohungsbulle vor dem Wittenberger Elstertor am 10. Dezember 1520 ist[40]. Die Bulle, die Wittenberg am 10. Oktober 1520 erreicht hatte, verurteilte die Lehre Luthers, forderte seine Gefangennahme und die Verbrennung seiner Schriften und drohte allen Orten, die Luther oder seine Anhänger duldeten, mit dem geistlichen Interdikt[41]. Die Verbrennung der Bannandrohungsbulle gilt als ein entscheidender Wendepunkt der frühen Reformation, denn sie steht für Luthers endgültigen und öffentlichen Bruch mit dem Papst und der gesamten römischen Kirche. Für Wittenberg bildete sie den öffentlichen symbolischen Abschluss eines langen Prozesses des Ringens um geistliche Macht.

Die Verbrennung begann zunächst unspektakulär am Morgen des 10. Dezember 1520, als die Wittenberger Professoren und Studenten durch einen Aushang an der Pfarrkirche vor das Elstertor gerufen wurden, wo unter der Leitung des Magister Johann Agricola mehrere Ausgaben des kanonischen Rechts und weitere Bücher der Gegner der Wittenberger Theologen verbrannt wurden[42]. Luther selbst warf anschließend ein Exemplar der päpstlichen Bulle ins Feuer, sprach dabei einige Worte in lateinischer Sprache, worauf die Umstehenden mit „Amen" antworteten[43]. Die Bedeutung von Luthers symbolischem Handeln wird hier besonders deutlich: Indem er die Bannandrohungsbulle des Papstes ins Feuer warf, vollzog er performativ den Bruch mit der päpstlichen Kirche – dieser Bruch wur-

---

[38] *Robert W Scribner,* The Reformation as a Social Movement, in: Popular Culture and Popular Movements in Reformation Germany, hrsg. v. *Robert W. Scribner* (London 1987) 145–174; *ders.:* Ritual and Reformation, in: The German People and the Reformation hrsg. v. *Ronnie Po-Chia Hsia* (Ithaca 1988) 122–144.
[39] Vgl. *Kaufmann,* Reformation 320–359.
[40] Zum Ablauf vgl. ausführlich *Heinrich Boehmer,* Luther und der 10. Dezember 1520, in: LJ 2/3 (1920/21) 7–53; *Brecht,* Luther, Bd. 1, 403–406; *Kruse,* Universitätstheologie 267–273. Zu den Fragen von Ritual und Inszenierung vgl. zuletzt *Anselm Schubert,* Das Lachen der Ketzer. Zur Selbstinszenierung der frühen Reformation, in: ZTK 108, 4 (2011) 405–430.
[41] Eine kritische Edition der Bulle mit deutscher Übersetzung und Kommentar findet sich in: Dokumente zur Causa Lutheri (1517–1521), 2. Teil: Vom Augsburger Reichstag bis zum Wormser Edikt, hrsg. v. *Peter Fabisch, Erwin Iserloh* (Münster 1991) 338–412.
[42] Zur Frage, welche Bücher verbrannt wurden vgl. *Kruse,* Universitätstheologie 267.
[43] Nach dem Bericht Johann Agricolas sagte Luther *Quoniam tu conturbasti veritatem Dei, conturbat et te hodie Dominus in ignem istum* Ein neuer Bericht über Luthers Verbrennung der Bannbulle, in: Sitzungsberichte der königlich-preußischen Akademie der Wissenschaften (Berlin 1907) 95–102, hier 96. In dem Bericht des Anonymus heißt es ‚Quia', inquit, ‚tu conturbasti sanctum Domini, Ideoque te conturbet ignis aeternus', Anonymus, Exustionis Antichristianorum Decretalium Acta, WA 7, 184.

de mit dem Akt der Verbrennung nicht nur symbolisch dargestellt, sondern in dieser Konsequenz überhaupt erst geschaffen. Dabei bediente er sich zugleich ritueller Ausdrucksformen aus dem kirchlichen Kontext, denn nur vor dem Hintergrund der inquisitorischen Ketzer- und Bücherverbrennung, welcher kurz zuvor anderswo in Folge der Bulle auch Luthers Bücher zum Opfer gefallen waren, wurde die Bedeutung des Verbrennungsrituals für die Anwesenden verständlich[44]. Die Bulle wurde damit eben der Strafe zugeführt, die sie selbst verhängte.

Die Verbrennung der Bulle wurde in Wittenberg sehr positiv aufgenommen, was nicht zuletzt auch darauf zurückzuführen ist, dass sie an bekannte Diskurse anknüpfte: Die Wittenberger Studenten und Bürger veranstalteten nach der Verbrennungsaktion der Professoren noch ein eigenes „Spektakel" mit einem Umzug durch die Stadt und der Verbrennung weiterer Bücher und Darstellungen von Bullen, bei dem in vielen ironischen Anspielungen und Spottritualen die alte kirchliche Ordnung weiter delegitimiert wurde[45].

Durch die Auseinandersetzungen mit dem Bischof hatten sich die Wittenberger schon seit langem mit dem kollektiven Bann beschäftigt und die Möglichkeit erprobt, dessen Legitimität in Frage zu stellen. Der Bruch mit der alten Ordnung war hier nicht plötzlich geschehen, sondern bildete vielmehr den Höhepunkt eines jahrzehntelangen Prozesses der Loslösung von den alten geistlichen Autoritäten zugunsten von Rat, Kurfürst und Universität, der nun mit der reformatorischen Theologie freilich eine vollständig neue Grundlage erhielt und sich nun in radikaler Weise gegen die gesamte päpstliche Kirche richtete.

Ihre vollständige Wirkung konnte die Verbrennung der Bannandrohungsbulle aber erst im Nachhinein entfalten und zwar in einem Prozess der Traditionsstiftung, der langfristig und dauerhaft wirkte. Er begann aber bereits am nächsten Tag, als Luther seinen Studenten die Bedeutung der Verbrennungsaktion erläuterte und sie als einen Wendepunkt deutete: Er wählte dabei drastische Worte und verlangte von seinen Zuhörern nichts Geringeres als die Wahl zwischen ewiger Hölle – wenn sie unter dem Papsttum blieben – und dem zeitlichem Martyrium – wenn sie sich für die Seite des Evangeliums entschieden[46]. In dieser Deutung Luthers wurde die Verbrennung der Bannandrohungsbulle auch schnell über Wittenberg hinaus bekannt, denn seine Rede wurde in einer studentischen Abschrift gedruckt und Luther selbst veröffentlichte zusätzlich bereits wenige Tage später

---

[44] Bei der Proklamation der päpstlichen Bulle durch den Nuntius Aleander war es im Herbst 1520 in Löwen, Lüttich, Trier und Köln zur Verbrennung von Luthers Schriften gekommen, vgl. dazu *Gerhard Müller,* Die drei Nuntiaturen Aleanders in Deutschland 1520/21, 1531/32, 1538/39, in: Causa Reformationis. Beiträge zur Reformationsgeschichte und zur Theologie Martin Luthers, hrsg. v. *Gerhard Müller* (Gütersloh 1989) 249–303, hier 255–256.
[45] Vgl. zum Schauspiel am Nachmittag *Schubert,* Lachen 405–430; *Robert W. Scribner,* Reformation, Carnival and the World Turned Upside-Down, in: Social History 3,3 (1978) 303–329, hier 304–305; *Krentz,* Ritualwandel 130–137.
[46] Die Predigt Luthers ist überliefert in dem Bericht des anonymen Studenten, Exustionis Antichristianorum decretalium acta, WA 7, 184–186.

eine Flugschrift, in der er seine Tat rechtfertigte⁴⁷. Auf diese Weise wurde die Verbrennung der Bannandrohungsbulle bereits unmittelbar nach dem Ereignis selbst zu einem Erinnerungsort der Reformation. Eine frühe Quelle für diese Traditionsstiftung ist der Reisebericht „Sabbata" des Schweizers Johannes Kessler, der Wittenberg im Sommer 1522, besuchte. Bei seinem Aufenthalt in Wittenberg besichtigte er den Ort vor dem Elstertor in Erinnerung an die Verbrennungstat des Reformators und vermerkte, er habe die Stelle mit eigenen Augen gesehen⁴⁸. Der Ort vor dem Elstertor war damit bereits anderthalb Jahre später zur historischen Stätte geworden, die auswärtigen Besuchern gezeigt wurde, was das Wissen der Wittenberger um die historische Bedeutsamkeit ihrer symbolischen Handlungen anschaulich belegt.

Die Durchsetzung der Reformation und die Neuordnung geistlicher Macht

Die Verbrennung der Bannandrohungsbulle kann zwar für Wittenberg als symbolischer Bruch mit der päpstlichen Kirche gesehen werden, der auch die Zustimmung großer Teile der Stadtbevölkerung fand, doch folgte bekanntlich für Luther nun zunächst das Verhör vor Kaiser und Reich auf dem Reichstag zu Worms 1521, das ebenso wie der Akt der Verbrennung der Bannandrohungsbulle für Wittenberg zum Symbol des Bruchs mit der päpstlichen Kirche wurde. Während der mit der Reichsacht belegte Luther sich in den folgenden Monaten auf der Wartburg versteckt hielt, kam es im Herbst und Winter 1521/22 in Wittenberg zu ersten, teilweise großen reformatorischen Veränderungen des Gottesdienstes und des städtischen Lebens. Sie wurden später in Verhandlungen aller städtischen Akteure wieder abgeschwächt und von Luther nach seiner Rückkehr von der Wartburg im März 1522 als zu schnell und mit mangelnder Rücksichtnahme auf die Schwachen im Glauben durchgeführt kritisiert⁴⁹. Die schließlich tatsächlich festgehaltenen Veränderungen waren jedoch gering, so dass zu diesem Zeitpunkt noch nicht von einer städtischen Reformation gesprochen werden kann.

Die Durchsetzung der Reformation in der Stadt fand hingegen erst 1523 und 1524 statt, als es zu einer grundlegenden Neuverteilung geistlicher Macht kam –

---

⁴⁷ Vgl. Anonymus, Exustionis, WA 7, 186; Martin Luther, Warumb des Bapsts und seyner Jungern bucher von Doct. Martino Luther vorbrannt seynn, WA 7, 161–182.
⁴⁸ Johannes Kesslers Sabbata. Mit kleineren Schriften und Briefen, hrsg. v. *Emil Egli, Rudolf Schoch* (St. Gallen 1902) 72.
⁴⁹ Zu dieser auch als „Wittenberger Bewegung" oder „Wittenberger Unruhen" bekannt gewordenen Episode vgl. zuletzt *Kaufmann*, Anfang der Reformation 217–221; *Schilling*, Martin Luther 276–293; *Krentz*, Auf den Spuren der Erinnerung. Wie die „Wittenberger Bewegung" zu einem Ereignis wurde, in: Zeitschrift für historische Forschung 36 (2009) 563–595; grundlegend auch *Stefan Oehmig*, Die Wittenberger Bewegung 1521/22 und ihre Folgen im Lichte alter und neuer Fragestellungen. Ein Beitrag zum Thema (Territorial-) Stadt und Reformation, in: 700 Jahre Wittenberg. Stadt – Universität – Reformation, hrsg. v. *Stefan Oehmig* (Weimar 1995) 97–130.

die altgläubigen Kräfte wurden weitgehend zurückgedrängt und der reformatorische Gottesdienst in der ganzen Stadt verbindlich eingeführt[50]. Ebenso wie für den symbolisch inszenierten Bruch mit der alten Ordnung spielten auch hier für die Durchsetzung der Reformation und die langfristige Neuordnung sowohl Akte der symbolischen Kommunikation, als auch die langfristige Stiftung von Traditionen eine wichtige Rolle. Die Reformatoren suchten nun verstärkt die Zusammenarbeit mit den städtischen Akteuren, wobei sie an bereits bestehende Strukturen anknüpfen konnten, die sich in den ersten Jahrzehnten des 16. Jahrhunderts etabliert hatten. Zwei wichtige Schritte waren dabei die Wahl Johannes Bugenhagens zum Wittenberger Pfarrer im Herbst 1523 und eine erfolgreiche Bannandrohung der städtischen Akteure gegen das Allerheiligenstift im Dezember 1524, die schließlich zur Einführung der Reformation und Neuordnung geistlicher Macht in der Stadt führten.

Wittenberg brauchte im Sommer 1523 einen neuen Pfarrer, da der langjährige Pfarrer Simon Heins von Brück verstorben war[51]. Traditionell stand die Wahl dem altgläubigen Allerheiligenstift zu, an das die Kirche durch ein Inkorporationsverhältnis gebunden war. Die Pfarrerwahl war deshalb zentral, weil mit ihr das Verfügungsrecht über die Pfarrkirche verknüpft wurde – es ging also darum, ob die Pfarrkirche altgläubig blieb oder reformatorisch wurde. Nachdem zahlreiche Kandidaten eine Absage erteilt hatten, war das Allerheiligenstift sogar bereit, den Rat einen Kandidaten bestimmen zu lassen. Das Stift wollte diesen ernennen, um ihn so nach dem üblichen Verfahren einzusetzen und damit das Inkorporationsverhältnis zu erhalten. Tatsächlich schlug der Rat der Stadt bald darauf den jungen Priester Johannes Bugenhagen vor, der jedoch zunächst zögerte, die Wahl anzunehmen.

Doch noch bevor Bugenhagen sich entschieden hatte, verkündete Luther ihn jedoch von der Kanzel als neuen Pfarrer[52]. Für Luther war diese Proklamation nicht wenig riskant, denn er überging damit gleichzeitig das Stift, den Stadtherrn wie auch den Rat und setzte sich über die bestehenden Rechte und Traditionen der Pfarrerwahl hinweg. Es war also keineswegs eindeutig, dass Bugenhagen nach der Proklamation durch Luther tatsächlich als Pfarrer anerkannt wurde. Ähnlich wie beim Interdikt des Bischofs von Brandenburg wenige Jahre zuvor hätte eine erfolglose Proklamation öffentlich gezeigt, dass Luther die Autorität, die er hier

---

[50] Vgl. dazu insgesamt ausführlicher *Krentz*, Ritualwandel 243–324.
[51] Die zentralen Ereignisse sind aus der biographischen Luther- und Bugenhagenforschung bekannt und wurden in entscheidenden Punkten zuletzt noch einmal korrigiert: *Martin Krarup*, Ordination in Wittenberg. Die Einsetzung in das kirchliche Amt in Kursachsen zur Zeit der Reformation (Tübingen 2007) 67–70. Vgl. auch *Hans-Günther Leder*, Johannes Bugenhagen Pomeranus – Vom Reformer zum Reformator. Studien zur Biographie, hrsg. v. *Volker Gummelt* (Frankfurt a. M. 2002) 183–214; *Hermann Hering*, Doktor Pomeranus, Johannes Bugenhagen. Ein Lebensbild aus der Zeit der Reformation (Halle 1888) 20–22.
[52] Dies berichtete das Stiftskapitel am 28. Oktober 1523 an den Kurfürsten, gedruckt in: Urkunden, das Allerheiligenstift zu Wittenberg betreffend 1522–1526. Aus dem Nachlasse des Professors D. Dr. Nic. Müller, hrsg. v. *Karl Pallas*, in: ARG 12,1 (1915) 1–48, 82–131, hier 82–83.

beanspruchte, tatsächlich nicht besaß. Doch die Reaktionen aller Beteiligten zeigen, dass Bugenhagen danach tatsächlich als Pfarrer akzeptiert wurde. Offensichtlich war die Autorität Luthers bei den Wittenbergern bereits so groß, dass auch die Stiftsherren und selbst der Kurfürst meinten, sich den Dingen fügen zu müssen. Diese Durchsetzung kraft persönlicher Autorität war umso leichter möglich, als die rechtliche Lage allen Beteiligten wiederum unklar war, so dass selbst der Kurfürst darum bitten musste, dass man ihm die entsprechenden Artikel aus den Stiftsstatuten *sovil ainen pfarrer belangen tun* heraussuche[53].

Bugenhagen wurde also zunächst eher durch eine Proklamation Luthers von der Kanzel zum Pfarrer – auch wenn es möglicherweise eine nachträgliche Wahl durch den Rat gab, sahen alle Beteiligten darin den entscheidenden konstitutiven Akt[54]. Der Rat selbst schrieb, Luther habe Bugenhagen *auf der canzel als erwelten, zu solchem ampt tuchtig, promoviert und in craft des heiligen evangelion confirmirt und bestetigt*[55]. Mit diesem Schritt war es ihm praktisch gelungen, das Inkorporationsverhältnis der Pfarrkirche in das Stift aufzulösen und die Verantwortung für die Pfarrstelle auf den Rat zu übertragen. Denn auch wenn die Inkorporation formal weiter bestand, wurden die damit verbundenen Rechte und Pflichten von Seiten der Stadt praktisch nunmehr als gegenstandslos betrachtet. Der Pfarrer zahlte keine Abgaben mehr an das Stift und seine Stelle wurde – trotz des fortdauernden Protests des Stiftskapitels – fortan vom Rat verwaltet[56]. Die Pfarrkirche war zum kirchlichen Zentrum der Stadt und zu einer vom Stift unabhängigen Gemeindekirche geworden, in der Luther als Prediger und Bugenhagen als Gemeindepfarrer wirkten und ungestört ihre Reformen vorantreiben konnten.

Doch beließ man es nicht bei der Einsetzung Bugenhagens. Die neuen geistlichen Kräfteverhältnisse sollten verstetigt und für die Zukunft festgeschrieben werden. Dies geschah auch hier durch eine bewusste Form der Traditionsbildung, mit der die Einsetzung Bugenhagens als Wittenberger Pfarrer nachträglich umgedeutet und legitimiert wurde. So wurde die Proklamation bereits in der ersten Visitation von 1533 zu einer Wahl durch Rat und Universität umgedeutet[57]. Der Visitationsbericht beginnt so mit dem Satz:

Die erwelunge [des pfarrers] aber soll hinfur stehen, wie sie mit ern Johan Bugenhagen angefangen, samptlich bei der universitet und dem rat, nemlich von wegen der universitet rector, seniores, und reformatores und von wegen des rats und der gemein zehen person.[58]

---

[53] Schreiben des Kurfürsten an das Stiftskapitel zu Wittenberg, 14. Oktober 1523, in: Urkunden, hrsg. v. *Pallas*, 84.
[54] So auch *Krarup*, Ordination 70.
[55] Der Rat der Stadt Wittenberg an Friedrich den Weisen, 2. November 1523, in: Urkunden, hrsg. v. *Pallas*, 84–86.
[56] Noch im April des folgenden Jahres berief sich das Stift auf seine Patronatsrechte und forderte Abgaben vom Stadtpfarrer, vgl. Schreiben der Stiftsherrn Justus Jonas und Johann Volmar an Kurfürst Friedrich den Weisen, 25. April 1524, in: Urkunden, hrsg. v. *Pallas*, 86–93, hier 90.
[57] Vgl. *Krarup*, Ordination 70.
[58] *Ordination der stat Wittembergk, in der ersten und andern visitacion durch die verordente visitatores gemacht*, in: Die Registraturen der Kirchenvisitation im ehemals sächsischen Kurkreis,

Die Visitatoren mussten den tatsächlichen Hergang der Einsetzung Bugenhagens gekannt haben, doch entschieden sie sich bewusst dafür, die offizielle Regelung von 1533 in eine (unzutreffende) Tradition zu stellen und dadurch gleichzeitig die Wahl Bugenhagens nachträglich als durch ein ordentliches Verfahren legitimiert darzustellen. Die Anfangsjahre der Reformation in Wittenberg konnten demnach bereits zehn Jahre später als legitimitätsstiftend für eine neu geschaffene Regelung gelten.

Das in der Visitationsordnung genannte Gremium aus Vertretern von Rat, Universität und Gemeinde wurde jedoch 1533 nicht völlig neu erfunden, sondern hatte seit 1524 immer stärker die Entscheidungsgewalt in geistlichen Belangen übernommen. Hatten diese Institutionen schon in den Auseinandersetzungen mit dem Bischof eine Zusammenarbeit begonnen, so gelang es ihnen nun Ende 1524, gemeinsam mit Luther und dem neuen Stadtpfarrer in der ganzen Stadt den reformatorischen Gottesdienst einzuführen. Dies war auch im Sinne des Rates notwendig geworden, da sich die städtische Gemeinschaft zu spalten drohte, denn während in der Pfarrkirche seit Ende 1523 einige Gottesdienstreformen mit dem Abendmahl unter beiderlei Gestalt eingeführt worden waren, verweigerte das Allerheiligenstift strikt alle Reformen und wurde damit zu einem Anziehungspunkt für die Menschen, die mit den Reformen nicht einverstanden waren.

Die Durchsetzung der Reformen gelang wiederum mit einer Androhung des Bannes am 1. Advent 1524. An diesem Tag kam eine städtische Abordnung von zwei Bürgermeistern, dem Rektor der Universität, dem Pfarrer Johannes Bugenhagen und zehn Ratsherren zum Allerheiligenstift[59]. Dort ermahnte der Pfarrer das Allerheiligenstift, keine Messen mehr zu feiern, da diese wider das Evangelium seien. Falls sie sich nicht daran hielten, sollten die Einwohner Wittenbergs fortan keine Gemeinschaft mehr mit den Mitgliedern des Stifts haben, ihnen nichts verkaufen, weder Brot noch Bier, oder sie beschützen[60]. Diese Ermahnung ergehe ausdrücklich im Namen des gesamten Wittenberger Rates[61]. Dem Allerheiligenstift wurden damit der Bann und der Ausschluss aus der Stadtgemeinschaft angedroht. Die Drohung zeigte offenbar Wirkung, denn am 2. Dezember 1524 schrieb Luther, die Stiftsherren hätten eingelenkt, die Messen am Stift abzu-

---

Band I. Teil 1: Die Ephorien Wittenberg, Kemberg und Zahna, bearb. v. *Parl Pallas* (Halle 1906) 1-32, hier 1.

[59] Davon berichteten die reformgegnerischen Mitglieder des Kapitels des Allerheiligenstiftes an Kurfürst Friedrich den Weisen, 2. Dezember 1524, in: Urkunden, hrsg. v. *Pallas*, 101-105, hier 103.

[60] Luther selbst hatte gerade solche weltlichen Folgen des Bannes, wie den hier genannten Ausschluss von Schutz und Handel mit der Stadtgemeinschaft, in seiner oben genannten Predigt gegen den Bann explizit ausgeschlossen, während er den Ausschluss aus der geistlichen Kirchengemeinde unter Umständen befürwortete und später auch selbst praktizierte, vgl. Luther, Ein Sermon von dem Bann (1520) 75; *Link*, Art. „Bann" 182-190. Doch hätte die alleinige Drohung mit geistlichen Folgen hier wohl ebenso wenig Wirkung gezeigt, wie die des brandenburgischen Bischofs an die Wittenberger, da die altgläubigen Stiftsherrn ohnehin nicht Teil der neuen evangelischen Sakralgemeinschaft in der Pfarrkirche sein wollten.

[61] Mitglieder des Kapitels des Allerheiligenstiftes an Kurfürst Friedrich den Weisen, 2. Dezember 1524, in: Urkunden, hrsg. v. *Pallas*, 101-105, hier 103.

schaffen⁶². Sie hatten dem Druck der städtischen Bannandrohung nachgegeben und einer umfassenden reformatorischen Neuordnung der Gottesdienste zugestimmt.

Mehrere Einzelheiten dieser Szene erscheinen für die Frage nach der Neuverteilung geistlicher Macht im reformatorischen Wittenberg bedeutsam: Während sie zunächst instrumentell die Funktion erfüllte, die Bannandrohung zu überbringen, verweist die Tatsache, dass dies nicht zum Beispiel durch einen Brief, sondern in aufwändiger Art und Weise persönlich geschah, auf symbolische Aspekte, die darüber hinausgehen. So demonstrierten die Wittenberger Akteure in dem Akt der Bannverhängung zugleich ihren Anspruch, in Zukunft für Entscheidungen in geistlichen Angelegenheiten zuständig zu sein. Mit Bürgermeister und Ratsherrn, dem Rektor (vermutlich Philipp Melanchthon) der Universität und dem Pfarrer waren dabei die verschiedenen Rechtsbereiche der Stadt beteiligt. Sicher nicht zufällig handelte es sich hier um denselben Kreis von Personen und Institutionen, deren Mitwirkung an der Pfarrerwahl Bugenhagens rückwirkend dargestellt wurde.

Neu war dabei die Rolle des Stadtpfarrers, dem von dem anwesenden Bürgermeister die Sprecherrolle mit dem etwas merkwürdigen Hinweis übergeben wurde, er selbst könne nicht sprechen, er sei heiser⁶³. Damit wurde gleichzeitig auch die Rolle des Stadtpfarrers neu definiert, der nun nicht mehr dem Patronat des Stifts unterstand, sondern auf Geheiß des Bürgermeisters handelte und ebenso wie der Rat eine neue geistliche Führungsrolle in der Stadt einnehmen sollte. Dies wurde im weiteren Verlauf der Dinge bekräftigt, indem Luther die Anfrage des Stiftes, welche Reformen genau gefordert wurden, nicht selbst beantwortete, sondern an Universität, Rat und Pfarrer weiterleitete, welche die sofortige Abstellung aller Messen forderten⁶⁴.

Die Rolle der Universität als Ort der Wahrheit und als Ratgeber der weltlichen Obrigkeiten, die sich in den vorangegangenen Jahrzehnten etabliert hatte, sollte also auch weiterhin bestehen bleiben. Wie schon im Akt der Bannandrohung selbst, wurde auch hier wiederum die neue geistliche Führungsrolle des Gremiums von Rat, Stadtpfarrer und Universität betont. Dass diese auch in den folgenden Jahren bis zur Visitation behauptet werden konnte, zeigt die Ordination des Wittenberger Diakons Georg Rörer, die 1525 als erste Ordination eines evangelischen Pfarrers, der zuvor noch nicht Priester war, in der Wittenberger Pfarrkirche

---

[62] So schrieb Luther am 2. Dezember 1524 an seinen Freund Nikolaus von Amsdorf in Magdeburg: *Canonicos nostros perpulimus tandem, ut consentiant missas esse abrogandas*, WA Br. 3, 396–397.

[63] Vgl. Matthäus Beskau, Georg Elner und Johann Volmar an Friedrich den Weisen, 8. Dezember 1524, in: Urkunden, hrsg. v. *Pallas*, 106–107.

[64] Beide Antworten an das Stift sind überliefert. Die Antwort von Rat und Universität: *Der Wittenbergischen Universität, Raths und Gemeine Suchung bei dem Stift zu Wittenberg, die gottlosen Ceremonien alle abzuthun*, in: D. Martin Luthers sowohl in Deutscher als Lateinischer Sprache verfertigte und aus der letztern in die erstere übersetzte Sämtliche Schriften, Bd. XIV, hrsg. v. *Johann Georg Walch* (Halle 1744) 1193-1197.

stattfand⁶⁵. Rörer notierte an diesem Tag selbst, er sei von der Hand *Luthero, Pomerano, Phi[llipo] Consu[-le/-ibus], Iudi[cie]* ordiniert worden⁶⁶. Mit Bürgermeister und Stadtrichter als zwei hochrangigen Vertretern des Rates, Bugenhagen als Stadtpfarrer und Melanchthon als Rektor der Universität nahmen damit alle diejenigen städtischen Institutionen die im engeren Sinne geistliche Aufgabe der Ordination vor, die bereits 1524 die Bannandrohung gegen das Stift verhängt und die schließlich in der Visitation 1533 rückwirkend als zuständig für die Pfarrerwahl 1523 genannt wurden.

Während die Einsetzung Bugenhagens als Pfarrer und die damit verbundene Lösung der Pfarrkirche aus dem Allerheiligenstift noch eher auf die Autorität Luthers in der Stadt zurückzuführen war, so war seitdem die Zuständigkeit von Rat, Universität und Pfarrer in geistlichen Belangen demonstriert worden. Auf diese Weise wurde die Reformation von der Person Luthers gelöst und in dauerhafte Strukturen gelenkt. Für die Durchsetzung reformatorischer Veränderungen waren zunächst einzelne symbolische Handlungen entscheidend, wie etwa die Szene der Bannandrohung oder die Proklamation Bugenhagens zum Pfarrer, für deren Verständnis die Kategorie der „symbolischen Macht" hilfreich erscheint⁶⁷. Durch die Demonstration, dass zunächst nur behauptete Machtansprüche mehrfach erfolgreich durchgesetzt werden konnten, entstanden so tatsächliche Machtpositionen. Die einseitige Proklamation eines zuvor nicht gewählten Pfarrers von der Kanzel stellte ebenso wie die Androhung eines Bannes ein hohes Risiko für die Autorität von Luther, Rat, Pfarrer und Universität dar – beides hätte schließlich auch scheitern können, wenn niemand ihnen gefolgt wäre. Doch indem sie erfolgreich verliefen, setzten sie sich nicht nur im Einzelfall durch, sondern demonstrierten zugleich ebenso erfolgreich eine dauerhafte Machtposition – den gegenteiligen Effekt hatte hingegen der Fall des Bischofs von Brandenburg zuvor gezeigt. Begünstigt wurde die reformatorische Position durch verschiedene strukturelle Faktoren, so etwa durch die Autorität Luthers als Universitätsprofessor und Prediger, aber auch durch die Stellung der Universität selbst, die schon zuvor eine Autorität der Entscheidung in geistlichen Fragen entwickelt und dabei eine Zusammenarbeit mit dem Rat etabliert hatte. Ebenfalls begünstigte die Unklarheit der rechtlichen Lage nach wie vor Veränderungen. So hatte die Wittenberger Bevölkerung geistliche Macht in den vergangenen Jahrzehnten in den Auseinandersetzungen mit dem Bischof als veränderbar erlebt und auch bei der Pfarrstelle war den Beteiligten offenbar unklar, wer über das Besetzungsrecht verfügte. Und schließlich war das Allerheiligenstift, anders als in anderen Städten, hier die einzige verbliebene Insti-

---

⁶⁵ Vgl. hierzu auch *Krarup*, Ordination 92–95; *Otto Mittermeier*, Evangelische Ordination im 16. Jahrhundert. Eine liturgiehistorische und liturgietheologische Untersuchung zu Ordination und kirchlichem Amt (St. Ottilien 1994) 37.
⁶⁶ Georg Rörer, Predigtnachschrift des Nachmittagsgottesdienstes vom 14. Mai 1525, WA 16, 226.
⁶⁷ Pierre Bourdieu definiert diese als die „Macht zur Durchsetzung der Anerkennung der Macht", vgl. *Pierre Bourdieu*, Die verborgenen Mechanismen der Macht (Hamburg 1992), bes. 135–154.

tution, die sich den reformatorischen Neuerungen entgegenstellte, da der Bischof in der Stadt schon seit einigen Jahren keinen Einfluss mehr hatte.

Zur dauerhaften Etablierung der neuen Ordnung trugen jeweils Traditionen bei, die wie im Fall der Verbrennung der Bannandrohungsbulle an den nun als legitim empfundenen Bruch mit der alten Ordnung erinnerten, oder wie im Fall der Pfarrerwahl der neuen Ordnung Legitimität verliehen. Auch die Stadt Wittenberg insgesamt erfuhr eine solche Umdeutung zur Stadt der Reformation, in die schließlich auch die Tradition des altgläubigen Allerheiligenstifts integriert werden konnte.

Vom Zentrum der Reliquienverehrung zur Stadt des Evangeliums

Vollendet werden konnte die Wittenberger Reformation erst 1525, als der altgläubige Kurfürst Friedrich der Weise starb und unter seinem Nachfolger, Johann dem Beständigen, das Allerheiligenstift vollständig abgeschafft und die Reformation wieder zur landesherrlichen Sache wurde. Hatte Friedrich der Weise stets eine offene Hinwendung zur Reformation vermieden, so trieb Kurfürst Johann ab 1525 nun selbst die Reformen voran. Dies betraf besonders auch die Stadt Wittenberg, die mit dem „Wittenberger Heiltum", der bekannten Reliquiensammlung Friedrichs des Weisen, und den damit verbundenen Ablässen gerade in den ersten beiden Jahrzehnten des 16. Jahrhunderts zu einem weithin bekannten Ort des Heils geworden war[68].

Auch hier wurden Traditionen erschaffen, die einen reibungslosen Übergang von der Deutung Wittenbergs als sakralem Zentrum des Ablasses und des Heiltums hin zum Selbstverständnis als Stadt des neu entdeckten Evangeliums ermöglichten. Dieser Prozess der Traditionsstiftung begann mit der Umdeutung Friedrichs des Weisen selbst zum Fürsten der Reformation, die bereits bei seinem Begräbnis und noch stärker in dessen späterer Überlieferung vorgenommen wurde[69]. Damit gelang es, eine Kontinuität der fürstlichen Herrschaft auch in religiöser Hinsicht darzustellen. War Wittenberg unter Friedrich dem Weisen noch die Stadt des Heiltums, so wurde es nun zur Stadt der Reformation. Die bereits nach der städtischen Bannandrohung im reformatorischen Sinne veränderten und stark eingeschränkten Messen am Allerheiligenstift wurden nun vollständig abgeschafft und der materielle Teil des Heiltums, also die Reliquien und insbesondere die wertvollen Reliquiare, wurde an die Reichsstadt Nürnberg verkauft[70]. Mit dem

---

[68] Zum Wittenberger Heiltum vgl. zuletzt *Hartmut Kühne*, Ostensio Reliquiarum. Untersuchungen über Entstehung, Ausbreitung, Gestalt und Funktion der Heiltumsweisungen im römisch-deutschen Regnum (Berlin 2000) 400–422.
[69] Vgl. dazu ausführlicher *Natalie Krentz*, Reformation und Herrschaftsrepräsentation. Das Begräbnis Friedrichs des Weisen, Kurfürst von Sachsen (1525), in: Symbolik in Zeiten von Krise und gesellschaftlichem Umbruch. Vormoderne Ordnung im Wandel, hrsg. v. *Elizabeth Harding*, *Natalie Krentz* (Münster 2011) 115–130.
[70] Vgl. dazu ausführlicher *Krentz*, Ritualwandel 378–380.

Ende der Stiftungen und Messen und der Entfernung des Heiltums fehlten nun die entscheidenden beiden Elemente, welche die Stadt noch wenige Jahre zuvor zu einem zentralen Ort des Heils im Kurfürstentum Sachsen gemacht hatten.

Doch auch Schlosskirche und Heiltum selbst wurden schließlich in das neue Deutungskonzept Wittenbergs als Stadt der Reformation integriert, indem gerade die späte Bekehrung des Stifts als Teil des wunderbaren göttlichen Heilswirkens interpretiert und das Heiltum zum Mahnmal der päpstlichen Missbräuche wurde. Innerhalb Wittenbergs hatte sich inzwischen die Pfarrkirche als neues Zentrum etabliert, wo Luther seit vielen Jahren als Prediger und Johannes Bugenhagen als evangelischer Pfarrer tätig war. Schon 1523 hatte Luther die Pfarrkirche, *quae verius est omnium sanctorum domus*, dem Allerheiligenstift als *domus omnium diabolorum* gegenübergestellt[71]. Auch über Wittenberg hinaus zog inzwischen die Pfarrkirche zahlreiche Besucher an, die kamen, um Luther predigen zu hören.

Das Wittenberger Heiltum selbst hatte in diesem neuen „evangelischen" Wittenberg zunächst keinen Platz und war deshalb mit dem Verkauf seiner materiellen Wertgegenstände durch höfische Beamte in aller Stille entfernt worden[72]. Erst deutlich später, nämlich beim ersten Reformationsjubiläum 1617 begann man, sich an das Heiltum zu erinnern. Während man diese Erinnerung 1525/26 offensichtlich noch so schnell wie möglich tilgen wollte, denn hier lag die Verehrung der Reliquien erst wenige Jahre zurück, so konnte das Heiltum 1617 eine mahnende Erinnerungsfunktion einnehmen, die an die falsche vorreformatorische Frömmigkeit und deren glückliche Überwindung durch die Reformation erinnerte. Das Heiltum selbst existierte nicht mehr, doch das 1509 gedruckte Heiltumsbuch, in dem die Reliquien für Pilger bildlich dargestellt und erläutert wurden, konnte 1617 neu gedruckt werden[73]. Bewusst verwendete man dabei die originalen Holzstöcke des Wittenberger Erstdrucks, fügte jedoch einen Druck der 95 Thesen Martin Luthers und einen gegen den Ablass gerichteten Brief Luthers von 1521 an den Erzbischof von Magdeburg und Mainz hinzu[74]. Zusätzlich finden sich zwischen den Darstellungen der Reliquien einige Lutherbildnisse, die den Betrachter mahnend von einer allzu bewundernden Betrachtung der Reliquien abhalten sollten. In der Neuauflage von 1617 heißt es, dieses Buch sei noch einmal gedruckt worden, um zu zeigen, *mit was für grossen Betrug unser liebe vorfahren unter dem dicken*

---

[71] Martin Luther, Formula missae et communionis pro ecclesia Wittenbergensi, WA 12, 197–220, hier 220.
[72] Der Verkauf der Reliquiare durch Kurfürst Johann verlief unter strenger Geheimhaltung, vgl. dazu *Ernst Müller*, Die Entlassung des ernestinischen Kämmerers Johann Rietsel im Jahr 1532 und die Auflösung des Wittenberger Heiligtums. Ein Beitrag zur Biographie des Kurfürsten Johann des Beständigen von Sachsen, in: ARG 80 (1989) 213–239.
[73] *Die zaigung des hochlobwirdigen heiligthumbs der Stifftkirchen aller hailigen zu Wittenburg* (Wittenberg 1509). Vgl. dazu *Livia Cárdenas*, Friedrich der Weise und das Wittenberger Heiltumsbuch. Mediale Repräsentation zwischen Mittelalter und Neuzeit (Berlin 2002); *Frank Eisermann*, Die Heiltumsbücher des späten Mittelalters als Medien symbolischer und pragmatischer Kommunikation, in: The Mediation of Symbol in Late Medieval and Early Modern Times, hrsg v. *Rudolf Suntrup* (Frankfurt a. M. 2005) 37–56.
[74] Vgl. *Eisermann*, Heiltumsbücher 51.

Babstumb geplaget worden / Dagegen was der Weise Gott durch die Reformation Herrn d. Lutheri fuer grosse Barmhertzigkeit allen Menschen erzeiget habe[75].

Entfernt wurde in dem 1617 gedruckten Heiltumsbuch hingegen die Abbildung der Kurfürsten Friedrich und Johann und deren Wappen, die in der ursprünglichen Fassung prominent als Stifter dargestellt worden waren, denn diese sollten nun vielmehr als Fürsten der Reformation erinnert und nicht mehr mit dem Heiltum in Verbindung gebracht werden. Auf diese Weise konnte die Erinnerung an das Heiltum in die Wittenberger Reformationsgeschichte reintegriert werden. In der neuen, reformatorischen Tradition Wittenbergs als Ausgangspunkt und Zentrum der Reformation stellte sie mit der Erinnerung an die falsche vorreformatorische Frömmigkeit die Bedeutung von Luthers reformatorischem Werk umso deutlicher heraus.

Fazit

Für die Wittenberger Reformation insgesamt, aber auch für einzelne Ereignisse ihrer Durchsetzung spielte die Stiftung von Traditionen in unterschiedlicher Weise eine große Rolle: Erinnert wurden Ereignisse der erfolgreichen Durchsetzung der Reformation, wie etwa die Verbrennung der Bannandrohungsbulle oder die Wahl des ersten evangelischen Pfarrers, zu denen bewusst Traditionen gepflegt oder sogar erst nachträglich geschaffen wurden, die bereits wenige Jahre später in der frühen Reformation selbst legitimitätsstiftend wirken konnten. Vergessen wurden hingegen die vorreformatorischen Auseinandersetzungen der Wittenberger mit ihrem Bischof und zunächst auch das Wittenberger Heiltum, die schließlich nicht mehr bedeutsam erschienen, da der Konflikt überwunden war[76]. In die evangelische Tradition der Stadt Wittenberg reintegriert werden konnte das Heiltum erst bedeutend später, nachdem die evangelische Tradition so gefestigt erschien, dass es keine Gefahr für unentschlossene Zeitgenossen mehr darstellte, sondern in einer mahnenden Erinnerung vielmehr die Bedeutsamkeit von Luthers Wirken vor seinem Hintergrund umso stärker deutlich werden ließ.

Traditionsstiftung diente damit offensichtlich nicht nur dazu, der Nachwelt ein bestimmtes Bild zu hinterlassen, sondern hatte häufig zunächst einmal eine zeitgenössische Funktion – erst durch seine nachträgliche Interpretation konnte die Verbrennung der Bannandrohungsbulle weithin bekannt werden und erst mit der Traditionsbildung konnte Bugenhagens Pfarrerwahl zur langfristigen Institutionalisierung einer reformatorischen Ordnung in Wittenberg beitragen, ebenso konnten auch Ablass und Reliquienkult des Allerheiligenstifts erst nachträglich

---

[75] *Die zaigung des hochlobwirdigen heiligthumbs der Stifftkirchen aller hailigen zu Wittenburg* (Wittenberg 1509) 1.
[76] Peter Burke konstatierte in diesem Sinne, Geschichte werde von den Siegern vergessen, vgl. *Peter Burke*, Geschichte als soziales Gedächtnis, in: Mnemosyne, hrsg. v. *Aleida Assmann, Dietrich Harth* (Frankfurt a. M. 1991) 297.

zum Sinnbild der verkehrten Frömmigkeit der Reformation werden. Während es aus heutiger Perspektive unstrittig erscheint, dass all diese Ereignisse wichtig für die Wittenberger Reformation waren, so zeigt das Zusammendenken von zeitgenössischen kommunikativen Prozessen und nachträglicher Traditionsstiftung, wann und von wem sie ihre Bedeutung erhielten. Dieser Aspekt der Zuschreibung und Selbstwahrnehmung der Akteure erscheint umso wichtiger, als an vielen Stellen deutlich wird, dass die Beteiligten selbst gerade in dieser frühen Phase der Reformation in dem Bewusstsein handelten, historisch bedeutsame Taten zu vollbringen.

Die Interpretation der Durchsetzung der Reformation als einen kommunikativen Prozess, verweist zugleich auf die Bedeutung von Inszenierungen und performativen Akten und bietet so Erklärungsansätze für einen Wandel der geistlichen Machtverhältnisse, welche die Handlungen unterschiedlicher Akteure mit einbeziehen. Das Ignorieren des bischöflichen Bannes, die Autorität von Luthers Proklamation des neuen Pfarrers und die Kraft des Bannes von Stadt und Universität gegen das Allerheiligenstift spiegeln einerseits die Zustimmung und Ablehnung der Wittenberger wider, sie veränderten jedoch zugleich auch selbst die Situation und trugen so zur Verschiebung der geistlichen Machtverhältnisse bei.

Mit dieser Perspektive auf die zeitgenössischen Wahrnehmungen gibt die Untersuchung von symbolischem Handeln der zeitgenössischen Akteure auch dort, wo andere Quellen fehlen, einen Einblick in die Wechselwirkungen von reformatorischer Theologie und zeitgenössischem Geschehen, denn auf diese Weise werden Handlungen und Wahrnehmungen verschiedener Akteure deutlich, die in normativen Quellen nicht sichtbar sind, so etwa im Falle der Vorgeschichte der Wittenberger Reformation, wo der Umgang mit den Ritualen des Bischofs eine tiefgreifende Ambivalenz in der Wahrnehmung geistlicher Autorität, aber auch einen wachsenden Einfluss der Universität deutlich macht. Hier hatte Luthers „Sermon von dem Bann" offensichtlich einen großen Einfluss, indem er die unklare und unsichere Situation mit der reformatorischen Theologie löste oder auch „normativ zentrierte" (Berndt Hamm). Umgekehrt entstand jedoch Luthers Sermon auch im Wittenberger Kontext und wurde sicherlich von diesem beeinflusst. Die Perspektive von Ritual und Traditionsstiftung fragt damit auch nach zeitgenössischen Sinnstiftungen in einem bestimmten Kontext und möchte das, was wir heute als Reformation erinnern, in einer Wahrnehmungsgeschichte kontextualisieren[77]. Die Perspektive der Akteure, die bestimmten Handlungen zeitgenössisch oder auch erst nachträglich Sinn zuschrieben oder absprachen, führt zu einer Verschiebung des bis heute durch die Reformatoren geprägten Bildes und erklärt dieses zugleich in seiner Entstehung – memorialpolitisch führt dies auch zu der Frage, welchen Sinn wir ihnen gegenwärtig oder zukünftig zuschreiben werden. Damit ist mein Plädoyer für Ritualgeschichte und Traditions-

---

[77] Vgl. *Volker Leppin*, The Future of Sixteenth Century Studies. Luther 2017: *Contextualized* in a History of Perception, in: SCJ 40 (2009) 259-261.

stiftung schließlich auch ein Plädoyer für einen genaueren Blick auf den lokalen Kontext der Stadt Wittenberg, die schließlich 2017 erneut zum zentralen Ort des Geschehens werden soll, denn erst die Wahrnehmung der Wittenberger Zeitgenossen und die Vielfalt der beteiligten Akteure ermöglichen ein erweitertes Verständnis der reformatorischen Ereignisse und ergänzen so die Perspektive der Reformatoren.

Summary

Focussing on Luther's local context, this article discusses the events of the early Reformation in Wittenberg as a communicative process of negotiating power over religious issues. It argues that both, contemporary symbolic actions and the invention or cultivation of long-term traditions were essential for this process. Beginning with the situation in pre-Reformation Wittenberg and the long-term loss of authority of the Brandenburg bishop, it analyzes situations crucial for the emergence of the Wittenberg Reformation, such as the burning of the papal bull, the installation of the first evangelical pastor or the successful threat of the ban against the catholic chapter of all saints cathedral. While all these events played an important role as ritual actions of the different protagonists, they could only reach their full significance by subsequent interpretations, which not only shaped the memory of the reformation, but also constituted and provided an important contemporary means of legitimization for the new authorities of the emerging Lutheran church.

Ruth Slenczka

Cranach als Reformator neben Luther

Cranach, seine Kunst und seine Bedeutung für die Reformation sind im Laufe der Geschichte kontrovers beurteilt worden. Die Zeitgenossen verehrten ihn als weltbekannten Künstler, der seine Kunst in den Dienst der Reformation stellte. Unmittelbar nach seinem Tod nannte man seinen Namen in einem Atemzug mit Luther und reihte sein Porträt in die Reihe der Reformatorenporträts ein. In Weimar, wo er 1553 starb, sind Luther und Cranach auf dem Mittelbild des Stadtkirchenaltars, den Lukas Cranach d. J. vollendete und der 1555 aufgestellt wurde, nahezu lebensgroß nebeneinander unter dem Kreuz zu sehen: Als Nachfolger von Johannes dem Täufer im Dienst der Verkündigung der evangelischen Lehre[1].

Dekonstruiert wurde dieses Bild im 20. Jahrhundert sowohl durch die Historiker als auch durch die Kunsthistoriker. Letztere relativierten vor allem Cranachs Bedeutung als Künstler. Max Friedländer sprach ihm für die Wittenberger Zeit jede künstlerische Genialität ab. Nach den überragenden Werken der Wiener Frühzeit sei in Wittenberg – so das vernichtende Urteil, das bis heute wirkungsvoll blieb, – nur noch „phlegmatisch verständige und saubere Darlegung" gefolgt[2]. Aus der Perspektive einer italienfokussierten Kunstgeschichte wurde zusammen

---

[1] Die gängige Deutung sieht in Cranach ein Bild des Sünders zwischen den Propheten Johannes und Luther (so beispielsweise *Bonnie Noble*, Lucas Cranach the Elder. Art and Devotion of the German Reformation (Lanham, Md. 2009) 149–154, im Folgenden zitiert: *Noble*, Cranach; meines Erachtens ist Cranach hier jedoch ganz parallel zu Luther in die Nachfolge Johannes des Täufers gestellt. Luthers geöffnetes Buch ist ein Bild der Schrift als Medium der Verkündigung, die Cranach im Medium des Bildes auslegt, wobei der Blutstrahl zugleich ein Bild der Erlösung und der Farbe des Malers ist.
[2] *Max J. Friedländer, Jakob Rosenberg*, Die Gemälde von Lucas Cranach (1932, ND Stuttgart 1989) 17. Seiner Einschätzung folgte die Forschung in weiten Teilen, wenn der Verlust der künstlerischen Qualität auch unterschiedlich datiert wurde: Friedländer machte bereits den Amtsantritt in Wittenberg 1505 dafür verantwortlich (ebd.), Lüdecke sah im Bauernkrieg den Wendepunkt (*Heinz Lüdecke*, Lucas Cranach d. Ä. im Spiegel seiner Zeit [Berlin 1953]), Hinz und auch Koerner gingen von einem längeren Prozess aus, den letzterer später, erst in den 1520er Jahren beginnen ließ (*Berthold Hinz*, Lucas Cranach d. Ä. [Hamburg 1993]; *Joseph Leo Koerner*, The Reformation of the Image [London 2004]; im Folgenden zitiert: *Koerner*, Reformation). In der neueren, weniger italienfokussierten Forschung wurde der Wittenberger Künstler in Ansätzen wiederentdeckt und rehabilitiert vgl. beispielsweise folgende Ausstellungskataloge: *Guido Messling* (Hrsg), Die Welt des Lucas Cranach. Ein Künstler im Zeitalter von Dürer, Tizian und Metsys, Ausstellung in Brüssel und Paris (Brüssel 2010); *Matthias Müller* u. a. (Hrsg), Apelles am Fürstenhof. Facetten der Hofkunst um 1500 im Alten Reich, Ausstellung in Coburg (Berlin 2010).

Abb. 1: Lukas Cranach, Cranach und Luther unter dem Kreuz, Mitteltafel eines Altarretabels, St. Peter und Paul in Weimar 1555.

mit Cranach die gesamte protestantische Kunst abschätzig beurteilt[3]. Erst in jüngerer Zeit wurde dieses anachronistische Bild revidiert und die Eigenständigkeit und Qualität protestantischer Kunst hervorgehoben[4].

Von Historikern wurde Cranach nicht als Reformator wahrgenommen. Bis in neueste Zeit blieb die Vorstellung lebendig, die vorreformatorische visuelle Frömmigkeit habe mit der Reformation ausgedient[5]. Mit der Wortzentrierung hätten die Bilder jede religiöse Funktion verloren. An die Stelle der Sehe- sei die refor-

---

[3] Auch Joseph Leo Koerner teilt diese Einschätzung (*Koerner*, Reformation, hier z. B. 27, 32). Noch Ozment, der als Historiker nicht an modernen kunstästhetischen Kriterien, sondern am Urteil der Zeitgenossen Cranachs interessiert ist, meint, Lukas Cranach habe sich an der italienischen Renaissance abgearbeitet (*Steven Ozment*, The Serpent and the Lamb. Cranach, Luther, and the Making of the Reformation [New Haven, Ct., London 2011]; im Folgenden zitiert: *Ozment*, Cranach).

[4] Einen Meilenstein bildet dabei die Habilitationsschrift von *Susanne Wegmann*, Der sichtbare Glaube. Das Bild in der lutherischen Kirche des 16. Jahrhunderts (Tübingen), deren Erscheinen unmittelbar bevorsteht.

[5] So interpretierte Hans Belting noch 2005 die predellenartige Schrifttafel auf dem Altar der Dinkelsbühler Spitalkirche von 1537 als „Antibild", das die Funktion habe, der Gemeinde die Ablösung des Bildes durch das Wort beizubringen (*Hans Belting*, Das echte Bild. Bildfragen als Glaubensfragen [München 2005] 164f.) und Marcus Sandl konstatierte 2011 – bezogen auf die Druckgrafik –, eine Ablösung des mittelalterlichen Bildgedächtnisses durch das im Druck reproduzierte Wort in der Reformation (*Marcus Sandl*, Medialität und Ereignis. Eine Zeitgeschichte der Reformation [Zürich 2011], hier bes. Kap. II und III).

matorische Hörreligion oder – um es mit Nipperdey noch weiter zu fassen – die protestantische Hörkultur getreten: „Protestantische Kultur ist nicht mehr Kultur des Auges, sondern Kultur des Ohres. Sinn ist durch Wort, nicht durch Anschauung vermittelt."[6] Rudolf Schlögl behauptete, die reformatorische Zentralstellung der Schrift habe „Bilder und andere nichtsprachliche Formen der Koordination religiöser Erlebniswelten" marginalisiert[7]. Dass Cranach mit seinen Bildern einen nennenswerten Beitrag zur Reformation und zur protestantischen Religiosität und Kultur insgesamt leistete, schloss sich unter dieser Prämisse aus. Seine Bilder galten als bloße Textillustrationen ohne eigenständigen Verkündigungswert[8]. Cranachs Rolle in der Reformation wurde auf die des Gehilfen Luthers reduziert.

Dass diese Perspektive nicht unanfechtbar ist, zeigte Steven Ozment mit seiner 2011 erschienenen Cranachbiografie, in der er das Gegenteil behauptete: Cranach sei der eigentliche Reformator gewesen, Luther sein Gehilfe. Die Voraussetzung für diese überraschende Neueinschätzung bildet einerseits ein kulturalistisches Reformationsverständnis, das die Reformation als Wandel von Weltdeutung versteht und andererseits der sogenannte Iconic Turn, der im 16. Jahrhundert die Hochphase eines visuellen Zeitalters sieht, in dem sich Weltdeutung primär über Bilder vollzog[9]. Bilder erlangen in dieser Wissenschaftstradition den Status von Generatoren der Reformation, erst durch sie vollzog sich die reformatorische Wende. Dem für die Reformation so oft in Anspruch genommenen Primat des Wortes wurde ein Primat der Bilder entgegengesetzt[10]. Die protestantische Kultur

---

[6] *Thomas Nippedey*, Luther und die Bildung der Deutschen, in: *Hartmut Löwe, Claus-Jürgen Roepke* (Hrsg), Luther und die Folgen. Beiträge zur sozialgeschichtlichen Bedeutung der lutherischen Reformation (München 1983) 13-27, hier 15.
[7] *Rudolf Schlögl*, Einleitung: Von der gesellschaftlichen Dimension religiösen Erlebens, in: *Paul Münch* (Hrsg), „Erfahrung" als Kategorie der Frühneuzeitgeschichte (München 2001) 271-280, hier 275.
[8] Wirkungsvoll blieb hier die Einschätzung von *Margarete Stirm*, Die Bilderfrage in der Reformation (Gütersloh 1977), hier bes. 85-88. Rainer Wohlfeil zufolge konnten theologisch zentrale Aussagen grundsätzlich nur über Texte vermittelt werden, daher hielt er die Bildunterschriften unter Cranachs Bildern für wesentlicher als die Bilder: „Die Texte waren aus theologischer Sicht die eigentliche, offenbarungsgebundene und zugleich lehrmäßig zentrale Aussage der lutherischen ‚Merkbilder', die verbildlichte Anschaulichkeit der Grundaussagen des neuen Glaubens dagegen *ein* zweckentsprechendes Mittel zur Unterrichtung in der Lehre" (*Rainer Wohlfeil*, Lutherische Bildtheologie, in: *Volker Press, Dieter Stievermann* (Hrsg), Martin Luther. Probleme seiner Zeit [Stuttgart 1986] 282-293, hier 287f.). Jérome Cottin behauptet, Bilder seien für Luther „nur eine Verdopplung des Wortes ... ohne Wert an sich" (*Jérome Cottin*, Das Wort Gottes im Bild. Eine Herausforderung für die protestantische Theologie, übers. v. Marianne Mühlenberg [Göttingen 2001] 256).
[9] Zusammenfassend hierzu: *Birgit Emich*, Bildlichkeit und Intermedialität in der Frühen Neuzeit. Eine interdisziplinäre Spurensuche, in: ZHF 35 (2008) 31-56. Auch wenn dabei nicht allein gemalte, sondern auch in anderen, etwa literarischen Medien vermittelte Bilder in den Blick genommen wurden, kam den gemalten oder gezeichneten Bildern doch ein besonderes Gewicht zu, das nahelegte, in ihnen die eigentlichen Medien der Reformation zu sehen.
[10] Ein solcher Primat wurde bereits in der humanistischen Literatur behauptet und entspricht somit einem in der Reformationszeit selbst verbreiteten Verständnis: So berief sich Thomas Münzer 1493 auf seinen Gewährsmann Cicero und auf die antiken Triumphbögen und konstatierte eine Überlegenheit des Sehsinns gegenüber dem Hörsinn: „So wie wir aber den Gesichtssinn, durch den wir die einzelnen Unterschiede der Dinge erschauen, für edler halten als das Gehör, so

wurde gerade umgekehrt als bei Nipperdey als visuelle Kultur und die reformatorische Wende als Wende dieser visuellen Kultur beschrieben. Robert Scribner war ein Pionier dieses Forschungsansatzes und die visuelle Kultur der Reformationszeit konnte sich seitdem als Forschungsfeld weiter etablieren[11]. Der Mythos vom „protestantischen Ohr" und dem „katholischen Auge" wurde infrage gestellt[12].

Ozment war der erste, der auf der Grundlage des Iconic Turn die Rolle Cranachs für die Reformation neu in den Blick nahm[13]. Dass dabei Luther zum Gehilfen des Malers umgedeutet wird, erscheint unter der Voraussetzung, dass Bilder in der Frühen Neuzeit Generatoren des kulturellen Wandels sind, durchaus folgerichtig. Auch wenn weder Ozments Reduktion des reformatorischen Wandels auf eine Umwertung von Sexualität und Ehe, noch seine Deutung von Cranachs Frauenbild als reformatorische Waffe gegen Rom und die Papstkirche zu überzeugen vermag[14], sollte man seinen Ansatz und den Iconic Turn insgesamt als Anfrage an die Forschungstradition wahrnehmen und das überkommene Bild von Cranach als Gehilfe Luthers einer Revision unterziehen. Das Reformationsjubiläum bietet dazu einen willkommenen Anlass.

Im vorliegenden Beitrag soll daher gefragt werden, worin aus zeitgenössischer Perspektive Cranachs Beitrag zur Reformation bestand. Den Ausgangspunkt bildet dabei die oben bereits erwähnte Darstellung des Künstlers auf dem Weimarer Retabel, die ihn als Reformator an der Seite Luthers zeigt (s. Abb. 1).

Cranachs reformatorisches Wirken war vielfältig. Seine Zeitgenossen sahen in ihm nicht nur den Maler der Reformation, sondern auch den Förderer und Freund Luthers, den Vertreter einer protestantischen Stadt und den Unternehmer, der den wachsenden Reformationsmarkt mit Druckerzeugnissen und Gemälden bediente.

---

erweisen wir den Gemälden und Bildwerken größerer Verehrung als den Büchern. Der Gesichtssinn nämlich wird durch die Malerei und das Abbild erregt, das Gehör aber durch das Buch und die Lektüre" (zitiert nach: *Michael Baxandall*, Die Kunst der Bildschnitzer. Tilmann Riemenschneider, Veit Stoß und ihre Zeitgenossen [München ⁴2004] 93).

[11] *Robert W. Scribner*, For the sake of simple folk. Popular propaganda for the German Reformation (Cambridge 1981); ders., Religion und Kultur in Deutschland 1400–1800, hrsg. v. *Lyndal Roper* (Göttingen 2002); an neueren Studien seien exemplarisch genannt: *Carola Jäggi, Jörn Staecker* (Hrsg.): Archäologie der Reformation. Studien zu den Auswirkungen des Konfessionswechsels auf die materielle Kultur (= Arbeiten zur Kirchengeschichte, Bd. 104. Berlin 2007); *Tara Hamling, Richard L. Williams* (Hrsg.), Art Re-formed Re-assessing the Impact of the Reformation on the Visual Arts (Newcastle 2007).

[12] *Markus Friedrich*, Das Hör-Reich und das Sehe-Reich. Zur Bewertung des Sehens bei Luther und im frühneuzeitlichen Protestantismus, in: *Gabriele Wimböck, Karin Leonard, Markus Friedrich* (Hrsg), Evidentia. Reichweiten visueller Wahrnehmung in der Frühen Neuzeit (Münster 2007) 451–479; *Bridget Heal*, The Catholic Eye and the Protestant Ear: the Reformation as a Non-Visual Event?, in: *Peter J. Opitz*, The Myth of the Reformation (Refo500 9. Göttingen 2013) 321–355.

[13] *Ozment*, Cranach.

[14] Ozment konstatiert eine Abwendung Cranachs von der italienischen Renaissance und eine Ausbildung eines regional bürgerlichen Stils, den er besonders an Cranachs Frauenakten festmacht und konfessionell als Abwendung gegen Rom und Schrittmacher einer neuen protestantischen Sexualethik deutet (Befreiung und Legalisierung der Sexualität in der bürgerlichen Ehe, *Ozment*, Cranach 173–250).

Erst in der Zusammensicht all dieser Aspekte lässt sich fassen, was den Reformator an der Seite Luthers ausmachte.

Im reformatorischen Wirkens Cranachs lassen sich zwei Phasen unterscheiden: Eine frühere bis ungefähr 1525, in der sich Cranachs Beitrag zur Reformation jenseits seiner Tätigkeit als Hofmaler und außerhalb des Hofes abspielte, und eine spätere Phase, in der er auch in seiner Funktion als Hofmaler für die Reformation tätig wurde. Cranachs reformatorische Bildentwürfe stammen aus dieser späteren Phase. Diese Unterscheidung ist im Hinblick auf Cranachs Bedeutung für die Reformation wesentlich, denn die Stadt und der Hof boten ganz unterschiedliche Rahmenbedingungen für Cranachs Tätigkeit und für die Wirkung und Rezeption seines Werkes. So war die frühe Phase von den Aktivitäten des städtischen Unternehmers geprägt, der auf eigenes Risiko in den reformatorischen Buchmarkt investierte, Geschäftsmodelle erprobte und sich neue Märkte erschloss. Demgegenüber war die spätere Phase die des Künstlers, der für protestantische Obrigkeiten monumentale Auftragswerke schuf. Erst seit die Reformation zum Gegenstand der Herrschaftsrepräsentation geworden war, entwickelte Cranach für diese Großaufträge neue reformatorische Ikonografien. Diese sollen als Generatoren des kulturellen Wandels der Reformation verstanden werden. Da die Bildprogramme nicht unabhängig von ihrer Materialisierung in konkreten Kunstwerken überliefert sind, bleibt die Frage nach ihrer Bedeutung im Prozess des kulturellen Wandels der Reformation dabei im Folgenden eng mit der Frage nach der Funktion der Kunstwerke als Objekte sozialen Handelns in spezifischen historischen Kontexten verbunden. Denn nur vor dem Hintergrund der zeitgenössischen Verwendung und Rezeption der Kunstwerke kann die Rolle Cranachs und seiner Bildschöpfungen für die Reformation beurteilt werden.

1. Cranach als städtischer Unternehmer im Dienst der Reformation

Die Reformation war auch in Wittenberg zunächst und vor allem eine städtische Bewegung. Der Kurfürst unterstützte sie, indem er Luther Schutz bot und das Wormser Edikt in seinem Territorium nicht durchsetzte, aber die Mutterkirche der Reformation war nicht die Schloss-, sondern die Stadtkirche und der reformatorische Wirkungsraum war entsprechend vor allem die Stadt. Cranach gehörte zu denjenigen, die im städtischen Raum Einfluss hatten und politische Verantwortung trugen. Nicht als Hofmaler, sondern als Ratsherr, Kämmerer und Bürgermeister und damit im städtischen Interesse unterstützte er Luther.

Die Rollenverteilung zwischen Luther und Cranach war in dieser ersten Phase durch Cranachs Alters- und Kompetenzvorsprung in den Belangen des Lebens außerhalb der Klostermauern vorgegeben. Wie schon Ozment in seiner Cranachbiografie aufzeigte, war der Maler gut zehn Jahre älter als Luther und damit eine Generation älter als die ganze Wittenberger Reformatorengruppe[15]. Er war für die

---

[15] Melanchthon, Justus Jonas, Bugenhagen und auch Spalatin waren alle etwas jünger als Luther und damit über 10 Jahre jünger als Cranach.

Reformatoren eine väterliche Autorität, von deren Einfluss und Wohlwollen sie sehr profitierten. Der Name des prominenten Unterstützers kam der reformatorischen Bewegung zugute. Cranach stand in der besonderen Gunst des Kurfürsten, der ihm einen vorteilhaften Vertrag gemacht, ihn nobilitiert und auf diplomatische Reisen nach Antwerpen geschickt hatte. Im Gegensatz zu Luther kannte er das Hofleben in all seinen Facetten; lange vor Luther war er an den Höfen Europas bekannt. Das Zeremoniell, der Umgang mit hohen Herrschaften und das Geschäft der Politik waren ihm bestens vertraut. Einen besseren Mentor und Fürsprecher konnte Luther in seiner ungewohnten Rolle als Jungprominenter nicht finden. Als Luther 1521 auf der Wartburg zum Teil der Hofgesellschaft wurde, hielt Cranach engen Kontakt zu ihm und verbreitete den neuen, adelsähnlichen Status des Reformators im Porträtholzschnitt[16]. Im Gegensatz zu Luther konnte Cranach mit Geld umgehen, verdiente gut und war bald sehr wohlhabend. Er konnte Luther finanziell unterstützen und war in der Lage, in einen Verlag zu investieren, um Lutherschriften zu publizieren. Da er lange vor Luther geheiratet und dem Freund die Erfahrung des gestandenen Haus- und Familienvaters voraus hatte, konnte er auch auf diesem Gebiet als Vorbild und Ratgeber fungieren.

Cranachs Engagement für Luther und die Reformation war in dieser Phase der frühen 1520er Jahre v. a. das eines städtischen Amts- und Verantwortungsträgers. Dass auch Luther ihn in dieser Rolle wahrnahm, geht aus dem kurz nach der Abreise vom Reichstag in Worms verfassten Brief hervor, in dem er Cranach Bericht erstattete und ihn bat, dem Stadtrat für die Bereitstellung und Finanzierung des Reisewagens zu danken[17]. Cranach trug in dieser Zeit vor allem durch seine künstlerische und unternehmerische Betätigung im Buchdruck sowie durch die massenhafte Produktion von Luthersporträts zur Reformation bei.

Cranach war ein Parteigänger Luthers. Seine Entscheidung für Luther war die politische Entscheidung eines städtischen Verantwortungsträger. Vermutlich war sie auch von religiösen Motiven geleitet. Daneben und darüber beruhte sie auf Cranachs Interesse am Buchdruck und am Geschäft, sowie auf seinem Wunsch nach größtmöglicher Verbreitung seiner Holzschnitte.

a. Der Buchdruck

Das gemeinsame Interesse am Buchdruck führte 1518 zur ersten professionellen Zusammenarbeit zwischen Cranach und Luther. Diese Zusammenarbeit bestand zunächst in der Produktion von Titelholzschnitten und Texten für gemeinsame Druckerzeugnisse[18].

---

[16] Datiert auf 1522, *Dieter Koepplin*, *Tilman Falk*, Lukas Cranach. Gemälde, Zeichnungen Druckgraphik 1 (Basel ²1974) Nr. 42, 98f., im Folgenden zitiert: *Koepplin, Falk*, Cranach.
[17] Am 28. April 1521 in Frankfurt a. M. geschrieben (WA Briefe II, Nr. 400, 305f.).
[18] Grundlegend hierzu: *Koepplin, Falk*, Cranach 307–412 sowie *Jutta Strehle*, Cranach im Detail. Buchschmuck Lucas Cranachs des Älteren und seiner Werkstatt (Wittenberg 1994).

Cranach war wie alle großen Künstler seiner Zeit von den sich neu eröffnenden künstlerischen und finanziellen Möglichkeiten der Druckmedien fasziniert. Bereits in Wien hatte er sich mit Buchillustrationen befasst[19]. Im kaiserlichen Auftrag hatte er zusammen mit Dürer und anderen führenden Künstlern der Zeit Randzeichnungen für das Gebetbuch Kaiser Maximilians geschaffen[20]. Auch für Friedrich den Weisen schuf er Holzschnitte und Bücher, etwa 1509 das Wittenberger Heiltumsbuch[21]. Seine Arbeiten in diesem Bereich waren qualitativ herausragend und künstlerisch innovativ.

Die Titelholzschnitte

Der Beginn der Zusammenarbeit mit Luther ging nicht auf kurfürstliche Initiative zurück, sondern gehört zu den Interessen und Geschäften, die außerhalb von Cranachs Hofmalertätigkeit lagen. Seit 1518 schuf er in großem Stil Titelholzschnitte für den Leipziger Drucker Melchior Lotter d. Ä., auch für Lutherschriften[22]. Er entwickelte dabei eine eigene Titelform, die Andrew Pettegree als wichtigen Beitrag zur Renaissance der Buchgeschichte wertete: Der Textblock wurde an allen vier Seiten durch ornamentale, oft auch figürliche und szenische Bildleisten umgeben, die ihn rahmend hervorhoben. Wie erfolgreich Cranach mit dieser innovativen Titelgestaltung war, zeigt sich daran, dass sämtliche Titelholzschnitte der Cranachwerkstatt von anderen Buchkünstlern nachgedruckt wurden[23]. Als der Sohn des Leipziger Druckers, Melchior Lotter d. J., 1519 eine Offizin in Cranachs Haus in Wittenberg eröffnete, wurde die Buchausstattung als eigener Arbeitsbereich der Cranachwerkstatt intensiviert. Die Titelgestaltung der Cranachwerkstatt wurde zum Kennzeichen des reformatorischen Schrifttums Wittenbergs und der Reformation, insbesondere Flugschriftenliteratur kann man bis heute auf den ersten Blick daran erkennen.

Neben den Titelholzschnitten schuf Cranach auch Bilderbücher und Illustrationen. In die Zeit bis 1525 fallen dabei vor allem die reformatorische Bildpolemik sowie die Apokalypse-Illustrationen für das Septembertestament von 1522 und die Bebilderung der Teildrucke des Alten Testaments aus den Jahren 1523 und 1524.

---

[19] *Koepplin, Falk*, Cranach 132, 170f.
[20] Das Gebetbuch Kaiser Maximilians: der Münchner Teil mit den Randzeichnungen von Albrecht Dürer und Lucas Cranach d. Ä., mit einer Einführung von *Hinrich Sieveking* (München 1987).
[21] *Livia Cárdenas*, Friedrich der Weise und das Wittenberger Heiltumsbuch: mediale Repräsentation zwischen Mittelalter und Neuzeit (Berlin 2002).
[22] Zu den Leipziger Drucken 1517–1519: *Koepplin, Falk*, Cranach 311-319.
[23] *Andrew Pettegree*, The Book in the Renaissance (New Haven, Ct., London 2010) 99f.; im Folgenden zitiert: *Pettegree*, The Book.

Die reformatorische Bildpolemik

Genau anders als bei den von Cranach herausgegebenen Lutherschriften war das Verhältnis von Text und Bild in den papstkritischen Propagandaprojekten, die Cranach in Zusammenarbeit mit den Wittenberger Theologen verfolgte: Karlstadts Himmel- und Höllenwagen von 1519 war noch ziemlich textlastig, aber das Passional Christi und Antichristi von 1521 war ein Bilderbuch, in dem die Texte nachgeordnete Funktion hatten[24]. Auch bei den Flugschriften mit dem Papstesel und dem Mönchskalb von 1523 waren die Bilder die Hauptsache. Bei Cranachs zweitem papstkritischen Bilderbuch, „Das Papsttum und seine Glieder" von 1526, kam dem Text größeres Gewicht zu, aber auch dieses Buch entfaltete seine Wirkung vorrangig über die Bilder, auf die der Text angewiesen war[25]. Cranach tritt uns mit seinen Kampfbildern – vor allem mit dem Passional Christi und Antichristi und den Einblattdrucken – als hochtalentierter Polemiker entgegen, eine Gabe, die ihn mit Luther verband: Er beherrschte die Bild-, wie Luther die Textpolemik. Cranachs polemische Bildentwürfe wurden vielfach nachgedruckt und blieben auf diese Weise lange präsent. Anders als die im landesherrlichen Auftrag entstandenen Holzschnitte aus Cranachs Wittenberger Frühzeit erschienen die polemischen Blätter ohne Namensnennung und Signatur des Künstlers. Während es sich bei den früheren Drucken um Kunststücke handelte, mit denen der Hofkünstler seine Fähigkeiten präsentierte und für sich warb, trat er bei den polemischen Blättern – ebenso wie bei den Katechismus- und Bibelillustrationen – als Künstler ganz in den Hintergrund. Sicherlich hing das mit der hohen politischen Brisanz der Bilder zusammen, die bis zur Aufhebung des Wormser Edikts reichsrechtlich verboten waren. Allerdings blieben auch die späteren Nachdrucke unsigniert, als die Parteinahme für die Reformation längst keinen Rechtsbruch mehr darstellte. Offenbar legte Cranach keinen Wert darauf, mit diesen Blättern als Künstler verbunden zu werden.

Die Bebilderung der Bibel

Luthers Bibelübersetzungen erschienen von Anfang an mit Holzschnittillustrationen[26]. Die Zusammenarbeit mit Cranach blieb nicht auf eine Zusammenarbeit mit dem Verleger begrenzt, sondern bezog auch den Bildkünstler mit ein. Für das Septembertestament von 1522 schuf Cranach 21 Holzschnitte zur Apokalypse

---

[24] *Armin Kunz*, Papstspott und Gotteswort. Cranachs Buchgraphik im ersten Jahrzehnt der Reformation, in: *Jutta Strehle, Armin Kunz*, Druckgraphiken Lucas Cranachs d. Ä. im Dienst von Macht und Glauben (Wittenberg 1998) 157–259, hier 166–183; im Folgenden zitiert: *Kunz*, Buchgraphik; *Karin Groll*, Das „Passional Christi und Antichristi" von Lucas Cranach d. Ä. (Frankfurt a. M. 1990).
[25] *Kunz*, Buchgraphik 232–245.
[26] *Kunz*, Buchgraphik 184–231.

und nahm auf diese Weise das von Dürer mit seiner Apokalypse 1498 eingeführte künstlerische Thema auf. Allerdings signierte er auch diese Holzschnitte im Gegensatz zu Dürer nicht, sondern trat – ähnlich wie Luther als Übersetzer – ganz hinter seinem Werk zurück. Cranachs Holzschnitte werteten das Septembertestament künstlerisch auf; um neuartige, von Luthers Predigt und der reformatorischen Lehre inspirierte Bildschöpfungen handelt es sich jedoch nicht. So kann es nicht verwundern, dass sie auch nicht als lutherische Lehrstücke rezipiert wurden, sondern auch im altgläubigen Lager Verwendung fanden: Hieronymus Emser erwarb die Druckstöcke für das deutsche Neue Testament, das er im Auftrag Herzog Georgs von Sachsen 1527 für die Altgläubigen drucken ließ[27].

Das Buchgewerbe

Cranach stieg nicht nur als Künstler, sondern auch als selbständiger Unternehmer in das Verlagsgeschäft ein[28]. Er schloss sich dazu mit dem Wittenberger Goldschmied Christian Döring zusammen, der ebenfalls finanzstark war und im Stadtrat saß, und erwarb eine eigene Druckerpresse. Das Geschäft war äußerst interessant geworden, seit Herzog Georg im benachbarten Leipzig, dem Druckzentrum der Großregion, das Wormser Edikt durchgesetzt und die Produktion sowie den Verkauf von Lutherschriften verboten hatte. Wittenberg wurde daraufhin konkurrenzlos zum überregional führenden Druckort der Reformation[29]. Mit der Universität wuchs sowohl der innerstädtische als auch der überregionale Absatzmarkt für reformatorische Schriften, denn die Studenten aus ganz Europa wirkten als Multiplikatoren in ihren Herkunftsregionen. Das Haus des Malers wurde in dieser Situation zur Verlags- und Druckzentrale der Reformation. Es gab zwar auch weitere Drucker in Wittenberg, aber für einige Jahre beherrschten Cranach und Döring das Geschäft[30].

[27] Er bezahlte Cranach dafür 40 Taler (Martin Luther und die Reformation in Deutschland. Ausstellung zum 500. Geburtstag Martin Luthers [Nürnberg 1983] 277).
[28] *Thomas Fuchs*, Buchdruck in Kursachsen zur Zeit Friedrichs des Weisen, in: *Dirk Syndram, Yvonne Fritz, Doreen Zerbe* (Hrsg.), Kurfürst Friedrich der Weise von Sachsen (1463–1525) (Dresden 2014) 172–180, hier bes. 177. Pettegree, The Book, hier 91–106; *Ursula Timann*, Cranachs Druckerei und Buchhandel, in: *Claus Grimm* u. a. (Hrsg), Lucas Cranach. Ein Maler-Unternehmer aus Franken (Veröffentlichungen zur Bayerischen Geschichte und Kultur 26/94. Regensburg 1994) 221 f.; im Folgenden zitiert: Timann, Cranachs Druckerei; *Henning Wendland*, Martin Luther – seine Buchdrucker und Verleger, in: *Herbert G. Göpfert* u. a., Beiträge zur Geschichte des Buchwesens im konfessionellen Zeitalter (Wolfenbütteler Schriften zur Geschichte des Buchwesens 11. Wiesbaden 1985) 11–35, hier 18–20, 23 f.; *Heinrich Kühne*, Lucas Cranach d. Ä. als Verleger, Drucker und Buchhändler, in: Marginalien 47 (1972) 59–73.
[29] Auf das Verbot von 1522 reagierten die Leipziger Drucker 1524 mit einer Petition an Georg, Luther wieder drucken zu dürfen, da die Schriften seiner Gegner unverkäuflich seien (*Pettegree*, The Book 105).
[30] Da sie ihre Drucke nicht kennzeichneten, können diese nur anhand der Typen zugeordnet werden; identifiziert wurden 36 Drucke und zwar ausschließlich Lutherschriften (*Timann*, Cranachs Druckerei 221).

Im Unterschied zu den druckgrafischen Werken der ersten Wittenberger Jahre kennzeichneten Cranach und Döring die Bücher ihres Verlags nicht mit dem kurfürstlichen Wappen, sondern mit dem Namen und Wappen der Stadt Wittenberg[31]. Ihr Verlag trug wesentlich zur Luther- und Wittenbergzentrierung der Reformation bei.

Cranach nutzte seine politischen, finanziellen und künstlerischen Möglichkeiten, um den Bibelübersetzer und Autor Luther groß herauszubringen. Friedrich der Weise ließ seinen Hofmaler gewähren und wird die Schriften Luthers auch an seinem Hof geduldet haben. Aber er erteilte keine Druckaufträge und die Schriften gingen nicht unter dem kurfürstlichen Namen und Wappen aus. Erst nachdem Cranach und Döring 1523 ein kurfürstliches Druckerprivileg erworben hatten, erschien das kurfürstliche Wappen auf den Titelblättern. Das unternehmerische Risiko und der Vertrieb der Schriften blieben jedoch auch danach ganz in der Hand der Verleger.

b. Die Lutherporträts

Auch die Lutherporträts waren ein Ergebnis der Zusammenarbeit zwischen Cranach und Luther; allerdings beschränkte sich Luthers Anteil darauf, dass er Gegenstand der Darstellung war und die Entstehung und Verbreitung der Bildnisse duldete. Denn es ist nicht davon auszugehen, dass Luther sein Porträt selbst in Auftrag gab; vielmehr scheint sich Cranach – vielleicht angeregt durch Dürer – der Bildaufgabe auf eigenes Risiko angenommen zu haben[32]. Er schuf sie für den freien Markt, der mit der Ausbreitung der Reformation rasant wuchs. Sowohl die Kupferstichporträts von 1520 bis 1522 als auch die späteren kleinformatigen Gemälde signierte er groß und auffällig und setzte auf diese Weise nicht nur dem berühmten Reformator, sondern auch sich selbst ein Denkmal. Die Reformation erhielt mit Cranachs Lutherporträts ein Gesicht und sie erhielt zugleich einen Maler, der sich mit seiner Signatur für die künstlerische Qualität der Porträts verbürgte. Die Signatur fungierte zugleich als Schutzmarke. Cranachs Kopisten durften sie nicht verwenden. So blieben Cranachs Porträts erkennbar.

---

[31] Das Stadtwappen erscheint nur gelegentlich, z. B. im Titelrahmen, der für Luthers reformatorische Hauptschrift ‚De captivitate Babylonica ecclesiae' von 1520 verwendet wurde (VD16 L 4190). Die Herkunft der Schriften, etwa des Septembertestaments von 1522, blieb keineswegs „aus Gründen der Zensur und politischen Vorsicht" ungenannt, wie Hans Volz behauptete, sondern erschien deutlich herausgehoben auf dem Titelblatt (*Hans Volz*, Hundert Jahre Wittenberger Bibeldruck 1522-1626 [Göttingen 1954] 19).
[32] Dürer hatte Spalatin Anfang 1520 in einem Brief von seinem Wunsch geschrieben, Luther zu porträtieren (Dürer. Schriftlicher Nachlaß, hrsg. v. *Hans Rupprich*, Bd. 1 [Berlin 1959], hier 86). Cranach dürfte von Spalatin von diesem Brief in Kenntnis gesetzt worden sein, zumindest ist zwar kein Lutherporträt Dürers überliefert, aber Cranach schuf bald nach Eintreffen des Briefes sein erstes Kupferstichporträt Luthers.

Ebenso wie durch Luthers Schriften kam es durch Cranachs Lutherporträts in der Frühen Reformation zu einer Medienexplosion; der Buchdruck mit beweglichen Lettern und die Porträtkunst waren gleichermaßen verhältnismäßig neue Techniken, die durch die Reformation eine Verbreitung und Popularisierung erfuhren, die bis dahin unvorstellbar gewesen war. Mit Cranachs gedruckten und in Serie gemalten Lutherbildnissen gelangte das Medium Porträt in Haushalte, in denen es bis dahin noch keine Porträts gegeben hatte.

Ebenso wenig wie Luther kann Cranachs Dienstherr für die Entstehung der Lutherporträts verantwortlich gemacht werden. Für die von Martin Warnke angenommene kurfürstliche Zensur von Cranachs Porträts gibt es keine Quellen. Dass Spalatin als verlängerter Arm des Kurfürsten wirkte und dem zwölf Jahre älteren, weltberühmten Maler künstlerische Vorschriften machte, ist höchst unwahrscheinlich[33]. Spalatin begegnete Cranach mit Hochachtung und war ihm zu Diensten – nicht umgekehrt. Cranach befand sich in der Position, Luther und Spalatin für die Verbreitung seiner Werke auf dem Wormser Reichstag einzuspannen und konnte sich ihrer Unterstützung gewiss sein[34].

Wie der Buchdruck gehörten auch die Lutherporträts ganz in den Tätigkeitsbereich des städtischen Unternehmers. Cranach ließ die Kupferstiche und Gemälde jedoch nicht wie die Holzschnitte im Namen oder unter dem Wappen der Stadt, sondern von Anfang an unter seinem Künstlersignet ausgehen.

Cranach war durch seinen Vorsprung an Alter und Erfahrung, durch seine Vertrauensstellung am Hof und sein Ansehen in der Stadt sowie durch seinen Wohlstand der perfekte Mentor, Patron und Agent für den jungen Bibelprofessor, der schlagartig berühmt geworden war. Diese Rolle nahm er gewissenhaft wahr. Sie bestimmte sein reformatorisches Wirken in der ersten Phase der Reformation bis ungefähr 1525: Cranach gab in seiner Hausdruckerei Luthers Schriften auch nach dem Verbot des Wormser Edikts heraus, stattete sie mit Bildschmuck aus und sorgte für den Vertrieb; er schuf und vermarktete Luthers Porträt in unzähligen Auflagen; er popularisierte die reformatorische Kritik am Papsttum durch seine Bildpolemik.

2. Cranach als Hofmaler im Dienst der Reformation

Nach dem Tod Friedrich III. änderte sich die landesherrliche Politik der Reformation gegenüber. Infolgedessen erhielt Cranach im Januar 1526 den ersten höfischen Auftrag für Reformatorisches: Kurfürst Johann bestellte 100 Messbücher

---

[33] *Martin Warnke*, Cranachs Luther. Entwürfe für ein Image (Frankfurt a. M. 1984), hier 26–29; eine ausführliche Kritik von Warnkes Thesen findet sich bei *Ruth Slenczka*, Dürers, Holbeins und Cranachs Melanchton: Künstlerischer Austausch und innovative Medien in der Porträtkunst um 1530, in: Pirckheimer Jahrbuch für Renaissance- und Humanismusforschung 25 (2011) 119–159, hier 119–132.

[34] „Has effigies iussit Lucas a me subscribi et ad te mitti: tu eas curabis", schrieb Luther am 7. März 1521 an Spalatin, der bereits beim Reichstag in Worms war (WA Briefe 2, S. 283 f., Nr. 385).

mit der Deutschen Messe³⁵. Am kursächsischen Hof und auch darüber hinaus wurde die Reformation nun Teil der Herrschaftsrepräsentation und entsprechend war Cranach auch als Hofmaler damit befasst. Erst in diese Zeit fallen die reformatorischen Bildschöpfungen wie „Gesetz und Evangelium", „Lasset die Kinder zu mir kommen" oder „Elias und die Baalspriester". Auch die gemeinsame Darstellung von Reformatoren und Landesherren beginnt erst in dieser späten Zeit. Allerdings machte Reformatorisches auch nach 1525 nur einen Bruchteil von Cranachs Tätigkeit für den Hof aus. Die Mehrzahl der höfischen Aufträge unterschied sich nicht von solchen, die Cranach bereits vor 1525 erhalten hatte. Er arbeitete auch weiterhin nicht nur für Anhänger der Reformation, sondern genauso für romtreue, fürstliche Auftraggeber. Im Folgenden soll der Rolle von Cranachs reformatorischen Bildbeiträgen dieser Zeit nachgegangen werden. Dabei soll gezeigt werden, dass das eingangs gezeigte Weimarer Bild vom Nebeneinander Luthers und Cranachs als Prediger des Evangeliums in Wort und Bild den Rollen und dem Selbstverständnis Luthers wie Cranachs entspricht. Cranachs Bilder sind mehr als Illustrationen von Luthers Texten. Sie sind Übersetzungen der Bibel in eine eigene Sprache, die eigenen rhetorischen Regeln unterliegen und der man nicht gerecht wird, wenn man sie als unselbständige Illustration von Luthers reformatorischen Gedanken versteht³⁶.

a. Die bebilderte Bibel von 1534

Nach dem Septembertestament und zahlreichen Teildrucken einzelner biblischer Bücher erfolgte 1534 pünktlich zur Michaelismesse der Druck der ersten Vollbibel. Diese Bibelausgabe war die erste vom Kurfürsten privilegierte. Die landesherrlichen Wappen schmückten die Titelseite. Der Bibeldruck war zur Staatsangelegenheit geworden.

Luthers Bibelübersetzungen waren von Anfang an mit Holzschnitten Cranachs bebildert. Beim Septembertestament orientierte er sich eng an vorreformatorischen Vorbildern – an der Nürnberger Koberger-Bibel von 1483 und an Dürers ebenfalls bei Koberger gedrucktem Apokalypsenbuch von 1498. Bei den Illustrationen der späteren Bibelausgaben – sowohl einzelner Bücher als auch der Vollbibel – löste er sich mehr und mehr von der Tradition, indem er Bilder schuf, für die es keine traditionellen Vorlagen gab und andere nach dem Prinzip der Schriftgemäßheit umformte. Sie zeichnen sich durch eine leicht erfassbare, mit der Lebenswelt der Betrachter verwobene, einprägsame Bildspra-

---

³⁵ Kurfürst Johann am 30. Januar 1526 von Torgau aus StAW Reg. O. 228, Bl. 1a, vgl. *Werner Schade*, Die Malerfamilie Cranach (Dresden 1974) 413 (Quelle 235).
³⁶ Frank Büttner und Bonnie Noble kommt das Verdienst zu, gegen den breiten Strom der Forschung die Eigenständigkeit und Eigengesetzlichkeit der reformatorischen Bildsprache Cranachs herausgearbeitet zu haben (*Frank Büttner*, ‚Argumentatio' in Bildern der Reformationszeit: Ein Beitrag zur Bestimmung argumentativer Strukturen in der Bild-Kunst, in: Zeitschrift für Kunstgeschichte 57 [1994] 23–44; *Noble*, Cranach).

Abb. 2: Cranachwerkstatt, Frontispiz der ersten Gesamtbibel Luthers, Holzschnitt 1534, aus dem Exemplar im Lutherhaus Wittenberg.

che aus. Das umfassende Thema der Bibelillustrationen ist die Offenbarung Gottes in biblischen Bildern – in Träumen und Visionen, in Engeln und Zeichen, Naturerscheinungen, Wundern und Strafen, in Vätern, Richtern, Königen und Propheten Israels. Besonders viele Bilder sind den von Künstlern und Baumeistern gefertigten Kultgegenständen und -architekturen gewidmet; mit diesen Blättern veranschaulichte Cranach zugleich die Rolle des Künstlers und seiner Werke für den Kult. Der figürliche Schmuck der Bundeslade unterstreicht dabei ebenso wie das Bild der ehernen Schlange, dass es im Alten Testament kein prinzipielles Bilderverbot gibt[37]. Bilder sind Gegenstand der Schrift und Cranachs Holzschnitte sind Übersetzungen dieser Bilder in ein anschauliches Medium. Den Bildern zur Offenbarung Gottes im Bild geht mit dem Titelblatt ein Bild voraus, das die Offenbarung Gottes in der Schrift zeigt – die Schrift als Ganzes wird hier zum Bild der Selbstoffenbarung Gottes[38]: Ein Plakat mit dem Schrift-

---

[37] Gegen die radikalen Bilderfeinde berief sich Luther verschiedentlich auf die figürlichen Gottesbilder der Bibel (WA 10, 2, S. 33; WA 18, 68).
[38] Margit Kern beschäftigte sich mit solchen Schriftbildern, bezog allerdings Cranachs Beiträge zu dem Thema nicht mit ein: *Margit Kern*, Performative Schriftbilder im konfessionellen Zeital-

zug des Titels, der neben dem Namen des Buchs die deutsche Sprache, den Übersetzer, den Druckort, das kurfürstliche Druckprivileg, den Drucker und das Erscheinungsjahr nennt, wird von Putten an eine Palastfassade angeschlagen: „Biblia, das ist die gantze Heilige Schrifft Deudsch. Mart. Luth. Wittemberg. Begnadet mit kürfurstlicher zu Sachsen freiheit. Gedruckt durch Hans Lufft. MD XXXIIII." Oberhalb ist auf einer Galerie Gottvater als Schreiber der Bibel dargestellt. Zu seinen Seiten vollzieht sich eine an vorreformatorische Reliquienweisungen erinnernde Heiltumsweisung: Putten zeigen dem Betrachter das Alte und das Neue Testament. Das Alte Testament zur Rechten Gottes ist geöffnet und erinnert so an die beiden Gesetzestafeln. Als göttliche Devise erscheint auf der teppichartig über die Balustrade der Brüstung hängenden Schriftrolle Gottvaters: „Gottes Wort bleibt ewig". Diese Devise hatte sich Kurfürst Johann Friedrich zu Eigen gemacht. In ihrer Platzierung als Bindeglied zwischen dem schreibenden Gottvater und dem Titelanschlag darunter veranschaulicht sie die Mittlerrolle des sächsischen Kurfürsten zwischen Gott und der Welt, der er die Schrift in der Übersetzung Luthers in die Volkssprache im Druck zugänglich macht. Als weiteres Bindeglied neben der Devise ist ein Siegelbrief zu sehen, den ein Putto nach unten reicht: ein Bild des Neuen Testaments als ewiges Bündnis zwischen Gott und den Menschen. Mit dem kurfürstlichen Druckprivileg wird das Bild dieses Bundesschlusses aufgenommen und auf den Bibeldruck als Bündnis zwischen dem Herrscher und seinen Untertanen übertragen. Auf den Stufen unterhalb des Titels schart sich eine Puttengruppe um eine Bibel und veranschaulicht den Vorgang der Aneignung der göttlichen Schrift durch Lektüre und Erklärung.

Das Titelblatt veranschaulicht, welche zentrale Bedeutung die Reformation in der Herrschaftsrepräsentation des Kurfürsten eingenommen hatte. Sie wird zum Fundament einer durch und durch sakral verstandenen Herrschaft.

Natürlich waren Bibeln Textbücher, in denen die Bilder nur eine nachgeordnete Rolle spielen konnten. Cranach übersetzte ja auch nicht wie Luther den gesamten Text, sondern nur einzelne Episoden in Bilder. Entsprechend wird sein Name auch nicht neben dem des Übersetzers Luther auf den Buchtiteln genannt und die meisten Bilder blieben unsigniert, andere wurden von einem nur unter seinen Initialen HB bekannten Formschneider signiert. Daraus einen reformationsbedingten Bedeutungsverlust des Bildes gegenüber dem Wort abzuleiten, wäre jedoch verfehlt. Die Bebilderung der Wittenberger Bibelausgaben deutet vielmehr auf eine besondere Wertschätzung der Bilder durch die Reformatoren hin. Luther machte sogar Vorschläge für Bildthemen. Im Manuskript des Richterbuchs vermerkte er die Platzierung und Größe der Bilder[39]. Chris-

---

ter. Die Wende der Reformation vom Wort zum Bild, in: *Thomas Kaufmann, Anselm Schubert, Kaspar von Greyerz* (Hrsg), Frühneuzeitliche Konfessionskulturen (Schriften des Vereins für Reformationsgeschichte 207. Gütersloh 2008) 263-288.

[39] Vor Richter 14: „Hie zu reisst er den Leonen"; zum 15. Kapitel: „Hie soll die grosse taffel stehen mit den fuchsen und schlacht." (zitiert nach *Kunz*, Druckgraphik 216 und 218).

toph Walther, der für den Wittenberger Bibeldrucker Hans Lufft arbeitete, beschrieb Luthers besonderes Interesse an den Bildern in einem viel zitierten Brief:

„Luther hat die Figuren in der Wittembergischen Biblia zum teil selber angegeben wie man sie sollen reissen oder malen Und hat befohlen, das man auffs einfeltigst den inhalt des Texts solt abmalen und reissen Und wollte nicht leiden, das man uberley und unuetz ding, das zum Text nicht dienet, solt dazu schmieren."[40]

Genauso wie Predigten sollten auch Bilder zu einem Bibeltext einfach und schriftgemäß sein.

Cranachs Leistung bei der Bebilderung der Bibel ähnelte der des sprachgewaltigen Bibelübersetzers Luther, der dem Volk aufs Maul schaute: Er übersetzte die Bibel in eine Bildsprache, die ebenfalls Volkssprache war – seine Bilder hatten mit der Lebenswelt ihrer Betrachter zu tun, sie waren unmittelbar verständlich, dabei einprägsam und phantasievoll.

b. Cranachs reformatorische Bildentwürfe

Die Malerei war kein Feld der unmittelbaren Zusammenarbeit zwischen dem Maler und den Theologen. Vermutlich haben Cranach und Luther über Bildentwürfe wie „Gesetz und Evangelium" gesprochen, vielleicht hat Cranach die Bibelverse auch nicht allein, sondern mit Hilfe Luthers oder Melanchthons ausgewählt, aber nachweisen lässt sich das nicht. Es ist davon auszugehen, dass Luther die Bilder Cranachs nicht für auslegungsbedürftig hielt, denn er hinterließ keinerlei Texte zu konkreten Gemälden und Bildentwürfen. Die Sorge, die Betrachter könnten Cranachs Gemälde ohne Erklärungen missverstehen, bestand in seinen Augen offenbar nicht. Luther hielt die Bilder vielmehr – ähnlich wie die Musik – für Verkündigungsmedien eigenen Rechts. Natürlich kam ihnen nicht dieselbe Bedeutung wie der Predigt zu, denn diese war unverzichtbar, während die Bilder zu den Adiaphora gehörten[41]. Das bedeutet jedoch keineswegs, dass Luther ihnen die Tauglichkeit als Verkündigungsmedium absprach. Im Gegenteil: Bilder vermögen Luther zufolge wie Predigten, zum Gläubigen zu sprechen, ihn zu trösten, zu ermahnen, sie können das Wort verständlicher machen, es veranschaulichen und bezeugen, sie dienen als Erinnerung und Zeichen[42]. Luther reduziert die Funktion von Bildern nicht auf ihre Lehrhaftigkeit. Und auch Cranachs Bildern wird man nicht gerecht, wenn man ihnen zugunsten

---

[40] Christoph Walther, Von vnterscheid der Deudschen Biblien vnd anderer Büchern des Ehrnwirdigen vnd seligen Herrn Doct. Martini […], Wittenberg, 1563 (VD16 ZV 18738, B 2$^{v\,und\,r}$; vgl. auch WA 6, 87).
[41] Luther führt den Adiaphora-Status der Bilder in den Invokavitpredigten aus: WA 10, 3, S. 35.
[42] WA 48, 169 (Ansprache ohne Worte); WA 49, 772 (Trost); TR 1755 (Ermahnung); WA 36, 159 (Erklärung durch Bilder); WA 18, 80 (Bilder sollen bleiben „zum Ansehen, zum Zeugnis, zum Gedächtnis, zum Zeichen").

der Lehrfunktion jede künstlerische Qualität abspricht[43]. Bilder zu Lehrzwecken hatte man im kirchlichen Bereich nicht erst seit der Reformation. Cranach war in diesem Bereich wenig innovativ – volkssprachige Bildinschriften, antithetische Bildordnungen, Bilder für die Katechese, etwa zu den Geboten, Bilderreihen zur Passion waren beispielsweise bereits im Spätmittelalter sehr verbreitet[44]. Der Beitrag Cranachs zu einer reformatorisch geprägten, neuen religiösen Bildsprache lag in anderen Bereichen: In der Erfindung und im zeichenhaften Gebrauch von einprägsamen Bildformeln für die Heilstaten Christi, etwa den Sieg über Tod und Teufel; in der Darstellung von Transzendentem, etwa der Trinität, in leicht verständlichen Bildern – etwa Gottvater in Menschengestalt; in einer neuartigen Weise, Heilsgeschichte und Evangelium in die Gegenwart einzuschreiben, besonders in der neuartigen Weise, zeitgenössische Porträts einzubeziehen[45]. Wenn Luthers Bibelübersetzung davon lebte, dass er „dem Volk aufs Maul schaute", dann lebten Cranachs Bildentwürfe davon, „dem Volk aufs Auge zu schauen", d.h. davon, dass er die sichtbare Welt, die die Menschen vor Augen hatten, in seine Bilder einbrachte. Er schuf Bilder, die mit der sichtbaren Welt ihrer Betrachter eng verbunden waren und in denen sie ihre Welt wiedererkannten.

c. Cranachs Selbstdeutung als Reformator

Cranach blieb auf seinen Bildern als Maler nicht unsichtbar. Vielmehr kennzeichnete er seine Gemälde in zeittypischer Weise durch Signaturen und andere selbstreferenzielle Bildelemente und schrieb sich auf diese Weise in die dargestellte Heilsgeschichte ein. Ebenso wie die Porträts der Wittenberger Theologen und anderer Zeitgenossen integrierte er auch sein eigenes in seine Bildprogramme. Dabei griff er häufig auf eine Bildtechnik zurück, die bereits im späten Mittelalter weit verbreitet war: In sogenannten sakralen Identifikationsporträts verband er biblische Gestalten und deren Tun mit den Porträts von Zeitgnossen[46]. Auf heutige Betrachter wirken solche Identifikationen befremdlich und man begegnet ihnen mit Skepsis: Da eindeutige Vergleichsporträts, ergänzendes Quellenmaterial

---

[43] Besonders „Gesetz und Evangelium" wurde immer wieder zum reinen Lehrstück ohne künstlerische Bedeutung degradiert, zuerst *Wilhelm Worringer*, Lukas Cranach (München, Leipzig 1908) 118; Joseph Koerner verglich es mit einem Kreuzworträtsel, das jeden Reiz verliere, sobald der theologische Code geknackt und es gelöst sei (*Joseph Leo Koerner*, The Moment of Self-Portraiture in German Renaissance Art [Chicago u. a. 1993] 379).
[44] *Ruth Slenczka*, Lehrhafte Bildtafeln in spätmittelalterlichen Kirchen (Pictura et Poesis 10. Köln u. a. 1998).
[45] Die Zeitgenossen werden nicht wie in der Tradition der altniederländischen Malerei als Stifterfiguren, sondern als Heilszeugen in das Bildgeschehen eingebunden (vgl. hierzu *Noble*, Cranach, hier bes. 103f.).
[46] *Friedrich Polleross*, Das sakrale Identifikationsporträt. Ein höfischer Bildtypus vom 13. bis zum 20. Jahrhundert (Manuskripte zur Kunstwissenschaft 18. Worms 1988).

Abb. 3: Lukas Cranach d. Ä., Das letzte Abendmahl, Mitteltafel des sog. Reformationsaltars, St. Marien in Wittenberg 1547.

zum Auftrag und Konzept des Malers und Rezeptionszeugnisse i. d. R. fehlen, bleibt in den meisten Fällen hypothetisch, ob es sich bei einer dargestellten Person tatsächlich um ein Porträt handelt. Dies gilt auch für das Abendmahlsbild auf dem Wittenberger Reformationsaltars von 1547, das hier abschließend unter der Frage der Selbstdeutung Cranachs als Reformator in den Blick genommen werden soll.

Der Jünger, der sich am rechten Bildrand aus der Tischrunde herauswendet, wird in der Forschung zwar zumeist mit Luther und der Mundschenk, dem er sich zuwendet, gelegentlich mit Cranach identifiziert, wirklich nachweisen lässt

Abb. 4: Cranachwerkstatt, Luther als Evangelist Matthäus, Holzschnitt, Luthers Neues Testament von 1530, aus dem Exemplar im Lutherhaus Wittenberg, VD16 B 4400.

sich diese Deutung jedoch nicht[47]. Um sie auf dem Hintergrund der Sehgewohnheiten der Zeitgenossen Cranachs dennoch plausibel zu machen, soll hier daher etwas ausgeholt werden: Bereits in der Neuausgabe des Neuen Testament von 1530 identifizierte Cranach Luther mit dem Evangelisten Matthäus. Wie der Bibelübersetzter Hieronymus erscheint der Evangelist bzw. der Bibelübersetzer Luther in seinem Gehäuse.

In der Vollbibel von 1534 ist die Bildidee abgewandelt: Auch hier erinnert der Evangelist Matthäus sowohl an den Bibelübersetzer Hieronymus – diesmal im Typus des Einsiedlers in der Landschaft – als auch an Luther – diesmal als Junker Jörg vor dem Gebäude der Wartburg.

In der Vollbibel steht diesem Matthäus-Luther am Beginn des Lukasevangeliums das Bild gegenüber, das den Evangelisten nicht nur als Schreiber, sondern zugleich als Maler des Evangeliums zeigt. Dem reformatorischen Prinzip der

---

[47] Aus dem 16. Jahrhundert sind keine entsprechenden Rezeptionszeugnisse bekannt; der Jünger weist zwar Ähnlichkeiten mit Cranachs Holzschnittporträt Luthers als Junker Jörg auf, wirkt jedoch zugleich stilisiert, so dass die Identifikation über den Bildvergleich eine Ermessensfrage bleibt (mit Luther identifiziert wurde der Jünger in neuerer Zeit beispielsweise von *Koerner*, Reformation 373f.; *Noble*, Cranach 110). Auf die Möglichkeit der Identifikation des Mundschenken mit Cranach, auf die noch näher einzugehen sein wird, wies schon Thulin hin: *Oskar Thulin*, Cranach-Altäre der Reformation (Berlin 1955) 15.

Abb. 5: *Cranachwerkstatt, Luther als Evangelist Matthäus, Holzschnitt, erste Gesamtbibel Luthers 1534, aus dem Exemplar im Lutherhaus in Wittenberg.*

Schriftnähe zum Trotz griff Cranach eine alte Ikonografie auf, die nicht auf der Bibel, sondern auf einer antiken Legende beruhte und nach der der Evangelist Lukas, Namenspatron Cranachs und der Malerbruderschaften ganz Europas, ein Maler war[48]. Neben dem Schreibpult sieht man seine Staffelei. Malutensilien sind auf der Fenster- und der Sitzbank abgelegt. Lukas hat seine Arbeit unterbrochen, er schaut auf und erblickt im geöffneten Fenster den Gekreuzigten. Der Legende zufolge hatte der Evangelist eine Marienvision und schuf nach dieser Vision ein vollendetes Porträt der Gottesmutter. Cranach verwandelte die Marienvision aus der Legende in eine Christusvision und damit in den Gegenstand und Inhalt des Evangeliums – ein pointierter reformatorischer Eingriff. Cranachs Lukas verfasst das Evangelium nicht nur als Text, sondern zugleich als Bild. Auch wenn der Holzschnitt kaum als Selbstporträt Cranachs gedeutet werden kann – dazu ist er

---

[48] Ich verweise beispielhaft auf die Lukasbruderschaft von Ulm, die einen Altar in der Wengenkirche unterhielt, an dem alljährlich am Lukastag eine feierliche Messe abgehalten wurde (*Daniela Gräfin von Pfeil, Gerhard Weilandt*, Die Künstlerbruderschaft in der Kirche zu den Wengen in Ulm und ihre Altarretabel, in: Meisterwerke massenhaft, Ausstellung des Württembergischen Landesmuseums Stuttgart [Stuttgart 1993] 389–397) und Würzburg (*Stephanie Kleidt*, Die Lukasbruderschaft in Würzburg am Ende des Mittelalters, in: *Claus Grimm* u. a. [Hrsg.], Lucas Cranach. Ein Maler-Unternehmer aus Franken [Veröffentlichungen zur Bayerischen Geschichte und Kultur 26/94. Regensburg 1994] 124–130).

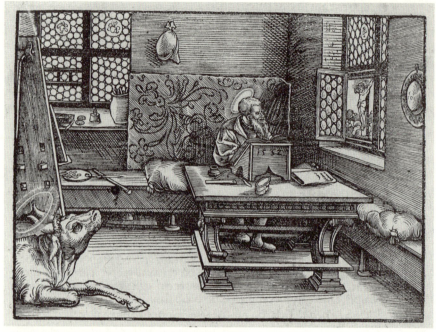

Abb. 6: Cranachwerkstatt, Evangelist Lukas als Schreiber und Maler, erste Gesamtbibel Luthers 1534, aus dem Exemplar im Lutherhaus in Wittenberg.

viel zu stilisiert, lediglich die Bartform erinnert an den Maler – wird der Evangelist über die Namensgleichheit, durch seine Profession und nicht zuletzt durch die Autorität der Tradition (der Bildtradition) als Identifikationsfigur des Malers charakterisiert.

Die Figur des Evangelisten taugte als Bild sowohl für Luther als Übersetzer des Evangeliums in die Volkssprache als auch für Cranach als Übersetzung des Evangeliums in eine volksnahe Bildsprache. Nicht erst mit dem nach Cranachs Tod fertiggestellten Weimarer Retabel, sondern bereits mit den Evangelistenbildern der Vollbibel von 1534 entstand ein Bild Cranachs, in dem er sich als Reformator neben Luther deutete. Die Bibelausgabe von 1534 war dabei kein entlegener Bildort, an dem dieses Selbstzeugnis kaum wahrgenommen werden konnte. Es handelte sich vielmehr um den prominentesten Bildort, den man sich für ein reformatorisches Selbstzeugnis vorstellen kann, denn die Übersetzung und Verbreitung der Bibel stand im Selbstverständnis der Reformatoren im Zentrum ihrer Tätigkeit. Bibeln galten als Schlüsselmedien der Reformation und der Druck der ersten Wittenberger Vollbibel war ein Ziel, auf das Luther und seine Übersetzungshelfer jahrelang hingearbeitet hatten. Das kurfürstliche Privileg und die prächtige Ausstattung verliehen dem Druck und mit ihm auch dem Bild des Malers als Evange-

Abb. 7: Lukas Cranach d. Ä., Cranach als Wasserträger, Detail des Gemäldes ‚Elias und die Baalspriester' 1545, Gemäldegalerie Alte Meister, Staatliche Kunstsammlung Dresden.

list zusätzliches Gewicht. Durch die hohe Auflage des Bibeldrucks fand es größtmögliche Verbreitung.

Die Zeitgenossen Cranachs dürften mit diesem Selbstzeugnis, mit dem sich Cranach als Reformator an die Seite Luthers stellte, vertraut gewesen sein. Die Bereitschaft, sakrale Identifikationsporträts des Reformatorenpaares auch an anderer Stelle zu entdecken bzw. wiederzuerkennen, war daher sicherlich groß. Diese Bereitschaft bestand vermutlich auch gegenüber dem erwähnten Figurenpaar auf dem zentralen Abendmahlsbild des Wittenberger Reformationsaltars, dem Jünger und dem Mundschenk. Durch ihre Gegenüberstellung zur Christus-Johannesgruppe wird das Paar kompositionell hervorgehoben. Der Jünger erin-

Abb. 8: Lukas Cranach d. J., Cranach als Mundschenk, Detail des Gemäldes ‚Abendmahl mit Reformatoren' 1565, Version aus St. Agnus in Köthen.

nert an den Evangelisten Matthäus in der Bibel von 1534 und damit zugleich an Luther in der Gestalt des Junkers Jörg. Der Mundschenk ist hingegen jünger dargestellt als der Evangelist Lukas in derselben Bibel. Er weist porträthafte Züge auf, das Bildnis lässt sich aber über Vergleichsporträts nicht sicher bestimmen. Dass die Deutung des Mundschenken als Malerfigur dennoch mitschwingt, lässt sich eher an der Rolle dessen festmachen, der den Wein hereinbringt, der bildhaft für die Farbe des Malers steht. Cranach hatte sich bereits auf dem vermutlich für die Schlosskapelle in Torgau entstandenen Gemälde „Elias und die Baalspriester" in einer ähnlichen Rolle, nämlich als Wasserträger dargestellt.

In derselben Rolle wie auf dem Wittenberger Altar, als Mundschenk beim Abendmahl, erscheint der Maler auch auf dem Dessauer Abendmahlsbild von 1565 von Lukas Cranach d. J., hier durch den Siegelring mit dem Künstlerwappen eindeutig identifizierbar[49].

In der Präsentation des Bechers ist die Präsentation des Kelchs während des Abendmahls mit abgebildet, das in der Wittenberger Stadtkirche vor diesem Bild

---

[49] Die Einführung des Mundschenken als zwischen Abendmahl und Betrachter agierende zusätzliche Person geht meines Erachtens auf Dürers Holzschnitt aus der großen Passion von 1510 zurück, den Cranach gekannt haben könnte (*Peter Strieder*, Dürer [Augsburg 1996] 166, Abb. 312). Dort erscheint zusätzlich zu den Jüngern links ganz im Vordergrund wie ein 13. Jünger eine bärtige Gestalt, die aus einem Krug Wein in einen Becher gießt. Möglicherweise ist diese Figur schon bei Dürer eine Personifikation des Malers.

gefeiert wurde[50]. Die Einsetzungsworte, die zur Präsentation des Kelchs gehören, überliefern die Evangelisten Matthäus und Lukas – auch diese uns bereits bekannte Identifikationsebene Luthers und Cranachs als Evangelisten mag mitschwingen.

Der Jünger und der Mundschenk bilden ein ungleiches Paar – Luther gehört als Jünger in den engen Kreis am Tisch, Cranach steht als Mundschenk in seinem Dienst. Allerdings bedient er ihn nicht als Gehilfe, sondern als Herr – denn er trägt dabei Waffen, was auf seinen adeligen Stand und seine Zugehörigkeit zum kurfürstlichen Hof hindeuten mag. Indem sie den Kelch präsentieren, stehen beide wie die Evangelisten Matthäus und Lukas im Dienst des Evangeliums. Die Kelchpräsentation steht zugleich für die liturgische Handlung, die am Altar vor dem Retabel ihren zeremoniellen Ort hatte und für die mit ihr verbundenen Einsetzungsworte: „Dies ist das Neue Testament in meinem Blut" (Mt 26,28; Lk 22,20). Mit dem Kelch präsentieren Luther und Cranach das Neue Testament, das der Theologe als Junker Jörg übersetzte und der Maler verlegte und zudem – nicht zuletzt auf dem Wittenberger Reformationsaltar – in Bilder fasste.

3. Schluss – Cranach als Reformator neben Luther

Cranach war – mit Gunther Wenz zu sprechen – „kein autonomer Künstler im modernen Sinn, sondern soziokultureller Repräsentant eines frühmodernen Territorialfürstentums"[51]. Monumentale Gemälde schuf er grundsätzlich nicht für den freien Markt, sondern als Auftragskunst. Erst als die Fürsten das protestantische Bekenntnis zum Gegenstand ihrer Herrschaftsrepräsentation gemacht hatten und Aufträge zur Repräsentation ihres Bekenntnisstands in Kirchen und Schlossausstattungen erteilten, eröffnete sich für Cranach die Möglichkeit, sich in Form von monumentalen Gemälden mit der Reformation auseinanderzusetzen. Die Suche nach einer neuen Bildsprache für die veränderte Weltsicht setzte erst in dieser Phase ein. Seine Bilder waren insofern verspätete Generatoren der Reformation; der Deutungswandel, der mit ihnen fassbar wird, setzte durch andere Medien, etwa durch die Predigt, schon bedeutend früher ein.

Ein Markt für reformatorische Einblattdrucke und Flugschriften sowie für preisgünstige Lutherporträts war bereits in den frühen 1520er Jahren entstanden und hatte Dimensionen angenommen, die noch wenige Jahre zuvor völlig unvorstellbar gewesen wären. Cranachs Beitrag zur Entstehung dieses Marktes und damit auch zur Entstehung der neuen Form von Öffentlichkeit, die Rainer Wohlfeil

---

[50] Die Erklärung fehlt in kaum einer Deutung des Bildprogramms. Auch Bonnie Noble hebt sie besonders hervor (*Noble*, Cranach 109–114).
[51] *Gunter Wenz*, Gesetz und Evangelium: Lucas Cranach d. Ä. als Maler der Wittenberger Reformation, in: *ders.*, Theologie der Bekenntnisschriften der evangelisch-lutherischen Kirche 1 (Berlin 1996) 45–66, hier 49.

als „reformatorische Öffentlichkeit" beschrieben hat, ist kaum zu überschätzen[52]. Er trug maßgeblich zur Medienrevolution bei, durch die sich die Reformation innerhalb kürzester Zeit im gesamten Reichsgebiet und darüber hinaus ausbreitete. Die antipäpstliche Bildpolemik, die Cranach in dieser Zeit schuf, verstärkte dabei die Tradition der antirömischen Kritik. Ein grundlegener Deutungswandel war mit ihnen jedoch noch nicht verbunden.

Der Markt für großformatige Gemälde für protestantische Kirchen sowie für die Schlösser, Rathäuser, Schulen und Amtssitze protestantischer Obrigkeiten entstand zeitversetzt erst im Zuge der Formierung einer protestantischen Reichspartei. Im Jahr der Speyrer Protestation 1529 schuf Cranach mit „Gesetz und Evangelium" ein Bild, das zu einem der erfolgreichsten Bildentwürfe der Frühen Neuzeit werden sollte[53]. Die ersten Gemälde für einen Kirchenraum entstanden für die Wittenberger Stadtkirche: Ein Rechnungseintrag von 1531 bezeugt, dass Cranach für „etliche Tafeln und viel Gemählde" 20 Gulden erhielt[54]. Der monumentale Stadtkirchenaltar wurde jedoch erst 1547 und damit nach Luthers Tod aufgestellt. Schon sechs Jahre vorher wurde in Schneeberg das erste überlieferte Altarretabel Cranachs für eine protestantische Kirche errichtet[55]. Für die Schlosskapelle von Schloss Hartenfels in Torgau schuf Cranach weitere konfessionsspezifische Bilder[56].

Die Verbreitung von Cranachs reformatorischen Bildentwürfen in großformatigen Gemälden setzte nicht nur später ein als die der Bildpolemik der frühen Reformation, sondern vollzog sich auch viel langsamer. Gleichwohl ist ihre Bedeutung für die Verbreitung und Wirkung der Reformation kaum zu überschätzen, denn Cranachs Bilder verbanden sich fest mit den Kirchen und öffentlichen Gebäuden der lutherischen Herrschaftsgebiete. Über Jahrhunderte blieben sie dort im öffentlichen Raum präsent. Sie wurden zum Bilderreservoire des Protestantismus und prägten die protestantische Bildsprache nachhaltig.

Anders als das Bild des Reformatorenpaares Luther und Melanchthon gehört das von Luther und Cranach, wie es auf dem Weimarer Altar zu sehen ist, nicht zum Kernbestand der bis heute immer wieder kopierten Wittenberger Reformatorenporträts. Die Cranachwerkstatt produzierte dieses Bildnispaar nicht in Serie.

---

[52] *Rainer Wohlfeil*, Reformatorische Öffentlichkeit, Literatur und Laienbildung im Spätmittelalter und in der Reformationszeit, in: *Ludger Grenzmann, Karl Stackmann* (Hrsg.), Literatur und Laienbildung im Spätmittelalter und in der Reformation (Stuttgart 1984) 41-54.
[53] Zur Wirkungsgeschichte liegt mit *Heimo Reinitzer*, Gesetz und Evangelium, 2 Bde (Hamburg 2006) eine umfangreiche Materialsammlung vor.
[54] Wittenberg, StA Rep. 1a 16 (Urbarium Bc 4): Nachrichten des Gotteskastens zu Wittenberg, fol. 210ʳ, zitiert nach *Doreen Zerbe*, Reformation der Memoria. Denkmale in der Stadtkirche Wittenberg als Zeugnisse lutherischer Memorialkultur im 16. Jahrhundert (Schriften der Stiftung Luthergedenkstätten in Sachsen-Anhalt 14. Leipzig 2013) 163.
[55] *Thomas Pöpper, Susanne Wegmann* (Hrsg.), Das Bild des neuen Glaubens. Das Cranach-Retabel in der Schneeberger St. Wolfgangskirche (Regensburg 2011).
[56] *Hans-Joachim Krause*, Die Schlosskapelle in Torgau, in: *Harald Marx, Cecilie Hollberg* (Hrsg), Glaube und Macht. Sachsen im Europa der Reformationszeit. Aufsätze (Dresden 2004) 175-188, zur Bildausstattung durch die Cranachwerkstatt 176, 179.

Aber an einigen herausragenden Bildorten der Wittenberger Reformation – in der Vollbibel von 1534 und auf dem monumentalen Fürstenaltar in der Weimarer Stadtkirche – stellte Cranach nicht Melanchthon, sondern sich selbst als Evangelist und Reformator an die Seite Luthers. Und auch auf dem Altar der Mutterkirche der Reformation in Wittenberg taucht die Malerfigur auf dem zentralen Mittelbild auf – nicht wie Melanchthon, Bugenhagen und der Prediger Luther in direkten Porträts, sondern in der neuen Bildsprache eines reformatorischen Rollenspiels, in dem sich die Rollen des Figurenpaars Mundschenk und Jünger, die gemeinsam den Weinbecher präsentieren, sowohl mit denen der Evangelisten Lukas und Matthäus als auch mit denen der Reformatoren Cranach und Luther verbinden. Der Weinbecher wird dabei zu einem Bild für den Laienkelch der lutherischen Abendmahlsfeier, die vor diesem Bild gefeiert wurde; er wird zugleich zum Bild für die Deutung als „Kelch des Neuen Testaments", die Jesus ihm den Evangelisten Matthäus und Lukas zufolge gab und die in der Abendmahlsliturgie bei jeder Abendmahlsfeier vor dem Bild wiederholt wurde. Und so präsentieren der Jünger und der Mundschenk auf dem Wittenberger Altarretabel in der Rolle der Evangelisten und der Reformatoren mit dem Weinbecher zugleich das neue Testament, das der Junker Jörg auf der Wartburg in Texte und der Wittenberger Maler in Bilder der Volkssprache übersetzte.

Summary

The artist Cranach with his importance to the protestant reformation was more than just an artistically negligible assistant to Luther. The present paper therefore tries to adjust this misconception about him. As a political representative and a local businessman Cranach was significantly involved in the process by which Luther and his hometown Wittenberg became major centers of the protestant reformation. As an artist, he contributed and enriched the reformation primarily through commissioned art works for protestant churches, castles, town halls and schools, especially since the elector Johann Friedrich had come into power in 1532.

The visual language of Cranach's artworks was not only based on the bible as the only source of his iconographies and Christ as its essential subject. It was also distinguished by a specific connection between the history of salvation and the painter's present age. Similarly to Luther who listened to the voice of the folks („schaute dem Volk auf's Maul"), Cranach's paintings were inspired by the folks' visual impressions of the world around him. He did not just illustrate Luther's writings but created his own painted homilies. His reformatory masterpieces like „Gesetz und Evangelium" were of immense value over centuries.

Silvana Seidel Menchi

... und wo steht Erasmus?*

1520 bat Ulrich von Hutten Erasmus um eine Unterredung. Das Treffen, das Erasmus als „geheim" einstufte, wurde ein Fehlschlag. Hutten war nach Löwen gekommen, um Erasmus sein Programm der Kampagne gegen die Kurie, also den Pfaffenkrieg, darzulegen. Er war überzeugt, in dem Rotterdamer Humanisten einen Verbündeten zu finden. Erasmus aber versuchte, Hutten wieder zur Vernunft zu bringen. Er führte ihm das gewaltige Ungleichgewicht der Kräfte vor Augen, das zwischen ihm – Hutten, dem kleinen deutschen Adeligen – und dem Papst bestand, der schon für sich genommen äußerst mächtig war und auf die Unterstützung der mächtigsten Fürsten zählen konnte[1]. Als Hutten – wie anzunehmen – erwiderte, dass er entschlossen sei, „in Sachen Freiheit alles zu wagen und alles zu erdulden"[2], erschrak Erasmus und beendete die Unterredung rasch: Er wolle sich aus dieser Sache heraushalten, sagte er, und wolle nichts weiter davon wissen[3].

Indem ich diese Episode an den Beginn meines Beitrags stelle, möchte ich die Makrohistorie, die uns hier beschäftigt, nicht auf eine Mikrohistorie reduzieren. Ich wähle diese winzige Begebenheit als Ausgangspunkt für meine Betrachtungen, weil das Thema „Erasmus und die Kirchenreform" damit in einer konkreten historischen Konstellation greifbar wird. Anhand dieser Episode lassen sich drei der vier Facetten meines Themas erhellen.

I. Erasmus wird ein derartiges Gewicht zuerkannt, dass er dazu in der Lage scheint, den Ausgang eines offenen Krieges zu beeinflussen.
II. Der *miles christianus* Hutten, der Rom den Krieg erklärt, kann auf Erasmus als Verbündeten zählen.
III. Erasmus lehnt den Krieg gegen Rom und die Kurie ab.

Ich werde diese drei Punkte aus der „Perspektive von 1520" erläutern. Unter „Perspektive von 1520" verstehe ich den methodologischen Imperativ der Kon-

---

* Aus dem Italienischen übersetzt von Monika Pelz.
[1] Erasmus von Rotterdam, *Spongia adversus aspergines Hutteni*, in: *Opera omnia Desiderii Erasmi Roterodami recognita et adnotatione critica istructa notisque illustrata*, series IX, Bd. 1, S. 202, l. 908-915 (im Folgenden *Spongia*, ASD IX, 1).
[2] „Nos omnia dura et adversa facere et pati, ut constet libertas, par est", Ulrich von Hutten, *Cum Erasmo Roterodamo presbytero theologo expostulatio*, in Ulrichi Hutteni Equitis Germani *Opera quae reperiri potuerunt omnia*, Edidit Eduardus Böcking, Bd. II (Lipsiae 1859) 196.
[3] Erasmus von Rotterdam, *Spongia*, ASD IX, 1, S. 202, l. 915-917.

kretheit, den die Erasmusforschung systematisch vernachlässigt. Das Prinzip „il faut dater avec finesse" scheint mir in Bezug auf Erasmus besonders wichtig[4]. Darauf werde ich im dritten Abschnitt meines Beitrags zurückkommen.

I.

Welches Gewicht hat Erasmus in diesen Jahren? Besitzt er tatsächlich eine Autorität, die so groß ist, wie sie Hutten ihm in dieser Episode zuschreibt?

Im Zeitraum 1516–1518 führt der Humanist die einflussreichste Feder in Europa. Diese Feder kommt einem Schwert gleich[5]. Erasmus ist ein privilegierter Briefpartner Papst Leos X.; drei Könige, zwei Herzöge und neun Kirchenfürsten rivalisieren miteinander um die Ehre, ihn an ihren Hof zu ziehen[6]. Karl von Habsburg, bald Kaiser Karl V., hat ihn als Mitglied in seinen Rat aufgenommen, Karls Erziehung zum König ist mittels eines von Erasmus verfassten Fürstenspiegels erfolgt[7]. Der Humanist prägt von seinem kleinen Basel aus die Sprache der politischen Manifeste der Fürstenkanzleien in Burgund und Kastilien[8]. Er ist die zentrale Schaltstelle in einem Netzwerk von hoch qualifizierten Spezialisten des gedruckten Wortes, die ihn als ihren Meister verehren und seinen Vorgaben Folge leisten: u. a. Beatus Rhenanus, Huldrych Zwingli, Philip Melanchthon, Wolfgang Faber (Fabricius) Capito, Kaspar Hedio (bis 1524), Georg Spalatin, Johannes Oecolampadius, Ulrich von Hutten, Hermann von Neuenahr und Johannes Caesarius[9]. Intensiver, aber schwerer nachzuweisen – da sie über die mündlichen Kommunikationswege verlaufen – sind Erasmus' Beziehungen zum Buchdruckgewerbe. Er hat nicht nur in der Druckerei Frobens in Basel eine führende Positi-

---

[4] *Carlo Ginzburg, Adriano Prosperi*, Giochi di pazienza. Un seminario sul Beneficio di Cristo (Torino 1975) 8 (Ginzburg und Prosperi zitieren Lucien Febvre).
[5] Ulrich von Hutten an Erasmus, *Opus epistolarum* Des. Erasmi Roterodami, *denuo recognitum et auctum* per P.S. Allen (im Folgenden *EE*), Bd. IV (Oxford 1922) *Ep.* 1161, 13. November 1520, l. 14–18.
[6] *EE*, Bd. III, *Ep.* 809, an Marcus Laurinus, 5. April 1518, l. 127–133.
[7] *EE*, Bd. II, *Ep.* 393; *Otto Herding*, Einleitung zum Institutio principis Christiani, *ASD* IV, 1, S. 97–107.
[8] Zur Kanzlei in Burgund siehe: *EE*, Bd. I, I, S. 18–19, l. 2–3. Erasmus nahm über seine Beziehung zu Jean Le Sauvage, den Großkanzler Brabants und seit 1516 auch Großkanzler von Kastilien, auf das politische Leben Einfluss, wie auch über Guillaume de Croy, dem Herrn von Chièvre, Kammerherr und Erzieher Karls V. Jean Le Sauvage förderte wahrscheinlich Erasmus' Ernennung zum Ratgeber Karls von Habsburg (Contemporaries of Erasmus Bd. II [Toronto, Buffalo, London 1985] 325–326 und Bd. I, 366–367). Die Verträge von Noyon (1516) und Cambrai (1517), die den Frieden zwischen Frankreich und Burgund wiederherstellten, gehen im Wesentlichen auf das Wirken des zweiten der genannten Berater zurück, der wiederum stark von Erasmus beeinflusst war. Auf Jean Le Sauvage folgte 1518 im Amt des Großkanzlers von Kastilien Mercurino Arborio di Gattinara, auch er ein Bewunderer des Erasmus und erklärter „Erasmianer" (Contemporaries of Erasmus, Bd. II, 76–80).
[9] Ibid. Bd. I, 104–109; Bd. III, 481–486; Bd. II, 424–429; Bd. I, 261–264; Bd. II, 169–170; Bd. III, 266–268; Bd. III, 24–27; Bd. II, 216–220; Bd. III, 14–15; Bd. I, 238–239.

on inne, sondern auch in allen Druckerwerkstätten des Rheingebiets – von Straßburg bis Köln, von Löwen bis Antwerpen und Mainz: alle streiten sich um die Ehre, seine Werke drucken zu dürfen.

Ein fröhlicher Ton, fast eine Art Rauschzustand durchzieht Erasmus' Briefe in jenen Jahren: Ein neues goldenes Zeitalter nimmt am Horizont Gestalt an, die Morgenröte einer leuchtenden Zivilisation lächelt der Menschheit entgegen. Aus den Städten des Reiches gelangen Briefe zu ihm, die ihn als „Stolz" oder als „Sonne Germaniens" (*decus Germaniae, Germaniae sol*) begrüßen; die Gelehrtenwelt Spaniens, Großbritanniens und sogar Italiens liegt ihm zu Füßen. Die Auflagen seiner Bücher erreichen schwindelerregende Höhen[10]. Vom Gefühl des Triumphes, das den fünfzigjährigen Humanisten durchdringt, legt seine Korrespondenz reiches Zeugnis ab; sie schweigt allerdings zu einer wichtigen Komponente seiner Selbstwahrnehmung: dem wirtschaftlich-finanziellen Erfolg. Wir wissen nicht, wie viel die 1516 von Erasmus veröffentlichte Luxusausgabe des *Novum Instrumentum* gekostet hat, oder der erste Band der von ihm koordinierten glanzvollen Ausgabe der Werke des Heiligen Hieronymus[11]; wir besitzen keine Kenntnis darüber, wie viel Gewinn der Drucker Froben aus dieser Art von Investition zog; wir haben keine Ahnung davon, wie die wirtschaftlich-finanziellen Abmachungen zwischen Erasmus und Froben zu dem Zeitpunkt aussahen, als der Humanist beschloss, sich in Basel niederzulassen. Eine feindselige Quelle (Otto Brunfels, 1524) informiert uns, dass Erasmus sich allerhöchste Gewinne gesichert hatte[12]. In Basel werden diese Fragestellungen gerade untersucht; aber es ist für die Lage der Forschung bezeichnend, dass sie bislang keine Relevanz gehabt haben[13]. Erasmus schwebt im Himmel der reinen Geister. Es ist Zeit, ihn von dort herunterzuholen.

In dem uns hier interessierenden Zeitraum gibt Erasmus, neben dem Neuen Testament und den zugehörigen Texten, einige Schriften programmatischen Zuschnitts in Druck. Da die Biographen für diesen Lebensabschnitt des Erasmus ihre ganze Aufmerksamkeit auf die theologische und ekklesiologische Auseinandersetzung legen, blieben diese Schriften, die nichts mit jener Auseinandersetzung zu tun haben, im Hintergrund. Aus der Untersuchung der entsprechenden Texte – deren wichtigster das *Buch gegen die Barbaren* (*Antibarbarorum liber*, 1520) ist – lassen sich präzise Daten gewinnen, die allerdings noch weiter verifiziert werden müssen. Dieser Mann, dem die Erfahrung des eigenen Erfolgs übermenschliche Kräfte verleiht, hat ein Ziel, dass sich nicht nur auf ein, wenn auch ambitioniertes, Programm philologisch-literarischer Studien beschränken lässt. Dieses von Cornelis Augustijn treffend als „biblischer Humanismus" bezeichnete Programm ist im Wesentlichen eine Studienanleitung sowohl zur Ausbildung des Klerus als

---

[10] *Valentina Sebastiani*, Sale Channels for Bestsellers in XVI. Century Europe, in: *Malcom McLean, Sara K. Barker* (Hrsg.), International Exchange in the European Book World (Leiden, Boston voraussichtlich 2015).
[11] Einige diesbezügliche Informationen in dem Aufsatz von *Sebastiani*, Sale (siehe Anm. 10).
[12] Otto Brunfels, Pro Ulricho Hutteno defuncto ad Erasmi Roter. Spongiam Responsio, Strassburg, Johann Schott, 1524, f. h^v.
[13] Valentina Sebastiani verfasst eine Monographie über Frobens Werkstatt.

auch zur Erziehung der Laien, eine Methode zur Rekontruktion und Interpretation sowohl profaner Texte als auch der Heiligen Schrift[14]. Meines Erachtens geht der Blick des Erasmus der Jahre 1516, 1517 und 1518 jedoch weit über dieses Projekt hinaus. Sein Ziel ist es, die Kontrolle über die öffentliche Kommunikation zu übernehmen und dabei der Sprache, auch und gerade der politischen Kommunikation, den eigenen Stempel aufzudrücken[15]. Einige seiner ergebensten Bewunderer sitzen in den Kanzleien der Fürsten und in den Räten der Reichsstädte – Pieter Gillis (Antwerpen), Willibald Pirckheimer (Nürnberg), Udalricus Zasius (Freiburg i.Br.), Bonifacius Amerbach (Basel). Mit ihnen unterhält er einen besonders intensiven Dialog. Über diese Kanäle dringt der von Erasmus erarbeitete Wortschatz in das Repertoire der politischen Sprache ein[16].

Auf diese Weise besitzt und kontrolliert Erasmus eine enorme Macht: die Macht des Wortes – eines Wortes, das überzeugt, das mitreißt. Dies erklärt, warum die Emissäre aus Rom, gerade jene, die ihn am meisten fürchteten und hassten – beispielsweise der päpstliche Nuntius Girolamo Aleandro 1521 –, und Papst Hadrian VI. selbst, 1522, wieder und wieder dieselbe Einladung, dieselbe Aufforderung und letztendlich denselben Befehl aussprachen: Erasmus komme nach Rom[17]! Die Kontrolle über Erasmus auszuüben bedeutete, über die Macht des Wortes zu verfügen. Nach Rom jedoch ging Erasmus nicht.

Zusammenfassend kann man am Ende dieses ersten Abschnittes festhalten: Die Vorstellung, dass das Gewicht des Erasmus so stark sei, den Ausgang eines Krieges zu beeinflussen, ist keine Halluzination Huttens.

II.

In welcher Weise kann Erasmus zum Strategen in einem Krieg gegen Rom werden?

Zu diesem Thema hat der Humanist nie eine systematische Schrift produziert. Es gibt kein Dokument, das als Glaubensbekenntnis betrachtet werden könnte. Wir besitzen nur eine Reihe von Anregungen, Suggestionen, Vorschlägen und Fragen. Und diese unterscheiden sich in den verschiedenen Lebensphasen des Erasmus.

Der Begriff „Erasmianismus" – der symptomatisch für den Aufbau eines kohärenten Gedankensystems steht, das aus den verschiedenen, in den unterschied-

---

[14] *Cornelis Augustijn*, Erasmus von Rotterdam. Leben – Werk – Wirkung (München 1986) 98–107.
[15] *Silvana Seidel Menchi*, Auf der Suche nach dem Alphabet der Frömmigkeit: Erasmus' Weg vom Pico della Mirandola bis zu Martin Luther, in: *Berndt Hamm, Thomas Kaufmann* (Hrsg.), Wie fromm waren die Humanisten? Wolfenbütteler Abhandlungen zur Renaissanceforschung (erscheint 2015).
[16] Contemporaries of Erasmus (Anm. 8), Bd. II, 99–101; Bd. III, 90–94, 469–473; Bd. I, 42–46.
[17] Zu Aleander: Dizionario Biografico degli Italiani, Bd. 2, Istituto dell'Enciclopedia Italiana (Roma 1960) 128–135, bes. 133. Der Autor der Aleander-Biographie in Erasmus Contemporaries, Bd. I 28–32, unterschätzt m.E. den tiefen Hass, der Erasmus und Aleander trennte. Der Appell Hadrians VI. findet sich in *EE*, Bd. V, *Ep.* 1324, l. 110–120, und *Ep.* 1338, l. 57–64.

lichen Lebensphasen verstreuten Werken des Humanisten herausdestilliert wird – genießt heute nur geringes Ansehen[18]. In Frankreich, wo der Erasmianismus mit Marcel Bataillon seinen genialsten und scharfsinnigsten Theoretiker und mit Augustin Renaudet seinen beharrlichsten und fruchtbarsten Vertreter gefunden hat, lebt die Tradition der erasmianischen Studien heute in der jungen Wissenschaftlerin Marie Barral Baron weiter[19]. Sie hat in ihrer Monographie *L'Enfer d'Erasme: L'humaniste chrétien face à l'histoire* als konzeptionelle Basis ihrer Arbeit die These vertreten, Erasmus sei von der politischen, kulturellen und religiösen Konstellation, die in den verschiedenen Phasen seines Lebens vorherrscht, wesentlich beeinflusst worden. Ich halte diese Position für durchaus richtig. Das Leben des Erasmus war keine geradlinige Wegstrecke ohne Unterbrechungen und Abweichungen. Es war nicht von einem einzigen Wollen dominiert. In seinem Leben gab es verschiedene Jahreszeiten und jede von ihnen besaß ihr eigenes Wollen.

Die Kritik gegenüber der Kirche gehört zu den Konstanten in der Existenz des Erasmus. Doch sein Reformprogramm wandelte sich in Folge einer Änderung der politischen und religiösen Gesamtsituation, in der sich Erasmus wiederfand, sowie in Folge der Position, die Erasmus in dieser Situation einnahm. In Bezug auf Erasmus muss man stets „dater avec finesse".

Der als Ausgangspunkt für diesen Beitrag gewählte Appell Huttens reiht sich in eine Zeit ein, in der die von Erasmus eingeschlagenen Reformwege den von Hutten verwendeten Terminus „Krieg" nicht als unangebracht erscheinen lassen. In diesem Zeitraum verbreitet Erasmus Ideen, die verheerende Auswirkungen für die sich auf Rom berufende Tradition besitzen.

An dieser Stelle möchte ich auf vier der Ideen näher eingehen.

Erasmus erschüttert das Gebäude der mittelalterlichen Frömmigkeit – die sich z. B. in der *Imitatio Christi* von Gerson und in der Tradition der *meditatio mortis* ausdrückt –, indem er mit der Waffe des Hohns operiert und jene Tradition unter dem Epitaph der Barbarei begräbt (*Antibarbarorum liber*, 1520).

Er erarbeitet ein Konzept der Theologie, das mit der scholastischen Theologie in einem unversöhnlichen Konflikt steht, wobei er die Scholastik selbst als einen irreführenden Weg für den gottsuchenden Menschen bezeichnet (*Ratio seu methodus perveniendi ad veram theologiam*, 1518)[20].

Er leitet eine Revision des heiligen Textes ein, die vor keinem Zweifel zurückweicht, selbst vor der Frage nach der göttlichen Natur Christi nicht (*Annotationes in Novum Testamentum*, 1516, 1519 und folgende Jahre – und hier möchte ich die

---

[18] *M.E.H.N. Mout, Heribert Smolinsky, J. Trapman* (Hrsg.), Erasmianism: Idea and Reality, Verhandelingen der Koninklijke Nederlandse Akademie van Wetenschappen, Afd. Letterkunde, Nieuwe Reeks, D. 174 (1997).
[19] *Marie Barral Baron*, L'Enfer d'Erasme. L'humaniste chrétien face à l'histoire (Genève 2014).
[20] Erstmals gedruckt als *Ratio seu compendium verae Theologiae*, Froben, Basel, Januar 1519. In der kritischen Ausgabe der Werke des Erasmus (*ASD*) ist dieser Traktat noch nicht veröffentlicht worden.

Forschungen von Carlos Gilly erwähnen, die die erasmianische Matrix des Werks von Miguel Serveto beweisen)[21].

Gegenüber dem amtierenden Papst verwendet Erasmus eine ehrerbietige Sprache, voller eleganter Ergebenheitsformeln, verweist aber gleichzeitig auf die Heilige Schrift als ausschließliche Quelle der Autorität; ja bringt sogar – zunächst als Manuskript, später im Druck – den gegen Papst Julius II. gerichteten Dialog *Iulius*, eine systematische Demontage der päpstlichen Autorität, in Umlauf (1517).

Erasmus hat bekanntlich stets feierlich bestritten, diesen Dialog geschrieben zu haben – jedenfalls in öffentlichen Mitteilungen. Im geschlossenen Kommunikationskreis muss allerdings nicht nur der Umlauf des Manuskripts auf ihn zurückgeführt werden, sondern zumindest auch eine teilweise Verantwortung für den Druck[22]. In diesem Zusammenhang möchte ich einen Satz aus einem Brief des Erasmus vom Oktober 1518 an Johann Lang zitieren. Nachdem er seine Solidarität mit „Eleutherius" bekundet hat, fügt der Humanist hinzu: „Ich sehe, dass die Monarchie des römischen Erzpriesters – in der Form, die jener [heilige] Stuhl jetzt angenommen hat – die Pest der Christenheit ist"[23]. Der römische Erzpriester, auf den sich Erasmus hier bezieht, ist nicht der Julius II. des gleichnamigen Dialogs: Es handelt sich um Leo X., dem das *Novum Instrumentum* der aus dem Jahr 1516 stammenden und der nachfolgenden Ausgaben gewidmet wurde.

Der Mann, in dem Hutten einen Verbündeten im Krieg gegen Rom sucht, ist also der Erasmus der Jahre 1516, 1517 und 1518, der Herausgeber des *Novum Instrumentum*, der Autor des Dialogs *Iulius*, den Hutten bestens kannte, da er das Werk selbst (im Sommer 1517) in Druck gab[24]. Der Mann, der jenen Dialog zu schreiben wagte, ist in den Augen Huttens mehr als ein potentieller Verbündeter: er ist sein „Anstifter" (*instigator*)[25]. Der wahre Urheber des Programms „Rom den Krieg zu erklären" ist Erasmus.

Und damit kommen wir zum Schluss des zweiten Teils: Erasmus zum Strategen eines Kriegs gegen Rom zu machen, ist keineswegs eine Halluzination Huttens.

III.

Auf die Perspektive, zum Strategen des Kriegs gegen Rom zu werden, reagierte der Humanist mit Schrecken. Der sich mit der Reformationsgeschichte befassende

---

[21] *Peter G. Bietenholz*, Encounters with a Radical Erasmus: Erasmus' Work as a Source of Radical Thought in Early Modern Europe (Toronto, Buffalo, London 2009); *Carlos Gilly*, Spanien und der Basler Buchdruck bis 1600 (Basel, Frankfurt a. M. 1985) 277–291.

[22] *Silvana Seidel Menchi*, Introduction und Philological Introduction zum Dialog *Iulius exclusus*, *ASD* I, 8, S. 5–222.

[23] *EE*, Bd. III, *Ep.* 872, an Johann Lang, 17 [Oktober] 1518, l. 16–18. In dem Dialog *Iulius exclusus* wird der Papst als „Feind Christi" und „Pest der Kirche" (*Christi hostis, ecclesiae pestis*) bezeichnet (l. 862–863).

[24] *Seidel Menchi*, Introduction (wie Anm. 22) 50–64, 108–109.

[25] *Spongia, ASD* IX, 1, S. 201, l. 894–895, S. 202, l. 899–900.

Gelehrte ist von seiner Reaktion nicht überrascht. Hutten jedoch war überrascht, sogar verletzt. Drei Jahre später erlitt die alte Freundschaft zwischen Erasmus und Hutten in einem literarischen Krieg Schiffbruch.

Das „Nein", mit dem Erasmus auf die Idee eines Kriegs gegen Rom reagierte, bedeutete nicht, dass er seine Meditationen über eine mögliche Reform der Kirche aufgab. Ab 1520, vor allem aber ab 1521 wurden allerdings die möglichen Ziele dieser Reform begrenzter, bescheidener und entschieden peripherer.

Wenn wir als Ausgangspunkt eines der strukturiertesten, von Erasmus in den 1520er Jahren veröffentlichten theologischen Werke – den Traktat *De interdicto esu carnium* von 1524 – wählen, sehen wir, dass der Humanist nun drei Reformziele vorantreibt:

die Aufhebung des Priesterzölibats,

die Abschaffung der Fastengebote im Namen der evangelischen Freiheit,

die Reduzierung der obligatorischen Kirchenfeiertage[26].

Von dem radikaleren Programm (das ich in den Zeitraum zwischen 1516 und 1519 datiere), durch das Erasmus die bedingungslose Ergebenheit Huttens gewonnen hatte, blieb nur ein Artikel gültig: Die Revision des heiligen Textes mit den Methoden der Philologie, die Vereinigung von *bonae litterae* und *sacrae litterae*[27]. Auf dieses Programm, auf sein Neues Testament, wollte Erasmus nicht verzichten – und er konnte darauf nicht verzichten, weil das Buch ein Zeugnis war, das nicht verkannt werden konnte. Alle anderen Ziele der Kirchenreform von 1524 waren dagegen verhandelbar und von einer Entscheidung der Kirchenleitung abhängig. Wer mit dem Klima der Römischen Kurie dieser Jahre vertraut ist, erkennt, dass die späteren Reformziele wirklichkeitsfremd sind. Keine dieser Ideen wurde seitens Roms jemals erwogen, ja überhaupt nur erwähnt. Das Erasmus'sche Reformprogramm von 1524 war wirklich reine Illusion.

Was bewegte Erasmus zu diesem Rückzug? Einer seiner Beweggründe wurde von ihm selbst dargelegt und luzide analysiert. Das geschah in einem berühmten Selbstzeugnis, dem Brief an Richard Pace vom 7. Juli 1521:

„Ich kann mich nicht genug verwundern über den Geist, in welchem Luther geschrieben hat [...] Auch wenn er alles nach Ehre und Gewissen (*pie*) geschrieben hätte, hätte ich doch nicht den Mut, mein Leben um der Wahrheit willen in die Waagschale zu legen. Nicht alle haben genügend Stärke zum Märtyrertum. Denn ich fürchte, dass ich, wenn es zum Aufruhr kommen sollte, Petrus nachfolgen werde."

Die nüchterne Selbsteinschätzung, die Erasmus von seinem Charakter gibt, stimmt mit der Diagnose überein, die Hutten anderthalb Jahre später mit Bezug auf das Verhalten des Humanisten in der Luther-Frage stellte: bei Erasmus wird Lauheit und ein Sich-Zurückziehen angesichts des Martyriums diagnostiziert („Non omnes ad martyrium satis habent roboris")[28].

---

[26] *Epistola de interdicto esu carnium*, *ASD* IX, 1, siehe insbesondere *Cornelis Augustijns*, Einleitung 1–16.

[27] *Augustijn*, Erasmus von Rotterdam (wie Anm. 14) 100.

[28] *EE*, Bd. IV, *Ep.* 1218, 5. July 1521, l. 28–34. Ich übernehme hier die Übersetzung *Augustijns*, Erasmus von Rotterdam (wie Anm. 14) 113.

Mag der hier so nüchtern analysierte Charakterzug die Stellungnahme des Humanisten erheblich beeinflusst haben, so sollten wir auch einen weiteren Grund in Erwägung ziehen, der meines Erachtens maßgeblich war. Dieser Grund hat mit dem öffentlichen Raum zu tun. Ich sagte oben bereits, dass meiner Meinung nach der Erasmus der ersten Basler Jahre den Plan ersann, eine Hegemonie im öffentlichen Raum auszuüben, und in den Jahren 1518/19 schien dieses Vorhaben Aussicht auf Erfolg zu besitzen. Aber 1520 wurde offensichtlich, dass von nun an Luther den Ton im öffentlichen Diskurs im Reichs- und im Rheingebiet angab[29]. Reich und Rheingebiet sind jedoch das Hauptbetätigungsfeld von Erasmus. Luther wurde nun zum Antagonisten. Er war für das Fehlschlagen des Programms von Erasmus verantwortlich[30].

Der Antagonist Luther verfügte über eine Waffe, gegen die Erasmus ohnmächtig war: die Volkssprache. „Sie schreiben alles auf Deutsch", beklagt sich der Humanist am 16. September 1523 in einem Brief, der wahrscheinlich an Theodoricus Hezius, den Sekretär Hadrians VI., gerichtet war[31]. Erasmus blieb nur die Alternative, sich zurückzuziehen oder seine Feder in den Dienst der Sache Luthers zu stellen. Dass die zweite Alternative für ihn, die einstige „Sonne Germaniens", inakzeptabel war, ist nachvollziehbar.

IV.

Und wie geht es weiter?

Erasmus stellte seine Feder nicht in den Dienst der Sache Luthers. Auf einen Dialog mit dem Reformator verzichtete er jedoch nicht. Seine letzte Lebensphase ist auf jeder Etappe, bis hin zu seinem Tod, von diesem Dialog gekennzeichnet, der allerdings meistens nur in eine Richtung verlief und dessen dialogische Intention in der kritischen Literatur nicht immer erkannt wird. Ich beschränke mich hier auf die Erwähnung zweier Momente desselben.

Der bekannteste Moment des Dialogs zwischen Erasmus und Luther ist die Auseinandersetzung über den freien Willen (*De libero arbitrio diatribe sive collatio*, 1524). Luther antwortete mit dem Traktat über den geknechteten Willen (*De servo arbitrio*, 1525), welcher wiederum eine wortreiche Antwort seitens Erasmus' provozierte (*Hyperaspistes* I und *Hyperaspistes* II, 1526 und 1527). Diesem Schriftenkomplex kommt bei der Betrachtung der intellektuellen Biographie der beiden Theologen entscheidende Bedeutung zu und er wurde daher mehrfach untersucht.

Die einschlägige Sekundärliteratur beachtet nicht, dass die Kontroverse um den freien oder den geknechteten Willen eine voraussehbare Wendung in der Ausei-

---

[29] *EE*, Bd. IV, *Ep.* 1192, l. 63-65 („Sed nemo credat quam late Lutherus irrepserit in animos multarum gentium, et quam alte insederit libris omni lingua quaquaversum sparsis"). Siehe *Thomas Kaufmann*, Geschichte der Reformation (Frankfurt a. M., Leipzig 2009) 170-180.
[30] *EE*, Bd. IV, *Ep.* 1186, l. 1-2; *Ep.* 1188, l.1-5; *Ep.* 1203, l. 1-4 (Erasmus bezeichnet seine Sache als die Sache der „bonae litterae").
[31] *EE*, Bd. V, *Ep.* 1386, l. 17-18.

nandersetzung zwischen den beiden Theologen war. Dieser Disput war nicht frei, weil Erasmus einem doppelten – einem äußeren und einem inneren – Zwang ausgesetzt war. Die mächtigsten seiner Gönner – Heinrich VIII. von England, Papst Hadrian VI., verschiedene Kardinäle und Territorialfürsten – forderten seit Jahren von ihm, die Feder gegen den Häretiker in die Hand zu nehmen. Seine Selbstliebe und der Schutz seines Ruhmes trieben ihn in dieselbe Richtung. Die Diatribe über den freien Willen ist folglich eine Lektion in Sachen Bibelexegese, die ein berühmter und erfahrener Theologe einem jüngeren und unerfahreneren Theologen erteilt: Der *Senior* lehrt den *Junior*, dass jene innewohnende Unfähigkeit der menschlichen Natur, das Gute zu wählen und auszuführen, die der *Junior* mit so großer Sicherheit vertritt (*servum arbitrium*), aus der Bibel nicht als unwiderlegbar hervorgeht, die ja oft sogar die entgegengesetzte These zulässt und dem Menschen eine gewisse Fähigkeit zugesteht, sich dem Wirken der göttlichen Gnade zu öffnen (*liberum arbitrium*). Der ausgeglichene und versöhnliche Ton des Beweises verringert die Tragweite des Angriffs auf einen der Eckpfeiler von Luthers Theologie keineswegs. Die Antwort des Reformators besitzt daher eine Heftigkeit, die dem frontalen Angriff und der stechenden, unterschwellig vorhandenen Animosität gerecht wird, wie sie den akademischen Disputen eigen ist: Luther verleiht seiner Doktrin eine unflexiblere Ausrichtung und verbarrikadiert sich in seinem Glauben, um dem lucianischen Skeptiker, dem im Wesentlichen ungläubigen Erasmus entgegenzutreten. Die Regeln der Kontroverse, die dazu verpflichten, dem Gegner Punkt für Punkt und Zitat auf Zitat zu antworten, nähren die Aggressivität und nageln die beiden Gesprächspartner auf eine gleichsam totale Feindschaft fest.

Parallel zum Traktat über den freien Willen verfasste Erasmus einen Traktat über die unendliche Barmherzigkeit Gottes und ließ ihn drucken (*De infinita misericordia Domini concio*, 1524). Zweck dieser zweiten Schrift ist meiner Meinung nach die Korrektur und Abänderung der ersten. Der Name Luthers wird hier verschwiegen; diese Zurückhaltung, das Verschweigen des Namens des Adressaten, gewährt Erasmus allerdings jene Freiheit sich auszudrücken, die ihm der Paralleltext innerhalb der Kontroverse nicht zugestand.

Der Autor des Traktats über die Barmherzigkeit Gottes ging bei Luther in die Theologieschule und eignete sich einige seiner grundlegenden Ideen an. Wir finden hier die lutherische Doktrin der Gegenüberstellung von Vertrauen in die eigenen Werke und dem Wirken der Gnade wieder. Im Gefolge Luthers bekräftigte Erasmus diese Doktrin mit der Autorität des Apostels Paulus im Römerbrief. Die Behauptung, dass die Berufung zur Erlösung aus dem Glauben erwächst und dieser Glaube eine freie, von unseren Verdiensten unabhängige Gabe Gottes sei, ist ebenfalls auf die Lehre des Reformators zurückzuführen[32]. Die Zahl der konzep-

---

[32] Erasmus von Rotterdam, *De immensa Dei misericordia concio*, hrsg.v. *C.S.M. Rademaker*, ASD V, 7, S. 50, l. 442-443: „Etenim ... mihi videtur gratiam pertinere ad vocationem; vocamur autem per fidem, hoc est credulitatem. Ea fides gratuitum est Dei donum, et ob id quibus id contingit debent diuinae misericordiae".

tuellen und terminologischen Bezüge auf die Theologie der – hier immer als Barmherzigkeit Gottes bezeichneten – Gnade ist beträchtlich³³.

Nach seinem Geständnis, viel von Luther gelernt zu haben, nahm sich Erasmus die Freiheit, dem nicht genannten Gesprächspartner seinerseits eine Lektion zu erteilen. Dieses Mal entspringt die Lektion nicht der Sphäre der Dogmatik, wie im Traktat über den freien Willen, sondern dem Bereich der Seelsorge. Wenn Luther lehrt, uns und unseren Werken zu misstrauen – so legt Erasmus nahe –, ist dessen Lehre heilsam und muss angenommen werden; aber wenn der Reformator den Gott der Gerechtigkeit jenem der Barmherzigkeit gegenüberstellt, das Alte dem Neuen Testament, wenn er in einer harten Antithese das Prinzip des Gesetzes dem Prinzip der Gnade gegenüberstellt, dann wird diese Lehre gefährlich für den Gläubigen, da sie diesen in jene Verzweiflung stürzen kann, die einen ebenso fatalen Abgrund für das Seelenheil darstellt wie das Vertrauen in die Werkgerechtigkeit. Hier fand Erasmus' Stimme harte Töne:

> „Und wo sind jene eher frenetischen als häretischen Menschen, die aus einem Gott zwei Götter machen, den Gott des Alten Testaments, der nur gerecht, aber nicht barmherzig (*bonus*) ist, und den Gott des Neuen Testaments, der barmherzig (*bonus*), aber nicht gerecht ist?"³⁴

Ertönen nicht auch auf jeder Seite des Alten Testaments Lobpreisungen auf die unendliche Barmherzigkeit Gottes³⁵?

Dem „eher frenetischen als häretischen" Luther und seiner Doktrin, die hier als potentieller Ursprung der Verzweiflung präsentiert wurde, setzte Erasmus einen „großen Autor" entgegen, der die Idee vertrat, dass am Ende aller Zeiten sogar die Verdammten, sogar die Teufel Aufnahme im Schoß der göttlichen Barmherzigkeit fänden. Bei dem „großen Autor" – der wie Luther ungenannt bleibt – handelt es sich um Origines, dessen Werke Erasmus beinahe bis an sein Grab begleiteten³⁶.

Der Traktat über die Barmherzigkeit Gottes blieb unbeantwortet.

Schlussbetrachtungen

Meine Überlegungen lassen sich in drei Sätzen zusammenfassen:

Erstens: Die Antwort auf die Frage „Wo steht Erasmus"? lautet: Erasmus steht nicht, er bewegt sich.

---

[33] Hier ein weiteres Zitat: „Nemo potest salubriter odisse peccata sua, nisi Deus dederit, nisi auferat cor lapideum et inserat cor carneum, nisi pro corde polluto creet in nobis cor mundum, nisi pro spiritu pravo spiritum rectum innovet in visceribus nostris". Ibid. 74, l. 54–57.

[34] „Et ubi sunt illi phrenetici verius quam haeretici, qui duos ex uno faciunt deos, alterum Veteris Testamenti qui tantum iustus fuerit non etiam bonus, alterum Novi qui tantum bonus fuerit iustus non item?" Ibid. 74, l. 58–63.

[35] „Sed quur haec opera mihi sumitur in recensendis aliquot veteris scripturae locis, quae declarent admirabilem Domini misericordiam? Tota Veteris Instrumenti scriptura undique nobis praedicat, occinit, inculcat Dei misericordiam". Ibid. 74, l. 58–60.

[36] Ibid. 54, l. 553–560.

Zweitens: Es war das Ereignis Luther, das Erasmus zwang, sich in Bewegung zu setzen, sich immer neu zu positionieren. Erasmus wählte stets eine neue Position in Bezug auf Luther, der sich hingegen sehr früh dem Dialog mit Erasmus verschloss.

Drittens: In wieweit ist aber Luther ein Schüler des Erasmus in einem entscheidenden Aspekt seiner Strategie, nämlich hinsichtlich der Kontrolle der öffentlichen Kommunikation? Gäbe es den „Luther von Worms" ohne die Lektion des Erasmus als Kommunikator? Wäre es nicht an der Zeit, nach 497 Jahren – und diese Frage richte ich an die evangelischen Kirchenhistoriker – das Verhältnis der zwei Theologen neu zu fassen?

Summary

For five hundred years Erasmus has had a bad press in Reformation studies. Historical criteria and methodology change, judgments are overturned, but Luther's crushing denunciation of the "Eel of Rotterdam" remains. This paper suggests that we should pay closer attention, in evaluating the relationship between Erasmus and the Reformation, to a certain reliable witness, an observer who played an active part in events: Ulrich von Hutten. According to Hutten, the potential for religious innovation latent in the works of Erasmus was far greater than present-day studies would allow. A historiography attentive to the crucial role played by the means of communication in asserting the Reformation, and indeed in the physical survival of Luther, should be aware that, in this important area, Luther was a disciple – a disciple of genius, it is true – of the Dutch humanist.

II. Die Folgen

Georg Schmidt

Luther und die Freiheit seiner „lieben Deutschen"

Martin Luther ist nicht zu beneiden[1]. Mit der „Lutherdekade" sind lange vor dem 500. Jubiläum des Thesenanschlags – ein Fakt, der mit guten Gründen bezweifelt wird und wurde[2] – seine Person, sein Denken und Handeln sowie deren Folgen auf den Prüfstand geraten. Seine reformatorischen Ansichten und Absichten, aber auch seine häufig kritisierten politischen Meinungen werden landauf, landab kontextualisiert, dekonstruiert und verfremdet. Luther unterliegt einer inquisitorischen Dauerbefragung, die in der Beschäftigung mit einem weit zurückliegenden Geschehen wohl ihresgleichen sucht. Dies ist umso erstaunlicher, als der lutherische Weltbund gerade einmal 70 Millionen Menschen und damit etwas weniger als ein Prozent der Weltbevölkerung vertritt[3]. Etwa 10 Millionen davon sind in der vereinigten evangelisch-lutherischen Kirche Deutschlands organisiert[4]. Im Vergleich dazu: 2012 gab es ca. 80,5 Millionen deutsche Staatsbürger[5], 92 Millionen Menschen nennen „deutsch" ihre Muttersprache[6]. Luther ist also heute kein „deutsches" Phänomen. Die Zusammensetzung der Gremien der Lutherdekade – so hat Hartmut Lehmann 2011 kritisch angemerkt – bringe dennoch „die Ansicht zum Ausdruck, Luther sei zunächst und vor allem ein ‚deutscher Besitz'"[7]. Dies ist einer doppelten Tradition geschuldet: Zum einen blieb das Luthertum lange Zeit auf den deutschen Sprachraum und die Gebiete beschränkt, die von deutschen Eliten und Kultur mitgeprägt waren. Zum anderen machten die Deutschen

---

[1] Die Einleitung reagiert auf die anregenden Diskussionen, die dieser Vortrag am 7. November 2013 in München ausgelöst hat. Sie will die Grundlagen des methodischen Vorgehens und Geltung der Ergebnisse erläutern, um künftig Missverständnisse wie den Vorwurf des „Ableitungsfuror" oder einer anachronistischen Verwendung des Quellenbegriffes „deutsche Nation" zu vermeiden. Dem Lutherkolloquium und der kritischen Befragung verdanke ich einige Anregungen. Herrn Ingo Leinert, M.A. (Jena), danke ich für seine vielfältigen Hilfen.
[2] Ausgangspunkt der Diskussion: *Erwin Iserloh*, Luthers Thesenanschlag – Tatsache oder Legende? (Wiesbaden 1962).
[3] Aufrufbar unter: http://www.velkd.de/31.php (zuletzt am 29.10.2013).
[4] http://www.velkd.de/2.php (zuletzt am 10.02.2014).
[5] Statistisches Bundesamt, Jahreszählung 2012. Aufrufbar unter: https://www.destatis.de/DE/ZahlenFakten/GesellschaftStaat/Bevoelkerung/Bevoelkerung.html (zuletzt am 29.10.2013).
[6] Daten des CIA-World-Fact-Book. Aufrufbar unter: https://www.cia.gov/library/publications/the-world-factbook/geos/xx.html (zuletzt am 29.10.2013).
[7] *Hartmut Lehmann*, Unterschiedliche Erwartungen an das Reformationsjubiläum 2017, in: Luthergedächtnis 1817 bis 2017, hrsg. v. *Hartmut Lehmann* (Göttingen 2012) 305–314, Zitat 311.

Luther zu ihrem Helden, der angeblich wie kein anderer das deutsche Wesen verkörperte.

Dass diese nationale Vereinnahmung eine gewisse Berechtigung hat, verdeutlichte Geoffrey Elton vor etwa 30 Jahren. Er nannte Luther einen Deutschen, der allein aufgrund seiner Sprache vor allem im deutschen Kontext Wirkung entfaltet habe[8]. Alle Bemühungen, den historischen Luther zu europäisieren, endeten bisher im deutschen und skandinavischen Kulturkreis[9] oder sie beschworen Folgen wie den neuzeitlichen Partikularismus, der die europäischen Konfessionskriege ermöglicht habe[10]. Warum der „Rebell", der wegen seiner politischen Haltungen „fremde" und „sperrige" Luther[11], ein vorrangig deutsches Ereignis war und über seinen Tod hinaus geblieben ist, wird im Folgenden erörtert. Dabei werden seine theologisch-dogmatischen Reformen aus heuristischen Gründen auf ihre politischen Dimensionen reduziert: auf die Freiheit eines Christenmenschen, den Freiheitskampf gegen das Papsttum und die alte Amtskirche sowie den biblischen Gehorsam in weltlichen Dingen. Diese politisch folgenreichen und nachwirkenden Forderungen Luthers werden konfrontiert mit der damals gerade „gefundenen" und als distinkt ausgegebenen deutschen Freiheit sowie der organisatorischen Ausgestaltung der reichsständischen Obrigkeit und des Reiches als eines Gefüges komplementärer Mehrebenenstaatlichkeit. Die These lautet:

Luther profitierte von der verfassungsrechtlichen Situation des Reiches und der nationalen Aufladung, die er aufgriff und weiter profilierte. Die obrigkeitlich-geordnete Reformation und das Luthertum blieben an die spezifisch deutschen Verhältnisse gebunden.

Der Reformator begeisterte seit 1520 die Massen im deutschen Sprachraum. Sein Glaube hat sich noch zu seinen Lebzeiten auch in Skandinavien und darüber hinaus zumindest partiell in solchen Räumen durchgesetzt, in denen deutsche Eliten und deutsche Kultur dominierten. Luther ist nicht nur aufgrund seiner Herkunft und den nationalen Stilisierungen des 19. Jahrhunderts ein deutscher Prophet und Reformator. Er selbst hat sich so verstanden und er bietet mit der Fülle seiner auf die Deutschen bezogenen, gegen Fremde und Andere gerichteten, manchmal höchst verstörenden Aussagen viele Anknüpfungspunkte für berechtigte Kritik. Ungewiss erscheint, was von dem Luther vergangener Zeiten – dem Glaubensstifter und Seelsorger, dem Aufklärer und Sprachschöpfer, dem Befreier von Irrtümern, Aberglauben und dem römischen Papsttum, dem Kämpfer gegen Aufständische, Juden, Türken und „Welsche", aber auch dem tatkräftigen, unerschrockenen und charakterfesten Deutschen – nach diesem Jubiläum noch übrig bleiben wird. Den politisch korrekten, pluralen und ökumenischen, dennoch aber authen-

---

[8] *Sir Geoffrey R. Elton*, Die europäische Reformation: mit oder ohne Luther? in: Martin Luther. Probleme seiner Zeit, hrsg. v. *Volker Press, Dieter Stievermann* (Stuttgart 1986) 43–57.
[9] Vgl. *Bernd Moeller* (Hrsg.), Luther in der Neuzeit (Gütersloh 1983).
[10] *Heinz Schilling*, Martin Luther. Rebell in einer Zeit des Umbruchs. Eine Biographie (München 2012) 620f.; im Folgenden zitiert: *Schilling*, Luther.
[11] *Schilling*, Luther 15f.

tisch lutherischen Luther gab es offensichtlich nicht. Wonach also sucht die Forschung, die sich interdisziplinär mit dem Reformator beschäftigt?

Geschichtsschreibung erhellt vergangenes Geschehen im Lichte der Quellen und aktueller Erkenntnismöglichkeiten. Wenn Clio den Schleier lüftet, der die Vergangenheit umhüllt, gibt sie den Blick auf *eine* andere, nicht auf *die* Realität frei. Sie bietet eine stets begrenzte Sicht auf ein höchst komplexes Geschehen, das meist sprachlich an die Gegenwart vermittelt wird, um dort orientierend zu wirken. Die vergangenen Jubiläen feierten ihren Luther als Kämpfer gegen den römischen Antichristen, als Aufklärer und Schöpfer der deutschen Sprache oder als den Heros und Genius des deutschen Wesens. Sie stellten ihre Fragen und fanden unbeschadet aller Her- und Ableitungen bei Luther Antworten, die in ihrer Zeit das Denken und Handeln anleiten sollten und konnten. Ihr auf die Deutung der Quellen gestützter Luther entsprach den damaligen Orientierungsbedürfnissen, erscheint uns heute jedoch anachronistisch, einseitig und merkwürdig fremd. Die historische Forschung prüft deswegen die älteren Narrationen nicht nur an den Quellen und an deren Interpretationen, sondern auch an den Erfahrungen, Ängsten und Hoffnungen der Gegenwart. Wie Luther, der sich selbst mit dem Recht christlicher Freiheit autorisierte, die kirchliche Tradition und alles andere seinem Urteil zu unterwerfen[12], können und müssen die Quellen immer wieder neu, anders und präziser befragt werden, um angemessene Antworten auch darüber zu erhalten, was damals geschehen sein könnte. Wer in Luther den deutschen Helden oder den Gegner der Juden sucht, wird nicht an den von ihm überlieferten Texten scheitern. Er wird aber erklären müssen, warum er diese Frage stellt und ob er so Antworten zu finden hofft, die das Lutherbild des 21. Jahrhunderts justieren können.

Der deutsche Luther ist ein historisches Phänomen, das methodisch erforscht werden kann und muss, um bestehende Mythen zu relativieren sowie heute nicht mehr adäquate Einschätzungen zu dekonstruieren und zu delegitimieren[13]. Der dadurch generierte neue (deutsche) Luther ist jedoch wiederum kein „Luther-ansich" und für alle Zeiten, sondern das Produkt unserer Gegenwart. Er entspricht – auch wenn er bewusst verfremdet wird – der Wirklichkeit, die aktuell notwendig, wünschenswert und vorstellbar ist. Dies teilt er mit den älteren Lutherbildern. Spätere Generationen werden auch an diesem Luther ihre Korrekturen anbringen oder ihn als Mythos schelten.

Der hermeneutische Zirkel – gefunden wird, was gesucht wurde – ist das unhintergehbare Erkenntnisprinzip geisteswissenschaftlicher Forschung, dem niemand entfliehen kann. Jede Vergewisserung in der Vergangenheit bietet exakt

---

[12] *Reinhard Schwarz*, Luthers Freiheitsbewußtsein und die Freiheit eines Christenmenschen, in: Martin Luther – Biographie und Theologie, hrsg. v. *Dietrich Korsch*, *Volker Leppin* (Tübingen 2010) 31-68, hier 34; im Folgenden zitiert: Schwarz, Freiheitsbewußtsein.
[13] *Dieter Langewiesche*, Wozu Geschichtsmythen? in: Mythen und Politik im 20. Jahrhundert. Deutsche – Slowaken – Tschechen, hrsg. v. *Edita Ivanickova, Dieter Langewiesche, Alena Míšková* (Essen 2013) 7-24.

die Antworten, die aufgrund der Quellenbefragung möglich sind. Die Einsichten der Geschichts- und Geisteswissenschaften gelten deswegen nur so lange als „wahr" bis eine neue Runde der methodisch kontrollierten Auseinandersetzung zu anderen und plausibleren Einschätzungen kommt. Heute besteht die Gefahr, dass durch Desinteresse und Nicht-Beschäftigung die alten Ergebnisse zum heroisch aufbereiteten deutschen Luther weiter gelten, obwohl sie mit aktuellen Problemen und Erfordernissen nicht mehr korrelieren. Wenn also der deutsche Luther oder „Luther und die Freiheit seiner lieben Deutschen" wie jedes andere historische Geschehen neu vermessen werden soll, generieren aktuelle Probleme, jedoch vor der Folie bestehender Einsichten und (Vor-)Urteile, die forschungsleitenden Fragen und damit die Erkenntnismöglichkeiten. Die Ergebnisse werden im Fach und von der Öffentlichkeit vor allem dann akzeptiert, wenn das Neue mit dem Alten weitgehend übereinstimmt oder wenigstens den hergebrachten Deutungskorridor nicht grundsätzlich verlässt. Die Forschung modifiziert das gängige Bild meist detailreich und sukzessive, stürzt es aber selten um.

Während der antijudaistische, intolerante, Gehorsam fordernde, die aufständischen Bauern verdammende und einer mörderischen Justiz ausliefernde, auch der die Frauen nicht unbedingt befreiende Luther derzeit ins kulturelle Gedächtnis gedrängt wird, gilt dies für den deutschen Luther und die politischen Folgen seines Wirkens in Deutschland sehr viel weniger. Ist dieser offensichtliche Zusammenhang – das Luthertum war in der Frühen Neuzeit nun einmal eine deutsche (und skandinavische) Konfession und Luther wurde im 19. Jahrhundert als Inkarnation des Deutschen inszeniert – für ein modernes Lutherbild wissenschaftlich unerheblich oder ist er so vollständig geklärt, dass sich jede weitere Beschäftigung erübrigt?

Das wissenschaftliche Beschweigen der nationalen Basis oder die beschwichtigend gemeinte Ablenkung, „deutsch" sei bei Luther lediglich sprachlich gemeint gewesen, machen die chauvinistischen Bekenntnisse und Deutungen nicht ungeschehen. Zudem steht der deutsche Luther – seit dem 19. Jahrhundert keine nur lutherische, sondern eine protestantisch-nationale Inszenierung – noch immer im Bann des angeblichen deutschen Sonderweges. Mit der Verbindung von Landesherrschaft und Bischofsamt habe Luther die Entwicklung zum fürstlichen Absolutismus ermöglicht und so die falschen Weichenstellungen zu Gehorsam und Illiberalität, Obrigkeitshörigkeit und Untertanenmentalität verursacht, so dass die Deutschen das Politische verfehlten und mit der Ablehnung von Demokratie und Zivilisation sich auf dem „langen Weg nach Westen" extrem verspäteten[14]. Dazu beigetragen habe auch der „Ursprung der Spaltung in der Nation", für den allerdings schon Leopold von Ranke nicht Luther, sondern diejenigen verantwortlich machte, die ihm nicht folgten[15].

Die Meistererzählung dieses deutschen Sonderweges dient auch heute noch dazu, langfristige Ursachen von Nazi-Regime und Holocaust zu erklären. Doch

---

[14] Vgl. *Heinrich August Winkler*, Der lange Weg nach Westen (Bd. 1, München 2000) 13–18.
[15] *Leopold von Ranke*, Deutsche Geschichte im Zeitalter der Reformation, Bd. 2, hrsg. v. *Paul Joachimsen* (München 1925) 111–137.

wie passen die erfolgreiche Demokratisierung der beiden deutschen Gesellschaften nach 1945 bzw. 1989/90 zu dieser Geschichte des Scheiterns? War die oktroyierte Umerziehung erfolgreich, weil die von Luther geprägten Deutschen gehorsam waren? Ist dies heute ein sinnvolles und orientierendes Deutungskonzept? Warum funktionieren solche Programme nicht in anderen Teilen der Welt?

Luther zu historisieren, heißt auch solche Fragen zu stellen, denn sein Gehorsam in weltlichen Dingen provozierte politische Reaktionen, die das Reich als Gefüge komplementärer Mehrebenenstaatlichkeit festigten und die „deutsche Freiheit" zum begründenden Letztwert der politischen Sprache machten.

Vorausgesetzt wird im Folgenden, dass die „gestaltende Verdichtung"[16] im späten Mittelalter ein staatlicher werdendes Reich[17] und eine föderative Nation auf den Weg brachte[18], die als Sprach- und Schicksalsgemeinschaft im soziokulturellen Wettkampf mit anderen Nationen stand[19]. Im Einzelnen werden (1.) die Folgen der obrigkeitlichen Reformation für die politische Freiheit, (2.) die Misere des bloß deutschen Konkordienluthertums, (3.) die Sakralisierung der protestantischen Nation sowie (4.) der angebliche Sonderweg des verspäteten Nationalstaates und der deutschen Unfreiheit diskutiert.

1. Luther, die obrigkeitliche Reformation und die deutsche Freiheit

Martin Luther wollte die römisch-katholische Kirche reformieren und Europa von der „Tyrannei des Papsttums" befreien, das er als „Antichrist" identifizierte. Weder die Kirche noch „Kaiser und Reich" folgten ihm und seinem Anliegen. Da die reformatorische Bewegung „von unten" seinem Ordnungsverständnis zutiefst widerstrebte und die massive Gewalt im Bauernkrieg seine schlimmsten Befürchtungen noch übertraf, blieben als politische Träger der Reformation in Deutschland nur die Herrschaft ausübenden Reichsstände.

Die Besonderheiten der entstehenden Mehrebenenstaatlichkeit des Reiches erwiesen sich als Glücksfall für die obrigkeitliche Reformation, aber auch als ein Geburts- und Systemfehler, der sie an Deutschland band.

Der Speyrer Reichstag fand 1526 als Reaktion auf den Bauernkrieg, das Scheitern des freien deutschen Konzils, die Abwesenheit Kaiser Karls V. und den Druck „von unten" einen richtungsweisenden Kompromiss: Mit dem Glauben sollte es jeder Reichsstand bis zum Konzil so halten, wie er es gegen Gott und

---

[16] *Peter Moraw*, Vom deutschen Zusammenhalt in älterer Zeit, in: Identität und Geschichte, hrsg. v. *Matthias Werner* (Weimar 1997) 27-59.
[17] *Georg Schmidt*, Geschichte des Alten Reiches. Staat und Nation in der Frühen Neuzeit 1495-1806 (München 1999), bes. 40-44 und passim; im Folgenden zitiert: *Schmidt*, Geschichte.
[18] Vgl. *Dieter Langewiesche*, *Georg Schmidt* (Hrsg.), Föderative Nation. Deutschlandkonzepte von der Reformation bis zum Ersten Weltkrieg (München 2000).
[19] Vgl. *Caspar Hirschi*, Wettkampf der Nationen. Konstruktionen einer deutschen Ehrgemeinschaft an der Wende vom Mittelalter zur Neuzeit (Göttingen 2005).

Kaiser „hofft und vertraut zu verantworten"[20]. Dieser einstimmige Reichsschluss hatte drei folgenreiche Konsequenzen:
1. Die Reichsstände erklärten ihre Gewissen zur letzten Instanz in Religionsfragen. Sie bestimmten den Glauben ihrer Untertanen und gestalteten, sofern sie sich der Reformation anschlossen, das Kirchenwesen in ihren Gebieten.
2. Die Speyrer Regelung galt nur für das sog. Reichstags-Deutschland. Im Reichs-Staat bzw. in dem deutschen Gefüge komplementärer Mehrebenenstaatlichkeit fielen alle weiteren Entscheidungen über die Ausgestaltung der Glaubensfrage in der politischen Arena. Martin Luther und die Theologen durften noch beraten und warnen.
3. Das Heilige Römische Reich Deutscher Nation gab die Glaubenseinheit auf, um das 1495 fundierte Gefüge komplementärer Mehrebenenstaatlichkeit zu bewahren und zu festigen[21].

Reichsrechtlich galt Luthers Freiheit eines Christenmenschen nur noch für die Reichsstände. Sie mussten entscheiden, die Untertanen gehorchen: „Jedermann sei untertan der Obrigkeit, die Gewalt über ihn hat." Luthers Übersetzung von Römer 13,1 war eindeutiger als der Plural der Vulgata: *„omnis anima potestatibus sublimioribus subdita sit."*[22]

Die Folgen des reichsrechtlich legitimierten und von Luther in Gestalt des fürstlichen Notbischofs akzentuierten landesherrlichen Kirchenregiments zeigten sich bereits am Beginn der obrigkeitlichen Reformation in Sachsen. Kanzler Brück und die Juristen waren die Ko-Autoren Philipp Melanchthons beim „Unterricht der Visitatoren" und die weltlichen Regierungsräte dominierten die Visitationskommissionen[23]. Die vorläufige reichsrechtliche Sicherung der Reformation festigte 1526 auch die reichsständischen Obrigkeiten, die ihre Gebiete zunehmend staatlicher organisierten.

Luther hat diese verfassungsrechtliche Entwicklung mit seinem Beharren auf eine geordnete, obrigkeitlich regulierte Einführung der Reformation ungewollt provoziert. Gehorsam gegenüber der weltlichen Obrigkeit war und blieb sein politisch-weltliches Programm. In seiner „Heerpredigt wider den Türken" erläutert Luther, dass ein Christ auch eine türkische Gefangenschaft und Sklaverei als gottgewollt hinnehmen müsse und sich nicht selbst befreien dürfe, denn damit raube er seinem Herrn den Leib, den dieser gekauft habe[24]. Ging es ihm hier wirklich

---

[20] Neue und vollständigere Sammlung der Reichsabschiede [...], Tl. 2, (Frankfurt a. M. 1747) 274; *Armin Kohnle*, Reichstag und Reformation. Kaiserliche und ständische Religionspolitik von den Anfängen der Causa Lutheri bis zum Nürnberger Religionsfrieden (Gütersloh 2001), bes. 260–271.
[21] *Martin Heckel*, Weltlichkeit und Säkularisierung, in: Luther in der Neuzeit, hrsg. v. *Bernd Moeller* (Gütersloh 1983) 34–54, hier 47.
[22] Zit. n.: *Otto Dibelius*, Luther als Anwalt des ‚Obrigkeitsstaates'?, in: Luther und die Deutschen. Texte zur Geschichte und Wirkung, hrsg. v. *Johann Baptist Müller* (Stuttgart 1983) 124f.
[23] Vgl. hier das DFG Projekt von Joachim Bauer und Stefan Michel, „‚Der Unterricht der Visitatoren' (1528). Entstehung, Bedeutung und Wirkungsgeschichte des ersten normativen Gruppentextes der Wittenberger Reformation".
[24] Martin Luther, Heerpredigt wider den Türken (1529), in: Martin Luther, Werke (WA 30,2, Weimar 1909) 149–197, hier 192f.

nur um den Frieden und die gute Ordnung oder propagierte er nicht doch Gehorsam um des Gehorsams willen[25]? Johannes Bugenhagen öffnete jedenfalls im gleichen Jahr 1529 diese starre Gehorsamsforderung. Er erklärte Widerstand unter Verweis auf die Pflichten des guten Königs im ersten Buch Samuel für geboten, wenn der Kaiser als die höchste Obrigkeit gegen Gottes Wort verstoße oder vorgehe[26]. Damit war ein Weg gefunden, der es später auch Luther erlaubte, aktiven Widerstand zu fordern, wenn das Evangelium bedroht wurde.

Im Unterschied zu seinem Gehorsamsfundamentalismus in weltlichen Dingen, der das landesherrliche Kirchenregiment und den „geschlossenen Landesstaat" auf den Weg brachte, initiierte Luther auf der Reichsebene eine geradezu entgegengesetzte Entwicklung: Etliche Reichsstände widersetzten sich aus Glaubensgründen dem Kaiser und unterstrichen ihre eigenen Regelungskompetenzen. Luthers Reformation half so dem seit den Wormser Reformen von 1495 im verdichteten Reichsverband bereits angelegten politischen Mehrebenensystem komplementärer Staatlichkeit auf die Sprünge. Die Entscheidung von 1526 machte die Reformation in Deutschland zu einer obrigkeitlichen und politischen Angelegenheit. Die skandinavischen Königreiche orientierten sich eigenständig an diesem Muster.

Als es wirklich ernst wurde und Karl V. 1530 die deutschen Protestanten aus dem Ewigen Landfrieden drängte, waren es Juristen, deren Argumentationen den Schmalkaldischen Bund ermöglichten und den evangelischen Glauben retteten. Die Gehorsam gegenüber dem Kaiser einklagenden Wittenberger Theologen wurden ausmanövriert: „Denn das wir bisher geleret, stracks nicht widderzustehen der oberkeit, haben wir nicht gewust, das solchs der oberkeit rechte selbs gegen, welchen wir doch allenthalben zu gehorchen vleissig geleret haben."[27]

Die Juristen operierten mit drei Hauptargumenten:
1. Kaiserliche Befehle, die sich gegen Gottes Ordnung und das Evangelium richten, sind nichtig.
2. Fürsten und Städte sind verpflichtet, ihre Untertanen vor unbilliger Gewalt zu schützen.
3. Der Kaiser hat seine Pflichten verletzt. Er besitzt im Reich nur eine „gemessen gewalt" wie die Konsuln in Rom oder der Doge in Venedig. Gott hat auch den Reichsständen das Schwert gegeben; sie regieren mit „und ist der Kaiser kein monarcha"[28].

Der Schmalkaldische Bund verursachte die *„mutacionem imperii"*, die Ansbacher Theologen vorausgesagt hatten[29]. Die Einung galt zwar nur in Glaubens-

---

[25] *Schilling*, Luther 625.
[26] *Luise Schorn-Schütte*, Politische Kommunikation in der Frühen Neuzeit: Obrigkeitskritik im Alten Reich, in: Geschichte und Gesellschaft 32 (2006) 273–314, hier 296f.
[27] Erklärung Luthers u. a., 1530, Okt., bei: Das Widerstandsrecht als Problem der deutschen Protestanten 1523–1546, hrsg. v. *Heinz Scheible* (Texte zur Kirchen- und Theologiegeschichte 10. Gütersloh ²1982) 67f., Zitat 67.; im Folgenden zitiert: *Scheible*, Widerstandsrecht.
[28] Anonymes Gutachten, 1530, bei: *Scheible*, Widerstandsrecht 69–77, bes. 73–76.
[29] Ansbacher Theologengutachten, 1531, Feb., bei: *Scheible*, Widerstandsrecht 69–77, bes. 83–88, Zitat 85.

angelegenheiten, stärkte jedoch die ständische Libertät in Deutschland: Die Selbstregierung der Reichsstände als *cives* des Reiches wurde unter dem neuen Topos „deutsche Freiheit" zu einer Leitidee der Reichsverfassung und der politischen Kultur in der deutschen Nation. Das Saalfelder Bündnis zwischen Kursachsen, Hessen und dem katholischen Bayern hielt 1531 fest, dass die Königswahl Ferdinands I. des „romischen reichs freiheit" beeinträchtige und „zu ewigem und beschwerlichen einpruch und verlezigung teutscher freiheit" führe[30]. Aus dieser Sicht konstituierten Fundamentalgesetze wie die Goldene Bulle oder der Ewige Landfrieden, die Reichsabschiede und die kaiserliche Wahlkapitulation das Reich. Es besaß eine vertragsrechtliche Basis, regierte sich selbst und war weder einer auswärtigen Macht noch dem eigenen Kaiser unterworfen.

Es war vor allem Ulrich von Hutten, der um 1520 die *Libertas Germanorum* des Tacitus zur „deutschen Freiheit" umgedeutet und Luther zum Freiheitskämpfer gegen Rom und die Welschen stilisiert hatte. Hans Holbein d. J. machte Luther zum „Hercules Germanicus", der die alten Autoritäten vernichtete[31]. Luther selbst sprach sehr häufig von Freiheit. Er meinte freilich die innere Freiheit, das Evangelium zu bekennen. Dass sich sein Gebrauch des Freiheitsbegriffes, etwa in der Adelsschrift oder in der Forderung nach einem freien Konzil, auch politisch und diesseitig verstehen ließ und verstanden wurde, ist mit Volker Leppin nur zu unterstreichen[32].

Viele Reichsstände begrüßten Luthers Aufbegehren gegen den Papst. Der gemeine Mann nahm Luthers Freiheit im Bauernkrieg wörtlich und machte sie weltlich. Trotz ihrer Niederlage erreichten die Bauern Zugeständnisse: Die Leibeigenschaft wurde an etlichen Orten gemildert oder aufgehoben[33] und die Untertanen erhielten unter bestimmten Umständen das Recht zur Klage am Reichskammergericht, auch gegen ihre eigene Obrigkeit. Die Bauern wurden 1526 jedoch nicht frei und ihre politischen Teilhaberechte blieben auf die korporativ-kommunale Ebene und einige wenige Landschaften begrenzt. Sie gewannen jedoch die Freiheit zu klagen – ein Recht das sie seit dem letzten Viertel des 16. Jahrhunderts exzessiv nutzten.

Luther beschäftigte sich nach der Gründung des Schmalkaldischen Bundes mit der Reichsverfassung und passte sich den veränderten Einschätzungen an. In seiner „Warnunge […] An seine lieben Deudschen" verpflichtete er diese 1531, sich

---

[30] Saalfelder Vertrag, 1531, 24. Okt., zit. n. *Alfred Kohler*, Antihabsburgische Politik in der Epoche Karls V. Die reichsständische Opposition gegen die Wahl Ferdinands I. zum römischen König und gegen die Anerkennung seines Königtums (1524–1534) (Göttingen 1982) 234.
[31] *Schmidt*, Geschichte 59 ff.
[32] *Volker Leppin*, „Fleischliche Freiheit?" Luther und die Bauern, in: Von der Freiheit jedes (Christen-)Menschen. „Ihr aber seid zur Freiheit berufen", hrsg. v. *Hanna Kasparick* (Wittenberg 2011) 7–27, hier 23; *Georg Schmidt*, Luthers Freiheitsvorstellungen in ihrem sozialen und rhetorischen Kontext (1517–1521), in: Martin Luther – Biographie und Theologie, hrsg. v. *Dietrich Korsch, Volker Leppin* (Tübingen 2010) 9–30.
[33] *Peter Blickle*, Von der Leibeigenschaft zu den Menschenrechten. Eine Geschichte der Freiheit in Deutschland (München 2003) 96 ff.

gegen den römischen Antichristen und seine Helfer zu wehren. Das, was auf dem Augsburger Reichstag geschehen sei, müsse die Deutschen vor Gott und der Welt schamrot werden lassen. „Wer wil hinfurt unter dem gantzen himel sich fur uns Deudschen fürchten odder etwas redlichs von uns halten, wenn sie hören, das wir den verfluchten bapst mit seinen larven also lassen effen, nerren, zu kindern, ja zu klötzen und blöchen machen, das wir umb ir lesterlichen, Sodomitischen, schendlich leren und leben willen so schendlich, ja uber und uber schendlich inn offentlichem Reichstage widder recht und warheit handeln? Es solt billich einen jglichen deudschen gerewen, das er deudsch geboren were und ein deudscher heissen sol." Luther forderte, den Gehorsam zu verweigern, falls der Kaiser „durch seine Teuffel, die Papisten verhetzt, auffbieten würde zu kriegen widder unsers teils Fursten und Stedte". Dies sei kein Aufruhr, sondern Notwehr. „Aber weil ich der Deudschen Prophet bin [...], So wil mir gleichwol als einem trewen Lerer gebüren, meine lieben Deudschen zu warnen fur irem schaden und fahr." Der Kaiser handle nicht nur gegen Gott, sondern auch „widder seine eigen Keiserliche recht, eyde, pflicht, siegel und brieve". Er, Luther, suche dagegen „der Deudschen, heil und seligkeit"[34].

Die Deutschen sollten nicht gehorchen, sondern sich wehren, falls der Kaiser das Evangelium angreife und seine vertraglichen Verpflichtungen verletze. Diese direkte Aufforderung überrascht. Sie begründet sich aus Luthers Sicht damit, dass das Wort Gottes nicht untergehen durfte, weil das Ende dieser Welt, die Apokalypse und das Jüngste Gericht unmittelbar bevorstanden[35]. Als Geistlicher wollte Luther zwar weder zum Krieg raten noch selbst Gewalt anwenden, doch der Wehrstand sollte seines Amtes walten. Damit hatte Luther seine Haltung modifiziert: Es widersprach Gottes Willen, sich nicht gegen die teuflischen Papisten und ihre Gräuel zu wehren. Die Deutschen und niemand anders waren gefordert.

Luthers Warnung machte die Deutschen zum auserwählten Volk und bürdete ihnen die Last auf, den wahren Glauben zu behaupten und zu verbreiten. Sie durften angesichts des nahen Endes der Welt das Evangelium nicht mehr verlieren. Luther formulierte damit eine Art Urversion der später noch häufiger postulierten deutschen Mission zur Rettung der Menschheit. Bei Johann Wolfgang von Goethe hieß es: „Denn es ist einmal die Bestimmung des Deutschen, sich zum Repräsentanten der sämmtlichen Weltbürger zu erheben."[36] Wilhelm II. bezog sich 1903 in Merseburg direkt auf Luther: „Der größte deutsche Mann, der für die ganze Welt die größte befreiende Tat getan hat."[37] Wenn auch sprachlich etwas ungelenk, formulierte der Kaiser das damalige Lutherbild deutscher Protestanten:

---

[34] Martin Luther, Warnunge [...] An seine lieben Deudsche, in: Martin Luther, Werke (WA 30,1, Weimar 1910) 276–320, Zitate 285 und 290f.
[35] *Wolfgang Sommer*, Luther – Prophet der Deutschen und der Endzeit, in: Politik, Theologie und Frömmigkeit im Luthertum der Frühen Neuzeit, hrsg. v. *Wolfgang Sommer* (Göttingen 1999) 155–176.
[36] Goethe an Johann Lambert Büchler, 1820, 14. Juni, in: Goethe-Briefe, Goethes Werke, Abt. 4, Bd. 33 (Weimar 1905) 64–67, Zitat 67.
[37] *Franz Etzin*, Luther als Erzieher zum Deutschtum (Langensalza 1917) 7.

Luther ist *der* Deutsche, der mit seiner Tat die Welt vom Aberglauben und vom römischen Antichristen befreit hat. Die Affinität von „deutsch" und „Luther" war im Zeichen von „Thron und Altar" zum Mythos *des* Deutschen geronnen[38].

Doch auch im Alten Reich verzahnten die lutherischen Fürsten ihre Freiheit und die biblische Gehorsamspflicht zu Lasten der Untertanen. Dass daraus kein Despotismus und auch nicht der häufig postulierte Sonderweg der Unfreiheit entstanden, hing nicht an Luther oder den freiheitlichen Interpretationen lutherischer Theologen, sondern am politischen Mehrebenensystem des Reiches. Die Partizipationsrechte der Reichsstände, die ihre an Ordnung interessierten Untertanen erfolgreich disziplinierten, sicherten ihnen auf der Reichsebene die Freiräume und Klagemöglichkeiten, die letztlich auch das Volk vor willkürlicher Beherrschung oder Besteuerung schützte.

Luther erlebte im Vorfeld des Schmalkaldischen Krieges gerade noch, wie sich sein Kampf für die Freiheit des Evangeliums, also die Befreiung des Gläubigen von der Sünde und dem Gesetz[39], mit demjenigen für die Freiheit der deutschen Nation von Unterdrückung durch Fremde oder den eigenen Kaiser verband. Die Protestanten sahen sich selbst als die Nation an, weil sie für alle Deutschen die Freiheit des Glaubens sicherten. Die Flugschriften sprechen eine deutliche Sprache. Luther erkannte den Zusammenhang und fürchtete: Falls das Evangelium untergehe, zerfalle die Ordnung und die inneren Kriege brächten Deutschland unter das spanische Joch. „Damit gehet der Teuffel vmb, welcher begert das wort Gottes vnd das frey Deutschlandt zuvorstoren. [...] Dan die freiheit Deutschlandts ist von den, so allein aller ding herren sein wollen, gehaßt."[40]

Der deutsche Krieg, der Kampf der Schmalkaldener mit dem Kaiser und der Fürstenaufstand, endete 1555 mit der reichsrechtlichen Anerkennung der Augsburger Konfession und einem nicht-monarchisch regierten Reich. Das freie Reich und die monarchisch regierenden Reichsstände bildeten eine komplex-komplementäre Einheit. Die ständische Libertät war die eine Seite der Münze, deren andere hieß *ius emigrandi*, ein Grundrecht zur Auswanderung für nahezu alle Deutschen, die mit der Glaubensoption ihres Landesherrn nicht einverstanden waren. Es galt selbst für Leibeigene und enthielt Eigentumsgarantien gegen willkürliche Abzugssteuern. Aus dem Individualrecht wurde in der Praxis jedoch ein Ausweisungsrecht der Obrigkeiten.

2. Das deutsche Konkordienluthertum

Luther und die Reformation waren ein deutsches Ereignis, das im 16. Jahrhundert auch den Ostseeraum in seinen Bann zog und entscheidende Impulse in die

---

[38] *Dieter Langewiesche*, Wozu Geschichtsmythen? (vgl. Anm. 13) 7f.
[39] *Schwarz*, Freiheitsbewußtsein 48–55.
[40] Martin Luther, Eine Weissagung Doctoris Martini Lutheri von der auff ruhr des adels in Teutschlanndt, in: Martin Luther, Tischreden (WA, TR 5, Weimar 1919) 5635c.

Räume sandte, die konfessionell andere evangelische Wege gingen. In Westeuropa begannen nach der Jahrhundertmitte die Freiheitskriege und in England organisierte Königin Elisabeth I. die anglikanische Staatskirche. Spanien und Italien nahmen von Luther wenig Notiz, in Frankreich wurde seine Lehre unterdrückt. Um 1560 war das Augsburger Bekenntnis in großen Teilen des Alten Reiches und in Skandinavien weit verbreitet und politisch gesichert. Die lutherischen Reichsstände betrachteten die Kombination aus *ius reformandi* und reichsständischer Libertät als ihre „feste Burg", als Ausdruck ihrer unwiderruflichen Obrigkeitsrechte, die auch das Reichsoberhaupt anerkannt hatte. Die komplizierte und spannungsreiche Koexistenz von Katholiken und Augsburger Konfessionsverwandten prägte eine vergleichsweise friedliche Phase der Reichsgeschichte.

Die *Politica christiana* – die Idee eines geistlichen neben dem weltlichen Regiment[41] – brach sich jedoch am Gestaltungswillen der Fürsten, deren Allgewalt nur von Kaiser und Reich, seltener von den Landständen und fast nie von Theologen gebremst wurde. Es ist bezeichnend, dass bei den vielen sozialen Konflikten zwischen Bauern und ihrer Herrschaft die lutherischen Pfarrer fast ausnahmslos auf der Seite der Obrigkeit agierten. Sie verfochten den unbedingten Gehorsam, während das Reich eine in den Bahnen des Rechts kanalisierte Konfliktaustragung auch gegen die eigene Obrigkeit ermöglichte[42]. Der garantierte Rechtsweg zählte wie die Sicherheit des Eigentums, die Freizügigkeit außer für Leibeigene und Gefangene oder das Recht auf freien Solddienst zu den konkreten überständischen Inhalten der deutschen Freiheit, von denen auch die Untertanen profitierten[43].

Das Augsburger System stabilisierte sich in der zweiten Hälfte des 16. Jahrhunderts, zumal sich die auf den inneren Frieden und den Ausbau ihrer Landesherrschaft fixierten lutherischen Fürsten aus den großen westeuropäischen Glaubenskonflikten heraushielten. Ihre Theologen bestärkten sie in dieser Haltung. Das Luthertum verharrte im rechtlich gesicherten deutschen Bereich. Im Unterschied zu Katholiken und Calvinisten war es international weit weniger vernetzt, wie nicht zuletzt ein Blick auf den Lehrkörper der Universitäten verdeutlicht[44]. Für diejenigen Kräfte, die in Westeuropa noch für die Freiheit des Glaubens und ihrer Nation stritten, war dieses Luthertum wenig attraktiv. Bezeichnend erscheint, dass die beiden Gnesiolutheraner Flacius Illyricus und Cyriacus Spangenberg zwar 1566/67 in Antwerpen predigten und durchaus Gehör fanden. Als sie auf

---

[41] Vgl. *Luise Schorn-Schütte*, Politica Christiana. Eine konfessionelle oder christliche Grundordnung für die deutsche Nation?, in: Die deutsche Nation im frühneuzeitlichen Europa. Politische Ordnung und kulturelle Identität?, hrsg. v. *Georg Schmidt* (Schriften des Historischen Kollegs, Kolloquien 80. München 2010) 245–264.
[42] Vgl. *Heinrich Richard Schmidt, André Holenstein, Andreas Würgler* (Hrsg.), Gemeinde, Reformation und Widerstand. Festschrift für Peter Blickle zum 60. Geburtstag (Tübingen 1998).
[43] *Johann Jacob Moser*, Von der Teutschen Unterthanen Rechten und Pflichten (Neues teutsches Staatsrecht 17. Frankfurt, Leipzig 1774) 70–80.
[44] *Robert M. Kingdon*, Der internationale Calvinismus und der Dreißigjährige Krieg, in: 1648. Krieg und Frieden in Europa. Ausstellungskatalog, Textband 1, hrsg. v. *Klaus Bußmann, Heinz Schilling* (Münster 1998) 229–235, hier 229f.

Widerstand stießen, klagten sie nach deutschem Muster die Schutzpflicht des Magistrats ein[45].

In Deutschland fielen parallel zum Beginn des niederländischen Aufstandes zwei richtungweisende Entscheidungen: 1566 drängte der Augsburger Reichstag den reformierten Kurpfalzgrafen Friedrich III. nicht aus dem Religionsfrieden. Geschleift wurde hingegen der Grimmenstein in Gotha, in dem sich der orthodox lutherische Johann Friedrich II. (der Mittlere) von Weimar verschanzt hatte. Er und seine Brüder fühlten sich, wie schon ihr Vater Johann Friedrich, als Sachwalter des lutherischen Erbes. Sie hatten das sog. wahre Luthertum nach dem Schmalkaldischen Krieg in Geiselhaft genommen, um mit Hilfe dieses Alleinstellungsmerkmals die an den Albertiner Moritz von Sachsen verlorene Kurwürde zurückzugewinnen. Kurfürst August von Sachsen, der die beiden Entscheidungen des Jahres 1566 maßgeblich mitverantwortete, führte die Exekution gegen den mindermächtigen Nachbarn und ließ den Calvinisten im fernen Heidelberg in Ruhe[46].

Während sich die weiterhin vom Ausschluss aus dem Religionsfrieden bedrohten deutschen Reformierten in Westeuropa engagierten, kämpften die Lutheraner um die Konkordienformel. Sie bedeutete aber nicht einmal in Deutschland das Ende des innerlutherischen Streits, viel weniger der innerevangelischen Auseinandersetzungen[47]. Die Formel spaltete die Augsburger Konfessionsverwandten und entzog überdies den westeuropäischen Einigungsbemühungen jegliche Basis[48]. Die skandinavischen Lutheraner boykottierten das Konkordienwerk; dem Reichstag wurde es nicht zur Rezeption vorgelegt. Reichsrechtlich war es ein Muster ohne Wert, das außerhalb Deutschlands vorerst keine Rolle spielte. Es versprach aber auch im Reich politisch weder zusätzliche Gewinne noch ein Mehr an Sicherheit.

Die innerevangelischen Konflikte provozierten erbitterte Kanzelpolemiken, beeinflussten die europäische Mächtepolitik aber vergleichsweise wenig. Die meisten Kriege dieser Zeit besaßen weder religiöse Ursachen noch Hintergründe. Im „katholischen Lager" kämpften Spanien und Frankreich um die Vorherrschaft in Europa, im „protestantischen" Bereich rangen Dänemark und Schweden um die Hegemonie im Ostseeraum. Auch in Italien blieben die katholischen Mächte unter sich. Und weder der Krieg in den Niederlanden noch derjenige zwischen Schweden und Polen wurde primär aus Glaubensgründen geführt.

In Deutschland stellten die Kriege um Köln und Straßburg den Religionsfrieden zwar auf eine Probe, kündigten ihn aber nicht auf. Der konfessionelle Streit

---

[45] *Martin van Gelderen*, Antwerpen, Emden, London 1567. Der Streit zwischen Lutheranern und Reformierten über das Widerstandsrecht, in: Das Interim 1548/50. Herrschaftskrise und Glaubenskonflikt, hrsg. v. *Luise Schorn-Schütte* (Heidelberg 2005) 105–116, hier 106 und 109f.
[46] Dazu demnächst *Georg Schmidt*, Vom Augsburger Bekenntnis zum Konkordienwerk. Lutherische Konfessionsbildung und Reichspolitik, in: *Christopher Spehr* (Hrsg.), Die Schmalkaldischen Artikel.
[47] *Schilling*, Luther 496.
[48] *Irene Dingel*, Augsburger Religionsfrieden und „Augsburger Religionsverwandtschaft" – konfessionelle Lesarten, in: Der Augsburger Religionsfrieden 1555, hrsg. v. *Heinz Schilling* (Heidelberg 2007) 157–176, hier bes. 166ff.

blockierte allerdings um und nach 1600 die Reichsinstitutionen. Dennoch blieb der Reichs-Staat handlungsfähig, wie nicht zuletzt der gemeinsame Kampf gegen die Türken zeigt. Die Aufsichtsmacht von Kaiser und Reich verhinderte zudem, dass die Reichsstände ihre Obrigkeitsrechte exzessiv auslebten. Die Reichsverfassung stabilisierte die politische Kultur der deutschen Freiheit. Die lutherischen Pfarrer predigten zwar den weltlichen Gehorsam als Willen Gottes intensiver als ihre katholischen oder calvinistischen Kollegen, doch die weltlichen Klagemöglichkeiten verhinderten in Deutschland, dass hier die lutherischen Gebiete zu Räumen des bedingungslosen Gehorsams und Despotismus wurden.

Es ist gewiss kein Zufall, wenn die auf den Frieden in Deutschland fixierten lutherischen Universitätstheologen die politische Doktrin der Nichteinmischung verfochten[49]. Sie warnten 1620 vor einem militärischen Eingreifen in Böhmen und begründeten nach dem Prager Frieden 1635, warum man nicht für die Glaubensfreiheit in Böhmen weiterkämpfen müsse. Der Westfälische Frieden setzte dann zwar das *ius reformandi* außer Kraft, stärkte jedoch die landesherrliche Obrigkeit. Verfassungsrechtlich wurden die Reformierten mit den Lutheranern und beide zusammen mit den Katholiken gleichgestellt. Das Alte Reich und seine Institutionen blieben jedoch bis 1806 eine katholische Veranstaltung.

3. Die sakralisierte protestantische Nation

Nach dem Westfälischen Frieden, der die Zeit gottgewollter und heiliger Kriege unter Verweis auf die Staatsraison beendete und der so die Moderne einleitete, in der die Menschen für ihr Tun und Lassen selbst verantwortlich wurden, verblasste das orthodoxe Luthertum. Neue Entwicklungen wie der Pietismus oder auch erste Schritte zu einem „vernünftigen" Christentum versuchten den Glauben an die Vernunft zu binden. Deisten oder Neologen relativierten die Offenbarung und redeten der tätigen aufgeklärten Gestaltung das Wort. Das Wesen des Christentums enthüllte sich demnach in „Vernunft, Freiheit und Fortschritt"[50]. Es waren Lutheraner, die in Wissenschaft, Literatur und Musik in Deutschland an der Spitze des Fortschritts standen und auch die nationale und freiheitliche Thematik entdeckten.

War die deutsche Nation bis dahin auch und vor allem eine protestantische Integrationsstrategie gegen fremde oder monarchische Beherrschung, so sollte der Nationalgeist nun auch die Herzen der Menschen erobern. Die Aufklärer lösten Luther als Sprachschöpfer und als Streiter für die Freiheit des Gewissens und gegen den Aberglauben aus seiner festen konfessionellen Verankerung. Die meisten

---

[49] *Thomas Kaufmann*, Lutherische Predigt im Krieg und zum Friedensschluss, in: 1648. Krieg und Frieden in Europa. Ausstellungskatalog, Textband 1, hrsg. v. *Klaus Bußmann, Heinz Schilling* (Münster 1998) 245–250, hier 248.
[50] *Wolfgang Altgeld*, Katholizismus, Protestantismus, Judentum. Über religiös begründete Gegensätze und nationalreligiöse Ideen in der Geschichte des deutschen Nationalismus (Mainz 1992) 114.

protestantisch-deutschen Aufklärer verstanden sich als die Fortsetzer und Vollender Luthers. Die Katholiken sollten sich mit dieser Sicht arrangieren, um die Nation zu einen und so die den deutschen Intellektuellen besonders am Herz liegende kosmopolitische Zukunft nicht zu gefährden[51].

Von dieser theoretischen Plattform aus war es nur noch ein kleiner Schritt, Luther selbst als nationalen Heros und die angestrebte nationale Einheit als Vollendung der Reformation zu inszenieren[52]. Neben der Befreiung vom Papsttum rückten daher Luthers Verdienste um die deutsche Sprache immer mehr in den Mittelpunkt. Johann Gottfried Herder sprach von dem „Lehrer der deutschen Nation"[53]. Jeder, der vom besseren Teil der Nation gelesen werden wolle, müsse „evangelisch, protestantisch, lutherisch schreiben [...], und wenn er es auch wider Willen thäte"[54]. In den vor allem im „Reichsanzeiger" geführten Debatten um die Ausgestaltung des Mansfelder Lutherdenkmals wurde Anfang des 19. Jahrhunderts erstmals die Idee eines Nationaldenkmals formuliert[55]. Der Philantrop Christian Gotthilf Salzmann formulierte 1804 die nationale Absicht: Luther benötige kein Denkmal, denn er habe sich durch die „Einsetzung des menschlichen Geistes in das Recht, selbst zu denken, zu prüfen und zu urtheilen", ein solches gesetzt, „welches der Zahn der Zeit nie zernagen wird". Der Autor schloss dann allerdings die Frage an: „Sollte aber nicht die deutsche Nation dieses Denkmahls bedürfen?" Salzmann bejahte. Die deutsche Nation brauche dieses Denkmal, „um das Gefühl der deutschen Kraft [...] wieder zu beleben [...] damit der deutsche Jüngling [...] Muth fassen lerne, den steilen Pfad zu betreten, für welchen er bestimmt ist"[56]. Leo von Klenze plante 1805 aus dem gleichen Anlass die Architravinschrift – „Luther, dem Weisen, dem Unerschütterlichen, dem Unsterblichen". Der Reformator sollte als Geistesheld inszeniert werden, „der für alle Konfessionen seine Gültigkeit hat, und niemand scheint Anfang des Jahrhunderts seine gesamtdeutsche Integrationsfähigkeit bezweifelt zu haben"[57]. Der württembergische

---

[51] Ebd. 170ff.; *Georg Schmidt*, Wandel durch Vernunft. Deutsche Geschichte im 18. Jahrhundert (München 2009), bes. 373ff. und 382–393.
[52] *Friedrich Wilhelm Graf*, Die Nation – von Gott „erfunden"? Kritische Randnotizen zum Theologiebedarf der historischen Nationalismusforschung, in: „Gott mit uns". Nation, Religion und Gewalt im 19. und frühen 20. Jahrhundert, hrsg. v. *Hartmut Lehmann, Gerd Krumeich* (Göttingen 2000) 285–317, hier 315.
[53] *Johann Gottfried Herder*, Briefe zur Beförderung der Humanität, Bd. 1, 2. Sammlung, Nr. 18, hrsg. v. *Heinz Stolpe* (Weimar 1971) 86.
[54] *Johann Gottfried Herder*, Über National-Religionen. Erstes Gespräch (1802), in: *ders.*, Adrastea, Bd. 4, hrsg. v. *Johann Gottfried Herder* (Leipzig 1802) 101–131, Zitat 116.
[55] *Thomas Nipperdey*, Nationalidee und Nationaldenkmal in Deutschland im 19. Jahrhundert (1968), in: *ders.*, Kann Geschichte objektiv sein?, hrsg. v. *Paul Nolte* (München 2013) 105–160, hier 131; im Folgenden zitiert: *Nipperdey*, Nationalidee.
[56] *Christian Gotthilf Salzmann*, Noch etwas über Luther's Denkmahl, in: Kaiserliche privilegierte Reichsanzeiger 2 (1804) Nr. 338, Sp. 4445 f. *Karl Heinz Klingenburg*, Lutherbild und Nationaldenkmal im Umfeld des Jahres 1817, in: Martin Luther. Leben – Werk – Wirkung, hrsg. v. *Günter Vogler* (Berlin 1983) 481–503, hier 501.
[57] *Henrike Holsing*, Luther – Gottesmann und Nationalheld. Sein Image in der deutschen Historienmalerei des 19. Jahrhunderts (phil. Diss. Köln 2004), Zitate 146 und 148.

Landesbaumeister Jacob Atzel forderte, dass das Lutherdenkmal nichts an sich haben dürfe, was einer anderen Religionspartei anstößig sein könne. Deswegen schlug er einen von Lutheranern, Calvinisten und Katholiken gleichermaßen zu nutzenden Tempelraum vor[58]. Luthers theologische Positionen verschwanden hinter dem Einheitsduktus: Er sollte primär die deutsche Nation, wenn auch vorerst noch im kosmopolitischen Rahmen, symbolisieren und repräsentieren.

Lutherisch und deutsch wurden eins, als es seit 1806 das bisher katholisch dominierte politische Gefüge „Kaiser und Reich" nicht mehr gab. Jedes Volk besaß nach Herder seine Nationalreligion, die deutsche war das Luthertum. Friedrich Ludwig Jahn betonte die Nähe von „Deutschheit und Urchristentum" und nannte Luther den „Erzvater eines dereinstigen deutschen Großvolks"[59]. Ernst Moritz Arndt machte die Nation endgültig zur Religion[60]. Während der Befreiungskriege, vor allem aber auf dem Wartburgfest 1817 erschien Luther als Ausgangspunkt der geistigen und nationalen Unabhängigkeit[61]: Er „wurde zum nationalen Freiheitshelden, die Reformation zur Vorstufe der Freiheitskriege"[62]. Der Meißner Lehrer Andreas Carl Baltzer brachte die neue Sicht 1817 auf den Punkt: Martin Luther befreite „sein Vaterland von dem Einflusse eines ihm fremden Geistes", machte das Christentum „zur lebensvollen Volkssache" und ließ das „Wort Gottes in deutschen Tönen laut werden"[63]. Die Nation wurde ideell in eine überkonfessionelle Sakralgemeinschaft umgeformt[64], die in Luther ihren Ursprung sehen sollte, der Vergangenheit und Gegenwart dauerhaft verklammerte[65].

4. Ein lutherischer Sonderweg zum Nationalstaat und zur Unfreiheit?

Thomas Mann hatte die Reformation im Ersten Weltkrieg als „ein Ereignis von echt deutscher Majestät" bewundert[66]. Nach dem Zweiten Weltkrieg nannte er Luther einen Freiheitshelden im „deutschen Stil", der von Freiheit nichts verstan-

---

[58] *Jacob Atzel*, Ueber D. Martin Luther's Denkmahl, in: Kaiserlich Privilegierter Reichsanzeiger, Nr. 202 (30. Juli 1804).
[59] *Friedrich Ludwig Jahn*, Deutsches Volkstum (Lübeck 1810) 153 und 164.
[60] *Hasko Zimmer*, Auf dem Altar des Vaterlands, Religion und Patriotismus in der deutschen Kriegslyrik des 19. Jahrhunderts (Frankfurt a. M. 1971) 20ff. und passim; im Folgenden *Zimmer*, Altar.
[61] *Wolfgang Flügel*, Konfession und Jubiläum. Zur Institutionalisierung der lutherischen Gedenkkultur in Sachsen 1617-1830 (Leipzig 2005) 234.
[62] *Lutz Winckler*, Martin Luther als Bürger und Patriot. Das Reformationsjubiläum von 1817 und die politische Protestantismus des Wartburgfestes (Lübeck, Hamburg 1969) 72.
[63] *Andreas Carl Baltzer*, Jubelblätter zur Erinnerung an den Eintritt der verbesserten Kirche in ihr viertes Jahrhundert [...] (Meißen 1817), zit. n. *Flügel*, Konfession 235.
[64] *Zimmer*, Altar, bes. 69f.
[65] *Jörg Echterkamp*, „Religiöses Nationalgefühl" oder „Frömmelei der Deutschtümler"? Religion, Nation und Politik im Frühnationalismus, in: Nation und Religion in der deutschen Geschichte, hrsg. v. *Heinz-Gerhard Haupt, Dieter Langewiesche* (Frankfurt a. M. 2001) 142-169, bes. 167ff.
[66] *Thomas Mann*, Betrachtungen eines Unpolitischen, in: *Thomas Mann*, Reden und Aufsätze 4 (Frankfurt a. M. ³1990) 1-589, Zitat 514.

den habe[67]. Er urteilte vor dem Lutherbild seiner Zeit: Der standhafte deutsche Charakter des „ewige[n] Deutsche[n]", den Gerhard Ritter publikumswirksam beschworen hatte. Der Bekennermut vor Fürstenthronen hatte Luther nicht zum Freiheitshelden, wohl aber zum „große[n] Genius der Deutschen" gemacht[68]. Er stand für die innere Freiheit, nicht für den Liberalismus. Dies war insofern konsequent, als auch die alte deutsche Freiheit im 19. Jahrhundert fast in ihr Gegenteil umkodiert worden war. Aus dem Freiheitsstreben wurde rückblickend die angeblich loyale Unterwerfung, aus der ständischen Libertät die politische Ohnmacht und staatliche Zersplitterung des Reiches[69]. Die alte deutsche Freiheit wurde zum negativen politischen Argument: Der kleindeutsch-lutherische Nationalstaat forderte im Inneren loyalen Gehorsam, um nach Außen stark und nie wieder ohnmächtig zu sein.

Befreit von den Zwängen der Reichsverfassung mit ihrem katholischen Übergewicht und nach dem preußisch-(deutsch)en Sieg über Napoleon wurde 1821 das Wittenberger Lutherdenkmal Schadows enthüllt. Es war nicht bürgerlich und tolerant, sondern eine preußisch-protestantische und monarchische Stiftung[70]. Ranke erklärte schließlich die Reformation zum nationalen Ereignis und machte Luther zum unbeugsamen germanisch-deutschen Helden. Der im Alten Reich gerade noch politisch ausbalancierte Gegensatz zwischen der preußischen Hegemonie über den lutherischen Norden und der österreichischen über den katholischen Süden konnte sich im 19. Jahrhundert ungehindert entfalten. Der durch die preußische Kirchenunion von 1817[71] geminderte innerprotestantische Dissens, gepaart mit einer allgemein gesteigerten Frömmigkeit[72], hat die kleindeutsche Perspektive fraglos gestärkt.

Heinrich von Treitschke stilisierte 1883 eine nationale Befreiungstat und erklärte den Gegensätze wie Zorn und frommen Glauben, „hohe Weisheit" und „kindliche Einfalt [...], ungeschlachte Grobheit und so zarte Herzensgüte" verbindenden Luther zum „Blut von unserem Blute. Aus den tiefen Augen dieses urwüchsigen deutschen Bauernsohnes blitzte der alte Heldenmuth der Germanen, der die Welt nicht flieht, sondern sie zu beherrschen sucht durch die Macht des sittlichen Willens"[73]. Luthers Volk – die Katholiken durften sich angesprochen oder exklu-

---

[67] *Thomas Mann*, Deutschland und die Deutschen (1945), in: *Thomas Mann*, Reden und Aufsätze 3 (Frankfurt a. M. ³1990) 1126–1148, Zitat 1134.
[68] *Gerhard Ritter*, Luther. Gestalt und Tat (München ⁴1947, zuerst 1925 als „Luther. Gestalt und Symbol") 10 und 164.
[69] Vgl. *Hans Jörg Schmidt*, „Die deutsche Freiheit". Geschichte eines kollektiven semantischen Sonderbewusstseins" (Diss. Groningen 2007, digital).
[70] *Nipperdey*, Nationalidee 131.
[71] Vgl. *Rainer Fuhrmann*, Das Reformationsjubiläum 1817. Martin Luther und die Reformation im Urteil der protestantischen Festpredigt des Jahres 1817 (phil. Diss. Tübingen 1973), bes. 28–42.
[72] *Olaf Blaschke*, Das zweite konfessionelle Zeitalter als Parabel zwischen 1800 und 1970, in: zeitenblicke (2006) (http://www.zeitenblicke.de/2006/1/Blaschke/index_html/fedoradocument_view; zuletzt am 19. 05. 2014).
[73] *Heinrich von Treitschke*, Luther und die deutsche Nation, in: Historische und politische Aufsätze, hrsg. v. dems. (Leipzig 1897) 377–396, Zitat 394; dazu *Hartmut Lehmann*, „Er ist wir

diert fühlen – hatte die katholischen Österreicher und Franzosen besiegt und sich zum mächtigen Nationalstaat erklärt. Der Stuttgarter Oberhofprediger Karl Gerok erkannte in Luther den Propheten, der den Deutschen gesandt worden war. Sein „Jubelgruß zum Jubelfest" ist ein einziger Superlativ – auch in nationaler Perspektive:

„Deutsches Volk, in stolzem Ton,
Nenn ihn deinen besten Sohn,
Einen deutscher'n sahst du nicht,
Seit man Thuiskons Sprache spricht.
Deutsch sein Name, deutsch sein Blut,
Deutsch sein Trotz und Mannesmut,
Deutsch sein frommes Kinderherz
Froh in Gott im Ernst und Schmerz."[74]

Die Errungenschaften der von Luther ausgehenden protestantisch-deutschen Kultur und Machtpolitik mussten geschützt werden – auch gegen die Katholiken, die in die Jubelarien nicht einstimmen wollten. Anlässlich des Lutherjubiläums 1917[75] wurden jedoch die säkularen Deutungen Luthers als die Verkörperung des Deutschen neuerlich aufgegriffen. Ernst Troeltsch hatte den modernen Lutherdeutungen widersprochen: Seines Erachtens gehörte Luther zum Mittelalter. Er habe die von Gott gesetzte Ordnung nicht gefährden wollen und alle bestehenden Herrschaftsverhältnisse legitimiert. Das Luthertum habe sich mit jeder Macht arrangiert[76]. Manfred Gailus lässt die „Nationalisierung des eigenen Glaubens und Denkens" der Protestanten spätestens mit der Reichsgründung einsetzen. Seitdem sei der Mehrheitsprotestantismus dem modernen Nationalismus bis zum Ende der NS-Zeit gefolgt[77]. Thomas Kaufmann spricht in diesem Zusammenhang von einer problematischen Wirkung[78].

Die Luther-Deutungen im Wilhelminischen Kaiserreich antworteten auf damals aktuelle Fragen. Im preußisch-kleindeutschen Bismarck-Reich dominierte der lutherische Gehorsamsduktus. „Thron und Altar" verbanden sich ohne das

---

selber: der ewige Deutsche". Zur Langanhaltenden Wirkung der Lutherdeutung von Heinrich Treitschke, in: „Gott mit uns". Nation, Religion und Gewalt im 19. und frühen 20. Jahrhundert, hrsg. v. *Hartmut Lehmann, Gerd Krumeich* (Göttingen 2000) 91–103.
[74] Zit. n. *Hartmut Lehmann*, Das Lutherjubiläum 1883, in: Luthergedächtnis 1817 bis 2017, hrsg. v. *Hartmut Lehmann* (Göttingen 2012) 59–77, Zitat 68.
[75] *Gottfried Maron*, Luther 1917. Beobachtungen zur Literatur des 400. Reformationsjubiläums, in: Zeitschrift für Kirchengeschichte 93 (1982) 177–221.
[76] *Ernst Troeltsch*, Die Soziallehre der christlichen Kirchen und Gruppen (Gesammelte Schriften 1. Tübingen 1922) 532f. und 601f.; zit. n.: Luther und die Deutschen. Texte zur Geschichte und Wirkung, hrsg. v. *Johann Baptist Müller* (Stuttgart 1996) 115–120.
[77] *Manfred Gailus*, Von der selbstgewählten hundertjährigen Gefangenschaft der Kirche im Nationalen, in: Von der babylonischen Gefangenschaft der Kirche im Nationalen, hrsg. v. *dems., Wolfgang Krogel* (Berlin 2006) 511–538, Zitat 514.
[78] *Thomas Kaufmann*, Luther zwischen den Wissenschaftskulturen – Ernst Troeltschs Lutherdeutung in der englischsprachigen Welt und in Deutschland, in: Luther zwischen den Kulturen. Zeitgenossenschaft – Weltwirkung, hrsg. v. *Hans Medick, Peer Schmidt* (Göttingen 2004) 455–481; im Folgenden zitiert: *Kaufmann*, Wissenschaftskulturen.

wirkungsvolle Korrektiv einer übergeordneten, die politische Freiheit sichernden Macht. Allein die demokratische Bewegung bremste die obrigkeitliche Allgewalt, die auch hinter den sog. Ideen von 1914 stand. Hier wurde die fehlgedeutete deutsche Freiheit unter Berufung auch auf Luther gegen die „demokratische Gleichmacherei des Westens" ins Feld geführt[79]. An diesem deutschen Wesen sollte die Welt genesen. Lutherische Pfarrer und Theologen biederten sich später auch den Nazis an. Der Erlanger Kirchenhistoriker Hans Preuß parallelisierte 1933 „Luther und Hitler", und er stellte 1934 in einem unerträglichen Geschwafel von Rasse und deutschem Führertum Luther als den Deutschen vor[80]. Er war bei weitem nicht der Einzige[81].

Als sich während des Zweiten Weltkrieges und nach dem Holocaust die zivilisierte Welt den deutschen Rückfall in die Barbarei zu erklären versuchte, blickte ein Teil auf die deutsche Romantik[82], ein anderer auf die Gehorsamsideologie Luthers und die angebliche Untertanenmentalität der Deutschen. Aus Cyriakus Spangenbergs Wohltaten, „die Gott durch D. Martin Luther seligen fürnemlich Deudschland erzeigt" habe[83], wurde knapp 400 Jahre später die Barbarei. Luther schien ein Phänomen der deutschen, nicht der Weltgeschichte. Der Geburtsfehler der obrigkeitlichen Reformation wurde allen Deutschen angelastet. Gehorsam schien ein deutsches Muster, von „Luther zu Hitler" eine plausible Erklärung[84]. Der englische Lehrer Peter F. Wiener geißelte noch während des Zweiten Welt-

---

[79] Vgl. beispielhaft: Die deutsche Freiheit. Fünf Vorträge (Gotha 1917). Dazu: *Wolfgang J. Mommsen*, Die „deutsche Idee der Freiheit", in: Bürgerliche Kultur und politische Ordnung, hrsg. v. *Wolfgang J. Mommsen* (Frankfurt a. M. 2000) 133-157; *Georg Schmidt*, Die Idee „deutsche Freiheit". Eine Leitvorstellung der politischen Kultur des Alten Reiches, in: Kollektive Freiheitsvorstellungen im frühneuzeitlichen Europa (1400-1850), hrsg. v. *Georg Schmidt, Martin van Geldern, Christopher Snigula* (Frankfurt a. M. 2006) 159-189.
[80] Vgl. *Hans Preuß*, Luther und Hitler (Neuendettelsau 1933) 3; *Hans Preuß*, Martin Luther. Der Deutsche (Gütersloh 1934). Dazu *Hartmut Lehmann*, Hans Preuß 1933 über „Luther und Hitler", in: Luthergedächtnis 1817 bis 2017, hrsg. v. *Hartmut Lehmann* (Göttingen 2012) 151-159.
[81] *Dietrich Kuessner*, Luther – Hitler. Ein Blick in die Schreckenskammern der Luther-Jubiläen 1933 bis 1946 (http://bs.cyty.com/kirche-von-unten/archiv/kvu103/luthit.htm; zuletzt am 21.10. 2013). Vgl. *Björn Küllmer*, Die Inszenierung der Protestantischen Volksgemeinschaft. Lutherbilder im Lutherjahr 1933 (Berlin 2012).
[82] *Peter Viereck*, Metapolitics. From Wagner and the German Romantics to Hitler (New Brunswick ³2007, zuerst 1941). Den Hinweis auf dieses Buch verdanke ich meinem Jenaer Kollegen Stefan Matuschek.
[83] *Robert Kolb*, Umgestaltung und theologische Bedeutung des Lutherbildes im späten 16. Jahrhundert, in: Die lutherische Konfessionalisierung in Deutschland, hrsg. v. *Hans-Christoph Rublack* (Schriften des Vereins für Reformationsgeschichte 197. Gütersloh 1992) 202-231, 207.
[84] Vgl. *William M. McGovern*, From Luther to Hitler. The History of the Fascist-Nazi Philosophy (London 1947, zuerst 1941); vgl. *Wolfram Hanstein*, Von Luther bis Hitler. Ein wichtiger Abriß deutscher Geschichte (Dresden 1947); vgl. *Erich Meissner*, Zwiespalt im Abendland. Ein Kommentar zur deutschen Geschichte von 1517-1939 (Stuttgart 1949); vgl. *Peter Clarkson Matheson*, Luther and Hitler: a controversy reviewed, in: Journal of Ecumenial Studies 17 (1980) 445-453; vgl. *Barbro Eberan*, Luther? Friedrich der Große? Wagner? Nietzsche? ...? ...? Wer war an Hitler schuld? Die Debatte um die Schuldfrage (München 1983); vgl. *Uwe Siemon-Netto*, Luther als Wegbereiter Hitlers? Zur Geschichte eines Vorurteils (Gütersloh 1993).

krieges in Luther und im Luthertum den vernunftfeindlichen Anwalt des fürstlichen Absolutismus. Er habe eine Mentalität sklavenhafter Unterwürfigkeit gepredigt, mit seinem Judenhass dem Holocaust vorgearbeitet und auch mit seinen Reformen nur seine geliebten Deutschen zu wahren Glauben führen wollen[85]. Auf Luther gehe nicht nur der moderne Nationalismus in seiner übelsten Form zurück, sondern auch der „very nationalism inside Germany which was proved so utterly destructive ever since". Alles Böse an Deutschland entsprang seinem Geist. Luther war einer der Gründe, „why Europe could follow such a fatal road"[86].

Die deutschen Protestanten versuchten, Luther (und damit auch sich selbst) gegen solche Vorwürfe in Schutz zu nehmen: Die Wurzeln des Nationalsozialismus wurden deswegen bei Kant, der Französischen Revolution und bei Karl Marx gesucht[87]. Paul Althaus behauptete, dass nicht Luther, sondern der kleinstaatliche Absolutismus und Hegel Schuld am Untertanengeist gewesen seien. Nicht Luther, sondern die seit der Renaissance aus allen sittlichen und religiösen Bindungen gelöste Politik habe diese furchtbaren Folgen gezeigt. Das „deutsche Volk" sollte die „Stimme des größten Propheten, den Gott ihm gab", hören[88]. Gerhard Ritter wies 1948 die These, dass Luther die Deutschen zu sklavischem Gehorsam und „Knechtsinn" erzogen habe, dezidiert zurück. Die deutsche Geschichte zeige „auch sehr viele Beispiele aufrechter Männlichkeit, von eigenständigem Wuchs und unbeugsamer Festigkeit"[89]. Golo Mann schloss dagegen in den 1950er Jahren, dass Luther die innere Freiheit predigte, die mit „politischer Freiheit nichts zu tun" habe[90].

Doch die innere und äußere Freiheit sind nur auf der Ebene, die Luther konstruierte, also der individuellen Glaubensverantwortung und dem kollektiven Gehorsam gegenüber der von Gott gesetzten Obrigkeit, eindeutig zu trennen. Diese auf Augustinus zurückgehende „Zwei-Reiche-Lehre" hat Luther angesichts der drängenden politischen Probleme selbst modifiziert bzw. geduldet. In Deutschland besaßen nur die Obrigkeiten Gewissensfreiheit und die Untertanen mussten nicht gehorchen, wenn sich deren Befehle gegen Gottes Willen, den wahren Glauben oder die weltlichen Verträge richteten. Nur durch die politische Freiheit der auch in Glaubensfragen „freien" Reichsstände hatte sich Luthers Reformation als obrigkeitlicher Zwang der Gewissen von Bürger und Untertanen etablieren können. Diese errangen jedoch im Gegenzug nicht nur das Individualrecht auf ungehinderte Auswanderung, sondern auch weitere Sicherheitsrechte und vor allem

---

[85] *Peter F. Wiener*, Martin Luther. Hitler's Spiritual Ancestor (London 1945) 37–43 und 52; (http://www.tenmarker.org; zuletzt am 31.01.2014).
[86] Ebd. 54 und 58.
[87] *Hartmut Lehmann*, „Muss Luther nach Nürnberg?" Deutsche Schuld im Lichte der Lutherliteratur 1946/47, in: Luthergedächtnis 1817 bis 2017, hrsg. v. *Hartmut Lehmann* (Göttingen 2012) 176–188, hier 178.
[88] *Paul Althaus*, Luther und das öffentliche Leben, in: Zeitwende 18 (1946/47) 129–142; zit. n. *Lehmann*, „Muss Luther nach Nürnberg?" 184.
[89] *Gerhard Ritter*, Europa und die deutsche Frage (München 1948) 12–15, Zitate 194.
[90] *Golo Mann*, Deutsche Geschichte im 19. und 20. Jahrhundert (Frankfurt a. M. 1958) 33.

die Möglichkeit der Klage an unabhängigen Gerichten. Die politische Rhetorik von der „deutschen Freiheit" funktionierte im frühneuzeitlichen Deutschland nur deswegen integrativ und identitätstiftend, weil die erfahrbare soziale Wirklichkeit auch in den absolutistisch regierten und in den meisten lutherischen Territorien den damit verknüpften Vorstellungen wenigstens nicht diametral widersprach.

Fazit

Die Deutschen waren bis weit ins 19. Jahrhundert auf ihre Freiheit ebenso so stolz wie andere Nationen auf die ihrige. Luthers biblisch begründete Gehorsamsverpflichtung hatte sich an der Mehrebenenstaatlichkeit des Reiches gebrochen, die an vielen Stellen wenigstens die schlimmsten Auswüchse monarchischen Despotismus verhinderte. Während die lutherischen Theologen bis zur Aufklärung und darüber hinaus Gehorsam in weltlichen Dingen auch gegenüber einer irrenden Obrigkeit predigten, wiesen die Juristen die Wege zu legalem Widerstand und Abhilfe. Die gemischte Verfassung und die Machtteilung im Reich haben dafür gesorgt, dass die fundamentalistischen politischen Ansichten Luthers regulative Ideen blieben. Sie wurden jedoch im veränderten Umfeld des 19. Jahrhunderts – Fürstensouveränität und Nationalstaat – legitimatorisch genutzt und entfalteten nun ihre antiliberale Wirkung.

Martin Luther ist eine herausragende Figur der deutschen Geschichte und wird weltweit als Deutscher und mit Deutschland identifiziert. Dies entspricht – so weit die Quellen eine solche Wertung zulassen – seinem Selbstverständnis.

Während Luther von den Gläubigen in weltlichen Dingen Gehorsam forderte, stärkte die Etablierung seiner Reformation die deutsche Freiheit als verfassungsrechtliches Leitmotiv gegen ein monarchisch regiertes Reich. Das reichsrechtlich gesicherte Luthertum isolierte sich allerdings endgültig mit dem „deutschen" Konkordienwerk und schottete sich gegenüber fremden Glaubens- und Freiheitskriegen ab. Selbst der Dreißigjährige Krieg wurde aus Sicht lutherischer Theologen erst mit dem Eingreifen Gustavs II. Adolf von Schweden zum gottgewollten Krieg gegen den Antichristen – ein Fundamentalismus, der aus naheliegenden Gründen im Vorfeld der Westfälischen Friedensverhandlungen zugunsten der Staatsraison aufgegeben wurde. Die lutherischen Aufklärer universalisierten dann den Reformator, indem sie ihn zum Vorläufer oder Ausgangspunkt der Befreiung aus den Zwängen der Papstkirche, zum Wegbereiter der menschlichen Selbstverantwortung und Begründer der deutschen (Universal-)Sprache machten. Dieser tendenziell überkonfessionelle Luther wurde zu Beginn des 19. Jahrhunderts für die nationale Befreiung in Anspruch genommen. Er stand nicht mehr nur für den wahren Glauben, sondern für mentale und politische Dispositionen, die für alle Deutschen prägend sein sollten. Als Verkörperung des deutschen Wesens wies dieser Luther den Pfad zum protestantisch-kleindeutschen Nationalstaat. Der deutsche Weg von Thron und Altar, Macht und Geist, Berlin und Weimar erfolgte teilweise gegen die westliche Demokratie und Zivilisation. Der als „ewiger Deutscher" stilisierte Luther wurde seit dem Zweiten Weltkrieg für den Rückfall der Deutschen in die Barbarei verantwortlich gemacht.

Dieser deutsche Luther eignet sich nicht als Ziel der Lutherdekade, die im 21. Jahrhundert weltweit für die Reformation wirbt. Heinz Schilling hat daher der breiten Öffentlichkeit in „Chrismon" empfohlen: „Luther und seine evangelische Theologie nicht vorschnell auf die Interessen und Bedürfnisse der Gegenwart zu verengen, sondern zu versuchen, ihn und die Reformation aus ihrer Zeit heraus zu begreifen."[91] Ganz abgesehen davon, dass Ursachen, Selbstverständnis und Wirkungen Luthers nicht im 16. Jahrhundert, sondern heute erzählt werden müssen, stellt sich die Frage, was mit einer solchen Annäherung gewonnen wäre. Konzentriert man sich auf seine politischen Vorstellungen, so bleibt ein damals Deutschland und die Deutschen ins Zentrum rückender Luther, der den reichsständischen Obrigkeiten alle Macht in die Hände spielte, um seine Reformation geordnet zu verwirklichen. Er ging davon aus, dass sich der wahre Glaube auf diese Weise in ganz Deutschland durchsetzen werde. Dafür nahm er in Kauf, dass die Reichsstände die Gewissensfreiheit aller Gläubigen politisch massiv einschränkten.

Die Freiheitsvorstellungen Luthers waren mithin schon damals ambivalent und sind es geblieben: Seine innere Freiheit galt nur noch nach Maßgabe politischer Opportunität und dort, wo er für die politische Freiheit eintrat, richtete sich diese gegen das Papsttum in Rom, die Türken (und die Juden), die er als Antichristen identifizierte. Die nationalen Widersacher der Deutschen wurden zu biblischen Feinden und damit unmittelbar mit der Heilsordnung und dem aus seiner Sicht direkt bevorstehenden apokalyptischen Ende verknüpft. Dies war ein gefährlicher Sprengsatz, denn er machte die Deutschen zum auserwählten Volk und zur Vorhut im biblischen Endkampf. Sie mussten Gott und auch ihrer weltlichen Obrigkeit gehorchen, sofern diese das Evangelium schützte. Theologisch besaß dieser Gehorsam ein festes Fundament. Praktisch sah die Welt anders aus.

Luther akzeptierte, dass die lutherischen Obrigkeiten nicht nur das weltliche Regiment führten, sondern auch den Glauben regierten. Die Pfarrer predigten Gehorsam und drängten das selbstbestimmte Handeln, das Priestertum aller Gläubigen, im Gemeindechristentum in den Hintergrund. Dass daraus kein Despotismus lutherischer Herrscher wurde, verhinderte nicht die *Politica christiana*, sondern die reichsständische Liberät und die dadurch verfassungsrechtlich konstituierte deutsche Freiheit. Es klingt absurd und bleibt paradox: Luthers Gehorsam stärkte die Reichsstände und provozierte den freiheitlichen Ausbau der Reichsverfassung.

Das „Musterbuch der Moderne" muss ständig umgeschrieben werden: Es ist nicht der imaginäre Zeitgeist des 16. Jahrhunderts, der über Aufnahme und Ablehnung entscheidet. Ein mit Blick auf Gehorsam als angebliche deutsche Verhaltensweise aus den Quellen rekonstruierter Luther wird aus einem politisch-verfassungsrechtlichen Blickwinkel zu einem Luther, der gegen seinen Willen die

---

[91] Interview mit *Heinz Schilling*, Ein Rebell mit großer Sprachgewalt, in: Chrismon spezial (Okt. 2013) 30f., Zitat 31.

deutsche Freiheit stärkte, die wiederum das biblische Gehorsamsgebot nicht nur auf der höchsten politischen Ebene des Reiches konterkarierte. Die deutsche Freiheit bildete die Basis für die politische Kultur eines legalen „sich Wehrens".

Luther hat als Katalysator – begünstigt durch die lange Abwesenheit Karls V. – die Entwicklung einer gemischten Verfassung und einer Mehrebenenstaatlichkeit erheblich beschleunigt. Die Folge davon waren eine auch im europäischen Rahmen bemerkenswerte politische Freiheit und das konfessionelle Nebeneinander in Deutschland. Beides formierte sich im Rücken Luthers und gegen seinen Willen.

Die deutsche Freiheit und der ältere Föderalismus galten in der Epoche des organisierten Nationalstaats als falsche Weichenstellung. Daran, dass die ältere Mehrebenstaatlichkeit oder die föderative Nation die Pluralität und andere Loyalitäten ermöglichte, konnte nach 1945 angeknüpft werden, weil sie unterschwellig, vor allem in Kunst und Literatur präsent geblieben waren. Dieses von Luther und der Reformation nicht initiierte, wohl aber zur Ausprägung gebrachte Muster ist ein bisher unterschätzter Erfahrungsraum.

Summary

The Germans regard Luther as their own because for long time Lutheranism flourished above all in the Old Reich and in the other areas of Europe that were influenced by German culture. The multi-level structure of the Reich proved to be fortunate for the Reformation of the princes but it also left a problematic legacy that bound Lutheranism to Germany. On the one hand Luther's emphasis on biblical obedience strengthened the governmental authority of the imperial estates; on the other hand this was significantly relativised by 'German liberty', which constantly demanded participation and that ruling authority be checked. Germany's Lutheran territories were by no means realms of unfreedom around 1800. The notion of resistance justified by religion and by law and the social contract originated in Germany. Luther and German, throne and altar were only united once the Old Reich, which was after all strongly influenced by Catholicism, ceased to exist. That marked the beginning of a complex process which saw Luther invoked as the originator of a German culture opposed to civilisation and to the egalitarianism of the West. When after the Second World War and the Holocaust the civilised world tried to explain Germany's descent into barbarism Luther's ideology of obedience and the supposed servile mentality of the Germans seemed to provide the best explanation. However, the apparent development 'from Luther to Hitler' that seemed so obvious to commentators after 1945 took no account of the political reality of early modern Germany.

Thomas A. Brady Jr.

Luther und der deutsche Marxismus

Einführung

Seit fast 150 Jahren geht die deutsche marxistische Literatur über Luther und seine Reformation grundlegend davon aus, dass die Reformation und der deutsche Bauernkrieg eine „frühbürgerliche Revolution" gewesen seien. Wenn das so ist, weshalb trifft man in der allgemeinen marxistischen Geschichtsschreibung – zum Beispiel Leszek Kołakowskis *Hauptströmungen des Marxismus*[1] – nicht auf diese Interpretation[2]? Mehr noch, in der nichtdeutschen marxistischen Historiographie trifft man nur höchst selten auf die Idee einer deutschen frühbürgerlichen Revolution. Und wenn man die zwei Kategorien – deutsche und nichtdeutsche Literatur – zusammenbringt, ergeben sie nicht ein sondern drei unterschiedliche Bilder des Reformators:
1. Luther, der europäische Liberale, dessen Angriff gegen die mittelalterliche Kirche den Weg zur bürgerlich-kapitalistischen Geschichtsepoche geöffnet hat;
2. Luther, der deutsche Reaktionär und Verräter des gemeinen Mannes im deutschen Bauernkrieg; und
3. Luther, der deutsche Humanist und Vorreiter der modernen humanistischen Kultur in Deutschland.

Diese drei Bilder spiegeln die Entwicklung der besonderen Stellung wider, die Luther in den marxistischen Konstruktionen deutscher Geschichte einnimmt.

Die Geschichtsschreibung beginnt in den 1830ern mit Karl Marx' Beurteilung von Luther und setzt sich 1850 fort mit Friedrich Engels' Aufsatz *Der deutsche Bauernkrieg*. Sie endet zusammen mit der DDR im Jahre 1990, seitdem, wie Hartmut Lehmann schreibt, herrsche „eine Grabruhe" über der Idee einer speziell deutschen „frühbürgerlichen Revolution"[3].

---

[1] *Leszek Kołakowski*, Die Hauptströmungen des Marxismus: Entstehung, Entwicklung, Zerfall, vol. 1 (Zürich 1980). Siehe auch *Eric J. Hobsbawm* (Hrsg.), The History of Marxism, 1: Marxism in Marx's Day (Brighton 1982); *ders.*, Storia del marxismo, 1: Il marxismo ai tempi die Marx (Turin 1978).
[2] Für die Ursprünge des Konzepts, siehe *Günter Vogler*, Das Konzept ‚deutsche frühbürgerliche Revolution' – Genese – Aspekte – kritische Bilanz, in: *ders.*, Signaturen einer Epoche. Beiträge zur Geschichte der frühen Neuzeit, hrsg. v. *Marion Dammaschke* (Berlin 2012) 60–61.
[3] *Hartmut Lehmann*, Katastrophe und Kontinuität. Die Diskussion über Martin Luthers historische Bedeutung, in: *ders.*, Luthergedächtnis 1817 bis 2017 (Refo500 Academic Studies 8. Göttingen 2012) 200–210, im Folgenden: *ders.*, Luthergedächtnis.

1. Luther als europäischer Liberaler

Die Wurzeln des modernen europäischen Radikalismus, einschließlich des Marxismus, liegen in der französischen Revolution, deren Geist niemand besser in Worte fasste als der englische Dichter William Wordsworth:

Ein Segen war's, in dieser Morgendämmerung lebendig zu sein,
Aber himmlisch war's, jung zu sein![4]

In jenen Tagen zog der Geist der Revolution in die deutschsprachige Welt ein. Der Niedergang des Heiligen Römischen Reiches durch die Hand Napoleons eröffnete eine über Generationen dauernde Debatte über die deutsche Zukunft. Fichtes Berliner *Reden* (1808) markierten wichtige Momente dieser Gespräche[5]. Die Bewegung beschleunigte sich durch den Sturz Napoleons 1815 und das Luther-Jubiläum von 1817, das den Reformer als Paten eines neuen Deutschlands feierte[6]. Ihren Höhepunkt erreichte diese Phase der Diskussion 1830 mit Hegels großer Ansprache zum Jubiläum der *Confessio Augustana*. In seinen Schlussfolgerungen unterrichtete er die Universitätsgemeinde folgendermaßen:

„[d]urch göttliche Vorsehung nun ward uns zuteil, daß die Gebote der Religion, die wir bekennen, mit dem, was im Staat recht ist übereinstimmen. Vor dreihundert Jahren haben das die Fürsten und Stämme Deutschlands begründet, [...] und sie überließen uns als überaus kostbares Erbe diese freie Übereinstimmung von Staat und Religion, und zwar der evangelischen Religion [...]"[7]

So verkündete Hegel das moderne Deutschland, begründet auf der Übereinstimmung von Staat, Nation und Glauben.

Im Jahre 1836, als Hegel schon fünf Jahre begraben lag, kam ein junger Student aus dem preußischen Rheinland zum Studium nach Berlin. Bald fand Karl Marx, Enkel eines jüdischen Rabbiners und offiziell Mitglied der evangelischen Kirche, seinen Weg zu den radikalen „linken Hegelianern". Diese Burschen verpflichteten sich zu nichts Geringerem als den Aufbau einer neuen Zivilisation – modern, säkular, liberal und vor allem frei – auf der Müllhalde von Monarchie, Aristokratie und Religion.

Marx fügte seine eigenen Vorstellungen von Religion zum heißen Brei des linken Hegelianischen Radikalismus hinzu. „Die Kritik des Himmels", verkündete der dreiste junge Rheinländer, „verwandelt sich damit in die Kritik

---

[4] „Bliss was it in that dawn to be alive, / But to be young was very Heaven!" *William Wordsworth*, The Prelude.
[5] *Johann Gottlieb Fichte*, Reden an die deutsche Nation. 6. Rede (Werke, vol. 7) 344, in: *Heinrich Bornkamm* (Hrsg.)., Luther im Spiegel der deutschen Geistesgeschichte (Göttingen ²1970 [1955]) 222; *Friedrich Daniel Ernst Schleiermacher*, Die christliche Sitte nach den Grundsätzen der evangelischen Kirchen, in: *Werner Schuffenhauer, Klaus Steiner* (Hrsg.), Martin Luther in der deutschen bürgerlichen Philosophie 1517–1845 (Berlin 1983) 364.
[6] *Hartmut Lehmann*, Martin Luther und der 31. Oktober 1517, in: *ders.*, Luthergedächtnis 22–24.
[7] *G.W.F. Hegel*, Rede zum dritten, von der Königlichen Friedrich-Wilhelms-Universität in Berlin am 25. Juni 1830 feierlich begangenen Säkularfest der Übergabe des Augsburgisches Bekenntnisses, in: *Schuffenhauer, Steiner*, Martin Luther 346.

der Erde"⁸. Luthers allgemeine Religionskritik habe das Mittelalter beendet. „Deutschlands revolutionäre Vergangenheit", schrieb Hegel, „ist nämlich theoretisch, es ist die Reformation."⁹ Die Religion, die einst die Philosophie ermöglicht hatte, stand nun deren Triumph im Wege.

Diese radikale Philosophie wurde zur Grundlage des marxistischen Lutherbildes. Erst habe Luther die Deutschen und – im Prinzip, wenn auch noch nicht in der Praxis – sämtliche Europäer von der feudalen, reaktionären Welt der Monarchien, der Aristokratien, und vor allem der römisch-katholischen Kirche befreit. Dann habe er die neuerlich befreiten Klassen an die Ketten der Staatsmacht und der bürgerlichen Gesellschaft gelegt. Ohne Frage, so erklärte Marx, habe Luther „den Glauben an die Autorität gebrochen, weil er die Autorität des Glaubens restauriert hat. Er hat die Pfaffen in Laien verwandelt, weil er die Laien in Pfaffen verwandelt hat", und „er hat den Leib von der Kette emanzipiert, weil er das Herz in Ketten gelegt"¹⁰. Für den jungen Marx also lag Luthers historische Bedeutung in seiner Rolle als Zerstörer der geistigen Verkrustung der feudalen Gesellschaft, d.h. hauptsächlich der katholischen Kirche. Mit der Zeit schaffe – nach Marx – diese Rolle eine neue Form der Versklavung, die für den Aufstieg des Kapitalismus und des modernen Staates wesentlich sei.

Die Parallele zwischen Luthers Zeit und seiner eigenen wurde Marx schnell bewusst. So wie Luthers Deutschland an der Schwelle zu einer religiösen Revolution stand, so stand Marx' Deutschland spätestens seit Mitte der 1840er Jahre an der Schwelle zu einer politischen Revolution.

„Damals scheiterte der Bauernkrieg, die radikalste Tatsache der deutschen Geschichte, an der Theologie. Heute, wo die Theologie selbst gescheitert ist, wird die unfreieste Tatsache der deutschen Geschichte, unser status quo, an der Philosophie zerschellen."¹¹

Marx' Kritik bestärkte Luthers positiven Ruf als Lehrer der Freiheit, des Gewissens und der Toleranz. Dieses Bild hielt sich lange unter den nicht-deutschen Marxisten, Sozialisten und Liberalen, wie z.B. bei dem französischen Sozialdemokraten Jean Jaurès (1859–1914) und dem italienischen Kommunisten Antonio Gramsci (1891–1937)¹².

2. Luther als deutscher Reaktionär

Wir kommen jetzt zu unserem zweiten Bild: Luther, der deutsche Reaktionär. Hier spielte Marx' Freund und Mitarbeiter, Friedrich Engels (1820–1895), eine

---

[8] *Karl Marx*, Zur Kritik der Hegelschen Rechtsphilosophie, in: *ders.*, Werke, hrsg. v. *Hans-Joachim Lieber, Peter Furth*, 6 Bde., Bd. 1 (Stuttgart 1962–64) 489.
[9] *Marx*, Zur Kritik, in: Werke, Bd. 1, 497–98.
[10] *Marx*, Zur Kritik, in: Werke, Bd. 1, 498.
[11] *Marx*, Zur Kritik, in: Werke, Bd. 1, 498.
[12] Auch in den Vereinigten Staaten von Amerika. Siehe *Hartmut Lehmann*, Die Lutherjubiläen 1883 und 1917 in Amerika, in: *ders.*, Luthergedächtnis 78–93.

wichtige Rolle. Er schrieb in seinem Bauernkriegsaufsatz vom Jahre 1850, dass Luther weder ein Reiniger der christlichen Kirche noch ein Befreier des Gewissens gewesen sei, sondern vielmehr ein Fürsprecher feudaler Knechtschaft für das gemeine deutsche Volk. Wie hätte, wenn Luther ein Reaktionär gewesen wäre, seine Reformation ein Hauptelement in einer deutschen frühbürgerlichen Revolution sein können? Mit der Zeit zeigte sich Engels dem Konzept skeptischer gegenüber[13].

Mit seinem Bauernkriegsaufsatz aber hat Engels dennoch eine Doppelfrage aufgeworfen, die den deutschen Marxismus bis ins 20. Jahrhundert hinein verfolgte. Erstens sind die Bauernrevolten von 1525, von einem marxistischen Standpunkt aus gesehen, wirklich als eine soziale Revolution im marxistischen Sinn zu verstehen? Zweitens, können diese Revolten als Europas erste bürgerliche Revolution anerkannt werden? Schon Engels stand beiden Fragen eher skeptisch gegenüber. Für den jungen Marx war Martin Luther ein mönchischer Revolutionär gewesen; für Friedrich Engels ist der Mönch ein „feiger Parasit des absoluten Monarchen" und „Bauernverräter geworden"[14]. Für den jungen Marx war die Reformation eine deutsche Eröffnung zu einer europäischen, bürgerlichen Revolution gewesen; für Engels hatte Luthers „rückwärtiges" Deutschland gar nicht die Voraussetzungen für eine erfolgreiche Revolution vom Feudalismus zum Kapitalismus gehabt. „Die Revolution von 1525", schließt Engels seinen Aufsatz über den Bauernkrieg ab, „war eine deutsche Lokalangelegenheit", wohingegen „[d]ie Revolution von 1848 keine deutsche Lokalangelegenheit [war], sie war ein einzelnes Stück eines großen europäischen Ereignisses". Aber nicht eine deutsche Revolution, sondern bloß eine „Episode" in einer europäischen „Revolution Nr. 1 der Bourgeoisie"[15]. 1892 schließlich fasste Engels seine Revidierung mit diesen wenigen Worten zusammen: „Aber wo Luther fehlschlug, da siegte Calvin."[16] In der europäischen Reformation also gab es keine deutsche Revolution.

Auf diese Weise verwandelte Engels eine auf Deutschland und Luther konzentrierte Reformation in die Anfänge einer europäischen bürgerlichen Revolution. Und der Star in diesem Schauspiel war nicht Luther sondern Calvin. Diese Verschiebung löste zwar das Problem der frühbürgerlichen Revolution, warf aber gleichzeitig eine neue Frage auf: Gab es angesichts einer solchermaßen gedämpften Bedeutung Deutschlands und Luthers überhaupt noch einen Grund, sie als eine fundamentale Anfangsstufe der europäischen Reformation zu begreifen? Ja, vielleicht, aber nur wenn man nicht den modernen Kapitalismus beachtet sondern auf die Zukunft hofft – also Utopie. Dieser Gedanke ermutigte einige Marxisten, das Zentrum der Reformation von Luther selbst auf einen seiner Hauptgegenspie-

---

[13] *Vogler*, Das Konzept ‚deutsche frühbürgerliche Revolution' 61, der die Ursprünge des Konzepts in Frankreich vor der Revolution und in Deutschland vor 1848 findet.
[14] *Hartmut Lehmann*, Das marxistische Lutherbild von Engels bis Honecker, in: *ders.*, Luthergedächtnis 257–70.
[15] *Marx, Engels*, Werke, Bd. 21 (Berlin 1956ff.) 402.
[16] *Marx, Engels*, Werke, Bd. 19 (Berlin 1956ff.) 533–534, geschrieben von Engels 1892 für die englische Ausgabe (1892) seiner *Entwicklung des Sozialismus von der Utopie zur Wissenschaft*.

ler zu verlegen. Diese Figur war Thomas Müntzer (um 1489–1525), ein radikaler Priester aus dem Harzgebiet, der bewaffnete Rebellen in Thüringen versammelte und damit die Märtyrer-Krone erwarb. Er war wahrhaftig ein Mann des Geistes und der Tat.

Der Mann, der Thomas Müntzer als Hauptphilosophen der Reformation und des Bauernkrieges einführte, war Engels' glühendster Anhänger, der Prager Karl Kautsky (1854–1938). Zur Aufgabe brachte Kautsky etwas mit, was unter deutschen marxistischen Schriftstellern ganz selten anzutreffen war, und zwar seine Kenntnisse von der Geschichte des Christentums in der Antike und dem Mittelalter[17]. Kautsky verfolgte das Ideal einer Gütergemeinschaft von den frühen christlichen Gemeinden bis zu den mittelalterlichen Mönchen und dem christlichen Kommunitarismus. Dadurch verschaffte er dem modernen Sozialismus eine nachweisbare Genealogie. Im Zentrum dessen, was Kautsky „die kommunistische Bewegung" nannte, stand nicht Luther sondern Thomas Müntzer[18].

Kautsky fügte seinen Helden auch in eine Version europäischer und christlicher Geschichte, die nicht dialektisch im marxistischen Sinne war, sondern linear und evolutionär. Diese Verlagerung entsprach allerdings durchaus dem Zeitgeist, denn in den 1920ern florierten bereits utopische Vorstellungen in den antileninistischen Kreisen, die wir „austro-marxistisch" und „westmarxistisch" nennen. Im Jahre 1921 erschien die erste moderne Abhandlung über Müntzer, ein Werk des Philosophen Ernst Bloch (1885–1977), der in diesem merkwürdigen Propheten einen Wegweiser in die Zukunft fand. Für ihn, wie schon für Müntzer, war der Moment der Revolution gekommen. Bloch schrieb: „Aber andere, Müntzerverwandte Tage sind wieder gekommen und sie werden nicht mehr ruhen, bis ihre Tat getan ist."[19]

3. Luther als moderner deutscher Humanist

Als nach dem Ersten Weltkrieg revolutionäre Worte und Taten durch Europa wirbelten, lag das Lutherbild verborgen im Hintergrund und wartete auf bessere Tage. Seine nörgelnden Kritiker beschuldigten ihn mit Engels und Kautsky als Klassenverräter, Antirationalisten und deutschen Chauvinisten, wozu sich bald noch Antisemit und geistiger Urahn Adolf Hitlers gesellte. Seine Verteidiger antworteten darauf mit einem aufpolierten Image von Luther als apolitischer Theologe (*homo religiosus*), als Mann seiner Zeit, und neuerlich auch als spätmittelalterlicher Reformer.

Das überraschendste Moment in der Geschichte von Luther und den deutschen Marxisten liegt in der Zeit nach dem Zweiten Weltkrieg, als der „deutsche Reak-

---

[17] *Karl Kautsky*, Vorläufer des neueren Sozialismus, Bd. 1: Kommunistischen Bewegungen im Mittelalter, und Bd. 2: Der Kommunismus in der deutschen Reformation, hrsg. v. *Hans-Jürgen Mende* (Berlin 1921).
[18] *Karl Kautsky*, Vorläufer des neueren Sozialismus, Bd. 2: Der Kommunismus in der deutschen Reformation 276.
[19] *Ernst Bloch*, Thomas Münzer als Theologe der Revolution (München 1921) 127.

tionär" als „moderner deutscher Humanist" rehabilitiert wurde. Diese verwirrende Entwicklung ist voll und ganz den deutschen marxistischen Historikern zuzuschreiben. Sie begann auf höchster Ebene: Im Jahre 1947 erschien ein Buch des russischen Historikers Moisei Mendelevich Smirin (1895-1975), der Müntzer zur Zentralfigur des deutschen Bauernkriegs erhob und Luthers Verunglimpfung als Verräter des gemeinen Volkes von offizieller sowjetischer Seite besiegelte[20]. Smirins Buch erschien 1952 in deutscher Übersetzung, drei Jahre nach der Gründung der DDR.

Die SED, regierende Partei der DDR, blieb zuerst auf Linie mit Luther als reaktionären Deutschen. Es dauerte jedoch nur eine kleine Weile, bis sie sich auf eine neue Linie einpendelte. Der erste offizielle Schritt dahin wurde 1960 unternommen, als der Leipziger Historiker Max Steinmetz (1912-1990) eine Liste mit 33 Thesen zur Diskussion stellte. Die erste These lautet:

„Die erste große Aktion des aufkommenden Bürgertums in Deutschland erreichte ihren Höhepunkt in Reformation und Bauernkrieg (1517-1525), der bedeutendsten revolutionären Massenbewegung des deutschen Volkes bis zur Novemberrevolution von 1918."[21]

Steinmetz schlug vor, dem neuen kommunistischen deutschen Staat mit einer progressiven Vergangenheit auszustatten, und so das revolutionäre Erbe der Deutschen sowie deren Rolle als Mitverursacher der Weltrevolution aufzuwerten. Zwanzig Jahre später pries SED Generalsekretär Erich Honecker (1912-1994) Luther öffentlich als einen der größten Söhne des deutschen Volkes[22]. Seine Aussage bestätigte die neue Richtung, nach der Luther wieder einmal zum guten Bürger eines fortschrittlichen Volkes wurde.

Wie kam es, dass Martin Luther, einst „Klassenverräter", zu „einem der größten Söhne des deutschen Volkes" avancierte? Ein Grund liegt darin, dass seine politische Rehabilitierung der regierenden Partei dienlich war, um die vermeintlich

---

[20] Siehe: Das Konzept ‚deutsche frühbürgerliche Revolution', in: *Vogler*, Signaturen einer Epoche 62. Smirin war der erste, der der deutschen Reformation und dem deutschen Bauernkrieg die erste Stelle in der Reihe bürgerlicher Revolutionen gab. Der Terminus selbst wurde schon 1948, von *Leo Kofler*, Zur Geschichte der bürgerlichen Gesellschaft. Versuch einer verstehenden Deutung der Neuzeit (Berlin 1971) benutzt, aber nur für politische Kämpfe in den spätmittelalterlichen deutschen Städten.

[21] *Max Steinmetz*, Thesen zur frühbürgerlichen Revolution, in: Die frühbürgerliche Revolution in Deutschland; Referat und Diskussion zum Thema: Probleme der frühbürgerlichen Revolution in Deutschland, 1476-1535, hrsg. v. *Gerhard Brendler* (Berlin 1961). Siehe *Vogler*, Das Konzept ‚deutsche frühbürgerliche Revolution' 65, die Steinmetz für die Wernigerode Konferenz 1960 vorbereitete. Sie sind auch auf Englisch erschienen, in: *Max Steinmetz*, Theses on the Early Bourgeois Revolution in Germany, 1476-1535, in: The German Peasant War of 1525: New Viewpoints, hrsg. v. *Bob Scribner, Gerhard Benecke* (London 1979) 9-18. Siehe *Günter Vogler*, Reformation als ‚frühbürgerliche Revolution' – Eine Konzeption im Meinungsstreit (1985); *Vogler*, Das Konzept ‚deutsche frühbürgerliche Revolution'; Revolte oder Revolution? Anmerkungen und Fragen zum Revolutionsproblem in der frühen Neuzeit, in: *Vogler*, Signaturen 37-58, 59-88, 89-122.

[22] *Erich Honecker*, Unsere Zeit verlangt Parteinahme für Fortschritt, Vernunft und Menschlichkeit, in: Martin Luther und unsere Zeit. Konstituierung des Martin-Luther-Komitees der DDR am 13. Juni 1980 in Berlin (Berlin, Weimar 1980) 11.

schwache Selbstwahrnehmung der DDR als deutsche Nation zu stärken, ohne dabei die Freunde in Moskau zu verärgern, noch Zugeständnisse an die Rivalen in Bonn zu machen. Die neue Politik richtete sich darauf aus, deutsche Geschichte als progressives Nationalerbe zu erfassen. Sie inspirierte offizielle Gedenkfeiern für die Reformation und den Bauernkrieg, zwei einzigartig deutsche Ereignisse, in den Jahren 1967, 1975, 1983 und 1989.

Den guten Bürger Luther mit der Revolution zu verknüpfen war eine prekäre Angelegenheit, die eine implizite Kritik an diejenigen Marxisten enthielt, die die deutsche Reformation als den Beginn einer europäischen Revolution nicht betrachtet hatten und nicht betrachten wollten[23]. Man bedenke weiterhin, dass neben Luther weitere Deutsche rehabilitiert wurden, wie zum Beispiel Friedrich der Große von Preußen und Otto von Bismarck[24].

Unter Steinmetz' Führung nahm es eine Generation junger Historiker auf sich, eine neue Reformationsgeschichte zu verfassen. Sie zogen eine aufsteigende Linie der Klassenkämpfe von den Hussiten zu Luther, gefolgt von einer absteigenden Linie, die um 1535 mit dem endete, was Steinmetz „den endgültigen Sieg der Fürstenreformation" nannte[25]. Es blieb jedoch das Problem einer fehlenden progressiven Entwicklung, die diese Ereignisse direkt mit der deutschen Zukunft verbinden könnte. „Direkt", weil Thomas Müntzers utopische Theologie gerade deswegen so wertvoll für Marxisten war, weil sie durch die neuere deutsche Vergangenheit nicht diskreditiert werden konnte, die immer noch unter dem Gewicht von Reaktion und Unterdrückung, auch von Rassismus und Militarismus, litt. Müntzer predigte eine Heilsbotschaft der Hoffnung und kein Programm für aktuelle Konflikte[26]. Und Müntzer blieb akzeptabel, wie auch Luther übrigens, sobald seine progressiven Ideen wiederhergestellt waren. 1971 setzte die SED auf die Tagesordnung eine „Aufarbeitung des kulturellen Erbes" – ein bemerkenswerter Ausdruck, der der DDR einen Platz als demokratisches, friedliebendes und modernes Deutschland einräumte[27].

Der Höhepunkt der Luther-Rehabilitierung kam um 1980, als evangelische Kirchenleiter vorschlugen, der Staat solle in drei Jahren den Internationalen Lutherkongress anlässlich Luthers 500sten Geburtstags ausrichten. Die SED übernahm die Schirmherrschaft über die Ehrung von Martin Luther und seinem humanisti-

---

[23] *Stephen P. Hoffmann*, The GDR, Luther, and the German Question, in: Review of Politics 48 (1986) 254.
[24] Siehe *Joachim Streisand*, Deutsche Geschichte von den Anfängen bis zur Gegenwart. Eine marxistische Einführung (Berlin 1970).
[25] *Steinmetz*, Thesen zur frühbürgerlichen Revolution 8.
[26] *Hartmut Lehmann*, The Rehabilitation of Martin Luther in the GDR; or, Why Thomas Müntzer failed to Stabilize the Moorings of Socialist Ideology, in: *ders.*, Luthergedächtnis 271–280.
[27] *Adolf Laube*, Martin Luther in der Erbe- und Traditionsauffassung der Deutschen Demokratischen Republik, in: Luther und die Folgen. Beiträge zur sozialgeschichtlichen Bedeutung der lutherischen Reformation, hrsg. v. *Hartmut Löwe, Claus-Jürgen Roepke* (München 1983) 135. Er zitiert eine am 27. Januar 1981 von Bischof Albrecht Schönherr (1911–2009), Präsident der Evangelischen Kirchen in der DDR, gehaltene Rede.

schen Erbe für die DDR. Das Jubiläumsprogramm basierte laut einem offiziellen Mitarbeiter auf der breiten Überzeugung,

„dass Martin Luther und seine Mit-Rebellen zusammen auf die Stufe dieser großen Charaktere gehören, die den Lauf der Geschichte unseres Volkes und der Menschheit ganz wesentlich beeinflusst haben, und die uns bedeutende Anstöße für den Fortschritt der Geschichte gaben"[28].

Staat, Partei und Historiker, auch Kirchenmänner und Theologen machten Pläne für die Ausrichtung des Luther-Kongresses in Erfurt im August 1983.

Die Reformationsstudien in der DDR unter der neuen Politik waren schlüssig, solange man die Zentralität der Theologie und Religion für die Verbindung zwischen Luther und der deutschen und europäischen Kultur begriff. Mit der Zeit wurde diese Verbindung immer wichtiger, weil die Untersuchungen der wirtschaftlichen und sozialen Bedingungen dieser Geschichtsepoche weder die Existenz proto-kapitalistischer Wirtschaftsentwicklung noch das Aufkommen einer echtbürgerlichen Klasse im modernen Sinn empirisch nachweisen konnten. Also hat die deutsche frühbürgerliche Revolution nie einem festen Platz im internationalen marxistischen Kanon von Revolutionen bekommen[29]. Auf gewisse Weise befriedigte Luthers Rehabilitierung das Bedürfnis der DDR nach einem festen, unanfechtbaren Platz im Gesamtkonzept Europas, was ja die Revolutionsgeschichte nicht bieten konnte. Gerhard Brendlers Jubiläumsstudie von 1983 bekennt sich in ihrem Titel zu diesem Bedürfnis. Sie heißt *Martin Luther: Theologie und Revolution*, worin der Theologie Vorrang vor der Revolution gegeben wurde[30].

Heute ist deutlich geworden, dass Reformation und Bauernkrieg nicht mehr mit einer einzigen zentralen Idee erfasst werden können. Wir müssen beide, wie Günter Vogler schreibt, gleichzeitig als Einheit und als Vielfalt erkennen. Nur auf diesem Weg werden wir sie eher als Elemente einer Epoche begreifen statt eines Ereignisses, z. B. einer Revolution[31]. Friedrich Engels hatte Recht, als er sagte, der deutsche Bauernkrieg sei eine Lokalrevolution gewesen, die wir aus heutiger Sicht eher als ein weitstreckendes Netz von lokalen Revolutionen verstehen müssen. Der deutsche Bauernkrieg, der keine Sozialrevolution im modernen Sinne war, entstand aus einer tief verwurzelten Sozialordnung, die ungünstig für eine einheimische Entwicklung des Kapitalismus war. Deshalb deuteten die deutschen Bauernaufstände tatsächlich nicht auf moderne bürgerliche Revolutionen hin, sondern

---

[28] *Gerald Götting*, Sozialismus vollendet das humanistische Vermächtnis, in: Martin-Luther-Ehrung 1983. Bewahrung und Pflege des progressiven Erbes in der Deutschen Demokratischen Republik (Berlin 1982) 8.
[29] In der nicht-deutschen, marxistischen Historiographie fangen die modernen Revolutionen nicht mit der deutschen Reformation und dem Bauernkrieg, sondern mit der „English Revolution" des 17. Jahrhunderts an. Siehe *Vogler*, Das Konzept ‚deutsche frühbürgerliche Revolution', in: Signaturen einer Epoche 62.
[30] *Gerhard Brendler*, Martin Luther: Theologie und Revolution: eine Marxistische Darstellung (Köln 1983, übers. V. *Claude R. Foster Jr.*, New York 1991).
[31] Siehe *Günter Vogler*, Einheit und Vielfalt im Prozess des Übergangs vom Feudalismus zum Kapitalismus – Problem und Perspektiven der Forschung, in: *Vogler*, Signaturen 11–36.

auf die Verteidigung einer Lebensordnung, die auf lokalen, gemeinschaftlichen Werten beruhte. Gerade der Erfolg dieser bäuerlichen Kultur könnte den Weg zur Revolution blockiert haben, ein Punkt, den Engels auch so verstanden hat. Andererseits können wir immer noch Kontinuitäten von spätmittelalterlichen gemeinschaftlichen Ideen und Werten zu moderneren Konzepten von Freiheit erkennen. So hat Peter Blickle, Meister dieser Vorstellung, geschrieben: „Der Traum der Freiheit – nochmals wird er nach 500 Jahren als ein Thema aus der Geschichte in die Gegenwart vermittelt."[32]

Heute steht die Frage einer deutschen frühbürgerlichen Revolution immer noch am Rande der Geschichtsliteratur über die Reformation und über den Bauernkrieg. Historisch betrachtet haben weder ein Jahrhundert moderner Forschungen noch die eifrigen Studien der besten Historiker der DDR eine überzeugende, urkundlich belegte wirtschaftliche oder soziale Grundlage zusammenfügen können, auf der man die deutschen Bauernrevolten als proto-bürgerlich oder proto-kapitalistisch begreifen könnte[33]. Historiographisch betrachtet ist das Konzept von einer deutschen frühbürgerlichen Revolution sehr selten von nichtdeutschen Marxisten akzeptiert worden.

Summary

From Karl Marx's early writings in the 1830s to the end of the German Democratic Republic in 1990, Marxist historiography produced three distinct images of Martin Luther: 1) Luther the European liberal; 2) Luther the German reactionary; and 3) Luther the early modern German humanist. Engels' very negative portrayal of Luther established itself only in the Soviet Union and the GDR. Otherwise, European radicals and Marxists preserved the early Marx's positive image, which, for internal political reasons, was rehabilitated in the GDR since 1960. In international Marxist historical literature as a whole, Engels' concept of Reformation and Peasants' War as a German "early bourgeois revolution" was never established.

---

[32] *Peter Blickle*, Der Bauernkrieg: Die Revolution des Gemeinen Mannes (München ⁴2012) 124.
[33] Wichtigste Ausgangspunkte für neue Untersuchungen sind drei Studien von *Günter Vogler*, Reformation als ‚frühbürgerliche Revolution' – Ein Konzeption im Meinungsstreit; ders., Das Konzept ‚deutsche frühbürgerliche Revolution' – Genese – Aspekte – kritische Bilanz; ders., Revolte oder Revolution? Anmerkungen und Fragen zum Revolutionsproblem in der frühen Neuzeit. Siehe *Vogler*, Signaturen 37–58, 59–88, 89–122.

Notger Slenczka

Cognitio hominis et Dei
Die Neubestimmung des Gegenstandes und der Aufgabe der Theologie in der Reformation

Die Reformation stellte einen Umbruch dar, der sich auch in der damaligen wissenschaftlichen Theologie niederschlug, beispielsweise in der Gesamtanlage derjenigen Werke, in denen die Theologen den gesamten Stoff des theologischen Wissens in einer Einheit präsentierten: die Sentenzenwerke, Theologischen Summen, neudeutsch: Dogmatiken. Ich gehe einer besonders prominenten Veränderung nach mit dem Ziel, zu fragen, wie genau diese Veränderung zu beschreiben ist.

Um es vorgreifend auf vier plakative Thesen zu bringen: Ich werde in einem ersten Abschnitt zeigen, dass für eine breite mittelalterliche Tradition der Gegenstand der Theologie Gott ist und dass es die Aufgabe der Theologie ist, Gotteserkenntnis zu vermitteln. Für die reformatorischen und nachreformatorischen lutherischen Theologen hingegen, so werde ich in einem zweiten Abschnitt zeigen, ist der Mensch Gegenstand der Theologie, und die Aufgabe der Theologie ist es, Selbsterkenntnis zu vermitteln. In einem letzten Abschnitt wird deutlich gemacht, dass diese Gegenstandsbestimmung mitnichten ohne Vorgang ist, sondern, jedenfalls im Falle Luthers, eine *relecture* Bernhards von Clairvaux darstellt; zugleich wird damit erkennbar, dass im Hintergrund der Neuformierung der theologischen Systembildung eine Neubestimmung des Verhältnisses von Lehre und religiösem Lebensvollzug steht. Und – die letzte These deute ich nur an – genau diese Neubestimmung des Gegenstandes und der Aufgabe der Theologie ist die Basis, auf der die spätere protestantische Theologie neuzeit- und modernefähig wird.

1. Gott als Gegenstand der Theologie

1.1. Systematische Summen

Die endgültige Ablösung der theologischen Systembildung vom Typus der Florilegien und des Sentenzenkommentars präsentiert in vollendeter Form Thomas von Aquin und seine ‚Summa Theologiae'. Für diese und andere Theologische Summen stellt sich die Aufgabe, ein Zentrum zu bestimmen, das alle Lehren des christlichen Glaubens regiert und von dem her sie sich zu einem systematischen

Ganzen verbinden – dieses Zentrum wird zumeist unter der Frage nach dem Gegenstand der Theologischen Wissenschaft bearbeitet, die, um beim Beispiel zu bleiben, Thomas zu Beginn seiner Theologischen Summe bietet[1]. An sich, so Thomas, legt es sich vom Namen ‚Theologie – Rede von Gott' her nahe, Gott als diesen Gegenstand zu definieren; dem steht aber entgegen, dass die Theologie nicht nur einen einzigen Gegenstand habe, sondern viele[2]: die Schrift und das Glaubensbekenntnis umfasst vieles, von der Schöpfung über die Christologie bis hin zur Kirche und den ‚letzten Dingen'; offenbar gibt es keinen einheitlichen materialen Gegenstand für die Theologie.

Thomas setzt diesem Einwand in der responsio[3] eine formale, nicht materiale Bestimmung des Gegenstandes der theologischen Wissenschaft entgegen – eine formale Gegenstandsbestimmung gibt nicht in erster Linie Gegenstände an, mit dem sich die Wissenschaft beschäftigt, sondern eine Hinsicht, unter der alle Wirklichkeit in der jeweiligen Wissenschaft betrachtet wird; diese Hinsicht erst erlaubt es, zu bestimmen, welche Gegenstände in der jeweiligen Wissenschaft behandelt werden und welche nicht. Die Physik behandelt beispielsweise alles Seiende unter der Hinsicht der Bewegung und der sinnlichen Wahrnehmbarkeit; ihr Gegenstand ist somit alle Wirklichkeit, die sinnlich wahrnehmbar und die beweglich ist – nicht aber eben die unbewegten und nichtsinnlichen Gegenstände: die mathematischen Sachverhalte oder diejenigen der Metaphysik.

‚Gott' ist in diesem Sinne nicht der Gegenstand, sondern zunächst die formale Hinsicht, unter der die Theologie alle Wirklichkeit betrachtet. Die Theologie hat es mit dem Seienden zu tun, sofern es entweder Gott selbst ist oder auf Gott bezogen. Bezogen auf Gott ist das Seiende insofern, als er für das Seiende Ursprung und Ziel ist. Das bedeutet eben dann, dass es die Theologie mit schlechterdings allem Seienden zu tun hat, denn alles Seiende ist entweder selbst Gott, oder es ist auf Gott als auf seinen Ursprung und sein Ziel bezogen. Und von dieser Gegenstandsbestimmung her strukturiert sich der Aufbau der Summe so, dass alle Aussagen des Glaubens in einer Gesamtbewegung untergebracht werden[4]: Im Zentrum der Theologie steht Gott und das Bezogensein aller Wirklichkeit auf Gott, die von ihm ausgeht – das ist der Gegenstand der p I, die die Gotteslehre und die um die Anthropologie konzentrierte Schöpfungslehre umfasst; und das Bezogensein aller Wirklichkeit auf Gott, die zu ihm zurückstrebt – das ist der Gegenstand der p II: eine Bestimmung des Strebeziels des Menschen[5] und einer allgemeinen Handlungstheorie und einer Tugendethik, die dieses Streben des Menschen und die Verfasstheit des erfolgreich Strebenden beschreibt[6]. Dem ist dann auch die

---

[1] Das folgende bezieht sich auf die Bestimmung des Gegenstandes der Theologie in der Summa Theologiae [im Folgenden: STh] I q 1 a 7resp. Vgl. dazu *Notger Slenczka*, Art. Thomas von Aquin, RGG[4] 8, 369–376.
[2] STh I q 7 obj 2.
[3] Zum Folgenden wieder: STh I q 1 a 7resp.
[4] Vgl. STh I q 2prooem. Vgl. die Prologe zu den folgenden Teilen.
[5] STh II-I q 1 – q 4.
[6] Vgl. nur: STh II-I q 6prooem.

Christologie und die Sakramentenlehre zugeordnet: Die Beschreibung Christi deutet ihn als den Weg, auf dem die vernünftige Kreatur zu Gott strebt[7]. Aber diese Gegenstandsbestimmung hat ihr Zentrum und ihren Ausgangspunkt in der Gotteslehre. Gotteserkenntnis zu vermitteln ist der Ausgangspunkt der Theologie; daran hängt alles andere.

1.2. Weitere Wirkungsgeschichte

Diese These, dass Gott der Gegenstand der Theologie sei, ist in der scholastischen Universitätstheologie unbestritten; man könnte hier den Sentenzenkommentar Bonaventuras, die Summe des Albertus Magnus, das Sentenzenwerk des Gabriel Biel, von dem Luther gelernt hat, anführen[8]. Gott und die Erkenntnis Gottes ist das Zentrum; die weiteren von der Theologie behandelten Gegenstände werden diesem Zentral- und Hauptgegenstand zugeordnet. Dass auch andere Sachverhalte Gegenstand der Theologie sind, ist deutlich – allerdings eben nur in der Zuordnung zu jenem Hauptgegenstand, nämlich Gott.

1.3. Die Struktur der Gotteslehre

Diese Gotteslehre ist, jedenfalls in der Tradition der Dominikanerschule, deutlich an der aristotelischen Metaphysik orientiert; das ist am einfachsten erkennbar in der impliziten Zuordnung von Theologie und Metaphysik, die Thomas in der Bestimmung des Gegenstandes der Metaphysik im Metaphysikkommentar vornimmt[9]: Die Theologie ist nicht die einzige Wissenschaft, die für den Gegenstand ‚Gott, und alles Seiende als in Gott Begründetes' zuständig ist. Im Rahmen der ersten lectiones des Kommmentars zur Metaphysik des Aristoteles diskutiert Thomas die (bis heute nicht gelöste) Frage nach dem genauen Gegenstand der Metaphysik angesichts dreier Alternativen, die alle ihren Anhalt an Aussagen des Aristoteles haben[10]: Gegenstand könnte das Seiende, insofern es Seiendes ist, sein; Gegenstand könnten die Ursachen und Gründe des Seienden sein; und Gegenstand könnte der Bereich des selbständigen Unbewegten und Nicht-Wahrnehmbaren und insoweit Gott sein. Thomas verbindet alle drei Gegenstandsbestim-

---

[7] Vgl. STh III prologus.
[8] Die Bestimmungen sind im Einzelnen differenziert und ergänzen diese Basisauskunft durch Zuordnungen weiterer Gegenstandsbestimmungen – ich verfolge das nicht weiter: Bonaventura, Commentaria in IV Libros Sententiarum Magistri Petri Lombardi I, Proemii q 1resp – *Gabriel Biel*, Collectorium circa quattuor libros Sententiarum, Prologus q 9 – Albertus Magnus, Summa theologiae lib I tract I q 3 cap 1solutio, Alberti Magni Opera Omnia 34/1, hrsg. v. *Dionysius Siedler* u. a. (Münster 1978) [10f.].
[9] Zum Folgenden vgl.: Thomas von Aquin, In Metaphysicam Aristotelis commentarius [In Met] prooem.
[10] Ebd.; vgl. *Notger Slenczka*, Art. Gotteslehre, in: Thomas-Handbuch (erscheint Tübingen 2014).

mungen miteinander: Die Metaphysik befasst sich mit dem Seienden insofern es Seiendes ist, damit aber zugleich mit der Frage nach den letzten Ursachen des Seins des Seienden und folglich auch mit Gott und dessen Sein. Diese Gegenstandsbestimmung entspricht der formalen Hinsicht und dem Gegenstandsbereich der Theologie und ist bewusst gewählt, wenn auch Thomas diese Entsprechung nirgends ausdrücklich macht: Wie sich die Theologie im Ausgang von ihrer Zentralhinsicht ‚Gott' mit diesem und in zweiter Linie mit dem in Gott begründeten Seienden befasst, so befasst sich die Metaphysik mit dem Seienden als solchem (sc. als Seiendem), und folgeweise und unter der Frage nach dem Grund des Seins mit Gott. Die Bewegungsrichtungen der Wissenschaften sind einander entgegengesetzt – von Gott zum Sein des Seienden auf der einen, vom Sein des Seienden zu Gott auf der anderen Seite; und doch ist deutlich, dass beide Wissenschaften denselben Inhalt haben. Entsprechend ist ein zentrales Anliegen und ein entscheidendes Problem der Gotteslehre des Thomas die Frage nach dem Verhältnis des ‚Gottes der Philosophen' zur christlichen Tradition der Rede von Gott.

2. Die reformatorische Neubestimmung

2.1. Die Loci Melanchthons

Das erste reformatorische Werk, das so etwas wie eine Darstellung aller wesentlichen Stoffe der christlichen Lehre bieten will, sind die Loci communes Philipp Melanchthons[11]. Die Loci gehen letztlich auf eine 1519 gehaltene Vorlesung zum Römerbrief zurück. Für die Hörer dieser Vorlesung hatte Melanchthon eine Skizze des Inhaltes, des Beweisganges und vor allem der Hauptbegriffe des Römerbriefes zusammengestellt; diese Skizze wurde, offenbar ohne seine Autorisierung, 1520 von seinen Schülern unter dem von Erasmus übernommenen Titel der ‚Lucubratiunculae – Nachtgedanken' zum Druck gegeben. Die Loci communes von 1521 sind, so schreibt Melanchthon im Widmungsbrief, dazu bestimmt, diese voreilige Veröffentlichung zu ersetzen; sie dienen aber demselben Zweck:

„Ferner, was das Ganze des Gedankengangs angeht, werden hier die vornehmsten Gebiete der christlichen Lehre angezeigt, damit die Jugend sowohl versteht, was man in der Schrift am ehesten suchen muß, und wie scheußlich überall in theologischen Fragen diejenigen phantasiert haben, die uns anstelle der Lehre Christi die Spitzfindigkeiten des Aristoteles vorgesetzt haben."[12]

---

[11] Philipp Melanchthon, Loci communes theologici, lat.-dt., hrsg. v. *Horst-Georg Pöhlmann* (Gütersloh 1993) – im Folgenden zitiert: Melanchthon, Loci (in [eckigen Klammern] die Satzzählung dieser Ausgabe). Ich zitiere nach der Übersetzung. Wenn nötig, weiche ich ohne weiteren Kommentar von der Übersetzung zugunsten des Sinnes des lateinischen Textes ab.
[12] Melanchthon, Loci 12 [4].

Typische Polemik gegen die Rolle des Aristoteles in der Theologie: Melanchthon richtet sich gegen die von Aristoteles übernommenen Spitzfindigkeiten in den ‚theologischen Fragen' – gemeint ist hier die quaestio im Rahmen des Lehrinstituts der akademischen ‚disputatio'. Das Programm Melanchthons orientiert sich am Gegensatz der Spitzfindigkeiten des Aristoteles zur ‚Lehre Christi', geht also davon aus, dass es eine Konkurrenz zwischen beiden auf dem Gebiet der Theologie gibt – gemeint ist hier die von vielen Reformatoren diagnostizierte Unvereinbarkeit der aristotelischen Metaphysik und der ‚Lehre Christi', die – das zeigt die Fortsetzung – Melanchthon in der Schrift findet: Er will in das rechte Fragen einweisen, das eine erfolgreiche Schriftlektüre leiten muss (quae sint in scripturis potissimum requirenda – was man in der Schrift am ehesten suchen muss). Das Ziel der Loci ist es, Anfänger zu einer eigenständigen Lektüre der Schrift zu befähigen.

2.2. Die Loci als Einführung in die Schrift

Entsprechend empfiehlt Melanchthon einen Rückgang von den kirchlichen Autoritäten zum eigenständigen Lesen der Schrift; er ist dabei geleitet von der These, dass die Schrift eine formative Kraft hat; sie verwandelt denjenigen, der sich mit ihr befasst, in ihre eigene Wesensart und macht den Leser zum Ebenbild Gottes, und zwar deshalb, weil die Gottheit der Schrift ihr Ebenbild eingeprägt hat:

„Ja ich wünschte nichts so sehr, als daß alle Christen, wenn das möglich wäre, sich allein in den göttlichen Schriften in freiester Weise umtun und völlig in deren Beschaffenheit umgewandelt werden. Denn da die Gottheit in ihnen [den Schriften] ihr vollkommenstes Bild ausgedrückt hat, kann sie [die Gottheit] anderswo nicht gewisser oder eigentlicher erkannt werden."[13]

Die Loci stehen – zusammengefasst – im Dienste des reformatorischen Schriftprinzips, das sich hier in besonders klarer Weise zeigt: Es ist getragen von der These, dass die Schrift von sich selbst her die Fähigkeit der Einflussnahme auf den Leser hat, ihm das ‚Bild Gottes' einprägt, das sie selbst in sich trägt – somit also den sündigen Menschen, dem dieses Bild in seiner Reinheit verloren gegangen ist, wieder zurecht bringt.

2.3. Die Einleitung – Titel und Gegenstand der ‚Loci'

Den Begriff ‚Locus', der sich im Gefolge der Schrift Melanchthons in der Theologie einbürgert, übersetzt man am besten relativ wörtlich mit ‚Gebiet' – es geht um theologische Sachgebiete. Alle Wissenschaften, so Melanchthon, befassen sich mit bestimmten Sachgebieten, in denen das Ganze der jeweiligen Wissenschaft zusammengefasst ist; die Theologie gehe nicht anders vor, und so bieten die zentralen

---

[13] Ebd. 14 [7].

Lehrbücher – Melanchthon nennt Johannes Damascenus und Petrus Lombardus – Hauptinhalte, die Melanchthon aufzählt:

> „Gott – der Eine – der Dreifache – die Schöpfung – der Mensch, die Kräfte des Menschen – die Sünde – die Frucht der Sünde, die Laster – die Strafen – das Gesetz – die Verheißungen – die Erneuerung durch Christus – die Gnade – die Frucht der Gnade – Glaube – Hoffnung – Liebe – die Prädestination – die sakramentalen Zeichen – die Stände der Menschen – die Obrigkeit – die Bischöfe – die Verdammnis – die Glückseligkeit."[14]

Melanchthon zählt diese Inhalte auf, um zu unterscheiden: Er stellt fest, dass es Begriffe und Inhalte gibt, die sich dem menschlichen Verstehen entziehen und die denjenigen, der sich mit ihnen befasst, in Gefahr bringen – dazu rechnet Melanchthon die Lehre vom Wesen Gottes, von der Trinität, von der Inkarnation usf.:

> „Wie unter diesen [Artikeln] einige gänzlich unbegreiflich sind, so gibt es andererseits darunter solche, von denen Christus wollte, daß sie dem gesamten Volk der Christenheit genauestens bekannt sein sollten. Die Geheimnisse der Gottheit sollten wir lieber anbeten als untersuchen – ja, die können ohne große Gefahr nicht untersucht werden, was nicht selten auch heilige Männer erfahren haben. Und Gott, der Beste und Größte, hat seinen Sohn ins Fleisch gehüllt, um uns von der Betrachtung seiner Majestät zur Betrachtung des Fleisches und so unserer Zerbrechlichkeit zu führen."[15]

Diese Grundregel ist eine eigentümliche Mischung humanistischer und mystischer Elemente mit reformatorischen Grundeinsichten, die ich hier nicht im Einzelnen aufschlüsseln will; die Feststellung, dass die Geheimnisse der Gottheit kein sinnvoller Gegenstand der wissenschaftlichen Untersuchung sind, hat Erasmus von Melanchthon mit Zustimmung übernommen[16]; und Melanchthon verbindet das mit einem Motiv, das ich weiter unten als Grundmotiv der Bernhardschen Mystik identifizieren werde und das Luthers theologia crucis bestimmt[17]: Die Meditation der Inkarnation Gottes als Anleitung zur Einsicht in die miseria des Menschen.

2.4. Die Anthropologie als Gegenstand der Theologie

Dieser letzte Satz des Zitats ist nun entscheidend, denn mit ihm ergibt sich eine Neubestimmung des Gegenstandes der Theologie: Sie ist nicht mit dem Wesen und den Eigenschaften Gottes befasst, sondern mit dem inkarnierten Gott; aber in der Theologie geht es nun auch nicht um eine spekulative Christologie, sondern der angehende Theologe soll durch die Betrachtung der Niedrigkeit Christi auf seine, des Menschen eigene Niedrigkeit und Hinfälligkeit verwiesen werden: Die Betrachtung der Niedrigkeit Christi führt „ad carnis, adeoque fragilitatis nostrae

---

[14] Melanchthon, Loci 18 [4].
[15] Melanchthon, Loci 18f. [5–6].
[16] Erasmus von Rotterdam, De libero arbitrio diatribe I a 7 [in: Erasmus von Rotterdam, Ausgewählte Schriften, lat.-dt., hrsg. v. *Werner Welzig*, 8 Bde. (Darmstadt ³2006) Bd. 4, 1–195, hier 10–19.
[17] Vgl. Martin Luther, Disputatio Heidelbergae habita, WA 1, [350–] 352–374.

contemplationem – zur Betrachtung des Fleisches, und so unserer Zerbrechlichkeit". Die Betrachtung Christi ist also relevant als Weg zur Selbsterkenntnis des Menschen.

Damit deutet sich das Grundthema aller Dogmatiken der Reformatoren der ersten Generation an: Nach ihnen hat es die Theologie insgesamt nicht mit der Erkenntnis Gottes, sondern mit der Erkenntnis Gottes *und des Menschen* zu tun, und dies so – wie man der zitierten Passage aus der Einleitung der Loci entnehmen kann – dass die Erkenntnis Gottes in Christus zugleich eine Einsicht in die Grundverfassung des Menschseins bedeutet.

2.5. Die Reduktionsbewegung der Reformation: Die Selbsterkenntnis des Menschen als Aufgabe und Zentrum der Theologie

Melanchthon zieht nun in der Einleitung seiner Loci die Folgerung, dass die ‚höchsten Hauptgebiete' – nämlich die Lehre von Gott, von seiner Einheit und Dreiheit, vom Geheimnis der Schöpfung und von der Weise der Inkarnation, kein Gegenstand sinnvoller Untersuchung und damit auch kein Gegenstand der Theologie sein können. Er verwirft die entsprechenden Untersuchungen der vorreformatorischen Scholastik: Diese Theologen, so Melanchthon im oben zitierten Text, haben sinnlose Begriffsklauberei betrieben und haben darüber „das Evangelium und die Wohltaten Christi verdunkelt".

Damit ist zunächst negativ deutlich, dass Theologie nach Melanchthon nicht ‚Lehre von Gott' ist, wie noch Thomas definiert hatte; vielmehr fällt die gesamte Gotteslehre, die Schöpfungslehre, und übrigens auch große Teile der Christologie aus dem Gegenstandsbereich der Theologie heraus und sind auch kein Gegenstand der ersten Gestalt der Loci. Ausdrücklich: Die Gottes- und Trinitätslehre sind kein Gegenstand der Theologie:

> „Daher gibt es keinen Grund, warum wir viel Mühe verwenden sollten auf jene höchsten Untersuchungen über Gott, über die Einheit und Dreiheit Gottes, über das Geheimnis der Schöpfung, über die Art und Weise der Inkarnation. Ich frage dich: was haben die scholastischen Theologen in all den Jahren erreicht, in denen sie sich ausschließlich mit diesen Sachgebieten befaßt haben?"[18]

Die reformatorische Dogmatik setzt also ein mit einem gigantischen Reduktionsprogramm. Die zentralen Gegenstandsgebiete der vorreformatorischen Theologie werden schlicht aus dem Lehrprogramm ausgeschieden. Die Theologie befasst sich nicht mit Gottes Wesen, nicht mit der Trinitätslehre, und auch nicht mit Christus im Sinne der klassischen Zwei-Naturen-Lehre; aber eben auch nicht mit der Schöpfung und ihrer Lenkung – alles das kommt in den Loci nicht vor. Und im Anschluss an diese Abgrenzung fasst Melanchthon zusammen, welche Sachgebiete die Theologie rechtmäßig zu behandeln hat:

---

[18] Melanchthon, Loci 22 [8–11].

„Wer aber die übrigen Sachgebiete, nämlich die Kraft der Sünde, das Gesetz, die Gnade nicht kennt, von dem weiß ich nicht, wie ich ihn als Christen bezeichnen sollte. Denn daraus wird eigentlich Christus erkannt, denn Christus erkennen heißt: seine Wohltaten erkennen [hoc est Christum cognoscere, beneficia eius cognoscere], und nicht das, was jene lehren: seine Naturen, die Art und Weise der Inkarnation zu betrachten. Denn wenn du nicht weißt, zu welchem Nutzen Christus das Fleisch angenommen und an das Kreuz geheftet wurde – was nützte es dann, seine Lebensgeschichte zu kennen [quid proderit eius historiam novisse]."[19]

Die ‚beneficia – Wohltaten' Christi sind Gegenstand der Theologie, d. h.: Christus insofern, als er einen Nutzen und eine Heilswirkung für den Menschen hat. Und das heißt, dass alle christologischen Sachgebiete, die nicht Christus als den Ursprung von ‚beneficia – Wohltaten' zum Gegenstand haben, schlicht kein Gegenstand der Theologie sind. Genau darum stellt Melanchthon fest, dass der eigentliche Gegenstand der Theologie „die Kraft der Sünde, das Gesetz, die Gnade" sind: Diese Sachverhalte sind allesamt anthropologisch fokussiert und benennen die Begriffe, unter denen nach reformatorischem Verständnis die menschliche Existenz vor und nach der Einwirkung Christi auf sie zur Sprache kommt:

„Dies ist schließlich die christliche Erkenntnis, zu wissen, was das *Gesetz* fordert, woher man die Kraft, das Gesetz zu erfüllen, und woher man die *Gnade* für die Sünde erlangen kann, wie man die wankende Seele gegen den Teufel, das Fleisch und die Welt stützt, wie man das angefochtene Gewissen tröstet."[20]

Wenn Melanchthon als Gegenstand der Theologie „die Kraft der Sünde, das Gesetz, die Gnade" bzw. die (darauf bezogenen) beneficia Christi bezeichnet, dann wird der gesamte Inhalt der Theologie auf die existentiell relevanten Gegenstände und auf die Beschreibung der menschlichen Existenz selbst konzentriert. Nur das ist Gegenstand der Theologie, was existentiell, für die Selbsterkenntnis des Menschen, relevant ist. Die Fülle der theologischen Gegenstandsgebiete wird reduziert und fokussiert. Das Kriterium der Auswahl unter den vielen Sachgebieten, die in der vorreformatorischen Theologie verhandelt wurden, ist nun nicht mehr Gott als Ursprung und finis aller Wirklichkeit. Vielmehr ist eine Lehre dann Gegenstand der Theologie, wenn sie eine Funktion hat in der Beschreibung und Bewältigung der Situation des Individuums zwischen Anfechtung und Trost. Das existentielle Zentrum der Theologie Luthers wird zum Prinzip der Organisation der Gegenstände des Glaubens.

2.6. Luthers Definition des Gegenstandes der Theologie

Darin trifft sich die Bestimmung des Gegenstandes der Theologie mit der berühmten Definition Luthers, der in der Auslegung des Ps 51 feststellte:

„Der eigentliche Gegenstand der Theologie ist der Mensch, der unter der Anklage der Sünde steht, und Gott, der rechtfertigt und den sündigen Menschen rettet. Was abgesehen von diesem

---

[19] Melanchthon, Loci 22 [12–14].
[20] Melanchthon, Loci 22–24 [16].

Gegenstand in der Theologie erfragt oder disputiert wird, ist Irrtum und Gift. [...] Daher ist dies die wesentliche theologische Erkenntnis, daß der Mensch sich erkennt, das heißt: daß er weiß, spürt und erfährt, daß er unter der Anklage der Sünde steht und dem Tod verfallen ist; und zweitens, daß er das Gegenteil weiß und erkennt: daß Gott den Menschen, der so um sich weiß, rechtfertigt und erlöst."[21]

Der Text ist sorgfältig zu lesen: Als Gegenstand der Theologie gibt Luther nicht etwa Gott und dann den Menschen an – so würde Thomas verfahren. Sondern nach Luther ist der eigentliche Gegenstand der Theologie der Mensch, und zwar in einer bestimmten Situation, nämlich in der Situation der Anfechtung. Ausdrücklich: Gegenstand der Theologie ist in erster Linie der Mensch und nicht Gott. Gott ist nur insofern Gegenstand der Theologie, als er und sein Wirken eine Relevanz für die Grundsituation des Menschen hat: für die Anfechtung. Die Reduktionsbewegung, die sich bei Melanchthon vollzieht, ist also näherhin eine anthropologische Reduktion; im Vergleich mit Thomas und mit der gesamten vorreformatorischen Theologie ändert sich die Bestimmung des Gegenstandes der christlichen Lehre und wird behauptet, dass der hauptsächliche Gegenstand der Theologie der Mensch und dass entsprechend das entscheidende Ziel der Theologie auch nicht die Gotteserkenntnis, sondern die Selbsterkenntnis sei.

Und es vollzieht sich damit eine Art existentialer Reduktion: Die Theologie vermittelt nicht Erkenntnis Gottes als Teilhabe an seiner Selbsterkenntnis, sondern die Theologie führt, wie Luther im letzten Zitat ausdrücklich sagt, in eine Erfahrung ein: In das ‚spüren' (‚sentire') und ‚erfahren' (‚experiri') der Sünde. Die Grenzen zwischen wissenschaftlicher Reflexion und Predigt oder Beichtstuhl verschwimmen: Die Selbsterkenntnis des Menschen, zu der die Theologie führen will, ist die contritio.

2.7. Parallelen bei Zwingli und Calvin

Diese Gegenstandsbestimmung der Theologie bei den beiden Wittenberger Reformatoren erinnert auf den ersten Blick an die entsprechenden Bestimmungen bei Zwingli und Calvin[22]; allerdings sind das Gewicht und der Akzent in dieser und in anderen Aussagen Luthers doch eigentümlich anders gesetzt als bei den beiden anderen Reformatoren: die Schweizer Reformatoren gehen davon aus, dass die Selbsterkenntnis der Gotteserkenntnis folgt, während Luther, wie gezeigt, die Selbsterkenntnis der Gotteserkenntnis vorordnet.

Auf den ersten Blick ist das ein denkbar harter Gegensatz zur vorreformatorischen Theologie, der sich in der Anlage der theologischen Summen der nachrefor-

---

[21] Martin Luther, Enarratio Psalmi 51 [1532/38] WA 40/II, 328,15–21.30–35.
[22] Huldrych Zwingli, De vera et falsa religione commentarius, Huldrych Zwinglis Sämtliche Werke III (CR 90) (Leipzig 1914) [590–]628-911, 640,20–26; vgl. Johannes Calvin, Institutio Christianae religionis I cap 1. Dazu und zum Hintergrund: *Gerhard Ebeling*, ‚Cognitio Dei et hominis', in: *ders.*, Lutherstudien I (Tübingen 1971) 221-272.

matorischen Zeit fortsetzt²³. Doch bei noch näherem Hinsehen ist damit kein Bruch mit der vorreformatorischen Tradition insgesamt vollzogen und diese Neubestimmung des Gegenstandes der Theologie – der Mensch – ergibt sich nicht einfach und ohne Vorläufer aus dem Zentrum der religiösen Einsicht Luthers. Vielmehr kann man ziemlich genau angeben, woher nicht nur Luther, sondern woher auch Melanchthon diese Gegenstandsbestimmung bezieht, nämlich von Bernhard von Clairvaux. Und hier erfaßt man auch die Grundlage für die eigentümliche Vorordnung der Selbsterkenntnis vor die Gotteserkenntnis, die Luther vornimmt.

3. Bernhard von Clairvaux

Als ersten Ausweis dafür, dass es sich lohnt, hier weiterzufragen, ein Zitat:

„Ich wünsche deshalb, daß eine Seele zuallererst sich selbst erkennt [...] Durch eine solche Erfahrung und in einer solchen Ordnung gibt sich Gott auf heilsame Weise zu erkennen, wenn sich der Mensch zuerst in seiner Bedürftigkeit erfährt und dann zum Herrn ruft [...] Eben auf diese Weise wird deine Selbsterkenntnis ein Schritt (gradus) zur Gotteserkenntnis sein; und in seinem Bild, das in dir wiederhergestellt wird, wird er selbst zu sehen sein."²⁴

Der Text stammt aus den Hoheliedpredigten des Bernhard, aus einer Predigt, die Luther in seiner ersten Psalmenvorlesung explizit rezipiert und verwendet und die auch erkennbar den Hintergrund der Gegenstandsbestimmung der Theologie darstellt, die Melanchthon bietet, wenn er die Schrift als das Medium der Wiederherstellung des Bildes Gottes im Menschen bezeichnet. Ich bleibe bei Luther: Beide, Bernhard wie Luther, leiten im Umgang mit diesen Texten die Hörer – der Vorlesung im Falle Luthers, der Predigt bei der Vigil im Falle Bernhards – dazu an, sich selbst wahrzunehmen, die eigene miseria zu reflektieren und die eigene Niedrigkeit zu erfassen. Theologie hat es nicht nur nicht mit der Erkenntnis Gottes, sondern auch nicht mit einer thematisch-gegenständlichen Anthropologie, die die Möglichkeiten und Grenzen des Menschen beschreiben könnte, zu tun, sondern mit der Einweisung in eine existentielle, dem Anspruch nach authentische Selbstwahrnehmung, einem Spüren und Fühlen seiner selbst und seiner Niedrigkeit. In

---

²³ Auch hier tritt in den großen analytisch aufgebauten Dogmatiken in das Zentrum der Theologie als Wissenschaft der homo peccati reus, der zum Glauben und damit zum ewigen Leben zu führen ist – vgl. *David Hollaz*, Examen theologicum acroamaticum (Stargard 1707) Propaedia, q 17 und 18, jeweils die These.
²⁴ Bernhard von Clairvaux, Sermones super Canticum Canticorum, Sermo 36; im Folgenden zitiert: Bernhard, Sermo; ich beziehe mich auf folgende Ausgabe: Bernhard von Clairvaux, Sämtliche Werke lat./dt., hrsg. v. *Gerhard B. Winkler*, 10 Bde. (Innsbruck 1990-1999). Die Hoheliedpredigten finden sich in den Bänden V und VI. Ich gebe jeweils die Zählung der Predigt an (Sermo und Zahl) und zitiere dann unter Angabe der durchgehenden römischen und lateinischen Abschnittzählung und füge in [eckigen Klammern] die Band- und Seitenzahl der Ausgabe hinzu; hier: Sermo 36, aus IV,5 und 6 [V,568–571]. Ich weiche nötigenfalls ohne weiteren Kommentar von der Übersetzung zugunsten des lateinischen Textes ab.

der Tat, wie eben schon gesagt, mit der Einweisung in die contritio. Dazu nun einige weitere vergleichende Bemerkungen[25].

3.1. Bernhard von Clairvaux – die Sermones super Canticum Canticorum

Dies Zitat stammt aus den Hohelied-Predigten des Bernhard, die zur Vigil gehalten wurden, also in der Tat nachts, damals nach der Benediktregel ungefähr um 2:00 Uhr. Bernhard knüpft an die vorangehende Predigt an und fasst deren Gehalt als Grundlage für das Folgende zusammen:

„Ihr erinnert euch […], daß ich eure Zustimmung für meine These besitze, daß niemand ohne Selbsterkenntnis gerettet werden kann."[26]

Das ist das Thema eines zusammenhängenden Komplexes von vier der Predigten über das Hohelied, die Bernhard durch explizite Anknüpfungen an die jeweils vorangehenden Sermone noch enger miteinander verbindet als die anderen Predigten, die allerdings ebenfalls durch ein Netz von Stichwortanschlüssen oder Leitthemen eng miteinander verwoben sind. Wer versucht, einen thematisch zusammenhängenden Abschnitt von Predigten zu isolieren, wird so leicht keinen Anfang und auch eigentlich kein Ende des Gedankens finden und schließlich in die fortschreitende Meditation irgendwo gewaltsam hereinbrechen, geleitet von der Zuordnung der Predigten zum Text des Hohenliedes. Ich betreibe im Folgenden etwas Textarbeit mit dem Ziel, die Faszination dieses und anderer Texte des Bernhard und die Faszination der Texte wiederum, in denen Luther diese Gedanken aufnimmt, zu vermitteln.

3.2. Wahres Wissen ist Selbsterkenntnis

Ich beginne mit der 34. Predigt, einer Predigt über die Demut. Hier beginnt eine lange und die folgenden Predigten begleitende Auslegung des Hld 1,8, ein Vers, der auf die Frage der geliebten Frau nach dem Ort, wo die Herde ihres Geliebten weidet, antwortet; in der Lutherübersetzung lautet er: „Weißt du es nicht, du

---

[25] In der auf eine halbe Stunde berechneten Vortragsfassung hatte ich diese Bezugnahme auf Bernhard sehr knapp gehalten und trage nun einen Teil der im Hintergrund meiner damaligen knappen Bemerkungen stehenden Belege und Gedanken nach. Ich verweise summarisch und ohne detaillierten Abgleich des Folgenden auf einige einschlägige Titel: Die nach meinem Eindruck systematisch wie historisch großartigste Analyse stammt von *Ulrich Köpf*, Religiöse Erfahrung in der Theologie Bernhards von Clairvaux, BhTh 61 (Tübingen 1980), im Folgenden zitiert: *Köpf*, Erfahrung; *Peter Dinzelbacher*, Bernhard von Clairvaux. Leben und Werk des berühmten Zisterziensers (Darmstadt 1998); Zum Verhältnis zu Luther: *Theo Bell*, Divus Bernhardus. Bernhard von Clairvaux in Martin Luthers Schriften, VIEG 148 (Mainz 1993); zu den hier im Folgenden analysierten Passagen aus Bernhard und Luthers Dictata: 42–81.
[26] Bernhard, Sermo 37, I,1 [V,572f.].

schönste unter den Frauen, so geh hinaus auf die Spuren der Schafe." Bernhard richtet sich nach der Vulgata; dort steht: „Si ignoras te egredere – wenn du *dich* nicht kennst, geh hinaus" Danach geht es in diesem Vers um Selbsterkenntnis, und Bernhard legt, ausgehend von diesem Vers, von der 36. Predigt an aus, was wahres Erkennen ist.

Wer seine Schriften über Abaelard und die Brandbriefe an Papst Innozenz II. über Abaelard kennt[27], der ordnet Bernhard als einen jeder Vernunfttätigkeit gegenüber misstrauischen Mönchsvater ein – mitnichten, wie Bernhard sagt:

„Ich scheine vielleicht die Wissenschaft allzusehr zu geißeln und die Gelehrten gleichsam zu tadeln oder wissenschaftliche Studien verbieten. Das sei ferne! […] Du siehst: es gibt verschiedene Arten von Wissenschaften, wenn die eine aufbläht, die andere traurig macht. Von dir möchte ich nun wissen, welche der beiden Arten dir nützlicher oder notwendiger zum Heil erscheint […] Zweifellos wirst du derjenigen, die traurig macht, den Vorzug geben vor der geben, die aufbläht: denn der Schmerz verlangt nach der Gesundheit, die die Aufgeblasenheit nur vortäuscht."[28]

3.3. Selbsterkenntnis und Gotteserkenntnis

Um Wissen geht es also, um das Wissen um sich selbst und um das Wissen um Gott, und zwar in dieser Reihenfolge, denn – wie bereits zitiert:

„Ich wünsche deshalb, daß eine Seele zuallererst sich selbst erkennt […] Durch eine solche Erfahrung und in einer solchen Ordnung gibt sich Gott auf heilsame Weise zu erkennen, wenn sich der Mensch zuerst in seiner Bedürftigkeit erfährt und dann zum Herrn ruft […] Eben auf diese Weise wird deine Selbsterkenntnis ein Schritt (gradus) zur Gotteserkenntnis sein; und in seinem Bild, das in dir wiederhergestellt wird, wird er selbst zu sehen sein."[29]

Genau um dieses jeder Gotteserkenntnis vorangehende Wissen um sich selbst geht es in der Demut und genau darum stellt Bernhard den drei Predigten über das Erkennen eine Predigt über die Demut voraus – und die ist schlicht geniale Seelenleitung und große Theologie, denn hier macht Bernhard deutlich, warum derjenige, der im Modus der Demut sich selbst erkennt, darin *zugleich* Gott erkennt.

3.4. Selbsterkenntnis als Demut

Bernhard deutet in der ersten Predigt zur Auslegung des genannten Verses Hld 1,8 das ‚geh hinaus' als Zurechtweisung: Wenn jemand sich selbst nicht kennt, soll er hinausgehen, sich entfernen – Bernhard ruft den Wunsch des Mose, Gott

---

[27] Bernhard, Briefe 189-194 und 330-338, in: Bernhard von Clairvaux, Sämtliche Werke lat./dt., hrsg. v. *Gerhard B. Winkler*, 10 Bde. (Innsbruck 1990-1999) Bd. III [64-137 und 558-583], zitiert im Folgenden: Bernhard, Brief und Briefnummer [Band- und Seitenzahl].
[28] Bernhard, Sermo 36, I,2 [V,562f.].
[29] Bernhard, Sermo 36, aus IV,5 und 6 [V,568-571].

zu schauen, ebenso auf wie die Bitte der Zebedäussöhne um einen Platz zur Rechten und zur Linken Christi im Himmelreich:

„Wer nämlich nach Höherem strebt, muß von sich niedrig denken, damit er nicht von seiner Höhe stürzt, wenn er sich über sich selbst erhebt, es sei denn, er wäre durch wahre Demut unerschütterlich in sich selbst gefestigt. Wenn du also glaubst, daß du gedemütigt wirst, dann halte dies als Zeichen des Guten durchaus für einen Beweis der nahenden Gnade"[30]

– ähnliche Gedanken über die Verwandtschaft von Verzweiflung an sich selbst und Nähe der Gnade finden sich auch bei Luther.

Die Demut besteht nun darin, so folge ich Bernhard, dass ein Mensch die humiliatio, die Demütigung, die ihn beispielsweise durch einen anderen Menschen trifft, in die Haltung der ‚humilitas' übersetzt[31], indem er sie nicht widerstrebend, auch nicht nur geduldig, sondern gern auf sich nimmt – und hier zitiert Bernhard 2 Kor 12,9 – „ich will mich meiner Schwachheit rühmen, damit die Kraft Christi auf mich herabkommt" – und erläutert dann in der auf diese Predigt zur ‚Demut – humilitas' folgenden Predigt, warum ausgerechnet in der Schwäche die Stärke Christi „herabkommt".

3.5. Demut und Einheit mit Christus

Bernhard nimmt nämlich nun[32] das ‚Geh hinaus' auf, notiert, dass es die Seele trifft, die nicht um sich selbst weiß, und beschreibt diesen Weg hinaus als Vertreibung aus dem Paradies der Gottesnähe und der Ruhe, aus dem Bereich des Geistes in das Reich des Fleisches: Die Seele, die um sich selbst nicht weiß, wird aus der Gemeinschaft Gottes nicht nur, sondern auch der Engel vertrieben.

Geh hinaus und weide deine Böcklein – wird die Seele, die sich selbst nicht erkennt, nach Bernhard angeherrscht, und Bernhard nimmt das auf: aus dem Bild Gottes wird durch die Vertreibung aus dem Paradies jemand, von dem die Tiere, so sagt Bernhard, wenn sie denn sprechen könnten, sagen würden, dass er, „Adam, geworden ist wie einer von uns [...]"[33]; er beginnt, die Seele als Weidetier darzustellen, nämlich:

„Er hat diese Herrlichkeit Gottes mit dem Abbild eines grasfressenden Kalbes vertauscht. So ist das Brot der Engel zum Gras geworden, das in der Krippe liegt und uns wie den Tieren vorgesetzt wird"[34],

und nun beginnt Bernhard, mit den Assoziationen zu spielen, die sich mit dem biblischen Bild des Grases einstellen: das Gras, das verdorrt – aber das Wort des

---

[30] Bernhard, Sermo 34, I,1 [V,540f.]; zur Deutung des ‚egredere': Sermo 35 I,1 [V,544f.].
[31] Bernhard, Sermo 34, II,3 [V,542f.]; der ganze Sermo 34 ist eine lange, die Sermones zur Selbsterkenntnis präludierende und vorbereitende Ausführung [V,540ff.].
[32] Zum Folgenden vgl. Bernhard, Sermo 35 [V,544ff.].
[33] Bernhard, Sermo 35, II,3 [V,550f.].
[34] Bernhard, Sermo 35, II,4 [V,550f.].

Herrn bleibt in Ewigkeit; und das Gras, das dem Vieh in der Krippe angeboten wird:

„Ach, wie traurig und jammervoll ist doch dieser Wechsel! Der Mensch, der Bewohner des Paradieses, der Herr der Erde, der Bürger des Himmels, der Hausgenosse des Herrn Zebaoth, der Bruder der seligen Geister und Miterbe der himmlischen Mächte, findet sich durch eine plötzliche Umwandlung wegen seiner Schwäche im Stall liegend, wegen seiner Viehähnlichkeit nach Gras verlangend und wegen seiner ungezähmten Wildheit an die Krippe gebunden [...] Erkenne aber, Ochs, deinen Besitzer, und du, Esel, die Krippe deines Herrn [...] Erkenne, Vieh, den du als Mensch nicht erkannt hast; bete im Stall an, vor dem du im Paradies geflohen bist [...]"[35]

Das ist genial. Denn in einem allmählichen Verweben der Vieldeutigkeit der Bilder verbindet Bernhard das Motiv der Vertreibung aus dem Paradies einerseits und die Herabkunft des Wortes – das Wort ward Fleisch – bzw. die Weihnachtsgeschichte bzw. den Philipperhymnus – der Gottähnliche wird Mensch – miteinander. Die Vertreibung aus dem Paradies wird plötzlich durchsichtig auf die Selbsterniedrigung des Gottessohnes, der nach der Tradition genau diesen Weg von der Gottesnähe in die Gottesferne geht wie der Sünder, und dem der zum Tier gewordene Sünder, als Ochs und Esel neben einer Krippe stehend, genau dort begegnet. Bernhard unterscheidet Jesus Christus vom Sünder und kennzeichnet ihn als denjenigen, der demütig ist in dem Sinne, dass er die Erniedrigung freiwillig auf sich nimmt. Andererseits wird erkennbar, dass der Mensch, der sich seinerseits der Einsicht in seine Niedrigkeit nicht widersetzt, genau dann, wenn er sich den Tieren gleichstellt, in der Schwachheit der Krippe und im verdorrenden Gras das ewige Wort findet.

Das ist, auch in der Einzeldurchführung, die ich hier weglasse, unglaublich kunstvoll gemacht, ganz leichte Beleuchtungswechsel führen von einer Bildassoziation zur nächsten, bis die beiden Wege sich treffen und Ochs und Esel beim Kind sind, das in der Krippe liegt. Das ist wirklich große Theologie.

3.6. Demut und Gottebenbildlichkeit

Zurück zur Demut: „Folgende Definition könnte man von der Demut geben" – so schreibt Bernhard in „De gradibus humilitatis et superbiae – Die Stufen der Demut und des Hochmuts": „Die Demut ist die Tugend, durch die der Mensch in wahrhaftigster Selbsterkenntnis sich selbst wertlos macht."[36]

Für Bernhard gehört die Selbsterkenntnis und die Gotteserkenntnis engstens zusammen und zwar zunächst in der beschriebenen Weise einer meditatio suiipsius, einer Besinnung auf sich selbst:

„Um sich selbst zu demütigen, kann ja eine Seele nichts Lebendigeres und Passenderes finden, als wenn sie sich selbst in Wahrheit findet; nur darf sie sich nichts vormachen, ihr Herz darf keine Falschheit kennen; sie soll sich sich selbst vor Augen stellen [statuat se ante faciem suam] und

---

[35] Bernhard, Sermo 35, II,5 [V,552f.].
[36] Bernhard, De gradibus humilitatis et superbiae, I,1 [III,46].

sich nicht verleiten lassen, von sich wegzuschauen. Wenn sie sich so im hellen Licht der Wahrheit erblickt, wird sie sich im Reich der Unähnlichkeit vorfinden, seufzend in ihrem Elend."[37]

Hochinteressante, spekulative Wendungen, von denen eine heraussticht, nämlich die Feststellung, dass sich die Seele „im Reich der Unähnlichkeit – in regione dissimilitudinis" findet: das ist ein beziehungsreicher Ausdruck, der in einer Folgepredigt auf die Ähnlichkeit der Braut mit dem Bräutigam gemünzt wird, wenn Bernard den Bräutigam zur Seele sagen lässt:

„Nun bist du mir zwar teilweise ähnlich, teilweise aber auch unähnlich; sei deshalb zufrieden, mich teilweise zu erkennen."[38]

Die Demut ist, so gelesen, der erste Schritt zur Ähnlichkeit mit dem sich selbst erniedrigenden Gott und zwar gerade dadurch, dass sich die Seele von Gott unterscheidet.

Dieser Schritt hat genau damit die Kehrseite, dass der Mensch Gott in dessen Erniedrigung ähnlich wird mit dem Ziel, in Zukunft, beim Erscheinen Christi, ihm ähnlich zu sein.

3.7. Theologia crucis

Das bedeutet wiederum, dass die Gegenwart bestimmt ist von einer Erkenntnis Gottes unter dem Gegenteil – nur im Kreuz, das heißt: im Modus der Demut und nicht in seiner Glorie wird Gott erkannt:

„Aufhören soll sie deshalb, solange sie auf Erden ist, allzu neugierig den Himmel zu erforschen, um nicht etwa von der Herrlichkeit erdrückt zu werden, weil sie die Majestät Gottes ergründen wollte [...] Achte auf dich selbst, suche nicht, was für dich zu hoch ist, und erforsche nicht, was für dich zu mächtig ist."[39]

4. Luther – die Erste Psalmenvorlesung (1513–1516)

4.1. Anknüpfung an Bernhards Deutung der Kirchengeschichte

Damit sind mit wenigen Umrissstrichen, längst nicht hinlänglich[40], Züge der Christusmystik des Bernhard nachgezeichnet, die in einem ähnlichen Sinne eine theologia crucis ist wie diejenige Luthers; und ich wende mich nun Luther zu, einer Passage der ersten Psalmenvorlesung, in der Luther ausdrücklich Bernhard heranzieht, und zwar die vier Arten der Versuchung, die Bernhard in seinem 33. Sermon über das Hohelied darstellt, einer der längsten Sermone, in heutigem

---

[37] Bernhard, Sermo 36, IV,5 [V,568 f.].
[38] Bernhard, Sermo 38, III,5 [V,588 f.].
[39] Bernhard, Sermo 38, III,5 [V,588 f.].
[40] Dazu *Köpf*, Erfahrung.

Druck 12,5 Seiten; die Predigt, wenn sie wirklich so gehalten wurde, dürfte gut 2 Stunden gedauert haben. Bernhard trägt dieser Zumutung auch Rechnung, wenn er nach zwei Dritteln der Predigt bemerkt:

„Wenn euch die Länge meiner Predigt nicht unruhig macht, will ich noch eben versuchen, diese Versuchungen in ihrer Reihenfolge am Leib Christi selbst, das heißt: an der Kirche sichtbar werden zu lassen"[41]

– aber dann kommt kein kurzer Schluss sondern noch einmal gelesene 30 bis 40 Minuten, in denen Bernhard nichts weniger als einen Abriss der Kirchengeschichte als Abfolge von vier Versuchungen bietet[42]: die Epochen der Kirchengeschichte als Geschichte der vier Versuchungen des Satans. Vier Versuchungen also: Die Versuchung durch das drohende Übel, vor dem man sich fürchtet, weil man den ewigen Lohn nicht sieht – kirchengeschichtlich die Zeit der Märtyrer; die Versuchung durch die Lobreden und Schmeicheleien der Menschen – die Zeit der Häresien; die Versuchung durch Reichtum und Würden – die Gegenwart: Der Ämterkauf, der Luxus der Amtsträger, der äußere Friede der Kirche bei innerer Verwahrlosung. Und schließlich die Versuchung durch den ‚Mittagsdämon' – das ist das scheinbare Gute, das scheinbare Licht, der Teufel in der Maske Gottes. Der kommende Antichrist, der Gegenchristus.

4.2. Luthers hermeneutisches Programm

Damit aber nun zu Luther[43] – zunächst ein paar Worte zu den hermeneutischen Voraussetzungen dieser ersten Psalmenauslegung, die Luther der Vorlesung insgesamt voranstellt und in der Auslegung dieses Psalms wiederholt[44]. Dieser Psalm sei, so stellt er fest, wie alle Psalmen in persona Christi gesprochen, und er erzähle von der Passion Christi – dass Luther das betont, liegt natürlich daran, dass der Psalm ein Klagelied des Einzelnen darstellt, der beweglich die Bedrängnis durch Krankheit und durch Feinde darstellt und dass Motive dieses Psalms in die Passionsberichte der Evangelien aufgenommen sind. Aber das ist nicht die einzige Sinnebene: „[...] gleichzeitig werden alle Leiden und Schwächen der Kirche dort aufgezählt"[45] – und diese unterscheidet Luther in drei Zustände, die er unterschiedlichen Epochen der Kirche zuordnet – und dafür orientiert er sich ganz eindeutig an Bernhard[46]: die Leiden der Kirche in der Zeit der Märtyrer, in der die

---

[41] Bernhard, Sermo 33.
[42] Zum Folgenden vgl. Bernhard, Sermo 33, V,11–VII,16 [V,530–539].
[43] Martin Luther, Neuausgabe der 1. Psalmenvorlesung [Dictata in Psalmos 1513–1516], WA 55 und 55/1; zu dem hier im Zentrum stehenden Ps 68 [69]: WA 55, 383–416. Im Folgenden zitiert: Luther, Dictata, WA-Band, Seite, Zeile(n)]. Übersetzungen im Folgenden N.Sl.
[44] Luther, WA 55/1,6–10; vgl. 55, 383,2–4; Vgl. *Gerhard Ebeling*, Die Anfänge von Luthers Hermeneutik, in: *ders.*, Lutherstudien I (Tübingen 1971) 1–131.
[45] Luther, Dictata, WA 55, 383,2–4
[46] Vgl. ebd. 383,5–384,20 mit Bernhard, Sermo 33 VII,14–16 [V,243–246]. Vgl. die explizite Bezugnahme auf Bernhard: Luther, Dictata, WA 55, 389,166–168.

Kirche durch die Schwäche gesiegt habe, da Gott das Schwache erwählt habe, um das Starke zu zerstören; im Blick ist die Epoche der Christenverfolgungen bis 313. Zweitens die Leiden und die Verunsicherung der Kirche in der Zeit der altkirchlichen Häresien, in der Gott die Torheit erwählt habe, um die Weisheit zunichte zu machen. Im Blick sind hier erkennbar die Auseinandersetzung um die Trinitätslehre und die Christologie im Kontext der ersten ökumenischen Konzilien.

Die dritte Art des Leidens führt ausdrücklich in die Gegenwart und sieht folgendermassen aus:

„das Zunehmen der Lauen und Bösen, weil die Trägheit [korr. zu acedia] so regiert, daß Gott überall verehrt wird, aber nur im Buchstaben, ohne innere Beteiligung [sine affectu] und ohne Geist, und sehr wenige glühen. Und das geschieht, weil wir glauben, daß wir etwas darstellen und schon hinreichend tätig sind, und so nichts unternehmen und uns keine Mühe geben und den Weg zum Himmel sehr leicht machen, durch Ablaß, durch leichte Lehren, etwa: daß ein Seufzen ausreiche. Und hier hat Gott das, was nicht ist, erwählt, um das, was ist, zu zerstören. Denn wer von Herzen glaubt, daß er nichts sei, der glüht und eilt zur Besserung und zum Guten."[47]

Diesen dritten, gegenwärtig herrschenden Zustand der Kirche charakterisiert Luther mit Bernhard von Clairvaux als eine Zeit des Friedens und der Sicherheit (securitas), es ist die Selbstsicherheit, die Bernhard, und mit ihm Luther, superbia nennt und der humilitas, der Demut gegenüberstellt.

4.3. Die acedia und ihre schrittweise Überwindung auf dem Weg der humilitas

Gegen diese acedia und gegen diese pax und securitas stellte Luther nun eine Art Anleitung zur humilitas, zur Selbstverkleinerung, denn – wieder von Bernhard – die Gnade und die Barmherzigkeit Gottes wird nur dort groß, wo der Mensch zunächst seine Armseligkeit oder Bedürftigkeit – seine miseria – groß macht.

Diese Anleitung zur Selbstverkleinerung bietet Luther in einer Abfolge von Reflexionsschritten, in denen es darum geht, dass in einer Selbstanalyse der Mensch sich in sechs Schritten als Sünder erkennt[48] – unterschiedliche Arten der Unterlassung der Dankbarkeit Gott gegenüber, der Übertretung des Gebotes der Gottes- und der Nächstenliebe werden ihm andemonstriert. Das geht über mehrere Seiten, bis Luther zum siebten und zum achten Schritt gelangt, in dem es darum geht, dass der Mensch des eigentlichen Hindernisses dieser Selbstverkleinerung ansichtig wird, nämlich des Friedens und der falschen Sicherheit dieses Zeitalters (pax et securitas nostri temporis); diese pax et securitas ist genau daran erkennbar, dass der Mensch durch die Besinnung auf sich selbst, durch die Größe seiner Sünde und die entsprechende Größe des Zornes Gottes nicht innerlich berührt wird:

„[...] über dies kannst du bitterlich weinen, daß du wegen deiner Verhärtung dies alles nicht fühlst [sentis] und nicht bewegt wirst [moveris] und nicht berührt wirst [afficeris], obwohl jedes

---

[47] Luther, Dictata, 55, 384,13–22.
[48] Vgl. zum Folgenden: Luther, Dictata, WA 55, 400,498–407.702.

von ihnen [der aufgezählten peccata] so geartet und so groß ist, daß allen Tränen nicht ausreichen, es hinreichend zu beklagen. Deshalb: wenn du darin befindlich es nicht hinreichend beklagen kannst, klage wenigstens darüber, daß du es nicht beklagen kannst, erniedrige dich, daß du nicht erniedrigt sein kannst, fürchte dich, weil du dich nicht fürchten kannst; und so mit Bezug auf alles andere, daß vielleicht dies die göttliche Barmherzigkeit ansieht und groß wird über dir."[49]

Das ist eine eigentümliche Passage, in der Luther im Grunde bereits vor Beginn der Reformation die Erfolglosigkeit der Bußpredigt und die Gleichgültigkeit ihr gegenüber diagnostiziert. Luthers Anleitung zur Selbstreflexion zielt nun darauf, diesen Mangel an innerer Beteiligung zu überwinden, d.h. die müßige cogitatio oder consideratio zu einer wirklichen meditatio zu machen. Luther verfährt dabei so, dass er die Aufmerksamkeit der Angesprochenen auf Menschen lenkt, die plötzlich, d.h. unvorbereitet gestorben sind; und er leitet sie dann Schritt für Schritt dazu an, deren postmortales Geschick und die damit verbundenen Affekte sich anzueignen:

„Sorgfältig, ich beschwöre dich, merke auf und forme dir den Affekt derer, die so dahinscheiden und zieh' ihn an."[50]

4.4. Der Übergang von der müssigen Betrachtung zum affectus

Das ist nun also eine Anweisung zur Übernahme der Binnenperspektive dessen, der diesen Tod und die Hölle erfährt, d.h. Luther sucht einen Übergang von der Beschreibung des fremden Geschicks – des Todes und der Hölle – zu einer Aneignung durch den Hörer der Vorlesung. Zugleich kehrt er Schritt für Schritt in die Redesituation des Psalms zurück; er deutet ihn im sensus literalis als Klage des – gemäß dem Glaubensbekenntnis – ad inferos fahrenden Christus, in die, so sagt er, die Heiligen einbezogen werden, die in der Meditation der eigenen Sündenverfallenheit und miseria in der Weise der intentio und des affectus die Höllenfahrt Christi und entsprechend auch die Auffahrt Christi aus der Hölle zur Rechten Gottes nachvollziehen:

„Und erst sterben alle Heiligen so durch den Affekt mit dem Herrn und steigen mit hinab in die Hölle. Und so erstehen sie schließlich mit ihm auch auf und steigen hinauf in den Himmel und senden Gaben des Geistes an andere. Das alles sage ich aber in tropologischem Sinne [als Auslegung nicht des sensus literalis, sondern einen tropologischen Sinnes des Psalmtextes]. Denn sie sterben [nicht im wörtlichen Sinn wie Christus], sondern mit Bezug auf den Affekt und die Aufmerksamkeit auf die Sünde. Und ebenso steigen sie in die Hölle im Sinne des Fühlens der Höllenstrafen [quoad affectum penarum]. Und so rufen alle Gebete der Psalmen, die in der Person Christi, der in der Hölle ist, rufen, auch in der Person der Heiligen, die durch den Affekt und das Herz in die Hölle hinabfahren."[51]

---

[49] Luther, Dictata, WA 55, 403,580–586.
[50] Luther, Dictata, WA 55, 403,593.
[51] Luther, Dictata, WA 55, 404,614–626 und 650–652.

Die Selbsterkenntnis als Sünder, zu der Luther den Hörer anleitet, zielt darauf, den Hörer der Vorlesung zu jemandem zu machen, der den affectus Christi und der angefochtenen Heiligen als eigenen affectus nachvollzieht. Entscheidend ist dabei eben dies, dass Luther diese Überlegungen im Rahmen einer Auslegung eines Klagepsalms bietet, den er nach dem Literalsinn als Rede Christi deutet, der die eigene Höllenfahrt kommentiert bzw. genauer: Der im Sprechen des Psalms den affectus Ausdruck verleiht, die diese Höllenfahrt begleiten. Die Auslegung Luthers zielt darauf ab, im Hörer der Vorlesung eben diese affectus zu wecken; dem dienen die skizzierten Selbstreflexionen. Es handelt sich somit um eine Einweisung nicht einfach in einen Mitvollzug des Sterbens und der Höllenfahrt Christi, sondern es handelt sich um eine Einweisung in die Erfahrung, den affectus Christi, die den Worten des Psalms zugrundeliegen und die sich in den Worten aussprechen.

Der sensus literalis der Worte des Psalms ist der Sinn, den sie als Worte Christi selbst haben; der tropologische Sinn hingegen ist der Sinn, den sie gewinnen, wenn sie verstanden werden als Worte der Kirche, die das Geschick Christi teilt. Sie teilt dabei nicht das Geschick der Höllenfahrt selbst, wohl aber den affectus, d.h. die Wirkung des Geschickes auf das Subjekt, das es erfährt:

„[…] das, was [in diesem Psalm] im buchstäblichen Sinn von Christus gesagt ist, wird uns zur moralischen Lehre. Wenn wir daher in unserer Zeit wirkliche Leiden und Mühsal nicht haben, ist es in höchstem Maß notwendig, daß wir wenigstens jene affekthaften [Leiden und Mühsale] uns zufügen, damit wir so zu solchen werden, derer Gott sich erbarmt und die er rettet. Und so sind wir selbst unsere Tyrannen, Folterer, Häretiker, erregen solche Affekte, die uns verfolgen und zum Besseren zwingen, damit wir nicht in Friede und Sicherheit aufgelöst werden. Denn Friede und Sicherheit steht diesen Affekten diametral entgegen."[52]

Die realen Leiden, die Christus am Kreuz und die die Urkirche, nach Luther, durch die Verfolgung und durch die Häretiker erlitt, vollzieht die gegenwärtige Kirche als rein innerliches Bußleiden nach, in das sie sich in der Meditation der eigenen Nichtigkeit versetzt. Es geht nicht um eine cogitatio, eine distanzierte Betrachtung des Leidens Christi oder des Geschicks der vom Jähtod Betroffenen – denn eine solche Betrachtung oder cogitatio lässt den Betrachter unberührt. Vielmehr geht es darum, dass die subjektive Verfassung des Beters bzw. des in der Hölle Befindlichen, das subjektive Leiden in der Hölle, das im Psalm zum Ausdruck kommt, am Ort des frommen Subjektes selbst empfunden wird. Luther moderiert im Umgang mit seinem Hörer und Leser gleichsam den Übergang, in dem der Hörer von dem innerlich ergriffen wird, was er an anderen sieht – und d.h. zugleich der Hörer erhält keine Auslegung des Psalms, sondern er wird eingewiesen in die Subjektivität und in die inneren Zustände der Subjektivität, die sich in diesem Psalm ausspricht.

Das Ziel ist das Wecken von timor und humilitas am Ort des Subjekts. Es geht, in neuzeitlicher Terminologie, genau darum, dass es von der ungerührten *Betrachtung* der fremden oder eigenen humilitas, zum von Affekt begleiteten *Bewusstsein*

---

[52] Luther, Dictata, WA 55, 405,639–649.

der humilitas kommt, ein affektives, vorthematisches Selbstverhältnis: Ich soll nicht im Psalm einen anderen sprechen hören, und ich soll – im Zuge der Auslegung der eigenen Verfehlung – nicht mein Leben nur betrachten, sondern ich soll mir meiner selbst als der Beter des Psalms und ich soll mir meiner selbst als Bewohner der Hölle bewusst werden.

Die Meditation der eigenen Unzulänglichkeit und Nichtigkeit, zu der Luther den Hörer der Vorlesung anleitet, der Weg der humiliatio suiipsius, ist die Methode, durch die der gegenwärtige Christ in eben die innere Haltung versetzt wird, in die die Christen anderer Zeiten durch äußere Verfolgung oder durch die Infragestellung durch Häresien versetzt wurden, und die letztlich die Einführung in die innere Haltung ist, die in Ps 69 zum Ausdruck kommt: Die Passio Christi als Empfinden der Hölle.

„Folgere also: Wenn du nicht so gestimmt bist [sis affectus], als ob du schon in der Hölle brennst und verdammt bist, oder als ob du stürbest, bist du nicht würdig, solche Gebete zu sprechen, und darfst dir nicht einbilden, du seist vollkommen. Denn je ausdrücklicher [expressius] und intensiver du diesen Affekt anziehen [induere] kannst, desto mehr schreitest du zum Guten fort, und je kälter du bist, desto weiter bleibst du zurück […] Denn wenn du nicht in der Hölle und im Tod bist, kannst du mit Gewißheit den Zorn Gottes fürchten und darfst nicht auf seine Barmherzigkeit hoffen."[53]

Die experientia ist genau der Zustand, den die Scholastik als contritio bezeichnet. Und es ist ganz deutlich: Diese experientia ist zunächst keine Gotteserfahrung, sondern eine Selbsterfahrung oder eine bestimmte Art der Selbstdeutung: Ich weiß mich bar jeder Gutheit.

5. Bernhard und Luther

5.1. Theologia crucis

Jetzt stehen Bernhard und Luther nebeneinander, der eine mit seiner Auslegung des Hohenliedes, in die er reichlich Psalmworte einfügt; der andere mit seiner Vorlesung über den Psalter. Beiden geht es um eine Anleitung zur Selbsterkenntnis, um die Einsicht des Menschen in seine Verlorenheit, die durch den Text ausgelöst wird und die keine Theorie, sondern eine Lebensbewegung ist, in die und in deren Vollzug die jeweilige Auslegung einweist. Das Geschick Christi, der Weg des Gottessohnes in die Ferne, wird beiden Auslegern zum Instrument des Selbstverständnisses des Menschen, zu einem Deutungsangebot, in dem der Mensch sich selbst erkennt, und zwar so – das ist die Pointe beider – dass er in der Anerkennung seiner Niedrigkeit die Gegenwart und Nähe Gottes erkennt.

---

[53] Luther, Dictata, WA 55, 406,680.

5.2. Die christliche Tradition als Medium einer Existenzbewegung – Bernhards Widerspruch gegen Abaelard

Wer den Kern der Reformation erfassen will, kann nicht bei dieser frommen Pointe einer theologia crucis stehenbleiben. Vielmehr geht es darum, die theologische Methode, die Hermeneutik beider zu erfassen. Dafür muss ich etwas ausholen: Bernhard wendet sich ja, wie ich zitiert habe (3.2.), gegen den Vorwurf, er sei ein grundsätzlicher Kritiker der Wissenschaft, und er betont, dass er nur der aufgeblasenen Neugier, nicht dem zur Demut führenden Wissen um sich selbst widerspreche. Im Hintergrund steht Bernhards Auseinandersetzung mit der entstehenden Schultheologie, insbesondere mit Petrus Abaelard, den er nicht nur mit theologischen Gegenschriften, sondern auch mit Brandbriefen an kirchliche Amtsträger bis hin zu Innozenz II. bekämpft, in denen er die Amtsträger dazu auffordert, Abaelard jede Unterstützung zu entziehen.

„Etwas anderes freilich gibt es, über das ich nicht hinwegsehen kann, das alle angeht, die den Namen Christi lieben. Er redet Bosheit von seiner Höhe herab (Ps 72,8), er verfälscht die Lauterkeit des Glaubens und verdirbt die Reinheit der Kirche. Wenn er über den Glauben, die Sakramente, die Heilige Dreifaltigkeit diskutiert und schreibt, überschreitet er die Grenzen, die unsere Väter gesetzt haben, er verändert, verstärkt oder schwächt Einzelheiten je nach Belieben. In seinen Büchern erweist er sich als Meister der Lüge, als Freund verkehrter Dogmen, er zeigt sich als Häretiker, nicht so sehr in seinem Irrtum als im Starrsinn und der Verteidigung des Irrtums. Er ist ein Mensch, der sein Maß überschreitet, der mit gewandten und klugen Worten das Kreuz Christi um seine Kraft bringt (1 Kor 1,17). Nichts von allem, was im Himmel und auf Erden ist, ist ihm verborgen – nur sich selbst kennt er nicht."[54]

Es ist nicht die Häresie oder nicht nur sie, die Bernhard stört oder abstößt; er stößt sich vielmehr am Gesamtgestus, dass hier jemand aus allen Bindungen heraustritt und frei von allen theologischen Sprachkonventionen, im Durchbrechen der Grenze zwischen Gott und Mensch spricht – im Anspruch, alles im Himmel und auf Erden zu wissen – das ist die verurteilenswerte Neugier, die alles Mögliche zu wissen erstrebt, sich selbst nicht kennt: vergisst, dass er Mensch – und damit Sünder – ist und nicht Gott. Das Thema der Selbsterkenntnis ist die Einsicht in die eigene miseria. Und im berühmten Brief 190 an Innozenz II., in dem sich Bernhard mit Abaelard auseinandersetzt, wird auch deutlich, wogegen sich seine Abgrenzung gegen die neugierige Erforschung der Majestät Gottes wendet.

„Wie ich im Buch seiner ‚Sentenzen' und ebenso in seiner Erläuterung zum Römerbrief gelesen habe, wo er sich dem Geheimnis unserer Erlösung zuwendet, versichert der verwegene Erforscher der göttlichen Majestät (temerarius scrutator maiestatis) gleich zu Beginn seiner Erörterung, daß es darüber eine einhellige Meinung aller Kirchenväter gebe; er legt sie dar und verwirft sie; er rühmt sich, eine bessere zu haben, ohne zu fürchten, entgegen dem Rat der Weisen die alten Grenzen zu überschreiten, die unsere Väter gesetzt haben."[55]

Man hat zunächst den Eindruck, dass Bernhard hier das ungebundene, jeder Gemeinschaft und jeder Autorität sich selbst als Kriterium entgegensetzende

---
[54] Bernhard, Brief 193 an Innozenz II. [III,129f.], vgl. Brief 192 [III,127f.].
[55] Bernhard, Brief 190 (Contra quaedam capitula) [III 74ff., hier bes. 93].

neuzeitliche Subjekt sich erheben sieht und avant la lettre mit diesem sich auseinandersetzt. Bernhards Kritik richtete sich allerdings nicht nur gegen den ehrfurchtslosen Umgang eines Theologen mit der Tradition und der Lehrautorität, sondern dagegen, dass sich dieses Subjekt für seine Untersuchung der göttlichen Geheimnisse auf außertheologische Instanzen stützt, den Leitfaden der Kirchenväter verlässt und am Leitfaden der Vernunft und unter Anwendung der Begrifflichkeit mundaner Rationalität das Überweltliche zerpflückt; so setzt er sich in einem Brief an Innozenz mit der Trinitätslehre des Abaelard auseinander, der versucht hatte, die innertrinitarischen Verhältnisse mit Hilfe philosophischer Begriffe zu systematisieren und zu plausibilisieren. Bernhard erkennt gerade in der geheimnisvollen Unverständlichkeit der trinitarischen Formeln deren eigentliche Kraft. Sie nötigen den Menschen in eine Bewegung des Geistes, in der er in jeder Bejahung das Gegenteil mitzudenken gezwungen ist. Der Widerspruch ist gerade nicht zugunsten einer der beiden antithetischen Aussagen aufzulösen, sondern gerade er bringt das Denken in Bewegung und wahrt so die Unbegreifbarkeit Gottes – in diesem Bewusstsein der Transzendenz Gottes über allem menschlichen Begreifen liegt nach Bernhard das Wesen des Glaubens: der Glaube wahrt die Grenze des Verstehens, die dem Menschen gesetzt ist, der darauf angewiesen ist, dass sein Denken, und dass vor allem seine Existenz von der geheimnisvollen Widersprüchlichkeit der Texte in Bewegung gesetzt wird[56]. Das Hohelied löst die Bewegung der Selbsterkenntnis aus und versetzt den Menschen in die humilitas und damit gleichzeitig in die Ähnlichkeit mit Christus.

5.3. Der Text als Medium einer Existenzbewegung – Luthers Widerspruch gegen Zwingli

Das ist etwas, was Bernhard mit Luther verbindet; auch dieser beharrt in seiner Auseinandersetzung mit der ‚unzeitigen Vernunft' Zwinglis, die ein wörtliches Verständnis der Einsetzungsworte oder der christologischen Aussagen für unmöglich halten und fein säuberlich unterscheiden wollen, was unvereinbar ist: Gott und Mensch, göttliche und menschliche Prädikate – Luther beharrt, sage ich, darauf, dass die Einsetzungsworte und dass die Aussagen der Schrift und der Tradition über den sterbenden Gott und den alle Wirklichkeit regierenden Menschen wörtlich zu nehmen sind, das menschliche Selbstverständnis in Bewegung setzen über die Grenzen, die Gott und Mensch trennen, hinaus[57]; es handelt sich dabei eben nicht um propositionale anthropologische Einsichten, die den Fakultäten der theoretischen Vernunft zuzuweisen sind, sondern um eine Neubestimmung der vortheoretischen, emotionalen Selbstwahrnehmung, in die sich die Aussagen der

---

[56] Bernhard, Briefe 330–338 [III,558–583].
[57] Vgl. dazu: *Notger Slenczka*, Neubestimmte Wirklichkeit. Zum systematischen Zentrum der Lehre Luthers von der Gegenwart Christi unter Brot und Wein, in: *Dietrich Korsch* (Hrsg.), Die Gegenwart Jesu Christi im Abendmahl (Leipzig 2005) 79–98.

christlichen Tradition übersetzen – genau dies ist die Pointe, auf die Luthers ‚theologia crucis' bzw. seine eigentümliche Abendmahlslehre und Christologie hinausläuft: Die traditionellen Lehrgestalten werden als Beweg-Grund menschlichen Selbstverständnisses erschlossen[58].

Das ist – bei beiden, Bernhard und Luther – ein eigentümlicher und auch in der Gegenwart weiterführender Umgang mit den Sätzen der Schrift und der Tradition. Der Vernunft wird nicht der Mund zugehalten, sondern die zunächst widersprüchlich erscheinenden Worte werden als Motiv verstanden, als Beweggrund für eine Existenzbewegung, ein neues Verständnis seiner selbst. Denn die christliche Tradition ist nur da lebendig, wo sie in Bewegung bringt, zu einer Selbsterkenntnis führt, die abgesehen von diesen Texten und der von ihnen ausgelösten Bewegung sich nicht einstellen.

Und genau dies, so Luther mit Bernhard, ist der Weg zur Gotteserkenntnis, denn in der authentischen Selbstwahrnehmung gelangt der Mensch an den Ort, wo Gott in seiner Selbsterniedrigung ist – Stall, Krippe, Kreuz.

Dies ist der Hintergrund der Neubestimmung des ‚Gegenstandes der Theologie', die ich in den ersten Abschnitten nachgezeichnet habe.

5. Schluss

Dieser Typus von Theologie hat sich als wirksam und weiterführend erwiesen. Er hat sich zu der Gestalt modifiziert, in der die protestantische Theologie den Umformungsdruck der Neuzeit und Moderne in produktive Energie umgesetzt hat, denn auch Schleiermachers Feststellung, dass Religion eine Gestalt der Selbstwahrnehmung ist, die sich in einer Rede über Gott ausspricht, ist eine Fernwirkung dieser reformatorischen Neubestimmung des Zentrums der Theologie.

Ursprünglich war mir die Frage zur Beantwortung aufgegeben worden, ob es sich bei diesem Wandel des Verständnisses des Gegenstandes und der Aufgabe der Theologie um einen Paradigmenwechsel im Sinne Thomas S. Kuhns[59] handelt, einen Wandel also der das Forschungsgebiet erschließenden und die konkrete Forschung leitenden Basistheorien. Der Umstand, dass in der Reformationszeit und auch im Folgejahrhundert keine Inkommensurabilitäten auftreten, sondern eine erfolgreiche, wenn auch streitbare Kommunikation über die Grenzen konfessioneller Wissenschaftskulturen im Bereich der Theologie möglich bleibt, weist darauf hin, dass man es nicht mit unterschiedlichen Paradigmata, sondern mit Möglichkeiten zu tun hat, die sich innerhalb eines, des mittelalterlichen wissen-

---

[58] Vgl. etwa zur theologia crucis: *Notger Slenczka*, Das Kreuz mit dem Ich. Theologia crucis als Gestalt der Selbstdeutung, in: *Klaus Grünwald* (Hrsg.), Kreuzestheologie – kontrovers und erhellend (Hannover 2007) 99–116; *Notger Slenczka*, Problemgeschichte der Christologie, in: *Elisabeth Gräb-Schmidt u. a.* (Hrsg.), Christologie, MJTh XXIII (Leipzig 2011) 59–111.
[59] *Thomas S. Kuhn*, Die Struktur wissenschaftlicher Revolutionen (Frankfurt a. M. [23]2012; The Structure of Scientific Revolutions. Chicago 1970), hier bes. die Abschnitte V.-X. (57–146).

schaftlichen Paradigmas eröffnen – dafür spricht eben auch die Möglichkeit, die reformatorische Neuorientierung einzuzeichnen in den zuvor schon bestehenden Konflikt von universitär-rationaler und monastische Erfahrung reflektierende Wissenschaft. Was in der Reformationszeit geschieht, ist kein Paradigmenwechsel, sondern die Neuorientierung unter den Optionen, die die vorreformatorische Theologie zu bieten hatte. Die Bernhardsche Erfahrungstheologie wird neu gelesen, und die durch Augustin an das Mittelalter vermittelte Anweisung ‚Erkenne dich selbst' wird als die zentrale religiöse Aufgabe und zugleich als der Zweck der Theologie erfasst.

Freilich wird das anders, als die reformatorische Bestimmung des Gegenstandes der Theologie sich verbindet mit der Einsicht in das alle gegenständlichen Aussagen tragende und begründende apriori der Subjektivität; das damit in der Theologie – etwa bei Schleiermacher – sich einstellende Verständnis aller gegenständlichen Aussagen des christlichen Glaubens als Selbstdeutungsakte hat in der Tat den Charakter eines Paradigmenwechsels. Diesen Paradigmenwechsel bereitet die Reformation vor, nicht durch einen revolutionären Neuaufbruch, sondern durch einen Rückgriff auf das Selbsterschließungspotential der von Augustin geprägten monastischen Mystik, die Luther in ihrer höchsten Gestalt bei Bernhard begegnet ist.

Es sind, zusammenfassend, zwei Grundeinsichten, die sich hier melden: Theologie ist keine Theorie über Wirklichkeit, sondern erschließender Umgang mit dem vorthematischen, emotionalen Selbstverständnis des Menschen – und alle Aussagen der Theologie haben darin ihr Recht und ihre Plausibilität, dass sie in diesem Sinne religiös sind: Quelle des Selbstverständnisses, Anleitung zum Vollzug der Grundaufgabe, vor die Augustin den Menschen gestellt sieht: Erkenne dich selbst[60].

Und: Der christliche Glaube ist nach protestantischem Verständnis orientiert und interessiert am Subjekt. Diese von der Reformation nicht erfundene, sondern wiederentdeckte und ins Zentrum gestellte Einsicht macht den christlichen Glauben neuzeitfähig – und anziehend da, wo diese Einsicht sich in Predigten niederschlägt, die nicht eine abständige Tradition aufzureden versuchen, sondern in ein existentiell authentisches Selbstverständnis einführen.

Summary

It is shown in this essay that the Reformation has consequences on the level of scholarly theology: A broad tradition of pre-reformation Medieval theology, f. i. Thomas Aquinas, held that the subject of theology is God – and the other beings as related to him (as origin and aim of all creature); accordingly, the Medieval theologians construed the theological systems around the doctrine of God. The scholars in the wake of the reformation took it for granted that the principal

---

[60] *Augustinus*, De trinitate X,5,4 und X,9,12.

subject of theology is the human being, its self-awareness, and – according to Melanchthon and Luther – God in some way is a 'secondary' subject of theology, subject only insofar as he is related to human self-awareness: as the one who judges and who justifies the sinner. By tracing back this shift of theological interest to Medieval mysticism, especially to Bernhard of Clairvaux, it is shown, that, in this respect, reformation theology is not unprecedented but a re-orientation in the field of possibilities presented by pre-reformation Medieval theology; and it is shown, on the other hand, that this re-orientation enabled Protestant theology to come to terms with the turn to subjectivity in Modern European thinking.

III. Erinnerung und Memoria

Peter Blickle

Luther und der Bauernkrieg
Interpretationen zwischen den Gedenkjahren 1975–2017

1.

Luther und der Bauernkrieg – das mir zugeteilte Thema – ist von einer tautologischen Sprechweise nicht weit entfernt. Das deswegen, weil Luthers Verständnis der Ereignisse von 1525 über Jahrhunderte die unbestrittene Interpretation des Bauernkriegs war. Mit einer einzigen Flugschrift, seiner „Ermahnung auf die Zwölf Artikel der Bauerschaft in Schwaben"[1], ist es Luther gelungen, sich die Deutungshoheit über den Bauernkrieg zu sichern. Die Zwölf Artikel hatte er als ein Manifest von „Mordpropheten" gelesen, die dort erhobenen Forderungen nähmen „der oberkeyt yre gewalt und recht auch. Ja alles was sie hatt, Denn was behellt sie, wenn sie die gewalt verloren hat"[2]. *Gewalt* hieß in der Sprache der Zeit, was Jean Bodin wenig später *majestas* beziehungsweise *souveraineté* nennen sollte. In den Zwölf Artikeln steckt somit eine anarchische Kraft, und bekräftigend fügt Luther hinzu „wo diese auffruhr sollt fort dringen und uber hand nehmen, würden beide reiche [das geistliche und das weltliche] untergehen", woraus „eine ewige verstörunge gantzes Deutschen landes folgen würde"[3]. Die Mordpropheten bleiben ungenannt, in der rhetorischen Radikalisierung von Luthers Bauernkriegsschriften personalisieren sie sich in Thomas Müntzer. Luthers elliptische Figur der Interpretation des Bauernkriegs hat als ihre zwei Brennpunkte: die Zerstörung von Herrschaft und die verkehrte Theologie Müntzers. Dieses Muster scheint noch heute durch jede Sendung, die das Fernsehen unter dem Label Bauernkrieg produziert.

Als die Theologie die Stafette der Interpretation an die sich etablierende Geschichtswissenschaft übergeben musste, änderte sich nichts. Leopold von Ranke sprach vom Bauernkrieg als *größtem Naturereignis des deutschen Staates* und bezeugte damit, dass er ihn in den Ablauf der Geschichte nicht integrieren konnte. Zwar las Ranke die Zwölf Artikel als ein Manifest, „das über das dem gemeinen Menschenverstande Naheliegende nicht hinausgeht", doch im Grunde unter-

---

[1] Martin Luther, Werke. Kritische Gesamtausgabe, Bd. 18 (Weimar 1908) 279–334 [künftig Luther, Werke WA 18].
[2] Luther, Werke WA 18, 305, Z. 25f.
[3] Luther, Werke WA 18, 292, Z. 32–35.

schied sich seine Einschätzung nicht von der Luthers. Burgenbruch und Klostersturm sowie der Furor Thomas Müntzers in Thüringen wurden zu seinem letztgültigen Bewertungsmaßstab. Wäre der Aufstand erfolgreich gewesen, „so würde alle ruhige Entwicklung nach den dem Geschlechte der Menschen nun einmal vorgeschriebenen Gesetzen am Ende gewesen sein. Glücklicherweise konnte es nicht gelingen"[4].

Seit dem 19. Jahrhundert wurde der Bauernkrieg von Luther mehr und mehr abgekoppelt und zu einem von der Reformation sich emanzipierenden Komplex, Luthers Beurteilung des Bauernkriegs wurde davon jedoch wenig berührt. Ein 2012 erschienener Band über die Zwölf Artikel mit Analysen von Juristen und Theologen belegt das[5].

2.

Dennoch ist nicht zu bestreiten, dass das Thema Luther und der Bauernkrieg im Rahmen der Gedenkfeiern von 1975, 1983 und 1989 Beachtung fand.

Die Erinnerung an den Bauernkrieg im Jahr 1975 in der Bundesrepublik erfolgte gewissermaßen überstürzt. Es gab keine längerfristig organisierten, geschweige denn staatlich inaugurierten Tagungen, doch 500 Aufsatzmanuskripte überschwemmten in einem Jahr die Redaktionen der Fachzeitschriften[6]. In den Medien fand der Bauernkrieg ein starkes Echo. Nach meiner Erinnerung hatte das nur entfernt etwas mit der von den Marxisten ausgearbeiteten *Frühbürgerlichen Revolution* zu tun, erst im Laufe des Jahres wurde sie immer mehr zum Referenzpunkt.

Luther und der Bauernkrieg wurde 1975 vor allem zu einem Thema der Kirchengeschichte.

Temperamentvoll und thesenfreudig hat sich als erster Heiko A. Oberman in diese Debatte gestürzt[7] mit der Feststellung, um nicht zu sagen Forderung, „dass

---

[4] *Leopold von Ranke*, Deutsche Geschichten im Zeitalter der Reformation, 1. Bd., hrsg. v. *Horst Michael* (Wien o.J.) 362, 372 [für die Zitate]. – Allgemein zur Kontinuität von Luther zu Ranke *Wolfgang Reinhard*, Martin Luther und der Ursprung der historischen Geschichtswissenschaft in Deutschland, in: *Hans R. Guggisberg* (Hrsg.), Die Reformation in Deutschland und Europa. Interpretationen und Debatten (Heidelberg 1983) 371–409, bes. 391f.
[5] *Görge K. Hasselhoff*, David von Mayenburg (Hrsg.), Die Zwölf Artikel von 1525 und das „Göttliche Recht" der Bauern – rechtshistorische und theologische Dimensionen (Studien des Bonner Zentrums für Religion in Geschichte und Gesellschaft 8. Würzburg 2012). Darin besonders *Michael Basse*, Freiheit und Recht in biblischer Perspektive. Luthers Stellungnahme zu den Zwölf Artikeln der Schwäbischen Bauern, ebd. 163–177. – Einen detaillierten Einblick in den Diskussionsstand um etwa 1975 gibt der Überblick von *Gottfried Maron*, Bauernkrieg, in: Theologische Realenzyklopädie, 5. Bd. (Berlin, New York 1980) 319–338.
[6] Vgl. *Ulrich Thomas*, Bibliographie zum deutschen Bauernkrieg und seiner Zeit (Veröffentlichungen seit 1974, 2 Bde., Stuttgart 1976/1977).
[7] *Heiko A. Oberman*, „Tumultus rusticorum": Vom „Klosterkrieg" zum Fürstensieg. Beobachtungen zum Bauernkrieg unter besonderer Berücksichtigung zeitgenössischer Beurteilungen, in: Zeitschrift für Kirchengeschichte 85 (1974) 157–172 [Nachdruck in ders., Die Reformation. Von Wittenberg nach Genf (Göttingen 1986) 144–161].

der Bauernkrieg mit gleichem Recht seinen Platz in der Kirchengeschichte beansprucht wie die Bewegungen, die von Wittenberg, Genf und Trient ausgegangen sind"[8]. Das war eine gänzlich unerwartete Nobilitierung. Oberman sah in den Zwölf Artikeln eine „Befreiungsbewegung" am Werk, die sich, gespeist aus der Theologie Erasmus' von Rotterdam und Christoph Schappelers aus Memmingen, „im christlichen Glauben begründet wusste", aber letztendlich zu einem „Wirtschafts- und Interessenkrieg" der Bauern verkam. Obermann plädierte für eine positive Bewertung und die Pluralisierung der theologischen Richtungen der bäuerlichen „Befreiungsbewegung".

Martin Brecht vollzog gleichfalls einen Wechsel innerhalb seines Faches, denn sein Anliegen war es, nicht wie bislang die Distanz zwischen Luther und den Zwölf Artikeln zu markieren, sondern im Gegenteil, Luther in ihnen zu verankern[9]. In methodisch nicht ganz problemlosen Operationen macht Brecht aus Schappeler, dem Reformator Memmingens und vermutlichen Mitautor der Zwölf Artikel, einen Lutheraner und ordnet dem Memminger Umfeld einen politiktheoretischen Traktat zu, aus dem er ein „protestantisches Widerstandsrecht" herausliest[10]. In Kenntnis der Quellenlage muss man Brechts Beitrag eine aufwendige Arbeit nennen, der er sich aus einem dreifachen Grund, wie er offen erklärt, unterzogen hat – der „Beitrag der Reformation und ihre Theologie zum Bauernkrieg" müsse erkennbar, die Verunsicherung des Luthertums durch die verbreitete Einschätzung, „Luthers Nein zum Bauernkrieg [sei] wesentlich für die innerdeutsche politische Entwicklung geworden", müsse beseitigt und der „Verklärung" Müntzers entgegengetreten werden[11]. Die Zwölf Artikel sind, das gehört zur Quintessenz des Aufsatzes, „von Luthers Gedanken ausgegangen und haben sie weitergedacht", „die christliche Vereinigung der Bauern konnte als eine mögliche und erlaubte Form bäuerlicher Interessenvertretung angesehen werden"[12]. Brechts Interesse ist es, den Bauernkrieg für das Luthertum zu gewinnen.

Es war immer das Interesse der Kirchen- und Theologiegeschichte, die Kohärenz von Luthers Argumentation gegen die Zwölf Artikel zu erweisen. Das war schon deswegen nötig gewesen, weil wohl jede Generation das tatsächliche Abschlachten der Bauern irritiert hatte. In diese Richtung baute Gottfried Maron die Ermahnung Luthers an die Bauern, „niemand soll sein eigener Richter sein", aus[13]. Marons Einlassungen enden mit der Auskunft, aus Luthers Schriften vor 1525 sei die Erkenntnis zu ziehen, dass *Richter zu sein* schon der sich anmaßt, der klagt. „Selbstrachenehmen auch vor Gericht [!] ist aber für Christen verboten."

---

[8] Ebd. 172.
[9] *Martin Brecht*, Der theologische Hintergrund der Zwölf Artikel der Bauernschaft in Schwaben von 1525, in: Zeitschrift für Kirchengeschichte 85 (1974) 174–208.
[10] Ebd. 208.
[11] Die Zitate ebd. 175.
[12] Ebd. 199. – Kritisch *Gottfried W. Locher*, Die Zwinglische Reformation im Rahmen der europäischen Kirchengeschichte (Göttingen, Zürich 1979) 499ff.
[13] *Gottfried Maron*, „Niemand soll sein eigener Richter sein." Eine Bemerkung zu Luthers Haltung im Bauernkrieg, in: Zeitschrift der Luther-Gesellschaft 2 (1975) 60–75.

„Das Recht soll vielmehr durch das brüderliche Zeugnis der Nächsten wiederhergestellt werden."[14] Maron stellt sich hinter Luther, hält im Blick auf die Bauern den Tatbestand, Richter sein zu wollen für gegeben und übersetzt das mit „sich freisprechen". „Spreche ich mich [...] selbst frei, bin ich insofern verloren, als ich durch die Vorwegnahme des Urteils Gottes gnädiges Gericht unmöglich mache, denn ich mache mich selbst zu meinem Gott und Heiland."[15] Nicht klagen zu dürfen stellt nicht nur die Zwölf Artikel unter das Verdikt angemaßter Richterschaft. Diejenigen, welche die Zwölf Artikel schrieben und vertraten, zählen jetzt schon zu den Verdammten. Maron mildert die Härte der Argumentation damit, dass er Luthers Belehrung der Bauern *zu dulden und Gott anzurufen* der früheren Position des Reformators gegenüberstellt, wonach man dem, der uns Unrecht tut, das „mit Wort und Schrift" vorzuhalten habe. Das sei nicht nur ein Recht, sondern eine Pflicht. Maron räumt allerdings auch ein, dass den Bauern *das brüderliche Zeugnis des Nächsten* verweigert worden sei, auch von Luther. „Die Bauern aber finden keinen machtvollen Helfer, keinen Zeugen ihres Rechts. Luther selbst verwehrt ihnen mit Nachdruck [und mit Recht] den Aufruhr, doch tritt er nicht mit gleichem Nachdruck als Anwalt für sie ein."[16] Marons Überlegungen sind nach meiner Beobachtung stark rezipiert worden, das mag an der Doppelstruktur seines Arguments liegen.

Man sollte nicht ganz übersehen, dass Maron, was seine Luther-Kritik angeht, einen Gefährten hatte, der umständehalber allerdings nur eine vergleichsweise geringe Wirkung entfalten konnte, den in Greifswald als Theologe habilitierten Hubert Kirchner[17]. Kirchner hält Luthers Argumentation in der *Ermahnung* für „theologisch nicht einwandfrei"[18]. Wenn politische Freiheit aus dem Evangelium nicht entwickelt werden dürfe, dann müsse kehrseitig Obrigkeit als Glied des *corpus christianum* auf eine evangeliumskonforme Regimentsweise verpflichtet werden. (Urbanus Rhegius hatte das 1525 in einer Predigt über Leibeigenschaft getan.) Luther habe es sich in der Behandlung des göttlichen Rechts „zu leicht" gemacht, er habe „die gewaltigen religiösen Impulse, die hinter der Losung standen" geleugnet und „sie zur bloßen Fassade und zu scheinheiligem Vorwand eigentlich böser, teuflischer Absichten" verkleinert[19]. Im Namen der christlichen Freiheit werde den Christen die persönliche Freiheit als Möglichkeit geraubt[20]. Luther habe die Gelegenheit, vermittelnd mit einer kongenialen Interpretation des Evangeliums zu wirken, vertan und damit „eine große Chance verspielt"[21].

---

[14] Ebd. 61 f.
[15] Ebd. 71.
[16] Ebd. 73.
[17] *Hubert Kirchner*, Der deutsche Bauernkrieg im Urteil der Freunde und Schüler Luthers (Masch. Habil. theol. Greifswald 1968).
[18] Ebd. 41.
[19] Ebd. 25.
[20] Ebd. 41.
[21] *Hubert Kirchner*, Luthers Stellung zum Bauernkrieg, in: *Heinrich Foerster* (Hrsg.), Reformation heute (Berlin 1967) 218–247 [für das Zitat 246].

Die großen Anstrengungen, die 1975 in der DDR unternommen wurden, den Bauernkrieg als *frühbürgerliche Revolution* zu würdigen und diese Interpretation international durchzusetzen, hatten schon wegen der Vorgabe des Basis-Überbau-Theorems wenig Verwendung für Luther. In den Gesamtdarstellungen[22] und den zahlreichen Aufsatzsammlungen[23] spielt er so gut wie keine Rolle. Memoriert wurde in der Regel die schon 1960 in den Wernigeroder Thesen von Max Steinmetz erfolgte Lokalisierung. Danach gab es vier „religiös-politische Lager", unter ihnen das „bürgerlich-gemäßigte lutherische Lager" aus niederem Adel, Bürgerschaft und einem Teil der weltlichen Fürsten, denen es um die Konfiskation des kirchlichen Besitzes ging. „Bei der gewaltsamen Niederwerfung der Bauern spielte Luther eine denkbar erbärmliche Rolle."[24]

Das Luther-Jubiläum 1983 war wenig ergiebig für das Thema Luther und der Bauernkrieg, wie nicht anders zu erwarten. Die politische Vorgabe der SED, die sozialistischen Traditionen um die humanistischen zu erweitern und damit Luther dem sogenannten „Erbe" zu integrieren, wurde von den Marxisten unter den Wissenschaftlern sehr unwillig aufgenommen, hatte man sich doch eben erst mit der Theologie Thomas Müntzers vertraut gemacht. Für das Thema *Luther und der Bauernkrieg* führte der ideologische Wechsel naturgemäß ins Niemandsland, weil von der erbärmlichen Rolle des Reformators zu sprechen nicht opportun war und er nicht mehr als Projektionsfläche des Reaktionären gebraucht werden sollte.

Insofern durchzieht die offiziöse Biographie der Partei aus der Feder von Gerhard Brendler wenig Klassenkampf, die Zeit vom Herbst 1524 bis Sommer 1525 muss sich mit 14 Seiten begnügen[25]. Zweifellos ist die Arbeit intelligent. Von Luthers *Ermahnung* nimmt Brendler nicht irgendetwas heraus, sondern konzentriert sich auf den *Gewalt-Entzugs-Vorwurf* an die Bauern, den er wie den Kommentar zur Leibeigenschaft für besonders anstößig hält[26]. 1983 hatten Günter Vogler, Adolf Laube und Gerhard Brendler die Meinungsführerschaft der korrekten Interpretation der deutschen Geschichte von Max Steinmetz längst übernommen. In knappen, hoch konzentrierten Vorträgen anlässlich des offiziellen Staatsaktes in Halle im Oktober 1983 passten sie Luther dem Konzept der frühbürgerlichen Revolution ein, was sich angesichts der Abstraktheit auch vergleichsweise wider-

---

[22] *Günter Vogler*, Die Gewalt soll gegeben werden dem gemeinen Volk. Der deutsche Bauernkrieg 1525 (Berlin 1975, ²1983).
[23] *Gerhard Heitz* u. a. (Hrsg.), Der Bauer im Klassenkampf. Studien zur Geschichte des deutschen Bauernkrieges und der bäuerlichen Klassenkämpfe im Spätfeudalismus (Berlin 1975) [kein einschlägiger Aufsatz]. *Gerhard Brendler, Adolf Laube* (Hrsg.), Der deutsche Bauernkrieg 1524/25. Geschichte – Tradition – Lehren (Berlin 1977) [kein eigener Beitrag zum Thema, außer *Sigrid Looß*, Katholische Polemik zur Haltung Luthers im Bauernkrieg 145–151].
[24] *Max Steinmetz*, Die frühbürgerliche Revolution in Deutschland (1476–1535). Thesen zur Vorbereitung der wissenschaftlichen Konferenz in Wernigerode vom 20. bis 24. Januar 1960, in: *Rainer Wohlfeil* (Hrsg.), Reformation oder frühbürgerliche Revolution (München 1972) 42–79, Zitate 51 f., 54.
[25] *Gerhard Brendler*, Martin Luther. Theologie und Revolution (Berlin 1983), für den Bauernkrieg 330–348.
[26] Ebd. 336.

spruchsfrei bewerkstelligen ließ. Bei Adolf Laube liest sich das so: Der Weg von Luther zum Bauernkrieg führte nicht nur über „Missverständnisse", vielmehr hat er den Bauernkrieg vorbereitet, „wenngleich ungewollt. Er hat entscheidende Grundlagen gelegt, die den Aufstand in so breitem Maße überhaupt möglich machten"[27].

Auch im Westen – nichts Neues, möchte man sagen. Martin Brecht hat in seiner 1500-seitigen Luther-Biographie für den Bauernkrieg Platz auf 20 Seiten, davon vier für *Luther und der Bauernkrieg*. Sie fallen indes im Vergleich zu 1975 gegenüber seinem Helden deutlich kritischer aus[28]. Die *Ermahnung* wird jetzt auf die nicht christlich sein könnende *Gewalt* und den *Richter in eigener Sache* (Maron hatte also gezündet) fokussiert, Kritik an Luther wird aber, wiewohl verhalten, zum Ausdruck gebracht. Statt die Forderung der Bauern nach Umwidmung des Großzehnts für seelsorgerische Zwecke und die Abschaffung des Kleinzehnts als Raub abzubürsten, „hätte es einer gründlicheren Suche nach Lösungsmöglichkeiten bedurft"[29]. Möglicherweise hat der Kenner der südwestdeutschen Landesgeschichte, der Brecht ist, daran gedacht, wie in den Jahrzehnten vor der Reformation die Zehntpflicht vom Getreide auf Bienen, Kälber, Hühner, Gänse, Enten, Schweine, Zwiebeln, Rüben, Gewürze, Erbsen, Linsen, Flachs und Hanf ausgedehnt worden war (so die konkrete Situation in den Pfarreien der Herrschaft Wolfegg in Oberschwaben), gesagt hat er es nicht. „Der Hinweis, dass auch die alttestamentlichen Patriarchen Sklaven gehalten hätten", fährt Brecht fort, „war eigentlich unter seinem [Luthers] Niveau."[30] Dass Luther die Freiheitsforderung auch mit Paulus bekämpfte, bleibt ungesagt. Kritik ja, aber verhalten – das ist der Tenor bei Martin Brecht und in den Aufsätzen, die im Umfeld von 1983 zum Thema erschienen[31].

Die Konvergenz zwischen westlichen und marxistischen Positionen in der Bewertung von Reformation und Bauernkrieg war in den späten 1980er Jahren nicht mehr zu übersehen. Ihren Höhepunkt erlebte sie *1989 anlässlich des angenommenen 500. Geburtstags von Thomas Müntzer*. Mit der Eröffnung der Gedenkstätte auf dem Schlachtberg über Frankenhausen, der Werner Tübke mit seinem *Frühbürgerliche Revolution* geheißenen Panorama einen guten Teil seines Lebens gewidmet hatte, wollte die DDR ihre Legitimität als Vollenderin der deutschen Geschichte feiern. Wohl nicht ohne Hintersinn steht das Monument einen Steinwurf vom Kyffhäuser-Denkmal entfernt. Doch in Wahrheit war aus den sozialistischen

---

[27] *Adolf Laube*, Martin Luther und die frühbürgerliche Revolution, in: *Horst Bartel* u. a. (Hrsg.), Martin Luther. Leistung und Erbe (Berlin 1986) 50–60, das Zitat 58 f.
[28] *Martin Brecht*, Martin Luther, 2. Bd.: Ordnung und Abgrenzung der Reformation 1521–1532 (Stuttgart 1986).
[29] Ebd. 176.
[30] Ebd. 177.
[31] *Gottfried Seebaß*, Evangelium und soziale Ordnung. Luthers Evangeliumsverständnis nach den Bauernkriegsschriften, in: *ders.*, Die Reformation und ihre Außenseiter. Gesammelte Aufsätze und Vorträge, hrsg. v. *Irene Dingel* (Göttingen 1997) 42–57. Vgl. aber *Peter Blickle*, Gemeindereformation (München 1985) 135–138, 158–161.

und humanistischen Traditionen alle kreative Kraft geschwunden. Um es metaphorisch auszudrücken – die 1989 erschienenen Müntzer-Biographien von Günter Vogler und Hans-Jürgen Goertz waren in dem Sinn austauschbar, dass Müntzer als genuiner Theologe und nicht mehr als Ideologe einer Klasse, der Bauern und Proletarier, verstanden wurde. Das Museum auf dem Schlachtberg wurde nicht eröffnet, die politischen Ereignisse überstürzten sich und mit der DDR als Staat verschwand auch das gesamte theoretische Gerüst, das ihn gestützt hatte. Das wurde zur tiefen Zäsur in der Erforschung der Reformation. Und damit auch des Themas *Luther und der Bauernkrieg*. In den heute schier unübersehbaren Gesamtdarstellungen und Einführungen spielt es die Rolle, die es immer gespielt hat[32].

Bemerkenswerte Beiträge sind selten geworden. Zu ihnen gehört der von Volker Leppin[33], der auch in Verarbeitung der linguistischen Untersuchung von Anja Lobenstein-Reichmann über „Freiheit bei Martin Luther"[34] schlussfolgert, die Bauern hätten Luthers Freiheitsbegriff „weder ignoriert noch missverstanden, sie haben ihn produktiv weiter geführt und auf ihre Lebenssituation angewandt".

Seit 1975 ist in das Thema *Luther und der Bauernkrieg* einige Bewegung gekommen, stürmisch wird man sie nicht nennen können. Dennoch gehört die holistische Interpretation früherer Tage der Vergangenheit an.

3.

Sollte 2017 ein Anlass werden, sich mit diesem Thema nochmals zu beschäftigen, müsste es bei den Theologen ressortieren. Historiker werden sich dafür kaum interessieren. Dazu ist die Erfahrung zu prägend, dass den Bauernkrieg zu verstehen vorausgesetzt hat, ihn von Luther zu trennen[35]. Wenn der Bauernkrieg allerdings, glaubt man Thomas Kaufmann, zu den „Ermöglichungsfaktoren der

---

[32] *Ulinka Rublack*, Die Reformation in Europa (Frankfurt a. M. 2003) 55 ff.; *Peter G. Wallace*, The Long European Reformation. Religion, Political Conflict, and the Search of Conformity 1350–1750 (Houndmills Basingstoke, New York 2004) 86 ff.; *Diarmaid MacCulloch*, The Reformation (New York 2003) 158–162; *Johannes Burkhardt*, Das Reformationsjahrhundert. Deutsche Geschichte zwischen Medienrevolution und Institutionenbildung 1517–1617 (Stuttgart 2002) 64–73. Kursorisch auch speziellere Arbeiten wie *Jay Goodale*, Luther and the Common Man – the Common Man and Luther, in: *Hans Medick, Peer Schmidt* (Hrsg.), Luther zwischen den Kulturen. Zeitgenossenschaft – Weltwirkung (Göttingen 2004) 66–88; *James M. Stayer*, The German Peasants' War and the Rural Reformation, in: *Andrew Pettegree* (Hrsg.), The Reformation World (London, New York 2002) 127–145, bes. 131–135.
[33] *Volker Leppin*, Freiheit als Zentralbegriff der frühen reformatorischen Bewegung. Ein Beitrag zur Frage „Luther und der Bauernkrieg", in: *Georg Schmidt* u. a. (Hrsg.), Kollektive Freiheitsvorstellungen im frühneuzeitlichen Europa (1400–1850) (Frankfurt a. M. 2006) 317–327, das Zitat 327.
[34] *Anja Lobenstein-Reichmann*, Freiheit bei Martin Luther. Lexikographische Textanalyse als Methode historischer Semantik (Studia Linguistica Germanica 46. Berlin, New York 1998).
[35] *Günther Franz*, Der deutsche Bauernkrieg (München, Berlin 1933).

Reformation" gehört und „1525 ein Schwellenjahr der Reformationsgeschichte geworden ist"[36], dann stellt das Thema *Luther und der Bauernkrieg* vielleicht doch noch einmal eine Herausforderung dar. Die Voraussetzungen sind deswegen nicht ungünstig, weil die Zwölf Artikel für die Programmatik der Revolution des gemeinen Mannes höher eingeschätzt werden als die Predigten Müntzers. Und der Ökumenische Rat der Kirchen seit 1974 wohl eher nicht mehr auf Seiten der *Ermahnung* steht[37]. An Luther könnten Fragen zu seiner *Methode* und seiner *Wahrnehmung* gestellt werden. Ich beschränke mich auf je eine[38].

Die Bauern verlangen (um von der *Methode* zuerst zu sprechen) die Aufhebung der Leibeigenschaft mit dem Argument,

„das vns Christus all mit seynem kostparlichen plůtvergůssen erlősst vnnd erkaufft hat, Den Hyrtten gleych alls wol alls Den hőchsten, kain außgenommen, Darumb erfindt sich mit der geschryfft das wir frey seyen vnd wőllen sein. [...]seyen auch onzweyfel jr werdendt vnß der aigenschafft als war vnnd recht Christen geren endtlassen oder vns jm Euangeli des berichten dz wirß seyen".

Luther hatte darauf bekanntermaßen geantwortet, „das heysst Christliche freyheyt gantz fleyschlich machen"[39], und aus dem Evangelium *bewiesen*, dass sich die Freiheitsforderung verbiete. Abraham, die Propheten und die Patriarchen hätten Leibeigene gehabt, Paulus habe die Leibeigenschaft gerechtfertigt. „Leset S. Paulen, was er von den knechten, wilche zu der zeyt all leybeygen waren, leret."[40] In seiner Bibelübersetzung von 1521 hatte Luther die gemeinte Paulus-Stelle ungekürzt wiedergegeben. Im Brief an die Korinther heißt es, Gotteskindschaft und Knechtschaft ließen sich im Hinblick auf das Heil problemlos vereinbaren. „Doch", fügt Paulus in der Übersetzung Luthers hinzu, „kanstu frey werden, so brauche des viel lieber"[41]. Die hier ausgedrückte Freiheits-Option ließ Luther in seiner Stellungnahme zum Dritten Artikel weg. 1523 hatte er in einer ausführlichen Paraphrase das *doch kannst du frei werden, so brauche das viel lieber* positiv im Sinne des legitimen Strebens nach persönlicher Freiheit interpretiert. Zwar rate Paulus, jeder solle in dem Stand bleiben, in den er hineingeboren wurde, aber er sage auch, „da mit will er dyr nicht weren, das du frey werdist, so du kanst mit gunst deyns herrn"[42]. Mit Zustimmung des Leibherrn kann man frei werden – genau dafür hatten die Bauern in den Zwölf Artikeln geworben und den Freiheitsartikel mit dem abschließenden Satz geschlossen, sie „seyen auch onzweyfel jr [die Herren] werdendt vnß der aigenschafft als war vnnd recht Christen geren endtlassen".

---

[36] *Thomas Kaufmann*, Geschichte der Reformation (Frankfurt a. M., Leipzig 2009) 58, 502.
[37] *Eike Wollgast*, Geschichte der Menschen- und Bürgerrechte (Stuttgart 2009) 244–248.
[38] In Fortführung früherer Arbeiten. Vgl. *Peter Blickle*, Von der Leibeigenschaft zu den Menschenrechten. Eine Geschichte der Freiheit in Deutschland (München ²2006) 248ff.
[39] Druck der Zwölf Artikel vielfach ediert, auf der Basis von *Alfred Götze*, Die zwölf Artikel der Bauern 1525. Kritisch herausgegeben, in: Historische Vierteljahrschrift 5 (1902) 8–15, hier 11f.
[40] Luther, Werke WA 18, 326.
[41] 1. Korinther 7, 21–25.
[42] Luther, Werke WA 12, 129, Z. 26–31. Ausgearbeitet von *Brecht*, Martin Luther 2, 177.

Luther spricht bezüglich des Freiheitsartikels nicht nur vom *fleischlich machen* der christlichen Freiheit, sondern auch davon, „alle Menschen gleich machen" zu wollen. Ungleichheit sei jedoch Grundlage jeder politischen Ordnung, es müsse Herren und Untertanen geben. Der Leibeigene wird bei Luther zum Untertanen, und damit wird das Referenzsystem, in dem er steht, die Obrigkeit. „Denn welltlich reich kann nicht stehen, wo nicht vngleicheyt ist, ynn personen, das ettliche frey, ettliche gefangen, ettliche herrn, ettliche vnterthan."[43] Wozu sollte eine derartige Operation an den Begriffen dienen? Denn erstens gab es *Untertanen* auch in Thüringen, Sachsen, den habsburgischen Ländern oder in den Reichsstädten, und sie waren keine Leibeigenen, und zweitens hatten die Bauern einen *Obrigkeitsvorbehalt* in den Freiheitsartikel gestellt.

„Nit dz wir gar frey wöllen sein, kain oberkait haben wellen, Lernet vnß Got nit. Wir sollen in gepotten leben, nit yn freyem fleyschlichen mütwilen, sonder got lieben, jn als vnsern Herren jn vnsern nechsten erkennen, vnnd alles das thon, so wyr auch gern hetten, das vnns Got am nachtmal gepotten hat zů einer letz. Darumb sollen wir nach seinem gebot leben: zaigt vnd weißt vns diß gepot an das wir der oberkait nit korsam seyen? nit allain der oberkait, sunder wir sollen vns gegen jederman diemütigen, das wir auch geren gegen vnser erwelten vnd gesetzten oberkayt (so vns von Got gesetzt) jn allen zimlichen vnd Christlichen Sachen geren gehorsam sein, seyen auch onzweyfel jr werdendt [...]."

Man kann diesen komplexen und reichen Satz als die politische Theorie der Bauern *in nuce* lesen. Sie respektiert Obrigkeit prinzipiell, stellt aber den Gehorsam (also das Befolgen von Gesetzen – und Gesetze erlassen und ihre Einhaltung erzwingen zu können ist, um es zu wiederholen, in der Sprache der Zeit *der* oder *die Gewalt*) unter den zweifachen Vorbehalt, dass die Gesetze *ziemlich* und *christlich* sind. *Ziemlich* heißt um 1500 theoretisch rechtskonform und praktisch Ratifizierung durch die Gerichte (das sind bäuerliche Geschworenengerichte), in denen sie zur Anwendung gebracht werden sollten. *Christlich* sollten Gesetze in dem Sinne sein, dass sie den ethischen Normen der Religion entsprachen. Recht sprachen im frühen 16. Jahrhundert bäuerliche Richter, üblicherweise zwölf bis 24 Personen. Sie taten das, wie viele Quellen belegen, nach *Gewissen und Vernunft*. Dass das Gewissen sich an christlichen Normen geschult hat, bestätigten sie schon dadurch, dass sie diese Urteilsgrundlagen eidlich beschworen.

Luther lässt aus der Freiheitsforderung die politische Entmündigung der Obrigkeit hervorgehen und steigert sie zum Vorwurf, die Bauern machten sich selbst zu Richtern.

„Niemand solle noch müge seyn eygen richter seyn noch sich selbs rechen."[44]

Damit ist die Ebene der *Wahrnehmung* Luthers erreicht. Richter (über die Rechtmäßigkeit der Zwölf Artikel) sein wollten die Bauern ausdrücklich nicht, sonst hätten sie nicht Richterlisten genannte Namensverzeichnisse erstellt. Die erste Liste verzeichnet nur Theologen. Mit einer schiefen, aber doch erhellenden Analogie gesagt, die Bauern sahen in den Reformatoren Verfassungsrichter. Und

---

[43] Luther, Werke WA 18, 327.
[44] Ebd. 303f.

in den Zwölf Artikeln solche, die Verfassungsrang erlangen sollten. 1525 wäre neben 1356 (Goldene Bulle) und 1495 (Ewiger Reichslandfriede) getreten und damit Freiheit (Aufhebung der Leibeigenschaft), Pfarrerwahl durch die Gemeinde (Beschränkung der Geistlichkeit auf die *cura animarum*) und gemeindliche Selbstverwaltung (Forst, Allmende) in den Rang von Reichsrecht gehoben worden. Bis zur ersten Schlacht am 4. April in Leipheim bei Ulm rangen die Bauern über vier Wochen hinweg mit dem Schwäbischen Bund um ein solches Richtergremium. Noch am 4. April schickten die Hauptleute der Bauern eine Depesche an den Obersten Feldhauptmann, Georg von Waldburg. Dort stand, sie hätten sich weder gegen den Kaiser, noch gegen ihre „genedigsten herren" aufgelehnt, sondern Abstellung ihrer ständig steigenden Lasten erbeten. Die Lösung könne nicht Krieg heißen, sondern Vermittlung durch von beiden Parteien bestellte „gotförchtig, worhafft, getrew vnnd verstenndig Mäner, die geitigkait hassen vnnd ainen gemainen nutz lieb haben"[45]. Und zwar gütlich und erst, wenn solche Versuche gescheitert sein sollten, rechtlich. Das entsprach der Rechtskultur des Reiches und war ein gebräuchliches Verfahren der Konfliktschlichtung. Redet oder handelt so, wer Richter in eigener Sache sein will?

Auch nach der Auskunft von Gottfried Maron wäre diese Frage nochmals zu klären, zumal das Rügen der Obrigkeit, wie er versichert, Christenpflicht sei. Die Bauern waren dieser Pflicht eifrig nachgekommen, schon seit Jahrzehnten. Das Beschweren, Petitionieren und Supplizieren hatte ein solches Ausmaß angenommen, dass es institutionenbildend wirkte. In Bayern – das sollte man in einem Vortrag in München doch sagen – ist daraus am Ende des 15. Jahrhunderts der Hofrat hervorgegangen[46].

Summary

Martin Luther's depiction of the events of 1525 in his 'Admonition on the Twelve Articles of the Swabian Peasantry' became the dominant interpretation of the Peasants' War for many centuries, accepted and consolidated by leading historians like Leopold von Ranke. It focused on two key charges: the peasants desired the abolition of all lordship (*Obrigkeit*) and they did so because of the skewed theology of 'murder prophets' (Thomas Müntzer). This tradition still informs TV programmes on the topic produced today.

Luther and the Peasants' War thus formed a prominent theme in the anniversaries of 1975 (450 years since the rising), 1983 (Luther's 500th birthday) and 1989 (Müntzer's 500th birthday). *In the West*, historians of the Church and theology took the leading roles, albeit with different objectives. Some emphasized the in-

---

[45] Fürstlich Waldburg-Wolfegg'sches Archiv, Archivkörper Wolfegg 9890.
[46] *Renate Blickle*, Laufen gen Hof. Die Beschwerden der Untertanen und die Entstehung des Hofrats in Bayern, in: Gemeinde und Staat im Alten Europa (HZ, Beiheft 25. München 1998) 241–266.

fluence of the Reformation in general (Heiko A. Oberman) or Luther in particular (Martin Brecht) on the programme formulated in the Twelve Articles, thus hoping to claim the Peasants' War for the Reformation. Others stressed the inner coherence of Luther's arguments against the peasants (Gottfried Maron), although certain biases also emerged rather more clearly than before (G. Maron, Hubert Kirchner). The contribution of Marxist historiography remained relatively minor for two reasons: as long as Luther's stance counted as 'bourgeois-moderate' (Max Steinmetz) it remained marginal for the concept of the *early bourgeois revolution*; and once he was reclaimed for socialist tradition in the context of the 1983 celebrations, open critique became inappropriate (Gerhard Brendler). While it would be wrong to speak of a new research consensus, Luther's command over the interpretation of the Peasants' War has certainly faded.

His works can now be assessed more critically, be it in terms of their methods or the ways in which they represented the phenomenon as a whole (*Gegenstandskonstituierung*). Methodologically, some of Luther's theological arguments (on freedom, elections of clergy, tithe) are clearly at odds with earlier pronouncements; as for perceptions, he associated the Twelve Articles with intentions that cannot be substantiated. Given that even the Lutheran state churches have distanced themselves from his position (on freedom), a fresh investigation appears all the more timely.

Stefan Rhein

Luther im Museum: Kult, Gedenken und Erkenntnis

Für Günter Schuchardt, Burghauptmann der Wartburg, in kollegialer Verbundenheit

Lutherhäuser gibt es in Deutschland viele. Sie müssen nicht Luthers Häuser sein, sondern können sich räumlich-materiell von ihrem Namensgeber entfernen, brauchen nicht das Label des Authentischen. Vielleicht sind sie die wahren Luthergedenkstätten, Orte des Gemeindelebens, Orte der Begegnung, Bildung und Diakonie. Eine solche Sicht passt zur Raumauffassung des Protestantismus. Der Kirchenraum als Ereignisort des Göttlichen entsteht nicht durch sein geweihtes Dasein, sondern durch das Miteinander der Gläubigen. Wenn zwei oder drei im Namen Gottes beisammen sind, ist jeder Raum Kirche[1]. So ist der evangelische Glaube eine unmittelbare Angelegenheit zwischen gläubigem Menschen und verborgenem Gott, er bedarf nicht der Vermittlung des Ortes – ganz im Sinne der Reformation, die heftig gegen die mittelalterlich-magische Aufladung von Orten, Dingen und Menschen in Wallfahrten, Reliquien und Heiligenverehrung polemisierte.

Ein Lutherhaus als Lebensmittelpunkt des Reformators oder ein Lutherhaus als Gemeindezentrum: Die Erfahrungs- und Erlebnisqualitäten differieren gleichwohl ganz offenkundig und bisweilen sogar existenziell, wenn man die Berichte der Besucher der historischen Lutherhäuser auf sich wirken lässt. Wie tiefgehend z. B. Wittenberg eine erleb- und erfühlbare Erfahrung vermittelt, illustrieren die 1917 publizierten Eindrücke von Karl Dunkmann:

„Der Reiz der Lutherstadt liegt freilich nicht darin, dass uns hier oder da unmittelbare Erinnerungen an Luther entgegentreten. Die Luther-Reliquien, die Wittenberg in seinen Mauern birgt, sind doch verhältnismäßig nicht nur gering an Zahl, sondern auch bedeutungslos gegenüber dem gewaltigen Eindruck, der sich hier unwiderstehlich in das Herz des Wanderers legt, dem Eindruck nämlich, dass er hier gekämpft und gelebt hat, dass er in diesen Straßen, in der Collegienstraße, in der Bürgermeisterstraße, in der Jüdengasse, die heute noch unverrückt daliegen, gegangen ist, seine Freunde zu besuchen, und die von der Pest Befallenen zu trösten; dass er insbesondere den Weg zur Schlosskirche unzählige Male zurückgelegt hat."[2]

---

[1] Vgl. *Helmut Umbach*, Heilige Räume – Pforten des Himmels. Vom Umgang der Protestanten mit ihren Kirchen (Göttingen 2005) und *Thomas Erne*, *Peter Schütz* (Hrsg.), Die Religion des Raumes und die Räumlichkeit der Religion (Göttingen 2010).
[2] *Karl Dunkmann*, Wittenberger Luthererinnerungen, in: Lutherkalender für das Jahr 1911 (Leipzig 1911) 54–87, hier 56.

Das ist im 21. Jahrhundert vielleicht im Ton, aber nicht in der Sache anders. Denn auch jetzt, in diesen Tagen, reißt der Strom der Luther-Pilger nicht ab, die die historischen Wurzeln ihrer religiösen, geistig-geistlichen Existenz aufsuchen und in den Besucherbüchern ihre Erfahrungen niederschreiben, z. B. ein Ehepaar aus Minnesota im Besucherbuch des Wittenberger Lutherhauses:

"We are here to celebrate the faith of our fathers. Though we live in America, our roots are in German soil. We are people of the Reformation. We sing 'A mighty Fortress is our Lord' along with those loved ones who are now in Heaven with Luther and others who changed the world 500 years ago."

Oder eine Stimme aus Indien:

"Thank God for Martin Luther. A wonderful historic place to visit and learn. Millions of Christians owe it to this great man of God. Let's learn and like him, pass on this heritage to our generation to come. God bless Deutschland for preserving this wonder. God bless the Germans for this Commitment."

In seinem Buch über „Evangelische Spiritualität" merkt Peter Zimmerling über solche Pilgererfahrungen im protestantischen Kontext an: „Momente der klassischen Bildungsreise sind mit Elementen der traditionellen Wallfahrt eine Verbindung eingegangen, die für viele Evangelische sehr attraktiv zu sein scheint, weil sich dabei Zugänge zu Person und Werk ‚evangelischer Heiliger' auf dem Weg von Erfahrungen erschließen, die durch eine rein intellektuelle Wissensvermittlung verschlossen bleiben."[3] Zimmerling empfiehlt für ein evangelisches Pilgerwesen, das Freiräume für spirituelle, körperliche, soziale und kontemplative Erfahrungen bietet, jenseits des traditionellen Kanons zusätzliche eigene Ziele, insbesondere die Wirkungsstätten Martin Luthers, Paul Gerhardts, Johann Sebastian Bachs, Nikolaus Ludwig von Zinzendorfs und Dietrich Bonhoeffers. Das Thema des spirituellen Tourismus mit seinen evangelischen Varianten zu „Ich bin dann mal weg!" erscheint nur auf den ersten Blick modisch, es besitzt vielmehr vielfältige historische Ausprägungen. Denn Reisen zu den Lutherorten sind eine seit Jahrhunderten etablierte Form der Annäherung an die und Auseinandersetzung mit der Reformation, der Verehrung Luthers und der konfessionellen Selbstvergewisserung. Für amerikanische Besucher ist die Reise zu den Reformationsstätten heute nicht anders als bei den ersten dokumentierten Reisen in den 1820er Jahren eine konfessionelle Pilgerfahrt, wie damalige amerikanische Reiseberichte ausführen: Deutschland sei für Protestanten „Lutherland", wo Martin Luther gegen die Unterdrückung durch die katholische Herrschaft aufgestanden sei und Europa aus der Lethargie des Mittelalters geweckt habe. Auch für Harriet Becher Stowe, die Autorin von „Onkel Toms Hütte", war um 1853 die „Lutheran pilgrimage" tief beeindruckend, und die Mauern Wittenbergs, des „Protestant Mecca", hallten für sie von der Stimme und den Taten des Reformators wider. Doch nicht nur ihr stieß die Differenz und Dissonanz zwischen der Idee „Wittenberg" und dem realen Ort „Wittenberg" übel auf; sie und ihr Bruder

---

[3] *Peter Zimmerling*, Evangelische Spiritualität (Göttingen 2003) 266.

erlebten den Wittenberger Marktplatz als heruntergekommenen Ort mit Kühen und ungepflegten Bewohnern und Luthers Haus als von Schmutz und Spinnweben überzogen[4].

Heute agieren auf dem Markt spezialisierte Reiseveranstalter wie „Luther-Tours" oder „Terra-Lu", die das touristische Geschäft zwischen Gottesdienst und Abendvortrag, Gemeindebegegnung und Museumsführung professionell betreiben und damit Anbieter im Marktsegment des „spirituellen Tourismus" sind, in dem allerdings zweifelsohne die katholische Kirche mit ihren Klöstern und Wallfahrtskirchen dominiert (bis hin, seit 2005, zum Papst-Benedikt-Weg entlang wichtiger Lebensstationen des früheren Papstes zwischen Altötting und Tüßling von insgesamt 224 km Länge)[5]. Doch auch der organisierte Luthertourismus ist kein neues Phänomen; ihn gab es z. B. schon in den 1920er Jahren, als in Wittenberg ein städtisches Fremdenverkehrsbüro und daneben ein kirchlicher Fremdenverkehrsverein am Markt agierten. Dieser kirchliche Verkehrsverein etablierte einen regen Pilgertourismus, der unter dem festen Titel „Wallfahrt nach Wittenberg" immer sonntags viele Kirchengemeinden in die Lutherstadt brachte. In einem feststehenden Ablauf wurden die Besucher, die in Sonderzügen anreisten, an der Luthereiche begrüßt. Nach einem Gottesdienst in der Schlosskirche, oft mit Kranzniederlegung an Luthers Grab, gab es eine kurze Einführung im Lutherhaus, danach Mittagessen und ein bis zwei Stunden am Nachmittag freien Rundgang durch die Stadt und vor allem durch den städtischen Grüngürtel. Den Abschluss bildete eine kurze Ansprache am Lutherdenkmal auf dem Marktplatz oder ein gemeindliches Treffen in der Stadtkirche. Ziel des kirchlichen Verkehrsvereins war, den touristischen Wittenberg-Besuch vom „Niveau des Vergnügungsunternehmens auf die Höhe der religiös-kirchlichen Feier zu erheben". So kamen 1925 und 1926, auf dem Höhepunkt der evangelischen Wallfahrt nach Wittenberg, jährlich etwa 30 000 Gruppentouristen durch Vermittlung des kirchlichen Verkehrsvereins in die Lutherstadt, in die „feste Burg lutherischen Glaubens", die sich offensichtlich in den 1920er Jahren immer schöner herausgeputzt hatte. Denn in einer Radiosendung hatte ein Journalist 1930 im Rückblick auf seinen letzten Besuch 1922 Wittenberg in Erinnerung als eine Stadt mit „griesgrämigem, missfarbigem, zerfurchtem und zerfallenem Bröckelgesicht", während acht Jahre später er sehr gern dem Ruf „Besucht die Lutherstadt Wittenberg!" gefolgt sei. Der kirchlich organisierte Pilgertourismus zu den Lutherstätten brach

---

[4] Vgl. *Hartmut Lehmann,* A Pilgrimage to Wittenberg, the so called Protestant Mecca. Anmerkungen zum amerikanischen Deutschland-Tourismus im 19. Jahrhundert, in: *ders.,* Luthergedächtnis 1817 bis 2017 (Göttingen 2012) 44–58.
[5] Vgl. *Aline Sommer, Marco Saviano,* Spiritueller Tourismus. Religiöses Reisen in Deutschland (Berlin 2007) und: Luthertourismus in der Lutherdekade. Zwischen Bildung, Spiritualität und Erlebnis, hrsg. v. der Geschäftsstelle der EKD „Luther 2017 – 500 Jahre Reformation" und Wege zu Luther e. V. (Frankfurt a. M. 2010) (= epd-Dokumentation 12/2010). Vgl. auch *Heiko Franke,* Spiritueller Tourismus aus evangelisch-theologischer Sicht, in: Amtsblatt der Evangelisch-Lutherischen Landeskirche Sachsens (2009) B 5–B 9.

nach 1933 ein und erlebte weder in DDR-Zeiten noch danach eine Auferstehung[6].

In diesem Strom der Luthertouristen und -pilger stehen wie Halte- und Höhepunkte die einschlägigen Jubiläen, die für die Gestaltung und Profilierung der einzelnen Gedenkstätten von wesentlicher Bedeutung sind. Dabei ist eine Beobachtung voranzustellen: Es gibt in Deutschland kein Museum für die Reformation, keine Einrichtung für die Präsentation und Vermittlung des Gesamtereignisses. Solche Gesamtdarstellungen bieten für ihren jeweiligen konfessionellen Ausschnitt in Deutschland z.B. das Deutsche Hugenotten-Museum in Bad Karlshafen, das 1980 gegründet wurde, und in zwei Kapiteln zum einen das „Leben der reformierten Christen in Frankreich – Hugenotten genannt – v. a. ihr Leiden und ihre Verfolgung als Minderheit im katholischen Frankreich", zum anderen die „Aufnahme und Integration der aus Frankreich in deutsche Territorien geflohenen Hugenotten" zeigt. Das deutsche Waldensermuseum ist im Henri-Arnand-Haus in Schönenberg (bei Pforzheim) untergebracht, seit 1939 ein Museum mit Forschungsstätte; auch hier geht der Ausstellungsbogen vom ersten Hausbewohner bis weit in die Geschichte der Waldenser vom Spätmittelalter über den Beitritt zur Reformation 1532, die Ausweisung 1698 bis hin zu den unterschiedlichen Neuansiedlungen in Deutschland. Reformationsmuseen, die dieses Selbstverständnis auch in ihrem Titel tragen, gibt es nur außerhalb Deutschlands, v. a. das „Musée international de la Réforme" in Genf, das im Frühjahr 2005 in der Maison Mallet eröffnet wurde und sich als einziges Reformationsmuseum Europas vorstellt. Das muss mit Blick auf andere Länder kaum korrigiert werden; wohl gibt es seit 1973 das „Museum der polnischen Reformation" in Nikolaiken, doch besitzt die Einrichtung nur lokalen und regionalen Zuschnitt[7]. Die Zurückhaltung vor jeglichem Personenkult ist dem Reformiertentum eigen – ganz in der Nachfolge Calvins, der sich ausdrücklich ein anonymes Grab wünschte, so dass nicht einmal dieses zu einer Gedenkstätte werden konnte. So ist auch das 1909 grundsteingelegte und 1917 eingeweihte große Denkmal in Genf programmatisch kein Calvin-, sondern ein Reformationsdenkmal („Monument international de la Réformation")[8]. Die protestantische Mehrheitskirche in Deutschland, das Luthertum, hin-

---

[6] Einen nicht nur tourismusgeschichtlichen Blick auf Wittenberg wirft jetzt die jüngst erschienene, den Erinnerungsort Wittenberg umfassend beschreibende Dissertation von *Silvio Reichelt*, Der Erlebnisraum Lutherstadt Wittenberg. Genese, Entwicklung und Bestand eines protestantischen Erinnerungsortes (Göttingen 2013), zum Wittenberger Tourismus der 1920er Jahre vgl. 187–192 (189: „der kollektiv durchgeführte konfessionelle Erbauungsbesuch großer Kirchengruppen"), die erwähnte Radiosendung (vom 26.10.1930) auf 151f.

[7] Vgl. *Burkhard Ollech*, Der Protestantismus in Masuren ist fast ausgelöscht. Polnischer Streit um ein Reformationsmuseum, in: Kulturpolitische Korrespondenz (1990) 6–12.

[8] Vgl. *Christoph Strohm*, Calvinerinnerung am Beginn des 20. Jahrhunderts. Beobachtungen am Beispiel des Genfer Reformationsdenkmals, in: Lutherinszenierung und Reformationserinnerung, hrsg. v. *Stefan Laube, Karl-Heinz Fix* (Leipzig 2002) 211–225, dort auch der Hinweis, dass bei dem Denkmal v. a. die Einführung der Reformation in Genf 1536 und damit das Identitätsbedürfnis der Genfer Bürger im Mittelpunkt steht. Zu den unterschiedlichen Erinnerungskulturen in Wittenberg und Genf (auf Homogenität zielende Erinnerungskultur vs. vielfältige, sich überla-

gegen institutionalisierte seine Erinnerung in Personengedenkstätten, in der Fokussierung auf die Gründerväter. So entstanden Luther- und Melanchthonmuseen in den originalen Gebäuden oder zumindest an den historischen Orten, ja es gibt in Torgau seit 1996 sogar eine Katharina-Luther-Stube, eben dort, wo die Lutherin 1552 nach einem Reiseunfall verstarb[9].

Die Monumentalisierung des Reformators durch Musealisierung begann bereits unmittelbar nach seinem Tod 1546, als die Haustür des Sterbehauses durch ein gemaltes Lutherporträt und eine Inschrift gekennzeichnet und das Sterbezimmer mit Sterbebett und Trinkbecher gezeigt wurde. Um die Sterbemöbel entwickelte sich allmählich eine fast kultische Verehrung: Von Bett und Stuhl nahmen die Besucher Holzspäne mit und setzten sie v. a. gegen Zahnschmerzen ein. Wohl noch ins 16. Jahrhundert gehört der folgende Quellenbeleg über den regen Zulauf zum Sterbehaus als Erinnerungsort: Ein alter, vom Mansfelder Grafen abgestellter Diener hatte die

„Verpflichtung, beide Stücke [sc. Bett und Stuhl] den Reisenden zu zeigen, und dabei Luthers letzte Lebensumstände, und seinen sanften und seeligen Tod zu erzählen, mit der ausdrücklichen Erinnerung, diese Bettstelle nicht abergläubisch, wie eine alte Reliquie, zu verehren, sondern daß jeder dabei an seinen eigenen Tod gedenken und schaffen möge, daß er auch seelig werde"[10].

Diese gute protestantische Warnung wurde vom alltäglichen Volksglauben missachtet, so dass lutherische Theologen 1707 nur einen Ausweg sahen: die Zerstörung und Beseitigung der Möbel. Als dann noch das Gebäude fast komplett umgebaut wurde, war die Aura des Authentischen verflogen, und Luthers Sterbehaus am Marktplatz geriet in Vergessenheit. Der protestantisch-theologische Affekt gegen das Materielle, gegen die sinnliche Inszenierung erwies sich als Totengräber der ersten Luthergedenkstätte.

Die skizzierte Frühgeschichte der Luthergedenkstätte „Sterbehaus" illustriert eine Facette der Lutherrezeption, die in der wissenschaftlichen Fokussierung auf schriftliche Quellen wie Predigten, Traktate, Jubiläumsreden, Einblattdrucke etc. oft übersehen wird. Die Lutherverehrung speist sich auch aus dem Reservoir des Volksglaubens, eines religiösen Sediments diesseits aller konfessionellen Ausdifferenzierungen. So wurden Lutherquellen, Luthereichen, Lutherbildern heilende

---

gernde Erinnerungsformen) vgl. *Irene Dingel*, Wittenberg und Genf, in: Europäische Erinnerungsorte. Bd. 2, hrsg. v. *Pim den Boer* u. a. (München 2012) 281–289.
[9] Zum lutherischen Museumstypus ‚Personengedenkstätte' vgl. ausführlich *Stefan Rhein*, Konfession und Museum. Ein Versuch, in: Wallfahrt ins Museum? Die Kommunikation von Religion im Museum mit Blick auf die Besucherinnen und Besucher, hrsg. v. *Harald Schwillus* (Berlin 2013) 127–149, bes. 129–138 und *ders.*, Am Anfang war Luther: Die Personengedenkstätte und ihre protestantische Genealogie. Ein Zwischenruf, in: Häuser der Erinnerung. Zur Geschichte der Personengedenkstätte in Deutschland, hrsg. v. *Anne Bohnenkamp* u. a. (Leipzig 2014) [im Druck]. Zur Definition und Geschichte von Personengedenkstätten vgl. *Paul Kahl, Hendrik Kalvelage*, Personen- und Ereignis-Gedenkstätten, in: Metzler Handbuch Museum, hrsg. v. *Markus Walz* (Stuttgart 2014) [im Druck].
[10] Vgl. *Martin Steffens*, Luthergedenkstätten im 19. Jahrhundert. Memoria – Repräsentation – Denkmalpflege (Regensburg 2008) 95.

Kräfte zugesprochen, Wundergeschichten rankten sich um sie, sie genossen kultische Verehrung[11]. Dass die Orte, an denen Luther selbst lebte und wirkte, besonders prädestiniert für solche Formen des Lutherkultes waren, ist naheliegend. In den Status von haptischen Reliquien kamen dort Luthers Möbel und Gegenstände, wenn etwa ein junger Handwerker im 17. Jahrhundert „zu Eisleben einen Splitter von dem Bette geschnitten, darinnen Lutherus gestorben, und damit als mit einem Heiligthum aller Orten geprahlet"[12]. Im Unterschied zur akademischen Lutherrezeption agierten als Trägerschicht des materialisierten Lutherkults v. a. illiterate, bürgerliche und höfische Gruppen – meist in den traditionellen Bahnen katholischer Heiligenverehrung. Hierzu sind auch die zahlreichen Geschichten vom „Wundermann Luther" zu rechnen, seine Wunderheilungen, aber auch seine Wunderbilder, die z. B. Brände überlebten; das berühmteste Wunderbild Luthers befand sich in Oberroßla (bei Apolda), das als Vorzeichen für Unglück sogar Schweißtropfen vergoss[13].

Die Aktion der Vernichtung von Luther-Memorialien ist sicherlich der spektakulärste Zusammenstoß von geistesgeschichtlicher, insbesondere theologischer Lutherrezeption und materialisiertem Lutherkult. Mit dieser Entgegensetzung beschreibt Martin Steffens in seiner Studie zu den „Luthergedenkstätten im 19. Jahrhundert" die unterschiedlichen Ausprägungen der Lutherverehrung vom 16. bis zum 19. Jahrhundert. Unter Lutherkult werden dabei die materiellen Formen der Gedenkpraxis verstanden, u. a. die Ausgestaltungen der Lebens- und Wirkungsstätten Luthers, ohne mit dieser Scheidung die engen Verbindungen von ideeller und materieller Luther-Memoria bei Seite lassen zu wollen. So wie Luther am Beginn der Erinnerung an den Thesenanschlag steht – am Abend des 31. Oktober oder am 1. November 1527 feierte er das 10-jährige Jubiläum der „Niedertretung des Ablasses" mit anderen bei sich zu Hause[14] –, so hatte Luther sehr wohl auch einen Sinn für die bauliche Inszenierung seines Wirkens und seines künftigen Gedenkens. Landläufig wird immer der Bescheidenheitstopos vorgebracht, dass

---

[11] Vgl. *Robert W. Scribner*, Incombustible Luther: The Image of the Reformer in Early Modern Germany, in: Past and Present 110 (1986) 38–68, und *Hartmut Kühne*, „Zufällige Begebenheiten als Wundergeschichten sammeln." Über dingliche Wunderzeugnisse im Luthertum, in: Der Gandersheimer Schatz im Vergleich. Zur Rekonstruktion und Präsentation von Kirchenschätzen, hrsg. v. *Hedwig Röckelein* (Regensburg 2013) 281–299.
[12] Vgl. *Steffens*, (wie Anm. 10) 42.
[13] Das Wunderbild von Oberroßla, das übrigens 1975 aus der Kirche gestohlen wurde, wurde sogar medaillenwürdig, vgl. die Medaille von Christian Wermuth aus dem Jahr 1708 mit der Inschrift auf der Rückseite „Sudat Lutherus, trepidat quoque Christus [...]" (,Luther schwitzt, auch Christus zittert'), vgl. *Klaus-Peter Brozatus*, Reformatio in Nummis. Annotierter Bestandskatalog der reformationsgeschichtlichen Sammlung der Stiftung Luthergedenkstätten in Sachsen-Anhalt (Osnabrück 2014) Nr. 28 [im Druck]. Zu den Unterschieden von katholischer Heiligenverehrung und evangelischer Lutherverehrung vgl. *Christoph Markschies*, Sankt Martin II, in: Erinnerungsorte des Christentums, hrsg. v. *Christoph Markschies*, *Hubert Wolf* (München 2010) 679–686.
[14] Vgl. WA Br 4, 275,25–27, Nr. 1164; zum Datum der Feier (und der Wirkungsgeschichte des Ereignisses) vgl. *Hartmut Lehmann*, Martin Luther und der 31. Oktober 1517, in: ders., Luthergedächtnis (wie Anm. 4) 17–34, hier 17.

Luther darauf insistiert habe, die Wittenberger Theologie nicht nach ihm „lutherisch", sondern „christlich" zu nennen; doch hat sich das starke Selbstbewusstsein Luthers etwa im Selbstverständnis als „Endzeitprophet" oder „Prophet der Deutschen" nicht nur in Texten geäußert[15], sondern auch in seiner Auffassung seiner gebäudlichen Umwelt, d.h. in ihrer semantischen Aufladung. Diese dokumentierte sich eindrucksvoll in seinem Kampf für den Erhalt seines Arbeitszimmers, das sich in einem turmartigen Anbau befand und 2004 archäologisch an der Südwand des Lutherhauses ausgegraben wurde: Die Stadt Wittenberg beabsichtigte um 1533 den Anbau aus Gründen des Schutzes der Stadt in den südlichen Wallanlagen abzureißen; dagegen wehrte sich Luther mit dem Hinweis, sein Arbeitszimmer sei „ewigen Gedenkens wert", da er „von dort das Papsttum gestürmet" habe: „Lebe ich noch ein jar, so mus mein armes stublin hinweg, daraus ich doch das bapstumb gesturmet habe, propter quam causam dignum est perpetua memoria." Mag das Turmerlebnis zeitlich unbestimmt und eher prozesshaft zu verstehen sein, der Ort indessen war für Luther unbestreitbar lokalisiert. Luthers Kampf hatte Erfolg: Der Anbau mit seinem Arbeitszimmer blieb stehen und wurde danach sogar eigens von einer neu errichteten Mauer geschützt[16]. Die Selbstmonumentalisierung Luthers ging noch zu seinen Lebzeiten am Gebäude Lutherhaus weiter, als 1540 das neue Sandsteinportal, das sog. Katharinenportal, eingebaut und mit dem steinernen Reliefbildnis Luthers, seinem persönlichen Wappen, der Lutherrose und seinem persönlichen Wahlspruch („In silencio et spe erit fortitudo vestra") geschmückt wurde[17].

Die Präsenz Luthers im kollektiven Gedächtnis der Deutschen hat Bernd Moeller einmal lapidar zusammengefasst: „Nichts und niemand auf der Welt hat bereits so viele Jubiläen erlebt wie Luther." Die Persistenz dieser Bedeutsamkeit entstand, so Moeller, im gewaltigen publizistischen Erfolg Luthers bereits zu Lebzeiten, ist also als Fortsetzung seines „Massenerfolgs" zu verstehen[18]. Hinzu tritt die Selbststilisierung des einsamen Anfangs („Solus primo eram"), die, so Johannes Burk-

---

[15] Zu Luthers dialektisch-spannungsreichen Selbstaussagen vgl. *Thomas Kaufmann*, Martin Luther (München ²2010) 15–24, und *Karl Holl*, Luthers Urteile über sich selbst, in: *ders.*, Gesammelte Aufsätze. Bd. 1 (Tübingen ⁷1948) 381–419.
[16] Luthers Beschwerde beim Rat der Stadt in: WA TR 2, 509,10–12, Nr. 2540 a. Zum Ort des Turmerlebnisses im turmähnlichen Anbau an der südlichen Außenwand des Schwarzen Klosters vgl. *Stefan Rhein*, Aus den Lutherstätten. Neue Dauerausstellungen und archäologische Funde, in: Lutherjahrbuch 76 (2009) 119–136, hier 131–135 („,Lutherturm' in Wittenberg – auf der Suche nach dem Ort des Turmerlebnisses").
[17] Es gehört zum Repertoire der mündlichen und schriftlichen Stadtführer, das „Katharinenportal" als Geschenk der Katharina von Bora an ihren Mann zu erläutern; vgl. hingegen *Anne-Marie Neser*, Luthers Wohnhaus in Wittenberg. Denkmalpolitik im Spiegel der Quellen (Leipzig 2005) 47 f., die den Brief Luthers vom 29. 11. 1539 an Anton Lauterbach mit der Bitte um Anfertigung der Sandsteingewände zitiert und das Hausportal mit Wappen und Porträt so versteht, dass es Luther „als stolzen Bauherrn und Bürger" kennzeichne.
[18] Vgl. *Bernd Moeller*, Luthers Erfolge (1979), in: *ders.*, Luther-Rezeption. Kirchenhistorische Aufsätze zur Reformationsgeschichte, hrsg. v. *Johannes Schilling* (Göttingen 2001) 270–284, hier 270.

hardt, zum „klassischen Mythos von der Reformation in Person" führte[19]. So ist auch die Verortung der eigenen Bedeutsamkeit nicht zuletzt das Werk Luthers, nicht nur in seinem Wittenberger Haus, sondern z. B. auch für seine Stube auf der Wartburg, die er so bildhaft mit „Patmos", „Paradies der Vögel", „Wüste" oder „Einsamkeit" beschrieben hat, dass sie zum inszenierten Memorialraum werden konnte[20].

Materielles und theologisches Luthergedenken, also Lutherkult und Lutherrezeption, kamen bei der Gründung der Luthergedenkstätte „Geburtshaus" zusammen. Hier, wo Luther am 10. November 1483 geboren wurde, indessen aber nur wenige erste Wochen und Monate seines Lebens verbrachte, setzte die Verehrung des Hauses bereits im 16. Jahrhundert ein, wohl spätestens am 100. Geburtstag 1583 mit der Anbringung eines ganzfigurigen Holzbildes vermutlich über der Haustür, das den Stadtbrand von 1689 überlebte und in die Reihe der „Unverbrannten Luthers" gehört. Der materialisierte Lutherkult setzte auf den authentischen Ort, die akademische Lutherrezeption insistierte auf der inhaltlichen Ausgestaltung der neuen Gedenkstätte und zwar in programmatischer Differenz zum zeitgenössischen Sterbehaus. Luthers Geburtshaus wurde 1693 als Gedenkstätte eröffnet, nachdem vier Jahre zuvor das Haus bei einem Stadtbrand bis auf die Grundmauern zerstört wurde. Die Luther-Memoria entwickelte hier im Gegensatz zum Sterbehaus gleichsam vitale Formen des Gedenkens, da im neuen Geburtshaus eine Lutherarmenschule eingerichtet wurde und im sog. „Schönen Saal" im Obergeschoss jeden Sonntag die Armenversorgung stattfand. Bildung und Diakonie wurden als die Propria des reformatorischen Wirkens Luthers erkannt und institutionalisiert. Diese Neuausrichtung stand zweifelsohne unter dem Einfluss der pietistischen Theologen in Halle, die im Gegensatz zu den gleichzeitigen aufwändigen Lutherfeiern in Wittenberg dem Personenkult skeptisch gegenüberstanden und eine eher schlichte Jubiläumspraxis ausübten, was letztendlich zur Polemik des Hallenser Juristen Johann Peter von Ludewig führte, der 1717 eine „Anklageschrift gegen die Jubiläen" publizierte und gegen den Lutherheiligenkult in katholischen Bahnen für die ausschließliche Konzentration auf das Wort Gottes plädierte[21]. Die Franckeschen Stiftungen entstanden fast zur gleichen Zeit (1694) als Ort von Bildung und Sozialfürsorge, so dass sich Luthers Geburtshaus als parallele Einrichtung im kleinstädtischen Kontext darstellt. Allmählich kam der museale Aspekt hinzu, da eine Sammlung von Drucken, Handschriften und Grafiken zu Luther und der Reformation angelegt wurde[22].

Die memoriale Inszenierung in den authentischen Lutherhäusern war demnach anfänglich nicht ein Ausfluss von Jubiläumsaktivitäten, da sie dort in Kon-

---

[19] *Johannes Burkhardt*, Das Reformationsjahrhundert. Deutsche Geschichte zwischen Medienrevolution und Institutionenbildung 1517 – 1617 (Stuttgart 2002) 26.
[20] Zum Erinnerungsort Wartburg vgl. *Etienne François*, Die Wartburg, in: Deutsche Erinnerungsorte. Bd. 2, hrsg. v. *Etienne François, Hagen Schulz* (München 2009) 154–170.
[21] Vgl. *Annina Ligniez*, Das Wittenbergische Zion. Konstruktion von Heilsgeschichte in frühneuzeitlichen Jubelpredigten (Leipzig 2012) 185–189.
[22] Vgl. ausführlich *Steffens*, (wie Anm. 10) 46 und 79ff.

tinuität seit dem Tod des Reformators selbst gepflegt wurde. Diese Beobachtung gilt auch für die beiden anderen zentralen Lutherstätten, das Lutherhaus in Wittenberg und die Wartburg in Eisenach. Auch hier wurden die Räume mit der größten historischen Aufladung konserviert, nämlich die beiden Lutherstuben; die Stube auf der Wartburg wurde erstmals 1574 so benannt („Dr. Martins Stube" in einer Reparaturrechnung, in späteren Inventaren des 18. Jahrhunderts: „Dr. Lutheri Stube"), während das Pendant im Wittenberger Lutherhaus ebenfalls gleich nach Luthers Tod als Gedenkraum mit seiner Ausstattung weitgehend unverändert blieb und 1655 als „Museum Lutheri" und z. B. 1706 als „Lutheri Stube" bezeichnet wurde[23]. Dass gerade die Wohnstuben – viel mehr als etwa die Luther-Kirchen – zur Identifizierung einluden und einladen, verwundert nicht, denn alle Besucher kamen und kommen aus ihrem je eigenen Habitat oder, so Stefan Laube kurz und bündig, „jeder wohnt irgendwo und irgendwie"[24]. Beide Orte wurden auch bald zu Zielen eifriger Lutherpilger. In der Lutherstube auf der Wartburg belegen dies Graffiti-Inschriften auswärtiger Besucher ab 1580[25]. In beiden Stuben entstanden gleiche Formen des Lutherkults: Die Besucher nahmen Andenken in Form von Holzspänen mit, in Wittenberg v. a. vom Tisch, dem auratischen Mittelpunkt der Tischgespräche, der aber immerhin in seiner Substanz noch weitgehend erhalten ist, während der Luthertisch auf der Wartburg so sehr „abgeknabbert" wurde, dass er 1811 ersetzt werden musste, oder sie brachen Reste des abgekratzten Putzes ab, am liebsten natürlich mit Luthertinte, da nicht nur auf der Wartburg, sondern auch – und dort ist die Legende vom Tintenfasswurf überhaupt erst entstanden – im Wittenberger Lutherhaus Luthers Kampf gegen den Teufel vermeintliche, auf der Wartburg bis Ende des 19. Jahrhunderts immer wieder aufgefrischte, Tintenkleckse hinterlassen hatte[26]. Die Besucher hatten in den Lutherorten den unstillbaren Drang, sich materialiter zu verewigen, so dass Wand für Wand mit Kreide-Graffitis „geschmückt" wurden, bis die Verantwortlichen diesen Drang zur Präsenzemphase mit Besucherbüchern kanalisierten und domestizierten, im Geburtshaus bereits seit 1693, im Lutherhaus seit 1783 und auf der Wartburg seit 1803[27]. Entfernt wurden die Graffitis in der Wittenberger Lutherstube aller-

---

[23] Zur Lutherstube auf der Wartburg vgl. ausführlich *Steffens*, (wie Anm. 10) 161–190; zur Frühgeschichte der Wittenberger Lutherstube vgl. *Stefan Laube*, Das Lutherhaus Wittenberg. Eine Museumsgeschichte (Leipzig 2003) 93–95 und *Neser*, (wie Anm. 17) 71–80.
[24] *Stefan Laube*, Von der Reliquie zum Ding. Heiliger Ort – Wunderkammer – Museum (Berlin 2011) 239.
[25] Vgl. *Martin Steffens*, Die Lutherstube auf der Wartburg. Von der Gefängniszelle zum Geschichtsmuseum, in: Lutherinszenierung und Reformationserinnerung (wie Anm. 8) 317–342, hier 323; Steffens zitiert eine Wartburg-Beschreibung von 1710: „mehr als ein tausend Nahmen an den Wänden dieses Stübchens / von innen und aussen / von vornehmen und geringen Standes Personen / so dasselbe aus Curiosität besehen / angeschrieben und eingekrazt zu lesen."
[26] Vgl. *Volkmar Joestel*, „Hier stehe ich!" Luthermythen und ihre Schauplätze (Wettin-Löbejün 2013) 188–196.
[27] Zu den Besucherbüchern im Lutherhaus Wittenberg vgl. *Laube*, (wie Anm. 23) 108–127 (mit zahlreichen Zitaten von Eintragungen). Zu den Besucherbüchern als Quellengattung der Be-

dings erst vor 1883, und offensichtlich blieben bis dahin über Jahrzehnte beide Formen der schriftlichen Verewigung in Gebrauch.

Die, die in Wittenberg, an den Wänden und in den Besucherbüchern, ihren Besuch dokumentierten, waren in ihrer geographischen und sozialen Herkunft breit gemischt. Unter den Ausländern kamen zu Beginn des 19. Jahrhunderts (nach dem Wiener Kongress) v. a. Briten in die Lutherstube, seit 1848 bildeten dann die Amerikaner die stärkste Gruppe, im Übrigen bis heute. Bei den Deutschen handelte es sich um durchziehende Soldaten, Besucher aus dem Großraum Berlin, kaum aus den südlichen und westlichen Ländern Deutschlands, im Gegensatz etwa zum bildungsbürgerlich frequentierten Goethehaus in Weimar viele Handwerker und Gesellen bis hin zu hohem Adel, also eine Besucherstruktur von breiter Varianz. Die Besucherbücher, die aber nicht alle Besucher dokumentieren, vermitteln einen Eindruck von der Entwicklung der Besucherzahlen, so in den 1780er Jahren eine jährliche Besucherzahl von unter 100, dann einen starken Anstieg nach dem Lutherjubiläum von 1817 auf jährlich über 1 000 Besucher, 1821, zur Einweihung des Lutherdenkmals, erstmals über 2 000, ab 1841 befördert durch den ersten Wittenberger Bahnhof. Die folgenden Jubiläen lassen die Nachfrage stark anwachsen, so dass 1913 schätzungsweise 20 000 Personen das Lutherhaus besuchten, und 1936, im Jahr der ersten genauen Besucherstatistik, 33 199 Besucher gezählt wurden. Weitaus höhere Zahlen konnte die Wartburg vermelden: 1912 erstmals über 100 000, 1921 schon rund 230 000 Besucher[28].

Die Luthergedenkstätten stehen fast durchweg in der Kontinuität des Luthergedenkens seit Luthers Tod und wurden bereits im 16. Jahrhundert Ziele von Lutherpilgern. Die Konzentration auf die Person Luther ist also dem Reformationsgedenken inhärent und wird durch Festpredigten und -reden anlässlich von biographischen Jubiläen Luthers bereits im 16. Jahrhundert illustriert, ist also keineswegs erst ein Phänomen des 19. Jahrhunderts[29]. Das 19. Jahrhundert stellt gleichwohl eine zentrale Etappe in der Etablierung biographisch begründeter Lutherjubiläen wie auch in der Herausbildung der Lutherstätten zu Luthergedenkstätten, zu autonomen Institutionen, dar. Denn erst 1817 endete z. B. die Funktion der Lutherstube auf der Wartburg, auch Gefängniszelle zu sein, indem man die alten Gitter vor den Fenstern entfernte[30]. Ab 1832 wird in Wittenberg

---

sucherforschung vgl. exemplarisch *Andrea Linnebach*, Das Museum der Aufklärung und sein Publikum – „Raritätenkram für jeden Narren"? Zum Besucherbuch von Kunsthaus und Museum Fridericianum in Kassel, in: Die Sachen der Aufklärung. Beiträge zur DGEJ-Tagung, hrsg. v. *Frauke Berndt, Daniel Fulda* (Hamburg 2012) 479–489.

[28] Zu den Wartburg-Zahlen vgl. *François*, (wie Anm. 20) 165f.; zu den Besucherzahlen im Wittenberger Lutherhaus vgl. *Laube*, (wie Anm. 23) 120f.; Vergleichszahlen für die anderen Wittenberger Reformationsstätten liefert *Reichelt*, (wie Anm. 6) 158, Anm. 170, etwa für 1931: Stadtkirche 4 375, Schlosskirche 13 823, Lutherhalle 20 040.

[29] Vgl. *Ligniez*, (wie Anm. 21) 212–220.

[30] Vgl. *Hilmar Schwarz*, Zur Funktion der Wartburg als Gefängnisort, in: Wartburg-Jahrbuch 7 (1988) 44–79.

neben der Lutherstube und dem Großen Hörsaal ein Raum mit einem Schrank voll Luther-Reliquien eingerichtet, 1842 wird der Geburtsraum in Eisleben als Gedenkstätte hergerichtet und v. a. das Geburtshaus von seinen Schulnutzungen befreit[31]. Die Institutionalisierung eines Museumsbetriebs erfolgte im Wittenberger Lutherhaus 1883, zum 400. Geburtstag Luthers, betrieben vom preußischen Staat und der Wittenberger Bürgerschaft. Wissenschaftliche Expertise wurde von Julius Köstlin, dem Hallischen Kirchenhistoriker, eingeholt, der allerdings zwei Räume angesichts des wirklich Ausstellungswürdigen für ausreichend hielt. Die institutionalisierte Kirche hingegen hielt sich zurück, sei es die Landeskirche, sei es das vor Ort verantwortliche Evangelische Predigerseminar. Die Gründung des Museums „Lutherhalle" in Luthers Haus fand in nationalem und liberalem Geist, nicht unter kirchlichen Vorzeichen statt; sie war „ein Projekt des nationalliberalen Bürgertums in den Städten und der preußischen Ministerialbürokratie" ohne kirchliche Beteiligung und wurde später, durch die räumliche und funktionale Verquickung von Lutherhalle und Predigerseminar erzwungen, von den Direktoren des Predigerseminars nur sehr verhalten und halbherzig verwaltet[32]. So wurden erst 1906 offiziell Eintrittsgelder und regelmäßige Öffnungszeiten festgelegt. Dies geschah auf der Wartburg bereits über 50 Jahre vorher, wobei die Führungen vom Gasthauspächter zu organisieren waren[33]. Die Museumsgründungen im Geburts- und Sterbehaus Eisleben wie auch auf der Wartburg belegen die für das Wittenberger Lutherhaus identifizierte Dominanz staatlich-städtischer Akteure. Das Unbehagen kirchlicher Amtsträger am musealen Luthergedenken ist – in der Tradition des theologisch-protestantischen Vorbehalts gegen die materialisierte Luthermemoria – übrigens bis heute virulent: 2007 überschrieb die Evangelische Kirchengemeinde Mansfeld mit Billigung und Förderung des Magdeburger Konsistoriums Luthers Elternhaus an die Stadt Mansfeld, so dass zum heutigen Zeitpunkt nur noch die Lutherstätten ‚Lutherhaus Eisenach' und ‚Augustinerkloster Erfurt' in kirchlicher Trägerschaft und Verantwortung stehen.

---

[31] Zur Entstehung einer Sammlung und zur musealen Einrichtung vgl. *Laube*, (wie Anm. 23) v. a. 143–145, und *Steffens*, (wie Anm. 10) 83 (zur ausschließlich memorialen Nutzung des Geburtsraumes, die ein Zeitgenosse folgendermaßen beschreibt: „Die Geburtsstube Dr. Luthers bleibt verschlossen, und wird nur den besuchenden Fremden als ehrwürdiges Heiligthum geöffnet, wie denn überhaupt das Lutherhaus durch diese veränderten Einrichtungen mehr in seine alte Würde zurückgetreten ist").
[32] Vgl. *Laube*, (wie Anm. 23) 165–181 („Die Gründung eines offiziellen Luthermuseums"), Zitat 181.
[33] Zu Wittenberg vgl. *Reichelt*, (wie Anm. 6.) 113, zur Wartburg vgl. *Rosemarie Domagala*, Die Gaststätten auf der Wartburg. Teil II: Das Gasthaus der Gaiskuppe, in: Wartburg-Jahrbuch (1993) 115–130, hier 119f.; das Eintrittspreissystem von ca. 1860 auf der Wartburg unterschied Karten I. und II. Klasse, d.h. Führungen von Einzelpersonen mit Besichtigung des großen Saals bzw. Führungen von Gruppen (mindestens sieben Personen) und Saalbesichtigung von der Galerie aus, differenzierte nach Stand (Soldaten und Handwerksburschen reduziert) und umfasste eine Familienkarte. Die Führungszeiten begannen morgens 6 Uhr und gingen bis 20 Uhr. Zum Lutherhaus vgl. *Laube*, (wie Anm. 23) 197–201; in Wittenberg bekam der für die Öffnung zuständige Schlosskirchenküster von den Besuchern Trinkgelder, für die es allerdings empfohlene Sätze gab.

Der vorliegende Sammelband will mit Blick auf das Reformationsjubiläum 2017 eine „wissenschaftliche und gedenkpolitische Bestandsaufnahme" erarbeiten. Ganz offensichtlich, Wissenschaft und Gedenkpolitik sind zwei unterschiedliche Handlungsfelder. Dass die Lutherstätten in der Dramaturgie der Tagung(spublikation) der Gedenkpolitik zugeordnet werden, soll grundsätzlich nicht in Frage gestellt werden, ohne damit unter dem öffentlichen Diktat der Aufmerksamkeit auf den Ausstellungs- und Eventbereich die klassische Museumsaufgabe „Erforschen" aufgeben zu wollen. Die aktuellen baulichen wie vor allem inhaltlichen Präsentationen ihrer Dauerausstellungen werden fast durchweg vom Jubiläumskalender diktiert und insbesondere finanziert. Ihre Sonderausstellungen reagieren auf die steigende Zahl der Jubiläen, da zum traditionellen Set – Geburt und Tod Luthers, Thesenanschlag, Wormser Reichstag und Confessio Augustana – nun zahlreiche weitere Anlässe hinzugetreten sind: der Geburtstag der Katharina von Bora, 1999 nicht nur durch eine Sonderausstellung in Wittenberg gewürdigt, sondern auch durch eine Briefmarke gefeiert, quasi die Nobilitierung eines Jubiläums[34], oder das 475. Jubiläum der Lutherbibel mit Sonderausstellung auf der Wartburg 2009[35] bis hin zu einem bislang völlig außerhalb des reformationsmusealen Fokus liegenden Themas wie „Luther und die Hexen", das 2011–2013 in Schmalkalden wissenschaftlich aufgearbeitet und museal aufbereitet wurde[36]. Über 600 000 Menschen erfahren und erleben die Reformation jedes Jahr in den entsprechenden Gedenkstätten, von der Wartburg, dem reformationshistorischen musealen Leuchtturm mit derzeit knapp 350 000 Besuchern pro Jahr über das Wittenberger Lutherhaus mit ca. 80 000 Besuchern bis hin – am anderen Ende der quantitativen Skala – zu Luthers Elternhaus in Mansfeld, in dessen ca. 50 qm großen Ausstellungsraum in den letzten Jahren durchschnittlich 2 000–3 000 Besucher jährlich kamen. Aktuell findet die öffentliche Vermittlung des historischen Phänomens Reformation mit der größten Breitenwirkung ganz offensichtlich in den einschlägigen Museen statt. Nur der Film kann hier quantitativ über die Jahre verteilt mithalten. So verbuchte der letzte Lutherfilm (mit Joseph Fiennes als Luther) aus dem Jahr 2003 in Deutschland, Österreich und der Schweiz bis zum heutigen Tag eine Zuschauerzahl von rund 3,5 Mio.; im öffentlich-rechtlichen Fernsehen gab es bislang 16 Ausstrahlungen, die Erstausstrahlung am 31. 10. 2005 sahen 5,87 Mio. Zuschauer. Ca. 60 000 Kassetten und rund 510 000 DVDs wurden bislang in den drei deutschsprachigen Ländern verkauft (und häufig auch als Verleihexemplare vielfach gesehen). Trotz seines Alters von 10 Jahren steht der Lutherfilm in der deutschen Amazon-Bestsellerliste der Historienfilme auf Platz 8, nur über-

---

[34] Vgl. die beiden Ausstellungspublikationen von *Martin Treu*, „Lieber Herr Käthe" – Katharina von Bora, die Lutherin. Rundgang durch die Ausstellung (Wittenberg 1999) und Katharina von Bora. Die Lutherin. Aufsätze anlässlich ihres 500. Geburtstages, hrsg. v. *Martin Treu* (Wittenberg 1999).
[35] Vgl. den Katalog: „Dies Buch in aller Zunge, Hand und Herzen". 475 Jahre Lutherbibel (Regensburg 2009).
[36] Vgl. den Begleitband *Kai Lehmann*, Unschuldig. Hexenverfolgung südlich des Thüringer Waldes. Über 500 recherchierte Fälle aus dem 16. und 17. Jahrhundert (Untermaßfeld 2012).

troffen von „Gladiator", „Borgia", „Thor" und „Unsere Mütter, unsere Väter" in den verschiedenen Fassungen[37].

Der aktuelle Lutherfilm macht es vor, wie erfolgreiche Luther-Kommunikation – erfolgreich im Sinne großer Breitenwirkung – funktioniert: Der Werbeclaim „Er veränderte die Welt für immer" reduziert das reformatorische Geschehen auf den großen Einzelnen und behauptet dessen Modernität für eine bis heute durch ihn veränderte Welt. Personalisierung und Aktualisierung versprechen demnach die größte Resonanz. Dass dies dem wissenschaftlichen Diskurs zuwider läuft, bedarf keiner langen Darlegung: Hier herrschen Kontextualisierungs- und Alteritätsmodelle vor[38]. Der aktuelle Claim der Lutherdekade und des Reformationsjubiläums „Am Anfang war das Wort" setzt sich von jeglicher Aktualisierung in größtmöglicher Distanz ab und muss vielleicht auch deshalb um Akzeptanz kämpfen, denn mit dem Bibelzitat sollte die Aufmerksamkeit weg von der Person Luther hin zur reformatorischen Botschaft, dem „sola scriptura" und „solus Christus", gelenkt werden, um dem Vorwurf der Monumentalisierung der Person Luther bereits im Ansatz zu begegnen[39].

Wo aber ist nun der Ort der Luthergedenkstätten im gedenkpolitischen Gefüge der Jubiläumskultur, was ist ihre Aufgabe bei der Konzeption, Durchführung und Vermittlung von Luther- und Reformationsjubiläen? Ohne Zweifel, der Rückgriff auf ihre lutherkultischen Anfänge wird hier nicht weiterhelfen. Ein anderer genealogischer Strang kann indessen anregend sein, denn die Lutherstätten besaßen vor ihrer Institutionalisierung als Museum häufig eine schulische Phase, d.h. sie beherbergten z.B. in Eisleben eine Lutherarmenfreischule oder eine Lutherschule

---

[37] Die aktuellen Zahlen (Stand: 5.11.2013) verdanke ich Henriette Gotaut von der Produktionsfirma nfp (Berlin/Halle). Zu den Lutherfilmen vgl. jetzt mit zahlreichen Literaturhinweisen (v.a. auf die einschlägigen Studien von Esther P. Wipfler) *Johannes Schilling*, Lutherfilm, in: Das Luther-Lexikon, hrsg. v. *Volker Leppin, Gury Schneider-Ludorff* (Regensburg 2014) 419–424.

[38] Zu den (durchweg kritischen) fachwissenschaftlichen Anfragen an das Reformationsjubiläum 2017 und ihre kirchlichen, kulturellen, politischen und touristischen Akteure vgl. z.B. *Heinz Schilling*, 31. Oktober 1517. Reflexionen eines Historikers am Vorabend des Reformationsjubiläums, in: Erinnerungstage. Wendepunkte der Geschichte von der Antike bis zur Gegenwart, hrsg. v. *Etienne François, Uwe Puschner* (München 2010) 79–92 (mit kräftiger Polemik gegen den aktuellen PR-Luther, event-Luther, Konfirmanden-Luther, prime-time-Luther etc. und dem Insistieren auf der Fremdheit Luthers), und *Hartmut Lehmann*, Unterschiedliche Erwartungen an das Reformationsjubiläum 2017, in: ders., Luthergedächtnis (wie Anm. 4) 305–314, hier v.a. 308 (Lehmann fordert „eine konsequente Historisierung", „eine penible historische Kontextualisierung", er warnt, Luther „als Zeitgenossen heranzuziehen", ihn dadurch „vorschnell zu harmonisieren, auch zu simplifizieren und zu enthistorisieren").

[39] Solcher Kritik konnten sich die derzeitigen Jubiläumsvorbereitungen gleichwohl nicht entziehen, denn mit der Jubiläumsüberschrift und Wortbildmarke „Luther 2017 – 500 Jahre Reformation" und v.a. der Benennung der Vorbereitungszeit mit „Lutherdekade" stand vielen, insbesondere aus der Wissenschaft und aus der gesamtprotestantischen Ökumene, immer noch zu viel Luther auf dem Etikett, auch wenn sich in den Themenjahren und ihrer großen Zahl von Veranstaltungen die Vielfalt des reformatorischen Geschehens und seiner Akteure versammelt. Zur Genese der Lutherdekade und der Wortbildmarke vgl. *Stefan Rhein*, Die Vorbereitungen zum Reformationsjubiläum 2017. Ein Werkstattbericht, in: Berliner Theologische Zeitschrift 23 (2011) 44–61.

in Wittenberg[40]. Sie waren und sind also Lernorte, ganz im Sinne der reformatorischen Forderung nach allgemeiner Partizipation an Bildung. Dabei darf diese Forderung heute nicht in einer ausschließlich textzentrierten Reformationsdidaktik aufgehen. Denn die konservierte Aura des authentischen Ortes lädt ein, neben einer historisch-didaktischen, text- und faktenzentrierten Darstellung die Erlebnisqualitäten der originalen Räume und Objekte in Szene zu setzen und damit Lernen und Anschaulichkeit kreativ zu verknüpfen. Das Museum präsentiert Dinge im Raum und ermöglicht damit nicht nur Ding- sondern auch Raumerfahrungen – ganz besonders vor dem Hintergrund zunehmender ortloser Virtualität. Dinge wollen anders als Texte wahrgenommen werden, verlangen den „langen Blick", der sich nicht rasch „von der Dichte der Oberfläche" ablöst und offen ist für die Bedeutungsvielfalt des Exponats[41]. Museen verstehen sich als Hort des kulturellen Erbes, das indessen nicht von seiner diskursiven Aneignung losgelöst werden kann; sie sind somit auch Orte der Erkenntnis und Akteure kultureller Bildung. Die Vermittlungsstrategien sind hier nicht im Einzelnen zu diskutieren; dass indessen sogar die Erfahrung von Alterität einen thematischen Einstieg bieten kann, illustriert der Auftakt zur neuen Dauerausstellung in Luthers Sterbehaus mit zwei kurzen Filmsequenzen: Während ein moderner Zeitgenosse den heutigen Wunsch nach einem schnellen Tod artikuliert, wird ihm ein Mensch des 16. Jahrhunderts entgegengestellt, dem die Vorbereitung zum bewussten Sterben von existenzieller Bedeutung war. Nicht selten ist das Fremde provozierender als das vermeintlich Moderne[42].

Das Profil der Luthergedenkstätten bei der Vermittlung und Kommunikation von Reformationsgeschichte erscheint auch und gerade im Kontext der kommenden Luther- und Reformationsjubiläen unbestimmt, ist meist außerhalb des Fokus von Kirche und Wissenschaft, den beiden (selbst ernannten?) Hauptakteuren des Luther- und Reformationsgedenkens. Die Luthergedenkstätten sind als Orte der Erkenntnis und der Bildung mit großer Breitenwirkung erst noch zu entdecken.

Summary

Immediately after Martin Luther's death in 1546, the dwelling places of the reformer evolved into sites of cultic worship; splints were taken from his tables or his deathbed for purposes of salvation. Graffiti in the *Lutherstuben* in Luther's

---

[40] Vgl. *Stefan Rhein*, Deponieren und Exponieren. Einblicke in das Lutherhaus, in: Wissensspuren. Bildung und Wissenschaft in Wittenberg nach 1945, hrsg. v. *Jens Hüttmann, Peer Pasternack* (Wittenberg 2004) 57–70, hier 58f.
[41] Vgl. in Aufnahme von Begriffen und Gedanken Aleida Assmanns *Gottfried Korff*, Betörung durch Reflexion. Sechs um Exkurse ergänzte Bemerkungen zur epistemischen Anordnung von Dingen, in: Dingwelten. Das Museum als Erkenntnisort, hrsg. v. *Anke te Heesen, Petra Lutz* (Köln u. a. 2005) 89–107.
[42] Zur neuen Dauerausstellung in Luthers Sterbehaus vgl. *Jochen Birkenmeier*, Luthers letzter Weg. Ein Rundgang durch Luthers Sterbehaus (Potsdam 2013).

house in Wittenberg or at the Wartburg illustrate an early pilgrimage tourism since the 16th century, which greatly increased in the second half of the 19th century, professionalized in the early 20th century, and is growing today as a Protestant version of spiritual tourism. Annually approx. 600 000 people learn about Luther and experience the reformation in permanent and temporary exhibitions of the Luther sites, which play – in addition to science and church – a prominent part for the remembrance of the reformation. Despite the distance of Protestantism to spatialization and personalization of its own remembrance: Luther himself knew about the local staging of his significance, as the (self-)representation of his person at his center of life, the *Lutherhaus* in Wittenberg, shows: a portal with a personal crest and special protective measures to obtain his office as a place of cognition for the reformation. In uptake and continuation of tradition on the Luther sites, where often "Luther free schools for the poor" were housed, it is important to look at the reformation anniversary in 2017 to distinguish the Luther memorials even more as places of education and cognition.

Dorothea Wendebourg

Vergangene Reformationsjubiläen. Ein Rückblick im Vorfeld von 2017[*]

„[R]eich ist, wer außer sein eignes Leben auch das der Vergangenheit lebt. Er lebt doppelt." Mit diesen emphatischen Sätzen begrüßte der Marburger Theologe Martin Rade in einem Leitartikel des liberalprotestantischen Blattes *Christliche Welt* die Vierhundertjahrfeier der *Confessio Augustana* 1930[1]. Er tat es am Ende eines Jahrzehnts, da man den Reichtum des „doppelten Lebens" in Gestalt von Reformationszentennaren beinahe jährlich genossen hatte – 1920, 1921, 1922, 1925, Sommer 1929, Herbst 1929, 1930, um lediglich die Feiertermine mit überregionalen Anlässen zu nennen. Mit dieser Vielzahl von Reformationsjubiläen in kurzer Zeit aber war nur die ungeheure Verdichtung eines Brauches gegeben, den die evangelische Christenheit seit gut 300 Jahren pflegte.

Begonnen hatte der Reigen 1617. Vorbereitet durch vielfältige Formen der Reformations- und Luthermemoria schon im Jahrhundert zuvor[2], wurde als erstes Reformationsjubiläum quer durch das evangelische Reich und darüber hinaus[3] das erste Zentennar des Thesenanschlags begangen. Damit entstand nicht nur ein neuer Brauch innerhalb des Protestantismus, sondern damit wurde eine neue kulturelle Praxis in die Welt gesetzt, die heutzutage als geradezu naturwüchsig erscheint, es aber keineswegs ist: das im Rhythmus runder Jahreszahlen begangene historische Jubiläum[4]. Erfunden an protestantischen Universitäten, die in den

---

[*] Auf Wunsch der Autorin wird der Aufsatz nach den Regeln der alten Rechtschreibung gedruckt.
[1] ChW 44 (1930) 561. Rade entnahm die Rede vom „doppelt Leben" einem Satz, den er in lateinischer Sprache (Vita posse priore frui bis vivere dico) auf dem Titelblatt von *Georg Lösche*, Geschichte des Protestantismus im vormaligen und im neuen Österreich (Wien ³1930) gelesen hatte und als Untertitel über seinen Artikel setzte.
[2] Vgl. *Hans-Jürgen Schönstädt*, Antichrist. Weltheilsgeschehen und Gottes Werkzeug. Römische Kirche, Reformation und Luther im Spiegel des Reformationsjubiläums 1617 (VIEG 88. Wiesbaden 1978) 10f.; *ders.*, Das Reformationsjubiläum 1617, in: ZKG 93 (1982) 5–57, 5f.; *Thomas Kaufmann*, Reformationsgedenken in der frühen Neuzeit, in: ZThK 107 (2010) 285–324, 287–294.
[3] Nämlich in Dänemark und Schweden. S. *Wolfgang Flügel*, Konfession und Jubiläum. Zur Institutionalisierung der lutherischen Gedenkkultur in Sachsen 1617–1830 (Schriften zur sächsischen Geschichte und Volkskunde 14. Leipzig 2005) 53.
[4] Zum Hintergrund des jüdischen und des römisch-katholischen Jubeljahres vgl. *Winfried Müller*, Das historische Jubiläum. Zur Geschichtlichkeit einer Zeitkonstruktion, in: Das historische Jubiläum. Genese, Ordnungsleistung und Inszenierungsgeschichte eines institutionellen Mechanismus, hrsg. v. *Winfried Müller* (Münster 2004) 1–75, 9–15.

Jahrzehnten zuvor angefangen hatten, ihrer eigenen Gründung an runden Daten festlich zu gedenken[5], trat diese Praxis 1617 aus dem engen akademischen Rahmen auf die große kirchlich-politische Bühne – mit solchem Erfolg, daß nicht nur der konfessionelle Gegner alsbald den Brauch übernahm, beginnend mit dem als ausladende Gegenfeier inszenierten Jubiläum der Societas Jesu 1640[6], sondern daß das historische Jubiläum schließlich zu dem allgegenwärtigen Faktor des Kulturlebens wurde, als das wir es kennen.

Die Initiative kam von einer Universität, die durch die Feier ihres Gründungszentennars einige Jahre zuvor bereits in der Inszenierung eines historischen Jubiläums geübt war, der Universität Wittenberg. Deren Theologen erbaten vom Oberkonsistorium Dresden, der höchsten sächsischen Kirchenbehörde, dann auch vom Landesherrn, Kurfürst Johann Georg I., die Erlaubnis, daß am 31. Oktober 1617 ein *primus Jubilaeus Christianus* gehalten werden dürfe. Wenn die Wittenberger ausgerechnet den 31. Oktober als Jubiläumsdatum wählten, war auch das originell. Hatte doch die bisherige, meist in den Zyklus des Kirchenjahres eingeordnete Reformationsmemoria sich auf die verschiedensten reformationsgeschichtlichen Ereignisse bezogen, doch nie an den Thesenanschlag angeknüpft. Andererseits war die Wahl der Wittenberger auch nicht willkürlich, denn die Erinnerung an den Tag des Beginns von Luthers Kritik am Ablaß, also an den Vorabend von Allerheiligen 1517, war als einschneidendes Datum im evangelischen Bewußtsein durchaus verankert[7] – einsetzend mit einem kleinen Umtrunk zum zehnten Jahrestag, an dem Luther selbst 1527 in kleinem Kreis auf jenes Ereignis angestoßen hatte[8]. Indem nun kraft der Wittenberger Initiative gerade der 31. Oktober 1517 zum Gegenstand des ersten und traditionsbildenden historischen Großjubiläums wurde[9], war Luthers öffentliche Attacke auf den Ablaß als

---

[5] *Flügel*, Konfession (s. Anm. 3) 29f.; *Winfried Müller*, Erinnern an die Gründung. Universitätsjubiläen, Universitätsgeschichte und die Entstehung der Jubiläumskultur in der frühen Neuzeit, in: Berichte zur Wissenschaftsgeschichte 21 (1998) 79–102, 84f.; ders., Vom Universitätsjubiläum zur Universitätsgeschichte: Ein Gang durch die Jahrhunderte, in: *Jens Blecher, Gerald Wiemers* (Hrsg.), Universitäten und Jubiläen (Veröffentlichungen des Universitätsarchivs Leipzig 4. Leipzig 2004) 25–33, 28f.

[6] *Stefan Römmelt*, Jubiläumskonkurrenz? Zum Verhältnis von evangelischer und katholischer Erinnerungskultur in der Frühen Neuzeit, in: GWU 54 (2003) 564–577, 573. Im selben Jahr schlug sich der neue Brauch auch bereits erstmals außerhalb des kirchlichen und des akademischen Raumes nieder, nämlich im Leipziger *Buchdrukkerjubiläum* von 1640, mit dem die Erfindung des Buchdrucks 200 Jahre zuvor gefeiert wurde (*Flügel*, Konfession [s. Anm. 3] 50).

[7] Vgl. *Kaufmann*, Reformationsgedenken (s. Anm. 2) 295.

[8] Brief an Nikolaus von Amsdorf vom 1. Nov. 1527 (WABr 4, 274f.): die Omnium Sanctorum, anno decimo Indulgentiarum concultatarum, quarum memoria hac ora bibimus utrinque consolati; vgl. WATR 2, 467,27f.30f.; WATR 3, 564,14–16.

[9] Wenn *Kaufmann*, Reformationsgedenken [s. Anm. 2] 292 im Widerspruch gegen das römische Jubeljahr 1600 „eine der Wurzeln" des ersten Reformationsjubiläums sieht, dann ist das eine erwägenswerte Hypothese. Wenn er unausgeglichen gleich darauf diese Konkurrenz „das entscheidende Movens" für jenes Jubiläum nennt, dann steht das nicht nur in Gegensatz zu seinem eigenen Aufweis anderer Gründe, die in der Wittenberger Universitätsgeschichte und in der Religionspolitik der Zeit lagen und zu denen die Konkurrenz mit Rom hinzugetreten sein mag; es fragt

Beginn der Reformation markiert – auch dies mit durchschlagendem Erfolg: Kein anderes der später ebenfalls gefeierten Ereignisse der Reformation sollte es je mit dem Thesenanschlag aufnehmen können; mochte auch hier und da vermerkt werden, andere Einschnitte wie die Verbrennung der Bannbulle oder Luthers Auftritt zu Worms seien von größerem Gewicht gewesen[10], blieb doch der 31. Oktober *das* Datum der Reformationsmemoria, das schließlich sogar zum alljährlichen Reformationstag wurde[11].

Die professoralen Initiatoren hatten auf solche Reichweite nicht gezielt. Was ihnen vorschwebte, stand in der Tradition des kurz zuvor begangenen Universitätsgründungszentennars: ein Jubiläum, in dem sich das Initialdatum der Reformation als Ereignis der Wittenberger Universitätsgeschichte präsentierte. Mit der Feier wollte die Leucorea, von der „die Kirchenverbesserung ‚durch Martinum Lutherum'" ausgegangen sei[12], die eigene Stellung als führende lutherische Universität unterstreichen. Ort und Träger der Veranstaltung sollte folglich sie selber sein, wobei man, den „Führungsanspruch innerhalb der lutherischen Hochschullandschaft symbolisch [untermauernd]", zugleich andere Universitäten zur Nachahmung lud[13]. Daß mehr daraus wurde, daß das geplante Jubiläum auf die große Bühne von Kirche und Politik geriet und bis in die Gegenwart andauernde Langzeitwirkung entwickelte, dazu mußten andere Hände die Zügel ergreifen, landesherrliche Hände. Genauer, es waren zwei Landesherren, die in der Jubiläumsfrage aktiv wurden: die Kurfürsten Johann Georg von Sachsen und Friedrich von der Pfalz.

Kurfürst Johann Georg nahm den Wunsch der Wittenberger auf. Doch er befahl, in Absprache mit seinem Konsistorium, aus dem von ihnen erstrebten akademischen Jubiläum etwas anderes zu machen, eine landesweite Feier der Reformation. Ja mehr noch, er forderte fürstliche Konfessionsgenossen auf, in ihren Territorien dasselbe zu tun. Allerdings war er nicht der erste evangelische Herrscher, der auf diesen Gedanken kam: Bereits vor ihm, wenige Wochen nach dem Gesuch der Wittenberger Universität, hatte der reformierte Pfälzer Kurfürst Friedrich auf dem jährlichen Konvent der von ihm geführten protestantischen

---

sich auch, ob zu solcher Konkurrenz nicht spektakulärere reformationsgeschichtliche Feieranlässe wie die Bücherverbrennung vor dem Elstertor oder Luthers Auftritt auf dem Wormser Reichstag besser getaugt hätten.

[10] Vgl. *Dorothea Wendebourg*, Die Reformationsjubiläen des 19. Jahrhunderts, in: ZThK 108 (2011) 270–335, 296; s.a. *dies.*, Das Reformationsjubiläum des Jahres 1921, in: ZThK 110 (2013) 316–361, 317.

[11] So erstmals 1668 in Kursachsen ein Jahr nach der 150-Jahrfeier (*Flügel*, Konfession [s. Anm. 3] 104), hier und dort, so in Regensburg, in den folgenden Jahren, in Sachsen-Gotha und Hessen-Darmstadt nach dem Jubiläum von 1717, andernorts noch später (*Paul Graff*, Geschichte der Auflösung der alten gottesdienstlichen Formen in der evangelischen Kirche Deutschlands. Bd. 1. Bis zum Eintritt der Aufklärung und des Rationalismus [Göttingen ²1937] 145).

[12] So die Begründung für das Feiergesuch im Schreiben an das Oberkonsistorium zu Dresden (*Flügel*, Konfession [s. Anm. 3] 31), ähnlich auch im Schreiben an den sächsischen Kurfürsten (ibd., Anm. 24).

[13] *Flügel*, Konfession (s. Anm. 3) 31.

Union angeregt, die in diesem Bündnis zusammengeschlossenen Reichsstände möchten in ihren Kirchen eine öffentliche Danksagung zum 100. Jahrestag der Reformation halten lassen; dabei sollten alle innerprotestantischen Querelen zugunsten der gemeinsamen, von den Reformatoren aller Unionsterritorien vertretenen Überzeugungen zurücktreten[14]. Friedrich hatte es eilig. Er schlug für das Jubiläum den nächstmöglichen Sonntag vor, den ersten Sonntag nach Ostern, Quasimodogeniti[15]. Die Wahl des Tages ist interessant[16]. Offensichtlich ging man auch am reformierten Kurpfälzer Hof einerseits davon aus, daß der Anfang der Reformation auf das Jahr 1517 und damit auf den Beginn von Luthers Kritik am Ablaß zu datieren sei[17]; andererseits sah man keine Notwendigkeit, hier ein bestimmtes Datum hervorzuheben. Die Verhandlungen innerhalb der Union ergaben schließlich, daß man sich dem Tag des Geschehens, dem 31. Oktober annäherte – möglicherweise wirkte sich hier die mittlerweile allgemein bekannte Initiative des sächsischen Kurfürsten aus, zumal ja ein Teil der Unionsglieder lutherisch war[18]; es blieb dabei, daß kein eigener Festtag, sondern ein ohnehin gefeierter Sonntag Reformationsdanktag sein sollte, doch wurde am Ende der Sonntag nach dem 31. Oktober, der 2. November, gewählt.

Es spricht alles dafür, daß Johann Georg von Friedrichs Initiative erfuhr[19]. Wenige Tage später trat sein eigener Plan eines gesamtsächsischen und von Sachsen angeregten multiterritorialen Reformationsjubiläums ans Licht, wie alle großen Kirchenfeste dreitägig zu feiern, mit dem 31. Oktober als Kern. Offenbar war es die Konkurrenz mit dem Pfälzer, die den Sachsen dazu brachte, das Wittenberger Gesuch aufnehmen und zum eigenen Großprojekt umzuformen. Eine Konkurrenz, in der nicht nur zwei ehrgeizige Fürsten gegeneinander standen, sondern die den ganzen deutschen Protestantismus jener Jahre vor dem Dreißigjährigen Krieg konfessionell und politisch zerriß: Auf der einen Seite der reformierte Wittelsbacher aus Heidelberg, der mit seinem Bekenntnis einen „konsequenteren" Protestantismus verfocht und der als Anführer der Union mit anderen reformierten wie

---

[14] *Schönfeld*, Antichrist (s. Anm. 2) 13.
[15] Ibd.
[16] Erstaunlicherweise geht die Literatur, die sich mit dem Jubiläum von 1617 und der Pfälzer Initiative befaßt, nie auf diesen auffälligen Terminvorschlag ein, sondern thematisiert immer nur den schließlich festgelegten 2. November.
[17] S. die Neujahrspredigt des Pfälzer Hoftheologen Abraham Scultetus von 1617 (*Schönstädt*, Antichrist [s. Anm. 2] 12). Dasselbe gilt für andere reformierte Theologen der Zeit, etwa für den Marburger Superintendenten Daniel Angelocrator (ibd.).
[18] Bezeichnend ist, daß man auch hier, dem sächsischen Sprachgebrauch folgend, bald von einem „Jubiläum" sprach, was Friedrich bei seiner Initiative nicht getan hatte (*Flügel*, Konfession [s. Anm. 3] 54).
[19] Vielleicht durch den Herzog von Württemberg (so *Hermann Ehmer*, Das Reformationsjubiläum 1717 in den schwäbischen Reichsstädten. Evangelische Erinnerungs- und Festkultur als Ausdruck konfessioneller und städtischer Identität, in: Das Friedensfest. Augsburg und die Entwicklung einer neuzeitlichen Toleranz-, Friedens- und Festkultur, hrsg. v. *Johannes Burkhardt*, *Stephanie Haberer* [Colloquia Augustana 13. Berlin 2000] 233–270, 239; vgl. aber *Flügel*, Konfession [s. Anm. 3] 55f.).

lutherischen Reichsständen in einem politisch-militärischen Bündnis gegen das von römisch-katholischen Ständen betriebene konfessionelle roll-back zusammenstand[20]. Auf der anderen Seite der lutherische Wettiner aus Dresden, der sich konfessionell als Führer der Anhänger der wahren, ursprünglichen, von der strikt antireformierten Konkordienformel repräsentierten Reformation verstand und der politisch einen reichs- und kaiserorientierten Kurs verfolgte, welcher ein Bündnis wie die Union ausschloß. Beide Konkurrenten beanspruchten die Führung unter den evangelischen Ständen des Reichs, und beiden kam dabei das Reformationsgedächtnis zu Paß: Dem Pfälzer sollte die Feier dazu dienen, seine eigene reichsrechtlich umstrittene Konfession durch den Aufweis der Herkunft von den reformatorischen Ursprüngen zu legitimieren; zugleich sollte sie die Spannungen, die zwischen den in der Union verbundenen reformierten und lutherischen Ständen herrschten, im gemeinsamen liturgischen Bezug auf diese Ursprünge mildern. Der Sachse sah in dem Jubiläum eine Gelegenheit, innerhalb seines Kurfürstentums die eigene Position als rechtgläubiger, von Gott begnadeter Herrscher in der Nachfolge jener Kurfürsten darzustellen, die einst die Reformation gefördert hatten; nach außen hin sollte die von möglichst vielen anderen lutherischen Territorien übernommene Feier Johann Georgs Anspruch untermauern, daß Kursachsen die Vormacht im evangelischen Deutschland sei.

Das Jubiläum profitierte von dieser Konkurrenz. Politisch gingen zwar eher die Erwartungen des sächsischen als die des pfälzischen Kurfürsten auf; die Hoffnung des Wittelsbachers, durch das Reformationszentennar die Unionsstände theologisch zu einen, erfüllte sich nicht[21], sein gesamtprotestantischer Führungsanspruch erübrigte sich durch das mißlungene böhmische Abenteuer kurz darauf ohnehin. Doch daß das mit dem Gedächtnis des Thesenanschlags verbundene Reformationsjubiläum, ob dreitägig ab dem 31. Oktober selbst[22] oder am darauffolgenden Sonntag[23], von fast allen evangelischen Ständen und mehreren ausländischen Staaten 1617 festlich begangen wurde, war so erfolgreich, daß hinfort vielerorts alle hundert, ja alle fünfzig, schließlich alle fünfundzwanzig Jahre Jubiläen des Thesenanschlags und immer neuer reformationsgeschichtlicher Ereignisse gefeiert wurden: 1630 das Jubiläum der *Confessio Augustana*, 1655 des Augsburger Religionsfriedens, 1667 das Anderthalbzentennar des Thesenanschlags, 1677 und 1680

---

[20] Vgl. *Martin Heckel*, Deutschland im konfessionellen Zeitalter (Deutsche Geschichte 5. Göttingen 1983) 100–113.
[21] Zwar unterzeichnete eine große Zahl von Unionsständen den Konventsabschied, in dem das Gedenken am 2. November vereinbart war (Liste bei *Schönstädt*, Antichrist [s. Anm. 2] 15), doch statt darin einen Ausdruck theologischer Harmonisierung zu sehen, füllten die lutherischen Stände den Tag im eigenen theologischen Sinn. Eine Reichsstadt wie Nürnberg, die dazugehörte, verwies sogar auf die Jubiläumsinitiative des sächsischen Kurfürsten und stellte ihn als Schutzherrn der lutherischen Reformation dar, wie Flügel am Beispiel eines Flugblattes zeigt (*Flügel*, Konfession [s. Anm. 3] 57–59, aufgenommen von *Kaufmann*, Reformationsgedenken [s. Anm. 2] 299f.).
[22] Zu den Feiern, die dieser sächsischen Vorgabe folgten, s. *Schönstädt*, Antichrist (s. Anm. 2) 20–36.
[23] Zu den Feiern, die laut Unionsbeschluß am 2. November stattfanden, s. a. a. O., 36–76; unter den lutherischen Unionsständen gab es auch Mischformen, so in Straßburg (a. a. O., 14).

die Jubiläen von Konkordienformel und Konkordienbuch, 1717 das zweite Hundertjahresfest des Thesenanschlags, 1730 das der *Confessio Augusta* und 1755 das des Religionsfriedens, um nur die wichtigsten im 17. und 18. Jahrhundert zu nennen.

Die Feier von 1617 begründete nicht nur diesen ganzen Jubiläumsreigen, sie gab auch das Muster ab, an dem sich die Gestaltung dieser Feste bis ins frühe 19. Jahrhundert hinein orientierte. Von den Landesherren angeordnet und von den Konsistorien durch vorgegebene Abkündigungen, die am Sonntag zuvor über den Ablauf des Jubiläums informierten, durch vorgeschriebene Predigttexte, z. T. auch Musterpredigten, und Dankgebete, durch Bestimmungen zu Liedern, Geläut und Kirchenschmuck festgelegt, folgten die Feiern in jedem Territorium demselben Programm[24]. Im Mittelpunkt standen Predigt und Abendmahl, nach dem Unionsmodell an dem einen vorgegebenen Jubiläumssonntag, nach dem sächsischen Modell an jedem der drei Festtage, nachdem am Vortag des Jubiläums gebeichtet worden war. An Residenzorten ging die fürstliche Familie als Beispiel rechten Christenlebens predigthörend, kommunizierend, gegebenenfalls beichtend, dem Volk voran. Für dessen Teilnahme sorgten Instruktionen, die die Jubiläumstage zu arbeitsfreien Festtagen erklärten und zugleich ungehöriges Betragen untersagten[25]. In größeren Städten trug reiche Musik zur Festlichkeit der Feiern bei, allen voran Kompositionen Heinrich Schütz', der in Dresden das Jubiläum mit „herrliche[r] musica" ausstattete[26]. Es gab feierliche Umzüge, Böllerschüsse[27], Jubiläumsflugschriften, Jubiläumsmedaillen und Geschenke für die Armen[28]. An den Universitäten wurden akademische Jubiläumsreden gehalten, Disputationen und Promotionen durchgeführt, die das Fest auf eine ganze Woche und darüber hinaus verlängern konnten[29]. Bei den mehrtägigen Feiern wurden Jubiläumsgedichte vorgetragen[30] und „Jubelkomödien" aufgeführt[31]. Im Laufe der Zeit kamen Hausdekorationen und Illuminationen hinzu. Kurz, die Reformationsjubiläen

---

[24] Zur als „logistische Meisterleistung" bezeichneten territoriumsweiten Organisation und Durchführung des Urjubiläums von 1617 in Sachsen vgl. *Kaufmann*, Reformationsgedenken (s. Anm. 2) 302 f. (302 jene von Flügel übernommene Charakterisierung).

[25] *Flügel*, Konfession (s. Anm. 3) 47 f.; *Schönstädt*, Antichrist (s. Anm. 2) 38, 44, 52, 60, 65.

[26] Oberhofprediger Matthias Hoë von Hoënegg, zitiert bei *Flügel*, Konfession (s. Anm. 3) 48. Zur Rolle von Schütz vgl. *Christhard Mahrenholz*, Heinrich Schütz und das erste Reformationsjubiläum 1617 in: *Walter Blankenburg* (Hrsg.), Heinrich Schütz in seiner Zeit, in: WdF 614 (Darmstadt 1985) 61–71 und *Helga Robinson-Hammerstein*, Sächsische Jubelfreude, in: Die lutherische Konfessionalisierung, hrsg. v. *Hans-Christoph Rublack*, SVRH 197 (Gütersloh 1992) 460–494. Doch auch andere namhafte Komponisten trugen zu dem Jubiläum bei, so Johann Hermann Schein (vgl. *Markus Rathey*, Gaudium christianum. Michael Altenburg und das Reformationsjubiläum 1617, in: Schützjahrbuch 20 [1998] 107–122) und Michael Praetorius (vgl. *Siegfried Vogelsänger*, Michael Praetorius. Festmusiken zu zwei Ereignissen des Jahres 1617: zum Kaiserbesuch in Dresden und zur Jahrhundertfeier der Reformation, in: Mf 40 [1987] 97–109).

[27] *Schönstädt*, Antichrist (s. Anm. 2) 47; *Flügel*, Konfession (s. Anm. 3) 49, 61, Anm. 142.

[28] *Schönstädt*, Antichrist (s. Anm. 2) 47, 65.

[29] A. a. O., 44, 52.

[30] A. a. O., 25.

[31] A. a. O., 27, 33; *Flügel*, Konfession (s. Anm. 3) 49 mit Anm. 103.

waren „multimedial inszenierte[...] Manifestation[en] der die gesamte Gesellschaft erfassenden und integrierenden [...] Konfessionskultur"[32], jedenfalls in den lutherischen Gebieten und hier besonders in denen, die sich am sächsischen Programm ausrichteten[33].

Was war der Inhalt der Jubiläen, wofür wurde die Reformation gefeiert? Wie die zum Jubiläum erschienenen Schriften und die Vorgaben der Konsistorien für die Gottesdienste zeigen, wurde 1617 wie auch 1630 die Reformation als Heilstat Gottes gefeiert, der durch Martin Luther, gleichsam einen zweiten Mose oder Elia[34], die Errettung vieler Seelen aus dem Kerker der antichristlichen Papstkirche eingeleitet hatte[35]. Als Medium der Rettung galten die reine Lehre, zusammengefaßt in den Chiffren „allein durch Christus", „allein im Glauben", und der rechte Gottesdienst. Neben dem jubelnden Dank standen das bußfertige Bekenntnis eigenen Versagens und das Gebet um Erhaltung der wahren, evangelischen Kirche in Zeiten zunehmender gegenreformatorischer Bedrohung, bis der Jüngste Tag, den man mit Luther als ein Ereignis in naher Zukunft erwartete und ersehnte, endgültige Errettung bringen werde[36].

Dieser eschatologische Horizont prägte die Jubiläen vom späten 17. Jahrhundert an nicht mehr. Der Pietismus hatte die Naherwartung der lutherischen Orthodoxie zugunsten der Arbeit an einer längeren innerweltlichen Zukunft beiseitegeschoben, und so feierte man auch die Jubiläen als Ereignisse auf einer Schiene historischer Zeit. Die Tatsache, daß man mittlerweile auf eine Jubiläumsgeschichte zurückblicken konnte, daß 1717 das evangelische Urjubiläum und dann die folgenden Zentennare zum zweiten Mal begangen wurden, war

---

[32] *Kaufmann*, Reformationsgedenken (s. Anm. 2) 303, der mit diesem Satz das Jubiläum von 1617 charakterisiert; er gilt aber ebenso, ja in gewisser Weise sogar noch mehr (vgl. u. S. 268, 270) für die folgenden Jubiläen bis ins frühe 19. Jahrhundert hinein.

[33] In den reformierten Territorien, die 1617 dem Unionsbeschluß folgten und feierten (s. die Angaben von *Schönstädt*, Antichrist [s. Anm. 2]), war nicht nur der Rahmen kleiner als in den lutherischen, die das sächsische Programm übernahmen – was aber für fast alle lutherischen Stände in der Union ebenso galt –, sondern hier handelte es sich auch nur um einen einmaligen Akt, der keine Jubiläumstradition begründete (vgl. *Hans-Jürgen Schönstädt*, Das Reformationsjubiläum 1717 in: ZKG 93 [1982] 58-118, 117). Von vorneherein ablehnend waren das reformierte Bremen und wohl auch die reformierten Territorien in Nord- und Westdeutschland (*ders.*, Antichrist [s. Anm. 2] 83f.). Doch „auch in einigen lutherischen Territorien scheint das Jubiläum nicht begangen worden zu sein", so in den Grafschaften Schaumburg und Oldenburg (a.a.O., 84). Antireformierte Abgrenzung gab es bei dem in seiner Wurzel ja eben gesamtprotestantischen Jubiläum von 1617 auf lutherischer Seite kaum (eine Ausnahme s. bei *Schönstädt*, Reformationsjubiläum 1617 [s. Anm. 2] 13, indirekt 49f.). Das gilt auch für die rein lutherischen Jubiläen des 18. Jahrhunderts.

[34] A.a.O., 45.

[35] Vgl. im Einzelnen zu diesem Themenkomplex a.a.O. und *Schönstädt*, Antichrist [s. Anm. 2]. Veranschaulichung dieser Feierinhalte an zeitgenössischen Flugblättern bei *Ruth Kastner*, Geistlicher Rauffhandel. Form und Funktion illustrierter Flugblätter zum Reformationsjubiläum 1617 in ihrem historischen und publizistischen Kontext. (Frankfurt a.M. 1982); einige Flugblätter auch bei *Kaufmann*, Reformationsgedenken (s. Anm. 2) 304-313.

[36] *Flügel*, Konfession (s. Anm. 3) 74-76.

Bestätigung und Ausdruck dieser Einwohnung in der Zeit[37]. Und das hieß für den Blick nach vorn: Mit den Jubiläen, die man jetzt feierte, verband sich die Erwartung dauerhaften kirchlichen Bestands. Der stabilen Verankerung in der Zeit entsprach auch eine feste soziale Verankerung der Jubiläumsfeiern. Zwar blieb es in den meisten Fällen dabei, daß Landesherren und Konsistorien die Feiern verordneten und Vorgaben für die Gestaltung machten[38]. Doch die unteren Ebenen der Kirche und die lokalen Behörden wie auch die Bürger selbst entwickelten eigene Initiativen, trugen mit Umzügen, Dekorationen ihrer Häuser und Illuminationen die Feier auf Straßen und Plätze[39]. Ja, wo die Obrigkeit kein Interesse an Reformationsjubiläen hatte wie der nun römisch-katholische Dresdner Wettiner Friedrich August II., war es der Druck von unten, der auf den Feiern bestand und sie durchsetzte[40]. Die Jubiläen wurden zu Veranstaltungen, die weniger politischen Charakter trugen, aber umso mehr die allgemeine kirchlich-gesellschaftliche Öffentlichkeit repräsentierten[41]. Was die inhaltliche Prägung betraf, so wurden mit pietistischen Jubiläumspredigten hier und da neue Töne laut, die die innerprotestantischen Spannungen der Zeit spürbar machten[42]. Im Ganzen überwog aber die Kontinuität: Im Jubiläumsprogramm der Wittenberger Universität 1717 hieß es beispielsweise, die Kirche der reinen Lehre und des rechten Gottesdienstes feiere *Anno a Christo nato MDCCXVII. Antichristo*

---

[37] 1617 hatte der sächsische Oberhofprediger Hoë von Hoënegg die Möglichkeit eines zweiten Reformationszentennars hundert Jahre später noch mit den Worten infrage gestellt: „wenn da die Welt noch ist" (*Flügel*, Konfession [s. Anm. 3] 76).

[38] Der von einigen evangelischen Ständen im Rahmen des Corpus Evangelicorum aufgebrachte Plan einer gemeinsamen Aktion, wie sie 1617 die Union durchgeführt und der sächsische Kurfürst jedenfalls versucht hatte, scheiterte allerdings 1717 und ebenso 1730 (*Schönstädt*, Reformationsjubiläum 1717 [s. Anm. 33] 117; *Flügel*, Konfession [s. Anm. 3] 137–141, 168f.). Ausgiebig und aufwendig wurde das Jubiläum in Dänemark und Schweden gefeiert (*Schönstädt*, Reformationsjubiläum 1717 [s. Anm. 33] 104–106).

[39] *Alfred Galley*, Die Jahrhundertfeiern der Augsburgischen Konfession von 1630, 1730 und 1830. Ein Gedenkblatt zur 400-jährigen Augustana-Feier von 1930 (Leipzig 1930) 67; *Flügel*, Konfession (s. Anm. 3) 156–166, 209f. (hier als Beispiel die Abbildung des Wittenberger Feuerwerks zum Jubiläum des Augsburger Religionsfriedens von 1755).

[40] So bei den sächsischen Reformationsfeiern von 1739 (zweites Zentennar der Einführung der Reformation im Herzogtum Sachsen) und 1746 (zweihundertster Todestag Martin Luthers): „Als treibende Kraft, als Träger der Gedenkfeiern erwiesen sich nun die lokalen Superintendenten bzw. die Behörden auf lokaler Ebene, die [diese] Jahrhundertfeiern gleichsam ‚von unten' organisierten" (*Flügel*, Konfession [s. Anm. 3] 214f.).

[41] Gegen *Kaufmann*, Reformationsgedenken (s. Anm. 2) 318, der schreibt, die Jubiläen des 18. Jahrhunderts seien „immer stärker zu kirchlichen Veranstaltungen" geworden und hätten ihren „gesamtgesellschaftlichen bzw. das politische Gemeinwesen integrierenden Charakter [verloren]". Das „bzw." suggeriert eine Verbindung, die nicht gegeben war. Daß die Jubiläen das politische Gemeinwesen nicht mehr integrierten, trifft zumal im Falle der durch Konversion von der Mehrheitskonfession des Territoriums geschiedenen Herrscher zu. Umso mehr machte die – in Einheit gesellschaftliche und kirchliche – Öffentlichkeit die Feiern zu ihrer Sache, wie die Basisinitiativen ebenso wie die immer mehr ins Populäre gehenden Feierformen zeigen. Das gilt bis weit ins 19. Jahrhundert hinein (s. u.).

[42] *Schönstädt*, Reformationsjubiläum 1717 (s. Anm. 33) 101.

manifestato CC[43]. Und das landauf, landab prächtig begangene Augustana-Zentennar von 1730[44] galt ebenfalls der von den Irrtümern des Papsttums gereinigten, evangeliumsgemäßen Lehre.

Die Jubiläen des 17. und 18. Jahrhunderts waren Feste, die um Lehre und Kultus der Kirche kreisten. Gewiß waren sie dank der Einheit von Kirche und Gesellschaft, kraft des Landesherrlichen Kirchenregiments und der Einbindung kirchenbezogener Entscheidungen in die Politik der betroffenen Stände und des Reichs noch mehr als das. Aber es ging bei den Predigten, Reden, Musiken, Theateraufführungen doch in erster Linie um die Wiedergewinnung des rechten Glaubens, der wahren Lehre, des evangeliumsgemäßen Gottesdienstes, die die Reformation und namentlich Luther nach dunklen Jahrhunderten mit Gottes Hilfe geleistet habe. Das Jubiläum von 1817 bringt hier die große Zäsur. Es ist vielleicht kein Zufall, daß ihm eine Jubiläumspause vorausgeht: In der zweiten Hälfte des 18. Jahrhunderts gibt es kein größeres Fest[45], eine Zweieinhalbjahrhundertfeier des Thesenanschlags nach dem Vorbild von 1667 wurde 1767 nicht abgehalten[46]. Die Pause läßt sich unschwer erklären: Dahinter steht die Aufklärung, die dabei ist, das Denken weiter Kreise in Gesellschaft und Kirche zu verwandeln. Die Aufklärung läßt Zurückhaltung gegen ausladende Feste geraten erscheinen – dergleichen widerspreche der ökonomischen Vernunft, weil es die Zahl der Arbeitstage vermindere und weil zu auslandendes Feiern der Konzentration des Gedenkens nicht dienlich sei[47]. Und sie muß ihre Haltung zu dem, was man feiern würde, zur Reformation und zu Martin Luther, erst finden. 1817, als Philosophie und Avantgarde der Theologie schon weitergezogen sind, aber in Gestalt der Neologie aufgeklärter Rationalismus die Breite vor allem der kirchlichen Theologie beherrscht, ist es so weit. Bei der Dreihundertjahrfeier der Reformation weiß man, was man bejubelt, und man tut es in ganz großem Stil[48]. Erneut fordern regierende Für-

---

[43] Zitiert nach *Flügel*, Konfession (s. Anm. 3) 215. Andere Beispiele bei *Schönstädt*, Reformationsjubiläum 1717 (s. Anm. 33) 88-92, 100, 107-116; *Flügel*, Konfession (s. Anm. 3) 146-154.
[44] S. dazu *Galley*, Jahrhundertfeiern (s. Anm. 39) 64-92; *Flügel*, Konfession (s. Anm. 3) 157-159, 168-172.
[45] Nur kleinere Feste wurden hier und da gefeiert (1746, 1748 und 1755 in Sachsen, vgl. *Flügel* [s. Anm. 3] 192-203; 1748, 1752 [Passauer Vertrag] und 1755 in Augsburg, vgl. *Römmelt*, Jubiläumskonkurrenz [s. Anm. 6] 569).
[46] Sächsische Pastoren hatten sich um eine Feier bemüht, s. *Flügel*, Konfession [s. Anm. 3] 214.
[47] A. a. O., 204-206; vgl. *Römmelt*, Jubiläumskonkurrenz [s. Anm. 6] 569. Andererseits wurde der pädagogische Wert emotionell eindrücklicher Feiern betont und für Jubiläumsinszenierungen plädiert, die diesem Zweck dienlich wären (*Flügel*, Konfession [s. Anm. 3] 206-209). Und man begann bereits, einen anderen Luther zu feiern als die Festgemeinden früherer Zeiten: nicht mehr das Werkzeug Gottes, das die Kirche durch die wahre Lehre vom Antichristen befreit, sondern den Mann, der in göttlichem Auftrag Vernunft, Gewissensfreiheit und Menschlichkeit in eine Welt des Aberglaubens und der Unmündigkeit gebracht hatte (so zu dem lokal gefeierten Lutherjubiläum von 1746, vgl. a. a. O., 197f., 213). Das war der Luther, der auch im Mittelpunkt des ersten, nun wieder groß gefeierten Reformationsjubiläums im 19. Jahrhunderts stehen sollte (s. u.).
[48] Zum Reformationsjubiläum von 1817 vgl. *Wendebourg*, Reformationsjubiläen des 19. Jahrhunderts (s. Anm. 10) 277-280, 284, 291-298, 310, 311-319, 325-327.

sten[49], wenn auch nicht mehr als Landesherren, sondern als *summi episcopi*, zum Feiern auf[50], nach alter Tradition teils für einen, teils für mehrere Tage; erneut werden die Programme von den Konsistorien vorgegeben, wieder gibt es Armenspenden, Böllerschüsse, Musik, Theater und Münzen zum Jubiläum, schmücken und illuminieren die Menschen ihre Häuser, feiern vor und nach den Gottesdiensten auf Straßen und Plätzen – Lutheraner wie Reformierte, aber nun auch Katholiken und Juden[51].

Daß auch sie[52] mitfeiern können, hat seinen Grund. Was nun in erster Linie gefeiert wird, was die Predigten in den Jubiläumsgottesdiensten ebenso wie die Reden und Darbietungen draußen beherrscht, ist nicht mehr die Wiederherstellung reiner kirchlicher Lehre. Was man nun an der 1517 begonnenen „Kirchenverbesserung" preist, sind ihre Wirkungen – Wirkungen, die sich zuerst innerkirchlich niedergeschlagen hätten, aber auf die gesamte Gesellschaft, ja, die Menschheit auswirkten. Martin Luther habe in einer Zeit der Knechtschaft, der Intoleranz und des Aberglaubens die Fackel der Freiheit angezündet, habe Gewissensfreiheit, Mündigkeit und darin begründete selbstverantwortete Sittlichkeit eröffnet; ja, wie es in restaurationskritischen Kreisen heißt, die Reformation habe den Anstoß gegeben zu dem Ruf nach „Menschenrechten, Bürgerrechten, Staatsrechten, wie unsere Zeit sie aufstellt und laut fordert"[53]. Wenn auch zu Luthers Zeit noch nicht umfassend und entschränkt zur Entfaltung gekommen, sei doch mit seinem Auftreten der Menschheit – Protestanten, Katholiken, Juden, anderen Nichtchristen – ein neues Leben eröffnet worden: „Dein Licht ging auf, und aus dem Staube hub die zertretne Menschheit sich", wie es in einem neuen Reformationslied hieß[54]. M.a.W., mit der Reformation habe die Aufklärung begonnen, die sich somit im Jubiläum von 1817 selber feierte.

Freilich ist diese Sicht der Dinge 1817 nicht die einzige, und darin liegt eine weitere Zäsur, die das dritte Zentennar der Reformation darstellt: das Reformationsgedenken pluralisiert sich. So gewinnt die Feier von 1817 als Gründungsfest der preußischen Union zwischen Lutheranern und Reformierten auch eine ganz eigene Bedeutung[55]. Und konfessionelle Lutheraner feiern unter scharfem antirationalistischen Protest[56]. Das ebenfalls groß begangene Zentennar der *Confessio Augustana* 1830 wird sogar zum Schlachtfeld rabiater Auseinandersetzungen zwischen den Verfechtern der „Aufklärungsreformation" und den Konfessionellen,

---

[49] Und zwar lutherische ebenso wie reformierte Fürsten.
[50] Oder sie geben, wenn sie römisch-katholisch sind, die Genehmigung dazu (Bayern, Sachsen, Österreich).
[51] *Wendebourg*, Reformationsjubiläen des 19. Jahrhunderts (s. Anm. 10) 310, 311–313, 325–327.
[52] Das heißt nicht, alle römisch-katholischen und jüdischen Zeitgenossen hätten mitgefeiert. Von römisch-katholischer Seite gab es auch lautstarke Ablehnung (a. a. O., 313f., 317, 319).
[53] A. a. O., 295.
[54] A. a. O., 292.
[55] A. a. O., 297f. Freilich erscheint dieses Thema im Rückblick wichtiger, als es für die Zeigenossen selber war.
[56] A. a. O., 297.

die in ihnen Apostaten vom Bekenntnis sehen[57]. Doch der Zug der Jubiläen geht unbeirrbar in einer Richtung weiter: Was gefeiert wird, sind die gesamtgesellschaftlichen, kulturellen, politischen Wirkungen der Reformation. Dabei kann das, was man der Reformation als Wirkung zuschreibt, wechseln, wie das nächste große Jubiläum, der 400. Geburtstag Martin Luthers 1883, zeigt[58]. Auch dieses Fest, das erste große Personaljubiläum im Unterschied zu den bisherigen, die Ereignissen gegolten hatten, freilich überwiegend auch schon lutherzentriert gewesen waren, preist den Reformator vor allem wegen der gesellschaftlichen Früchte seines Wirkens. Mögen die konfessionellen Lutheraner auch beteuern, sie feierten „nicht etwa bloß den Propheten der Freiheit und den Kämpfer gegen die Autorität oder die Hierarchie und den Bannerträger der Aufklärung und des Fortschritts [...], sondern den wirklichen Luther, mit seinem Zeugnis von der seligmachenden Wahrheit und der freien Gnade Gottes"[59] – sie sind eine Minderheit im Chor der Jubilanten. Für die Mehrheit steht eher Adolf Harnack, dessen Festrede „Martin Luther in seiner Bedeutung für die Geschichte der Wissenschaft und der Bildung" würdigt[60]. Bei derselben Gelegenheit wird nun noch eine andere Wirkung herausgestellt, die man dem gefeierten Reformator zuschreibt: seine erhebende Wirkung auf das gerade im Nationalstaat geeinte deutsche Volk. „Luther und die deutsche Nation" heißt denn auch die Jubiläumsrede, die Heinrich von Treitschke hält, und der Berliner Historiker schwärmt: „Keine andere der neueren Nationen hat je einen Mann gesehen [...], der so in Art und Unart das innerste Wesen seines Volkes verkörpert hätte."[61] Mit dieser Kennzeichnung habe die historische Wissenschaft des 19. Jahrhunderts „wieder den ganzen, nicht nur den kirchlichen Luther erfaßt"[62]. Der „deutsche Luther" ist 1883 noch nicht das vorherrschende Motiv. Doch die Synthese zwischen Luther und Deutschtum, Protestantismus und deutscher Nation stellt das Aufsteigerthema des Jubiläums von 1883 dar.

Gut dreißig Jahre später, beim Reformationszentennar von 1917[63], hat der Aufsteiger die Bühne erobert, der „deutsche Luther" ist allgegenwärtig. Im Weltkriegswendejahr von Front- und Heimatbroschüren ebenso wie von Predigten millionenfach unter die Leute gebracht, soll er als hammerschwingender „Mann aus Erz" die Soldaten an der Front und als Vorbild an „Zähigkeit" die Daheimgebliebenen stärken, als „Begründer einer neuen deutschen Kultur" ihr nationales Selbstbewußtsein nähren und als „der verkörperte Glaube" den Deutschen helfen, daß sie in schwerer Zeit „den Glauben nicht verlieren", sondern zuversichtlich bleiben und schließlich im Kriege siegen – denn „Deutschland steht und fällt mit dem Protestantismus". Diese Töne können sich mit rassistischen Nebentönen verbinden und offen antisemitisch werden. Daß die Linien so weit ausgezogen

---

[57] A.a.O., 298–302.
[58] Dazu s. a.a.O., 282, 287f., 303–306.
[59] A.a.O., 303.
[60] A.a.O., 303.
[61] A.a.O., 304.
[62] A.a.O., 305.
[63] Hierzu vgl. a.a.O., 283, 306–309.

werden, ist zwar 1917 noch selten. Doch die Propaganda vom „deutschen Luther" öffnet ihnen die Tür[64]. Indessen gibt es in demselben Jubiläumsjahr auch noch ganz andere Töne. Gerade „im Gedächtnismonat der Reformation" fühlen sich Berliner Pfarrer verpflichtet, die Verständigungsinitiativen des Jahres zu unterstützen und als „deutsche [...] Protestanten im Bewußtsein der gemeinsamen Güter und Ziele allen Glaubensgenossen, auch in den feindlichen Staaten, die Bruderhand zu reichen", statt weiter auf Kampf und Sieg zu setzen. Und führende Theologen aus verschiedenen Lagern stellen programmatisch fest, daß das Entscheidende an Luther nicht sein Deutschtum, sondern die Verkündigung des Evangeliums sei, daß er folglich „nicht uns", sondern „der Menschheit an[gehöre]". In diesem Plädoyer sind sich so unterschiedliche, später z. T. auf entgegengesetzten Wegen wandelnde Geister wie Otto Scheel, Martin Rade, Emanuel Hirsch, Ernst Troeltsch und Karl Holl einig[65]. Mit Holl trägt der führende Repräsentant der „Lutherrenaissance" zum Jubiläum bei, und er tut es unter dem programmatischen Titel: „Was verstand Luther unter Religion?"[66] Denn das sei Luthers Anliegen gewesen: „Religion", die Beziehung zu Gott. Der Kirchenhistoriker Holl kommt zu diesem Ergebnis auf der Grundlage jüngst entdeckter Quellen zu Luthers innerer Entwicklung. Zugleich aber stellt er fest, gerade damit sei der Mann des 16. Jahrhunderts der Gegenwart ganz nahe, die in kritischer Zeit nach eben diesem Fundament schreie. Die avancierteste reformationsgeschichtliche Forschung mündet in den Aufweis unmittelbarer Gegenwartsrelevanz: „Wir halten keine Totenfeier, wenn wir an Luther gedenken[!]; wir berühren uns mit einem Lebendigen."[67]

Luther, der Lebendige, der Halt gibt in schwerster Zeit – das ist vier Jahre später der Cantus firmus bei dem ersten großen Reformationsjubiläum in der Republik, dem 400. Jahrestag von Luthers Auftritt zu Worms 1921[68]. In den inneren und äußeren Nöten, die Niederlage und politische Schmach, Verlust der Monarchie und wirtschaftliche Bedrückung mit sich bringen, soll der „Held von Worms" Trost spenden, das erniedrigte Selbstbewußtsein wieder aufrichten, Orientierung bieten. Anders als bei Holl ist dieser „lebendige Luther" nun aber für viele Jubiläumsredner der „deutsche Luther", und was man von ihm erwartet, ist, daß er „seinen Deutschen" neben der religiösen Aufrichtung die alte politische Ordnung und Herrlichkeit wiederherstelle. Auch hier gibt es andere Töne. Insbesondere die leitenden Männer, die nun statt der Landesherrlichen Kirchenregenten die Spitze der evangelischen Kirche bilden, bestehen auf der kirchlich-theologischen Bedeutung Luthers; im Zeitalter der keimenden Ökumenischen Bewegung wird sie mit

---

[64] A. a. O., 307f.
[65] A. a. O., 308f.
[66] Gesammelte Aufsätze zur Kirchengeschichte Bd. I. Luther (Tübingen [4/5]1927) 1–110, in der Urfassung Holls Jubiläumsrede, gehalten bei der Reformationsfeier der Berliner Universität am 31. Oktober 1917.
[67] A. a. O., 1.
[68] Dazu s. *Wendebourg*, Reformationsjubiläum 1921 (s. Anm. 10).

Nachdruck auch ökumenisch bestimmt[69]. Breitenwirkung aber haben diese Gedanken nicht, sie beschränken sich auf die obere, weitgehend von Männern älterer Prägung besetzte Ebene der Kirche. Die Masse der deutschen Protestanten samt vielen – insbesondere jüngeren – Pfarrern und den großen Verbänden feiert einen anderen Luther als die Riege an der Spitze[70]. Es ist eine Spaltung, die sich auch bei den vielen weiteren Reformationsjubiläen des Jahrzehnts[71] nicht auflösen wird, sofern das Kirchenvolk in größerer Breite daran beteiligt ist.

Am 10. November 1933, zum 450. Geburtstag Martin Luthers, sollte das anders werden. Die Kirchenleitungen der alten Garde waren fast überall beiseitegeschoben, die „Deutschen Christen" hatten die Zügel in die Hand genommen und eine Reichskirche unter ihrer Führung errichtet. Der „Deutsche Luthertag 1933"[72], wie sie das geplante Jubiläum nannten, das so schicksalskündend in dasselbe Jahr fiel wie die nationalsozialistische Machtergreifung, sollte den Reformator gleichsam zum „geistigen Schirmherrn der neuen Reichskirche"[73] machen, sollte diese als Pendant des nationalsozialistischen Staates erweisen und die Begeisterung der Massen für das neue Regime mit einer volksmissionarischen Offensive verbinden, die nichts Geringeres bringen werde als die Vollendung der Reformation im Dritten Reich. Namhafte Universitätstheologen[74], das „Wiedererwachen reformatorischer Frömmigkeit in der Gegenwart"[75] beschwörend, intonierten in Jubiläumsbeiträgen den Doppelklang von nationalsozialistischem Aufbruch und Reformation[76], es wurden gar Luther und Hitler im völkischen Geist verbunden[77]. Eine

---

[69] A. a. O., 331f.339–334. 346f. Freilich konnte auch der ökumenische Gedanke dem deutschnationalen dienstbar gemacht werden, a. a. O., 344–346.

[70] A.a.O. 336–338.

[71] S.o. S. 261; zu den Jubiläen der Jahre 1920 und 1921 neben dem Zentennar des Wormser Reichstags vgl. *Wendebourg*, Reformationsjubiläum 1921 (s. Anm. 10) 318–320.

[72] Vgl. dazu *Siegfried Bräuer*, Der „Deutsche Luthertag 1933" und sein Schicksal, in: Martin Luther, Leistung und Erbe, hrsg. v. *Horst Barthel, Gerhard Brendler* u. a. (Berlin 1986) 423–434; *Klaus Scholder*, Die Kirchen und das Dritte Reich. Bd. 1. Vorgeschichte und Zeit der Illusionen 1918–1934 (Frankfurt a. M. 1977) 695–698.

[73] A. a. O., 695f. (dort im nom.).

[74] Zu den Jubiläumsfeiern deutscher Universitäten s. *Siegfried Bräuer*, Das Lutherjubiläum 1933 und die deutschen Universitäten I, in: ThLZ 108 (1983) 641–662 (ein zweiter Teil ist nicht erschienen).

[75] So der Titel eines 1933 gehaltenen Vortrags von *Hanns Rückert*, Das Wiedererwachen reformatorischer Frömmigkeit in der Gegenwart (Stuttgart 1933).

[76] *Ders.*, Luther als Deutscher, in: Deutsche Theologie 1 (1933) 10–23; *Otto Scheel*, Evangelium, Kirche und Volk bei Luther (Leipzig 1934); *Hermann Dörries*, Luther und Deutschland (Tübingen 1934); *Heinrich Bornkamm*, Luther und der deutsche Geist (Tübingen 1934); vgl. a. *dens.*, Volk und Rasse bei Martin Luther, in: *ders.*, Volk, Staat, Kirche. Ein Lehrgang der Theologischen Fakultät (Gießen 1933) 5–19; beide Beiträge erschienen nach dem Krieg überarbeitet in dem thematischen Lutherband *dess.*, Luthers geistige Welt (Lüneburg 1947, Gütersloh [4]1960), der zweite Beitrag nun unter dem Titel „Das Volk"; vgl. dazu *Johannes Brosseder*, Luthers Stellung zu den Juden im Spiegel seiner Interpreten (Beiträge zur Ökumenischen Theologie 8. München 1982) 129, Anm. 5.

[77] So *Hans Preuß*, Luther und Hitler, in: AELKZ 66 (1933) 970–973, 994–999 (ND Neuendettelsau 1933).

auffällig marginale Rolle spielte hingegen die sog. Judenfrage[78], wie das antisemitische Hetzblatt *Der Stürmer* mit scharfen Worten beklagte, dabei zum wiederholten Mal die evangelische Kirche attackierend, sie habe die antijüdischen Schriften Luthers seit langem in Vergessenheit geraten lassen, ja „totgeschwiegen", und tue das bei dem Lutherjubiläum erneut[79].

Die politisch-kirchliche Aufbruchsbegeisterung im Vorfeld des Jubiläums endete im Fiasko. Denn derselbe Hitler, dessen Bewegung man sich zugehörig fühlte, setzte den 10. November zum großen Propagandatag für eine Volksabstimmung über seine Politik fest, das Jubiläum seiner Anhänger kühl verdrängend[80]. Und die dann eilig auf andere Termine verschobenen Feiern verfehlten ihr Ziel einer großen Mobilisierung des protestantischen Volks, weil die publikumswirksamste Festrede, die drei Tage nach dem ursprünglichen „Deutschen Luthertag" gehalten wurde, dazu führte, daß gerade angesichts des Jubiläums vielen die Augen aufgingen[81]. Es war die berühmt-berüchtigte „Sportpalast-Rede" des Berliner Gauobmanns der „Deutschen Christen" Reinhold Krause, die unter dem Titel „Die völkische Sendung Luthers" ein „artgemäßes Christentum" und die Durchführung des Arierparagraphen forderte[82]. So spielten die Festivitäten, die in den folgenden Tagen und Wochen reichsweit abgehalten wurden, sich ab, während den „Deutschen Christen" in Massen ihre Anhänger davonliefen[83]. Und so verhallten die Stimmen nicht ungehört, die von Luther ganz anders zu denken mahnten: Die liberale *Christliche*

---

[78] Ausdrücklich diesem Thema gewidmet ist der im Herbst 1933, allerdings ohne Bezug zum Jubiläum erschienene Beitrag von *Erich Vogelsang*, Luthers Kampf gegen die Juden (Tübingen 1933), der in die Erörterung der „Judenfrage", die die „deutsche[...] Revolution von 1933" in ihrer wahren Bedeutung endlich „wieder sichtbar" mache (18), Luthers im Protestantismus leider lange nicht angemessen rezipierte antijüdische Aussagen einbringen will. Luthers antijüdische Schriften lediglich referierend, aber „kritiklos referierend" und so für regimeaffine „problematische Aktualisierung" zumindest offen (*Brosseder*, Luthers Stellung [s. Anm. 76] 130) ist *Bornkamm*, Volk und Rasse (s. Anm. 76).

[79] S. den Jubiläumsartikel des Blattes vom November 1993 (11. Jg. Nr. 46, S. 4), zitiert bei: *Brosseder*, Luthers Stellung (s. Anm. 76) 184f. So gehörte zu den Jubiläumsbeiträgen auch eine der von völkisch-protestantischen Gruppen veranstalteten „Volksausgaben" von Luthers Traktat *Von den Juden und ihren Lügen*, die diese Lage verändern und die weiten Kreisen unbekannte Lutherschrift unter die Leute bringen sollten, nämlich das vom „Bund für Deutsche Kirche" ausdrücklich „anläßlich des 450. Geburtstages des großen Reformators" herausgegebene sechzehnseitige Heft: *Joachim Noack*, Luther und die Juden. Dargestellt nach Luthers Schrift „Wider die Jüden und ihre Lügen" von 1543 (Berlin 1933), Zitat 5. Noack sieht sich zu dieser „Volksausgabe" veranlaßt, weil „es den meisten so gut wie unbekannt [sei], daß Luther ein ausgesprochener Gegner des Judentums gewesen ist. [...] Diese Unkenntnis zu beheben, soll die vorliegende kleine Schrift dienen." Deshalb bringe der Bund für Deutsche Kirche sie zum Jubiläum heraus (5).

[80] Vgl. dazu *Bräuer*, Luthertag (s. Anm. 72) 427f.

[81] *Gottfried Maron*, 1883 – 1917 – 1933 – 1983: Jubiläen eines Jahrhunderts, in: *ders.*, Die ganze Christenheit auf Erden. Martin Luther und seine ökumenische Bedeutung (Göttingen 1993) 188–208, 194.

[82] Rede des Gauobmannes der Glaubensbewegung „Deutsche Christen" in Groß-Berlin Dr. Krause gehalten im Sportpalast am 13. November 1933 (nach doppeltem stenographischen Bericht) in Berlin; vgl. *Scholder*, Die Kirchen (s. Anm. 23) 702–705.

[83] Vgl. ChW 47 (1933) 1090, 1158f.; KJ 60–71 (1933–1944) 39; *Scholder*, Die Kirchen (s. Anm. 72) 709ff.

Welt hielt ihren Lesern vor, im Zentrum der Botschaft Luthers habe die „Rechtfertigung aus Glauben" gestanden[84]. Dietrich Bonhoeffer, Martin Niemoeller und andere schärften im *Betheler Bekenntnis* ein, das zum Jubiläum erschien: „Martin Luther ist für die Kirche ein treuer Zeuge der Gnade Jesu Christi", „[sein] Dienst nicht auf das deutsche Volk beschränkt"[85]. Und Karl Barth forderte, angesichts der vielen Reflexionen über die kulturellen und politischen Wirkungen Luthers eher nach der „Kategorie" zu fragen, die seine „Erscheinung" wirklich zu fassen vermöge. Seine Antwort lautete: Luther sei im Entscheidenden nicht mehr und nicht weniger gewesen als ein Ausleger der Heiligen Schrift, „ein Lehrer der christlichen Kirche, den man schwerlich anders feiern kann, als indem man ihn hört oder vielmehr: indem man das hört, was er selber gehört und darum zu sagen hat"[86].

Es verwundert nicht, daß dieser kirchlich-theologische Luther beim nächsten Reformationszentennar 1946, das man ein Dreivierteljahr nach Kriegsende im ganzen Land erstaunlich feierlich beging[87], landauf, landab von Kanzeln und Kathedern sprach. Jetzt, an seinem vierhundertsten Todestag, sollte der Reformator dem deutschen Volk, das „Gottes Wort verachtet" hatte und „nun die Pein der göttlichen Strafe [erlitt]", mit dem Evangelium von Jesus Christus „die Kraft zu neuem Anfang" geben[88], das besiegte und demoralisierte Volk aufrichten und ihm beim Wiederaufbau helfen[89]. Daß der erste bedeutende Gedenktag in Deutschland nach der Niederlage gerade dieses Lutherjubiläum war, wurde als wegweisende Stärkung empfunden. Denn angesichts des allgemeinen Zusammenbruchs, da „alle die andern großen Gestalten der deutschen Vergangenheit" das Gemüt nicht mehr aufbauen könnten, habe es „mit der einen Gestalt, die uns an diesem Gedenktag vor die Seele tritt, eine andere Bewandtnis. Was Luther uns war, und was er uns gab", sei „völlig unabhängig vom Wechsel der politischen Schicksale", hieß es zum Jubiläum in Tübingen; gelte doch seine Botschaft „der Gemeinde Christi"[90].

---

[84] Programmatischer Wiederabdruck eines Artikels von *Paul Drews* unter diesem Titel zum Jubiläum, ChW 47 (1933) 1009-1011; vgl. a. 969f. (Hermann Mulert).
[85] *Kurt Dietrich Schmidt*, Bekenntnisse und grundsätzliche Äußerungen zur Kirchenfrage des Jahres 1933 (Göttingen 1934) 107f., Bonhoeffers leicht anders formulierter Entwurf in *Dietrich Bonhoeffer*, Werke. Bd. 12: Berlin 1932-1933 (Gütersloh 1997) 369.
[86] *Karl Barth*, Luther, in: ders., Lutherfeier 1933, in: Theol. Existenz heute 4 (1933) 8-16, 11.
[87] Vgl. hierzu *Johannes Schilling*, Luther 1946, in: Reformation und Bauernkrieg. Erinnerungskultur und Geschichtspolitik im geteilten Deutschland, hrsg. v. *Jan Scheunemann* (Schriften der Stiftung Luthergedenkstätten in Sachsen-Anhalt 11. Leipzig 2010) 183-195. Mehrere Jubiläumsbeiträge in: Zeitwende 18 (1946/1947).
[88] Theodor Knolle in seinem „Hirtenbrief zum Todestag Luthers'" „An die evangelische Christenheit in Deutschland", zitiert bei *Schilling*, Luther (s. Anm. 87) 187.
[89] „Wir wollen nie vergessen, daß das Erbe der Reformation der Beitrag ist, den wir zum Wiederaufbau unseres Volkes zu leisten haben. [...] wir wollen [Luthers] mahnendes, weisendes und tröstendes Wort zu Gehör bringen [...]" (der Herausgeber *Friedrich Langenfaß* in der Einleitung zu dem in Anm. 87 genannten Band von Zeitwende, 6).
[90] *Karl Heim*, Zu Luthers 400. Todestag, in: Neubau. Blätter für neues Leben aus Wort und Geist 1 (1946/47) 69-78, 69. Zitiert auch bei *Hartmut Lehmann*, Katastrophe und Kontinuität. Die Diskussion über Martin Luthers historische Bedeutung in den ersten Jahren nach dem Zweiten Weltkrieg, in: ders., Luthergedächtnis 1817 bis 2017 (Refo500 Academic Studies 8. Göttingen 2012) 189-212, 194f.

Ähnliches hörte und las man auch andernorts. Die Parolen vom völkischen Reformator hatten offensichtlich ausgedient. Wenn man nun „nach dem lebendigen Luther [fragte], d.h. nach *dem* Luther, [...] der, aus *seiner* Geschichte hervortretend, selber uns von seiner Lebendigkeit überführen kann", fand man ihn in dem Prediger der Rechtfertigung allein im Glauben[91]. Daß das letzte Jubiläum keine dreizehn Jahre zuvor diesen „lebendigen Luther" für ganz andere Vorstellungen in Anspruch genommen hatte und wie es dazu hatte kommen können, wurde kaum erörtert. Einzig im Lager Karl Barths kam diese Frage zur Sprache. Scharf wurde das Luthertum mit seinem schon vor dem Dritten Reich entstandenen nationalen Lutherbild kritisiert[92], ja, es wurde auch erörtert, ob in Luthers eigenen Aussagen zur politischen Ethik Weichen falsch gestellt worden seien[93]. Keine Rolle in den Jubiläumsbesinnungen spielte das Versagen der Protestanten im Dritten Reich gegenüber den Juden. Das Thema sollte, jedenfalls in Deutschland, erst später auf die Tagesordnung kommen.

Es war eine andere Reformations- und Lutherkritik, die im Jubiläumsjahr 1946, von der Allgemeinheit noch unbemerkt, in die Startlöcher trat: In der sowjetischen Besatzungszone wurde Friedrich Engels' *Der deutsche Bauernkrieg* wieder aufgelegt. Und Alexander Abuschs einst berühmte Schrift *Der Irrweg einer Nation* kam in Berlin auf den Markt[94]. In der hier vorgetragenen Deutung der Umwälzungen des 16. Jahrhunderts als mittelalterlicher sozialer Revolution wurde die Reformation zur Konterrevolution und Luther zu deren wichtigstem Exponenten, dem Thomas Müntzer als Lichtgestalt gegenübertrat. Damit aber war ein Thema intoniert, das die weitere Jubiläumsgeschichte des „kurzen 20. Jahrhunderts" bis zu ihrem Ende in Atem halten sollte: das Verhältnis zwischen der marxistischen Reformationsdeutung und der kirchlich-theologischen auf der einen Seite und der westlich-bürgerlichen auf der anderen. Man sollte erwarten, daß angesichts jener negativen Sicht Luthers und der Reformation auf Seiten des ostdeutschen Staates an Reformationsjubiläen kein Interesse bestand. Doch das Gegenteil war der Fall. Staat und führende Partei engagierten sich mit Eifer bei allen Jubiläumsgelegenheiten, ja, sie setzen damit verschiedentlich sogar die Kirche unter Zugzwang. Hintergrund war eine schon bald einsetzende differenziertere Einschätzung der Reformation, die ihre Ursache in den Legitimationsproblemen der DDR hatte: Der zweite deutsche Staat mußte seinen Platz in der deutschen Geschichte definieren und bedurfte positiver historischer Anknüpfungspunkte. Er beanspruchte, wie es 1967 in der Reformationsjubiläumsrede des

---

[91] *Gerhard Gloege*, Der lebendige Luther (Berlin 1949) 7.
[92] So insbesondere von *Ernst Wolf*, Luthers Erbe? in: EvTh 6 (1946/47) 82–114; abgedruckt in: *ders.*, Peregrinatio II. Studien zur reformatorischen Theologie, zum Kirchenrecht und zur Sozialethik (München 1965) 52–81.
[93] So von *Karl Barth*, zusammen mit gleicher Kritik an Calvin, vgl. *Lehmann*, Katastrophe (s. Anm. 90) 191.
[94] Entstanden war sie im mexikanischen Exil und dort bereits 1945 erstmals, in deutscher Sprache, gedruckt worden. Vgl. *Siegfried Bräuer*, Martin Luther in marxistischer Sicht von 1945 bis zum Beginn der achtziger Jahre (Berlin 1983) 5.

stellvertretenden Staatsratsvorsitzenden Götting hieß, „Heimstatt aller positiven Überlieferungen aus der deutschen Vergangenheit" zu sein[95]. Und dazu zählte zunehmend auch die Reformation.

Das sich entwickelnde staatliche Interesse an Luther und der Reformation führte dazu, daß die kurze Geschichte der DDR durchzogen war von einer Serie von Reformationsdoppeljubiläen – Staat und Kirche feierten nebeneinander, wenn nicht gegeneinander[96]. Das zeigte sich erstmals 1960 beim 400. Todestag Philipp Melanchthons, der mit einem großen staatlichen Festakt in Wittenberg und Halle samt Nationalhymne und Kranzniederlegungen an Melanchthondenkmal und Melanchthongrab begangen wurde[97]. Sieben Jahre später, beim 450jährigen Jubiläum der Reformation 1967[98], gab es neben einem weiteren Festakt Briefmarken und in Wittenberg Fahnen, einen historischen Festzug und einen gebratenen Ochsen[99]. Im Vorfeld von Luthers 400. Geburtstag 1983[100] saß gar der Staatsratsvorsitzende Honecker persönlich dem „Lutherkomitee der DDR" zur Planung des Jubiläums vor und schwor das Komitee auf seine Arbeit ein, indem er Luther als „einen der größten Deutschen" pries[101]. Mittlerweile hatte man in der Reformation die „Frühbürgerliche Revolution" entdeckt, wodurch Luther vom Konterrevolutionär zum Revolutionär mutiert war und die Reformation von einem mittelalterlichen Geschehen zu einem Ereignis der Neuzeit, ja, zu deren universalgeschichtlichem Beginn[102]. Sogar die theologische Seite der Reformation wurde nun

---

[95] KJ 94 (1967) 192.
[96] Vgl. *Wolfgang Flügel*, Konkurrenz um Reformation und Luther. Die Konfessionsjubiläen der Kirchen und der SED in den Jahren 1967 und 1983, in: Spurenlese. Reformationsvergegenwärtigung als Standortbestimmung (1717–1983), hrsg. v. *Klaus Tanner, Jörg Ulrich* (Leucorea-Studien zur Geschichte der Reformation und der lutherischen Orthodoxie 17. Leipzig 2012) 239–285.
[97] Zu diesem Jubiläum s. *Siegfried Bräuer*, Das Melanchthonjubiläum 1960 in Halle und Wittenberg, in: Lutherjahrbuch 64 (1997) 87–126.
[98] Vgl. dazu KJ 94 [1967] 191–211; *Flügel*, Konkurrenz (s. Anm. 96) 245–262; *Siegfried Bräuer*, Der TARF. Von seiner „spontanen" Entstehung bis zum Anfang der siebziger Jahre, in: Herbergen der Christenheit 34/35 (2012) 231–255, 232–235.
[99] KJ 94 [1967] 205. Die Bedeutung, die diesem Jubiläum von seiten des Staates beigemessen wurde, zeigt sich auch darin, daß aus seinem Anlaß ein in einem umfänglichen Werk (Weltwirkung der Reformation. Internationales Symposium anläßlich der 450-Jahr-Feier der Reformation in Wittenberg vom 24. bis 26. Oktober 1967. 2 Bde, hrsg. v. *Max Steinmetz, Gerhard Brendler* [Berlin 1969]) dokumentierter Kongreß abgehalten wurde und eine Festschrift (450 Jahre Reformation, hrsg. v. *Leo Stern, Max Steimetz* [Berlin 1967]) erschien.
[100] Zu diesem Jubiläum in der DDR vgl. *Rudolf Mau*, Luthers 500. Geburtstag: Feiern ohne zu rühmen? Beobachtungen zum Lutherjubiläum 1983 in der DDR, in: ThLZ 138 (2013) 1045–1058; *dens.*, Der wissenschaftliche Ertrag des Lutherjahres, in: KJ 110 (1983) 163–178, 176f.; *Maron*, Jubiläen [s. Anm. 78] 198–201; *Peter Maser*, Mit Herrn Luther alles in Butter? Das Lutherjahr 1983 im geteilten Deutschland, in: *Scheunemann*, Reformation (s. Anm. 87) 163–179. Auch hier gehörte zu den staatlichen Jubiläumsveranstaltungen eine – anders als 1967 internationale und auch Kirchenhistoriker beteiligende – wissenschaftliche Konferenz, die dokumentiert wurde (Martin Luther, Leistung und Erbe, hrsg. v. *Horst Bartel, Gerhard Brendler, Hans Hübner, Adolf Laube* [Berlin 1986]).
[101] *Mau*, Luthers 500. Geburtstag (s. Anm. 100) 1050.
[102] *Bräuer*, Luther in marxistischer Sicht (s. Anm. 94) 14–17.

zum notwendigen Medium des revolutionären Prozesses aufgewertet[103]. Diese geschichtspolitische Umorientierung erfolgte auf Kosten des ursprünglichen Revolutionshelden Thomas Müntzer. Die Jubiläumsfeier, die man Müntzer 1975 zum 400. Todestag widmete[104], vermochte die Spannungen zwischen dem alten und dem neuen Bild des 16. Jahrhunderts noch zu verwischen; die Ehrung zu Müntzers – vermutlichem – 500. Geburtstag 1989 war überschattet von unlösbaren historischen Kontroversen und verlor sich mit dem sozialistischen Staat[105].

Die Reformationswürdigung der DDR lief am Ende auf ein Amalgam zweier altbekannter Reformations- und Lutherbilder hinaus, des aufklärerischen Freiheitsluthers und des nationalen, deutschen Luthers. Jubiläumswürdig erschien die Reformation wiederum ob ihrer, nun DDR-gemäßen, politisch-gesellschaftlichen Wirkungen. Die Kirche hingegen bestand darauf, daß es die theologische Botschaft der Reformation sei, um deretwillen man sich zum Fest versammle. An den Vorbereitungen der staatlichen Jubiläumsfeiern mitzuwirken, lehnte sie ab. Staatliche Einschränkungen, wie sie besonders 1967 zu erleiden waren, stand sie durch; internationale Beteiligung und reges Interesse an ihren eigenen Veranstaltungen boten ein Stück weit Entschädigung[106]. Bei den zentralen Festakten ebenso wie auf einer Vielzahl regionaler Kirchentage entwickelte das theologiezentrierte kirchliche Jubiläum seine eigene Ausstrahlungskraft. Man hatte aus einer langen Tradition entgleister Jubiläen gelernt, bei der eigenen Sache zu bleiben. So hieß das Motto des kirchlichen Jubiläums von 1983 „Gott über alle Dinge fürchten, lieben und vertrauen", eine Luthers Kleinem Katechismus entnommene theologische Botschaft – die aber gerade als solche unüberhörbare politische Signalwirkung hatte[107].

Was sich gleichzeitig im Westen Deutschlands abspielte, ist schwerer zu fassen. Das Jubiläum von 1967 beging man nur lokal, weil die Festivitäten in der DDR als die zentralen Feiern der – damals noch gesamtdeutschen – EKD hätten gelten sollen[108]. Das Zentennar von 1983, durch die Zahl 500 besonders geadelt, feierte man hingegen westlich der Mauer auf allen Ebenen selbst[109]. Es gab Lutherfolklore und Luthernippes ohne Zahl – nicht anders als im Osten, allerdings nicht vom Staat, sondern vom Markt geboren –, hochkarätige Ausstellungen, eine Schwemme von Lutherbüchern und -artikeln, Festakte, Gottesdienste, Tagungen. Auffäl-

---

[103] A. a. O., 18f., 28.
[104] Dazu s. *Siegfried Bräuer*, „Die Gewalt soll gegeben werden dem gemeinen Volk". Die Thomas-Müntzer-Ehrung der DDR im Jahr 1989, in: ThLZ 137 (2012) 1023–1040, passim; *Mau*, Luthers 500. Geburtstag (s. Anm. 100) 1047.
[105] *Bräuer*, Thomas-Müntzer-Ehrung (s. Anm. 104) 1034–1037.
[106] Vgl. den Band, der die Vorträge ihrer eigenen Jubiläumsveranstaltungen 1967 dokumentiert: Reformation 1517–1967, Wittenberger Vorträge, hrsg. v. *Ernst Kähler* (Berlin 1968).
[107] *Flügel*, Konkurrenz (s. Anm. 96) 268f.; *Mau*, Luthers 500. Geburtstag (s. Anm. 100) 1057.
[108] Eine Rechnung, die man ohne die nur wenigen die Einreise erlaubenden DDR-Behörden gemacht hatte (KJ 94 [1967] 190).
[109] Vgl. dazu KJ 110 (1983) Lieferung 1: Bilanz des Lutherjahres; *Maron*, Jubiläen (s. Anm. 81) 194–198, 201–204.

lig war die starke Anteilnahme von Katholiken und von Politikern. Römisch-katholische Anteilnahme hatte sich schon bei der 450-Jahrfeier der *Confessio Augustana* drei Jahre zuvor gezeigt[110]. Jetzt hörte man, daß Luther gemeinsamer „Vater im Glauben" genannt wurde, in Rom predigte gar der Papst in der deutschen evangelischen Kirche. Ernüchternd wirkte allerdings, daß derselbe Papst im selben Jahr ein Heiliges Jahr ausrief und neuen Ablaß in Aussicht stellte, begleitet von kritischen römisch-katholischen Stimmen zur Reformation[111]. Das ökumenische Echo war also gemischt. Durchweg positiv waren die Reden und Grußworte der Politiker, vom Bundespräsidenten Karl Carstens über Bundeskanzler Helmut Kohl, den bayrischen Ministerpräsidenten Franz Josef Strauß und den SPD-Vorsitzenden Willy Brandt. Unübersehbar bemühten sie sich, Luther als Theologen zu würdigen und ihn nicht für ein politisches Programm zu vereinnahmen – sowenig sie umhinkonnten, den Reformator aus dem Blickwinkel ihrer politischen Position zu sehen und ihn so doch wenigstens indirekt für politische Ziele fruchtbar zu machen[112]. Kritische Töne kamen dagegen aus den Medien und aus der evangelischen Kirche selbst, besonders von Pfarrern. Hier wurde nun massiv der antijüdische Luther zum Thema, attackierte man auch seine Haltung zur Politik. So kam von den vielen kirchlichen Würdigungen kaum eine ohne den Vorbehalt aus, daß es neben allem, was man Luther zu verdanken habe, doch auch Seiten an ihm gebe, die wenig jubiläumstauglich seien[113]. Und wofür würdigte man ihn, warum wurde er gefeiert? Es gibt keine Antwort im Singular. Die rechtfertigungstheologischen Kernthesen kamen zu Wort, einmal mehr, einmal weniger aktualisiert, das allgemeine Priestertum, die Erneuerung des Gottesdienstes, des Schulwesens, natürlich die Bibelübersetzung und das vom Jubilar grundgelegte gottesdienstliche Lied; hier und da wurde der Blick auf die kulturellen Folgen gelenkt. Ein theologisch-historisches Potpourri – ein profiliertes Gesamtbild ergibt sich nicht. Es scheint, daß die evangelische Kirche, der die vom Zug der Zeit diktierten Bilder abhanden gekommen waren, selbst keines mehr entwerfen wollte oder konnte. Dem Willen, ein Jubiläum zu feiern, tat das keinen Abbruch.

Blicken wir mit dem zu Beginn zitierten Martin Rade zurück, so ist festzustellen, daß der Protestantismus, seit er das historische Jubiläum erfunden hatte, in der Tat keine Gelegenheit ausließ, in diesem Medium „doppelt zu leben". Der Kranz der Reformationsjubiläen ist ungeheuer reich, ich habe hier nur eine Auswahl präsentiert. Indessen, lebten die Feiernden hier wirklich „doppelt"? Ließen sie sich

---

[110] S. den aus diesem Anlaß entstandenen evangelisch-katholischen Kommentar zum Augsburger Bekenntnis: Confessio Augustana. Bekenntnis des einen Glaubens. Gemeinsame Untersuchung lutherischer und katholischer Theologen, hrsg. v. *Harding Meyer, Heinz Schütte* (Paderborn, Frankfurt a. M. 1980).
[111] *Maron*, Jubiläen (s. Anm. 81) 197f.
[112] Vgl. *Hans Süßmuth*, Luther 1983 in beiden deutschen Staaten, in: Das Luther-Erbe in Deutschland. Vermittlung zwischen Wissenschaft und Öffentlichkeit, hrsg. v. *Hans Süßmuth* (Düsseldorf 1985) 16–40, 37–40.
[113] *Maron*, Jubiläen (s. Anm. 81) 203f.

auf ein anderes, von ihnen unterschiedenes Leben ein – wissend, daß es ein anderes war, daß es ihnen möglicherweise fremd und unnachvollziehbar gegenüberstand, vielleicht aber auch gerade als fremdes eine Botschaft für ihr eigenes Leben bereithielt? Die Jubiläumsgeschichte führt eher zum entgegengesetzten Befund: Man lebte nicht „doppelt", sondern die erinnerte Vergangenheit wurde zur immer neuen Projektionsfläche des gegenwärtigen Lebens mit seinen Wünschen und Werten, das sich durch sie feierlich bestätigt und erhoben fand. Nun wäre es gewiß naiv zu meinen, man könnte anderes Leben erinnern oder feiern und dabei vom eigenen Leben absehen – warum würde man Jubiläen abhalten, wenn man nicht meinte, das Erinnerte und Gefeierte habe etwas mit dem eigenen Leben zu tun! Den Anspruch, *historische* Jubiläen, und den Anspruch, *Reformations*jubiläen zu sein, verdienen sie freilich nur unter einem doppelten, einem historischen und einem theologischen Distanzvorbehalt: Kein Bild des gefeierten Ereignisses kann von den Befunden absehen, die die Geschichtswissenschaften erheben. Und kein Bild der erinnerten Reformation kann davon absehen, daß deren Programm gerade *darin* bestand, von den beteiligten Personen wegzusehen, eine Botschaft zu hören, die ihnen kritisch und aufbauend von außen begegnete. Das geschieht vor allem im Gottesdienst. Darum war es im höchsten Maß sachgerecht, daß die ersten Reformationsjubiläen in festlichen Feiern des gereinigten Gottesdienstes, in Predigten und Abendmahl und dem Dank für das darin Gegebene bestanden.

Und noch ein Zweites kann der Blick auf die Anfänge der Reformationsjubiläen lehren: die Weite des Blicks. Der eine Initiator der entstehenden Jubiläumstradition, der Pfälzer Kurfürst Friedrich, rief zu einem Fest auf, das der gesamten Reformation galt. Das hieß für den reformierten Fürsten noch nicht Abgrenzung von Luther – daß mit diesem alles begann, stand ihm außer Frage und spiegelte sich in der Wahl des Jubiläumsjahres. Doch ein Lutherfest wollte er nicht begründen, sondern ein gesamtprotestantisches Zentennar, das auch andere Reformatoren umfaßte und die von ihnen geprägten Zweige der Reformation einschloß. Diese gesamtprotestantische Jubiläumsperspektive fiel der erfolgreicheren sächsisch-lutherischen Jubiläumstradition und dem zunehmenden reformierten Abgrenzungsbedürfnis zum Opfer. 1817 kam sie noch einmal zum Zug, bevor die Reformationsjubiläen mehr und mehr zu Dubletten der immer häufigeren Lutherzentennare wurden. Es ist zu hoffen, daß nicht 2017 dasselbe geschieht. Denn damit würde die Chance verspielt, die Initialzündung Reformation in ihrer ganzen Wucht und Bedeutung zu würdigen.

Summary

The article presents a survey of Reformation jubilees from their birth in 1617 to 1983. Invented by Protestant universities in the 16th century to commemorate their foundation (which was also when the institution of historical jubilees was itself invented), the practice of celebrating the centennials of important historical events was taken over in 1617 to mark the jubilee of the promulgation of Martin

Luther's 95 Theses as the beginning of the Reformation. The first jubilee of the Augsburg Confession soon followed in 1630, and this was followed in turn by more and more centennials, half and even quarter centennials. The original aim was to commemorate and celebrate the rediscovery of the Gospel in the Reformation and the fight against the anti-Christian Papacy. This theological idea more or less characterised all Reformation jubilees of the 17th and 18th centuries. From 1817, however, the jubilees were no longer defined in theological terms; what was now celebrated was the cultural and political effects attributed to the Reformation: freedom of conscience, enlightenment, tolerance, and, in the late 19th and increasingly in the first half of the 20th century, the freedom as well as the supposed rights and special qualities of the German people. After the fatal culmination of this latter jubilee tradition in 1933, the post-war German Protestant churches of a then divided country insisted on recovering a decidedly theological aspect to Reformation centennials, whereas the government of the German Democratic Republic (DDR) continued to celebrate the Reformation in political, albeit now Marxist, terms. The article ends with conclusions for the jubilee of 2017 to be drawn from those 400 years of jubilee history.

Susan C. Karant-Nunn

Historiographische Integrationsarbeit
Ein Kommentar zu den Beiträgen englischsprachiger Historiker zur Interpretation der Reformation[*]

I. Hintergrund

Dieser Beitrag befasst sich mit Fragen, die (wir) Reformationshistoriker während der letzten zwei Generationen stellten, vor allem mit den unterschiedlichen Zugängen führender englischsprachiger Wissenschaftler und anderer (nicht nur deutschsprachiger!), die ich als Mitherausgeberin des Archivs für Reformationsgeschichte (ARG) in Nordamerika (1998–2010) wahrgenommen habe. Diese Erfahrung ermutigt mich, einige Verallgemeinerungen zu wagen, in vollem Bewusstsein dafür, dass jede Verallgemeinerung falsch ist, denn sie schließt stets eine zu starke Vereinfachung mit ein: ich erkenne Themenstränge und methodische Innovationen, die hin und zurück über die Ozeane schweben und wir können nur mit Schwierigkeit den Ursprung einer besonderen Tendenz identifizieren. Doch haben einige wichtige Aspekte der neuen Reformationshistoriographie seit den sechziger Jahren ihren Ursprung in der englischsprachigen Welt oder zumindest dort ihre starke Prägung erfahren. Auf allen Kontinenten gedeiht traditionelle Kirchengeschichte, bei uns überwiegend an theologischen Kollegen und Seminaren mit regen Beziehungen zu den verschiedenen Konfessionen. In diesen Kreisen entsteht eine weiterführende Literatur zu den führenden Denkern, zur Theologie und zur Politik der Reformation – mit verkürzterer Annotation als in Europa.

In den USA (das trifft ja Gott sei Dank auf Europa überhaupt nicht zu) wird häufig behauptet, Forschung zur Reformation sei nicht mehr relevant und werde bald ohne wissenschaftliches Interesse sein. Doch auch aus dem angelsächsischen Bereich gibt es Widerspruch. So weist Scott Dixon darauf hin, dass die Produktivität der letzten zwei Wissenschaftlergenerationen gestiegen ist. Der 500. Jahrestag der lutherischen Reformation wird diese Forschungen ohne Zweifel noch intensivieren[1]. Ehe ich auf die bemerkenswerte Stärke der anglophonen Historiographie

---

[*] Meinen herzlichen Dank an Anne Mittelhammer für die sprachliche Überarbeitung dieses Aufsatzes.
[1] *C. Scott Dixon*, Contesting the Reformation (Malden, MA, Oxford, UK 2012).

eingehe, möchte ich das Augenmerk auf die Situation vieler Reformationshistoriker richten.

Entweder gibt es keine etablierten Kirchen oder ihr Einfluss auf die Wissenschaften außerhalb der Seminare ist schwach. In Nordamerika haben die freien Kirchen sehr viele theologische Kollege und Seminare gegründet, mehrere Hundert allein im 19. Jahrhundert. Die Mehrheit davon hat inzwischen ihre religiöse Identität verloren. Nach dem Glauben oder Nichtglauben der Fakultätsmitglieder wird nicht mehr gefragt. Nur an der Minderheit dieser Institutionen, bei denen ein Konzept von Konfession erhalten geblieben ist, werden Abteilungen wie „church history" noch betrieben.

Theologie wurde allmählich von der Geschichte getrennt und die Geschichte der Reformation fand sich zunehmend in (säkularen) geschichtswissenschaftlichen Fakultäten wieder. Trotzdem ist im Britischen Commonwealth eine Struktur erhalten geblieben, in der das Mittelalter und die sog. moderne Geschichte in eigenen Abteilungen unterrichtet werden. Das Jahr 1500 ist wegen der Reformation ein Wendepunkt – als Aufbruch in die Neuzeit – geblieben.

In Nordamerika sind Mediävisten zusammen mit den Spezialisten für Frühe Neuzeit, die Geschichte des Nahen Ostens, Ostasiens, Afrikas, Süd- und Mittelamerikas, Nordamerikas, Ozeaniens und des Altertums in derselben Abteilung untergebracht, gewöhnlich in unmittelbarer Nähe zueinander. In unseren Abteilungen kommt die ganze Welt zusammen. Es wird von allen erwartet, dass sie mit den Ideen der schöpferischsten Geister in diesem umfangreichen historischen Fach bekannt sind, unabhängig davon welchen Erdteil oder welches Volk diese untersuchen. Man sollte die Werke von Ramón Gutiérrez[2], ebenso wie die von Londa Schiebinger[3] und Sabine G. MacCormack[4] gelesen haben. Solche Studien haben Einfluss auf unsere Fragestellungen zur Reformation gehabt. Es wird uns an säkularen Universitäten unaufhörlich eingeprägt, dass wir verpflichtet sind, interdisziplinär zu denken und zu wirken.

II. Sozialgeschichte

Während der American Historical Association in Toronto im Dezember 1967 hielt Emmanuel le Roy Ladurie eine Rede, tausende Kollegen waren im Hotelballsaal zugegen, viele standen am Rand. Natalie Zemon Davis hatte diesen prominenten Vertreter der zweiten Generation der Annales-Schule nach Nordameri-

---

[2] *Ramón Gutiérrez*, When Jesus Came, the Corn Mothers Went Away: Marriage, Sexuality, and Power in New Mexico, 1500–1846 (Stanford, CA 1991).
[3] *Londa Schiebinger*, Nature's Body: Gender and the Making of Modern Science (New Brunswick, NJ 1993).
[4] *Sabine G. MacCormack*, On the Wings of Time: Rome, the Incas, Spain, and Peru (Princeton, NJ 2006).

ka gebracht. Wie wir in ihrem Essayband von 1975 erfahren[5], stand sie bereits unter dem Einfluss dieser Gruppe[6]. Le Roy Laduries Kommentar zur *histoire totale* und noch wichtiger sein Beispiel zu ihrer Ausführung hat viele der jüngeren Historiker begeistert, u. a. weil dieser Vortrag mit den Jugend-, Frauen- und Minderheitenunruhen zusammenfiel. Einige Reformationshistoriker sahen es als ihre Aufgabe an, sich nicht mehr mit Theologie oder Politik zu beschäftigen und stattdessen beispielsweise das Verhältnis der ausschlaggebenden Reformatoren zu den Laien oder die Dynamik ihrer Überzeugungsmaßnahmen gegenüber einer sich doch manchmal zurückhaltenden Bevölkerung zu untersuchen. Diese Forschungen haben unsere Perspektive auf die Reformation wesentlich bereichert. Sie haben Quellentypen herangezogen – u. a. Kirchenvisitationsprotokolle, Steuerlisten, Gerichtsprotokolle, Kunstwerke und Ego-Dokumente, sogar Luthers Tischreden – die bis dato von Reformationshistorikern kaum in Betracht gezogen worden waren. Selbstverständlich waren soziale Themen nicht ganz neu – schon 1942 hatte Edmund S. Morgan an der Harvard University seine Dissertation *The Puritan Family: Religion and Domestic Relations in Seventeenth-Century New England* eingereicht[7].

Angesichts des bis dahin weitgehenden Fehlens sozialgeschichtlicher Werke zur Reformationsgeschichte ist es verständlich, warum die Dissertation und das erste Buch von Miriam Usher Chrisman – deren Arbeiten in Europa nicht gerade enthusiastisch aufgenommen wurden – bei uns zu den Standardwerken zählen[8]. Sie hat uns bereits in den sechziger Jahren einen breiteren Kontext für die Reformation in Straßburg dargelegt.

Als weiteres Zeichen der Zeit erhielt wenig später der nordamerikanische Herausgeber des ARG, Harold Grimm, von seinen Studenten eine Festschrift mit dem bedeutungsvollen Titel *The Social History of the Reformation*[9]. Jane Abrays Dissertation über die angespannten Verhältnisse zwischen Magistrat, Geistlichkeit und Bürgern bzw. gemeinem Mann in Straßburg zur Reformationszeit, *The People's Reformation*, wird noch heute zitiert[10]. Nicht zu vergessen sind die inspirierenden Essays von Bernd Moeller, die Mitte sechziger Jahre entstanden – allerdings hat er sich inzwischen von zwei seiner Argumente distanziert[11]. Seine bahnbrechenden Aufsätze mit ihren kühnen Thesen finden immer noch Anklang in

---

[5] *Natalie Zemon Davis*, Society and Culture in Early Modern France: Eight Essays (Stanford, CA 1975).
[6] *Traian Stoianovich*, French Historical Method: The Annales Paradigm (Ithaca, NY 1976).
[7] An diese wurde noch einmal im Sommer 2013 anlässlich seines Todes erinnert: Edmund S. Morgan, Chronicler of Puritans, Dies at 97, New York Times (10. Juli 2013) A22.
[8] *Miriam Usher Chrisman*, Strasbourg and the Reform: A Study in the Process of Change (New Haven, CN 1967).
[9] *Lawrence P. Buck, Jonathan W. Zophy* (Hrsg.), The Social History of the Reformation (Columbus, OH 1972).
[10] *Lorna Jane Abray*, The People's Reformation: Magistrates, Clergy, and Commons in Strasbourg, 1500–1598 (Ithaca, NY 1972).
[11] Er distanzierte sich von dem Argument über spätmittelalterliche Frömmigkeit und dem über die Ratsamkeit, die Reformation auch unparteiisch historisch auszuwerten.

Nordamerika, weniger seine späteren Behauptungen über eine lutherische Engführung. Die Folgen sozialgeschichtlicher Fragestellungen sind Studien, die unter anderem divergente Werte zwischen vielen Bürgern und dem Magistrat bzw. dem Prinzen oder dem beharrlichen Katholizismus vieler Laien zeigen. Alle spiegeln eine Bereitschaft englischschreibender Wissenschaftler wider, sich von der frommen, konfessionstreuen Interpretation der Vergangenheit zu distanzieren.

Die Dimensionen der Sozialgeschichte der Reformation dehnen sich bis heute aus. Dies soll kein historiographischer Aufsatz sein, aber zu erwähnen ist doch, dass die Erben der ersten Forschungswelle (um 1968) nach der Einschließung der breiten Masse noch weiter gedeihen; sie richten sich nach einer sozialwissenschaftlichen Theorie und nennen sich „cultural historians". Eine Folge dieses Gedeihens kann vielleicht bedauert werden: die Präferenz vieler geschichtswissenschaftlicher Fakultäten für neue KollegInnen, deren Dissertationen sich mit sozialen Themen befassen. Meine eigene Fakultät ist typisch in ihrer jetzigen Suche nach einem/er Amerikanisten/in mit Schwerpunkt in „Rasse und Ethnizität, Gender Studies oder Arbeitergeschichte"[12]. Geistesgeschichte, einschließlich Theologie, Politik, Verfassungs- und Institutionsgeschichte, ist zunehmend unterrepräsentiert in den Vereinigten Staaten, weniger im Britischen Commonwealth. Das Resultat ist ein besseres Verständnis von Bauern, Handwerkern, Bergknappen, Kindern und der Elementarausbildung, Verbrechen und Strafe, hierarchischen Strukturen und Unterschichtenbeziehungen, Kleidung als Semiotik und Genderidentität. Unabhängig davon ob diese Fragestellungen in direktem Bezug auf die Reformation betrieben wurden, ein breiteres Wissen über die Gesellschaft der Frühen Neuzeit bereichert die Referenzrahmen von Reformationsspezialisten und ihre neueren Werke bezeugen es.

III. Frauen und Gender

Bei der ersten Zusammenkunft des Vereins für Reformationsgeschichte und der Society for Reformation History, 1990 am Deutschen Historischen Institut in Washington, D.C., enthielt das Programm – zu dieser Zeit im englischsprachigen Raum ganz selbstverständlich – eine Sitzung zu Frauen und die Reformation. Ich habe Merry Wiesner-Hanks und Grethe Jacobson (letztere eine Dänin, die an der University of Wisconsin bei Robert Kingdon promoviert hatte) vorgestellt. Damals habe ich einige Zuhörer vor den Kopf gestoßen, weil ich über eine Begegnung mit Wissenschaftlerinnen in Wolfenbüttel erzählt habe, die alle Veröffentlichungen über Frauen aus ihrem Lebenslauf streichen mussten, wenn sie ernsthaft beabsichtigten einen Ruf an eine Universität zu bekommen oder ein Stipendium zu erhalten. In der englischsprachigen Welt hatte sich die Lage seit 1980 gewandelt. Hier gelangten Forscher mit solchen Dissertationsthemen nach anderthalb

---

[12] Draft Job Ad, Approved by U. S. Caucus 9/9/13, Department of History, University of Arizona.

Dekaden sicher in Universitätsfakultäten. Die Eröffnung von besonderen Instituten für Frauen- (später auch Gender-)Studien hat die Wissenschaftlerinnen ghettoisiert und etikettiert, aber in Amerika haben solche Kolleginnen durch Doppelernennungen doch auf ihre Ursprungsdisziplinen Einfluss ausgeübt – auf jeden Fall in den geschichtswissenschaftlichen Fakultäten. Im Laufe der letzten dreißig Jahre wurde unsere Perspektive durch zahlreiche Informationen zur Gender- und Familiengeschichte modifiziert. Thomas Bradys *German Histories* ist in amerikanischen Augen sehr gelungen, zum Teil auch, weil er seine Beschreibung von Staat und Politik um einen vollen Gesellschafts- einschließlich eines Genderkontexts bereichert hat[13]. Bezüglich Frauen *per se*, hat Merry Wiesner-Hanks die Ergebnisse vieler Wissenschaftler zusammengefasst und wiederholt revidiert, mit einem Kapitel über Frauen und Religion[14]. Andere prominente Übersichten zur Frauengeschichte in der Frühen Neuzeit, auf beiden Seiten des Ozeans, lassen Religion allerdings außer Acht[15].

Die „Großmütter" unserer spezifischen Forschung über die Rolle von Frauen in und als Reaktion zu der Reformation waren Miriam Usher Chrisman, Nancy Lyman Roelker und Charmarie Jenkins Blaisdell, alle drei Mitglieder an geschichtswissenschaftlichen Fakultäten säkularer Universitäten – der University of Massachusetts, der Tufts University und der Northeastern University. Chrisman hat einen bahnbrechenden Artikel über Frauen in Straßburg verfasst[16], Roelker eine Biographie über Jeanne d'Albret geschrieben. Angesichts der Ereignisse um d'Albret, konnte diese Biographie die Teilnahme d'Albrets und ihrer Familie an der Reformation nicht auslassen[17]. Charmarie Blaisdell hat eine Reihe von Aufsätzen in Zeitschriften und Sammelbänden zum Thema „Frau und Reformation" veröffentlicht[18]. Diese „Vormütter" hatten ein breites Interesse für alle Aspekte der Frühen Neuzeit; sie haben viele jüngere Frauen unterstützt und angeregt. Am Anfang waren die Universitäten ihnen gegenüber nicht aufgeschlossen, aber sie haben sich durchgesetzt. Sie haben sich in geschichtswissenschaftliche Fakultäten

---

[13] *Thomas A. Brady Jr.*, German Histories in the Age of the Reformation, 1400–1650 (Cambridge, UK, New York 2009).
[14] *Merry E. Wiesner*, Women and Gender in Early Modern Europe (Cambridge, UK, New York 1993, ³2008), Chap. 6 behandelt die Religion.
[15] Weder *Heide Wunder*, „Er ist die Sonn', sie ist der Mond": Frauen in der Frühen Neuzeit (München 1992); auf Englisch, He Is the Sun, She Is the Moon: Women in Early Modern Germany, trans. by Thomas Dunlap (Cambridge, MA 1998); noch *Olwen Huften*, The Prospect before Her: A History of Women in Western Europe: 1500–1800 (New York 1996) gehen auf die Religion ein.
[16] *Miriam Usher Chrisman*, Women of the Reformation in Strasbourg 1490–1530, in: ARG 63 (1972) 143–168.
[17] *Nancy Lyman Roelker*, Queen of Navarre: Jeanne d'Albret, 1528–1572 (Cambridge, MA 1968).
[18] Vor allem verdienen hier erwähnt zu werden: *Charmarie Blaisdell*, Renée de France between Reform and Counter-Reform, in: ARG 63 (1972) 196–226; und *dies.*, Calvin's and Loyola's Letters to Women: Politics and Spiritual Counsel in the Sixteenth Century, in: *Robert V. Schnucker* (Hrsg.), Calviniana: Ideas and Influence of Jean Calvin (Kirksville, MO 1988) 235–253.

und wissenschaftliche Gesellschaften integriert und wurden für die nächste Generation, auch für junge Männer, zu Vorbildern.

Am 10. Juli 2013 hatte Natalie Zemon Davis die seltene Ehre, die *National Humanities Medal* von Barack Obama verliehen zu bekommen. Das Internet war voll von Lobeshymnen und Danksagungen ihrer ehemaligen Studenten und aller, die in den Genuss ihrer Großzügigkeit gekommen waren. Als junge Wissenschaftlerin war sie eine Art Apostel der Annales-Schule in Nordamerika gewesen und arbeitete interdisziplinär. Sie war überzeugt von dem Zugang der Annales-Schule zur Vergangenheit, dem die Gründer dieser Gruppe folgten, Männer wie Lucien Febvre und Marc Bloch. Ihre Aufsatzserie über Lyon während der Reformationszeit, die 1975 erstmals erschien, gehört bis heute – ich wage es zu sagen – zu den absoluten Standardwerken aller englischsprachigen Historiker. Anthropologische Einsichten und Methoden haben ihre Arbeiten geprägt. Unter anderen Themen schrieb sie über Jugendrituale („Reason of Misrule"), Frauen („Women on Top") und die Anziehungskraft der Reformation auf Stadtbewohner, die gedruckte Literatur zur Verfügung hatten („Printing and the People")[19]. Sie verteidigte die These – die vielleicht nicht unter deutschen Reformationshistorikern zu finden ist – dass man, wenn man sehr viel über ein Volk und eine Kultur weiß, es wagen kann, Fragen zu beantworten, die objektiv zu keinen eindeutigen Lösungen führen[20].

Lyndal Roper, fast eine Generation jünger, schuf neue innovative Beiträge zu den Reformationsstudien. Aus Australien kommend war sie unter Robert Scribners ersten Doktoranden an der University of London. Roper hat für ihre Doktorarbeit, die als *The Holy Household* veröffentlicht wurde, in den Augsburger Archiven mehr als einen klaren Beleg gefunden, um ihre These zu unterstützen, dass die Reformation das weibliche Geschlecht nicht befreite, sondern die Frauen unter strengere Kontrolle ihrer Ehemänner setzte. Die Reformbewegung hat Frauen nicht aufgewertet (so Roland Bainton und Steven Ozment), sondern dem Magistrat und dem Klerus eingeschärft, Haushaltsführung und Sexualität aller Bürger und Einwohner innerhalb strenger Grenzen zu halten. Ehefrauen mussten sich ihren Ehemännern gehorsam unterordnen. Als 2011 Lyndal Roper zum Regius Professor der Universität Oxford ernannt wurde, wurde sie als erste Frau mit diesem Titel geehrt. Sie hat sich überwiegend mit Genderfragen beschäftigt, prominent unter anderem mit der Behandlung des Hexenwesens. Hexenverfolgung fand zeitgleich mit der Reformation statt, Theologen und andere Kleriker nahmen daran teil. Roper behauptet, Fantasien über diabolische Mächte sind Bestandteil der Religion und der Reformationsmentalität[21]. Gleichzeitig verurteilten diesel-

---

[19] *Natalie Zemon Davis*, Society and Culture in Early Modern France: Eight Essays (Stanford, CA 1975) 97–123, 124–151, 189–226.

[20] Ihre berühmte Antwort zur Kritik von Robert Finlay ist zu finden, in: American Historical Review 93, 3 (1988) 572–603.

[21] *Lyndal Roper*, Gender and the Reformation, in: ARG 92 (2001) 290–302, als Beitrag zum „Themenschwerpunkt".

ben Menschen den „Aberglauben"[22]. Lyndal Roper bestätigte mir, dass sie gerade ihre Biographie über Martin Luther beendet hat. Diese wird bestimmt wie keine andere sein, soviel kann ich vermuten.

IV. Kulturgeschichte

Überschneidungspunkte mit der Sozial- und Gendergeschichte hat die Kulturgeschichte. Innerhalb eines Kulturraums kommen offensichtliche Gegenteile zusammen, wie Wertsysteme und materielles Leben oder Politik und abstrakte Ideen. Jedes wird uns begreiflicher wenn wir die gegenseitige Beeinflussung aller Elemente betrachten. Europäer haben die Erklärungskraft solcher kulturellen Prinzipien oft demonstriert, nur nicht so häufig in Reformationsstudien. Ein hervorragendes Beispiel bietet uns Barbara Stollberg-Rilingers *Des Kaisers alte Kleider*, in dem die Verfasserin Rituale und Kunstwerke verwendet, um den Untergang des Reichstags und selbst des Heiligen Römischen Reichs zu skizzieren[23].

In der englischsprachigen Welt sind bedeutende Durchbrüche durch die Anwendung kulturhistorischer Denkweisen auf Reformationsthemen geschehen. Vorstufe war die Integration von Methoden aus anderen Disziplinen in jene der Geschichtsschreibung – die weit früher in Bezug auf andere Objekte, auch in Deutschland, verwendet wurden. Wie bereits gesagt, die Behandlung von religiösen Bewegungen des 16. Jahrhunderts musste verschiedene Hürden konfessioneller Treue und Traditionsverehrung überspringen, ehe der volle Umfang der Interpretationen sich entfachen konnte. Robert Scribners bahnbrechendes Interesse für multidisziplinäre Zugänge zur Reformation kann man in seinen frühesten Werken sehen. Als er so vorzeitig und tragisch verstarb, beherrschte er die Kunst des „einsichtsreichen Aufsatzes" wie kein anderer, zwei Bände sind erschienen[24]. Fast jedem seiner Aufsätze liegt eine Idee zugrunde, die auf Anthropologie, Soziologie oder Kunstgeschichte beruht und nahezu jeder demonstriert, wie wir solche Perspektiven mit Gewinn auf Reformationsphänomene anwenden können: ein gutes Beispiel ist die Untersuchung mit welchem Spott Martin Luther der Erhebung der Gebeine des Hl. Benno begegnete[25]. Scribners Suche nach Archivalien war legendär unter seinen Studenten – als Australier durfte er bereits 1968, ein Jahr vor mir,

---

[22] *Helen Parish, William G. Naphy* (Hrsg.), Religion and Superstition in Reformation Europe (Manchester, UK 2002).
[23] *Barbara Stollberg-Rilinger*, Des Kaisers alte Kleider: Verfassungsgeschichte und Symbolsprache des Alten Reiches (München 2008). Es war ein Zufall, dass die Teilnehmer an diesem Lutherseminar die Verleihung des Preises des Historischen Kollegs an Barbara Stollberg-Rilinger, hauptsächlich für die schöpferischen Einfälle und Leistung dieses Buchs, beobachten konnten.
[24] *R.W. Scribner*, Popular Culture and Popular Movements in Reformation Germany (London, Ronceverte 1987); ders., Religion and Culture in Germany (1400–1800), hrsg. v. *Lyndal Roper*, Studies in Medieval and Reformation Thought 81 (Leiden 2001).
[25] *R.W. Scribner*, Reformation, Carnival and the World Turned Upside-Down, in: ders., Popular Culture 74–75.

in Ost-Deutschland forschen. Wir Spezialisten für deutsche Geschichte ziehen noch immer Anregungen aus seiner Originalität und seinem Denkvermögen. Er hat uns ermutigt, schöpferisch noch tiefer auf die Basis der Reformation zu schauen. Seine Artikel sowie seine Monographie *For the Sake of Simple Folk* sind zweifellos auf der Leseliste aller Doktoranden in Nordamerika, Großbritannien und dem British Commonwealth, wo Reformation und Frühe Neuzeit von Interesse sind.

Neben Lyndal Roper ist Ulinka Rublack eine weitere Protegée Robert Scribners, die vieles von ihrem angesehenen Historiker-Vater übernommen hat. Rublack hat kürzlich ein schön illustriertes Buch über Bekleidung in der Reformationsära veröffentlicht – also eben über die Dekoration des Körpers. Theologen waren gegenüber dieser Dekoration und ihrer Bedeutung sehr befangen[26] und Obrigkeiten unterstrichen immer wieder ihre *sumptuary laws*, also die Aufsicht auf alles und Regelung von allem, was den Untertanen christlich und rang-betreffend anzuziehen und zu verzehren erlaubt war. Ein außerordentliches Beispiel für die Zusammenfügung religiöser Änderungen und kultureller Evolution, auch für die Wahrnehmung und Interpretation von Landschaften, ist das anerkannte Buch der Australierin Alexandra Walsham[27].

Unsere Fachkollegen an den theologischen Seminaren sind von den Trends in unserem Fach nicht unberührt geblieben. Ein weniger bekanntes Beispiel von interdisziplinärer Forschung ist Scott H. Hendrix's Arbeit über Familienverhältnisse im Zuge von Luthers Hervorheben der Pfarrerehe und Haushaltskirche. Hendrix, der bei Heiko Oberman an der Tübinger Universität promoviert hatte, hatte seine Seminarstelle zunächst freiwillig verlassen, um eine Praxis für Familientherapie zu führen. Er orientierte sich zur „Contextual Family Therapy", die ursprünglich von dem ungarischen Theoretiker Ivan Böszörményi-Nagy formuliert wurde. Hendrix's Anlehnung an die Familientherapie und seine Originalität – davon bin ich überzeugt – haben dazu beigetragen, dass er einen Ruf an das Princeton Theological Seminary erhielt, wo er die Familienlehre Luthers und seiner Nachfolger neu betrachten konnte. Hendrix beschreibt den lutherischen Hausvater, zum Beispiel dessen Rolle in Hochzeitspredigten und anderer Literatur, die den männlichen Laien eingeschärft wurde, als mit einer beträchtlich neuen Bürde an Verantwortlichkeit belastet[28].

---

[26] *Ulinka Rublack*, Dressing Up: Cultural Identity in Renaissance Europe (Oxford, UK 2010), zur Reformation bes. 85–108. Dieses Buch hat 2011 den Roland H. Bainton Prize für Geschichte und Theologie gewonnen.
[27] *Alexandra Walsham*, The Reformation of the Landscape: Religion, Identity, and Memory in Early Modern Britain and Ireland (Oxford 2011); das Buch erhielt folgende Auszeichnungen: joint winner of the Wolfson History Prize 2011; winner of the American Historical Association's Leo Gershoy Award 2011; winner of the Sixteenth Century Studies Conference Roland H. Bainton Prize 2011. Walsham ist Professor of Modern History an der Cambridge University.
[28] *Scott H. Hendrix*, Masculinity and Patriarchy in Reformation Germany, in: *ders., Susan C. Karant-Nunn* (Hrsg.), Masculinity in the Reformation Era, Sixteenth Century Essays and Studies 83 (Kirksville, MO 2008) 71-91.

V. Die katholische Reformation

Eine Charakteristik der englischsprachigen Wissenschaft ist, dass sie die katholische Reformation bzw. die Gegen-Reformation als Teil einer größeren Bewegung in Richtung geistlicher und ekklesiastischer Reform einschließt. Ohne Zweifel haben Ernst Walter Zeeden und andere eine wichtige Rolle für das Aufzeigen erhaltener katholischer Aspekte innerhalb des Luthertums gespielt. Bei Weitem wichtiger ist aber die Teilhabe an der Reformationsgeschichte von Kollegen, die ihren Ursprung in Katholizismus haben oder die Mitglieder der katholischen Kirche sind: Father Robert Bireley, Thomas A. Brady Jr., Father John Patrick Donnelly, Trevor Johnson, Emmet McLaughlin, Raymond Mentzer, William David Myers, Father John O'Malley, Robert Scribner, James D. Tracy und Father Jared Wicks sind bloß einige der Namen, die mir einfallen. Manchmal ist die katholische Herkunft spürbar (und manchmal nicht), dies ist aber auch bei einigen protestantischen Forschern der Fall. Wir lesen die Bücher und Aufsätze voneinander und wir kommen regelmäßig auf Konferenzen zusammen. Katholiken haben oft als Präsidenten der Society for Reformation Research gedient, wie wieder seit dem 1. Januar 2014, als R. Emmet McLaughlin das Amt übernahm. Unabhängig von jeglicher persönlicher religiöser Haltung haben katholische Wissenschaftler protestantische Themen erforscht und umgekehrt[29]. In der Regel erkundigen wir uns nicht nach dem Glauben unserer Kollegen und nur durch Zufall erfahren wir ihn, wie bei dem Tod von Robert Scribner. Beachtenswerte Studien über katholische Territorien und Gemeinden im Heiligen Römischen Reich sind, unter vielen anderen, jene von Marc R. Forster, David Myers und Trevor Johnson[30].

Die Intensität, mit der die Gründer der Reformation wie Martin Luther und vor allem Johannes Calvin den katholischen Glauben und Ritus verurteilten und das Fortleben dieser Haltung mindestens bis in das 19. Jahrhundert hat die Überzeugung gefördert, dass die protestantische Reformation wenig mit dem frühneuzeitlichen Katholizismus gemein hatte. Aber Heinz Schilling und Wolfgang Reinhard haben in ihren Studien in katholischen wie in protestantischen Ländern die Entschlossenheit aufgezeigt, eine Frömmigkeitskultur einzuführen und/oder zu verstärken. Meiner Meinung nach hat die englischsprachige Wissenschaft weniger Zurückhaltung geübt der katholischen Seite des Hauptbuchs nachzugehen und diese Unternehmung *bona fide* Reformationsforschung zu nennen.

---

[29] E. McLaughlin ist für seine Forschung zu Kaspar Schwenkfeld bekannt.
[30] *Marc Forster*, The Counter-Reformation in the Villages: Religion and Reform in the Bishopric of Speyer, 1560–1720 (Ithaca, NY 1992); *W. David Myers*, Poor, Sinning Folk: Confession and Conscience in Counter-Reformation Germany (Ithaca, NY 1996); *Trevor Johnson*, Magistrates, Madonnas, and Miracles: The Counter-Reformation in the Upper Palatiate (Farnham, UK, Burlington, VT 2009).

VI. 1983 – Luthers 500. Geburtstag

Der „Sechste Internationale Kongress der Lutherforschung" war ein Wendepunkt in vielerlei Hinsicht. Der Gastgeber war die ostdeutsche Regierung, welche sich in dieser Rolle gezwungen sah, westdeutsche Wissenschaftler in ihr Territorium einzulassen und dies mit der größten Bereitwilligkeit, die man bisher beobachtet hatte, auch wenn man den 450. Jahrestag des Deutschen Bauernkriegs in Betracht zieht. Als Vorbereitung für dieses Gedächtnis an einen Mann, den die Regierung der DDR offiziell als Verräter der Interessen des gemeinen Mannes zugunsten der feudalen Prinzen behandelt hatte, ließ sie jetzt den Reformator zum „Held der deutschen Nation"[31] aufwerten. Nichtsdestoweniger waren auf der ostdeutschen Seite kaum staatlich beaufsichtigte Parteihistoriker auf dem Programm zu finden – als Hauptausnahme kann ich Günter Vogler nennen[32]. Andere waren als Teilnehmer an Sektionen während des Kongresses anwesend. Das allgemeine Thema des Kongresses war „Martin Luther 1483-1983: Werk und Wirkung", welches ein Fundament für sozialgeschichtliche wie auch theologische Beiträge bildete. Das Programm spiegelte Trends in der Geschichtswissenschaft wider, was vor allem bedeutete, die Denker in ihrem vielseitigen weltlichen Kontext abzubilden. Keineswegs war dies ausschließlich das Resultat der ideologischen Überzeugung der Parteiführer. Historiographisch gesehen war es unentbehrlich Juden, Bauern und Frauen ins Programm einzubeziehen, aber diese wurden den Sektionen zugeteilt und erhielten deshalb die kürzeste Erwähnung im gedruckten Bericht. In einer Sektion über Martin Luther und die Frauen, geleitet von Jane Dempsey Douglass, habe ich einen Aufsatz über Luthers Meinung zur weiblichen Sexualität gelesen, was früher bestimmt nicht freundlich aufgenommen worden wäre. Aber bis 1983 hatten anthropologische Einflüsse Themen wie Sexualität, Ritual, Emotion und Körper in der Reformation nicht nur zulässig, sondern sogar wünschenswert gemacht.

Wenn wir heute die Hauptvorträge dieses Kongresses lesen, spüren wir die ersten Veränderungen, die heute noch weiter entwickelt und deshalb ringsum sichtbar sind. Lewis Spitz spricht Luther als Mensch an – aber er meint doch die Abstraktion des Menschseins gegenüber der Göttlichkeit der himmlischen Majestät[33]. Er untersucht nicht Luthers persönliche Existenz, wie wir es heute tun. Wenn George Forell über Luther und Kultur schreibt, meint er nicht die dauerhaften Effekte des Reformators für die Selbstdefinition des abendländischen Menschen, sondern seine Beziehungen zur hohen Kultur, einschließlich zum Curriculum in

---

[31] Als Kontrast die zwei Ausgaben der kurzen Lutherbiographie von *Werner Fläschendräger*, Martin Luther (Leipzig ¹1967, ²1982, 1984, 1989).
[32] Siehe *Joachim Rogges* Anerkennung ihrer Gegenwärtigkeit in seinen Eingangsworten, reproduziert in: Lutherjahrbuch 52 (1985) 19. Ebenso Adolf Laube und Gerhard Brendler, vgl. hierzu den Beitrag von Peter Blickle in diesem Band.
[33] *Spitz*, Der Mensch Luther, in: Lutherjahrbuch 52 (1985) 23-45.

den Schulen und zur Musik[34]. In seinem Kommentar weist Johannes Wallmann genau darauf hin[35]. Mehr als andere Redner hat Thomas Brady spätere anglophone Entwicklungen angedeutet, mit seinem Ruf, drei historiographische Mauern, die uns von Luther getrennt haben, abzureißen und den Reformator zurück in seine Umgebung des 16. Jahrhunderts zu setzen. Dort ist er, sagt Brady, weder mittelalterlich noch modern. Obwohl er Luther als Ideengenerator ansieht, will er diese Ideen von Luthers Erlebnissen nicht trennen. Brady stellt beides vor und lässt wichtige Trends in der historischen Wissenschaft seiner Heimat erahnen[36].

VII. Die Zukunft

Eine neue Richtung unter Reformationshistorikern macht sich heute bemerkbar: Die Ausstrahlung der reformgesinnten Kleriker und Laien, Katholiken wie Protestanten, in die Welt wird untersucht. Dieses Thema ist in einem Sinne nicht neu. Denn zum einen war das Programm des Archivs für Reformationsgeschichte/ Archive for Reformation Research seit der Neugestaltung dieser für die Reformationsforschung weltweit führenden Zeitschrift durch Gerhard Ritter in den 1950er Jahren darauf ausgerichtet, „die Weltwirkungen der Reformation" zu erforschen. Und zum anderen folgten Historiker seit langem den katholischen Missionaren, v. a. aus der Gesellschaft Jesu und dem Franziskanerorden nach Asien und Südamerika. Der Schwerpunkt „World History" an nordamerikanischen Universitäten und Colleges kommt mit frühneuzeitlichen Religionsstudien zusammen und versucht aufzuzeichnen, wie auch Lutheraner und Calvinisten schon im 16. Jahrhundert anfingen, ihre Überzeugungen zu verbreiten. Die Society for Reformation Research hatte auf ihrer jährlichen Konferenz im Oktober 2013 eine Diskussionsrunde zum Thema „Expanding the Reformation: Global and Transregional Contexts". Der große Saal war gefüllt und nicht nur die Panelmitglieder sondern auch viele Zuhörer haben sich enthusiastisch geäußert[37]. Ein weiteres Zeichen dieses Trends: Der Herausgeber der *American Historical Review* teilte den Mitgliedern der American Historical Association in einem Newsletter über den nächsten Zeitschriftenband (Dezember 2013) mit, dass die Zeitschrift einen Artikel zu „Huguenot refugees beyond Europe" enthalten wird[38]. Stellenausschreibungen zeigen Ähnliches auf: Geschichtswissenschaftliche Fakultäten suchen junge Wissenschaftler, die sich mit der Verbreitung von Europäern, auch protestantischen

---

[34] *Forell*, Luther and Culture, in: Lutherjahrbuch 52 (1985) 152-182.
[35] *Wallmann*, Luther und die Kultur, in: Lutherjahrbuch 52 (1985) 190.
[36] *Brady*, Luther and Society, in: Lutherjahrbuch 52 (1985) 197-212.
[37] Sektionsleiterin war Merry Wiesner-Hanks, die heute fast ausschließlich über Weltgeschichte unterrichtet und schreibt. Panelmitglieder waren Carina L. Johnson, Charles H. Parker, Ulrike Strasser, Christine Johnson und David Boruchoff.
[38] *Robert A. Schneider*, What's in the December *AHR?*, in: Perspectives on History: The Newsmagazine of the American Historical Association 51, 9 (December 2013) 18, beschreibt *Owen Stanwood*, Between Eden and Empire: Huguenot Refugees and the Promise of New Worlds, o. S.

Europäern, in die Welt, als Begleitungsphänomen zum Kolonieaufbau befassen. Die Religionen in ihrem ursprünglichen Zuhause werden verhältnismäßig langweilig!

VIII. Schlussfolgerungen

1. Innerhalb der englischsprachigen Welt wurde Reformationsgeschichte immer weiter in die geschichtswissenschaftlichen Fakultäten integriert. Von den Wissenschaftlern wird erwartet, dass sie sich den Wissens- und Übungsstandard der Disziplin als Ganzer anpassen und daran messen lassen. „Kirchengeschichte" als getrenntes Fach hat außerhalb der theologischen Seminare an Bedeutung verloren.
2. Verwandte Themen von Gesellschafts- und Genderstudien finden fast überall Beifall.
3. Im Allgemeinen erwartet und unterstützt die englischsprachige Wissenschaftslandschaft das Aufnehmen von Perspektiven und Methoden aus anderen Disziplinen.
4. Forscher über frühneuzeitliche protestantische, katholische und jüdische Themen betrachten sich als Mitarbeiter eines gemeinsamen Unternehmens. Sie sind Mitglieder derselben wissenschaftlichen Gesellschaften, haben offizielle Stellen inne und kommen häufig zusammen.
5. Die Auswirkungen von 1968 auf die anglophone Historiographie, das sehe ich jetzt, waren viel größer als jene von 1983. Obwohl die Arbeit des Seminars über Martin Luther und die Frauen mich beeinflusste, war die Erfurter Konferenz als Ganze nur eine Geste in Richtung der neuen sozialen und kulturellen Strömungen. Ihr größeres Erbe wäre eine Untersuchung des Verhältnisses zwischen den ost- und westdeutschen evangelischen Kirchen gewesen, wenn die Wende sie nicht völlig umgeordnet hätte.
6. Momentan betonen nordamerikanische Universitäten und Colleges weltgeschichtliche und komparative Themen, auch im Bezug auf die Reformation.

Veränderung kann auch Spannungen mit sich bringen. Ab und zu drücken konfessionelle Kollegen ihre Unzufriedenheit aus. Unter unseren englischsprachigen Zeitgenossen haben insbesondere zwei Wissenschaftler ihrer Opposition Ausdruck verliehen. Steven Ozment hat den Gebrauch von „the theories of some nineteenth-century psychologist or twentieth-century anthropologist" verurteilt; er besteht darauf, dass die archivalischen Dokumente für sich sprechen und ihre Bedeutung klar und zuverlässig sei[39]. Vor kurzem sehnte sich Brad Gregory in einem langen und gelehrten kritischen Ausfall nach der Wiederkehr des spätmittelalterlichen „wahren" (katholischen) Christentums. Meiner Meinung nach und

---

[39] *Ozment*, The Behaim Boys: Growing Up in Early Modern Germany (New Haven, CT 1990) xii.

abgesehen von seiner energischen Verleugnung, gab er für alles Übel der modernen Welt der protestantischen Reformation die Schuld[40], dennoch sollte jeder Kollege sich mit diesem wichtigen Werk auseinandersetzen. Zeitgleich mit seiner negativen Äußerung über die Reformation ist er einer der zwei nordamerikanischen Mitherausgeber des Archivs für Reformationsgeschichte! Diese Tatsache ist Zeugnis der gemeinsamen Identität der katholischen und protestantischen Reformationshistoriker in der englischsprachigen Welt.

Summary

Over the last two generations, certain general differences have arisen among those who investigate the Reformation in English-speaking lands and their colleagues on the European Continent. In the former, Reformation specialists are thoroughly integrated into multi-faceted history departments at secular colleges and universities, where they are exposed to the full range of geographic and theoretical scholarship. Fewer teach at theological seminaries. In Europe, most colleagues work in Protestant theological seminaries and continue to reflect some confessional commitments. This essay notes the impact made in the Anglophone setting by major professional shifts: the preference for social historical topics, the women's movement, cultural history with its reliance on theories drawn from other disciplines, the inclusion of Catholicism within Reformation studies, and the increasing tendency to focus on Protestant and Catholic efforts to convert the extra-European world. The underlying premise is that better understanding of our contrasting environments will facilitate our cooperation.

---

[40] *Brad S. Gregory*, The Unintended Reformation: How a Religious Revolution Secularized Society (Boston, MA 2012).

Wolfgang Reinhard

Reformation 1517/2017
Geschichtswissenschaft und Geschichtspolitik
Schlussgedanken

Geschichtswissenschaft hat eine vertrackte Ähnlichkeit mit der Müllabfuhr, denn auch sie lebt vom Recycling. Wir sammeln ein, was von der Geschichte übrig geblieben ist, oft genug schon vorsortiert von Archivaren, Bibliothekaren und Editoren, wie man nicht genug betonen kann[1]. Zusammen mit den Produkten unserer fachlichen Vorgänger bearbeiten wir es, um etwas brauchbares Neues daraus zu machen. Was als brauchbar gelten darf, entscheiden allerdings die Herrinnen und Herren der Diskurse, zunächst diejenigen, die den gedächtnispolitischen Kurs vorgeben, in unserem Fall die evangelische Kirche, notabene zwar „in Deutschland", aber mit dem weiterreichenden Anspruch: Wir machen Weltgeschichte[2]. Immerhin hat sich auch der Lutherische Weltbund zur Mitwirkung an der Luther-Dekade entschlossen[3]. Zusätzlich geben in der Wissenschaft diejenigen Historiker und Theologen den Ton an, von denen die jeweilige Fachkultur kontrolliert wird. Drittens kommen unsere bewussten oder unbewussten individuellen Vorlieben ins Spiel, die wir unserer Sozialisation verdanken. Ich zum Beispiel halte nichts von einer Memorialkultur, in der ein Gedenkjahr mit aufwändigen Veranstaltungen und Ausstellungen das andere jagt und dazu noch mit zeitlich parallel laufenden konkurrieren muss.

Im Falle Luther ist es nun überaus aufschlussreich, was wann wem als brauchbar erschien und erscheint, anspruchsvoller ausgedrückt, was das deutsche kulturelle Gedächtnis jeweils über ihn gespeichert hat. So war angeblich das Kraftwort *Einem verzagten Arsch entweichet kein wackerer Furz* 1967 der beliebteste Luther-Wandspruch. Nun weisen die Luther-Register zwar zahlreiche Einträge unter *Furz* auf, aber der betreffende Kernspruch ist nicht darunter[4].

---

[1] Vgl. hierzu den Beitrag von Natalie Krentz.
[2] So hat Heinz Schilling das Anliegen in der Diskussion trefflich auf den Punkt gebracht.
[3] Einschlägige Bürgerinitiativen und die staatliche Beteiligung, auf die in der Diskussion hingewiesen wurde, spielen zumindest in den Medien kaum eine Rolle.
[4] WA Tischreden, Bd. 6 (Weimar 1921) 668 Register unter *Sprichwörter*; WA 70, Deutsches Sachregister, Bd. 2 (Weimar 2003) 258.

Nicht anders als beim groben Luther ergeht es uns beim gemütvollen. Die Luther-Register haben zwar diverse Einträge unter *Apfelbaum*[5], aber Luther hat dennoch nie behauptet, er beabsichtige ungeachtet des bevorstehenden Weltuntergangs noch rasch einen solchen zu pflanzen. Der maßgebende Apfelbaumspezialist meint, das hätte sowieso nicht seinem Verhältnis zur Welt und zum jüngsten Tag entsprochen. Dieser Spruch ist 1944 zum ersten Mal nachzuweisen und wurde 1950, als das deutsche Gemüt immer noch trostbedürftig war, bei einer Tagung von Hanns Lilje und Gustav Heinemann so wirkungsvoll propagiert, dass er in die Medien geriet und 1958/59 in Baden-Württemberg Abitursaufsatzthema wurde. Sogar Gottfried Benn wurde dadurch zu herzigen Versen angeregt, in denen er zu dem Schluss gelangte:

Dann war er wirklich ein sehr großer Mann,
den man auch heute nur bewundern kann.

Quod erat demonstrandum![6]

Doch wenn wir von diesen Rändern des Phänomens Luther zum Kern und zunächst zum Jubiläumsdatum selbst vorstoßen, ergeht es uns ähnlich. Zwar wurde am 31. Oktober 2013 in der Tagesschau der ARD immer noch darauf hingewiesen, dass Luther an diesem Tag seine Thesen an der Tür der Schlosskirche zu Wittenberg angeschlagen habe. Aber in dem neu erschienen Buch von Uwe Wolff, Iserloh. Der Thesenanschlag fand nicht statt (Basel 2013) ist das Schlusswort eines evangelischen Kirchenhistorikers zu lesen, das ebenfalls mit der plakativen Feststellung endet: *Ein Thesenanschlag fand nicht statt.* In unserem Zusammenhang hat dieser Kirchenhistoriker dann die zunehmende Monumentalisierung Luthers weiter verfolgt, die auf dem angeblichen Thesenanschlag aufbaut[7]. Trotz Georg Rörer scheint Erwin Iserloh also mit seiner zuerst 1962 aufgestellten These recht zu behalten. Freilich, ihm erschien diese quellengestützte Einsicht vor allem brauchbar für sein Lutherbild im Sinne der Lortz-Schule, nach dem der Reformator im Grunde ein urkatholisches Anliegen vertrat und nur durch das Versagen und die unangemessene Reaktion der Bischöfe in die Glaubensspaltung getrieben wurde. Auf der anderen Seite erfolgte die Verteidigung des Mythos vom Hammer schwingenden Pater Martin ebenfalls mit solider Quellenarbeit, aber eben vor allem durch evangelische Theologen.

Denn ein Mythos steht nicht im kontradiktorischen Gegensatz zur Wirklichkeit, aber er reduziert ihre Komplexität durch eine geschlossene einfache Erklärung. Er nimmt dem Menschen dadurch die Angst vor der Kontingenz des Daseins, weil er Sicherheit durch Sinnerfindung schafft. Stabilisiert werden Mythen durch Rituale, die in höchst wirkungsvoller Weise Identität stiften[8]. Stabilisiert werden Mythen aber auch durch die Wissenschaft, die, wie gesagt, Brauchbares

---

[5] WA 69, Deutsches Sachregister, Bd. 1 (Weimar 2001) 143.
[6] *Martin Schloemann*, Luthers Apfelbäumchen? Ein Kapitel deutscher Mentalitätsgeschichte seit dem Zweiten Weltkrieg (Göttingen 1994).
[7] Vgl. hierzu den Beitrag von Volker Leppin.
[8] Vgl. hierzu den Beitrag von Natalie Krentz.

produzieren und dabei selbstverständlich Geschichtsmythen bedienen muss. Verwerflich wäre das nur, wenn es gegen besseres Wissen geschähe. Aber wissenschaftliches Wissen orientiert sich in der Regel ganz ehrlich und nur zu gerne an etablierten Mythen. Freilich könnte der Mythos auch zur Herausforderung für den rationalistischen Logos der Wissenschaft werden, der selbst keinen Sinn dieser Art stiften, wohl aber mythische Sinnstiftung dekonstruieren will. Weil der nach-aufklärerische Mensch seiner „selbstverschuldeten Mündigkeit" nicht mehr entfliehen kann, hat er das Bedürfnis, auch geheiligte Mythen wie Luther rational zu dekonstruieren. Dieser Impuls lässt sich zwar ebenfalls als mythologisch denunzieren, ist aber damit nicht zu erledigen. Auf dem Flyer unserer Tagung heißt das, mit foucaultscher „Archäologie" die zahlreichen Schichten abzutragen, die fünfhundert Jahre Geschichte auf den historischen Luther aufgetragen haben.

Es sieht nämlich ganz so aus, als erstrecke sich die Luther-Mythologie über die Proklamation seiner Thesen hinaus auch auf den Kern seiner Theologie einerseits und seine weltgeschichtliche Bedeutung andererseits. Hatte der streitbare katholische Lutherbiograph Heinrich Denifle vielleicht doch recht, wenn er als hervorragender Kenner der mittelalterlichen Theologie behauptete, Luthers Rechtfertigungslehre sei eigentlich gar nicht neu? Immerhin hat der gut evangelische, wenn auch nicht lutherische Theologe Heiko Augustinus Obermann das Seinige zur Nivellierung der Einzigartigkeit Luthers beigetragen. Er hat ihn in die spätmittelalterliche Theologie eingeordnet und unter anderem befunden, dass *sola scriptura* bereits *das grundlegende Prinzip der scholastischen Disputationstradition* gewesen sei[9]. Immerhin gilt heute die Rechtfertigungslehre des Konzils von Trient auch Evangelischen als anschlussfähig. Und die *Lutherisch/Römisch-Katholische Kommission für die Einheit* des Lutherischen Weltbundes und des römischen Einheitssekretariats hat in diesem Jahr unter dem (bezeichnenderweise englischen) Titel *From Conflict to Communion. Lutheran-Catholic Commemoration of the Reformation in 2013* ein umfangreiches Papier herausgebracht, in dem ohne Verschweigen der verbleibenden Differenzen doch eine beträchtliche theologische Annäherung festgestellt wird. Außerdem wird dazu aufgerufen, das Gemeinsame und nicht mehr das Trennende zu betonen und erstmals das Reformationsjubiläum gemeinsam zu feiern[10]. Allerdings ist damit eine Gemeinsamkeit des Glaubens oder auch nur der Hoffnung gemeint und keine kulturelle wie einst beim Jubiläum von 1817[11].

Ganz davon abgesehen, dass man gespannt sein darf, wie der gewöhnliche katholische Klerus auf diese freundliche Aufforderung reagieren wird, hat diese Entwicklung nichts mehr mit dem historischen Luther zu tun. Denn der ökumenische Luther ist ebenfalls ein Mythos. Karl August Meissinger meinte 1952 mit

---

[9] *Heiko Augustinus Obermann*, Zwei Reformationen: Luther und Calvin – neue und alte Welt (Berlin 2003) 71.
[10] Nach der italienischen Ausgabe: Il Regno, Supplemento, Documenti n. 11 (Venezia, 1 giugno 2013).
[11] Vgl. hierzu den Beitrag von Dorothea Wendebourg.

seinem damals viel beachteten Buch *Der katholische Luther* nämlich nur den jungen Luther, auf den sich auch der Ökumeniker Iserloh bezog. Ungeachtet verbleibender Gemeinsamkeiten war für den reifen Luther das Tischtuch mit der römischen Theologie definitiv zerschnitten. Jede Anbiederung an den päpstlichen Antichrist hätte er als *Leisetreterei* zutiefst verabscheut. Infolgedessen muss sich Luther nebenher zur Legitimierung von allerhand anti-katholischer evangelischer Praxis benutzen lassen, für die er ganz und gar nicht verantwortlich ist: die Abschaffung des Kreuzzeichens und der Ohrenbeichte, die Verwerfung der Marienverehrung und der Bilder in der Kirche.

Mit den theologischen Luthermythen eng verschränkt und möglicherweise noch wirkungsvoller sind die politischen. Selbst der Mythos des deutsch-nationalen Luther ist keineswegs verblichen. Auch wenn Luther nicht mehr wie einst als Urheber der hochdeutschen Sprache gilt, so lebt der nationale Mythos doch in der Generalperspektive der deutschen Forschung weiter, die mittels Fokussierung auf Luther Reformation und Protestantismus zu einer deutschen Leistung und geradezu zum deutschen Eigentum macht, was in anderen Ländern keineswegs ebenso selbstverständlich ist[12]. Früher wurde er in diesem Sinn für den sozialistischen Staat deutscher Nation in Anspruch genommen, wenn auch intern nicht unwidersprochen[13]. Neuerdings macht man ihn zum Ahnherrn des deutschen Föderalismus und damit zum *deutschen Genius für Europa*[14].

Wichtiger ist derzeit freilich eine andere Sicht der Dinge, die von Heinz Schilling in seinem Lutherbuch gekonnt vertreten wird. Danach war Luther nicht etwa der erste Aufklärer, wie es Theologen des 18.–20. Jahrhunderts wollten, sondern ist vielmehr mittels der nicht-intendierten Nebenwirkungen seines theologischen Handelns indirekt zu einem Urheber der kulturellen Differenzierung Europas und damit der Moderne geworden. Im Gegensatz zu früher würde ich heute den Protestanten ihren Modernitätsvorsprung neidlos lassen, allerdings aus anderen Gründen als Max Weber. Denn ich möchte den Kausalzusammenhang umkehren. Nicht der Protestantismus hat die Moderne hervorgebracht, sondern die Anläufe zur Moderne den Protestantismus. Das würde auch für parallele proto-moderne Phänomene im Katholizismus gelten, auf die ich schon 1977 hingewiesen habe. Aber die Evangelischen wussten sich auf die Anforderungen der proto-modernen Umwelt besser einzustellen und hatten damit einen evolutionären Wettbewerbsvorteil. Mit Umwelt ist weniger der negative Befund gemeint, dass Rom andere Prioritäten hatte und Luther deshalb aus Versehen Freiraum gewährte[15], als der positive der überaus günstigen Rahmenbedingungen in Deutschland: der allgemeine Reformbedarf, das kritische Potential des Humanismus, die politischen Machtinteressen an einer Fremdreform der Kirche sowie die Bereitschaft, sich

---

[12] Vgl. hierzu den Beitrag von Susan C. Karant-Nunn.
[13] Vgl. hierzu den Beitrag von Thomas A. Brady Jr..
[14] Vgl. hierzu den Beitrag von Georg Schmidt.
[15] Vgl. hierzu den Beitrag von Götz-Rüdiger Tewes.

einer solchen zu unterwerfen[16]. Das politische „Mehrebenenreich" erwies sich als Glücksfall für Luther[17]. Auch bei dem gegen seine Absicht modernisierenden Luther handelt es sich also um eine vereinfachende Umgruppierung von Sachverhalten eindeutig mythologischen Charakters.

Zum Luther-Mythos gehört freilich nicht nur, was Wissenschaft und Politik für ihre jeweiligen Zwecke Brauchbares aus ihm gemacht haben, sondern auch, was sie als unbrauchbar verschweigen. Auch so entstehen historiographische Ablagerungen. Um noch einmal Oberman zu zitieren:

Die Tradition der Ausblendung bestimmter Meinungen durchdringt und beeinflusst die Forschung jedoch nach wie vor. Der gesamte Bereich verdankt seine Entstehung und sein gegenwärtiges Ansehen der Kunst der Verheimlichung [...] Auf welche Weise die eigentliche Wahrheit in einem Großteil der Historiographie zur Reformation durch Mythen erstickt wurde.[18]

Vor allem hat nicht nur Oberman darauf hingewiesen, dass der harte Kern von Luthers prophetischer Botschaft in radikaler und für die Welt völlig unbrauchbarer Eschatologie bestand, wohingegen die herrschende Lehre uns einen enteschatologisierten und damit zur Brauchbarkeit zurechtgestutzten Luther präsentiert. Nur die Naherwartung des Jüngsten Tages erklärt seine Vorstellung von der Omnipräsenz Satans und von dem Auftreten des Antichrist in der Kirche einerseits, seine bemerkenswerte Gleichgültigkeit gegenüber institutionellen Regelungen in Politik und Kirche andererseits, etwa auch den Rückgriff auf die Fürsten als „Notbischöfe". Institutionengeschichtlich war deswegen nicht Luther der evangelische Kirchengründer, sondern Calvin. Aber diese Sicht der Dinge war für deutsche protestantische Kirchenpolitik kaum brauchbar.

Luther kämpfte den Endkampf gegen den Teufel in der Kirche, wobei das Furzen eine große Rolle spielte. Aber nicht nur dieses amüsante Detail wird verschwiegen, sondern auch, dass seine Teufelsfurcht mit einem kräftigen Aberglauben Hand in Hand ging. Zum Beispiel hielt er behinderte Kinder für vom Teufel unterschobene Wechselbälger, die man umbringen müsse (eine Tatsache, mit der ich vor Jahren einen Pfarrer mit einer behinderten Tochter zu meinem Kummer schwer erschüttert habe)[19]. Das macht ihn freilich ebenso wenig zum Urheber der deutschen Euthanasie wie ihn seine Judenschriften verantwortlich für den deutschen Holocaust gemacht haben.

Aber mit dem angsterfüllten Kampf gegen Satan legitimierte er auch seinen Hass, denn Luther war ein großer Hasser. Er hasste und verfolgte Karlstadt und Müntzer, die Täufer und die Bauern, die Juden und die Türken, von den Papisten ganz abgesehen. Dieser Hass war umso heftiger, wo er enttäuschter Liebe entsprang, der Enttäuschung über ehemalige Anhänger oder der Enttäuschung über die Verweigerung der Bekehrung, die in der Endzeit eigentlich fällig war, seitens

---

[16] Vgl. hierzu die Beiträge von Eike Wolgast und Silvana Seidel Menchi.
[17] Vgl. hierzu den Beitrag von Georg Schmidt.
[18] *Oberman*, 9f.
[19] WA Tischreden, Bd. 2 (Weimar 1913) 503f., Nrn. 2528b, 2529a; Bd. 4 (Weimar 1916) 357f., Nr. 4513; Bd. 5 (Weimar 1919) 8f., Nr. 5207.

der zunächst umworbenen Juden. Sein Verhältnis zu den Juden war zuletzt *von menschenverachtendem Hass gespeist*[20]. Das Jahr 2013 im Rahmen der Luther-Dekade zum Jahr der Toleranz zu proklamieren, berührt daher etwas merkwürdig.

Luther war ein leidenschaftlicher Mensch und insofern alles andere als ein angenehmer Zeitgenosse. Natürlich ist es nicht Aufgabe von Propheten, ob selbsternannt oder nicht, angenehme Zeitgenossen zu sein. Aber Luther war offensichtlich ein Egozentriker, notabene damit jedoch kein Egoist, sondern im Grunde gutmütig. Aber seine Botschaft entsprang seiner ganz persönlichen Sorge um sein ganz persönliches Seelenheil und wurde mit gnadenloser Rechthaberei vertreten, möglicherweise weil sich Luther bis zuletzt seiner Sache nie völlig sicher war. Vielleicht bestanden seine ständigen Anfechtungen in dieser Unsicherheit und mussten deswegen hermeneutisch wie lebenspraktisch mit gläubiger Gewalttätigkeit überwunden werden. Gewiss, Calvin war nicht weniger unerbittlich. Aber er nahm die Dinge weniger persönlich, so dass wir über seine persönliche religiöse Erfahrung im Gegensatz zu Luther wenig wissen.

Ursprünglich hatte, etwas übertrieben ausgedrückt, jede Stadt ihren eigenen Reformator und ihr eigenes Evangelium, wobei sich unter diesen Leuten immerhin Koryphäen wie Martin Butzer befanden. Doch auf die Dauer wurden sie alle entweder ausgegrenzt wie die Schweizer oder lutherisch gemacht, nach dem Motto: *Entweder müssen sie Satanspfaffen sein oder wir*[21]. Denn für Luther gab es nur ergebene Hörer und Schüler. So wird Kirche gegründet. Denn trotz Selbststilisierung zum unabhängigen Geist war Luther auch ein begnadeter Netzwerker und geschickter Politiker mit gesundem Machtinstinkt, der sich überaus geschickt der ständischen Reichsverfassung anpasste und im richtigen Augenblick auf obrigkeitliche Reformation umstellte[22].

Sogar Melanchthon hatte seine Probleme mit Luther, was erst mit der neuen Briefausgabe richtig deutlich wird. Denn damit wird die Kritik an den frommen Fälschungen in den vorsorglich auf Griechisch geschriebenen Briefen Melanchthons durch Joachim Camerarius nicht länger katholischen Polemikern überlassen. Nicht nur, dass Luthers Heirat sich darin weniger edel ausnimmt, als sie üblicherweise dargestellt wird[23]. Gegen Ende hatte sogar Melanchthon genug und war entschlossen, Wittenberg zu verlassen. Luthers Wortgewalt war für ihn zur groben Schimpferei verkommen, sein heiliger Eifer zum ungezügelten Jähzorn und zu überflüssiger Geschäftigkeit, die sich überall einmischte und unnötige Konflikte erzeugte. Aber ein letztes „Verhör" auf Rechtgläubigkeit durch den Meister fiel gnädig aus, so dass Melanchthon Wittenberg erhalten blieb[24].

---

[20] Vgl. hierzu den Beitrag von Thomas Kaufmann.
[21] WA Briefe, Bd. 3 (Weimar 1933) 605: *alter utros oportet esse Sathanae ministros, vel ipsos, vel nos*.
[22] Vgl. hierzu den Beitrag von Georg Schmidt.
[23] *Heinz Scheible*, Melanchthon und die Reformation (Mainz 1996) 7f. Ich danke Matthias Dall'Asta für den Hinweis auf diese Stelle.
[24] Dazu *Christine Mundhenk*, Zwischen Würdigung und Kritik. Melanchthons Äußerungen über den alten Luther (Vortrag der Verfasserin am 20. September 2013, dessen Manuskript mir Frau Mundhenk freundlicherweise zur Verfügung gestellt hat).

Entweder müssen sie Satanspfaffen sein oder wir, das klingt für mich so ähnlich wie: *Wer anders denkt als ich, muss entweder böswillig oder dumm sein* – das bekannte Glaubensbekenntnis des deutschen Professors, das bereits Ludwig Thoma wundervoll karikiert hat[25]. Doch im Ernst: war Luther der Prototyp des rechthaberischen und den dummen Rest der Welt belehrenden deutschen Professors? Denn die deutsche Universität und ihre Wissenschaft gelten ja als protestantisches Produkt. Selbst Heidegger war ohne Luther nicht denkbar. Bereits der exkommunizierte Katholik Ignaz von Döllinger schrieb 1872 über Luther:

[...] er hat [...] dem deutschen Geiste das unvergängliche Siegel seines Geistes aufgedrückt, so daß selbst diejenigen [...] die ihn [...] verabscheuen [...] nicht anders können: sie müssen reden mit seinen Worten, denken mit seinen Gedanken.[26]

1986 wird dieser Mythos dann von Thomas Nipperdey folgendermaßen festgeschrieben:

Alle intellektuellen Modernisierungstendenzen seit der frühen Aufklärung und alle freie wissenschaftliche Reflexion sind darum gerade in der Theologie ausgetragen worden [...], die Moderne hat von den Problemen dieser lutherisch geprägten Theologie gelebt. Die Zunahme der wissenschaftsorientierten Reflexion in der neuzeitlichen Kultur hat hier eine ganz wesentliche lutherische Wurzel [...]. Dass in Deutschland die Professoren eine so führende Rolle gespielt haben und dass es zum Charakter der Deutschen gehört, einen Standpunkt, eine Weltanschauung [...] zu haben, das ist eine Folge dieser lutherischen Kultur.[27]

Infolge der anthropologischen Kehre des reformatorischen Denkens haben solche Thesen zumindest in der Theologie einiges für sich[28], nicht aber im Hinblick auf die ganze deutsche Kulturgeschichte. Denn der Mythos vom lutherischen Charakter der deutschen Universitätsgeschichte und des deutschen Denkens wird inzwischen längst von kundiger Seite in Frage gestellt[29]. Nicht ganz richtig und nicht ganz falsch – abermals eine typische mythenbildende Aussage!

Viel eher könnte ein religiös fundierter Zusammenhang zwischen dem Egozentriker Luther und dem deutschen Individualitätskult bestehen. Zumindest auf den ersten Blick erscheinen einschlägige Beobachtungen durchaus überzeugend. Nicht nur beim obligatorischen Erweckungserlebnis des Pietismus, sondern auch hinsichtlich der deutschen Art der Selbstverwirklichung scheint der Zusammenhang evident zu sein. Weil der Protestant im Sinne Luthers für sein eigenes Heil verantwortlich ist, neigt er dazu,

---

[25] *Ludwig Thoma*, Jozef Filsers Briefwexel (München 1961) 80f.
[26] Nachweis in *Bernd Moeller* (Hrsg.), Luther in der Neuzeit (Gütersloh 1983) 79. Darin steckt freilich zusätzlich noch der inzwischen heruntergefahrene Mythos von Luther als Schöpfer der hochdeutschen Sprache.
[27] *Thomas Nipperdey*, Luther und die moderne Welt, in: ders., Nachdenken über die deutsche Geschichte (München 1986) 38.
[28] Vgl. hierzu den Beitrag von Notger Slenczka.
[29] *Wolfgang E. J. Weber*, Protestantismus, Universität und Wissenschaft. Kritische Bemerkungen zu einer historischen Aneignung (unveröffentlichtes Manuskript, das mir Wolfgang Weber freundlicherweise zur Verfügung gestellt hat).

sich selbst zu beobachten, zu deuten und zu rechtfertigen. Er ist gewissermaßen der geborene Autobiograph. Und weil ihm das Heil durch die Schrift vermittelt wird, lebt er gewohnheitsmäßig vom Text und ist auch aus diesem Grunde geneigt, neue Texte über seine persönliche Geschichte zu produzieren. Eine einschlägige Gattung kennen Sie vermutlich alle, ich meine die weit verbreiteten „Familienrechenschaftsberichte", die viele Zeitgenossinnen und Zeitgenossen zu Weihnachten zu versenden pflegen [...].

Weil aber dem von Luther geprägten Menschentyp letztlich *nur das innere Handeln wichtig ist, wird das äußere abgewertet, kann sogar unterbleiben.* Allenfalls genügt ein Signal, dass man die richtige Gesinnung hat. Womit wir von Luther ausgehend bei der deutschen Betroffenheitskultur angelangt wären[30].

Doch, wie dem auch sei, wenn wir die Schichten von Mythen, die Deutung und Schweigen auf Luther gestapelt haben, konsequent abtragen, was bleibt dann noch übrig außer ein paar belanglosen Banalitäten? Gewiss, es gibt keinen Menschen der Frühen Neuzeit, über den wir soviel Quellen besitzen wie Martin Luther. Aber diese Masse unterlag nicht erst der Mythenbildung durch die Nachwelt. Vielmehr war Luther selbst ein begnadeter Selbstdarsteller, dem alle Medien seiner Zeit zur Verfügung standen. Dazu gehörte auch die Kunst eines Cranachs, obwohl das Verhältnis der beiden heute weniger einseitig gesehen wird als früher[31]. Vor allem konnte er von Erasmus die Kontrolle über die Macht des veröffentlichten Wortes übernehmen und weiter steigern, indem es sich der Volkssprache bediente[32]. Dazu kamen schließlich noch viele beflissene „Eckermänner". So wurde er wie andere Größen der Geschichte zum Begründer seines eigenen Mythos, der beizeiten begann, an seiner eigenen Monumentalisierung zu arbeiten[33]. Es könnte also sein, dass die vorhandenen Quellenmassen trotz ihrer formalen Authentizität die Sachverhalte eher verdunkeln als erhellen.

Endet also die Suche nach dem historischen Luther, die uns aufgetragen wurde, wie die Suche nach dem historischen Jesus? Es gibt zwar umfangreiche Texte über beide, aber nach deren Historisierung und Entmythologisierung durch Quellenkritik bleiben trotz unterschiedlicher Authentizität dieser Texte realhistorisch nicht mehr viele unstrittige Fakten übrig. Das heißt, die Kirchen bleiben unausweichlich auf den kerygmatischen Christus angewiesen und *cum grano salis* auch auf den kerygmatischen Luther. Freilich könnte der Unterschied darin bestehen, dass Christus für das Christentum unentbehrlich ist, Luther aber nicht. Der FAZ-Journalist Reinhard Bingener hat am 23. März 2013 unter dem Titel *Luther und die Deutschen* festgestellt, dass dem Reformator die „Musealisierung" drohe. Wir sahen, dass diese tatsächlich große Fortschritte macht, obwohl immer noch zusätzlicher Bedarf besteht[34]. Doch die evangelische Kirche wolle stattdessen Luther eine möglichst große Bedeutung für die Gegenwart zuschreiben. Deswegen die

---

[30] Wolfgang Reinhard, Die Bejahung des gewöhnlichen Lebens, in: *Hans Joas, Klaus Wiegandt* (Hrsg.), Die kulturellen Werte Europas (Frankfurt a. M. 2005) 265–303, hier 302.
[31] Vgl. hierzu den Beitrag von Ruth Slenczka.
[32] Vgl. hierzu den Beitrag von Silvana Seidel Menchi.
[33] Vgl. hierzu den Beitrag von Stefan Rhein.
[34] Vgl. hierzu den Beitrag von Stefan Rhein.

Luther-Dekade mit dem Namen des Reformators als Etikett. Doch warum tut sie das, wenn unser Christentum wahrscheinlich nicht mehr viel mit Christus und noch weniger mit Luther zu tun hat? Warum macht sie ihre eigene Identität von diesem historischen Heldenmythos abhängig? Ist dieser Mythos überhaupt religiös wie politisch noch hinreichend tragfähig, vor allem, wenn man ihn auf zehn Jahre auswalzt?

Dazu muss dreierlei bedacht werden. Erstens sind Jubiläen heutzutage meistens irgendwo zwischen ehrlicher Musealisierung, die neugierige Touristen anlocken soll, und strategischer Mythologisierung, die Bedeutung vermitteln will, angesiedelt. Dabei ist Personalisierung der bequemste Weg[35]. Zweitens haben die evangelischen deutschen Universitäten und danach das deutsche Luthertum mit dem Reformationsjubiläum 1617 die moderne Jubiläumskultur erfunden[36]. Drittens lehrt nicht nur die Geschichte vom Mythos des Konzils von Trient, wo erstmals 1845 im Zeichen der Bedrohung Roms durch die Moderne eine Jubiläumsfeier stattfand, dass Mythen im Allgemeinen und Jubiläen im Besonderen vor allem anlässlich von Identitätskrisen durch die betroffenen Gemeinschaften und Institutionen geschaffen beziehungsweise veranstaltet werden[37]. Denn auch das erste Reformationsjubiläum 1617 diente der Krisenbewältigung. Gegen die bedrohlich zunehmende papistische Aggression sollte die politische Einheit der Evangelischen sichergestellt werden[38].

Fazit: Die evangelische Kirche in Deutschland befindet sich – notabene wie die katholische auch – in einer Identitätskrise und versucht diese mit dem groß aufgezogenen Luther-Jubiläum zu bekämpfen. Doch wenn damit, wie es heißt, eine Aufarbeitung der *sogenannten Schattenseiten Luthers* einhergehen soll und muss, kann die angestrebte Selbstvergewisserung dann noch funktionieren? Dass in Deutschland im Gegensatz zu allen anderen Ländern mit besonderer Vorliebe der eigenen Untaten gedacht wird, ist zwar in mancher Hinsicht lobenswert und unvermeidlich, muss aber deswegen nicht zur Generalregel deutscher Memorialpolitik erhoben werden. Doch wenn man schon kritisch sein will, sollte das Ganze stattdessen nicht besser auf einen Abschied vom Luthermythos und die endgültige Musealisierung des übrig bleibenden historischen Rest-Luthers hinauslaufen? Wenn schon Jubiläum sein muss, was nach 500 Jahren kaum zu vermeiden ist, sollte dann nicht statt des historischen Reformators die Reformation in ihrer Bedeutung für die Gegenwart gefeiert werden[39]?

---

[35] Ebd.
[36] *Gerhard Dohrn-van Rossum*, Jubliäum, in: Enzyklopädie der Neuzeit, Bd. 6 (Stuttgart, Weimar 2007) 52–56, sowie der Beitrag von Dorothea Wendebourg.
[37] *Wolfgang Reinhard*, Die Mythologie des Konzils von Trient (unveröffentlichtes Manuskript).
[38] Vgl. hierzu den Beitrag von Dorothea Wendebourg.
[39] Ebd.

Kurzbiografien der Autorinnen und Autoren

BLICKLE, PETER, geboren 1938, bis 2004 Ordentlicher Professor für Neuere Geschichte an der Universität Bern. Stipendiat des Historischen Kollegs 1993/1994. Zuletzt erschienen: Von der Leibeigenschaft zu den Menschenrechten. Eine Geschichte der Freiheit in Deutschland (München ²2006); Die Revolution von 1525 (München ⁴2004).

BRADY JR., THOMAS A., geboren 1937, Professor Emeritus für Geschichte an der Universität von Kalifornien, Berkeley. Stipendiat des Historischen Kollegs 1998/1999. Zuletzt erschien: German Histories in the Age of Reformations, 1400–1650 (Cambridge 2009).

KARANT-NUNN, SUSAN C., Direktorin der Abteilung für Spätmittelalter und Reformationsstudien und Regents Professorin für Geschichte an der Universität von Arizona, Tucson. 1998–2010 Mitherausgeberin des Archivs für Reformationsgeschichte in Nordamerika, Präsidentin der Sixteenth Century Studies Conference und der Society for Reformation Research. Forschungsschwerpunkt ist die Sozial- und Kulturgeschichte der Reformation im deutschsprachigen Raum. Zuletzt erschien: The Reformation of Feeling: Shaping the Religious Emotions in Early Modern Germany (Oxford University Press 2010).

KAUFMANN, THOMAS, geboren 1962, Professor für Kirchengeschichte an der Universität Göttingen; Vorsitzender des Vereins für Reformationsgeschichte; Erster Vizepräsident der Akademie der Wissenschaften zu Göttingen. Jüngste Veröffentlichungen: Der Anfang der Reformation. Studien zur Kontextualität der Theologie, Publizistik und Inszenierung Luthers und der reformatorischen Bewegung (Tübingen 2012); An den christlichen Adel deutscher Nation, Kommentare zu Schriften Luthers Bd. 3 (Tübingen 2014); Luthers Juden (Stuttgart 2014).

KRENTZ, NATALIE, geboren 1980, wissenschaftliche Mitarbeiterin am Lehrstuhl für Neuere Geschichte an der Universität Erlangen-Nürnberg. 2006–2010 Doktorandin am Graduiertenkolleg „Gesellschaftliche Symbolik im Mittelalter" an der Universität Münster. Jüngst erschien ihre Dissertation: Ritualwandel und Deutungshoheit. Die frühe Reformation in der Residenzstadt Wittenberg (1500–1533) (Tübingen 2014).

LEPPIN, VOLKER, geboren 1966, seit 2010 Professor für Kirchengeschichte an der Evg.-Theol. Fakultät Tübingen sowie Direktor des Instituts für Spätmittelalter und Reformation, Ordentliches Mitglied der Heidelberger Akademie der Wissenschaften und korrespondierendes Mitglied der Sächsischen Akademie der Wissenschaften. Jüngste Veröffentlichungen: Martin Luther. Vom Mönch zum Feind des Papstes (Darmstadt 2013); Die Reformation (Darmstadt 2013).

REINHARD, WOLFGANG, geboren 1937, bis 2002 Ordinarius für Neuere Geschichte in Freiburg. Stipendiat des Historischen Kollegs 1997/1998. 2001 Preis des Historischen Kollegs. Zuletzt erschienen: Paul V. Borghese (1605–1621). Mikropolitische Papstgeschichte (Stuttgart 2009); Die Nase der Kleopatra: Ein Spaziergang durch die Weltgeschichte. (Freiburg i. Br. 2011).

RHEIN, STEFAN, geboren 1958, seit 1998 Direktor der Stiftung Luthergedenkstätten in Sachsen-Anhalt. Seit 2000 Vorsitzender der kulturtouristischen Initiative „Wege zu Luther" e.V. Zuletzt erschienen: Der Wein ist gesegnet. Martin Luther und der Wein (Wiesbaden 2012); „... das entscheidenste und inhaltsschwerste, was des Reformators Feder je geschrieben" – Luthers Brief an Kaiser Karl V. (28. April 1521), in: Meilensteine der Reformation. Schlüsseldokumente der frühen Wirksamkeit Martin Luthers, hrsg. v. I. Dingel, H.P. Jürgens (Gütersloh 2014) 145–158.

SCHILLING, HEINZ, geboren 1942, bis 2010 Ordentlicher Professor für Europäische Geschichte der Frühen Neuzeit an der Humboldt-Universität zu Berlin. Stipendiat des Historischen Kollegs 2004/2005. Für das vorliegende Thema einschlägige Buchpublikationen: Die neue Zeit. Vom Christenheitseuropa zum Europa der Staaten. 1250 bis 1750 (Berlin 1999); Martin Luther: Rebell in einer Zeit des Umbruchs. Eine Biographie (München ³2014).

SCHMIDT, GEORG, geboren 1951, seit 1993 Professor für Geschichte der Frühen Neuzeit an der Friedrich-Schiller-Universität Jena. Stipendiat des Historischen Kollegs 2007/2008. Zuletzt erschienen: Wandel durch Vernunft. Deutsche Geschichte im 18. Jahrhundert (München 2009); Der „Leu aus Mitternacht". Politische und religiöse Deutungen König Gustavs II. Adolf von Schweden. in: Gott in der Geschichte. Zum Ringen um das Verständnis von Heil und Unheil in der Geschichte des Christentums, hrsg. v. Mariano Delgado, Volker Leppin (Stuttgart 2013) 325–349.

SEIDEL MENCHI, SILVANA, geboren 1942, bis 2010 Professorin für Neuere Geschichte an der Universität Pisa. Gastprofessur an der École des Hautes Études en Sciences Sociales in Paris (1996, 2003, 2007). Zuletzt erschien: Erasmus of Rotterdam, „Iulius exclusus" (Leiden 2013).

SLENCZKA, NOTGER, geboren 1960, seit 2006 Professor für Systematische Theologie an der Humboldt Universität zu Berlin. Jüngst erschienen: Die neue Paulusperspektive und die lutherische Theologie, in: Lutherjahrbuch 80.Jg., Organ der internationalen Lutherforschung (Göttingen 2013) 184–196; Luther's Anthropology, in: Robert Kolb u. a. (Hrsg.), The Oxford Handbook of Martin Luthers Theology (Oxford 2014) 212–232.

SLENCZKA, RUTH, geboren 1967, bis 2013 wissenschaftliche Mitarbeiterin am Institut für Geschichtswissenschaften der Humboldt-Universität zu Berlin. Jüngste Veröffentlichungen: Luthers Grabplatte als ‚protestantische Reliquie', in: Ursula Röper, Martin Treml (Hrsg), Heiliges Grab – Heilige Gräber. Aktualität und Nachleben von Pilgerorten (Berlin 2014) 102–111; Die Heilsgeschichte des Lebens: Altersinschriften in der nordalpinen Porträtmalerei des 15. und 16.Jahrhunderts, in: Zeitschrift für Kunstgeschichte 76 (2013) 493–540.

TEWES, GÖTZ-RÜDIGER, geboren 1958, seit 1997 habilitierter Privatdozent der Mittelalterlichen Geschichte an der Kölner Universität und seit 2010 Lehrer für Geschichte und Philosophie am Gymnasium Odenthal. Zuletzt erschien: Kampf um Florenz. Die Medici im Exil (1494–1512) (Köln, Weimar, Wien 2011).

WENDEBOURG, DOROTHEA, Ordentliche Professorin für Kirchengeschichte an der Humboldt-Universität zu Berlin. Zuletzt erschienen: Reformationsjubiläum von 1921, in: ZThK 110 (2013) 316–361; „Gesegnet sei das Andenken Luthers!" Die Juden und Martin Luther im 19.Jahrhundert, in: ZRGG 65 (2013) 235–25.

WOLGAST, EIKE, geboren 1936, Ordentlicher Professor für Neuere Geschichte an der Ruprecht-Karls-Universität Heidelberg (seit 2004 Emeritus). Jüngste Veröffentlichung: Die Einführung der Reformation und das Schicksal der Klöster im Reich und in Europa (Gütersloh 2014).